Georg Pistorius

Allgemeines Klaghaus - Katholische Leichpredigen

Georg Pistorius

Allgemeines Klaghaus - Katholische Leichpredigen

ISBN/EAN: 9783742899446

Hergestellt in Europa, USA, Kanada, Australien, Japan

Cover: Foto ©Lupo / pixelio.de

Manufactured and distributed by brebook publishing software (www.brebook.com)

Georg Pistorius

Allgemeines Klaghaus - Katholische Leichpredigen

Allgemeines Klaghauß
Oder/
Catholische Leichpredigen

Bey Begräbnussen der Kinder / Jüng-
ling / Jungfrawen / Ehe-Männeren / Weiberen /
Kindtbetheren / Wittiben / Alten / Obrigkeiten / Kriegs Officie-
ren / Presthafften / Armen / Bawren / Ehehalten / Handels- und
Handwerckßleuthen / Reisenden / Frembdling / Taglöhnern /
Pfarrherrn / vnd Fürstl. Personen.

Auch
Vil andere Discurs von Andenck: Ankündigungen /
Gedächtnuß / Vorbereitungen / vnd Vnderschid guten vnd bösen Todts / vom Fegfewr / &c. welche bey allen Leich Conducten,
vnd sonsten an Sonn- vnd Feyrtägen nutzlich
zugebrauchen.

Alls
Auß Göttlicher Schrifft / heiligen Vättern vnd Lehrern mit
allen Denckwürdigen Exempeln zur Lehr vnd Vnderweisung
zusammen beschriben / geprediget / vnd in Truck verfertiget
Durch
GEORGIVM PISTORIVM, Fürstl. Pfalz-Newn-
burg: Durchl. Raht / Land-Dechant / vnd Pfarrherrn
zu Laugingen / an der Donaw.

Superiorum permissu.

Getruckt zu Dillingen / in der Academischen Truckerey /
bey Ignatio Mayer.

M. DC. LXIV.

Denen
Ehrn Vösten/ Fürsichtig/ vnd Wol-
Weysen Herren/
Herren Melchior Mayr/
Ambts-BurgerMaistern/
Herren Michael Forster/
Vnd
Herren Conrad Schreiner/
Beyden BurgerMaistern/
Herren Joanni Hueber/
Stattschreibern.

H. Matthæo Wörnheer/	H. Michael Fuchs/
H. Matthæo Adelgeiß/	H. Matthæo Herb/
H. Mathiæ Siggärt/	H. Alberto Wörnheer/
H. Martin Heigelen/	H. Narcisso Elchinger/
H. Jacob Baur/	H. Sebastiano Zilhardt/
H. Joanni Schmeltz/	H. Georgio Martin/

RathsVerwandten/
Dann denen Ehrsamen vnd Achtbahren
Kertzen: vnd ZunfftMaistern/ auch gantzer Löbl.
gemeiner Burgerschafft/
Der Fürstl. Pfalz Newburg: Durchleuchtigkeit ꝛc.
Statt Laugingen.

EPISTOLA

**Ehrnvöste/ Fürsichtige/ vnd WolWeyse/
Auch Ehrsame/ Achtbare/ vnd Hochgeehrte/
Großgünstige Herren / vnd Vilgeliebte
Pfarrkinder / ꝛc.**

A. Ecclef. 7.1.

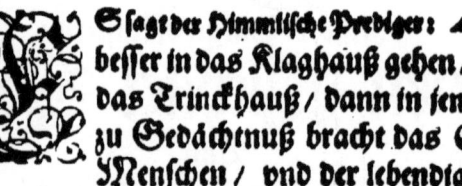S sagt der Himmlische Prediger: *A.* Es ist besser in das Klaghauß gehen/ dann in das Trinckhauß/ dann in jenem wirdt zu Gedächtnuß bracht das End aller Menschen/ vnd der lebendig Mensch nimbt zu Hertzen/ was zukünfftig ist. Welche Wort der H Hieronymus von den Leich-Conducten, Begrädbnuß/ vnd Besingnussen der Verstorbnen / auch anderen darbey gewohnlichen Cæremonien vnd Gebräuchen außleget: So vermög H. Schrifft / auch Geistlicher vnd Weltlicher Historien bey vnderschidlichen Völckern vnderschidlich seynd.

B. Contra Iouinian. c.36.
C. Euseb. Pamphil. de Euang præparat.
D. Greg. Gyrold. lib. de vario sepeliendi ritu.
E. In antiq. Rom. l 5. cap. 39. Herodianus lib. 4.
F. Ierm. 22. 19.
G. 4.Reg. 9. 35.
H. Ierm. 14. 16.

Etliche werden gar nit begraben: wie dann er meldet H Vatter schreibt: *B.* Daß die Massagetæ oder Derbices nit weit von dem Caspischen Meer/ ihrer Abgelebten Menschen Cörper gefressen; die Ibarener an Stangen gegen der Sonnen vnd Lufft zu einem Denckzeichen deß Todts auffgehenckt/ die Lotophagi ins Meer/ die Hungarn in Fischteuch/ die Bactrianer den Hunden/ die Hircani den Raubvöglen *C.* fürgeworffen: die Nabathæi, Arabes, vnd Sabeer mit Mist bedeckt/ *D.* die Römer die ihrige/ gar Könige/ ausser der Statt verbrennt/ vnd darbey einen Adler von dem angezündten Schetterhauffen vbersich fliegen lassen/ als welcher die Seel gen Himmel führe. *E.* Dise nennt GOtt in seinem Wort: *F.* Sepulturas Asininas, Esels- vnd Vihische Begräbnussen/ vnd trohets den Gottlosen zur Straff / als wie der Iezabel, *G.* vnd jenem eingetrungnen falschen Propheten. *H.*

Vnder welche Bestien auch Ziscas der Hussten in Böheimb Führer vnd Obrister zurechnen: welcher da er in seinem

vnse-

DEDICATORIA.

vnseligen Todeskampff von den Soldaten gefragt worden/wie er begraben werden wolle/ zur Antwort geben: daß man jhm die Haut vber die Ohren abziehen/ein Paucken darauß machen/vnd im Krieg brauchen/den Leib aber den wilden Thieren zur Speiß ligen lassen solle.

Andere aber/auch vngläubige Völcker/ haben jhre Verstorbne doch meistentheils mit Abergläubigen Cæremonien zur Erden bestattet: wie dann Ælianus *I.* vnd Cælius Rhodiginus *K.* schreiben/ daß die Attici vnd Hebræer gewisse Gesatz gehabt/ die Todten zubegraben/vnd mit Erden zubedecken: darbey sie gewünscht/daß jhnen das Erdreich leicht seyn wölle. *L.*

Ossa quieta precor, tuta requiescite in vrna:
Et sit humus cineri non onerosa tuo.

Die Nasamones in Affrica, gleichwie sie meistens stehende gestorben/ seynd also auch sitzende begraben worden. Zur Anzeigung/ daß sie schon die Ewigkeit eingangen/ vnd die Ruhe von aller Arbeit erlangt haben. *M.*

Die Lybier haben die todten für Götter gehalten/ auff derselben Gräbern geschlaffen/ vnd von jhnen solche Trämi begehrt/dardurch sie/was in zweiffelhafftigkeit vnd wichtigen Sachen zuthuen/ wissen möchten. *N.* Vnd seyn noch heutiges Tags auff der alten Heyden Grabern vnd Epitaphijs dise Wort zufinden: Dijs manibus, den Grab Göttern.

Die Liuones, welche vnder der Teutschen Dienstbahrkeit waren/ haben bey dem Leich Conduct jhrer Verstorbnen/ Speiß vnd Tranck/ein Axt/ vnd etwas von Gelt auff das Grab gelegt/vnd gesprochen: Transi, ô miser, ab hoc rerum statu in mundum meliorem, vbi non tibi Germani amplius, sed tu illis imperabis: habes Arma, Cibum, Viaticum. Gehe/ O du Armseliger/ von disem Stand in vil ein bessere Welt/ allda die Teutschen nit mehr dir/ sondern du jhnen gebieten wirst: darzu hast du Wehr vnd Waffen/auch Speiß vnd Wegzehrung. *O.*

Andere haben jhnen ein silberne Müntz in den Mund geben/damit

I. Var.lect. c.14.
K. Lib. 9. c.43.
L. Ouid. 3. amor. ad Tribullim.

M. P. Ieremias Drexel. de Æremit. consid. 1.

N. Pomponius Mela. S. Cyrillus. Theodoret.

O. Ioan. Lasicius in Samagit.

EPISTOLA

wie sie dem Charonti, welcher sie ihrer Meinung nach/ ad campos elisios, vnd an das Orth der Gerechten vberführen müste/ den Zoll bezahlen köndten.

So seynd der Ægyptier Pyramides, vnd in die Höhe auffgeführte/ sehr grosse oben zugespitzte/ vnd meistes auß Arabischen Steinen gemachte Sëulen vnd Thürn/ nit allein Anzeigungen *P. Lib. 39.* deroselben Reichthumben/ wie Plinius darfür gehalten/ *P.* nit allein den Schiffenden zu einem Nachtliecht/ wie Solinus ver- *Q. Cap. 45.* meint: *Q.* auch nit allein Getraid/Schewrn vnd Kornhäuser/ *R. Lib. de vrbib.* wie Stephanus geschriben/ *R.* sondern der Königen stattliche Mausolæa vnd Begräbnussen gewesen/ wie neben anderen auß *S. Lib. 2.* dem Herodoto *S.* Von dem Grab Chefronis, Mycerini vnd Assichi erscheinet: durch solche Pyramides, welche sich oben/ als wie ein vber sich brennendes Fewr zuspitzen/ haben sie der Seelen Vnsterblichkeit zuverstehen geben wöllen.

T. In Protheoria primi cap.
V. Super Gen. q. 1. proleg.
VV. In theatro terræ sanctæ.

Nicetas, *T.* Abulensis, *V.* vnd Adrichomius *VV.* erzehlen: daß in Idumæa vnd Palæstina auff einer Weite bey dem Fluß Iordan, deß gedultigen Iobs, so auß Königlichem Stammen war/ Begräbnuß in einem Pyramide gezeigt/ vnd von den Inwohnern mit grossen Ehren Jährlich besucht werde: darvon ein mehrers auß desselben Epitaphio bey dem P. Pineda zufinden. *X.*

X. In Iob. c. 42. in fin.
Y. Ierem. 34 5.
Z. Lib. 9. in fine.

Die Juden haben die todten Cörper der Königen verbrenst/ *Y.* die Gebein aber sambt etwas Golds/ Silber/ Kleidern/ Waffen/ Scepter vnd Cronen: die Propheten aber mit Kleidern vnd köstlichen Geschürzen begraben. Sozomenes erzehlt: *Z.* daß im Grab deß Propheten Zachariæ ein Knab von Königl. Stammen mit einer guldenen Cron auff dem Haubt/ vnd Königl. Kleidern angethan/ gefunden worden.

A. Lib. 2. de Annal.
B. Lib. 1.
C. De moribus gentium.

Etliche haben die Cörper gesalbet/ vnd balsamiert, welchen Brauch/ wie Tacitus vermeint / *A.* die Ægyptier erfunden: darzu sie/ wie Herodotus *B.* vnd Aubanus *C.* vermelden/ eigne bestelte Leuth gehabt.

Die Einsalbung war von Phænicischen Wein auß wolriechenden

DEDICATORIA.

chenden Sachen gemacht der allerbesten zerstohnen Myrrhen/ Zimmetrinden/Saliter/distillirt Cederholtz/Saltz/ Balsam/ vnd allerley köstliche Säfft vnd Rauchwerck/ als Weyrauch/ Cassia, Gutta, Aloë: so alles dahin angesehen/daß dardurch die todten Cörper gantz vnd vnverwesen bleiben sollen. D.

Insonderheit haben die Rechtgläubige so wol deß Alten als Newen Testaments grosse Sorg vnd Fleiß angewendt/ daß sie nach ihrem Todt/ ehrlich vnd an heiligen vnd geweychten Orthen/ auch zu rechtgläubigen vnd heiligen Menschen begraben wurden.

Der Patriarch Iacob hat der Rachel seiner Haußfrawen ein stattlichs Grab mit einer Vberschrifft auffgericht: E. Burchardus bezeugt/ ie sey ein schöne runde Saul vnderr mit zwölff grossen Steinen nach der Zahl seiner zwölff Söhne/gewesen.

Dergleichen hat auch aller Glaubigen Vatter der Patriarch Abraham seiner Frawen Sara ein zweyfache Höle zur Begräbnuß erkaufft: F. allda hernacher auch er/die Rebecca, vnd Lia, wie nit weniger der Patriarch Iacob, welcher auß Ægypten dahin geführt/ vnd gelegt zu werden begehrt/ G. begraben worden: Ioseph hat in seinem Todtbeth vmb dergleichen gebetten. H. Wie auch die Könige in Iuda vnd Israël Königlich begrabt worden. I. Vnd hat jener Prophet begehrt/ daß man jhne in das Grab legen wölle/ allda ein Mann Gottes begraben lag. K.

So schreibt Adrichomius von den streitbahren Helden vñ Hertzogen den Machabæeren, daß jhnen auff dem Berg Modin daruon sie jhr Herkommen hatten/ ein ansehliche Begräbnuß auß glatten Marmelsteinen mit siben Sdulen/ welche von den Schiffenden auff dem Meer von fern können gesehen werden/ auffgericht worden.

Der Edle Lazarus ist mit grossen Ehren vnd Gepräng/ L. S. Stephanus von Gottsförchtigen Männern/ M. Ioannes der Tauffer von seinen Jüngeren/ N. vnd Andere vil mit grossen Comitat ehrlich begraben worden. Wirde auch diß es Werck

D. Nicolaus de Lyra expl. Euang. Ludolphus in vita Christi.
Tragillus in serm. pasch.
E. Gen. 35. 20.
F. Gen. 23. 9.
G. Gen. 47. 30.
H. Gen. 50. 24.
I. 3. Reg. 11. 43.
K. 3. Reg.
13.

L. L. Ioan. 11. 17.
M. Act. 8. 2.
N. Mat. 6. 29.

(✠) von

EPISTOLA

o. Tob. 12. 12.
P. De verbis Dom.
2. Tom. 2. Anno Christi 226.
R. In Esa. 42. 10.

von dem ErtzEngel Raphaël groß gemacht / o. vnd vermeldet S. Augustinus, P. daß die LeichConduct sambt derselben Cæremonien in H. Schrifft vnder die gute Werck gerechnet werden. Baronius der Kirchen Cardinal schreibt in seinen Kirchen-Historien, Q. daß in der ersten Christenheit zu Rom drey vnd viertzig Gottsäcker gewesen / dahin die heilige Martyrer begraben worden: vnd verwundert sich Cornelius à Lapide, R. daß es zu Rom weder deß Keysers Augusti, noch Tiberij Pallast / noch ein Hauß der Geschlechter Scipionis, Fabij, Camilli, &c. gefunden/da doch daselbsten vi'er Heiligen Begräbnussen noch heutiges Tags gezeiget vnd gesehen werden.

Hie wurde es zu lang seyn / wann ich alle Leich Gebräuch einführen wolte / wie nemblich den Verstorbnen die Augen zugeschlossen/ derselben Leiber gewaschen/ balsamiert/ eingemacht/ in Sarchen gelegt/mit Tüchern bedeckt/ von den Befreundten mit Veränderung der Kleider beklagt / derselben Leichnamb dem Volck gezeigt/ für sie Wacht vnd Gebett gehalten/ mit Leitten vnd Singen/Creutzen vnd Waxliechtern/ auch mit Begleitung vilem Volcks begraben/Epitaphien, Grabstein/ vnd Schrifften auffgericht/vnd sonsten von Anfang der Christenheit/mit Weyhwasser/ Rauchwercken/ Gebetten/ Wachen/ Fasten/ Allmusen/ heiligen Meßopffern/Sibendten/Dreyssigsten/vnd Jahrtägen/ ihnen zu Hilff vnd Trost besingt worden:daruon in deß P. Iacobi Gretseri der Societet Iesu dreyen Bücheren mit mehrem zu lesen. S.

S. De funere Christiano.

Eines allein / dessen er auch gedencket / will ich noch Meldung thun/ daß nemblich bey den LeichConducten vnd Begräbnussen/sowol Gläubiger vnd Vngläubiger/neben andern/ Leichpredigen gehalten worden.

T. Lib. 2. dier. gen. cap. 7.

Alexander ab Alexandro beschreibt T. der Indianer vnd Ægyptier Sitten vnd Gebräuch/ vnd vermeldt/ daß nach dem sie einen Todten beygesetzt/sie seine Thaten vnd Tugendten/ mit einer Klag-vnd LobSermon herfürgestrichen/ vnd ridiglich

bewei-

DEDICATORIA.

beweinet/ auch nach der Besingnuß den Gruß mit dem Salue vnd Vale: grüß dich GOtt/ vnd behüte dich GOtt/ lebe wol/ geben. Seruius sagt/ *V.* diße Vrlaubnemmung der Lebendigen von den Todten sey mit einem dreyfachen Vale, Vale, Vale geschehen/ darauff die Weiber/ Præficæ genandt/ welche zur Klag vnd Weinen bestelt waren/ zu dem Volck geruffen/ I, licet: Gehet im Friden. *V.* Apud eundem.

Polybius *VV.* vnd Cornelius à Lapide *X.* schreiben/ daß die Römer ihre Todten auff offentlichen Marck getragen/ vnd von den hierzu gemachten Cantzlen/ Rostra genandt/ zu ihrem Lob ein Leichpredig gehalten. *VV.* Lib. 6. *X.* In c. 32. Ezech. v. 1.

Die Auffbringung dises wirdt von etlichen dem Valerio Poplicolæ zugeschriben/ welcher zum ersten dem verstorbnen Bruto ab der Cantzel geprediget. *Y.* Acro aber deß Horatij Dolmetsch *Z.* macht dise Gewonheit noch vil älter/ vnd sagt/ daß Varro bey der Begräbnuß deß Romuli ein Lob Sermon gethan; darbey zur Gedächtnuß zween Löwen auffgericht worden; vnd sey hernacher erfolgt/ daß man der Todten Lob ex rostris, ab den Cantzlen verkündiget: welches gemeinlich von den nächsten Befreundten/ als wie von dem Fabio seinem verstorbnen Sohn/ *A.* vnd von dem Tiberio im 9. Jahr seines Alters seinem Vatter/ *B.* geschehen: vnd vermeldt Apianus, *C.* daß der todte Leichnamb deß Fausti Vatters in ein Sarch gelegt/ vnd ihme von dem allerberümbtesten Redner selbiger Zeit ein Klag- vnd Leichpredig gehalten worden/ weilen Faustus sein Sohn noch das Alter hierzu nit hatte. *Y.* Dionyß. Hallicarnaß. lib. 5. *Z.* In Epod. *A.* Plut. in vita. *B.* Suet. in Tiber. *C.* Lib. 1.

Eben diser Brauch ist auch bey den Rechtglaubigen jederzeit veblich gewesen: wie dann der König David den Todt deß Saul vnd Ionathæ mit diser Klagpredig beweinet: *D.* Saul & Ionathas amabiles & decori in vita sua, in morte quoque non sunt divisi: Aquilis velociores: Leonibus fortiores: Wie seynd die starcke Helden gefallen, der Bogen Ionathæ hat *D.* 2. Reg. 1, 19.

(✠) 2

EPISTOLA

hat nie gefehlet/ vnd das Schwert Sauls ist nie leer wider kommen: Saul vnd Ionathas holdselig vnd sehr lieblich in jhrem Leben/seynd auch im Todt nit gescheiden/schneller dann Adler/ vnd stärcker dann Löwen.

Deßgleichen hat auch der Prophet Ieremias dem König Iosia, wie S. Vincentius schreibt / .E. die Exequias gehalten/ vnd gewisse Klaglieder / in welchem dises frommen Königs Lobwürdige Thaten vnd Tugenden begriffen waren/ zusammen geschriben/gesungen/ vnd andere darzu angereitzt / wie auch das 44. Capitel deß weisen Sirach sambt den Nachfolgenden biß ans End anders nichts ist/ wie die Griechen lehren/als Hymnus Patrum, ein Klag vnd Lobpredig der fürtrefflichen Patriarchen/ Propheten/ Hohenpriestern/ Königen/ Hertzogen/ vnd Fürsten in Israel.

I. Specul.
Hist. lib.3.
cap. 8.

Dergleichen seyn auch der Euangelisten vnd Apostlen Schrifften von vnsers Heylandts JEsu Christi Geburt/ Leben/ Wunderwerck/ Todt/ Aufferstehung/vnd Himmelfahrt: Item deß Abdiæ Bischoff zu Babylonia zehen Bücher von der Apostel Leben vnd Sterben: Item die Legenden vnd Beschreibungen Irenæi, Iustini, Tertuliani, Cypriani, Philonis, Hegesippi, Eusebij, Cæsariensis, &c. der heiligen Martyrer/vnd anderer Heiligen Leben vnd Todt.

Auff dise weiß hat der H. Hieronymus das Leben vñ Sterben Malchi deß Müncho/ Hilarionis, Pauli deß Eremiten / den Todt Leæ, das Epitaphium Neopotiani, Fabiolæ, Monellæ, Paulæ, Asellæ: Cæsarius den Wandel der Frommen Religiosen in Ægypten vnd Libiæ, in Schrifften hinderlassen.

Der H. Ambrosius hat den Keysern Valentiniano, Theodosio, Gratiano, Item den heiligen Agneti, Prothasio vnd Geruasio, Vitali vnd Agricolæ: der H. Gregorius Nazianzenus, den grossen heiligen Athanasio, Basilio vnd Cypriano: der H. Basilius Magnus, Iulitæ, Barlaam, Gordiano, vñ den 40. Martyrer?

DEDICATORIA.

tyrer: der H. Chrysostomus, dem Bischoff vnd Martyrer Babylæ: S. Augustinus vnd Maximus dem H. Laurentio: S. Gregorius Nissenus, Pulcheriæ, Placillæ, Meletio: vnd andere andern von der Apostelzeit her Leich: Klag: vnd Lobpredigen gehalten.

Wann nun dergleichen Leich Cæremonien vnd Klagpredigen dahin angesehen / daß den in GOtt Verstorbnen die letste Ehr vnd Lieb erzeigt / vnd darbey die Lebendige jhres Ends erjnneret / vnd zu rechter Vorbereitung hierzu ermahnt werden / als hab ich von vier vnd dreyssig Jahren her / nach dem Exempel anderer / meine anvertrawte Pfarrkinder / bey den Begrabnussen der Verstorbnen / in deß weisen Sirachs Klaghauß geführt / vnd jedesmahl ein heylsame Exhortation vnd Leich Sermon gehalten: jetzt aber derselben etliche in Truck geben.

Warumb aber EE. FF. vnd WW. auch Ehrsam. vnd Achtbar. ich dises Allgemeine Klaghauß Dediciren / zuschreiben / vnd vnder deroselben Namen trucken lassen / hat mich hierzu bewegt.

Erstlich: weilen dise Leichpredigen alhie zu Laugingen gehalten worden / vnd also dise Heylwasser billich widerumb an das Orth fliessen / da sie herkommen / damit selbige noch weiter fliessen / vnd Frucht bringen. F.

Fürs ander: weilen ich würcklich erfahren / daß Sie / vor Anderen / obangezognen Spruch deß weisen Sirach in Acht genommen / vnd von dem Klaghauß der Leich Conducten, auch gehaltnen Leichpredigen sich offt weder Regen oder Schnee / oder anders Vngewitter abhalten lassen / sondern selbigen in grosser Anzahl beygewohnt / vnd mit Verlangen angehört.

Drittens: hab ich im Werck vnd manchesmahl mit grosser Consolation erfahren / daß euch dise Leich Ermahnungen mehr als sonsten andere Predigen zu Hertzen gangen / sie zu zeitlicher Besserung deß Lebens / vnd zu rechter Vorbereitung zum seeligen

F. Eccles. 7.

(✠✠) 3 Sterc

EPISTOLA DEDICATORIA.

Sterben beweget/ auch etliche an ihrem letzten End derselben sich zu ihrem ewigen Heyl erjnneret haben.

Vierdtens: ist diser Dedication nit die wenigste Vrsach/ weilen dise Leich Sermones bey Weylundt Eweren geliebten respectiuè Eltern vnd Kindern/ Männern vnd Weibern/ Brüdern vnd Schwestern/ auch nächst Verwandten vnd Befreundten seeligen/ Begräbnussen gehalten/ vnd mit grossem Wolgefallen angehört worden: dahero ich mich gewiß versicheren kan/ daß derselben Schrifft Verfassung ihnen auch belieben werde.

Fünfftens: thue ich hiermit offentlich bezeugen/ daß gleichwie mir jederzeit Ewer zeitlich vnd ewige Wolfahrt vnd Heyl hoch angelegen gewesen/ Ich auch ins künfftig zubefürdern mich in allweg befleissen werde: wie dann ich dise meine wenige Arbeit/ Ihnen sambt vnd sonders mit disem hertzlichen Wunsch Dediciere, daß wie ichs zu grösserer Ehren Gottes/ vnd deroselben ewigen Heyl geprediget/ Alles auch jetzt vnd allzeit dahin gedeye/ auch der Allmächtige Gott/ durch die reiche Verdienst seines eingebohrnen Sohns JEsu Christi einem Wol Weysen Magistrat langwirige Gesundheit vnd glückliche Regierung/ der Löbl. gemeiner Burgerschafft aber alle Prosperitet verleyhe/ Zugleich vns sambtlich in seiner Gnad vnd Friden erhalte. Darbey dessen Göttlichen Schutz/ vnd seiner werthen Mutter Mariæ starcke Fürbitt vns trewlich befehlendt. Laugingen den 6. Augusti. Anno 1658.

E. E. FF. vnd W. W.
auch Ehrsam vnd Achtb.

Dienstgeflis: Willigster

GEORGIVS PISTORIVS.

Vorred,

An den freundtlichen Leser.

Vnstiger Leser: Weilen ich auß langer Erfahrnuß befunden/ daß die Exhortationes vnd Ermahnungen bey den Begräbnussen den Zuhörern offt vil mehr als andere Predigen zu Hertzen gehen/vnd Nutz bringen/hab ich neben anderen vilen/so ich gehalten/dise zusammen schreiben/vnd in Truck verfertigen/dich aber darbey folgendtes erinneren wöllen.

Erstlich: daß die Materien von den Leichpredigen meistentheils auß Beschaffenheit der Krancken vnd Sterbenden genommen: wie dann eine vor disem in Truck außgangne/ vnd widerumb nach getruckte Hauß Apoteck auß dergleichen Leich Ermahnungen zusammen getragen worden: Dann eintweders hab ich befunden / daß etwann der Verstorbne lange Zeit schwerlich kranck gelegen/vnd das hat mir Vrsach geben/von dem ersten Capitul/ vnd Kranckheiten zupredigen: Oder ich hab befunden/ daß ein anderer in seinem Todtbeth jhme sein ewiges Heyl hat lassen hart angelegen seyn/ vnd grosse Buß gewürckt: oder ein grossen Eiffer zur H.Communion erzeigt: oder mit grossem Verlangen vnd Andacht die letzte Oelung begehrt: oder auff ein sonderbahre weiß die Tugenden deß Glaubens/ Hoffnung/ Liebe/ Gleichförmigkeit seines Willens mit Gottes Willen/der Gedult/vnd deß Gebetts gewebt: oder etwann ein grosse Andacht zu der allerheiligsten Dreyfaltigkeit / zu den fünff Wunden Christi / zu dem H. Creutz / oder allerheiligsten Leyden vnd Verdiensten JEsu Christi / oder der allerseeligsten Jungfrawen vnnd Mutter Gottes Mariæ / oder aller Heiligen gehabt/ vnd das hat mir Vrsach geben eintweders von der Buß/ oder Communion/oder letsten Oelung/ oder Glauben/ oder Hoffnung/ oder Liebe/ vnd also von anderen Tugendten vnd Geheimbnussen/ welche in der Hauß Apoteck zufinden/ die Leichpredig anzustellen.

Zum andern: hab ich hierauß zu Zeiten auch Vrsach genommen/ die Verstorbnen / welche sich etwann in einer oder mehren Tugendten aufferbäwlich gerebt/ vnd Heroische Thaten gethan / den Lebendigen zu einem nachfolgigen Exempel / offt nit ohne mercklichen Nutzen fürzustellen. Wielang aber dise oder jene Person gelebt/ wie offt Hochzeit gehalten/ wielang gehauset/ wievil Weiber oder Männer gehabt/ Kinder erzeugt / wievil todt oder im Leben / vnnd andere dergleichen

Perso-

Vorred.

Personalia einführen wöllen/ ist meines Erachtens ein vergebenliche Arbeit/ vnd gantz vnnöthig.

Zum dritten: werden fast in allen Predigen/vber gewise Materien, vil Sprüch/ Exempel vnd Historien beygesetzt / nit daß alle auff einmahl angezogen werden/ sonder jede zu mehrern Leichpredigen/ vnd sonsten dienlich seyn solle.

Zum vierdten: werden etliche in vil Puncten abgetheilt/ deren ein jeder für ein Leich Sermon dienen kan: Als von vil vnderschidlichen Andenck: Verkündigung/ vnd Gedächtnuß deß Todts/ von Fegfewr/ vnd vil andere mehr.

Zum fünfften: könden dise Predigen fast alle an gewisen Sonn: vnd Feyrtägen zu dem Volck mit grossem Nutzen gehalten/ vnd theils gewisen Stands Personen/ meistentheils auch allen Menschen ins gemein appliciert werden.

GOTT geb/daß selbige das Zihl vnd End/ darzu ichs vermeine/ erreichen/ vnd wir samentlich ein seeliges Sterbstündlein vnd ewige Seeligkeit erlangen: Du aber/Günstiger Leser/lebe wol/ gebrauchs zu deinem Nutzen vnd Heyl/vnd bette auch für mich armen Sünder.

Die

Von MARIA der Wunderbarlichen Mutter Gottes/
Die Erſte Predig.

Mater Admirabilis, Ora pro nobis.
Du Wunderbarliche Mutter / Bitt für vns.

Daß MARIA ein Mutter Gottes iſt/ vnd genennet wird/ Vbertrifft alle andere EhrenTitul/ Lob-Namen/ vnd Hochheiten.

Er H. Prophet Ezechiel ſchreibt/ wie daß ein Engel jhme ein Wunderbach gezeigt / welcher in dem Tempel zu Hieruſalem / vnder dem Sanctuario oder Heyligthumb / wie Maldonatus darfür hält/ A. entſprungen / vnd bey der Porten gegen Morgen herauß gefloſſen / vnd durch gewiſſe Canäl / oder Rinnen / vmb den Tempel rings herumb in der Prieſter Höff geführt ; alda das Blut / vnd allen Vnflat von Schlacht-Opffern / wie Ariſtæus bezeugt / B. hinweg geſtöſt / endtlich aber ſich widerumb gegen Morgen gewendet / vnd von dar auß / jmmer mehr vnd mehr gewachſen / Auch ſo groß worden/ daß weder Er/noch ein ander Menſch denſelben durchwatten können: dann der Engel maſſe den Bach etlichmahl ab/ vnd jedesmahl Tauſent Elen/ vnd führet den Propheten vnderſchidlich dardurch : Anfangs allein biß an die Knoden: darnach biß an die Knye: weiters biß an die Lenden : vnd letzlich war das Waſſer ſo groß/ daß mans nit mehr durchwatten können. Nach ſolchem offenbaret der Engel dem Propheten an deß Bachs Vfer Wunderding.

Cap. 47.
Wunderbach.

A. In Ezech. cap. 47.

B. Ocularus teſtis, lib. de 70. Interpret. ſub initium.

Erklärung.

I. Wie daß auff beyden Seiten vil ſchöne fruchtbare Bäum geſtanden vnd gewachſen/ deren Monatliche Frucht/ ſo nit verfaulet/ gut zu eſſen/ vnd deren Blätter/ ſo nit abfallen/ gut zur Artzney ſeyn wurden.

II. Daß die Waſſer/ ſo gegen Morgen/ durch die Ebne der Wüſten mit Gewalt lauffen/ vnd Sandhauffen auffwerffen ins todte Meer/ vnd

vnd von dar widerumb herauß gehen / auch aller Orthen die bittere Waſſer ſüß / ja alles / wohin ſie flieſſen werden / lebendig vnd geſund machen
werden.
 III. Wie in ſolchen ſich ein groſſe Menig allerhand Fiſchen befunden / alſo daß die Fiſcher jhre Garn von Engaddi biß Engallim, zum Fiſch-
fang außwerffen werden.

H. Tauff/ein Wunder-bach.   Mir iſt nit vnbewußt / daß die heilige Lehrer vnd Vätter mit dem H.
Hieronymo durch diſen Waſſerbach die heilige Tauffwaſſer verſtehen / als
welche von dem Sanctuario, das iſt / auß deß gecreutzigten Chriſti Jeſu Sei-
ten gefloſſen/alles lebendig/geſund/vnd alſo fruchtbar machen/daß von einem
End der Welt zum andern/die Geiſtliche Fiſcher/Krafft diſes / die Kirchen
Gottes mit Glaubigen erfüllen.

Maria ein Wunder-bach.   Meines Erachtens aber / kan auch diſer Wunderbach gedeutet werden
auff die Allerſeligſte Jungfraw, vnd wunderbarliche Mutter Gottes
MARIAM, in welche ſich alle Bronnenquäll / vnd Waſſerflüß der Gnaden
Gottes ſo reichlich außgoſſen/vnd alſo voll angefüllt/daß Sie billich von dem
C. Orat. 2. de Aſſumpt. heiligen Damaſceno, C. ein vnergründliches Meer / vnd vnerſchöpffliches
Gnadenbronn genennet würdt.

Maria ein Gnadenfluß. Syr. 4. 3.   Dann I. diſer Gnadenfluß MARIA, hat gleich deß Ezechielis Wunderbach ſeinen Vrſprung vnder dem Sanctuario, oder Heylig Allerheilig-
ſten/in dem Sie iſt ein Werck deß Allerhöchſten/vnd nach Chriſto die näheſte
bey Gott.

Jerem. 31. 22.   II. Iſt Sie der Gnadenfluß / welcher das Heyligthumb vmbrin-
net/das iſt/das Weib/welches/wie der Prophet Jeremias ſagt / den Mann
vmbgeben / da Sie Chriſtum durch Vberſchattung deß heiligen Geiſts
empfangen / vnd neun Monat in jhrem heiligen Jungfräwlichen Leib getragen.

Joan. 1. 29. Mich. 7. 19.   III. Iſt Sie der Gnadenfluß / welcher ſich in der Prieſter Hoff
gezogen / vnd allen Vnflat hinweg geſtöſſt: in dem Sie vns das Lamb
Gottes / als rechte Schlacht- vnd Verſöhn Opffer herfür gebracht / welches der gantzen Welt Sünd hinweg nimbt / vnd in die Tieffe deß Meers
würffet.

IV. Iſt Sie der Gnadenfluß / welcher in die Wüſte diſer Welt/
Sandhauffen der Gnaden vnd Barmhertzigkeit auffwürfft / vnd allen/ die
ſich zu Jhr nahen/ das Leben vnd Heyl bringt.

V. Iſt Sie der Gnadenfluß/ an deſſen Geſtad vil fruchtbare Bäum
ſtehen/ welches ſeynd vil heilige Orden in der Kirchen Gottes/ welcher Sie
ein Vhrheberin/ Patronin vnd Beſchützerin iſt; wie der heilige Auguſtinus lehret.

VI. Iſt

Die I. Predig.

VI. Ist Sie der Gnadenfluß/ darinnen sich grosse Menig der Fisch befinden/ welches seynd so vil tausent Geistliche Brüder vnd Schwestern/ welliche sich in jhrer Congregation, vnd Bruderschafften/ hin vnd wider in der Welt/ in grosser Anzahl einschreiben lassen.

VII. Vnd endtlich ist Sie der Wunderfluß/ wellicher von den Wassern der Gnaden vnd Tugenden so hoch gestigen/ daß kein Creatur durchwatten/ vnd MARIÆ Lob/ weder Menschliche noch Englische Zungen/ gnugsamb außsprechen können: wie mit allen heyligen Vättern Epiphanius lehret. D. D. De Laud. Virg.

Diser vnerschöpffliche Gnadenbronn ist auch mir zu tieff/ vnd das vnergründtlich Meer der Barmherzigkeit MARIÆ, gar zu hoch/ daß ichs weder durchwatten/ noch den wenigsten Theil dero Würdigkeiten vnd Tugendten erzehlen kan.

Deßwegen will ich mich allhie an ein Arm dessselbigen wagen/ vnd in etlichen Predigen den Ehren Tittul, Mater Admirabilis, ora pro nobis: Wunderbarliche Mutter / bitt für vns / erklären: Was nemblich Sie für ein Mutter/ wie Wunderbarlich Sie sey/ wie krässtig dero Fürbitt für vns/ vnd wie wir gegen derselben vns verhalten sollen: heut mit der Hilff Gottes den Anfang machen/ vnd erklären/ wie von Alters her, MARIÆ herrliche Lob vnd Preyß Namen gegeben: wie der Ehren Tittul Mater DEI, Mutter Gottes / alle andere vbertreffe: Vnd wie darburch Sie erhöcht / vnd mit allen Gnaden erfüllt werden: auch was wir darbey zulehrnen: der Hoffnung/ Sie werden mit Gedult anhören/ so fahr ich fort im Namen deß HERRN.

Der I. Theil.

MARIÆ der Wunderbarlichen Mutter / seynd von Alters her/ vil herrliche / schöne Lob Nämen/ vnd Ehren Tittul gegeben worden.

ES seynd von Anfang/ durch alle Zeiten/ der Allerseeligsten Jungfrawen MARIÆ, so wol in heiliger Schrifft/ als auch von der Catholischen Kirchen/ vnd hocherleuchten Vättern/ vil herrliche Ehren Tittul/ vnd schöne Lob Namen zugeeygnet vnd gegeben worden/ auß wellichen dero Hoch vnd Würdigkeit/ auch Verehrung abzunemmen. Maria wird jederzeit verehrt.

Vnd zwar I. Wird auß heyliger Schrifft auff MARIAM von den heyligen

Von Maria der Wunderbarlichen Mutter.

A. Gen. 2, 3.
B. Gen. 3, 15.
C. Gen. 49. 26.
D. Gen. 28. 12.
E. Exod. 16. 32.
F. Num. 7. 89.
G. Nu. 35. 6.
H. 3. Reg. 10. 18.
I. Prouerb. 30. 5.
K. Cant. 2. 2.
L. Cät. 4. 15.
M. Psal. 72. 17.
N. Esa. 11. 1.
O. Luc. 1. 28.
D. l. Fr ly- taney.
F. in Officio, Hymnis, & Ant. B. Virg. Mariæ, lob. namen der H. Vätter. S. Iac. Min.

Lyturgia Æthiopiæ.

S. Ignatius. G. Epist. ad eund.

S. Dionysius Areopag. H. Epist. ad eund.
S. Iust. Mart. I. In exposit. fidei de Tri.
S. Greg. Neoc. K. In serm. de Annunt.

heyligen Vättern gedeutet/ daß Sie sey das Paradeyß deß Wollusts, *A.* das Weib/ das der Schlangen den Kopff zertretten/ *B.* Die Begird der Ewigen Bühel/ *C.* Die Himmels Layter/ *D.* Der brennendt/ aber nit verbrendte Busch. Der auldine Eymer deß Himmlischen Brodts/ *E* Der Gnaden-Stul Gottes/ *F.* Die Freyungs- oder Zufflucht Statt der Bräangstigten: *G.* Der Thron Salomonis: *H.* Ein Schildt/ deren/ die in Sie hoffen/ *I.* Ein Lilien vnder den Dörnern/ *K* Ein Bronnen deß Lebendigen Wassers/ *L.* Das Haylthumb Gottes. *M.* Die Ruthe von der Wurtzel Jesse. *N.* Voll Gnaden/ vnd vber alle Weiber gebenedeyet. *O.*

II. Hat die Catholische Kirch von alters hero/ MARIÆ ein gantze Lytaney/ so fast in allen Bettbüchern zufinden/ von lauter herrlichem Lobvnd Ehren Titulen zusammen gesetzt / vnd jederzeit Sie für ein Glorwürdige Frawen gehalten/ welliche ein würdiges Wohn-Hauß GOttes vom H. Geist bereittet: aller Ketzereyen ein Zerstörerin: ein Himmels-Fenster / vnd Porten: vber alle Chör der Engel erhöhet: ab dero Schöne sich Himmel vnd Erden verwundern/ dero Glorwürdig Leben die gantze Kirchen erleuchtet/ aller Welt das Liecht gibt / auch ein Anfang vnsers Heyls ist. *F.*

Zum III. Ist nit zubeschreiben/ wie hoch zu allen Zeiten die heylige Vätter vnd Lehrer MARIAM intituliert, ich will auß gar vilen/ durch alle Alter der Welt/ jedesmahl nur ein oder zween anziehen/ vnd auß vilen Tausendten/ dergleichen LobNamen vnd EhrenTitul nur etliche erzehlen.

Der H. Apostel der Kleinere nennt Sie in seiner Meßform/ vnser Allerheyligste/ Vnbesteckteste/ vnd Glorwürdigste Frawen/ vnd sagt: Sie sey Templum sanctificatum, ein geheyligter Tempel.

In der Mohren Lyturgia oder Meßform/ welche der H. Euangelist Marcus gemacht: Ein Ehr vnserer Eltern/ vnd ein wahrhaffte Mittlerin zwischen vnserm HERRN Jesu Christo.

Der H. Ignatius ein Jünger deß H. Apostels vnd Euangelisten Ioannis, *G.* ein Himmlisches Wunderzeichen/ heyligstes Spectacul, vnd Matterin vnserer Religion.

Der H. Dionysius Areopagita, ein Jünger deß Apostels Paulli/ *H.* Gott gleichförmig: ein new Ding/ welliches vnder allen newen Dingen das aller newest: welche den Anfang deß Lebens gebracht.

Der H. Martyrer Iustinus, so gelebt nach Christi Geburt im 150. Jahr/ *I.* ein Jungfräwliche Vnderhandlerin vnserer Erlösung.

Der H. Gregorius Bischoff zu Neocæsarea, welcher wegen seiner grossen Wunderwerck Thaumaturgus genennt worden/ vnd gelebt vmb das Jahr Christi 233. *K.* Ein verborgner Schatz aller Gnaden/ vnd Heylisung:

Die I. Predig.

gung: ein erhebtes Bild der Reinigkeit/ vnd Heyligkeit: ein Pasten der Gerechtigkeit.

Der H. Martyrer Methodius vmb das 255 Jahr: *L.* ein Beschreibung deſſen/ der ſonſten nit kan beſchriben werden: ein Fackel der Glaubigen: ein Schatz der Liebe Gottes: ein Gnadenſtul/in welchem GOtt den Menſchen in Menſchlicher Geſtalt erſchinen: deß H. Geiſtes Vmbraculum, oder Schatten Hütten
S. Method.
L. Orat. in Hypapan.

Der H. Athanaſius, Biſchoff zu Alexandria, welcher dem Ertzketzer/ vnd MARIÆ Feind Aërio, ein Peyn/vnd aller anderer Ketzer/ſcharffer Beſtretter geweſen/ vnd geſtorben im Jahr 371. *M.* ein Widergebärerin: ein Fraw/ vnd Maiſterin: aller Gnaden vber voll: in allem angenemb/ vnd lieb.
S. Athanaſius.
M In Serm. de ſanctiſſima Deipara Maria.

Der H. Ephrem, Syriſcher Diaconus zu Edeſſen, vmbs Jahr Chriſti 365. *N.* Das fürtrefflichſte Wunder/ vnd mächtigſte Verſöhnerin der gantzen Welt/ein Hilff der Vndertruckten/vnd Gefahr leydenden: ein Frolockung der Krancken: ein Bronn alles Troſts: ein Frewd deß Menſchlichen Geſchlechts: der ſicherſte Port der in diſer Welt Schiffenden: ein Eröffnerin der Porten deß Himmliſchen Paradeyß: die einige Hoffnung der Sünder.
S. Epſirem.
N. De Laud. Virg.

Der H. Baſilius Magnus, Ertz-Biſchoff zu Cæſarea in Cappadocia, vmb das Jahr Chriſti 370. *O.* Vnſer Herrſcherin vnd Guetthäterin: Fluß der Güttigkeit: Bronn der Gnaden: Mittlerin zwiſchen Gott vnd den Menſchen.
S. Baſilius.
O. Lib. de Virginit.

Der H. Ambroſius Biſchoff zu Mayland/ vmb das Jahr Chriſti 374. *P.* Ein Kennzeichen deß Glaubens: Erſte Zeugin deß Herren Aufferſtehung: Reichthumb der Armuth: Ein Vergeltung der Andacht: ein Bildnuß der Jungfrawſchafft: Ein Himmels-Saal: ein Archen/ darinn das Euangelium verſchloſſen/ ꝛc.
S. Ambroſius.
P. In Lucam & aliàs.

Der H. Ioannes Chryſoſtomus, vmb das Jahr Chriſti 398. *Q.* Ein Zierd/vnd Beſeſtigung vnſerer Kirchen: der ander Himmel/ welcher auff Erden geweſen: Ein ſüſſer Troſt/ vnd Schirm der Bekehrten: ein lebhaffter Pallaſt deß Königs der Engeln: ein zubereites Heylthumb dem Herren/ ꝛc.
S. Io. Chryſoſtomus.
Q. Tomo 5. in ſua Lyturgia.

Der H. Kirchenlehrer Auguſtinus, vmb das Jahr 400. *R.* Ein Werck deß ewigen Raths: ein Mehrerin der Verdienſt: voll deß Glaubens/ ꝛc.
S. Auguſtin.
R. In Melliſ. & aliis ſerm. B. Virg.

Der H. Epiphanius, Biſchoff zu Salamina in Cypern/ſo geſtorben im Jahr Chriſti 406. *S.* Ein Wurtzel der Glory: ein Porten deß Himmels: ein entſetzliches Miracul: ein Thron der Gottheit: ein würdiges Wohn-Hauß deß Sohns Gottes.
S. Epiphan.
S. Serm. de Laud. B. Y.

B 3   Cyrillus

6 · Von Maria der Wunderbarlichen Mutter.

S. Cyrillus Alexandrin. T. Homil. de Nativit. Seruatoris, coram Patribus Ephesini Cõcilij habita.
Cyrillus Alexandrinus, umbs Jahr Christi 415. T. Ein Scepter deß Catholischen Glaubens, vnd köstliches Edelgestein.

Chrysippus. V. Serm. de Laud. Virg.
Chrysippus, ein Priester zu Hierusalem, im Jahr 500. V. Ein Zeugnuß deß Lebens: ein stätte Nachfolgerin Christi: ein Wisen voll lieblichen Geruchs deß H. Geists: ein Wurzel alles Guten.

S. Ildephon. VV. Lib. de Parturit. & Virginitat. Mariæ.
Hesychius, vmb das Jahr Christi, 601. ein Priester zu Hierusalem: ein Archen der Heyligen: der heyligsten Dreyfaltigkeit Complementum, oder Erfüllung: ein herzliche Zierd vnserer Natur: ein reine Turteltaub: ein Tempel grösser als der Himmel.

Der H. Ildephonsus. Bischoff zu Tolet, so gestorben im Jahr 669. seines Alters 60. VV. Ein Verwalterin Gottes: In allem vnser Helfferin bey ihrem Sohn: ein Form aller Kirchen GOttes: ein herrlich Maisterstuck der Andacht: ein Werck der Erlösung: der Jungfrawschafft Ewigkeit.

Georgius Nicomedia. Z. Orat. de Conceptione Virg.
Georgius zu Nicomedia, vmbs Jahr. 700. Z. Ein Gehülffin vnsers Heyls, starcke Wöhr der glaubigen Königen: ein starcke Maur der Vile der Glaubigen, ein fruchtbarer Oelbaum: die höchste Zier aller Schönheit.

Germanus, Constant. a. In epistol. & aliàs.
Germanus, Patriarch zu Constantinopel, vmbs Jahr 730. a. Ein Chur der vnheylsamen Wunden: ein gar new vnd Göttliche Schanckung: ein Erklärung der Geheimbnussen Gottes: ein Auffenthaltung deren, die sich vnder sich neigen: ein End aller Rathschläg deß Herren: ein Belehnung alles Guts: ein Veränderung alles Elends.

S. Damascenus. b. In Orat. de Nat. B. V.
Der H. Damascenus, im Jahr 750. b. Der tieffeste Abgrund der Gnaden: der Segen der Welt: ein Vrsprung alles Guts: ein Meermuschel, welche Christum das köstlich Perlein, eines vnendlichen Werths gebohren: ein Herrscherin aller Creaturen: ein vnerschöpflicher Brenn der Verzeyhung: ein Arzney aller Schmerzen deß Herzens, vnd Kranckheiten: ein Abgrund aller Wunderwerck: ein Werckstatt der vnendlichen Güter: ein vnerschöpfflich Meer der Frewden: ein Pruggen zum Leben: ein Bronnquell alles Guts: ein Ehr der Priester: ein Schatz der Kirchen, ec.

Theophan. e. In Hymno à se composito.
Theophanes ein Griech, im Jahr 840. c. Ein Herberg GOttes: ein Ernewerung deß Adams: ein Erlösung Euæ: einheiliger Berg: ein offenlich Heylthumb.

Idiota. d. In lib. Contempl.
Idiota, ein trefflicher vnd gelehrter Scribent, im Jahr 902. d. Ein Gesegnete, ein Vorgesegnete, ein Mitgesegnete, vnd Nachgesegnete: ein Lehrerin der Lehrer: ein Schatzkammer der Gnaden, ec.

Petrus Damianus.
Petrus Damianus, anfangs ein Religios S. Benedicts Orden, hernacher der Röm. Kirchen Cardinal, ist in einer Apostolischen Legation gestorben,

Die I. Predig.

storben/ im Jahr 1072. ein Sitz der Gottheit: gebohrne Jungfraw/ durch welche wir alle wider gebohren werden.

Der H. Anselmus, Bischoff zu Cantuarien in Engelland/ im Jahr 1109. Ein Königin aller Creaturen: ein Widerbringerin deß verlohrnen Menschen: ein wider Versöhnerin der Welt.   S. Anselmus.

S. Bernardus, im Jahr 1130 Ein köstliche Gaab: ein Vnderhändlerin aller Welt: ein Haußgenossin Gottes: ein Fraw vber alle Frawen verwunderlich: ein Bronn der Andacht: ein Mutter deß Heyls.   S. Bernardus.

Pabst Innocentius der Dritt/ im Jahr 1219. ein End der Verdambnuß: ein Vrsprung deß Heyls.   Innocentius III.

Der H. Bonauentura, Albanischer Bischoff/ vnd hernacher Cardinal/ starb im Concilio zu Lugdun Anno 1274. ein Fürsprecherin der Armen: ein Erbarmerin vnd Zuflucht der Sünder: ein Beförderin der Gerechten.   S. Bonauentura.

Der Selig Henricus Suso, vmb das Jahr Christi 1370. Das allerheiligste Paradeyß alles Wollusts; ein vberflüssige Behaltnuß aller Erbärmnuß deß Herrn: der Sünder einiger Trost/Zuflucht vnd Trösterin.   B Henricus Suso.

Der Selige Laurentius Iustinianus, Patriarch zu Venedig/ist gestorben im Jahr 1445. Ein Lehrerin deß Glaubens: ein Frewd der Engel: ein Zerstörerin vnd End der Sünd: ein Beybringerin/Ernewerin vnd Fridbringerin der Welt, ec.   Laurentius Iustinianus.

Mit dergleichen Lob-Namen vnd Ehrentitelen M A R I Æ, köndte allein auß den fürnembsten alten heiligen Vättern vnd Lehrern/ ein gantzes vnd grosses Buch voll angefüllt werden/aber auß disen wenigten lehrne mein Christ, wie GOtt selbsten in seinem heiligen Wort/ vnd die allein seligmachende Catholische Kirch/ der Rechtglaubigen/ auch die mit dem heiligen Geist erfüllte vnd erleuchte Alte Vätter vnd Lehrer/ zu allen vnd jeden Zeiten die Seligste Jungfraw M A R I A M hoch gepryßen/ vnd gelobt haben: dannenhero es ein vnverschambte Vermessenheit an etlichen seye/ daß sie sich derselben gleich schätzen/ vnd jhnen selbsten/auß Antrib der höllischen Schlangen/einbilden wollen/ Sie seye gleich ein Weib/ wie ein anders Weib/ vnangesehen Gott selbsten durch den Ertzengel Gabriel Jhr das Prædicat, vnd Zeugnuß geben lassen/ daß Sie sey gebenedeyet vnder vnd vber allen Weibern.   Mariæ Ehrentitul ein gantze Menge. I. Lehrstuck. Vermessenheit etlicher.

Vil anderst/ vnd ein mehrers hat der H. Cyprianus, e. von der Mutter Gottes gehalten/ vnd mit folgenden Worten geprediget: Die Göttliche Gerechtigkeit hat nicht gewolt/ daß jenes außerlehste Gefäß mit gemeiner Schmach solte zerrissen werden: dann es war zwischen Jhr vnd anderen ein grosser Vnderschid/ vnd eben diß jhr sonderliches Priuilegium, welches kein Weibsbild/ weder vor/ noch auch hernach erlangen mögen: Nemblich/ daß   S. Cyprianus. e Serm. de Nat. Christi.

8 Von Maria der Wunderbarlichen Mutter.

daß sie zugleich ein Mutter/ vnd Jungfraw/ mit beyden Titulen bezeichnet seye: darumb hat der Mutter gebührt die Völle der Gnaden/ vnd der Jungfrawen ein mehrere Ehr/ als einer/ die an Leib vnd Seel einer fürtrefflichen Reinigkeit/ auch der Geistlichen vnd Leiblichen Gegenwertigkeit Christi/ von innen vnd auffen genossen hat.

II. Lehrstuck.
Simon Garcia.

Darnach lehrne/ nach Anweisung deß Worts Gottes/ vnd zur Nachfolg heiliger Leuth/ MARIAM verehren/ mit allerhand Ehren-Titulen/ vnd Lob-Namen: als wie gethan Simon Garcia, auß dem Orden der Mündern Brüdern/ welcher Sie täglich offtermal also gegrüßt: Aue Filia Dei Patris: Aue Mater Dei Filij, Aue Sponsa Spiritus sancti, Aue Templum totius Trinitatis: Sey gegrüßt du Tochter Gott deß Vatters! Sey gegrüßt du Mutter Gott deß Sohns! Sey gegrüßt du Gespons deß heiligen Geists! Sey gegrüßt du Tempel der gantzen Dreyfaltigkeit. Franciscus Poirzeus.

Tr. 4. tripl. Coronæ, c. 9.5.9. n.14.

Stephanus Binet.
B. L. Fr. Lytaney/ vmb ein seeliges End zu betten.

Insonderheit aber verehre die Seeligste Jungfraw MARIAM mit täglichem Gebett der Lytaney von Vnser Lieben Frawen: dann in derselben seynd die maiste Figuren deß Alten Testaments/ vnd alles/ was die H. Vätter von Jhr/ vnd an Jhr gerühmbt haben/ gleichsamb in einem kurtzen Begriff zu finden: vnd hat Pater Stephanus Binet der Societet IESV, ein Gesellschafft oder Bruderschafft auffgericht/ daß immer einer für den andern dise Lytaney/ MARIÆ Huld/ vnd ein seeliges End vnd Sterbstündlein zu erwerben/täglich betten solle.

Diser Gesellschafft kan sich ein jeder Christ selbsten einverleiben/ wann er nur sein Hertz vnd Meynung vereiniget mit denen/ welche solche betten/ vnd jhme fürnimbt/ alle Tag dise Lytaney zu betten/ damit er für sich/ vnd andere/ von der Mutter Gottes/ die Gnad wol zu sterben/ erhalten möge. Ein herrliche vnd nutzliche Vbung: dann an der letzten Sterbstund ligt die ewige Seeligkeit: vnd seelig ist der jenig/ vnd abermahl seelig/ vnd wird ewig seelig seyn/welcher damahls im letzten Todtskampff/ die Mutter Gottes auff seiner Seiten haben wird.

Der II. Theil.

Der Ehren-Tittul/ Mutter Gottes/ vbertrifft alle Lob-Namen MARIÆ.

ES werden nun MARIÆ so vill/ so hohe Ehren- vnd Preyß-Namen gegeben/ als immer seyn kan/ seynd sie dannoch alle zu wenig/

Die I. Predig.

nig/ gegen dem/ daß Sie ist/ vnd genennet wirdt Mater DEI, ein Mutter Gottes: Wie P. Iodocus Lorichius, vber disen EhrenTitul mit folgenden Worten erkläret/ vnd also sagt: *A. Alles Lob* MARIÆ, *so vil das Menschlich Gemüth immer erdencken kan/ ist entweders nur ein kurtzer Begriff/ oder Erfüllung dessen/ daß Sie ist* Mater DEI, *ein Mutter Gottes.* Ich schawe gleich zu MARIA auff gen Himmel/ oder wirff mich vor dero Bildnuß hider auff die Erden / so thue ich diß allein/ daß ich bezeuge/ MARIA sey ein Mutter GOttes. Wann du gleich MARIAM dein Frewd/ dein Hoffnung / dein Heyl/ dein Leben nennest: so sagst du noch weniger/ als wann du Sie nennest Matrem DEI, ein Mutter Gottes. Nennest du Sie ein Patronin/ ein Fürsprecherin/ ein Fraw/ ja Königin/ nit allein der Menschen/ sondern auch der Himmeln/ vnd Englen/ so ist Sie noch vil mehrer/ daß Sie genennet wirdt/ vnd ist ein Mutter Gottes. Aller Gewalt/ alle Ehrwürdigkeit MARIÆ kombt daher/ weil Sie ist Mater DEI, ein Mutter Gottes.

Eben dises bestättiget auch der H. Bernardinus sprechendt: *B. Die Mutter vnsers Herrn* IESV *Christi ist vmb so vil mehr erhöhet/ vnd würdiger gemacht worden / als die Engel/ vmb wie vil mehr Sie vor allen anderen Creaturen ererbt hat/ daß Sie ist/ vnd trägt den würdigsten Namen Mutter GOttes.*

Es thut Sabellicus Meldung *C.* von einem fürtrefflichen Redner/ welcher Philippum, den König der Macedonier/ mit herrlichen LobNamen herfür gestrichen / vnd als er die Hochheit seines Stammens vnd Geschlechts/ den Vberfluß seiner Reichthumb/ sein Heroisches Gemüth im Kriegen/ vnd andere lobwürdige Ritterliche Thaten/ mit mehrerm gerühmbt/ auch sein Sig/ Sigzaichen/ Eroberungen/ vnd Triumph nach längs erzehlt/ endet er also: Hoc vnum tibi dixisse sufficiat: Filium te habuisse Alexandrum: das ist: Diß allein soll dir gnug zu deinem Lob gesagt seyn/ daß du Alexandrum zu einem Sohn gehabt hast. will sagen/ daß alles Lob/ so ihme kan gegeben werden/ noch zu wenig sey/ gegen dem/ daß er ist/ vnd genennt wirdt ein Vatter Alexandri Magni.

Auff dise Weiß kan auch die Glorwürdigste Jungfraw MARIA gerühmbt/ vnd gelobt werden/ von der Hochheit ihres Stammen/ vnd Geschlechts/ auß den Patriarchen/ Hertzogen/ vnd Königen/ rc. Von ihrer Vnbefleckten Empfängnuß: von ihrer Geburt/ so von Anfang der Welt erwartet worden: von ihrer Auffopfferung im Tempel/ im dritten Jahr ihres Alters: von ihrem Gelübd Ewiger Jungfrawschafft: von ihrem Leben: Tugenden: vnd vilen anderen: Sed hoc vnum sufficiat dixisse: Filium

Iodoc. Lorichius.
A. in Triumpho B. Virg. ex Auctore recentiori Anonymo.

Maria, vnser Frewd.

Daß Maria ein Mutter Gottes / vbertrifft alles.

S. Bernardinus.
B. Tom. 3. Con. 61, Orat. 2. cap. 4.

Sabellicus.
C. In Philippo Maced.

Lob der Eltern/ wegen guter Kinder.

Mariæ Hochheit / nach ihrem Stammen.

Von Maria der Wunderbarlichen Mutter.

te habuisse DEVM: MARIA ist vber alles gelobt in deme/ daß man von ihr sagen kan/ daß Sie sey ein Mutter Go.tes/ vnd habe Gott zu einem Sohn gehabt.

Auff disses hat auch sein Absehen gehabt der H. Euangelist Matthæus: dahero. als MARIÆ Eltern/ Vor Eltern/ Annaten/ groß vnd klein Annaten/ nach längs beschriben/ endet er also: De qua natus est IESVS, qui vocatur Christus: Von welcher gebohren ist IESVS, derda genennt wird Christus. Die halter auch der H. Euangelist darfür/ daß eben darumb/ weil auß MARIA Christus gebohren/ vnd also Sie ein wahre Mutter Gottes ist/ Sie weitter keines Lobs vonnöthen hab/ dann dises schliesse alles anders Lob/ Hochheit/ vnd Gnaden in sich.

Matth 1.16.

Genes. 1.

Diser Sachen haben wir ein Entwerffung im ersten Buch Moysis, allda gelesen wird/ wie daß vor Zeiten Moyses die Erschaffung der ganzen Welt/ vnd also auch deß Adams beschriben/ aber von keiner Tugendt desselben Meldung gethan/ sondern alleinig gesagt: Creauit DEVS hominem ad imaginem, & similitudinem suam: GOtt hat den Menschen nach seiner Bildnuß erschaffen/ nach dem Bildnuß Gottes hat er ihn erschaffen/

Genes. 1.27.

Nun aber ist gewiß/ vnd lehret auch solches der heilige Thomas von Aquin, D. Daß Adam mit herzlichen Tugendten/ vnd Gnaden begabt gewesen: daß er ein eingegossne Wissenheit aller natürlichen Sachen gehabt/ er hat gehabt den vbernatürlichen Glauben/ auch alle/ so wol natürliche/ als vbernatürliche Tugendten: er ist begabt gewesen mit angebohrner Fürsichtigkeit/ alles zuthuen/ vnd zulassen: er hat auch gehabt den höchsten Grad der Betrachtung Gottes/ der Engel/ ꝛc. Dise/ vnd vil andere Sachen mehr/ vbergehet der H. Moyses, vnd sagt allein: Creauit DEVS, der Mensch sey nach dem Bildnuß GOttes erschaffen: Warumb dises? Darumb: weil dises/ daß er zur Bildnuß GOttes erschaffen/ alle andere Ding in sich begreifft: Also schliesset der Titul: Mutter GOttes/ alle andere Vollkommenheiten/ vnd Ehren in sich.

D.P.1.q.95. Adams Fürtrefflichkeit.

Eben dises bestättiget P. Ieremias Drexelius der Societet IESV, welcher wegen seiner Geistreichen Büchern in der ganzen Welt berühmbt: E. Daß alle Lob- vnd Preyß Namen/ welche die alte/ vnd gelehrte Welt/ auß Andacht ihr zugeeygnet/ in disem vbereins kommen/ vnd alle dahin gericht werden/ daß Sie ist/ vnd genennt wird Mater DEI, ein Mutter Gottes: Dann/ sagt er/ Sie kan nit weiter erhöcht vnd gelobt werden/ als daß Sie genennt wird Mater DEI, ein Mutter GOttes.

P. Drexel. E. In lib. Roræ Selectiss. Virtut. D 11 Matri dicatæ, part. 1. cap. 10.

Auff dises deuttet auch Georgius Schrötelius der Societet IESV, vber

P. Schrötel.

disen

Die I. Predig.

vnsern Lobtitul/ also sprechend: *F. Qui hanc Virginem, Matrem Dei dicit, omnia dicit.* Wer dise Jungfraw ein Mutter Gottes nennt/ der sagt alles: dann alles Lob vnd Ehr/ alle Würdigkeit vnd Hochheit/ aller Gewalt vnd Macht/ so MARIÆ gegeben ist/ ist in disem begriffen/ daß Sie ist ein Mutter Gottes. Dahero von Ihr kan gesagt werden/ was Oseæ stehet: *Omnis gloria eius ab vtero:* All jhr Herrligkeit hat Sie von jhrem Leib/ auß welchem Sie ein Mutter Gottes / vnd also aller Ehren würdig worden.

F. In apere argumentosa.

Oseæ 9. 11.

Es habens die Alten für ein grosse Gnad gehalten/daß Sara/ Rebecca/ Rachel/ Anna/ vnd andere mehr/ welche vnfruchtbar waren/ durch Gottes Segen/ Mütter fürnemmer Kinder worden / die Gott dem HERRN fleissig gedienet/ vnd die Verheissung deß Messiæ empfangen haben : Was soll aber dise Gnad gegen der vberschwenglichen Gnad der Gebährerin Gottes zu rechnen seyn?

Gen. 18. 25. 31. 1.Reg.1.

In Betrachtung Vnser Mutterschafft/ schreibt der H. Anselmus also: Das menschlich Gemüth mercke / vnd betrachte / sehe vnd verwundere sich: GOTT hat Jhme einen Einigen / Jhme in einerley Wesen gleichen Sohn gebohren/ vnd disen Einigen/ Jhme in allem gleichen Sohn/ hat Er nie lassen allein verbleiben vnd seyn/ sondern gewolt/ daß eben derselbe *in rei veritate,* in der Warheit vnd That/ auch ein Einiger vnd natürlicher Sohn/ vnd zwar in einer Person/ MARIÆ seye: Es sagt der Ewig Vatter: Du bist mein Sohn / Ich hab dich gebohren. Eben das sagt auch wahrhafftig MARIA: Du bist mein Sohn / Ich hab dich gebohren.

G. Lib. de Exul. Virg. cap. 3.

Jungfräwliche Mutter.

Die lehrne mit der heiligen Fürstin auß Schweden Birgitta/ vnd ihre Sohn Carolo, MARIAM auch darumben fürnemblich zu verehren: weil Sie ist ein Mutter Gottes. Birgitta pflegte also zu sagen: Mein liebe Mutter/ es solt mir vil leydenlicher seyn/ in den Abgrund der Höllen verstossen zu werden/ wann ich nur in der Gnaden deines Sohns wäre / als wann du nicht Gottes Mutter wärest : Vnser liebe Fraw aber hat jhr dise That/ vnd diß Zeugnuß der Liebe also gefallen lassen/ daß Sie gesprochen: Mein Tochter/ sey versicheret/ daß MARIA, welche du so hoch schätzest/ vnd so innbrünstig liebest / dir tausentmal mehr nutzen werde/ als alle andere Creaturen/ als dein Ehemann/ als deine Kinder/ vnd als du dir selbsten.

Sehr/ MAriam zu verehren.

Der Fürst Carolus, welcher die Andacht gegen vnser lieben Frawen von seiner Mutter ererbt/ vnd erlehrnet/ sprach also: Mein Allerliebste/

B ij   vnd

Von Maria der Wunderbarlichen Mutter.

Andacht gegen Mariam, nutzlich.

vnd Gnädigste Fraw/ ich wolte lieber in der Höllen seyn/ von allen Todtsünden befreyt/ als die geringste Verminderung/ vnd Ringerung deiner Ehren sehen/ vnd leyden: Dise Ubung vnd Andacht ist ihme vberauß nutzlich gewesen: dann die Mutter Gottes in seinem Todt-

H. Lib. 7. cap. 13. & Franciscus de la Croix areola 2.c.1. p.1. refert. Ioan. Berchmanus.

kampff/ auch vor dem Richterstul Christi trewlich beygestanden/ vor den bösen Geistern erlediget/vnd ihme die ewige Seeligkeit erhalten: wie in den Offenbahrungen der H. Birgittæ mit mehrerem zu lesen. *H.*

Ioannes Berchmanus auß der Societet IESV, pflegte auch die Mutterschafft MARIÆ zu verehren/ vnd täglich neunmahl also zu sprechen: Beata Viscera Mariæ Virginis, quæ portauerunt æterni Patris Filium: Seelig ist der Leib MARIÆ der Jungfrawen/ welcher deß ewigen Vatters Sohn getragen hat: Vnd allemal knyet er nider/ wann ers widerholet/ zu Ehren der neun Monat/ welche die heilige Jungfraw ihr liebes Kind in ihrem Jungfräwlichen Leib getragen hat.

Laßt vns dieser heiligen Exempel nachfolgen/vnd zu Ehren der Mutterschafft MARIÆ, mit dem Euangelischen Weiblein auffschreyen: Beatus venter, qui te portauit, & vbera, quæ suxisti: Seelig ist der Leib/ der dich getragen hat/vnd die Brüst/die du gesogen hast.

Luc. 11.27.

Der III. Theil.

Der Ehren Tittul/ Mutter GOttes/ bringt mit sich ein vnendliche Würdigkeit/ vnd alle Gnaden.

IN Betrachtung/ daß MARIA ein Mutter Gottes/ eygnet ihr der Englische Lehrer Thomas von Aquin, ein Vnendliche Würdigkeit zu/ vnd sagt: *A.* Die Menschheit Christi/ weil sie GOtt vereiniget: die erschaffene Seeligkeit/ weil sie ist die Niessung Gottes: die Seelige Jungfraw/ weil Sie ist die Mutter Gottes / habe ein vnendliche Würdigkeit auß dem vnendlichen Gut/ welches ist GOtt; vnd dieses Theils kan nichts bessers vnd höhers/ als Sie ist/ werden/ gleich wie nichts höhers vnd bessers/ als GOtt/ seyn kan. Hiervon schreibt der heilige Bonaventura also: *B.* Die Jungfraw MARIA ist ein solche Mutter/ daß auch GOtt kein grössere machen köndte: GOtt kan machen ein grössere Welt: GOtt kan machen ein grössern Himmel: aber ein grössere vnd würdigere Mutter/ als die Mutter GOttes/ kan GOtt nicht machen. Gregorius Magnus bezeuget: *C.* daß ihr Würdigkeit vbertreffe aller anderen

A. Part. 1. q. 25. art. 6. ad 4.

S. Bonauentura. B. In Speculo. S Gregorius C. In 1. lib. reg. cap. 1.

Außer-

Die I. Predig.

Außerwöhlten/ vnd ihr Hochheit der Verdiensten sey hoch vber alle Chör der Engel erhoben.

Beyde/ Laurentius Iustinianus, D. vnd Anselmus, E. lehren: daß allein dises/ das von der seligsten Jungfrawen MARIA mag gesagt werden/ Sie sey ein Mutter GOttes/ vbertreffe alle Hochheit/ die nach Gott kan außgesprochen/ vnd erdacht werden. D. De Purific. Virg.
E. De Excel. Virg. cap. 2.

Als Andreas Cretensischer ErtzBischoff/ ein sonderbahrer Liebhaber vnd Verehrer MARIÆ, die Hoch- vnd Würdigkeit MARIÆ beschrieben/ vnd aber die Erklärung diser Matery nit fast/ vnd würdig gnug fürbringen könte/ brach er mit sammentlicher Zungen in dise Wort herfür: F. Nouum, & inæstimabile hoc Mysterium, ab omni infinitate, infinities infinitè esse exemptum: qui potest capere, capiat. Dieses newe/ vnd vnerschätzliche Geheimnuß/ ist von aller Vnendtlichkeit/ auff vnendtliche Weiß vnendtlich abgesöndert/ vnd außgenommen: wers fassen kan/ der fasse es. Andreas Cretenf.
F Orat.1.de Dormit. B. Virg.

Dahero der H. Augustinus schreibt: G. Daß MARIÆ Würdigkeit nit allein kein Hertz fassen könne/ sondern er kecklich außsprechen dörffe/ H. Daß auch die Jungfraw MARIA, welcher dieses Geheimnuß bewußt war/ die Hochheit desselben nicht hab können außsprechen. Ja/ derosselben Hochheit/ vnd Würdigkeit ist so groß/ daß solche zu erkennen/ allein GOtt vorbehalten/ wie Bernardinus Senensis außsaget. I. G. In initio Lib. de Assumpt.
H. Serm. super Magnif.
I. Tom. 2. serm. 5. art. 3. cap. 1.

Der H. Bernardus hat hiervon auch also geprediget: K. Wann du auffmerckest/ wessen Mutter Sie seye/ wohin kundt dich wol vber ihre verwunderliche Hochheit die Verwunderung führen? Nemblich dahin/ daß du sehen würdest/ du köntest dich nit gnugsamb verwundern: wird nit die nach deinem/ vnd der Warheit Vrtheil/ welche GOtt zu einem Sohn gehabt/ vber alle Chör der Engel erhöhet werden? K. Homil. 1. super Missus est.

Diser Vrsachen halben hat sich der seelige Hermannus, Seruiten-Ordens/ niemahlen gnug vber die gebenedeyte Glider MARIÆ der Jungfrawen verwunderen/ vnd in selbige verlieben köndten: in dem er andächtig betrachtet die Würdigkeit der Mutter Gottes: wie ihr Heyliger keuscher Leib den/ so Himmel vnd Erden nit begreiffen kan/ gantzer neun Monat in sich beschlossen: wie ihr Jungfräwlich Hertz die höchste Geheimbnussen deß wahren Glaubens/ so allen Englischen Verstandt vbertroffen/ fassen mögen: Ihre heylige Brüst/ die den so reichlich ernehret/ der doch das Vögelein im lüfft versorgt: Ihre H. Händ/ welche das zarte Kindlein in Windelein gewicklet: Ihr heyliger Mund/ der dem süssen Kind so manchen Kuß verliehen hat/ vnd also alle Glider; welche er darauff mit einem Aue Maria gegrüßt hat. B. Hermannus, Ordin. Seruit.B.V. Würdigkeit der Gliederen Mariæ.
Stammenbuch.7.Apr.

B iij

Zum

Von Maria der wunderbarlichen Mutter.

Zum II. ist zu betrachten / wie daß GOtt der himmlische Vatter MARIAM, als ein wahre Mutter seines Eingebohrnen Sohns / mit allen Tugenden vnd Gnaden / von Ewigkeit her versehen / vnd gezieret / wie aber-

L. 3. p.q. 17. art. 4.

mahl der H. Thomas von Aquin lehret: *L.* Die Würdigkeit der Mutter Gottes / ist ein Bronn vnd Vrsprung der höchsten Gnaden vnd Gaaben / so Ihr vber alle Menschen vnd Engel von GOTT verlyhen worden. Ja / MARIÆ Heiligkeit außsprechen / ist allen menschlichen Zungen vnmüglich / sagt der H. Augustinus. *M.* Dann es hat sich gezimmet / schreibt der H. Anselmus, *N.* daß die jenige Jungfraw / welcher Gott seinen Sohn also zu geben / fürgenommen hat / daß eben derselb auch ihr Sohn sey / einer solchen Reinigkeit wäre / daß kein grössere vnder GOTT wird erdacht werden. Widerumb / *O.* Weil dann für die Ankunfft eines jrdischen Menschen ein solche grosse Zubereittung geschicht / was vermeynen wir / wie grosse Zubereittung muß geschehen seyn für die Ankunfft deß himmlischen Königs in das Hertz der Jungfrawen / welche Ihn / nicht nur als einen fürüber Reysenden / beherbergen / sondern auch auß ihrer Substanz , vnd Natur gebähren sollen?

M. De Assumpt. initio libri.
N De Concept. Virginali, cap. 18.
O. De Excell. Virg. cap. 3.

Sophronius.
P. In serm. de Assumpt.

Recht sagt Sophronius: *P.* Anderen wird die Gnad stuckweiß gegeben / aber in MARIAM hat sich die Völle aller Gnaden außgossen : dann als ein Mutter Gottes hat Sie nit nur allein / als wie andere Menschen / von der Vollkommenheit deß Sohns Gottes genemmen / sondern selbige gantz vollkommentlich empfangen / vnd gebohren : Als ein Mutter Gottes / (schreibt Ambrosius, *Q.*) ist Sie mit dem Schöpffer / vnd Bronnen aller Gnaden erfüllt worden: Als ein Mutter Gottes / (sagt der heilige Hieronymus, *R.*) ist Sie gantz voller Gnaden / weil Sie den empfangen / in welchem die vollkommene Gottheit gewohnt: Als ein Mutter Gottes. (schreibt der H. Athanasius, *S.*) ist in Sie herab gestigen Gott der H. Geist / mit allen seinen wesentlichen Gaaben vnd Tugenden: Als ein Mutter Gottes / (sagt der H. Chrysostomus, *T.*) ist Sie ehrwürdiger / als Cherubin / vnd vnschätzbarlicher hoch erleuchtet / als Seraphin: Ja / als ein Mutter Gottes / (sagt der H. Augustinus, *V.*) ist Sie Gott in aller Vollkommenheit gantz eygen gemacht vnd geweyhet: Also daß Sie recht vnd wol von dem H. Damasceno, *X.* Abyssus gratiæ, ein vnergründtliches Meer der Gnaden : vnd von Chrysologo, *Y.* Collegium Sanctitatis, ein Versamblung aller Heiligkeit genennt wird.

S. Ambros.
Q. Lib. 1. c. 2.
S. Hieron.
R. In Epist. ad Princip.
S. Athanas
S. In Euang. de SS. Deip.
S. Chrysost
T. In sua Lyturgia.
V. Lib. 8. de Virginit. c. 4.
S. Damasc.
X. Orat. 1. de Assumpt.
Y. Serm. 146.
A. In Offic.
B. Virg.

Zum III. ist zu mercken: daß Crafft diser Mutterschafft / nach Gott / MARIA alles Lobs würdig / ja von vns nicht gnugsamb könne gelobt / vnd geprysen werden: Wie dann die Catholische Kirch vns dessen erinnert / vnd spricht: *A.* Felix namque es sacra Virgo MARIA, & omni laude dignissi-

Die I. Predig.

dignissima, quia ex te ortus est Sol Iustitiæ, Christus Dvs noster. Seelig bist du/ O heilige Jungfraw Maria, vnd alles Lobs gar würdig/ weil auß dir ist außgangen die Sonn der Gerechtigkeit/ Christus vnser GOtt.

Auff dises deuttet die Mutter Gottes selbsten/ da sie in jhrem Lobgesang vorgesagt: Ecce enim ex hoc beatam me dicent omnes generationes: Luc. 1. 48. dann sihe/ von nun an werden mich seelig sprechen alle Geschlecht.

Andreas Cretensis predigter: *B. Daß es allein ein Werck Gottes sey/* Andr. Cretensis. Sie der Würdigkeit nach zuloben/ als welcher allein weißt/ wie grosse Wunder Er an jhr gethan. B. Orat. 1. de Dormit.

Diser Vrsachen halber hat der H. Chrysostomus in sein Lyturgiam, S. Chrysostomus. oder Meßform dise Wort gesetzt: Ja/ warhafftig ist es recht vnd billich/ dich (O heilige Gottes Gebärerin) zuloben/ vnd dich allezeit für die Seeligste/ S. Bonauentura. vnd gantz vnd gar vnbefleckteste/ heilige Mutter vnsers Gottes/ Ehrwürdiger als Cherubin/ vnd Glorwürdiger als Seraphin zuehren. So lehrt auch der H. Bonauentura: *G. Die Würdigkeit der Mutter Gottes sey so groß/* C. In 1. sent. daß/ wann alle Creaturen/ auch welche den höchsten Grad/ vnd Staffel deß epist. 4. in Adels/ vnd der Ehren erreichen/ gegenwertig wären/ sie alle derselben Reue-expofit.text, rentz vnd Ehr erweisen müßten.

Wie grosses Lobs Maria würdig/ hat auch erkläret der Seelige P. Maria ist Ioann. Augustinus, Dominicaner Ordens/ ein grosser Liebhaber vnser lieben grosses Lobs Frawen/ welchem Sie mit S. Vrsula/ im Todtbeth/ in sehr grosser Gestalt würdig. erschinen: Als diser fromme Pater vom Sathan versucht war/ wider die heyligste Dreyfaltigkeit/ vnd wider Mariæ Mutterschafft/ als wann Sie so grosser Ehren vnwürdig wär/ vnd man dardurch GOtt die Ehr entziehe/ streckte er drey Finger in die Höhe/ vnd sagt: Nur ein GOtt/ nur ein GOtt/ drey Personen: Maria ist ein Jungfraw/ vnd Mutter/ ist noch grösser/ noch grösser/ noch vil grösser Ehren würdig. Mit disem solst du/ nechst GOtt/ auch Marian allzeit loben/ Sie wirds dir hie vnd dort vergelten.

Ich beschliesse die gantze Predig mit dem H. Athanasio, diser redet Ma- Beschluß: riam Beerweiß an/ als ein Fraw vnd Herrscherin/ vnd führt ein/ wie der Engel Gabriel jhr das erste Lobgesang gemacht/ *D. vnd wie nach jhme alle* D. In Euang. Orden/ vnd Chör der Englischen Heerschaaren loben/ auch wie von jh- de SS. Deip. nen wir Menschen, vnderwisen/ Sie erheben/ loben/ vnd sprechen sollen: Gegrüßt seyest du/ voll der Gnaden/ der Herr ist mit dir/ du bist Gebenedeyet/ vnd Gebenedeyet ist die Frucht deines Leibs JESVS/ Disen zeige vns hie in vnserm Leben/ vnd Absterben; vnd dorten in der Ewigen Frewd/

Von Maria der Wunderbarlichen Mutter.

Freud vnd Seeligkeit / welliche vns verleyhen wolle die Allerheyligste Dreyfaltigkeit / GOTT Vatter / Sohn / vnd Heyliger Geist / Amen / Amen.

Die ander Predig.

Mater Admirabilis, Ora pro nobis.

Wie / vnd warumb die Seeligste Jungfraw MARIA zu einer Mutter GOttes erwöhlt / vnd derselben wahre Muttersschafft / von GOtt / den Englen / vnd heyligen Leuthen / auch gantzer Catholischen Kirchen / jederzeit bestättiget worden.

Tempel Salomonis. Heyligkeit. 2. Mach. 2. 23. 1. Petr. 2 2. 5. War groß. 2. Par. 2. 5. Psalm 47. 3. Schön.

A. Anno Mundi 3017. in Scholijs, n. 43. Heilig. Esa. 64. 11. Ier. 17. 12. Gottes Wohnung.

1. Par. 29. 1.

IN heyliger Schrifft werden vil Wunderding von dem Tempel Salomonis erzehlt: vnd zwar erstlich / daß derselbe in aller Welt herrlich / vnd berühmbt gewesen.
Zum II. Wirdt er berühmbt von der Grösse: das Hauß/ (spracht Salomon zu Hiram) daß ich erbawen will / soll groß seyn: vnd zwar also groß das solches von dem König Dauid, Ciuitas Regis magni, ein Statt eines grossen Königs genennt wirdt.
III. Wirdt der Tempel Salomonis gerühmt von der eusserlichen / vnd innerlichen Schönheit / dann auff die Erbawung / vnd Zier dises Hauß / seynd vnzahlbare Schätz verwendt worden / Also daß so wol ausser / als inner demselben / alles von Gold vnd Zierat geschlimmert: Iacobus Salianus A. macht Raittung auff dreymal hundert tausent Million Gold / so allein auff die Zier deß Tempels verwendt worden.
IV. Wirdt solcher gerühmbt von der Heyligkeit: wie dann der ausser Theil / Sanctum. Heylig; vnd der innerste Theil / Sanctum Sanctorum, das Allerheyligist; vnd sonsten ins gemein / ein Orth der Heyligung genennt wirdt.
V. Vnd fürnemblich wird diser Tempel daher gerühmbt / weil GOtt selbsten auff ein sonderbahre Weiß darinnen gewohnt / vnd den Menschen grosse / vnd sonderbahre Gnad erzeigt hat: Opus grande est, sagt die Schrifft / neque enim homini præparatur habitatio, sed DEO: Das Werck ist groß / dann es nit eines Menschen Wohnung / sondern GOttes deß HErzen: In Betrachtung vnd Verwunderung dises /
schrye

Die II. Predig.

schrye Salomon auff/ vnd sprach: Ergóne putandum est, quòd verè DEVS habitet super terram! Solt man auch meynen/daß Gott wahrlich auff Erden wohne! sihe/ der Himmel/ aller Himmeln Himmel/mögen dich nicht verschliessen / noch vmbgreiffen: wie solts dann das Hauß thun/ das ich gebawet? In summa / glorwürdige Ding seynd von disem Tempel gesagt worden. 3.Reg.8.27.

Geliebte in dem HERRN: mit der Römischen Catholischen Kirchen/ vnd dero heiligen Lehrern vnd Vättern/ will ich durch den Tempel Salomonis verstanden haben die Allerseligste Jungfraw / vnd wunderbarliche Mutter Gottes MARIAM: dann Sie I. vermög jhrer selbst eygnen Weissagung / in aller Welt gerühmbt / vnd alles Lobs würdig / Sie auch alle Geschlecht vnd Völcker selig sprechen müssen.   Maria, alles Lobs würdig. Luc.1.48.

II. Ist Sie groß: weil der/ welcher mächtig ist / grosse Ding an jhr gethan; wie Sie in jhrem Lobgesang selbsten bezeuget.   Groß. Luc.1.49.

III. Ist Sie auch gantz schön/vnd kein Mackel in jhr zu finden: wird auch billich genennt die Allerschönste vnder den Weibern / weil Sie ist ein Begriff aller Vollkommenheiten: vnd der Natur Holdseligkeit selbsten; wie der H. Damascenus redet. B.   Schön. Cant.4.7. Cant.1.8.

IV. Wird Sie auch billich gerühmbt von der Heiligkeit/ dann Sie voll aller Gnaden/ vnd ein Versamblung aller Heiligkeit/ als in welche Gott die Völle aller Gnaden vnd Heiligkeit außgossen: daß an Jhr vberwahr/ was beym Propheten Ezechiel vom Tempel Salomonis gesagt wird: Omnis finis eius in circuitu, Sanctum Sanctorum est, Als weit er seinen Begriff hat/das Allerheiligst seye.   B. Orat.1. de Natiuit. B. Virg. Heilig. Ezech.41. 12.

Letzlich vnd insonderheit wird MARIA gerühmbt/ weil in Jhr das Wort Fleisch/vnd GOtt Mensch worden/auch auff ein sonderbare Weiß/ neun Monat lang in Jhr gewohnet/ vnd durch Sie der gantzen Welt grosse vnd sonderbare Gnaden erzeigt hat.   Wohnung Gottes.

Vom Ehrentittul/ Mutter Gottes/ auch wie hoch die Seligste Jungfraw MARIA dardurch erhebt / vnd von GOtt mit allen Gnaden versehen/ auch Sie deßhalben von vns gegrüßt/ vnd verehret werden solle/ ist in erster Predig gehandlet worden: In Fortsetzung aber diser Materi/ will ich/geliebts Gott / in folgender Predig erklären / wie vnd warumb Sie zu einer Mutter Gottes erwöhlt worden / vnd derselben wahre Mutterschafft / von GOTT vnd Engeln / auch heiligen Leuthen / vnd der gantzen Catholischen Kirchen jederzeit bestättiget worden : Der Hoffnung/ic.

C   I. Theil.

Der I. Theil.

Wie/ vnd warumb MARIA zu einer Mutter Gottes erwöhlt worden.

Maria ist von Ewigkeit zu einer Mutter Gottes erwöhlt worden.
A: n. parte. q.21. disp.3. sect.3: Iccli.24.5. S. Augustin. L. In serm. de Annunc. Petrus Damianus. C: Serm. de Nativit. Galatinus. D. Lib.7. de arcanis Cathol. veri. Prou.8.22. 23.
Gleichnuß.

Anfangs ist zu wissen / daß GOtt der Himmlische Vatter vnser liebe Fraw von Ewigkeit her / zu einer Mutter seines eingebohrnen Sohns erwöhlet: dann wie der hochgelehrte P. Franciscus Suarez lehret/ A: saißt MARIA auch in der Göttlichen Wahl / der nemblich von Ewigkeit der Christi Menschwerdung beschlossen/ von Christo nit abgesöndert gewesen/ sondern im nechsten Augenblick darauff würcklich zu einer Mutter Christi erwöhlt worden: diser Vrsachen halben nennet Sie der weise Syrach Primogenitam, die Erstgebohrne vor aller Creatur: vnd sagt der H. Augustinus, B. MARIA sey æterni consilij opus, ein Werck deß ewigen Raths. Petrus Damianus der Röm. Kirchen Cardinal, nennt Sie C. Prælectam, ein Vorerwöhlte/ als welche vor der Welt Anfang/ von Ewigkeit her in dem Rath der Göttlichen Weißheit/ auff ein sonderbare Weiß/ vor allen anderen zu einer Mutter Gottes erwöhlt worden: wie dan auch nach der Lehr Galatini. D. vonden fürnembsten Vättern auff Sie gedeutet wird / was in Sprüchwörtern Salomonis geschriben: Der HErr hat mich gehabt im Anfang seiner Wege/ von Anbegin her/ ehe daß Er etwas macht. Item: Ich bin geordnet von Ewigkeit/ vnd von Alters her/ ehe daß die Erd war.

Wann man einem etwan ein gemahltes Bild von vilen Farben fürstellet/ so haben zwar alle Farben deß Bilds ein gleiche Distanz, vnd Weitte von dem Beschawer/ aber gemeiniglich scheint eine vor allen anderen Farben herauß: welche beydem Beseher ein Vorzug hat. Also seynd zwar von aller Ewigkeit her / Gott alle Creaturen fürgestellt gewesen: aber vnder allen hat den Vorzug gehabt MARIA.

Mariæ Hochheit.
Zum II ist zu mercken/ daß MARIA zu solcher Hochheit erwöhlt worden auff folgende Weiß: Im Göttlichen Rath war von Ewigkeit her beschlossen / daß Christus Jesus durch Annemmung der Menschlichen Natur/ das Menschliche Geschlecht erlösen solle: weilen aber Gott durch die Sünder bainydiget/ vnd also von denselben flüchtig worden vnd gewichen/ hat Er MARIAM, als ein Zuflucht. Ort seiner Gottheit/ erkohren/ vnd von derselben die Waffen: seine Feind zu besteiten genommen/ nemblich die Menschliche Natur/ welche Er vermittelst deß H. Geists/ auß dem Jungfräulichen Geblüt/ vnd Leib MARIÆ angezogen: daß also Sie herrlicher vnd würdi-

Die II. Predig.

würdiger gewesen / als die gantze Welt: dann/ welchen die Welt nicht werth war auffzunemmen/ hat Sie verdient in dem Kämmerlein ihres Leibs zuempfangen. E.

Es werden Aquileische Weiber hoch gerühmbt/ daß sie/ da Attila die Statt belägert/ vnd an den Bögen/ darmit die Männer die Feind bestritten/ die Sennen abgeiengen/ sie jhre Haar abgeschnitten/ vnd Sennen darauß an die Bögen gemacht/ damit die Männer weiter auff die Feind schiessen/ vnd die Statt beschützen könden: wie hiervon Fulgosus schreibt. F.

Vielmehr aber ist das/ so MARIA dem Sohn Gottes zu Bestreitung der Feind deß gantzen Menschlichen Geschlechts gegeben/ nembl. jhr Jungfräulich Fleisch vnd zartes Geblüt/ mit welchem Er hernach den Höllischen Attilam, die Sünd/ den Todt/ Teuffel vnd Hell bestritten/ vnd als ein Herolischer Löw vom Geschlecht Juda vberwunden.

Dahero Sie recht vnd wol von dem H. Ildephonso, O. einig vnd allein das Werck der Menschwerdung vnsers GOttes genennt wird: wie auch Andreas Hierosolymitanus schreibt: H. Sie sey tutissimum Dei, ad inhabitandum Asylum, das allersicherste Zuflucht Orth/ GOtt zubewohnen. Auff welches auch gesehen der H. Anselmus/ da er spricht: J. Et quæ pro totius mundi salute meruisti fieri Mater Altissimi: vnd welche du hast würdig worden/ vmb der gantzen Welt Heyl willen/ zu werden ein Mutter deß Allerhöchsten.

Hierzu aber hat MARIA auff dreyerley Weg sich verdient vnd bereit gemacht: I. Fide, mit dem Glauben: wie Auxentius mit folgenden Worten bezeugt: K. Fide plena Deum concipere meruit: mit vollem Glauben hat Sie verdient Gott zu empfangen/ vnd also ein Mutter Gottes zu werden. Auff welches auch deutet die H. Elisabeth/ da sie in der Heimbsuchung zu jhr sprach: Beata, quæ credidisti, quoniam perficientur ea, quæ dicta sunt tibi à Domino: Seelig bist du/ die du gelaubt hast/ dann es wird vollbracht werden/ was zu dir gesagt ist von dem HERRN.

II. Puritate, mit jhrer Reinigkeit: dann/ sagt der H. Hieronymus, L. Tantæ puritatis Maria extitit, vt mereretur effici Mater Filij Dei. MARIA war so grosser Reinigkeit/ daß Sie verdient hat ein Mutter Gottes zu werden.

III. Humilitate, mit der Demuth: wie Sie selbsten in jhrem Magnificat anzeigt/ sprechende: Respexit humilitatem ancillæ suæ: Er hat angesehen die Demuth seiner Magd. Dahero schreyet Ansbertus also auff: M. O du seelige Demuth/ wieviel hast du vermöcht in der Allerheiligsten Jungfrawen! was hast du dann vermöcht/ vnnd verdient in jhr/ da du

E ij GOtt

E. Author Imperfecti. in Matth.
Aquileische Matronen/ Rühmwürdig.
F. Lib. 7. c. 6.

Apoc. 5. 8.
6. Ildephonsus.
G. Lib. de Virgin. B. V. cap. 2.
Andr. Hierosolym.
H. Serm. de Annuntiat.
5. Anselmus.
I. de excell. Virg. cap. 12.
Mariæ Beverdienst.
Glaub.
Auxentius.
K. Dialog. 1. cap. 14.
Luc. 1. 45.
Reinigkeit.
S. Hieronymus.
L. Epist. de custodienda Virginitate.
Demuth.
Luc. 1. 48.
Ansbertus.
M. Lib. 2. in Apoc.

Von Maria der Wunderbarlichen Mutter.

S. Augustin.
N. Serm. 12.
ad fratres in eremo.

du GOtt mit den Menschen vermählet/vnd das ewig Wort mit Fleisch vereiniget hast? Eben vber dises verwundert sich auch der H. Augustinus, vnd spricht: *N. O sancta, venerabilisque humilitas: Tu Filium Dei de sinu Patris descendere fecisti in vterum sanctæ Mariæ Virginis:* O du heilige vnd ehrwürdige Demuth/ du hast den Sohn GOttes von der Schoß seines Vatters herabsteigend gemacht/in den Leib der Seeligsten Jungfrawen Mariæ.

Lehrstuck.

Roffensis.
O. in Ps. 67.

Bey disem ersten Theil lehrnen wir glaubige Christen/daß wir nächst GOtt/ zu Maria vnser Zuflucht nemmen sollen/ weillen Sie vmb vns armer Sünder willen zu so hoher Würdigkeit der Mutterschafft GOttes/ erhebt vnd auffgenommen worden: dann/wie Roffensis auß dem H. Augustino lehret/ *O.* ist Maria dardurch mit vns Sündern in Verwandtschafft kommen:seine Wort lauten also: Das ist zwar ein denckwürdige Verwandtnuß (sagt der H. Augustinus) welche zwischen der Seeligsten Jungfrawen/ vnd den armen Sündern *contrahirt*,vnd gemacht worden: dann was Sie gutes empfangen/ das hat Sie der Sünder halben empfangen: sintemahlen die Sünd ein Vrsach war/ daß Sie zu einer Mutter GOttes erwöhlt vnd erhebt worden. Gleicher Weiß auch wir/was wir guts haben, vnd empfangen/ müssen jhr zuschreiben. Billich derowegen ruffen wir arme Sünder

S. Anselmus.
P. De excel.
Virg. cap. 2.

Sie an: Dann / sagt der H. Anselmus, *P.* so Sie wegen der Sünder/ nemblich vmb meiner vnd meines gleichen willen/ ist worden ein Mutter GOttes/warumb wolt ich von jhr nit Mütterliche Hilff hoffen? Vnd wolt drumb:warumb woltest du vns Sündern nit helffen/weil du vmb vnsertwillen zu so grosser Hochheit erhebt worden/daß dich für ein Fraw hält/vnd verehrt zugleich alle Creatur.

Maria nimbt sich der Sünder an.
Blosius.
Q. In monili spirituali cap. 1.

Wie aber die Mutter GOttes/ in Betrachtung diser Verwandtschafft/ vnd Mutterschafft/ sich der Sünder annemmen thüe/ beschreibt der Würdige/ vnd Gottstretche Abbt Blosius, *Q.* alba er erzeiget/ wie die Mutter GOttes vnd Himmelkönigin Maria, der H. Gertraud/mit einem WunderMantel bedeckt vnd vmbgeben/ erschinen sey/ vnd damals die H. Gertraud gesehen habe/ wie allerhand vngleiche/ doch gantz abschewliche Thier disem Mantel zueylten/ vnd sich vnder dessen Falten verborgen : welche die Mutter Gottes alle sanfftmütig auffgenommen/ vnd schmaichlende in jhren Mantel eingewickelt: als sich ab disem Gesicht/die H. Gertraud höchlich verwundert/ist jhr geoffenbaret worden/daß die vnderschidliche Thier/ allerhand grosse vnd abschewliche Sünder bedeuten / welche gleichwol darbey Mariam lieben/ Sie auff ein sonderbare Weiß verehren/ vnd in jhren Nöthen jhr Zuflucht zu jhr nemmen: welche Sie alle auffnemmen/

nem/vnd vor dem Zorn deß himmlischen Vatters vnder jhren Mutter Mantel verbergen/ auch zu wahrer Buß bringen thůe.

O mein sündige Seel/ eyle auch du vnder disen Mutter-vnd Schutz-Mantel MARIÆ, dann es sey der arme Sünder so abschewlich vnd straffwürdig/ als jmmer seyn kan/ so wird er doch da Hilff vnd Trost finden auch durch Sie Vergebung der Sünden/ vnd die Gnad Gottes erlangen.

Der II. Theil.

Daß MARIA wahrhafftig ein Mutter Gottes sey/ hat Gott in seinem Wort/ auch die heylige Engel vnd Menschen bezeuget.

Die Hochheit/ vnd Mutterschafft MARIÆ, ist von Anfang durch alle Zeiten erkennt/ vnd erwisen worden: Dann I. Hat Gott solche in seinem heiligen Wort bekräfftiget/ vnd durch seine heilige Propheten verkündigen lassen: als da Er bey dem heiligen Propheten Jeremia also spricht: Quia creauit Dominus nouum super terram, fœmina circumdabit Virum. Dann der HErr hat etwas newes auff Erden erschaffen/ ein Weib wird einen Mann vmbgeben.

Mutterschafft Mariæ im Wort Gottes bekräfftiget.

Ier. 31. 11.

Ein groß Miracul/ sagt vber disen Orth der H. Hieronymus, *A.* daß ein Weib ein Mann vmbgeben/ vnd den Schöpffer der Welt/ der Leib einer Jungfrawen eingeschlossen. Hieuon schreibt auch der Prophet Esaias, vnd sagt: Es wird vom Stammen Jesse ein Zweiglein/ vnd Blum von seiner Wurtzel herfür spriessen/ darauff wird ruhen der Geist deß HERRN. Uber disen Orth machen die heylige Vätter/ Ambrosius, *B.* Augustinus, *C.* Hieronymus, *D.* sampt andern/ dise Gloß: Gleichwie vermög deß Himmlischen Einfluß/ die Blum wahrhafftig auß dem Baum herfür gebracht wird/ ebnermassen ist auch durch Göttliche Krafft/ vnd Vberschattung deß H. Geists/ Christus wahrer GOTT vnd Mensch/ auß MARIA der Jungfrawen geborn/ nach laut der Englischen Verkündigung: Der H. Geist wird vber dich kommen/ vnd die Krafft deß Allerhöchsten wird dich vberschatten/ darumb auch das Heylig/ so auß dir geboren/ wird Gottes Sohn genennt werden. Dises bestättiget auch der Königliche Prophet Dauid, da er also spricht: De ventre matris meæ, DEVS meus es tu: Du bist mein GOtt/ von Mutter Leib an. Die redet der Psalmist/ in der Person Christi zu Gott/

S. Hieronymus.
A. lib. contra Iouinianum.
Esa. 11. 1.

B. lib. 2. de S. Spiritu.
C. Serm. 3.
de temp.
D. in cap. 11.
Esa.
Luc. 1. 35.

Psal. 21. 11.

C iij

Von Maria der wunderbarlichen Mutter.

GOtt/vnd bekennt/ daß MARIA warhafftig Christi Mutter sey/wie der H.
Thomas vnd Lyranus vber disen Orth außlegen. E.

II. Haben auch die Engel MARIÆ Mutterschafft erkennt vnd bezeuget/
dann es schreibt Bernardinus de Buftis: F. Daß MARIA einer frommen
vnd andächtigen Kloster-Frawen geoffenbaret/es seyen in jhrer vnbefleckten
Empfängnuß/drey tausent Englische Cherubin zugegen gewest/vnd gesungen/ MARIA ist Gottes Mutter / vnd ein Tabernackel der Allerheyligsten Dreyfaltigkeit.

So ist auch der H. Birgittæ geoffenbaret worden / daß in der Geburt
MARIÆ, die Engel mit grosser Frolockung erfüllet gewesen/ darumb/ weilen
sie auß Göttlicher Erleuchtung vorgesehen/daß Sie ein Mutter Gottes seyn
werde. Wie dann auch der H. Engel welcher Joseph im Schlaff erschienen/
zu jhme gesagt: Stehe auff/ vnd nimb das Kind/ vnd sein Mutter
vnd er stund auff / vnd nahm daß Kind/ vnd sein Mutter.

III. Daß MARIA deß ewigen Sohn Gottes wahre Mutter/ bezeugen
die H. Euangelisten/ vnd Apostel: dann es schreibt der H. Mattheus, Daß die
drey Weisen in der Krippen funden das Kind vnd sein Mutter.
So vermeldet auch der H. Ioannes in seinem Euangelio,daß ein Hochzeit zu
Cana Galilæa gewesen/ vnd die Mutter IESV war auch da. Vnd
am 19 Capitel/v. 25.26. schreibt er: Es stund aber beym Creutz IESV
sein Mutter: darum IESVS sein Mutter sahe / vnd den Jünger
darbey stehen/den Er lieb hatte, sprach Er zu seiner Mutter: Weib/
sihe/das ist dein Sohn.

IV. Haben von Anfang der Christenheit alle heylige Leuth/Vätter vnd
Lehrer/ MARIAM für ein wahre Mutter GOttes erkennt: Elisabeth ain dem
H. Geist erfüllet/ sprach: Woher kombt mir diß / daß die Mutter
meines HErrn zu mir kombt? In Betrachtung diß es/schreyet jenes
Weib vnder dem Volck auff/ vnd sprach: Seelig ist der Leib/ der dich
getragen/ vnd die Brüst/ welche du gesogen hast.

Ja/ alle rechte Lehrer haben jeder zeit mit dem H. Gregorio Nazianze-
no G. einhällig beschlossen: Si quis sanctam Mariam Deiparam non credit, extra Deitatem est: Wer die Seeligste Jungfraw MARIAM nicht
für ein Mutter GOttes zu seyn glaubt/ der ist auffer GOtt. Wir haben hiervon
gantze Bücher geschrieben/ vnd erweisen. Der H. Anselmus H. sagt diß
allein: von der seeligsten Jungfrawen gedencken/daß Sie Gottes Mutter
ist/ sey der allerhöchste/ vnd herrlichste Gedanck/ den ein Mensch haben kan/
vnd nechst GOtt/ könne man sich mit keinem besseren Ding so bekümmern.

Heraus

Die II. Predig.

Herauß schließt der H. Thomas von Aquin/ K. daß die Mutter Gottes/ welche nicht allein Crafft jhrer Mutterschafft/ mit vns Sündern/ sondern auch mit Gott selbsten in Verwandtschafft kommen/ von vns auff mehrere Weiß/ als andere Heiligen Gottes zu verehren seye: wie aber diese zu verstehen sey/ erkläret P. Laurentius Forerus in seinem Buch/ das alte Herkommen/ &c. auff folgende Weiß.

Es seynd dreyerley Dienst oder Verehrungen/ nach der Lehr der Catholischen Kirchen: I. Latria, das ist/ der jenige Dienst/ welcher einem erzeigt wird mit der Meynung/ vnd mit dem innerlichen affect, oder Willen/ jhne als das höchste Gut/ vnd vnendtliche Göttliche Majestät/ aller demütigst/ vnd vnderthänigst zu verehren: vnd diser Dienst gebührt als ein Gott/ vnd kan weder der Mutter Gottes/ noch anderen Heiligen/ ohne Abgötterey erzeigt werden.

II. Ist Dulia, daselbst der jenige Dienst/ welcher einem erzeigt wirdt/ nicht als dem höchsten Gut/ sondern allein als einem Freund oder Diener deß höchsten Guts: vnd mit disem Dienst verehren wir die liebe Heiligen.

III. Dieweil die H. Jungfraw MARIA nit allein ein Dienerin vnd Freundin/ sondern auch zugleich ein wahre leibliche Mutter Gottes/ vnd sonsten mit vilen fürtrefflichen Gnaden/ mehr als andere Heiligen begabet ist/ kan dieselbige auch als ein Mutter Gottes verehrt werden: vnd weil solche Ehr etwas höher/ als die man anderen Heiligen anthut/ vnd doch auch vnendlich geringer/ als die man Gott erzeiget/ wirdt sie Hyperdulia genannt. Vnd das ist die Vrsach/ warumben zu allen vnd jeden Zeiten/ die heilige Mutter MARIA hoch/ vber alle Heiligen vnd Engel erhebt/ geprysen vnd verehrt haben.

Disen Puncten beschließ ich/ vnd sprich mit dem H. Ephrem:: E. O vnuerletzte Jungfraw/ vnd gegenwärtige Helfferin/ vnder deinem Schutz vnd Schirm ergibe ich vns gantz vnd gar: mit vilen Thränen schreyen wir zu dir/ O allerberühmbteste Mutter/ vnd thuen vor dir nider/ stehentlich ruffen/ daß dein lieber Sohn vns/ von wegen aller vnserer begangenen Sünden/ nit hinweg verstoße/ ꝛc.

Der III. Theil.

MARIÆ wahre Mutterschafft hat die Catholische Kirch/ wider alle Secten jederzeit verthädiget.

ES hat die Christliche Catholische Kirch/ zu aller Zeiten/ MARIAM nit allein ein wahre Mutter Gottes genennt/ vnd in der gantzen Welt/ an allen Orthen/ zu Kirchen/ Hauß vnd Gassen/ singen/

Von Maria der wunderbarlichen Mutter.

fingen / vnd betten laſſen: Sancta Dei Genitrix, ora pro nobis: Heilige Gebährerin Gottes / bitt für vns: Mutter Chriſti bitt für vns: ſondern hat auch in allen Concilien die wahre Mutterſchafft MARIÆ, wider alle Ketzer / vnd MARIÆ Feind vertheidiget.

Arius ein Feind Mariæ. Der Ertzketzer Arius hat geſchwermet / der Sohn Gottes ſey ein Creatur / weniger als der Vatter / nit gleicher Vollkommenheit mit dem Vatter von Ewigkeit: vnd MARIA ſey nit deß Erſchaffers / ſondern allein deß Geſchöpffs ein Mutter.

Neſtorius. Neſtorius, welcher in Chriſto zwo Perſonen Gottsläſterlich geſetzt / ein Menſchliche vnd Göttliche / wolte nit zulaſſen / daß MARIA, DEI Genitrix: ein Gebährerin Gottes genennt werden ſolle / weilen auß Ihr / ſeinem Vorgeben nach / Chriſtus allein der menſchlichen Perſon nach / gebohren. Diſer,

Eutyches, Macharius. Nachfolger / welcher ingleichem die Mutterſchafft MARIÆ beſtritten / ſeynd geweſen Eutyches, Macharius, vnd andere mehr. Welche Ketzeriſche Lehr die wahre Kirch Gottes jederzeit verdampt / auch Chriſti vnd MARIÆ Ehr wider ſie verfochten.

Concil. Nicænum, verdampt den Arium. Dann I. Wider den Arium hat Conſtantinus Magnus, auß Anreitz Alexandri zu Alexandria, vnd conſens deß heiligen Pabſts Sylueſtri, das Nicæniſch Concilium von 318. Biſchöffen verſamblet: auff welchem / in gegenwart deß Kayſers / diſer Irrthumb deß Arij einhällig verdampt worden: darben zu Beſtättigung der Warheit / vnd MARIÆ Würdigkeit / groſſe

Wunder! Todte vnderſchreiben ſich. Heylbronnen entſpringen. Arius wird geſtrafft. Wunder geſchehen: dann weilen vnder wehrendem Concilio, Chryſanthus vnd Marſonius geſtorben / haben ſich auch die Todten / weil das Buch bey der Nacht ihnen zugelegt war / vnderſchriben: vnd am Orth deß Concilij ſeynd heylſame Bronnen entſprungen. Arius aber als ein Läſterer Gottes / vnd MARIÆ, hat hierzwiſchen ſeinen verdienten Lohn empfangen / in dem er zwar von Conſtantia, Conſtantini Schweſter / auß dem Ellend auffs Concilium

A. Caſparus. Franck, in Catalogo Hæretic. ex Dydimo. erbittet / aber am heimblichen Orth / ſein gantz Ingeweid / ſampt der verdampten Seel außgeſchüttet. A.

Concil. Epheſin. verdampt Neſtorium. Neſtorij Straff. Zum II. Wider den Neſtorium, hat auß gleicher Bewilligung Pabſts Cæleſtini, Kayſer Theodoſius der Jünger / im Jahr Chriſti 436. das Epheſiniſch Concilium verſamblet / auff welchem von mehr als 300. heiligen Biſchöffen vnd Lehrern / deß Neſtorij Gottsläſterung verdampt / vnd einhällig beſchloſſen worden: daß MARIA, Theotocon, DEI Genitrix, ein wahre Mutter / vnd Gebährerin GOttes genennet werden ſolle. Vnder deſſen hat Gott die Läſterung / welche Neſtorius ſeiner Mutter zugefügt / augenſcheinlich gerochen vnd geſtrafft / daß ihme lebendige Würm auff der Zungen gewachſen / die fraſſen / vnd nagten ihn ſo

lang /

Die II. Predig. 25

lang/biß daß er am gantzen Leib verfaulet/ vnd mit jämmerlichem Todt / der
Hüllen zugefahren. *Nicephorus. B.* vnd *Euagrius. C.*

Damahls/ obwohlen schon zuvor/von Anfang der Christenheit / MA-
RIA jederzeit vmb Fürbitt angeruffen worden/haben die Vätter. dises Concilij zu dem Englischen Gruß den Zusatz gethan: Sancta MARIA, Mater
DEI, ora pro nobis peccatoribus, nunc, & in hora mortis nostræ. Amen:
Heilige MARIA, Mutter Gottes/bitt für vns arme Sünder/jetzt/
vnd in der Stund vnsers Absterbens / Amen. Damit durch das offt
widerholen deß Englischen Gruß/die wahre Mutterschafft MARIÆ bestätti-
get/vnd diß Geheimbnuß den kleinen Kindern/ sambt der Mütterlichen Milch
eingegossen/auch dero Würdigkeit desto mehr außgebreittet/ vnd die höllische
Schlang/ sambt ihrem Ketzer Samen vnd Beyliffer/zuschanden gemacht
werde. *P. Antonius Dauroultius Societatis IESV. D.*

Zum III. Wider den Eutychen, seynd auß Verordnung deß H. Pabst
Leonis. I. die meiste Bischöff vnd Lehrer auff das Concilium nach Chalce-
donem beschriben/ vnd allda/in Beyseyn deß Kaysers Martiani, Eutyches
seines Irrthumbs vberwisen/auch Christus für Gottes/vnd zugleich MARIÆ
wesentlichen Sohn erkläret worden. E.

Zum IV. Wider den Macharium, ist mitler Zeit auß Antrib vnd Bewilligung Pabst Agathonis/ der sechste Synodus oder allgemeine Versamblung der Bischöff vnd Lehrer vom Kayser Augusto Flauio Constantino,
nach Constantinopel beschriben/ vnd in Gegenwart deß Kaysers/als Gegen-
gen/ Macharius für einen offentlichen Ketzer außgeruffen/ vnd also Christi
vnd MARIÆ Ehr beschützt worden.

Wie nit weniger andere mahl/vnd auch zur Zeit deß seeligen Elsæ, Prediger Ordens geschehen: dann als diser zu dem Abassiner König reysete/ei-
nen Ketzer/ der MARIÆ die Ehr nahm/ vnd wahre Mutterschafft verlaug-
nete/ zubestreitten/ hat er solche sein Reyß/ GOtt vnd MARIÆ mit ernst-
lichem Gebett befohlen: in disem ist er sampt dem Pferdt etlich Elenbogen
von der Erden erhöcht gesehen worden: der Ketzerische MARIÆ Feind ward
von Elsa vberwunden/ vnd weil er halßstärrig in seinem Irrthumb beharrete/
ist er auß Befelch deß Königs/vier hungerigen Löwen fürgeworffen/vnd von
ihnen Augenblicklich verschluckt worden: etlichen aber seines Anhangs thät
solches wehe/ vnd begehrten an König/daß er auch den seeligen Elsam den Löwen fürwerffen lassen solle/damit man eygentlich/was von disem Puncten
zuhalten/ sehen möchte: als der König sahe/ daß diß begünnen einer Auffruhr
gleich sahe/batte derowegen den H. Mann/ er wolle zu steur der Warheit ge-
statten/daß er den Löwen fürgeworffen werde: hierauff macht der seelige Elsa das H. Creutz für sich/ vnd gehet vnerschrocken/in Angesicht deß Königs/
D vnd

B. Lib. 14.
hist. cap. 26.
C. Lib. 1.c.8.
Fürbitt bey
Mariæ, wird
bestättigt.

D. In Cate-
chif.histor.
titulo de
Angelic. Sa-
lutatione.
Concilium
Chalcedon.
Verdampt
Eutychen.
E. P. Salazæ
in defensio-
ne pro im-
macul. Con-
cept. B. Virg.
Concilium
Cöstantino-
politanum
verdampt
Macharium.
B. Elsa übt
Wunderzei-
chen / Mariæ
zu Ehren.
Löwen ver-
schlucken Ma-
riæ Feind.

Von Maria der Wunderbarlichen Mutter.

Subtosen Mariæ Dienern.

vnd seiner Hoff Herren/auch alles Volcks/mitten vnder die Löwen: welche also bald ihrer wilden Art vergessen/vnd dem heiligen Mann seine Händ vnd Füß/ohn einiges Zeichen ihres wilden Grimmen gelecket. F.

F. Mariæ Ehrnbuch/ 15. Augusti Mariæ Mutterschafft/ wahrhafft.

Bleibt also wahr/daß MARIA ein wahre/ vnd auff mehrere Weiß/ein Mutter Gottes ist/als andere Müttern ihrer Kinder: weil Sie Christum/ ohne Zuthuen deß Manns/ durch Mitwürckung vnd Vberschattung deß H. Geists/auß ihrem Jungfräwlichen vnd reinestem Geblüt/allein empfangen vnd gebohren: hat auch mit mehrerem Fueg zu Christo sagen könden/ was dorten jene Mutter der siben Söhnen/zu dem Jüngsten mit disen Worten gesagt hat:

2. Mach. 7. 27.

Fili mi, miserere mei, quæ te in vtero nouem mensibus portaui, & lac triennio dedi, & aluí, & in ætatem istam perduxi: Ach mein lieber Sohn/ erbarme dich meiner/die ich dich neun gantzer Monat im Leib getragen hab/die dich drey Jahr gesäuget vnd erzogen/vnd biß auff das Alter her gebracht hab.

Lehrstuck. S. Augustin. G. Serm. 35. de Sanctis. S. Antonin. H. Part. 4. tit. 15. c. 17. §. 4.

Die lehrne auß dem H. Augustino, G. daß MARIÆ Fürbitt/wir auch darumben/vnd fürnemblich begehren sollen/weil Sie ist Mater DEI, die Mutter Gottes: die Vrsach dessen erklärt der H. Antoninus, H. vnd sagt: daß das Patrocinium, vnd Fürbitt MARIÆ, dahero daß fürtrefflichste Gebett seye: weilen anderer Gebett sich ihres theils auff nichts/sondern allein auff Gütten Gottes sich auff die Barmhertzigkeit gründe: MARIÆ Gebett aber erstreckt sich noch weiter/vnd habe die Weiß/ vnd Macht eines Befelchs/ vnd gründe sich also auff Gottes Gnad auß natürlichem Rechten vnd Gerechtigkeit deß Euangelii/dann der Sohn sey verbunden/nit allein die Mutter zuhören/sondern auch zugehorsamen/vnd zuerhören.

3. Reg. 2. 20.

Dannenhero/ gleichwie vor Zeiten der König Salomon seiner bittenden Mutter gesagt: Pete Mater, neque enim fas est, vt auertam faciem tuam: Bitte mein Mutter/dann es ist nit billich/daß ich dein Angesicht abwende: also will vnd kan Christus seiner Mutter nichts abschlagen. Dises bestättiget auch der Carnotenische Bischoff Fulbertus, I.

Fulbertus. I. Serm. de Assumpt. Petrus Damianus. K. Serm. de Natiuit.

vnd lehret: daß Sie allen Erlößten könne mehr Hilff erlangen/als alle mit einander: dieweil Sie verdient/für die/so sollen erlößt werden / den Werth vnd H. Schatz zutragen. Petrus Damianus prediget: Accedit ad Thronum Dni, non solùm rogans, sed & imperans: Domina, non ancilla. Sie tritt hinzu für den Thron Gottes/nit allein bittendt/ sondern auch befelendt: Ein Fraw/ nit ein Magd. Diser Vrsachen halben sagt der H. Bonauentura: L. Sie sey Mater Imperiosissima, ein gantz gebietende Mutter.

S. Bonauent. L. In Speculo Virg.

Die III. Predig.

So laßt vns dann/Vilgeliebte/ durch Liebe vnd Verehrung / MARIAM auff vnsere Setten bringen/vnd offt mit dem H. Francisco Xauerio sprechen: *M.* Mater Dei, memento mei, & opitulare Domina: Mutter Gottes/ sey meiner ingedenck / vnd stehe mir bey. Auch mit dem andächtigen Henrico, Cartheüser Ordens zu Cölln N. betten: O Jungfraw/ Königin der Jungfrawen/ höchster Tempel der Drey faltigkeit / ein Spiegel der Engel/ein Leiter aller Heiligen / vnd die gewisse Zuflucht der Sünder / zeige vns an vnserm letzten End deinen lieben Sohn versöhnet/ vnd dein glorwürdiges Angesicht/ erlange vns auch nach disem Leben / die ewige Frewd vnd Seligkeit/ Amen.

Beschluß.
M. Tittel, in vita.
Seuffzer zu Maria.
N. Ex Chronico Carthus. Petrei. lib. 5. c. 10.

Die dritte Predig.

Mater Admirabilis, Ora pro nobis.

Daß/ vnd wie MARIA **vnser aller Mutter/vnd sich gegen allen/ als ein Mutter erzeige.**

ALs GOTT zur Zeit diß Noë, mit den Menschen ein Bund gemacht/ daß Er sie nie mehr mit dem Sündfluß straffen wolle/ hat Er zu Bestättigung dises Bunds/ den Regenbogen in die Wolcken gesetzt/ vnd gesagt: Arcum meum ponam in nubibus, & erit signum fœderis, inter me, & terram: Meinen Bogen werd ich setzen in die Wolcken/ der soll das Zeichen seyn meines Bunds/ zwischen mir vnd der Erden. Vermög welcher Wort/ I. Der Regenbogen/ ein Zeichen deß Fribs/ vnd der Versöhnung zwischen Gott vnd den Menschen ist.

II. Ist er ein Symbolum, vnd Himmelszeichen der Göttlichen Barmhertzigkeit: wie der heilig Ambrosius, in Außlegung deß 4. Capitels der Offenbarung S. Joannis lehret/ *A*. allda gesagt wird: daß vmb den Thron Gottes ein Regenbogen erschinen/ gleich anzuschen/ wie das Edelgestein eines Schmaragds.

III. Schreiben von dem Regenbogen beyde Natur kündiger Aristoteles. *B.* vnd Plinius, *C.* daß durch die himmlische Bescheinung desselben/ etliche Bäum vnd Gewächs wolriechend werden.

IV. Dakey die gemeine Leuth darfür / daß der Regenbogen sich herab neige/

Gen. 9.13.
I.
Regenbogen/ ein Zeichen deß Frids.
II.
Der Barmhertzigkeit.
A. In Apoc. cap. 4.
Apoc. 4. 3.
III.
Macht wolriechend.
B. Sent. 18. probl. n. 3.
C. Lib. 12. f. 24.

D ij

Von Maria der wunderbarlichen Mutter.

Verursacht fruchtbaren Regen.

neygt auff das Erdreich / vnd trincke auß dem Meer / oder andern Wassern: vnd lasse ein guldines Regenbogen Schüsselein / mit einem Creutzstern: verursache auch ein fruchtbaren Regen.

V.

Erfrewet die Menschen. Eccli. 43. 12.

V. Macht der Regenbogen mit seinen vnderschidlichen Farben vber das Erdreich ein Circkel / vmbgibt dasselbig eins theils / als ein Schutzmantel / vnd erfrewet die Menschen: daher sagt der weise Syrach: Vide arcum, & benedic eum, qui fecit illum: Sihe an den Regenbogen / vnd lobe den / der ihn gemacht hat: fast schön ist er in seinem Schein: den Himmel vmbgibt er mit seiner Klarheit / die Händ deß Allerhöchsten haben ihn außgespannen.

Maria, ein Versöhnzeichen S. Bernardinus. D. Tom. 3 serm. 1. de nom. Mariæ, art. 1. cap. 3.

Geliebte in dem HERRN / durch deß Himmels Regenbogen / verstehe ich mit der Catholischen Kirchen / vnd heiligen Vättern / die Allerseligste Jungfraw MARIAM: dann dise ist warhafftig ein Frid- vnd Versöhnzeichen zwischen Christo / vnd den Menschen / wie der heilige Bernardinus D. mit disen Worten lehret: Ipsa est Arcus fœderis sempiterni, vt non interficiatur omnis caro, quia illum genuit, qui fecit vtraque vnum. Sie / MARIA, ist der Regenbogen deß ewigen Bunds / damit nit alles Fleisch getödt werde: weilen Sie den jenigen gebohren / welcher auß beyden eins / vnd Friden gemacht / auff daß Er beyde versöhne in einem Leib.

Ephes. 2. 15.

Ist also in der Menschwerdung Christi / MARIA das Fridzeichen gewesen / welches Christus durch sein Erlösung / vns bey seinem himmlischen Vatter erhalten. Dahero grüssen wir Sie billich mit dem heiligen Ephrem / E. vnd sagen: Aue Domina nostra, fœdus, pacémque fidelibus tuis impetrans: Gegrüßt seyest du vnser Fraw / welche du den Versöhn Bund / vnd Friden erhalten hast.

S. Ephrem. E. In serm. de Laud.

II.

Ein Zeichen Göttlicher Barmhertzigkeit. S. Antoninus. F. 4. p. tit. 15 c. 44 §. vlt.

Zum II. Ist Sie das himmlisch Zeichen der Göttlichen Barmhertzigkeit / als durch welcher Verdienst vnd Fürbitt der erzürnete GOTT zur Barmhertzigkeit beweget / vnd vns gnädig wird: wie der heilige Antoninus bezeugt / F. allda er die Mutter Gottes mit den Englen redendt einführt / vnd also spricht: Es gebühret sich / daß ich in der Glory bey meinem Sohn sey / vnd mit meiner Fürbitt / für das Menschlich Geschlecht einkomme / anff daß / wann Gott die Menschen / wegen ihrer Sünden / mit dem Sündfluß allerhand Straffen / vnd die Welt zu verhergen trohet / ich als ein Regenbog / vor seinem Angesicht erscheine / vnd Er an seinen Bund gedencke / sich versöhnen lasse / vnd gnädig werde / daß Er die Welt nit verderbe. Das ist / was

S. Birgitta. E. Lib. 6. reuelat. c. 16.

Christus zu der heiligen Birgitta selbsten gesagt hat: G. Nisi preces Matris meæ intervenirent, non esset spes misericordiæ. Wann die Fürbitt / vnd

Die III. Predig.

vnd das Gebett meiner Mutter nit entzwischen käme / so wäre kein Hoffnung der Barmhertzigkeit. Wie zur Zeit deß H. Dominici, vnd Francisci, auch sonsten offt geschehen; also daß recht der H. Fulgentius sagt: Die Welt wäre längsten zu grund gangen / wann sie durch das Gebett MARIÆ nit erhalten worden wäre.

Welt / wie sie erhalten werd.

Zum III. Ist Maria ein solcher himmlischer Regenbogen / welche jhre Liebhaber / als fruchtbare Bäum im Hauß Gottes / in Tugenden wolriechend / vnd vor Gottes Angesicht angenemb machet: dann Sie wurtzlet in jhren Außerwöhlten. Dahero alle / die einmahl zu vnser lieben Frawen ein Andacht getragen / vnd gehabt / von Sünden abstehen / vnd sich in Tugenden üben: dißwegen die Kirch Gottes recht auff Sie deutet / was Syrach sagt: Sicut cinnamomum & balsamum aromatizans odorem dedi. Ich hab wie ein Zimmetrinden / vnd wie wolriechender Balsam / einen lieblichen Geruch geben / vnd wie ein beste Myrrhen wol gerochen.

III. Maria, macht wolriechend. Eccli. 24. 13.

Eccli. 24. 20.

IV. Neigt sich MARIA der himmlische Regenbogen zu vns / vom hohen Himmel auff die Erd / ist bereit zu allen Zeiten / vnser Gebett / Seufftzer vnd Thränen die auffzunemmen / vnd hingegen vns das gulden Regenbogen-Schüssele der Gnaden GOttes / auch den fruchtbaren Regen aller zeitlichen vnd ewigen Gütteren herab zu geben: ja / was wir haben vnd seynd / das haben wir durch die Verdienst vnd Fürbitt MARIÆ. H. S. Bernardus.

IV. Maria neigt sich zu vns / vnser Gebett auffzunemmen. H. Eccli. 1.

Zum V. vnd letzten: Gleichwie der Regenbogen mit seinen vnderschidlichen Farben ein Circkel machet / vnd gleichsamb der Welt Schutz- vnd Trostzeichen ist: also stehet die Himmel-Königin zur rechten Seiten Christi / in eytel köstlich guldenem Gewand / vnd vmbgeben mit manigfarbigen Kleid / vnd breitet von dar / jhren Schutz- vnd Trostmantel vber alle Glaubigen auß / vnd begehret alle / als ein trewe Mutter zu beschützen: das ist das jenig / was Sie selbsten der heiligen Birgittæ geoffenbaret / vnd gesagt: *Ego sto super mundum continua oratione, sicut arcus cœli super nubes:* Ich stehe mit stätem Gebett vber der Welt / als wie der Regenbogen vber den Wolcken. Das ist: Gleichwie der Regenbogen vber den Wolcken / GOtt seines Bunds mit der sündigen Welt / daß Er sie nit mehr mit dem Sündfluß straffen wolle / erinneret / also stehe Sie vber der Welt / vnsere Sünden mit vnablässlicher Fürbitt / Gott zu versöhnen / vnd zur Barmhertzigkeit zu bewegen / auch vber vns den Schutzmantel der Mütterlichen Hülff außzubreiten: Diser Vrsachen will ich mit der Hülff Gottes in folgender Predig erklären / daß MARIA vnser Mutter / wie Sie vnser Mutter worden / auch wie Sie sich gegen vns als ein trewe Mutter erzeige. In Hoffnung / ic.

V. Maria, ein rechter Schutzmantel.

I. Lib. 3. revelat.

Von Maria der Wunderbarlichen Mutter.
Der I. Theil.

MARIA ist vnser Mutter.

P. Fossæus.
A. Tract. de
Rosario &
Psalterio.
Lib. 2. dis-
curs. 2. c. 2.
I.
Maria ein
Mutter des
Erschaffers.
II.
Aller Seeli-
gen.
Eccli. 24. 6.
S. Bonauen-
tura.
B. In Hym-
no: Te Ma-
trem, &c.
S. Antonin.
G. c. 14 §. 3.
III.
Aller Gerech-
ten.
Sapient. 7.
B. Albertus
Magnus.
D. Serm. su-
per missus.
Eccli. 24. 26
IV.
Aller Büs-
senden.
Dion. Cart.
E. In Cant.
art. 27.
Sünder ge-
niessen diser
Mutter-
schafft.
Gen. 24.

Der H. Ephrem grüsset vnser liebe Frawen / vnd nennet Sie Matrem vniuersorum, ein Mutter aller: wie Sie aber sey aller Mutter / erklärt P. Leonardus Fossæus, A. vnd sagt: daß Sie

I. sey Mater DEI, ein Mutter deß Erschaffers aller Ding: welches / wie in der ersten Predig erklärt worden / ein vnendliche Dignitet vnd Würdigkeit in sich begreifft.

II. Ist Sie ein Mutter aller Seeligen / so wol Menschen / als Englen / was die Glory vnd vbernatürliche Erleuchtung belanget / dann Sie ein Vrsach vnd Mehrung aller Heiligen Frewd: vnd kan auff Sie gedeutet werden / was Syrach sagt: Ego feci, vt oriretur in cælis lumen indeficiens: Ich hab das vnuergängliche Liecht im Himmel gemacht. Hieruon redet der H. Bonauentura also: B. Tu Mater omnium Beatorum, tu gaudium plenum post DEVM: Du bist aller Seligen Mutter / nach Gott ein vollkommene Frewd / vnd aller himmlischen Burgern ein Trost. Vnd der H. Antoninus C. spricht: MARIA, welche ein Mutter Jesu ist / ist auff ein gewise Weiß auch ein Vrsach der Glory der Englen / daß Sie offentlich derselben Mutter kan genennt werden.

III. Ist Sie ein Mutter aller Gerechten / nach laut deß Buchs der Weißheit: Omnium bonorum est Mater: Sie ist aller Frommen Mutter: welches der Selig Albertus Magnus auff MARIAM deutet / D, dann Sie alle durch Christum / Geistlich gebohren / vnd sagen kan: Generationibus meis adimplemini, ersättiget euch von meinen Früchten.

IV. Ist MARIA auch ein Mutter aller büssenden Sündern / vnd führt deßwegen billich den Tittul / Mater Misericordiæ, ein Mutter der Barmhertzigkeit. Dionysius Carthusianus E. schreibt: Sicut Christus est Deus noster, & misericordia nostra, sic Virgo est Mater, & Domina nostra, misericordiæ janua: Gleichwie Christus vnser GOTT / vnd Barmhertzigkeit: also ist die Seligste Jungfraw vnser Mutter / vnd vnser Fraw / auch ein Thür der Barmhertzigkeit. Wie die armen Sünder diser Mutterschafft geniessen / erkläret der heilig Antoninus am angezogenen Orth / auß der Figur deß Eliezeri, deß Dieners Abraham / vnd sagt: Da diser Eliezer von der schönsten Jungfrawen Rebecca ein Wassertrunck begehrt

Die III. Predig.

begehrt/hat sie nit allein jhm/sondern auch seinen Sämlein zuertrucken geben: Also thut auch allein die schönste Jungfraw MARIA, vnd hab nit allein als ein getrewe Mutter Sorg für die Gerechten vnd Liebhaber/sondern auch für die arme Sünder/vnd beflesse sich/ jhnen das Wasser der Gnaden Gottes zureichen/vnd jhre durstige Seelen zuerquicken.

V. Ist MARIA auch aller vnser Mutter. Vor Zeiten haben die Juden groß gehalten/daß sie den Groß Vatter Abraham/vnd die Groß Mutter Sara zu Vor Eltern gehabt. Wir Christen aber erfrewen vns billich noch vil mehr/weil wir den Sohn Gottes/vnd sein glorwürdigste Mutter zu Eltern haben. Daß aber MARIA, welche von dem H. Bonauentura, F. Mater mundo desiderabilis, ein Mutter/welche von der Welt erwünscht/ genennt worden/wahrhafftig vnser Mutter sey/ folgt auß dem/weil Sie wahrhafftig Christi Mutter ist: dann in dem Sie ist worden ein Mutter deß Erschaffers/ ist Sie zugleich auch worden ein Mutter aller Geschöpffen/sagt der H. Damascenus. G. Vnd schreibt der H. Bonauentura in seinem MARIÆ Spiegel: H. MARIA sey nit allein ein sonderbahre Mutter Christi/sondern auch ein allgemeine Mutter der Glaubigen.

Dahero gleichwie der Himmlische Vatter nur einen einigen natürlichen Sohn/IESUM gebohren/ neben eisem aber/auß den Glaubigen vil angenemme Geistliche Kinder hat. Also hat zwar MARIA nur einen einigen natürlichen Sohn/Christum gebohren/wie der H. Euangelist Matthæus schreibt. Peperit Filium suum Primogenitum, Sie gebahr jhren Erstgebohrnen Sohn: doch hat Sie neben disem/noch vil angenommene Kinder/ vnd Brüder Christi: dann weil Christus vns Glaubigen/ seine Brüder./ vnd sich selbsten vnsern Bruder nennet; wann MARIA wahrhafftig Christi Mutter ist/warumb wolt Sie nit auch vnser Mutter seyn vnd genennt werden? sonderlich weil Sie den gebohren/ durch welchen wir das Leben haben/vnd vberflüssiger haben. Diser Vrsach halber/ nennet Gott selbsten alle Rechtglaubigen deß Weibs/nemblichen MARIÆ, Saamen.

Hierauff redet der H. Ambrosius, vnd sagt: Ist Christus der Glaubigen Bruder/warumb wolte die/ welche Christum gebohren hat/ nit auch der Glaubigen Mutter seyn? Nun/ jhr Allerliebsten/ last vns jetzt ersten/vnd frolockend sprechen: Gebenedeyet sey der Bruder/ durch welchen MARIA ist vnser Mutter: vnd gebenedeyet sey die Mutter/ durch welche Christus ist vnser Bruder. Der H. Franciscus liebet vnser liebe Fraw inniglich/weil Sie vns Christum zu einem Bruder gemacht.

V.
Maria ist aller vnser Mutter.
Ioann. 8. 39.
S. Bonauentura.
F. In lib. de Virginitate.

S. Damascenus.
G. Serm. in Euangel. de SS. Deipara.
H. In Speculo Mariano, cap. 8.
Psal. 2. 7.
Hebr. 2. 12.
Matth. 1. 25.
Psal. 21. 23.
Ioann. 20. 7.
Matth. 28. 10.
Ioan. 10. 10.
Genes. 3. 15.

Maria ein Mutter der Glaubigen.

Chron. ord. S. Francisci.

Auff

Von Maria der Wunderbarlichen Mutter.

l. Lib. 4. reuelat. cap. 138.

Mar a gibt sich selbst für ein Mutter an.

Auff oberzehlte Weiß hat sich MARIA selbsten für ein Mutter erkläret/ da Sie einest der wachenden vnd bettenden H. Birgittæ, einer Fürstin auß Schweden erschinen/ vnd neben andern vilen/ folgendes geoffenbahret: *I.* I. Daß Sie sey ein Mutter Gottes/dieweil es jhr also gefallen. II. Daß Sie sey ein Mutter aller / welche in Himmlischen Frewden seyn/ weil ihrenthalben der Heyligen zugegebne Glory vnd Frewd gemehrt werde. III.

Aller im Fegfewr.

Daß Sie sey ein Mutter aller im Fegfewr/weil derselben Peyn/wegen ihrer Fürbitt/ von stunden zu stunden gemiltert werde. IV. Sie sey auch ein Mutter der Gerechtigkeit/vnd aller Gerechten/ dann wie ein Mutter bereit ist mit Mütterlicher Hand ihr Kind vor Gefahr zubeschützen/vnd vor allen Vblen zuerledigen/ also sey Sie bereit/alle Gerechte vnd Fromme zubeschützen / vnnd vor allen Leibs vnd der Seelen Gefahren zuerledigen.

Aller Gerechten.

Aller armen Sünder.

V. Daß Sie gleichsamb sey ein Mutter aller armen Sünder/ welche sich zubesseren begehren/ vnd Gott nimmermehr zubeleydigen/ jhnen fürnemmen:dann Sie bereit sey/die armen Sünder in jhren Schutz zunemmen/als wie ein liebhabende Mutter thut/wann sie jhre Kinder vnder bloßen Schwertern der abgesagten Feinden/gantz vnd gar verlassen sihet : welche ia eylendes zulaufft/sich den Feinden hertzhafft widersetzet/auch das Kind auß jhren Händen herauß reissen/vnd in jhrer Schoß verbergen/vnd erhalten wurde : Also thue Sie auch/vnd werde thun allen armen Sündern/ welche jhr Barmhertzigkeit von jhrem Sohn/mit hertzlicher Rew vnd innbrünstiger Liebe begehren werden.

Glückseeligkeit der Rechtglaubigen.

Die lehrne/ O mein geliebte Seel/ wie wir rechtglaubige Christen auch darumben glückseelig seyn/ weil wir ein so gütige Frawen/zu einer Mutter haben. Seelig/ vnd aber Seelig/welche Sie biß an jhr End haben/ vnnd behalten werden.

Surius. X.27. Sept. cap. 14.

Es schreibt Laurentius Surius im Leben deß Graffen Elzearij, K. wie daß Garsanda,ein sehr heilige Fraw/ Gott den HERRN offt vnd eyfferig/ vmb dises jungen Graffen Wolstand / vnd Heyl angeruffen : vnd als sie einest in der Kirchen bey der Nacht zu disem End innständig bettete/hörte sie mit leiblichen Ohren/Christum zu jhr also reden : Garsanda, wisse / daß ich disen Jüngling / für welchen du so vil bettest / mein Mutter zu einer Meisterin gegeben/darumb hab weiter kein Sorg für jhne.

Wen Maria versorgt / ist ewig seelig.

Freylich wol hat es weder hie/noch dorten/kein Sorg noch Noth mit dem jenigen Menschen/welcher MARIAM zu einer Meisterin vnd Mutter hat: ein solcher ist an Leib vnd Seel wol versorget/vnd hie zeitlich vnd dort ewig Seelig.

Die III. Predig.

Welches wegen auch vorangezogener H. Bonaventura lehret/daß so bald das Kind zu seiner Vernunfft kompt/ solle es MARIAM zu seiner Mutter erwöhlen: wie gethan die heilige Teresia/ dann als derselben leibliche Mutter gestorben/ warffe sie sich zu den Füssen der Allerseligsten Jungfrawen/ und erwöhlet Sie forthin zu ihrer Mutter. Das/ meine Gelliebte/ thut auch ihr/ so werdet ihr gewißlich in alle Ewigkeit wol versorgt seyn/ und bleiben.

Der II. Theil.
Wie/ und wann MARIA unser Mutter worden.

Fragst du aber/ wie/ und wann eygentlich die Seligste Jungfraw MARIA unser Mutter worden? Antwort: I. Damals/ wie Sie auff Ankündigung deß Englischen Gruß/ und Bottschafft/ zu der gnadenreichen Menschwerdung ihren Consens, und Willen gegeben/ sprechend: Fiat mihi secundùm verbum tuum: Wie geschehe nach deinem Wort; und in disem Augenblick/ durch Mitwürckung/ und Überschattung deß H. Geists/ den Sohn Gottes in ihrem Jungfräulichen Leib empfangen/ und getragen/ und in neun Monaten hernacher auff die Welt gebohren.

Dise Lehr bestättiget der H. Bernardinus Senensis, L. und sagt: durch die Bewilligung in die Menschwerdung deß Sohns GOttes/ hat MARIA nach dem Heyl aller Auserwöhlten ein hertzliches Verlangen gehabt/ und das erworben/ daß Sie von disem an/ alle und jede in ihrem H. Leib getragen/ als wie ein warhaffte Mutter ihre Kinder.

Dises Geheimbnuß erkläret gar schön Guilielmus über dise Wort/ so die H. Elisabeth zu MARIA außgesprochen/ nemblich: Gebenedeyet ist die Frucht deines Leibs: und sagt: diser Jungfrawen Frucht/ ist ein Frucht/ welche von der Crafft und Würckung deß Heyls wird genennt IESVS, aber in diser einigen Frucht/ seynd noch vil Früchten eingeschlossen/ dann in IESV unserm aller ewigen Heyland/ hat MARIA vil zum Heyl gebohren: und in dem Sie hat das Leben gebohren/ hat Sie vil zum ewigen Leben gebohren/ und eben darumb/ daß Sie ist ein Mutter deß Haupts/ ist Sie auch viler Glider Mutter.

Diser Ursachen halben machen die H. Lehrer/ Augustinus, M. und Epiphanius, N. nach längs ein Vergleich/ zwischen Eua unserer ersten Mutter/ und MARIA unserer anderen Geistlichen Mutter/ und zeigen mit mehrerm

Dann ist Maria unser Mutter worden?
1.
Da Sie in die Menschwerdung IESV eingewilliget.
S. Bernard. Senensis. L. Tom. 3. serm. 6. art. 2 c. 2.

Luc. 1. 41.

M. De symb. lib. 1. cap. 4.
N. Hæres. 78.

Von Maria der Wunderbarlichen Mutter.

mehrerm an/ wie Eua den Todt verursachet/ Mari a aber/ als ein wahre Lebens Gebährerin/ vnd das Leben gebracht / daß also auff Mariam in der
Person Euæ prophezeyet vnd vorgesagt worden: Quæd esset Mater cunctorum viuentium: daß Sie sey ein Mutter der Lebendigen: wie der heilig
Athanasius außlegt: O.

Beyde H. H. Lehrer Ambrosius vnd Augustinus betrachten den 86. Psalmen/ der also lautet. P. Numquid Sion dicet: Homo, & homo natus est
in ea: Wird dann ein Mensch zu Syon sagen/ daß Er/ der Allerhöchste/ ist
Mensch in ihr gebohren: vnd denten denselben auff Mariam, vnd sagen:
Das Wort Mensch/ werde zweymal widerholet/ darumb weil auß Mariæ
nit nur der erste Mensch/ das ist/ Christus/ GOtt vnd Mensch/ sondern auch
der ander Mensch/ das ist/ das gantze Menschliche Geschlecht gebohren/ vnd
widergebohren ist.

Dahero wird nach der Lehr deß H. Ambrosij. Q. auff Mariam gedeutet/ was von der Itialischen Gesponß vermeldet ist: Venter tuus, sicut aceruus tritici, vallatus liliis: Dein Bauch oder Leib/ ist wie ein Waitzenhauff/
vmbstecket mit Lilien: dann obwolen anfangs in ihrem Jungfräwlichen Leib/
allein das wahre Waitzenkörnlein Christus gewesen / dannoch/ da Er am
Creutz gestorben/ ist von ihme ein gantzer Waitzenhauff/ vnd vnzahlbarlich
vil Christen worden/ welche durch Christum/ Maria alle gebohren.

Zum II. Ist eygentlich Maria vnser aller Mutter worden/ da
der Sohn Gottes vom H. Creutz herab/ in der Person deß heiligen Joannis,
das gantze Menschliche Geschlecht ihr/ als einer Mutter anbefohlen/ sprechend: Mulier ecce Filius tuus: Weib/ sihe/ das ist dein Sohn/ vnd selbige/ in Joanne, vns allen zu einer Mutter geben/ sprechend: Ecce Mater tua:
Sihe/ das ist dein Mutter / dann dise Wort nit allein auff den heiligen
Jünger Joannem allein geredt / sondern in ihm seynd wir alle zu Kindern
Mariæ erklärt worden.

Diser Vrsachen halben lehret P. Salazar in Außlegung der Sprüchwörtern Salomonis R. die Vrsach/ warumb Christus Mariam damahls
ein Weib/ vnd nit ein Mutter genennt hab/ vnd sagt: S. Weib/ sey ein Nam
einer Matronin viler Kinder: deßwegen Mariæ diser Nam/ Weib/ gebührt/ weil Sie damahls ein Mutter viler Kinder, das ist/ aller Glaubigen
erklärt worden.

Welches ingleichem bezeuget Rupertus, T. in Außlegung vnd Erwägung der Wort: Ein Weib/ wann sie gebührt, hat sie Schmertzen/ vnd sagt:
Eben darumb / weil die seligste Jungfraw in dem Leyben ihres Eingebohrnen Sohns/ die Schmertzen einer gebährenden Frawen empfunden / hat Sie
damahls

Die LII. Predig.

damahls vnser aller Heyl gebohren/vnd ist warhafftig aller Mutter worden : daselbsten ist auch erfüllet worden/was in Hohen Liedern nach der 70. **Cant. 2.**
Verdolmetschung/geschrieben stehet: Sub arbore malo excitaui te, ibi pe-
periit te Mater tua, ibi parturiuit te Genitrix tua: Vnder dem Apffelbaum
erweckte ich dich/daselbsten hat dich dein Mutter gebohren/daselbsten hat dich
gezeuget/die dich mit Schmertzen gebohren.

Welches Theodoretus also außlegt: *V.* Vnder dem Apffelbaum **Theodore-**
(vnder dem heylsamen Holtz deß Creutzes) hab ich dich erweckt/(hab ich dich **tus.**
von dem Sandsall/darinnen du gelegen/auffgericht/) da hat dich dein Mut- **V. in Cant.**
ter (nemblich Maria) gebohren/ ibi parturiuit te Genitrix tua, vnd dich **cap. 8.**
mit grossem Kindsweh herfür gebracht : Damahls ist vnser liebe Fraw
gleichsamb die gebährende Nachti gewesen/vnd den Sohn Beniamin, vnd
Benoni gebohren: Beniamin, so ein Sohn der rechten Seitten verdol-
metscht wird/ ist Christus/ welchen Sie zu Bethlehem/ ohne alle Schmer-
tzen/mit höchsten Frewden gebahren: Benoni, so ein Sohn meines Schmertzen heisset/ ist Ioannes, vnd in ihme wir alle/ welche Sie vnder dem Creutz
Christi mit höchstem Schmertzen gebohren/ vnd zu Kindern bekommen
hat.

Hielehrne mein sündige Seel/ vnd bitte den Sohn Mariæ, daß Er **Lehrstuk:**
auch dich seiner Mutter zu einem Sohn befehlen wolle/ als wie die heilige
Mechtildis gethon/ von diser erzehlt Antonius Bayling: *V.V.* Als sie auff **VV. Calend.**
ein Zeit die Euangelischen Historien gelesen/vnd kommen war auff das 19. **Marianum.**
Capittel Ioannis, alda stehet: Stabat iuxta crucem Mater eius, auch gelesen **26. Febr.**
hat/ wie Christus vom Creutz herab seinen geliebten Jünger seiner Mutter
anbefahl/ kam ihr in Gemüth/ Sie solte Christum auch bitten/ daß Er auch
sie seiner lieben Mutter anbefehlen wolle/ vnd wie sie vmb dise Gnad eyfferig bettete/erschine ihr Christus sambt seiner werthen Mutter/ vnd vbergab die H. Mechtildis in die Hand derselben/ sprechendt: Mein Mutter/ **Christi Gü-**
ich befihl dir dise Tochter/ als meine Blutttrieffende Wunden/ vnd wann **tigkeit.**
ich aller zerfleischt vor dir lege/ vmb wieuil/vnd wie du dich in solchem fast
bemühen wurdest meine Wunden zuheylen/ also begehre ich/ daß du Sorg
für sie haben/ vnd sie/ wo es vonnöhten/ trösten wöllest : weiter befihl ich
dir sie/ als mein thewren Werth/du wöllest ingedenck seyn/ mit was grosser
Liebe ich von ihretwegen gefangen / gelitten / vnd am Creutz für sie gestorben bin : endlich befihl ich dir sie als meines Hertzen Frewd/ Lust vnd Lieb/
weil dir nit vnbewust/daß meines Hertzen Lust ist bey den Menschen Kindern zuseyn. Nach disem spricht Mechtildis zu Christo: O mein gütigster
Herr/ woltest du eben das erweisen einem jeden Menschen/der solches begehren wurde. Ja sagt Christus/ darin bey mir ist kein Ansehen der Person:

E ij

Von Maria der Wunderbarlichen Mutter.

son: Derowegen/O mein geliebte Seel/bitte demütig/daß du auch vnder der Anzahl seyest/von welchen Christus zu Ioanni vom Creutz herab gesagt hat: Sihe/daß ist dein Mutter/so wirst du auch gewißlich vnder die Zahl der Außerwöhlten kommen vnd seyn.

Sprichwort. Man sagt: was schmertzt/das hertzt/ vnd bringt ist die Erfahrnuß mit/ daß die Eltern die jenige Kinder am meisten lieben/mit welchen es jhnen bey der Geburt am schmertzhafftigsten ergangen ist. Weil nun/wie gehört worden/MARIA vnser Mutter, vns mit größtem Schmertzen gebohren, als sollen wir nit zweiffeln/ Sie werde vns auch hertzlich lieben/vnd beschützen/ wann auch wir Sie lieben/vnd vnder jhren Schutz vns anbächtiglich befehlen werden.

Der III. Theil.

Wie MARIA sich gegen vns ein Mutter erzeigt.

Wie Maria sich vns ein Mutter erzeige. Fragst du endlich/wie sich W. L. Fraw gegen vns / als ein Mutter erzeige: Hierauff antwortet Iudocus Clithouæus, *A.*
Iudoc. Clithouæus. vnd prediget/daß MARIA auff fünfferley Weiß vnser Mutter: I.
A. Serm. 3. de Nativit. B. Virg. Genitura, durch das Gebähren: weil Sie durch Christum/ wie zuvor gehört worden/vns das Geistlich Leben gebracht/vnd also ein Mutter der wahren Kirchen Gottes/das ist/aller Rechtglaubigen ist, vnd bleibt.

Durch das Gebähren. Im Jahr 1463. ist Alexander Oliua in einem Bronnen/ noch drey-
Ertrunckener Knab wird lebendig. jährig/ ertruncken: die Mutter betet gantz eyffertig in MARIÆ Kirchen/ vnd verlobt jhr den Sohn; alßbald wird er auff vnser lieben Frawen Altar ligendt/ widerumb lebendig: Alexander sahe hernach auff einem Meßgewandt MARIÆ Bild/vnd sprach zu seiner leiblichen Mutter: Dise Fraw (zeigt mit Fingern auff MARIAM) hat mich lebendig gemacht/ dise ist mein Mutter. B.

B. in Calendario. B. V. C. Lib. 22. So schreibt Zonaras, C. daß S. Stephanus der Münder/ ein heiliger Martyrer/auch dem H. Mutter gehabt/die begehrte gantz innbrünstig von MARIA einen Erben: so bald sie nun solchen erlangt/ vnd S. Stephanum gebohren/legte sie jhn MARIÆ in jhre Arm/vnd sprach: Nimb hin/was von dir erlangt ist, da/vnd nit ich/ bist sein Mutter. Also ist vnd bleibt MARIA vnser aller Mutter/ weil Sie vns das Geistliche Leben gebracht vnd erlangt hat.

D. in Lib. de Virginitate. Wie der H. Augustinus mit disen Worten lehrt: D. Cooperta est charitate

ritate sua, vt fideles in Ecclesia nascerentur: Sie hat auß Liebe mitgewürckt/ vnd cooperirt, daß die Glaubige in der Kirchen gebohren wurden.

II. Ist Sie vnser Mutter/ Curâ: in der Sorg für vns/ als ihre Kinder/ deren Sie weniger vergessen will/ oder kan/ als sonsten ein Mutter ihres Kinds. So schreibt auch Albertus Magnus, E. daß auff Sie recht vnd wol applicirt vnd gedeuttet werden könne/ was im Buch der Weißheit geschriben: Ipsi cura est de omnibus: Sie trägt Sorg für alle. Eben dises lehret auch der weise Salomon, da er spricht: Ego eram prope ipsam Nutrix: da war ich bey ihm/ vnd fertiget alle Ding mit ihme: der Chaldeisch Text liest/ Nutrix, da war ich bey ihme/ als wie ein Säugamb/ welche ein trewe Geistliche Mutter/ die Glaubige, als ihre Kinder/ sambt Christo, Geistlich speist/ tränckt/ schützet/ vnd schirmet.

Wie wissen der Seelige Iordanus auß dem Orden S. Dominici/ von einem Geistlichen/ selbigen Ordens/ ein denckwürdiges Exempel erzehlt: als diser von den Straßräubern verfolgt war/ hat er sich ins Korn/ welches schon sehr auffgewachsen/ verborgen: daß sie ihm aber weiter nachsetzen/ vnd er sein Gefahr vorgesehen/ hat er sein Zuflucht zu der seeligsten Jungfrawen genommen/ Sie als ein Mutter angeruffen/ vnd hierzu sich gebraucht der Wort deß H. Bernardi: Monstra te esse Matrem: erzeig dich mütterlich/ welche Wort er in aller still offt/ vnd mit seinem greissen Nutzen widerholet hat. dann wiewol ihn dise Rauber allenthalben suchten, auch so nahe bey ihm waren/ daß sie ihn hetten anrühren können/ so seynd sie seiner doch nit gewahr worden, vnd also ist er diser Gefahr glücklich entgangen/ dann die welche MARIA sorgt/ die seynd vberal wol versorgt.

Zum III. Ist Sie vnser Mutter / Antiquitate, Alters halben: auff Weiß/ wie alte Leuth/ Vätter vnd Müttern ins gemein genennet werden. Nun ist MARIA von Ewigkeit her erschaffen vnd erwöhlt/ daß Sie Christi vnd vnser aller Mutter seyn solle: wie der H. Bernardinus Senensis lehret. F.

In der Welt geschicht offtermahls/ wann ihrer zwen/ ein alter vnd junger Herr/ oder Fraw zusammen kommen/ rechte Kundtschafft vnd Vertrewlichkeit miteinander machen/ daß die ältere Person die jüngere zu einem Sohn oder Tochter/ vnnd die jüngere Personen die älteren zum Vatter oder Mutter annemmen/ vnd hernacher sich gegen einander als wie Vatter vnd Söhn/ oder Mutter vnd Tochter verhalten: vnd hält vilmahls mancher solche angenommne Vatter- oder Sohnschafft für hoch/ rühmbt sich derselben/ vnd pflegt zu sagen: Diser ist mein Vatter oder Sohn

II.
In der Sorg für vns.
Eccli. 49. 15.
E. Super
Missus est.
Sap. 12. 13.
Prou. 8. 30.

Exempel.

Maria, ein wahre Mutter.

III.
Alters halben.
F. Serm 51. de B. Virg. cap. 4.

Vatter/ vnd Mutterschafft/ in der Welt.

werden:

Von Maria der Wunderbarlichen Mutter.

worden: dise hat mich für ein Mutter oder Tochter angenommen; vnd dergleichen.

Nun/mein fromme andächtige Seel/mache du auch auff dise Weiß mit diser ansehlichsten Frawen/welche von Alters vnd Ewigkeit her ist/durch ein sonderbahre Andacht zu ihr Kundschafft/vnd erbitte Sie/daß Sie dich zu einem Sohn oder Tochter auffnemmen/vnd dein trewe Mutter seyn wölle: wie gethan Ioseph Anchieta, welcher seinen Bruder gebetten/daß er jhme vnser liebe Frawen zu einer Mutter machte.

S. Hieronymus.
G. Epist. 25.
ad Paulam.

Es schreibt der H. Hieronymus, G. von dem Todt der Seeligen Frawen Blesillæ, vnd führt ein derselben hinderlaßne Tochter / welche nach dem Todt jhrer leiblichen Mutter/sie also angeredt: Putas me esse solam? habeo pro te MARIAM, Matrem Domini: Meynst du dann/ mein liebe verstorbne Mutter/daß ich jetzt allein gantz Mutterloß sey? O nein/ an deiner statt hab ich MARIAM, die Mutter deß HERRN: welche/wie GOtt ein Vatter/also auch Sie ein Mutter der Waisen ist.

Maria, ein Mutter der Waisen.

IV.
Wegen der Würdigkeit.

Zum IV. Ist MARIA vnser Mutter / Dignitate, wegen der Würdigkeit: auff Weiß als wie ein Vorsteherin / oder Abbtissin eines Klosters/ der anderen Meisterin oder Mutter genennt wirdt/ vnd ist. Es hat Sixtus IV. Römischer Bischoff/ vnd Pabst/einem Miraculos Bild/vnser lieben Frawen zu Ehren/ein herrliche Kirchen vnd Münster erbawen lassen/ vnd Maria zum Frid genannt: darbey ein stattlich Kloster/Augustiner Ordens/gestifftet/vnd daßelbig geheissen: Maria ein Mutter aller Völcker.

M. Coloniæ edita.
Die Mariæ alles zubefehlen.

So wird auch in dem Leben der H. Teresiæ vermeldet/ H. daß sie jährlich die Klöster/deren sie vil erbawen lassen/ MARIÆ auff folgende Weiß resignirt vnd anbefohlen: Sie stellte MARIÆ Bildnuß auff der Priorin Stuhl/ hencket derselben die Schlüssel an/vnd erklärte Sie offentlich für ein Vorsteherin/ vnd Kloster Mutter/dero alle Kloster Jungfrawen huldigen mußten: In Betrachtung vnd täglicher Erfahrung solcher Mütterlichen Regierung/ hat auch der Seelige Stanislaus Koska, der Societet IESV Nouiz, Sie sein Mutter genennt.

Maria, für ein Meisterin im Haußhalterey.

Auff dise Weiß/sollen alle recht Catholische Meisterschafften/MARIAM ober ihre Haußhaltungen zu einer Meisterin vnd Mutter erwöhlen: als wie gethan der H. Stephanus/ König in Vngarn/welcher nit allein sein gantze Königliche Regierung vnd Hoffstatt / sondern auch sein gantzes Land vnnd Königreich/MARIÆ anbefohlen/ vnd deßwegen an Leib vnd Seel ewiglich gesegnet worden.

V.
Mütterlicher Neygung.

Zum V. Ist Sie vnser Mutter Affectu, mit Mütterlicher Neygung;

Die III. Predig.

jung: dann Sie ist geneigt/ sich vnser zu erbarmen/ vnd zu helffen/ als ein
trewe Mutter: dann wann es an einer Mutter wahr/ daß das Mütterlich — *Mütterlich*
Hertz nit fehlet/ so ist es gewißlich an MARIA wahr: welcher all vnser Hertz *Hertz fehlet*
angelegen/ deßwegen rufft Sie vns zu/ sprechend: O jhr alle/ die jhr ein Be- *nit.*
gierd zu mir habt/ kompt her zu mir/ vnd er sättiget euch von meinen Früch- *Eccli. 24. 26.*
ten: Sie sagt Sprach/ gehet vns entgegen als ein ehrliche Mutter/ vnd wil *Eccli. 15. 2.*
vns auffnemmen/ als wie ein junge Fraw thut.

Solche Mütterliche Hülff vnd Neygung hat im Werck erfahren jene
Mutter/ von welcher Johannes Herold/ sonst ins gemein Discipulus ge- *I. in serm.*
nandt/ erzehlt/ *l.* daß sie zwo Töchtern gehabt/ welche sie auß Armuth *suis.*
nicht mehr ehrlich erhalten kondte/ deßwegen selbige in die Kirchen zu einem
MARIÆ Bild geführt/ vnd nach verrichtem eyfferigem Gebett/ sie beyde *Maria er-*
an jhre Händ genommen/ der Seligsten Jungfrawen fürgeführt/ vnd also *nähret jhre*
angeredt: Sehet Fraw/ diß seynd ewere Töchterlein/ euch vberlaß *Andächtige.*
vnd vbergib ich sie/ daß Jhr gleichwol für sie sorget: dann jhr seyt
jhr Mutter.

Wie sie solches außgeredt/ vnd nach widerumb verrichtem Gebett heimb-
gangen/ kame vnuersehens ein vnbekandter Jüngling/ vnd vbergab der
Mutter zum ehrlichen Vnderhalt der Töchtern/ hundert Pfund Silber/
vnd verschwand: als aber hernacher bey den Benachbarten/ welche nichts
vmb dise Händel wüßten/ die Töchtern in bösen Verdacht gerathen/ als
wann sie das Gelt vnd Nahrung vnehrlich gewinnen thäten/ nahmen sie
abermahl jhr Zufflucht zu MARI ihrer Mutter/ vnd betetten/ Sie wolle
auch da jhre Ehr retten/ wie dann geschehen: dann als die zwo Töchtern
mit andern in der Kirchen bey dem Gottsdienst waren/ erschine ein Engel
sichtbarlich in Gestalt eines schönen Jünglings/ vnd trüge zwo Cronen in
seinen Händen/ vnd setzte jhnen auff/ sprechend: Dise schickt euch ewer *Schützet jhr*
Mutter/ die Jungfraw/ vnd Gebährerin Gottes MARIA, zum *Ehr*
Zeichen ewerer Jungfrawschafft. Vber disses Wunder hat sich das
gantz Volck/ mit denen zweyen Töchtern höchlich erfrewet/ auch Gott vnd
vnser liebe Frawen fast gelobt.

Auß welchem wir auch lehrnen/ wie recht der heilige Bonauentura *K.* ge- *Lehrstuck.*
schriben: MARIA quidem in IESV paruulo alios alere, & nutrire didicit: *K. Super*
MARIA hat in dem kleinen Kindlein Jesu erlehrnet/ auch noch andere vil *verba Psal.*
zu ernähren vnd zu erhalten. *44. Astitit*
Regina.

Bilich schreyen wir zu Jhr auff/ vnd betten mit dem H. Bernardo: O
Mater Dei, & hominis, & Mater Iudicis, & rei, & Mater Regis, & exulis,
cum sis Mater vtriusque, non decet, vt inter filios discordiam esse patiaris;

Von Maria der Wunderbarlichen Mutter.

Seufftzer.
tiaris: O Mutter Gottes/vnd deß Menschen/ O Mutter deß Richters/vnd deß Schuldigen/ O Mutter deß Königs/vnd deß Vertribnen/ weil du je ein Mutter beyder bist/ so gezimmet es sich nit/ daß du vnder deinen Kindern ein Vneinigkeit leydest.

Beschluß.
Wir wollen dise Predig mit dem H. Ambrosio beschliessen/vnd sagen: Maria Mater gratiæ, Mater misericordiæ, tu nos ab hoste protege, & hora mortis suscipe, Amen. MARIA, Mutter der Gnaden/ Mutter der Barmhertzigkeit/ bewahre vns vor dem Feind/ vnd nimme vns auff in der Stund deß Todts/ Amen.

Die vierdte Predig.

Mater Admirabilis, Ora pro nobis.

MARIA ist Wunderbarlich/ Vor- in- vnd nach jhrer heiligen vnbefleckten Empfängnuß.

Maria gleich ein Ruth. n.
Esa. 11. 1.

GElieBte in dem HERrn: Der Prophet Jsaias vergleicht die Seligste Jungfraw MARIAM neben anderen auch einem Stab/ oder Ruthen. Es wird ein Ruthen vom Stammen Jsse herfür kommen/ vnd ein Blum von seiner Wurtzel auffgehen: Bey welchem zu mercken/ daß/ vermög heiliger Schrifft/ durch die Ruthen grosse Geheimbnussen geoffenbaret werden:

Num. 17. 8.
I.
Aaronis.

Als 1. wird im vierdten Buch Moysis beschriben/ wie daß Moyses in die Wohnung deß H. Tempels eingangen/vnd die Ruthen Aaronis/ deß Hauß Leui/ wider den Lauff der Natur/ grünendt gefunden/ vnd gesehen/wie die auffahrende Geschoß/ Blumen gebracht/welche sich in Blätter außgetheilt/ vnd Mandelnuß getragen.

I L
Jsraël.
Num. 24. 17.

II. Hat auch Balaam der Prophet von einer Ruthen weißgesagt/vnd gesprochen: Es wird ein Ruthen auß Jsrael herfür kommen: darbey er vermeldet/wie selbige die Obersten der Moabiter schlagen/vnd alle Kinder Seths vbergwältigen/ vnd zerstören werde.

III.
Assueri.
Esth. 5. 2.

III. Wird im Buch Esther beschriben/daß/wann der König Assuerus einem sein guldine Ruthen/oder Stab gezeigt/ vnd zu kussen gegeben/ein solcher Gnad gefunden/ vnd beym Leben erhalten worden.

IV.
Zachariæ.
Zach. 11. 7.

IV. Geschicht bey dem Propheten Zacharia Meldung einer schönen Ruth: Vnd ich nahm mir zwo Ruthen/ die eine nennt ich die Schöne: die ander nennt ich ein Band oder Strick.

V. St-

Die IV. Predig.

V. Gedenckt der König David einer Ruthen deß Reichs / einer geraden Ruthen / vnd einer starcken Ruthen / sprechend: GOtt / dein Stul bleibt immer / vnd ewig: die Ruthen deines Reichs ist ein gerade Ruthen: vnd widerumb / der HErr wird die Ruthen deiner Stärcke senden auß Sion / du solt herrschen vnder deinen Feinden.

V.
Davids.
Psal. 44. 7.
Psal. 109. 2.

Von dem Patriarchen Jacob wird auch geschriben / wie daß er vor seinem Todt betrübt gewesen / daran/ daß er Kinder in Ægypten verlassen wurde / aber wie er sich gewendt gegen dem Beth zum Haupt / vnd gegen der Ruthen / oder Stab vnd Scepter / welche Joseph in seiner Hand hatte / ist er getröst worden.

Gen. 47. 31.

Dise Geheimnussen alle werden billich von den HH. Vättern auff die Mutter Gottes gedeutet: dañ Sie I. die Ruthen auß dem Stammen Jesse / weil Sie auß dem Königl. Stammen vnd Geschlecht Davids gebohren / dessen Vatter Jesse / oder Isai gewesen: wie Tertullianus, *A.* der H. Ambrosius, *B.* der H. Epiphanius, *C.* der H. Hieronymus, *D.* vnd vil andere lehren.

I.
Maria ist die Ruthen Jesse.
A. Lib. adversus Iudæos. cap. 9.
B. Lib. 2. de Spiritu sancto. cap. 5.
C. Serm. de Laud. Virg.
D. Super c. 11. El.

II. Ist Sie auch ein grünende Ruthen Aarons / weil Sie ein Jungfraw bleibend / durch vberschattung deß H. Geists / den Sohn Gottes / die gebenedeyteste Frucht der Ehren vnd Reichthumb empfangen / getragen / vnd gebohren.

II.
Aaronis.
Eccli. 24. 23.

III. Ist Sie auch die Ruthen Israels / welche die Moabiter schlägt / vnd die Kinder Seth zerstören thut: weil sie das jenige Weib / welches der höllische Schlangen den Kopff zertrittet / vnd den Saamen aller Ketzereyen außreüttet.

III.
Israelis.
Gen. 3. 15.

IV. Ist Sie deß Zachariæ schöne Ruthen / die Band- oder Strickruthen aber ist Eva / weil Eva vns mit Sünden gebunden / MARIA aber / welche ohne Sünd / gantz schön ist / durch Christum vns widerumb darvon auffgelößt: auch wie deß Moysis Ruthen das Wasser auß dem Felsen / also treibt Sie die Bußzäher auß den verharteten Hertzen der Sündern.

IV.
Zachariæ, Moysis.

V. Ist MARIA die güldine Gnaden Ruthen / oder Scepter Assueri, dann welchem dise gezeigt / vnd zu küssen gegeben wird / der hatte das Leben / vnd Gnad Assueri erhalten / also auch / welcher MARIAM, wann er durch den Todt zu Gericht gehen muß / auff seiner Seiten haben wird / der wird leben / vnd ewig seelig bleiben: dahero sagt Hugo de S. Victore: Si accedam ad Iudicium, & Matrem misericordiæ habuero in causa mea, quis Iudicem denegabit propitium? Wann ich für das Gericht gehen sol / vnd die Mutter der Barmhertzigkeit auff meiner Seiten haben werd / wer will laugnen / daß ich nit einen gnädigen Richter haben werde?

V.
Assueri.

VI. Vnd letzten: Ist Sie Virga Directionis, ein gerade / oder Richt-Ruthen / weil Sie alle jhre Werck nach GOtt gericht: Sie ist ein Ruthen deß Reichs Gottes: weil solches durch Sie gemehrt wird: Sie ist ein starcke Ruthen / weil Sie bey Gott vil vermag.

VI.
Directionis.

Weil

Von Maria der Wunderbärlichen Mutter,

Propositio.

Weil nun die Prophezey von der Alten auß der Wurtzel Jesse / am Tag der Empfängnuß MARIÆ hat angefangen erfüllt zu werden: als will ich von derselben folgende Predig anstellen / vnd darinnen vermelden / wie Wunderbarlich MARIA vor- in- vnd nach jhrer Empfängnuß sey / auch was wir darauß zu lehrnen: Vergesset / ꝛc.

Der I. Theil.

MARIA ist Wunderbarlich vor jhrer heiligen Vnbefleckten Empfängnuß.

In Orat. de Zona. Maria ist wunderbarlich vor der Empfängnuß.

ES schreibt der H. Germanus, Patriarch zu Constantinopel: A. O Gebährerin Gottes / alles was dir angehörig / ist verwunderlich / alles vbernatürlich / alles großmächtig / vnd vbertrifft aller anderer Creaturen Krafft vnd Vermögen: Vnder solchen verwunderlichen / vbernatürlichen vnd großmächtigen Geheimbnussen MARIÆ der Mutter Gottes / ist auch zu zehlen deroselben reine / vnbefleckte Empfängnuß: welche auch schon verwunderlich / vbernatürlich / vnd großmächtig gewesen lang zuvor / ehe sie geschehen.

I.

Iccli. 24. 10.

I. Darumb: weil Sie von Ewigkeit her / als die Erstgebohrne vor allen Creaturen / Gott auff ein sonderbare Weiß vorgesehen / dann da Gott alle Ding ordinirte / vnd seine liebe Heiligen zur ewigen Glory vnd Seligkeit prædestinirte vnd erwöhlete / hat Sie den Vorzug gehabt.

II.

Maria Gegenwart / in Erschaffung der Creaturen. B. Lib. 7. de arcanis c. 3. Ier. 33. 25.

II. Hat Gott von Anfang in Erschaffung der Welt / vnd aller Creaturen / Sie Jhme gegenwärtig fürgestellt / vnd diß auff dreyerley Weiß: 1. In dem Er jhrethalben die Welt vnd alle Ding erschaffen / wie Galatinus B. auß den Jüdischen Cabalisten erweiset / vnd das 33. Capitel deß Propheten Jeremiæ einführet / allda gelesen wird: Wann ich kein Bund mit Tag vnd Nacht / vnd weder dem Himmel / noch der Erden ein Gesatz gesetzt hab / ꝛc. Für welche Wort die Hebreer also lesen: Nisi pactum meum esset, diem ac noctem, leges terræ ac cœlo non posuissem: Wann mein Bund nicht wär / so hett ich weder den Tag / noch die Nacht erschaffen / vnd weder der Erden / noch dem Himmel ein Gesatz gesetzt: vnd legens also auß / daß nembich Gott die Welt nit erschaffen / wann es nit auß liebe IESV. vnd MARIÆ geschehen wäre. Mit disem stimmet ein der heilige Bernardus, da er also von MARIA der Mutter Gottes schreibt: *C. Serm. 1. in Salue Regina.* C. De hac, & ob hanc, & propter hanc, omnis Scriptura

Die IV. Predig. 43

propter Facta est, propter hanc totus mundus factus est. Von diser/ ob diser/ vnd wegen diser/ ist alle Schrifft verfaßt/ vnd wegen diser ist die gantze Welt gemacht. Vnd ist dise voll Gnaden.

2. Hat Gott Sie in Erschaffung der Welt ihme gegenwertig fürgestellt/ in dem er dam ahls zurgleich aller Creaturen Vollkommenheiten gesehen/ vnd was Er allen Gerechten ertheilt zur Zier/ in sein Mutter versamblet: wie Arnoldus Carnotensis, vnd hierauff der H. Epiphanius deuttet/ *F.* In dem er MARIAM nennt/ Cœli terræque Mysterium, deß Himmels vnd Erden Geheimbnuß: dieweil nemblich alles/ was im Himmel vnd auff Erden köstlichs/ guts/ vnd vollkommenlichs ist/ in Sie vberhäuffig gewendt worden.

F. Serm. de laud. Virg.

Der H. Bernardus redet hiervon also: *G.* MARIAM DEVS tanquam mundum specialissimum sibi condidit, quem in iustitia, & sanctitate fundauit: Gott hat MARIAM ihme/ als ein gantz besondere Welt erschaffen, welche Er in Gerechtigkeit/ vnd Heyligkeit also befestiget hat/ daß Sie köstlicher/ würdiger/ vnd grösser als die Welt/ weil Sie denjenigen/ welchen die Welt nit könne/ noch würdig war zubegreiffen/ in ihrem H. Jungfräulichen Leib zuempfangen/ vnd zutragen würdig gewesen.

G. Serm. de B. Virg.

3. Hat Gott damahls vorgesehen/ wie daß zwar Er alles gut erschaffen/ vnd wol ordnen thue/ doch der Mensch, zu dessen Nutzen alles angesehen/ durch den Sündfall alles zugrund richten werde/ daß Er aber deromben von der Erschaffung der Welt nit abgelassen. ist MARIA Vrsach gewesen/ welche Er vorgesehen/ wie daß durch Sie aller Creaturen Vnfall vñ Verderben widerumb werde reparirt. vnd ersetzt werden: wie mit anderen heyligen Vättern der H. Ambrosius lehret / *H.* vnnd hiervon der H. Bonauentura also schreibt: *I.* Dispositione tua, Virgo sanctissima, perieuerat mundus, quem & tu cum Deo ab initio fundasti: In deiner Verordnung / O heiligste Jungfraw/ bestehet die Welt/ welche auch du mit Gott von Anfang befestiget hast.

H. Lib. de excell. Virg. cap. 10.
I. In Psalterio.

III. Ist MARIA die Mutter Gottes/ vor ihrer Empfängnuß wunderbarlich/ weil Sie von Gott/ den Glaubigen in seinem Wort lang zuuor versprochen, vnd durch die Propheten verkündiget worden: Als da Gott gleich nach dem Sündenfall gesagt: Ich will Feindschafft setzen zwischen dir/ vnd dem Weib/ vnd deinen Saamen/ vnd ihrem Saamen/ dieselbe wird dir den Kopff zertretten. Hierauff gehet auch die Propheceyvon der Ruhten vom Stammen Iesse. Ja Nicephorus lehret/ *K.* daß aller Propheten Wort/ Schrifften vnd Weissagungen auff

III.

Gen.3.14.
Esa.11.1.
K. Serm. de Assumpt.

F ii Sie

Von Maria der Wunderbarlichen Mutter.

Sie gedeuttet werden können: Weil in dem Wort / das auff jhr Fleisch war / en/alles begriffen.

IV.
L. In apparatu.

Zum IV. Auch darumb: Weil Sie durch vil Zeit vnd Alter zuuor von Juden vnd Heyden vorgesehen vnd erkannt worden? Dann ein Jud/ welchen Cæsar Baronius, *L. Secundos*, andere aber Saccos nennet / so mit Heyligkeit vnd Geschicklichkeit leuchtete / vnd in Erkandtnuß der Schrifft wol erfahren ware / hat von der seeligsten Jungfrawen MARIA folgendes geschriben: *M.* Gleichwie ein Credentisch ist ein Behaltnuß / welche Fürsten vnd Herren dahin bawen / daß sie jhre guldene vnd silberne Geschirr darinnen einschliessen: Also wird deß Königs Messiæ Mutter / ein Köst. Kammer seyn / von Gott selbsten erbawet / daß in jhr der Messias wohne / zuertzeigen sein Glory vnd Herrligkeit allen Menschen.

M. In responf. ad 7. petit. Antonini consulis.

Geschicht. N. In suo Chronico repurgato. c. 187.

So schreibt auch Martinus Polonus, Ertzbischoff zu Consentin / *N.* wie daß ein Jud zu Toleto / zu Erweiterung seines Weinbergs / ein Steinfelsen außgehawen / vnd in mitten desselben ein runde Hölen gefunden / welche also beschaffen gewesen / daß man nit sehen können / ob von Menschen gemacht worden: In diser runden Hölen ist verborgen gelegen ein Buch von Blettern / auß glatt gemachten Höltzern / mit den drey Hauptsprachen / als Hebraisch / Griechisch / vnd Lateinisch: In disem Buch ward discurirt vnd gehandlet von dreyfachem Stand der Welt / Nemblich vom Adam / biß auff den Antichrist / vnd End der Welt: Wurde auch darinnen / durch alle Alter / der Menschen Thaten / Geschichten / vnd Sitten beschrieben / auch vermeldet / daß der letzten Welt diser Anfang seyn werde: (In tertio mundo Christus nascetur ex Virgine Maria: Im dritten Alter der Welt wird Christus gebohren werden auß einer Jungfrawen Maria.) Vnnd daß solches Buch werd gefunden werden / wann in Castella Ferdinandus herrschen werde. Wie ermelter Jud dises gelesen / vnd erwogen / daß es alt / vnd lang vor Christi / vnd MARIÆ Zeiten eingeschlossen worden seyn müste / hat er sich mit seinem gantzen Hauß gesind Tauffen lassen.

Dreyfacher Stand der Welt.

Weissagungen der Sybillen.

O. Lib. 1. contra Iouinianum.

Dergleichen Weissagungen seynd auch den Heyden offenbar gemacht worden: Vnder welchen billich zurechnen die Sybillæ, deren von Varrone, vnd Lactantio Zehen gezehlt werden, welche alle / wie der H. Hieronymus schreibt / O. Jungfrawen gewesen / als Persica, Lybica, Delphica, Samia, Cumana, Hellespontica, Phrygia, Tiburtina, Erythrea, vnnd Cymmeria: Welche alle / obwolen sie von gantz vnderschidlichen Nationen / vnd Völckern gebohren / vnd zu vnderschidlichen Alteren / vnd Zeiten gelebt / auch an vnderschidlichen Orthen vnd Ländern gewohnt / dannoch einhellig in dem einstimmen / vnnd Weissagen / daß ein Jungfraw

der

Die IV. Predig.

der Welt Heylandt empfangen/vnd gebähren werde: deßwegen sie gleichsamb von ferren die Mutter Gottes verehret/vnd durch schöne Carmina vnd Lobsprüch andere darzu angereitzt/ wie P. Ioannes Bonifacius der Societet Iesv, mit mehrerem erweiset. P. Müssen auch der Heydnisch Poet Virgilius der Sybillæ Cumanæ Weissagung anziehen. Q. Dahero als im Jahr Christi 453. Secundinus, Tagatus, Verionus, vnd Marcellianus, disen deß Virgilij Verß behertzigten: Jetzt kombt wider ein Jungfraw/ vnd vom Himmel wird ein newe Geburt geschickt/ haben sie geschlossen/ die Jungfraw sey Maria, vnd die Geburt Christus / für den so vil Christen jhr Blut vergiessen: deßwegen sie sich vom Priester Timotheo Tauffen/vnd vom Sixto Firmen/ auch endtlich vmb Christi willen vom Keyser Caio martyren lassen: wie Surius schreibt. R.

P.Lib.1.c.2. de B. Virg. vita & miraculis. Q.Ecloga.4.

Eben dises haben auch zuuerstehen geben die Antwort der Heydnischen Abgötter: wie neben andern erwisen der H. Martyrer Procopius, welcher nit allein auß der Sybillen Weissagungen die Christliche Religion wider den Landtpfleger Flauianum beschützet/ sondern auch das Delphicum Oraculum, oder Außsag der Heydnischen Götter angezogen: dann als der Argonautarum Fürst zu Athen ein stattlichen Tempel erbawet/ vnd den Abgott Apollo Rath gefragt: Wessen diser Tempel seyn/ vñ dienen werde/ gab er dise Antwort: Thut jhr was euch die Tugend/ vnd Erbarkeit ermahnt/ von mir aber habt diß: Drey begehren ein Regierenden Gott bey den Göttern/ dessen Wort der Vnwissenheit nicht vnderworffen: welcher von einer Jungfrawen empfangen/ als ein fewriger Regen das Mittel deß Erdbodens durchlauffen/ vil an sich ziehen/ vnd als ein Gaab seinem Vatter zuführen/ wird: Diser Jungfrawen wird der Tempel seyn/ Maria aber ist jhr Nam.

R. Die 9. Augusti. Der Abgötter:

Obwolen nun die blinde Heyden von dem bösen Geist verführt/ disen Tempel aller erdichten GötterMutter/ welcher sie vil Namen geben/ zugeeygnet ist doch solcher zur Zeit der Regierung Zenonis, Mariæ Gottes Gebährerin zu Ehren eingeweyhet/ vnd geheyliget worden.

Solche vnd dergleichen Weissagungen betrachtet auch der H. Damascenus, vnd sagt: Es seynd etliche gewesen/ welche den Göttlichen Glauben der Allmächtigen Dreyfaltigkeit/ oben hin zwar vnd im dunckeln/ doch aber vernommen haben/ etliche haben die Menschwerdung/ das H. Leyden/ vnd Aufferstehung (Christi) gerühmt: etliche haben sein Empfängnuß/ vnnd Geburt auß einer Jungfrawen verkündiger / vnd derselben Namen außgesprochen: Maria, ait quidam, nomen puellæ, der Jungfrawen Nam/ sagt einer/ ist Maria. Vnd eben darumb Wunderbarlich.

Weissagungen.

F iij

Von Mariæ der Wunderbarlichen Mutter.

Lehrstuck.

Die lehrnet: So GOtt selbsten die H. Engel/auch nit allein Glaubige/sondern auch Vnglaubige/auß Erleuchtung deß H. Geists/ihnen MARIAM fürgestellt/auff Sie ein Auffsehen/vñ nach jhr ein hertzliches Verlangen gehabt/auch von jhr gleichsamb gesungen vnd gesagt/ehe Sie empfangen vnd gebohren/vnd ehe Sie Christum vns auff die Welt gebracht: wie vilmehr sollen wir Christen das thuen/vnd nechst GOtt/auch vnser Hertz vnd Gedancken auff Sie haben : wie vil jhrer Liebhaber mit jhrem grossen Nutzen

Weiß Mariam zuverehren.

gethan/deren etliche in jhren Stuben vnd Kämmern MARIÆ Bildnuß auffgehenckt/auch solche bey sich getragen/darbey sich MARIÆ offt zuerinnern: als wie im Orden deß H. Dominici/vnd andern Religiosen bräuchig/vnd auch im Brauch gehabt haben vil Hoch-vnd Nider Standts Personen/ as Ludouicus II. König in Franckreich/welcher stärs auff seinem Hut ein Bildlein MARIÆ der Mutter Gottes trüge/ vnd dasselbig höher schätzete/als alle Diemant vnd Edelgestein. Dergleichen Ludouicus Pius, Caroli Magni Sohn/welcher nimmermehr ohne ein MARIÆ Bild war/so er für sein Capell gehalten/vnd offt knyendt darvor gebetten.

Mariæ Dencktring.

Etliche haben zu disem End gewise Denckring/ oder andere Erjnnerungs Zeichen/an MARIA allezeit zugedencken/getragen.

Mariæ Kirchen/oder Altär besuchen.

Etliche haben täglich vnser lieben Frawen Kirchen oder Altär besucht/ als wie der Römischen Kirchen Cardinal Carolus Borromæus, Ioannes Berchmann der Societet IESU, vnd andere.

Von Maria reden.
S. Serm. de Assumpt.

Andere haben offt vnd vil von jhr geredt: wie dann deß H. Bernardi grosse Frewd gewesen/von MARIA reden. Nichts ist/ spricht er/ S. welches mein Hertz also einneme/vnd erfrewe/als wann man von der Mutter GOttes reden muß. So war auch das meiste Gespräch deß Seeligen Stanislai auß der Societet IESU, von vnser lieben Frawen.

Diser/vnd andern vil tausenden Exempel/sollen wir nachfolgen/vnd offt an vnser liebe Fraw gedencken/vnd Sie verehren. Dann es sagt der H. Anselmus : T. Daß allein von der seeligsten Jungfrawen gedencken / daß

T. Lib. de excell. Vir.
Herzlichste Gedancken eines Menschen.

Sie ein Mutter GOttes ist/ sey der allerhöchste/vnd herzlichste Gedancken/den ein Mensch haben kan/vnd nechst Gott könne man mit keinem bessern Ding sich je bekümmern. Wie auch der andächtige Taulerus darfür hält/es könne kein rechtes Leben seyn / wo man nit offt an MARIAM gedenckt/vnd von jhren Tugenden/vnd Vollkommenheiten redet/vnd selbige betrachtet.

Der

Der II. Theil.

MARIA die Mutter Gottes/ ist wunderbarlich in ihrer heiligen Empfängnuß.

Er Römischen Kirchen Bischoff vnd Pabst Sixtus IV. handlet in einer Bulla von der vnbefleckten Empfängnuß MARIÆ, vnd nennet dieselbe/ Miram Conceptionem, ein verwunderliche Empfängnuß. *A.* Welche I. verwunderlich ist wegen ihrer Eltern/ welche seynd gewesen Joachim vnd Anna/ deren gantzes Leben vnd Wandel/ auch die Erzeugung diser Tochter ein Wunder: Von disen schreibt der H. Hieronymus, *B.* Daß derselben Leben war vor Gott einfaltig vnd auffrecht/ vnd bey den Menschen vnsträfflich/ vnd Gottselig: dann sie theilten all ihr Vermögen in drey Theil/ ein Theil wendeten sie an den Tempel/ vnd Diener desselben. Den andern Theil gaben sie den Armen vnd Frembdlingen: den dritten Theil aber behielten sie für den nothwendigen Gebrauch ihres Haußhaben vnd Vnderhalts.

II. Wegen daß sie in grosser Heiligkeit/Friden vnd Reinigkeit mit einander gehauset/ nennt sie der H. Damascenus *C.* par turturum: ein paar Turteltauben/ denen die gantze Welt zu dancken verbunden. Von dem heilligen Ehestandt diser Gottseligen Eheleuthen/ hat hernacher die Mutter Gottes/wie sie in der Offenbarung S. Birgittæ zu finden/ *D.* also geredt: Mein Sohn hat den Ehestandt meines Vatters vnd meiner Mutter/ mit solcher Keuschheit zusammen verfügt /, daß damahls kein keuschere Ehe auff Erden zu finden war. Auß Göttlicher lieb/ vnd auß Anzeigung deß Engels/ seynd sie ehrlich zusammen kommen/ vnd nicht auß Begierd deß Wolusts. Vnd abermahl: *E.* Als demnach Gott der Herr alle Verehelichung/ so von deß ersten Menschen Erschaffung an/ biß an den Jüngsten Tag geschehen sollen/ ansahe/ da hat Er kein solche Ehe/ in aller Göttlichen liebe vnd Erbarkeit vergesehen/ wie Joachim vnd Anna gewist/ vnd darumb hat es ihm gefallen/ daß von diser Ehe/ der Leib seiner Mutter sol gebohren werden.

Nicephorus vermeldet, *F.* wie daß beyde ihr Leben zum hohen Alter ohne einige Leibs Erben gebracht/ dann die Anna war vnfruchtbar/ daß also die Jungfraw MARIA auß Eltern gebohren/ so der natürlichen Begierd nit achteten: vnd eben darumb ist ihnen ein Frucht von GOTT geben/ wider den Lauff der Natur. Dann wie der H. Augustinus schreibt: *G.* Signi-

A. Bulla, quæ incipit: Cùm Præcelsa.
Maria Empfängnuß wunderlich.
B. Lib. de ortu B. Virg.

C. Lib. de obitu Virg.

D. Lib. 1. c. 6 refert etiam Dionysius Carthusian. lib. de laudibus Virg.
Eheliche Keuschheit.
E. In Serm. cum Angelo, serm. 4.

F. Lib. 1. hist. epist. 7.

G. Lib. 19.

Von Maria der Wunderbarlichen Mutter.

de Ciu. Dei, Significant filios gratiæ, qui non virtute carnis, sed singulari dono gratiæ
cap. 3.   nascuntur: Gnaden-Kinder bedeuten/ vnd seyn/ welche nit auß
Gnadenkin- Crafft deß Fleisches sondern auß sonderbaren Gnaden empfangen
der.   vnd gebohren werden.

Isaac.   Ein solch Gnaden-Kind war Isaac/ welcher auß der neuntzig jährigen
Genes. 17. Sara gebohren/ vnd deßwegen GOtt durch jhne/ die Benedeyung aller
         Völckern versprochen.

Ioseph. Ein solch Gnaden-Kind war Ioseph auß der Rachel/ so ein Regent
Genes. 30. vnd Heyland in gantz Egypten worden.

Samuel. Ein solch Gnaden-Kind war Samuel auß Elcana, vnd Anna, so ein
1. Reg. 1. grosser Prophet worden.

Ioannes der Ein solch Gnaden-Kind war Iohannes der Tauffer/ auß Zacharia vnd
Tauffer. Elisabeth/ so der Gröst gewesen vnder allen/ so von Weibern gebohren.
Luc. 1.   Ein solch Wunder-vnd Gnaden-Kind ist die seligste Jungfraw/
         vnd wunderbarliche Mutter MARIA, vnder allen Weibern gesegnet/
         welche vns den Heyland der Welt gebohren.
          Gleichwie aber alle dergleichen Gnaden-Kinder/ durch das H. Gebett
         erworben worden/ also auch MARIA die Mutter Gottes/ wie Dama-
H. Lib.4.fi- scenus, H. Epiphanius, I. vnd Gregorius Nyssenus lehren. K.
dei, c. 15.
I. Hæresi 74 Die Weiß aber dises Gebetts beschreibt neben obligen HH. Vättern/ der
K. De Nat. H. Hieronymus, L. vnd sagt: Es hab sich begeben/ daß der fromme Mann
Christi. Joachim/ am hohen Kirchweyh-Fest/ den 25. Tag Nouembr. mit andern
L. Lib. de or- Gesatz-eyfferigen Leuthen/ auß seiner Statt Nazareth gen Hierusalem in
tu B. Virg. Tempel kommen/ vnd sein Opffer mit Gebett auff den Altar legen wollen/
Gebett   aber vom Hohen Priester/ als ein Vnfruchtbarer/ der das Volck Gottes nit
frommer mehrete/ abgeschafft/ vnd sampt seinem Opffer offentlich verstossen worden:
Eheleuth. deßen schämet sich der heilige Mann sehr/ vnd gieng vom Tempel nit heimb
         zu Hauß/ sondern begab sich auffs Land/ in ein Mayrhoff/ zu seinen Schaaff-
         hirten/ daselbsten klagte er absonderlich dem gütigen GOTT sein Leyd/ vnd
         batte jhn von Hertzen/ daß Er von jhme die erlittene Schmach nemmen/ vnd
         in Frewd verkehren wolle/ auff Weiß/ wie es seiner Göttlichen Majestät ge-
         fällig seyn wurde.
          Deßgleichen bettete auch die fromme alte Anna/ gieng/ wie Nicephorus
M. Lib. 1. c. 7 schreibt/ M. fleissig in Tempel/ vnd batte/ daß Gott sie von der Benedeyung
         deß Gesatz nit außschliessen/ sondern mit einer Leibsfrucht begaben/ mit ver-
         sprechen/ daß sie solche Gott ergeben vnd auffopffern wolle.
N. In En- Es meldet ferner der H. Ertz Bischoff Germanus. N. daß zu dem heili-
com. B. V. gen Gebett auch das Fasten geschlagen/ vnd daß auß derselben andächtigen

Die IV. Predig.

gem Gebett/ vnd freywilligen Fasten/ Gottes Miltigkeit erwaicht/ jhnen ein Engel gesandt/vnd die Empfängnuß ihrer Allerheiligsten Tochter MARIÆ verkündigen lassen: darauff Sie dann in höchster Reinigkeit den achten Tag Decembris empfangen worden. O.

Zum II. Ist die würckliche Empfängnuß MARIÆ Wunderbarlich/ weil Sie nach Auffag der heiligen Vätter/ vnd gelehrtesten Theologen/ in dem ersten Augenblick jhrer vnbefleckten Empfängnuß/ von der Erbsünd/ vnd allen andern Sünden also erlediget/vnd durch Gottes Allmacht von dem Fluch vnd Gesaz aller andern Menschen/ dißfalls dermassen vorkommen/ vnd außgenommen worden/ daß weder Erbsünd/ noch andere Sünd an Jhr statt vnd plaz haben können.

O. Vt Beda, Martyrolog. & Calendarium Rom. II.

Die Rechtsgelehrten haben neben andern Gesazen auch diſes: Princeps legibus solutus est, Augusta autem, licèt legibus P. soluta non sit. Princeps verò eadem illi priuilegia tribuat, quæ & ipse habet: Der Fürst ist vom Gesaz gantz frey: die Fürstin aber obwol sie dem Gesaz vnderworffen/ soll doch jhr der Fürst die Freyheiten ertheilen/ welche er hat. Dises Gesaz hat billich in Christo/ vnnd seiner Gebenedeytesten Mutter statt vnd plaz: der König aller Königen/ vnd HERR aller Herrschenden/ Christus Jesus/ hat auß seiner Natur der Sünd nit können vnderworffen seyn MARIA aber/ obwolen Sie/ nach etlicher Lehrer Meynung/ der Sündschuld vnderworffen gewesen/ doch weil Sie ist Augusta, ein Königin der Englen/ vnd ein Kayserin der Himmlen/ ja ein Mutter Christi/ vnd jhr Sohn hieruon befreyet/ also hat sich geziemet/ daß Er Sie auch diser Freyheit theilhafftig machte/ vnd von aller Sünden Macul erlediget.

P. De Legibus senat. Consult.

Apoc. 19. 16. 1. Pet. 2. 22.

Bey den Persianern ist vor Zeiten ein allgemeines Gesaz gewesen/ daß niemands/ bey Verlust Leib vnd Lebens/ für den König vnberufft kommen solle: deßwegen Esther/ die Königin/ da sie vnberuffen zum König Aſſuero hinein gangen/ auß Angst vnd Forcht dises Gesazes erblichen/ vnd gleichsamb in Ohnmacht anfangen zu sincken/ jhr aber gleich der König von seinem Thron entgegen gesprungen/ vnd sie mit seinen Armen gehalten/ sprechend: Esther/ was hast du? ich bin dein Bruder/ du solst dir nit förchten: du solst nit sterben: dann diß Gesaz ist nit vmb deinetwegen/ sondern vmb aller willen gemacht/ darumb tritt herzu/ vnd ergreiff den Scepter: hat also er auff dise Weiß/ als ein Vollmächtiger Herr/ sein Gemahlin von dem allgemeinen Landgesaz der Persianer befreyet.

Eben also hat Gott/ der Herr deß Himmels vnd der Erden/ die Mutter seines Eingebohrnen Sohns/ von dem Gesaz der Erbsünd/ so zwar für alle/

Von Maria der Wunderbarlichen Mutter.

alle / aber nit für Sie gestellt war / befreyet / vnd ihr den Scepter d. H. Creutzes Christi anzunemmen gereicht / in dem Sie durch vorgesehene Krafft deß Creutzes vnd Leydens Christi / von dem Fall der Erbsünd erledigt worden. Wie der H. Bonauentura mit disen Worten erkläret. Q.

Q. In 3. sent. epist. 3. art. 2. q. 2.

Andere seynd nach dem Fall widerumb auffgericht / vnd gerechtfertiget worden: die seligste Jungfraw aber ist gleichsamb im Niderfincken vnderstützt worden / daß Sie nit fallen solle. Auff dises deutet auch der himmlische Bräutigamb in seinen hohen Liedern / sprechend: Gleichwie die Lilien vnder den Dörnern / also ist auch mein Freundin vnder den Töchtern.

Cant. 2. 2.

R. Serm. de Laud. S. Serm. 3. de Nat. Virg.

Welches die H. Vätter Ephrem / R. vnd Petrus Damianus S. mit andern von MARIA verstehen / vnd sagen: Gleichwie die Lilien vnder den stechenden Dörnern erwächst / vnd auffgehet / ohne all ihrer Beschädigung vnd Bemacklung / ebnermassen sey auch die Mutter Gottes MARIA auß dem sündigen Stammen Euæ empfangen vnd geboren / vnd hab doch auß sonderbarer Fürsehung Göttlicher Gnaden / kein Sünden-Macul an ihr behalten / sondern jederzeit gantz schön gewesen / vnd geblieben.

Deßwegen ist vnd wird Sie billich gegrüßt / voll Gnaden / der HErr ist mit dir / du bist gebenedeyet vnder den Weibern: du hast Gnad funden bey Gott: dann wie der H. Augustinus lehret / T. so ist durch den Englischen Gruß klar erwisen worden / daß der Zorn deß ersten Sentenz gäntzlich außgeschlossen / vnd die vollkommene Gnad der Benedeyung erstattet sey.

T. Serm. in Natiuit. Domini.

V. In Euang. de Deipar. cap. 15.

Welches wegen Sie auch nit vnbillich der H. Athanasius V. vberselig spricht / vnd sagt: Dicimus eam iterum, atque iterum, & semper, & vndequaque beatissimam: Wir nennen Sie demnach widerumb / vnd abermahl / federzeit / vnd allenthalben die Allerseligste.

Miracula. X. Lib. 6. de rebus Hisp. Y. 9. Decembris.

Dise wunderbarliche vnd vnbefleckte Empfängnuß MARIÆ hat auch GOtt mit Wunderzeichen bestättiget: wie dann hieruon Marulus, X. Iulianus Ertzbischoff zu Tolet / vnnd Surius Y ein denckwürdige Geschicht beschriben / mit vermelden: daß der heilige Ildephonsus Toletanischer Bischoff / so gelebt vmb das Jahr Christi 659. die Ehr / vnd reine Empfängnuß MARIÆ, vnder die Secten / welche der Cherintinianer Ketzerey angehangen / mit Wort vnd Schrifften starck defendirt, vnd einest In Gegenwart der gantzen Clerisey / auch deß Spannischen Königs Recusuinthi. vnd grosser Menge Volcks / bey dem Grab der heiligen Jungfrawen vnd Martyrin Leocadia (welche Anno Christi 300. zur Zeit Diocletiani, zu Toleto gemartert / vnd daselbsten begraben worden) andächtig gebettet: da hab sich

Die IV. Predig.

sich der Stein ab der H. Grab/welchen sonsten dreyssig Personen schwerlich abheben können/ von sich selbsten weggeruckt/ vnd seye die H. Leocadia, so schön bey 300. Jahren im Grab gelegen/ gantz bekleydt herauff gestiegen/ so weit/ daß sie die Priesterliche Hand deß H. Bischoffs Ildephonsi anrühren können/ vnd mit lauter Stimm gesagt: Durch dich lebt mein Fraw. Das war ein Preiß-Red / warmit die H. Jungfraw deß H. Ildephonsi Schrifft vnd Lehr/ zur Ehr vnd Beschützung der reinen Empfängnuß MARIÆ verfasset/ als recht vnd gut bestättiget/ ꝛc. Was aber mehr für Nutzbarkeiten sich die Verehrer vnd Beschützer MARIÆ reiner Empfängnuß hie vnd dorten zugetrösten/ wird auß folgendem dritten Theil der Predig zuuernemmen seyn.

Der III. Theil.

MARIA die Seeligste Jungfraw ist Wunderbarlich nach ihrer Empfängnuß.

Erstlich darumb: weil ihr Reine Empfängnuß von Anfang her von den Englen GOttes erkennt/ auch verkündiget/ vnd von ihnen dises Fest gleich im Himmel gehalten worden: Dann I. schreibt der Hochgelehrte P. Suarez, *A.* Daß die Engel GOttes von Anfang ihrer Seeligkeit MARIAM als ein zukünfftige Mutter GOttes vnd Königin der Englen klar erkennt/ vnnd schon alßdann von ihnen als ein Mutter GOttes/ vnd Fraw aller Frawen angebettet/ vnd mit grossen Verlangen erwartet worden: dahero deutten auff Sie die H.H. Vätter: Vultum tuum deprecabuntur omnes diuites plebis: dein Augesicht bitten alle die Reichen im Volck: das ist so vil gesagt/wie der H. Athanasius, *B.* vnnd Gregorius XI. Pabst *C.* außlegen: die allerfürnembsten auß dem Himmlischen Heer/ so wol Engel/ als Menschen/ werden ein Verlangen nach ihr haben/vnd Sie verehren.

II. Haben die Engel GOttes MARIÆ Empfängnuß verkündiget/wie der H. Hieronymus lehret / *D.* vnd seynd derselben in grosser Anzahl beygewohnet: dann es beschreibt Bernardinus de Bustis, *E.* Daß/ als einer Geistlichen Kloster-Frawen/ von der Reinen Empfängnuß MARIÆ andächtige Betrachtungen fürkommen/vnd sie darüber im Geist verzuckt worden/ hab sie die Mutter GOttes leibhafft mit ihr reden hören/ sprechende: Hertzliebste Tochter/ du solt wissen/daß in meiner Vnbefleckten Empfängnuß vnnd Heyligmachung/ drey tausent Englische Cherubin zugegen gewesen/

A. Tom. 2. in 3. p disp. 22. sect. 1.

Psal. 44. 13.

B. Serm. de Deip.
C. l.u epist.ad German. lecta in 7. Synodo.
D. In hist. de ortu Virg.
E. Serm. 8. de Concept. Virg. part. 3. Erscheinung.

G ij

Von Maria der Wunderbarlichen Mutter.

wesen/vnd gesungen: MARIA ist GOttes Mutter: ein Tabernackel der Allerheyligsten Dreyfaltigkeit: sey nun dessen vergwißt/ vnd verkündige es auch andern/daß es ein warhafftes Geheimbnuß sey.

III. Seynd die Engel GOttes der Reinen Empfängnuß MARIÆ nit allein hie auff Erden beygewehnt/sondern haben auch gleich im Himmel dises Fest herrlich gehalten: wie der H. Vincentius mit folgenden Worten bezeugt: *F. Ich solt nit darfür halten/ daß es sich zugangen/ alß wie mit vns/ die wir in Sünden empfangen/gebohren vnd erzogen werden: sondern gleich/wie der Leib formirt, vnd die Seel erschaffen/ ist Sie geheyliget worden: vnd darumb halt man das Fest ihrer Heyligung/weil in ihr das Liecht der Heyligung auffgangen:* & statim in Cœlo Angeli fecerunt Festum Conceptionis: vnd die Engel im Himmel haben gleich das Fest der Empfängnuß gehalten. Welches wegen dises Fest Petrus Damianus ein Anfang vnserer Erlösung/vnd aller Festiuiteten deß Newen Testaments nennet.

F. Serm. 2. de Natiuit. Virg.

Zum II. Ist MARIA nach ihrer Reinen Empfängnuß Wunderbarlich/weil diser Gedächtnuß vnd Fest jederzeit/ vnd noch heutiges Tags mit grossem Nutzen in der Christenheit gehalten worden/vnd noch gehalten wird: dann im Jahr Christi 1070. hat der H. Anselmus Ertzbischoff zu Candelberg/ Von MARIÆ Empfängnuß ein gantzes Buch zusammen geschrieben/in welchem er vermeldet/daß durch Göttliche Offenbahrung/vnd Wunderwerck befohlen worden/in der Kirchen GOttes das Officium vnd Ampt von der Empfängnuß MARIÆ zuhalten: wie er dann in diser Sachen ettliche Historien erzehlt/vnd neben andern also prediget vnd schreibt: *Quisquis es, recole diligenter hanc Festiuitatem, & cunctis iube eam coli; Du seyest wer du wollest/ so verehre fleissig dise Festiuitet, vnd verordne/ daß auch andere solche verehren: dises gibt er Vrsach/ vnd sagt: dann/wanns du auß gantzem Hertzen wirst lieben/so wirst du niemahlen von deinem Stand abgesetzt werden: vnd was ich hie sag/ hab ich an mir selbsten bewehrt funden:* Widerumb: den Haltern diser Solemnitet, wird von dem Sohn der Jungfrawen/vnserm HERRN Jesu Christo/gegeben der Friden/ langwürige Gesundheit, vnd nach disem Leben die ewige Ruh. hie verspricht der H. Vatter den Verehreren dises Fests/ vnderschidliche Nutzbarkeiten/ vnd Gnaden.

Das Fest der Empfängnuß Mariæ, soll von allen gehalten werden.

Nutzbarkeiten dessen

I. Daß sie von ihrem Stand vnd Hocheit nit abgesetzt werden: wie er dann solches mit seinem eignen Exempel erweißt: dessen wir auch ein Denckwürdiges haben an Weil: Röm: Keyser Ferdinando Secundo, Hochseeligster Gedächtnuß: welcher zuwegen gebracht/ daß dises Fest der

1. Stand/ Erhaltung.

Die IV. Predig.

Vnbefleckten Empfängnuß MARIÆ, an vilen Orthen der Christenheit Feyrtäglich gehalten wirdet/ welches wegen Jhne Gott/ wie Willfändig/ wider so vil starcke Feind offt gantz Miraculos vnd Wunderbarlich bey dero Hocheit vnd Stand erhalten: Die heißt es: Ergreiffe Sie (MARIAM) so wird Sie dich erhöhen. — Prou.4.8.

Zum II. Sagt Anselmus, werde den Handhabern vnd Verehrern diß Fests/ der Frid/ vnd langwürige Gesundheit gegeben/ vnd sie durch Dero Fürbitt von allen Vblen/ Leibs vnd der Seelen/ auch allen sichtbarlichen vnd vnsichtbarlichen Feinden behüttet werden: wie alle deroselben Liebhaber in der That erfahren/ vnd dessen vil Exempel erzehlt werden können. — **II.** Leibs Gesundheit.

Erstlich/ Erledigter solche vor Leibs Gefahr/ daruon Bernardinus de Bustis G. erzehlt: wie daß Bernardinus de Feltro, in der Statt Aquitania von der Vnbefleckten Empfängnuß MARIÆ eyfferig geprediget / vnd das Volck starck ermahnt/ daß sie in allen ihren Nöthen vnd Anligen/ die Mutter Gottes anruffen solen: auff daß sie/ wegen der Ehr ihrer Empfängnuß/ auß allen Trübsalen möchten erlediget werden: Nun hat es sich zugetragen/ daß/ als ein Fraw auß der Predig heimb kommen/ vnd ersten Antritts gesehen/ daß ihr jüngstes Söhnlein ein Dolchen in der Hand truge/ vnd daßselbig auß Mütterlicher Sorgfältigkeit etwas harts angefahren/ solches daruon gelauffen/ vnd im lauffen an den blossen Dolchen auff die Brust gefallen: die erschrockne Mutter aber erinnert sich der Predig/ erhebt ihre Händ vnd Augen zu der Seeligsten Mutter Gottes/ bittet vmb der Ehr willen ihrer Reinesten Empfängnuß/ Sie wolle das fallende Kindro: beyd vnd Schadens erretten: ein Wunderding/ der spitzig Dolch hat im fallen alle Kleyder durchstochen/ so bald er aber auff die blosse Brust deß Kinds kommen/ sich gewendet / als wann das harte Eysen ein weiches Wachs gewesen wäre/ vnd das gefallne Kind im wenigsten nit verletzt. — G. Serm. 6, de Concep. part. 3. Histori.

Ein anders Wunder erzehlt der Author: H. Wie daß ein Mann/ auch auß der Statt Aquitania/ wegen daß er zu der heyligsten Empfängnuß MARIÆ grosse Andacht getragen / von tödtlicher Feindschafft vnd Mord erhalten/ vnd zu Bekehrung seines Lebens kommen sey: also an ihme erfüllt worden: Der mich hört/ wird nicht zuschanden/ vnd die in mir würcken/ werden nit sündigen. — H. Serm. 7. part. 2. **III.** Errettet von Sünden. Eccli.24.30.

Wie eben diser erzehlt: I. wie daß in der mächtigen Statt Mayland einest die Pest sehr eingerissen/ vnd vil hinweg genommen/ doch aber/ so bald sie einhellig ein Gelübd gethon/ daß sie forthin das Fest MARIÆ Empfängnuß Feyrtäglich vnnd andächtig halten wollen/ hab solche Sucht von stund an nachgelassen: dann in ihr ist auch Hoffnung deß Lebens. — I. Serm.9. de Concept. part. 3. Von der Pest. Eccli.24.35.

Der

Von Maria der Wunderbarlichen Mutter.

K. In vit. Sanctorum, tractatu de Concept. die 8. Dec.
V. Erhält die Keuschheit.

Der berühmbte Doctor Auila, ein Apostolischer eyfferiger Prediger in Hispania, vnd auß jhme Ribadeneira, *K.* lehren, daß die Keuschheit zuerhalten, vnd alle vnreine Gedancken vnd Verführungen zuüberwinden, ein sehr kräfftig Mittel sey, wann in solchen MARIA durch ihr reine Empfängnuß angeruffen wirdet: so erzehlt auch Hermannus Hugo, in dem Leben Ioann. Berchmanns der Societet IESV, daß er im Jahr 1620. hinderlassen, vnd bezeuget, daß von dem Tag an, da er zu Ehren der Vnbefleckten Empfängnuß MARIÆ ein Aue Maria täglich gebettet, er keinen einigen vnkeuschen Gedancken, oder fleischliche Begierd vnnd Wollust empfunden habe, durch die Gnad vnd Hilff der Allerseeligsten Jungfrawen MARIA.

L. In epist. ad Heliodorum.
VI. Den Gebährenden nutzlich
M. Homil. 10. Lib. 1.

Wie Orosius erzehlt, vnd sagt: *L.* Ich hab vor GOtt erkennt, vnd in der Warheit erfahren, daß kein Weib in der Geburt Gefahr leyde, oder welche die Gnad MARIÆ andächtiglich angeruffen, vnd der Tag ihrer Empfängnuß gehalten wird.

VII. Erlangt Sig.

Dise Verehrung erlangt den Sig: daruon Carthagena ein Geschicht beschreibt, *M.* wie daß Ferdinandus diß Namens der E. si. König in Hispania, sich vil Jahr bemühet die mächtige Statt Granata zubezwingen, vnnd den Vnglaubigen Innwohnern abzunemmen, aber bey allem angewendten Kriegs-Vnkosten, sein Fürnemmen nit erlangen können: so bald er aber sein Zuflucht nechst GOTT, zu der seeligsten Mutter GOttes genommen, vnnd sambt seiner Gemahlin ein Gelübd gethon, daß, wann ihme GOTT vber dise Statt Sig verlehen werde, er die erste vnd fürnembste Kirchen diser Statt, zu Ehren der heyligsten Empfängnuß MARIÆ erbawen vnd weyhen lassen wolle, hat er alsbald gesiget, vnnd die Statt ein

Eccli. 24. 9.

bekommen: dann wie Spruch anzeiget, vnnd die Vätter auff Sie deutten, so begehrt MARIA das Meer, die gantze Erden, alle Leuth, vnd alle Völcker, vnnd hat mit Macht vnder sie getretten die Häls aller Hohen vnd Nidern:

Cant. 8. 10.

Ja, heißt es: Ego murus, & vbera mea sicut turris, ex quo facta sum coram eo, quasi pacem reperiens: Ich bin ein Maur vnd meine Brüst seynd wie ein Thurn, da ich bin worden vor seinen Augen, als der Friden findet.

VIII. Zu langwürigerGesundheit.
Prou. 3. 35.
N. Homil. 19. de Concept.
C. Serm. 7. de Concept. part. 3.

Gereicht solches zu langwüriger Gesundheit: Dann wer Sie findet, der findet das Leben, vnd wird Heyl schöpffen von dem HErrn. Ein Exempel diser Sach ist der berühmbte Theologus Alexander Alensis, Professor zu Pariß: welcher, wie Ioannes Carthagena schreibt, *N.* von einer grossen Kranckheit wunderbarlich erlediget worden, weil er verlobt die Vnbefleckte Empfängnuß MARIÆ zuuerthädigen.

Ein anders erzehlt Bernardinus de Bustis, *O.* von einem Italianischen

Predi-

Prediger/ Namens Ioannes de Viterbio, welcher/ weil er anfangs die vnbefleckte Empfängnuß MARIÆ bestritten/ tödlich erkranckt: aber wie er das Widerspil zu thun/ vnd solche zu defendiren, auch dises Fest zu halten verlobt/ alsbald gesund worden: darauff das Volck zusammen beruffen/ das Miraculum menigklich erzehlt/ vnd von der vnuersehrten Empfängnuß MARIÆ ein schöne Predig gehalten.

Endlich/ verspricht der H. Anselmus den Verehrern dises Wunderbarlichen Geheimbnuß MARIÆ Empfängnuß/ Requiem æternam, &c. das ewige Leben.

Auß diesem verstehen wir die Vrsach/ warumb die Seligste Jungfraw MARIA den glückseligen Tag ihrer Reinesten Empfängnuß bey der heiligen Birgitta/ die guldine Stund der Welt genennt hat: dieweil nemblich in derselben die Guldine Zeiten der Gnaden Gottes ein Anfang genommen/ vnd vns dardurch Turifodina, die rechte Goldgruben der zeitlichen vnd ewigen Güter eröffnet worden.   *Guldine Stund in der Welt.*

So laßt vns dann auch die Hand anlegen/ Sie mit den Rechtglaubigen/ in ihrer H. Vnbefleckten Empfängnuß verehren/ vnd vns der Gnaden Gottes hie vnd dorten theilhafftig machen: welches vns/ durch die kräfftige Fürbitt der Allerreinesten Jungfrawen vnd Wunderbarlichen Mutter MARIÆ, verleyhen wolle die Allerheiligste Dreyfaltigkeit/ GOTT Vatter/ Sohn/ vnd H. Geist/ Amen.   *Beschluß.*

Die fünffte Predig.

Mater Admirabilis, Ora pro nobis.

MARIA ist Wunderbarlich/ Vor/ In/ vnd Nach ihrer heiligen Geburt.

IN dem dritten Buch der Königen am 18. Capitel stehet geschrieben: Da es auff Erden drey Jahr/ vnd sechs Monat lang nit regnete/ vnd deßhalben grosse Thewrung in Israel war/ seye dem Propheten Elia geoffenbahret worden/ daß ein grosser Regen kommen/ vnd alles fruchtbar machen werde: deßwegen er auff die Spitz deß Bergs Carmell gangen/ vnd seinem Knaben befohlen/ er solte gegen dem Meer schawen: wie er aber/ der Knab/ hinauff gangen/ vnd geschawet/ kame er widerumb/ vnd sprach/ Es ist nichts da.

3. Reg. 18. 41. 44. Hunger/ vnd Thewrung/ zu Zeiten Eliæ. Regen macht fruchtbar.

Er

Von Maria deß Wunderbarlichen Mutter.

Er gieng auß Geheiß deß Propheten widerumb/ vnd abermahl/ vnd also siben mahl hinauff/ doch biß auff das sibende mahl sahe er nichts: das sibende mahl aber kame er zurück/ vnd sprach: Sihe/ es gehet ein kleine Wolcken auff/ auß dem Meer/ wie eines Menschen groß: vnd wie er sich hieher/ vnd dahero wendet/ war der Himmel schwartz von Wolcken/ vnd Wind/ vnd kame ein grosser fruchtbarer Regen.

Der Altvätter Verlangen/ nach einem Gnaden-Regen. Esa. 45. 8.

Geliebte in dem Herrn/ vor Zeiten war auch ein grosse Thewrung vnd Elend in der Welt/ vnd deßwegen ein herrliches Verlangen nach einem fruchtbaren Gnaden-Regen/ in dem die H. Altvätter mit grosser Begird auff die Zukunfft Christi/ vnd Erlösung Israels gehoffet vnd gewartet/ auch solches innständig begehrt/ vnd starck geruffen bey dem Propheten Esaia: Rorate cæli desuper, & nubes pluant Iustum; aperiatur terra, & germinet Salvatorem: O ihr Himmel thawet herab/ vnd ihr Wolcken regnet

Esa. 64. 1.

den Gerechten/ du Erde thue dich auff vnd sprosse herfür den Heyland. Vnd widerumb: Wolte Gott/ daß du die Himmel zerrissest/ vnd herab steigest: aber es war nichts da.

Es hat zwar Gott in seinem Wort die Patriarchen/ Propheten/ Gerechte/ vnd Könige vertröstet/ daß der Gnad-Regen gewiß kommen/ vnd wie ein Regen ins Feld herab fallen/ vnd alles zurecht bringen werde. Aber es haben sich vil Alter vnd Zeiten/ ja wol biß in die 5000. Jahr verlauffen/ vnd es war noch nichts da.

Psal. 71. 6.

A. Lib. 1. de gen. contr. Manich. c. 23.

Der H. Augustinus A. erzehlt 6. Alter/ als: von Adam/ biß auff Noë: von Noë/ biß auff Abraham: von Abraham/ biß auff David: von David/ biß auff die Babylonische Gefängnuß: von der Babylonischen Gefängniß/ biß auff die Zeit Messiæ: in welchem Alter allein/ jedesmahl die Glaubige auff die Gnadenreiche Geburt gewartet/ aber es war nichts da.

Entlich aber ist auß dem Meer der vnendlichen Barmhertzigkeit Gottes/ ein kleines Wölcklein eines Menschen groß auffgangen/ da nemblich die Allerseeligste Jungfraw MARIA, auß alt betagten heiligen Eltern/ Joachim vnd Anna/ auff die Welt gebohren worden.

B. Lib. de Institut. Monach. c. 32.

Wie dise gantze Geschichte von den Wolcken/ Ioannes Hierosolymitanus B. auff MARIAM deutet/ vnd sagt/ daß dardurch dem Propheten angezeiget worden/ wie ein Jungfräwlein/ so durch die Wolcken bedeutet/ nemblich MARIA gebohren/ vnd gleich in ihrem Auffgang von allen Sünden rein seyn werde.

C. Serm. de laud. B. V.
D. In Lucam.

Die H. Vätter Epiphanius, C. vnd Ambrosius, D, nennen Sie die Himmlische Wolcken/ welche mit allen Gnaden-Wassern also angefüllt/

daß

Die V. Predig.

daß von ihr der seelige Albertus Magnus schreibet: E. Congregationem a- E. Super
quarum, vocat DEVS Mária: lotus autem omnium gratiarum, vocatur Missus est.
MARIA. Die Versamblung aller Wasser/nennt GOTT Mária, Meer:
das Orth aber aller Gnaden/wird genennt MARIA: Dise hat der Welt Esa.12.3.
den lang gewünschten seeligen Regen deß Heyls- vnd Lebenwassers/ nemb- Ioan.4,14.
lich Christum Jesum/herfür gebracht/dardurch alles erquicket/ vnd fruchtbar gemacht worden.

In Betrachtung disses/singt vnd bettet die Kirch Gottes am Fest der Geburt MARIÆ: Natiuitas tua, DEI Genitrix Virgo, gaudium annuntia-
uit vniuerso mundo: Dein Geburt/ O heilige Gottes Gebährerin
vnd Jungfraw/hat der gantzen Welt Frewd verkündiget: dann auß
dir ist auffgangen die Sonn der Gerechtigkeit/ Christus vnser GOTT/wel-
cher den Fluch hinweg genommen/vnd den Segen geben: den Todt zu schanden gemacht / vnd das ewig Leben gebracht. Von diser Gnadenwolcken
MARIA, will ich die heutig Predig anstellen/vnd erklären/ wie Wunderbarlich Sie sey/ Vor/ in- vnd nach ihrer H. Geburt.

Der I. Theil.

MARIA ist Wunderbarlich vor ihrer heiligen Geburt.

Gleichwie/nach Aussag deß H. Chrysostomi, Vnser Liebe   Maria
Fraw in allem Wunderbarlich/ also ist Sie auch Wunderbarlich Wunderbar-
vor ihrer Geburt.   lich vor der
                                                           Geburt.
Vnd I. darumb: Weil selbige von Anfang her starck begehrt worden: I.
dann in den Offenbahrungen der heiligen Birgitten / in dem Gespräch mit
dem Engel/ wird beschrieben: A. Wie daß ein Engel die Geburt vnd Zu- A. Lib.Re-
kunfft MARIÆ, dem Adam geoffenbahret: daß nemblich die Mutter Mesiæ uel. c.7. & 8.
auß seinem Saamen gebohren/ vnd mit ihrer Einwilligung auff den Engli- Wird Ada-
schen Gruß/ auch ihrer Demuth vnd Gehorsamb/ zu recht bringen werde/ mo geoffen-
was Eua mit ihrer Hoffart vnd Vngehorsamb verderbt hat: warüber er bahrt.
grosse Frewd empfangen.

Ingleichem habe auch ob diser zukünfftigen Geburt/ sich Abraham Abraham er-
der Patriarch mehr erfrewet / auch MARIAM mehr geliebt vnd verehrt: frewet sich ab
als ob der wunderbarlichen Geburt seines Sohns Isaac: deßgleichen derselben.
auch Isaac/ Jacob/ vnd alle Patriarchen: auff welches auch Christus redet: Abraham pater vester exultauit, vt videret diem meum, vidit, & ga- Ioan.8.56.
                                    H   uisus

uisus est. Abraham ewer Vatter hat gefrolocket/daß er meinen Tag sehen solt/er hat jhn gesehen/vnd sich erfrewet.

Dann dises von dem Tag vnd Zeit zu verstehen ist/ in welcher MARIA gebohren / vnd Christus auß deroselben Jungfräwlichen Leib empfangen/ vnd gebohren worden: wie mit andern der heilig Augustinus, *B.* vnd Irenæus *C.* außlegen: ja ermeltter H. Vatter vermeldet / daß ingleichem sich auch der heilige König David hoch erfrewet hab / da er die Zusag von GOtt bekommen/ daß auff seinem Stul/ von der Frucht seines Leibs gesetzt werden solle.

B. Tract 43. in Ioan.
C. Lib. contra gentes. Psal. 131. 11.

Noch mehrer verwunderlich ist / was der H. Damascenus am Tag der Geburt MARIÆ offentlich gepredigt hat / *D.* daß nemblich alle vnd jede Alter der Welt gestritten / vnd sich beworben haben / daß sie sich der Geburt vnser lieben Frawen berühmen / vnd erfrewen möchten / aber Gottes Ordnung hab vberwunden/ daß die letzte Zeiten / denen die Geburt der Seligsten Jungfrawen zu theil worden / den ersten Orth bekommen haben.

D. Serm. de Nativ. Virg.

II.

Zum II. Ist MARIA vor ihrer Geburt Wunderbarlich/ weil Sie gleich in ihrer Empfängnuß / vnd noch in Mutterleib ligend / mit völliger Vernunfft vnd Verstandtnuß begabt gewesen / wie solches wie andern der heilige Bernardinus Senensis lehret/ *E.* vnd noch diß hinzu setzet: Sie sey in Mutter Leib also erleuchtet gewesen / daß Sie nit allein ein vollkommene Vernunfft / sondern auch die allerhöchste Betrachtung von GOtt gehabt. Vnd an einem andern Orth sagt er: *F.* Die Jungfraw ist zu so hoher Betrachtung erhebt gewesen / daß Sie noch in Mutter Leib / Gott vollkommen erkennt/ vnd betrachtet/als einmahl jhne ein Mensch an vollkommenem Alter betrachtet hat.

E. Serm. 51. c. 2. tom. 2.

F. Serm. 61. tom. 1. art. 3. c. 3.

Dises beweißt der berühmbte Lehrer Dionysius Richel, *G.* 1. mit dem Exempel deß H. Johannis deß Tauffers / vnd sagt: So difer noch in Mutter Leib/ nach Zeugnuß deß H. Ambrosij, *H.* vnd anderer/ mit rechter Vernunfft vnd Verständnuß begabt gewesen/ vnd Christum erkannt / auch vber sein Gegenwärtigkeit gefreiocket: wie vil mehr ist solches von der Gebärerin Gottes zu glauben: dann was wenig sterblichen Menschen verlyhen / ist keines wegs zu vermuthen/ daß es einer solchen Jungfrawen versagt/ vnd abgeschlagen worden: wie der H. Bernardus schreibt. *I.*

G. De Laud. B. V. art. 12. tom. 1.
H. Lib. in Luc. 1. cap.
Luc. 1. 11.

2. Erweiset er solches *K.* auß der Offenbahrung der H. Birgittæ, all da die Mutter Gottes also redet: Da mein Seel geheiliget / vnd ihrem Leib vereiniget worden, da ist meiner Seel ein solche Frewd zukommen / daß es vnmüglich außzusprechen: welche Frewd ja nicht ohne Verstandt seyn können. Dahero gleichwie die Sonn nie ohne Liecht / also ist MARIA nie ohne das Liecht deß Verstands gewesen.

I. Epist. 170.
K. De Laud. art. 6.

Zum

Die V. Predig.

Zum III. Ist Sie Wunderbarlich vor ihrer Geburt: weil Sie nit allein in Mutter Leib mit völliger Vernunfft begabet/ sondern auch mit solcher Weißheit übergossen gewesen/ daß Sie vollkommenlich verstanden die Creaturen/den Erschaffer/die Geister/alles guts/so anzunemmen/ vnd alles böß/ so zu melden/ wie erst angezogner H. Bernardinus Senensis lehret: Hiervon schreibt auch Albertus Magnus: MARIÆ Wissenschafft hab den Glauben/ vnnd alle reine Creaturen/welche im Stand deß Verdiensts seyn/ übertroffen: Dann Krafft selbiger/ hat Sie alle übernatürliche Geheimbnussen besser erkennen mögen/ als Adam im Schlaff/ vnnd Johannes ruhend auff der Brust der HERRN/ auch Paulus in der Verzuckung biß in den dritten Himmel/ alles erkannt haben. [L. Tract. de Laud. Virg. serm. 1. art. 1. c. 4. M. Lib. de B. Virg. c. 7. & 96. Genes. 2. 21. Ioan 21. 20 f.]

Rupertus vergleicht MARIAM der Prophetin/ zu welcher Esaias vnnd andere zugehen befohlen worden/ vnd spricht: Daß aller vnnd jeder absonderliche Gnad/ vnd ihnen insonderheit gegebne Weissagungen/ sich in diese Prophetin/ durch Überkommung deß H. Geists/ häuffig zusammen gezogen haben: Ja aller Apostel Wissenschafft/ welche sie am H. Pfingstag durch Überschattung deß H. Geists empfangen/ ist ihrer Wissenschafft nit zuvergleichen: Wie beede/ Anselmus. vnnd Bonauentura lehren. Vnnd solches bezeuget auch der H. Bernardus sprechend: Dann Sie war von Anfang/ Himmlisch vnd Göttlicher Weiß/ vollkommenlich in allen Geheimbnussen vnderwisen. [N. In Esa 34. c. 9. 1. de operibus Spiritus s. O. Lib. De Excell. Virg. P. Homil. 4. super Missus est]

Zum IV. Ist MARIA Wunderbarlich vor ihrer Geburt/ weil Sie auß sonderbaren Gnaden GOttes/ nit allein von allen bösen Neygungen/ so sonsten der Vernunfft widerstreben/ vorkommen/ sonder auch in allem guten also bekräfftiget worden/ daß Sie nichts vnförmliches gehandlet. Ja auch die geringste läßliche Sünd in allem ihren Leben nicht begangen/ wie beede Concilia/ Claromontanum, vnder Pabst Vrbano, vnd Tridentinum. Schliessen: Dahero spricht auch der H. Augustinus: Außgenommen die Mutter vnd Jungfraw/ von welcher/ wann wir von Sünden handlen/ ich im wenigsten nichts reden will: Dann dahero wissen wir/ daß ihr mehr Gnad verlyhen/ aller Orthen die Sünd zu überwinden. weil Sie verdient hat zu empfangen/ vnnd zu gebähren den jenigen/ von welchem wir wissen/ daß er kein Sünd gehabt. [Q. Sess. 6. Cant. 23. R. De nat. & grat. cap. 36.]

Die lehrne mein lieber Christ/ MARIAM die Mutter GOttes jubiliren: daß gleichwie Sie vom ersten Augenblick ihrer Vnbefleckten Empfängnuß vnd Geburt/ mit vollkommner Vernunfft vnd Wissenheit der Geheimnussen GOttes begabt/ auch ohne allem Zunder/ vnd Neygung der Sünden/ in allen guten bestättiget gewesen/ daß du durch ihr kräfftige Fürbitt/ In deinem End vnnd Hinscheiden auß diser Welt/ dein Vernunfft vnnd Verstand...

Verstand biß auff den letzten Augenblick deines Lebens behalten/vnd dich zum seeligen sterben bereiten mögest.

S. Epist. ad Eustochium de custodia Virgin.

Dann Sie/ wie der H. Hieronymus lehret/ S. kombt den Sterbenden zu hülff/vnd gehet jhnen entgegen. Diser Vrsachen halben hat Ludouicus, Caroli in Sicilia Sohn/welcher anfangs dem Orden deß H. Francisci zugethan/hernacher aber Bischoff zu Tolosa gewesen/ die Seeligste Mutter Gottes im Leben vnd Sterben offt gegrüßt/ vnd wann er die Vrsach gefragt worden/jederzeit gesagt: Sie wird mir Sterbenden helffen; wie geschehen: Dann sein Seel von heyligen Englen sichtbarlich gen Himmel getragen/vnd ein Grimm gehört worden: Also widerfahret denen/ die GOtt dienen in Reinigkeit vnd Keuschheit: wie in fast s Marianis zulesen. Dahero auch der H. Gregorius jederzeit begehrt vnd gebetten:

T. In tragædia, Christus patiens.

T. Auff daß/ gleichwie Sie allen sterbenden Menschen/ also auch jhme ein sonderbahre Hülff vnd Trost seyn wölle.

II.

Rechte Weißheit im Glauben. Geschicht. V. Tom. 13. Annal. ex hist. Aragoniæ.

II. Begehre durch Sie zuerlangen rechte Weißheit vnd Wissenheit/ die vbernatürliche Geheimbnuß GOttes/ vnd deß allein Seeligmachenden Catholischen Glaubens zuuerstehen/ vnd biß an das letzte End standthafftig zubekennen: dann Sie stärckt vnd erhaltet im Glauben wider alle Versuchungen deß Teuffels/sonderlich im sterben.

Sathans Versuchung am End.

Bzouius schreibt diser Sachen ein denckwürdige Geschicht/ V. von Petro Caralto, einem Dominicaner/ vnd erzehlt: Als diser Pater erkrancket/ habe der leydige Sathan die Gestalt eines Doctoris Theologiæ an sich genommen/ vnd jhm ein Frag von der Allerheyligsten Dreyfaltigkeit fürgehalten/ auch dieselbe also vrgirt vnd getrieben/ daß er den Patrem aller verwirret gemacht/ vnd in die größte Gefahr/ die ewige Seeligkeit zuuerliehren/ gesetzt:

Bildnuß Mariæ, trostreich.

Wie nun der fromme Mann nichts mehr köndte antworten/hat er die Augen geschlagen auff ein Bild der Seeligsten Jungfrawen/ so in seiner Kammer ware/ vnd sein liebe Mutter gebetten/ Sie wölle jhne auß diser Gefahr erretten. Hierauff kehrt vnd wendet sich daß Bild zu jhm/ vnd sihet jhn dergestalt/ vnd mit solcher Krafft an/ daß also bald alle Zweiffel/ so jhm der böse Feind eingeworffen/ verschwunden/ er auch dem Larven-Doctor so artig vnd wol auff seine Gegenreden vnd argumenta antworten können/ daß er genöthiget worden das Feld zuraumen/ vnd zuweichen.

Sodalis Bisontinus.

So wird auch in Manuali Mussipontano beschreiben wie daß ein Sodalis vnser lieben Frawen Bruderschafft zu Bisantz/ in seinem Todt-Kampff ein Crucifix genommen/ vnd mit Geberden zuerkennen geben/ daß er in einem grossen Streitt sey/ endtlich aber vberlaut auffgeschryen: HERR ich will dich nit beleydigen; ich glaub/ ich glaub; hilff mir/ O H. Jungfraw

Die IV. Predig.

fraw MARIA, gütiger GOtt erbarme dich meiner/vnd hilff mir. Recht nennet der H. Cyrillus Alexandrinus VV. MARIAM ein Scepter der rechten vnd warhafften Lehr: welchen Scepter wir im Leben vnd Sterben ergreiffen/vnd vnsern Glauben standhafftig bekennen sollen.

VV. Homil. contra Nestorium. III.

Zum III. Bitte vnd begehre als ein armer Sünder/durch die Fürbitt MARIÆ. daß du insonderheit an deinem End deine Sünden vollkommentlich erkennen/dieselbe bereuen/beichten vnd büssen: vnd also gantz rein/ohne alle Sünd vnd Sündenstraff/auß disem Leben scheiden mögest.

Vm Erkantnuß der Sünden.

Folge nach dem Exempel Wilhelmi I. Königs in Engelland/vnnd sprich mit ihme: MARIÆ der Gebährerin GOttes/meiner Frawen/befihl ich mich/damit Sie mich versöhne mit ihrem lieben Sohn.

Baron. to. 2. Annal. Anno 1087.

Der II. Theil.

MARIA ist Wunderbarlich in ihrer heiligen Geburt.

WUnderbarlich ist die seeligste Jungfraw MARIA in ihrer Geburt/ fürnemlich darumben/ weil Sie dem Geschlecht vnnd Herkommen nach/ ein Hoch- vnd Wolgeborne Jungfraw/ auß Königlichen Stammen gebohren/vnd sich deß Spruchs Syrachs billich gebrauchen können: Radicaui in populo honorificato. In einem Ehrlichen Volck hab gewurtzlet/ in den Theilen deß HERRN/ vnd in seinem Erb/ vnd in der Gemein der Heyligen ist mein Wohnung. Von MARIA Stammenbuch vnd Geschlecht schreibt Bartholomæus Pisanus, vnnd spricht: A. Die seeligste Jungfraw ist 1. Entsprungen von vilen Vättern deß Alten Testaments/ fürnemblich von neunzehen Alt-Vättern/ von Adam anzutasten biß auff Thare (welcher ein Vatter Abrahams war.) Zum 2. Von den Patriarchen: Zum 3. Von den Fürsten: Zum 4. Von den Richtern: Zum 5. Von den Königen: Zum 6. Von den Hertzogen: Zum 7. Von den Propheten: Zum 8. Von den Doctorn/ oder Lehreren: Zum 9. Von den starckmütigen Männeren: Zum 10. Von den Hohen Priestern: Zum 11. Von den Regenten deß Volcks: Zum 12. Von den Gott-Dienenden gerechten Leuthen.

Maria Wunderbarlich in der Geburt.

Eccli. 24. 16.

A. Tract. 4. in Mariali.

Welche Annaten/vnd Voreltern MARIÆ, wie Iodocus Clithouæus meldet/ B. eines hohen Adels/grosser Macht/vnd fürtrefflicher Weißheit gewesen. Hoch Adelich zwar: dann Sie waren Abraham/ Isaac/vnd Jacob/ ꝛc. daruon der gantz Geburts-Stammen MARIÆ herkommet.

B. Serm. 4. de Natiuit. Virg. Mariæ. Voreltern/ Hoch Adelich.

Groß

62 Von Maria der Wunderbarlichen Mutter.

Exod. 12.
Iof. 13. 9.

Groß an Macht/ dann GOtt Sie nit allein in brachio excelso, vnnd starcken Arm auß Ægypten geführt/sondern auch jhnen Stärcke geben/ alle jhre Feind/ darunder 31. König waren/ zuüberwinden.

Endlich waren Sie fürtrefflich an Weißheit: wie insonderheit auß den Schrifften Salomonis, vnnd den Psalmen deß Königlichen Propheten Dauids zuersehen.

MARIA aber hat dise Ding nit allein von jhren Vorelten ererbt/ sondern auch grösser vnd herrlicher gemacht: ja obwolen Sie Hoch Adelich/ auß hohem Geschlecht der Vätter gebohren/ hat Sie doch noch ein vil höhern vnd fürtrefflichern Adel bekommen von dem/ welcher auff ein newe Weiß auß jhr gebohren: darumb Sie wegen deß Allerhöchstgebohrnen Sohns/ aller Geschlecht Adel übertrifft: Sie ist zwar Hochgebohren/ wegen der Innaten/ vnd Vorfahreren; aber vnuergleichlich Hochgebohrner/ wegen Hochheit jhres Sohns: Sie ist zwar ein Tochter der Königen: aber doch auch ein Mutter deß Königs aller Königen; sagt der H. Damianus. C.

C. Serm. 3.
de Natiuit.
B. Mariæ.
Prou. 31. 10.

Zum II. Hat Sie auch alle Vorfahrer übertroffen an Macht/ vann Sie die jenige ist/ von welcher Salomon sagt: Wer wil ein starckes Weib finden? von weitem her/ vnd von eussersten Enden der Erden ist jhr Werth. Vnd gleichwie vor Zeiten im alten Testament die Judith dem Holofernes den Kopff abgeschnitten/ vnnd jhme den Garauß gemacht; also ist Sie das starcke Weib/ welches der Höllischen Schlangen/ vnd jhrem Saamen den Kopff zerknirschet/ vnd andere grosse Ding gethan/ der da mächtig ist. Dahero sagt billich der H. Bernardus: D. Lasservns Sie starck halten/ vnd keines wegs hinlaffen/ biß daß Sie vns segne/ dann Sie ist mächtig/ vnd ist gestelt ein Mittlerin zwischen Christo vnd der Kirchen.

Luc. 1. 49.
D. Serm. Signum magnum.

III. Hat Sie auch alle jhres Geschlechts/ an Weißheit übertroffen/ weil Sie den jenigen in jhrem H. Leib getragen/ in welchem alle Schätz der Weißheit vnnd Wissenheit verborgen/auch in Sie/ aller heyligen Propheten Gnaden vnnd Weissagungen/ durch den H. Geist geflossen; wie in vorigem Theil gehört worden. In Summa/ es heist bey jhr: In omni populo, & in omni gente primatum habui. Vnder allem Volck/ vnnd in allen Geschlechten hab ich den Vorzug.

Col. 2.
Eccli. 24. 10.

L
Lehrstuck.
Eccli. 3. 20.

Tugend/ ziert den Adel.

Bey disem aber merck/ daß sich die Hochgebohrne Mutter GOttes jhres Herkommens vnd Geschlechts/ auch Stärcke vnd Weißheit/ nit vbernommen/ sondern gefolgt der Lehr Sprach/ Quanto maior es, humilia te in omnibus: Je grösser du bist/ je mehr demütige dich in allem.

Weil Sie gewußt/ daß nichts ist/ welches den Adel mehr zieret/ als Demuth vnd Tugendt: dahero lehrne dich deines Adels vnnd Geschlechts/ auch Stärcke vnd Verstands oder Geschicklig keit/ nit zuübernemmen/ sondern

Die V. Predig.   63

dern vil mehr in guten Sitten/ vnd Tugenden zuüben: In Betrachtung des-
sen/ was der H. Hieronymus schreibt: *E. Summa apud* DEVM *Nobilitas*   E. Epist. 1.
est, clarum esse virtutibus: daß nemblich der höchste Adel- vnd Ritterstande   ad Celant.
seye/ reich vnd herrlich seyn an Tugenden: darumb setzt er hinzu/ vnd spricht:
Ziehe dich niemand von wegen deß Herkommens/ vnd Adels/ sondern ge-
denck/ daß gemeine vnd schlechte Leuth nit weniger seynd/ als du bist/ dann
vnser Religion hat kein Ansehen der Person/ vnd sihet nit auff den Adel/ sondern auff die Sitten vnd Tugenden.

Eben diser Meynung ist auch gewesen der heilige Gregorius Nazianzenus, *F.* welcher von seinem Vatter Gregorio sagt: *Vnam Nobilitatem*   F. Orat. 9.
in pietate sitam esse, censebat: daß er darfür gehalten/ der einige rechte A-   de Gregorio
del stehe in Tugenden; dann was nutzet es / von einem Adelichen/ vnd gu-   patre suo.
ten alten Geschlecht gebohren seyn/ wann darbey das Leben Vnadelich/ vnd
die Sitten Gottloß seynd? was nutzet es/ an Haab vnd Gut reich/ an der
Seel aber Blutarm seyn? Gott wird an seinem grossen Gerichtstag nit auff
den Adel/ sondern auff die Tugenden vnd Frombkeit sehen/ dann/ sagt der
heilige Bernardus: Es wird ein Tag kommen/ an welchem mehr die reine
Hertzen/ als spitzfindige Wort/ mehr ein gutes Gewissen/ als voller Seckel/
gelten werden.

Zum II. Lehrne nach dem Exempel der seligsten Jungfrawen MARIÆ   II.
dich also in deinem Stand zu verhalten/ damit du deinen Eltern vnd Ge-   Lehrstuck.
schlecht/ vil mehr ein Frewd vnd Ehr seyest/ als daß du sie betrübest/ vnd
etwan ihnen ein Schandflecken anhenckest: wie leyder/ offt vngerathene
Kinder thun/ vnd also vnarten/ daß sie ihre Eltern mehr betrüben/ als erfrewen.

Wie der vngerathene Esau gethan/ welcher sich liederlich angehencket/   Vngerathene
vnd zu den Töchtern Heth verheurath: dardurch er seine Eltern / vnd gan-   Kinder.
tzes Geschlecht betrübt, insonderheit aber sein Mutter/ die fromme Rebeccam,
welche sprach: *Tædet me vitæ meæ, propter filias Heth: si acceperit Ia-*
cob vxorem de stirpe huius terræ, nolo viuere: Mich verdrießt zu leben/   Gen. 17. 46.
wegen der Töchtern Heth: wann Jacob ein Weib nimbt von dem Geschlecht
diß Lands/ wolt ich/ daß ich nicht mehr leben solt. Von solchen vnartigen
Kindern sagt Syrach: Du hast deiner Ehren ein Schandflecken an-   Eccli. 47. a 2
gehenckt.

Von dem König Ezechia wird geschrieben/ daß er einest kranck lag/ vnd
von dem Propheten Esaia in seiner Kranckheit heimbgesucht ward/ habe
der König seinen Sohn Manasses zu sich geruffen/ vnd ihme befohlen/
Daß er Gott förchten/ das Reich wol regiren/ vnd sich seinem
Stand vnd Geschlecht gemäß/ ehrlich verhalten solle.

Wie

Wie solches der Prophet gehört/sprach er zum König: Warlich/alle diß Wort faßt er nit zu Hertzen/sondern ich muß selbsten von seiner Hand getödtet werden: welches als der König vernommen/jhme also zu Hertzen gangen/ daß er auß lauter Unwillen jhn erwürgen wollen: Dann/ sprach er/ es ist besser/daß ich ohne ein Sohn vnd Erben sterbe/als einen solchen hinder mir verlasse/welcher Gott erzörnen/vnd seine Heilige verfolgen/auch dem gantzen Geschlecht ein Vnehr seyn wird: gleichwol ist er vom Propheten abgehalten worden/ daß er die Hand nit angelegt/vnd jhn getödt hat. Von solchen sagt Salomon: Ein weiser Sohn macht den Vatter frölich/ aber ein thorechter Sohn ist seiner Mutter ein Betrübnuß.

Prou. 10. 1.

Der III. Theil.

MARIA ist Wunderbarlich nach jhrer heiligen Geburt.

A. Serm. Angelico, cap. 7.

I.
Mariæ Geburt erfrewet die Engel.
B. In speculo histor. lib. 6. cap. 65. & l. 7. cap. 119.

DArumb/ weil dieselbige Engel vnd Menschen erfrewet: wie dann I. die heilige Birgitta erzehlet: *A.* Daß die Geburt MARIÆ den Englen Gottes geoffenbahret worden: darüber sie fast gefrolocket: vnd hernacher ein Vrsach gewesen/ daß das Fest MARIÆ Geburt in der Christenheit feyertäglich gehalten wird: wie hiervon Vincentius Beluacensis *B.* schreibt: Daß ein heiliger Eremit/jährlich zu einer gewissen Zeit vnd Tag/ die Engel vberauß lieblich singen hören/ darob er sich verwundert/ vnd von GOtt eyfferig zu wissen begehrt/ was dises bedeute: darauff jhme ein Engel erschinen/ vnd dises erzehlt: Die Ewige Jungfraw/ welche GOTT den HErrn gebohren/ ist heut gebohren worden: welches zwar die Menschen nicht wissen/aber alle Engel celebriren heut das hohe Fest mit Frolocken im Himmel vnd auff Erden.

II.
Wird dem Adam eröffnet.

II. Ist solche auch offenbar gemacht worden vnserm ersten Vatter dem Adam/ sampt anderen Patriarchen/ vnd Gerechten deß Alten Testaments/ welche in Limbo, oder Vorhöll/ mit grossem Verlangen auff die Erlösung gewartet/vnd hierüber auch sehr gefrolocket haben/darumb/daß sie dardurch Bottschafft empfangen/ daß jhre Erlösung nahe seye/ vnd jhnen in der Finsternuß bald das Liecht auffgehen werde.

III.
Erfrewet jhre H. Eltern.
Exod. 23. 26.
Deut. 7. 14.
Ose. 9. 4.

III. Hat solche Geburt grosse Frewd gebracht jhren heiligen Eltern Joachim vnd Annæ: daß gleichwie die Fruchtbarkeit der Eheleuth im Alten Testament für ein Segen Gottes gehalten: Also hingegen die Vnfruchtbarkeit für ein Fluch vnd Schmach gerechnet worden: Dahero als Rachel/ welche

Die V. Predig.

welche zuvor unfruchtbar war/ schwanger worden: vnd gebohren/ hat sie gesagt: Abstulit Deus opprobrium meum: Gott hat mein Schmach von mir genommen.

Gen. 30.23.

Weil nun auch Joachim vnd Anna in solcher Schmach gewesen/ vnd derohalben vom Hohen Priester nit ohne grosses Hertzenleyd mit jhrem Opffer abgeschafft vnd verstossen/ doch dise Schmach durch die Geburt jhrer Tochter hinweg genommen worden; also kan kein Zweiffel seyn/ sie werden sich höchst erfrewet haben/ vnd diß vmb so vil desto mehr/ weil sie zuvor vom Engel Gottes vnderricht worden/ daß solche jhr Tochter/ Ein Mutter Gottes seyn werde. C.

Zum IV. Hat die Geburt MARIÆ allen Menschen Frewd gebracht: Jhr Geliebte/ prediget der H. Augustinus, der gewünschte Tag der Geburt der Seligsten vnd Vnbefleckthisten Jungfrawen MARIÆ ist vorhanden/ derohalben wir vns auff das höchst erfrewen sollen/ dann jhr Geburt die gantze Welt erleuchtet/ vnd vns den Anfang vnsers Heyls gebracht hat.

C. S. Hieronymus de ortu Virg. IV. Erfrewet alle Menschen.

Hiervon redet auch Rupertus also: D. Da du bist gebohren worden/ O heilige Jungfraw/ ist vns alßdann die rechte vnd wahre Morgenröthe auffgangen: ein Morgenröthe/ welche vns ankündet hat den ewigen Tag: dann gleichwie die Morgenröthe ein End ist der vergangenen Nacht/ vnd ein Anfang diß folgenden Tags/ also ist dein Geburt ein End der Schmertzen/ vnd ein Anfang deß Trosts gewesen: ein End der Trawrigkeit/ vnd ein Anfang der Frewden gemacht worden.

D. Lib. 6. in Cant.

Der H. Chrysostomus prediget von der heiligen Geburt MARIÆ schöne Ding/ vnd sagt: Die gantze Erd sol heut singen/ vnd Gott loben/ dann heut hat sich angefangen das Heyl deß Menschlichen Geschlechts: Erhebt ewere Stimm/ spricht er/ jhr Glaubigen/ förchtet euch nicht jhr Sünder/ dann heut ist gebohren die Gesponß Gottes/ von welcher gebohren ist das Lamb Gottes/ das da hinnimbt die Sünd der Welt/ erfrewe dich du: Menschliches Geschlecht/ frewet euch jhr Himmlische Geister/ ja jhr Stein solt nit schweigen/ sintemahlen heut gebohren ist die/ so vns den Seligmacher der gantzen Welt gebracht hat.

An der Geburt Mariæ, soll die gantze Erd frolocke.

Eben disses erinnert vns auch die Kirch Gottes/ singendt: Cum iucunditate Natiuitatem Beatæ MARIÆ celebremus, vt ipsa pro nobis intercedat ad Dominum nostrum IESVM Christum: Mit Frewden vnd Frolockung lasset vns den Geburts-Tag MARIÆ begehen/ auff daß Sie für vns bitte zu vnserm HErrn JEsu Christo.

Hie betrachte/ O armseliger Mensch/ wie gegen der Mutter Gottes wir so arm vnd vnglückselig seyn/ weil vnser Geburts-Tag so vil Mängel

Menschliche Armsligkeit

J vnd

Von Maria der Wunderbarlichen Mutter.

Psal. 50.7.
Ephes. 2.3.
Genes. 3.16.
Sap. 7.3.
Iob. 1.21.
Psal. 48.13.
Iob. 14.1.
Matth. 16.
24.
Iob. 3.3.
Ierem. 20.
14.
Eccle. 7.2.

vnd Gebrechen mit sich bringt: dann wie in Sünden empfangen / vnd Kinder deß Göttlichen Zorns gebohren werden / kommen auff die Welt mit Schmertzen / Weinen vnd Klagen: Nackend vnd bloß / zu allem vngeschickt vnd vnwissend: Sterblich vnd ellend: auch von Natur zum bösen also geneigt / daß etlichen besser wäre / daß sie nie gebohren worden: welches wegen Job seinen Geburts Tag verflucht / vnd gewünscht / daß desselben vergessen / vnd er vnder die andere Täg deß Jahrs nit gezehlt werden solle. So sagt auch Jeremias: Verflucht sey der Tag / daran ich gebohren bin: der Tag / an dem mich mein Mutter gebohren hat / der sey nit gesegnet. Ja in Betrachtung vnser armseligen Geburt / vnd deß darauff folgenden ellenden Lebens / sagt der weise Salomon: Daß der Tag deß Todts besser sey / dann der Tag der Geburt.

I.
Tag deß Todts Gut.
Psal. 141.8.

Phil. 1.23.

Dann I. Sperrt der Tag vnser Empfängnuß vnd Geburt / vnsere Seelen gleichsamb in ein Gefängnuß ein / von welcher dieselbe der Tag deß Todts erlediget / wie der H. David zuversteh en gibt / sprechend: Educ de custodia animam meam: HErr führe meine Seele auß dem Kercker: vnd das der H. Paulus ein sehr grosses Verlangen gehabt / dissolui, & esse cum Christo: auffgelöst zu werden / vnd mit Christo zu seyn: dann er hat gesehen / sagt der H. Gregorius, daß er gleichsamb gebunden.

Auff disses hat auch ein Obsicht gehabt der H. Martyr Cyprianus, dann als er deß Valeriani Sententz / vnd Vrtheil seines Todts vernommen / sprach er: Deo gratias, qui me à vinculis huius corporis dignatur absoluere. Gott sey gedanckt / welcher sich würdiget mich von den Banden dises Leibs auffzulösen.

Wie auch jener Außsätzige / von welchem Collector Speculi schreibt / daß er im Wald frölich daher gesungen / vnd als er die Vrsach seiner Frölichkeit gefragt worden / zur Antwort geben: Zwischen Gott dem HErrn / vnd mir / ist nur ein eintzige Wand auß Laim / nemblich mein Leib; weil nun dise anfangt einzufallen / als bin ich frölich / vnd begehr bald zu meinem Gott zu kommen.

II.
Ein Anfang aller Armseligkeit.
Iob. 14.1.
Eccli. 40.1.

II. Ist der Tag vnserer Geburt / ein Eingang zu aller Armseligkeit: dann es ist wahr / was man sagt / Daß der Mensch zu vil Creutz vnd Leyden gebohren sey. Syrach sagt auch: Groß Müh vnd Arbeit ist allen Menschen geschaffen / vnd ein schwer Joch vber alle Menschen Kinder / von dem Tag an / als sie auß Mutter Leib kommen / biß sie vergraben werden in die Erden / die vnser aller Mutter ist: diser Vrsachen halben batte die H. Praxedis Gott / daß Er sie von disem armseligen Leben aufflösen wolle / damit sie in diser Welt nit so vil Vbel ansehen dörffe / vnd ist erhört worden.

E. Lib. 7. c. 3.

Es schreibt Plinius: E. Daß zu Sagunt ein Kind gebohren / aber nach

Die IV. Predig.

der Geburt sich gleich widerumb in seiner Mutter Leib hinein verkrochen habe/ im selbigen Jahr habe Hannibal die Statt gantz verhergt/ daß also dises ein Præsagium vnd Anzeigung gewesen/ daß das Kind die ruin vnd Verderben seines Vatterlands nit ansehen wollen. *Wunderbare Geburt.*

Ach GOtt! wann mancher Mensch in seiner Geburt wissen solte/ was er die Zeit seines Lebens außstehn vnd leyden müßte/ so wurde er lieber wollen nit gebohren seyn: wie auch Salomon in seinem Büchlein/ der Prediger genannt/ sagt: Laudaui magis mortuos, quàm viuentes, & felici**rem vtroque iudicaui, qui necdum natus est, nec vidit mala, quæ sub Sole sunt: *Eccl. 4. 2.* Da lobte ich/ sagt er: die Todten/ die schon gestorben waren/ mehr dann die Lebendigen/ die noch das Leben hetten: vnd den noch besser/ dann alle beyde/ der noch nie gebohren ist/ vnd die böse Ding/ die vnder der Sonnen geschehen/ nit gesehen hat/ ꝛc.

Nun aber/ von disen allen erlediget der Tag deß Tods/ vnd thut wol dem Dürfftigen/ vnd dem/ der schwach vnd alt ist/ der auch in allen Sorgen sitzet/ vnd nichts bessers zugewarten hat. *Eccli. 41. 3.*

III. Bringt vns der Tag vnserer Geburt in das bitter Elend/ vbi peregrinamur à Domino, sagt der H. Paulus/ alda wir Wallen als Pilgram von dem HERRN: wie dann auch der Gottseelig alte Patriarch Jacob/ sein gantzes Leben ein Pilgerfahrt genennet: aber der Tag deß Todts ist ein Eingang in das Himmlische Vatterland/ vnd zum ewigen Leben. *III. Alles Elends Vrsach. 2.Cor. 5.6. Gen. 37. 9. Ioann. 5. 24.*

Bey dem glückseeligen Geburts Tag aber MARIÆ der Wunderbarlichen Mutter sollen wir lehrnen/ welche vnser Geburts Tag vnd Leben hie in vil weeg arm, vnd Mühseelig/ MARIAM anzuruffen/ daß durch ihr kräfftige Fürbitt wenigst der Tag vnsers Todts glückseelig sey; vnd wie jhr heilige Ankunfft auff dise Welt/ im Himmel vnd auff Erden grosse Freud verursacht/ also auch vnser Hinschaiden/ Gott vnd allen Heyligen Freud mache, vnd wir vns erfrewen können/ wie dann sich dessen alle rechte Liebhaber/ welche zu disem End jhr in disem Leben ein gewisen Dienst erweisen/ vnd Sie anruffen werden/ zugetrösten haben. *febr bey der Geburt Mariæ.*

Wie neben vilen 1000. jener fromme Religios/ Prediger Ordens/ auß Lothringen erfahren/ welchem/ wegen daß er vor allen Predigten Sie mit einem Aue Maria gegrüsst/ vnnd jedesmahl etwas zu ihrem lob in der Predig gesagt/ vnd sonsten Sie geehrt/ die Mutter Gottes sambt ihrem allerliebsten Sohn/ vnd grosser Schaar der Heyligen Gottes/ an seinem End erschinen/ vnd also getröstet/ daß er mit grossem Jubel seinen seeligen Geist auffgeben/ vnd mit Frewden in Himmel gefährt worden. Derowegen/ O heilige MARIA, du Wunderbarliche Mutter Gottes/ bitte auch für vns arme elende Sünder/ jetzt/ vnd in der Stund vnsers Absterbens/ Amen.

Die sechßte Predig.

Mater Admirabilis, Ora pro nobis.

MARIA ist Wunderbarlich im Tempel zu Hierusa-
lem/ wegen ihrer Auffepfferung/ deß Gelübds ewiger
Jungfrawschafft/ vnd Vermählung mit dem
Seeligen Joseph.

Turteltaub/
ein Anzeigen
deß Sommers.
Cant. 2. 12.
A. Lib. 5.
Hexam. cap.
19.
B. Homil. de
Turture. to-
mo 5.
C. Serm. 29.
in Cant.
Ierem. 8. 7.

JN dem Hohen Lied deß weisen Königs Salomon, wird
die lustige Frühlings- vnd Sommerszeit beschriben/ vnnd neben
andern vermeldet: Vox turturis audita est in terra nostra,
das Turteltäublein hat sich hören lassen in vnserm Land.
Von der Turteltauben schreiben die H.H. Vätter/ Ambrosius, A.
Chrysostomus, B. Bernardus, C. vnnd sagen/ Daß I. deroselben Ankunfft vnnd Stimm/ ein Anzeigung deß herbeykommenden Sommers seye;
wie dann Gott selbsten bey dem Propheten Ieremia, vnder die Vögel/ welche
ihr Zeit erkennen/ vnnd den Sommer gleichsamb verkündigen/ auch die Turteltauben zehlet.

II.
Zeichen der
Einsambkeit.
D. In Cant.
Canticorum.

Zum II. Sey selbige ein Symbolum oder Zeichen der Einsambkeit
vnd Reinigkeit. Dahero nennet sie Apponius, D. castissimam auem, den
keuschesten Vogel.

III.
Seuffzen.
Esa. 38. 14.

Zum III. Daß derselben Eygenschafft vnd Art sey/ Gemere, Seuffzen: auff welches gesehen der Prophet Esaias/ sprechendt: Meditabor, vt
columba: Ich will seufftzen, wie ein Turteltauben; insonderheit aber
seufftzet sie/ wann sie ihr Männlein verlohren/ vnd an die vorige Geselschafft
gedencket/ welches wegen sie alsdann allein auff dürren/ vnnd nicht grünen
Ästen/ vnd Zweigen der Bäumen zu sitzen pfleget. Ist also das Turteltäub-
lein/ wie der H. Bernardus sagt: Gemebunda auis, ein seufftzender Vogel.

IV.
Nistet in der
Höhe.
Esa. 59. 11.

Zum IV. Halte sich die Turteltaub auff/ auff den Gypffeln der höchsten Berg/ vnd niste auff den höchsten Bäumen/ auff welchen sie gleichsamb
in der Höhe betrachtet/ wie der Prophet Esaias lehret: Sie seufftzen in gedancken: Dahero das Wort TVR, verdolmetschet wird: Im Hertzen betrachten: deßwegen Turtur heißt/ gleichsamb zweyfach betrachten. Der König-

Psal. 83. 4.
E. Lib. 1. c.
16.

liche Prophet David sagt: Die Turteltaub hat ihr Nest funden/ da
sie ihre Jungen hinleget. Aelianus schreibt: E. Daß sie für ihre Junge
sorgfältig sey/ vnnd insonderheit vor dem Wolff verwahre/ auch zu disem
End/ auß Eingebung der Natur/ sich der blauen Gilgen gebrauche.

Zum

Die VI. Predig.

Zum V. Habe GOtt ab der Turteltauben ein Wolgefallen: weil Er im Alten Testament befohlen/daß ihme so ehe auffgeopffert werden soll/als: Vom Abraham. Von den Kindbetterinn. Von Außsätzigen. Von denen welche ein Gelübd gethan/vnd sich dem HERRN ergeben: Dahero schreibt der H. Ambrosius am angezogenen Orth: Turturem lex DEI, velut castæ Hostiæ munus elegit: Das Gesatz GOttes/ hat die Turteltauben als ein reines Opffer zur Gaab erwöhlt.

Gott wolgefällig. Gen.15.9 Levit.12.6. Levit.15.14. Num.6.10.

Geliebte in dem HERRN durch die Turteltauben verstehe ich mit den heyligen Lehrern die Allerseeligste Jungfraw/vnd Wunderbarliche Mutter GOttes MARIAM: welche auch schon vor 1000. Jahren Hesychius Hierosolymitanus, Turturem mundum, ein reine Turteltauben/ genennt hat: vnd diß recht vnd wol.

Dann 1. Ist derselben Ankunfft vnd Geburt ein gewises Zeichen gewesen/daß der rauhe Winter deß Alten schweren Gesatzes vergangen/vnd der frölliche Sommer deß Newen Testaments/vnd Gnaden-Zeit sich herzu gemachet: dann Sie / wie der H. Augustinus sagt/ hat vns den Anfang deß Heyls gebracht: vnd wie die H. Catholische Kirch von jhr singet vnd bettet/ F. der ganzen Welt/ auch Engeln vnd Menschen / ja Lebendigen vnd Todten Frewd gebracht.

I. Mariæ Ankunfft Frewdenreich.
F. In festo Nativit.

Zum II. Ist Sie auch das recht Symbolum, vnd Zeichen der Reinigkeit: wie dann Apponius G. die angezogene Wort: die Turteltraub hat sich hören lassen in vnserem Lande / auff MARIAM deuttet/vnnd spricht: Die Turteltraub ist gar ein reiner Vogel/vnd ein Fürbild der reinisten Jungfrawen MARIÆ, diser / als der rechten Turteltauben Stimm deß Gelübds der ewigen Jungfrawschafft/ist in vnserem Land erscholllen/dergleichen von Ewigkeit her nie erhört worden. Dahero schreibt der H. Anselmus: H. Sie sey so grosser Reinigkeit gewesen/daß kein grössere vnder GOtt können erdacht werden: vnd nennet Sie der H. Bonaventura billich /. Signiferum, & decus Virginalis pudicitiæ, ein Fendrichin/vnd Zierd der Jungfräwlichen Geschämigkeit vnd Reinigkeit.

II. Zeichen der Reinigkeit. G.In Cantica Cantic.
H. De Concept. Virginali.c.18. I.In Litan.

Zum III. Hat niemands mehr nach dem Himmlischen Bräutigamb Christo IESU geseufftzet/als MARIA, welche mit den Altvättern ein hertzliches vnd grosses verlangen nach seiner Zukunfft gehabt/ auch vmb Sendung desselben bey GOtt mit eyfferigem Gebett angehalten: welches Gebett dißfalls mehrer vermöcht/als aller Vätter deß Alten Testaments, wie der H. Bonaventura lehret. K.

III. Seufftzet nach Gott. K.3 Sent. dist.4 q.2. q.1. & 2.

Zum IV. Ist Sie auch im höchsten Grad der Betrachtungen gewesen. Damascenus sagt: L. Das demütige Gemüth der Jungfrawen war allzeit in den höchsten Gedancken vnd Betrachtungen: welche/wie Bernar-

IV. In Betrachtungen. L Orat.1.de Nativ. Virg.

Von Maria der Wunderbarlichen Mutter.

M. Serm. 51. cap. 3.

dinus lehret/ M. von GOtt gewesen: vnnd gebühret deroselben billich der Namen Turtur; dann Sie wachende vnd schlaffend in Betrachtungen verharret/vnd hat von Anfang der Christenheit/den blawen Gilgen. Mantel/ zum Schutz aller ihrer Liebhaber außgebreittet/vnd Sie vor dem Höllschen Wolff beschützet ꝛc.

V.
Gott angenehmes Opffer.

V. Ist Sie von Ewigkeit her GOTT das angenembste Opffer gewesen: wie wir neben andern in folgender Predig vernemmen vnnd versteh werden: wie Wunderbarlich MARIA in jhrer heiligen Auffopfferung/in jhren H. Gelübd/ vnd Vermählung mit dem seeligen Joseph gewesen. Bereittet ꝛc.

Der I. Theil.

MARIA ist Wunderbarlich in der Auffopfferung in dem Tempel.

A. Orat. de Oblat. Deipare.

Als Georgius Nicomediensis A. vill grosse Wunderding von der Auffopfferung MARIÆ beschriben/ sagt er endlich: Du aber/ O Mensch der du die Wunderbarliche/ vnnd gantz newe Weiß im Tempel zuleben hörest/ setze kein Zweiffel in solche/ vnderstehe auch dich nit dise Ding zuerforschen/ welche kein Gedanck vnd Verstand fassen kan. Vnder dise Wunder ist I. zurechnen/daß nit allein MARIÆ Eltern Joachim vnd Anna/ dise jhr Tochter/wie Elcana vnd Anna voꝛ Zeitten den Samuel GOtt selbsten verlobt/ vnnd im dritten Jahr jhres Alters/ zu Volziehung jhres Gelübdts/in dem Tempel zu Hierusalem mit gewisen Cæremonien auffgeopffert/ sondern auch daß sie das dreyjährige Jungfräwlein/ solches zum höchsten begehrt/ vnd schon damahls GOtt dem HERRN gantz vnnd gar ergeben hat.

I.
Mariæ Auffopfferung/ Wunderbarlich.
1. Reg. 1.

Welches/ wie der H. Ambrosius lehret/ B. vns gleich nicht so gar seltzam fürkommen soll/ wann wir bedencken / daß dises Jungfräwlein/ wie neben andern der H. Bernardinus bezeuget: C. Vom ersten Augenblick jhrer Empfängnuß/ noch in Mutterleib verschlossen/ nit allein mit vollkommem Verstand erleuchtet/ sondern auch im Stand der Vollkommensten Betrachtung gewesen/vnd mehrer als jemahl ein Menschliche Creatur, im völligen Alter hat seyn können; dann es hat bey jhr geheissen: Cùm essem parvula, placui Altissimo, da ich noch klein war/ hab ich dem Allerhöchsten gefallen.

B. Lib. 1. de Virginitate.
C. Tomo 1. Serm. 51 ar- tic. 1. c. 2.

Germanus. Ertz. Bischoff zu Constantinopel, hat von diser Auffopfferung gepredigt/ vnd gesagt: D. MARIA sey mit Freuden vnd Hertzlichkeit

D. Orat. de oblat.

in dem

Die VI. Predig.

in den Tempel gebracht worden / vnd habe die H. Anna zu dem Priester Zacharia/ dem Vatter deß H. Tauffers Johannis/ gesprochen: Ich gebe mein Gelübt dem Herrn/ welches meine Lefftzen gelobt haben: vnd von deßwegen hab ich die Hauffen Jungfrawen zusammen gebracht mit ihren Ämptern/ vnd hab zusammen beruffen die Priester/ vnd versamblet die Verwandten/ zu allen sprechende: Frewet euch mit mir, weil ich ein Mutter/ vnd Gebährerin worden bin/ vnd heut mein Tochter nit einem irrdischen König/ sondern dem Himmlischen Gott geben hab. Warauff Zacharias sie mit Frewden auffgenommen/ vnd mit bereittem Gemüth/ vnd frölichen Hertzen in das Heilig geführt.

Zum II. Wird von dem H. Hieronymo, vnd andern Lehrern/ diß für ein grosses gerechnet: E. Daß/ als die Eltern mit ihrem dreyjährigen Töchterlein zu dem Orth deß Tempels kommen/ da die Gottdienende Jungfraw ihr gewisse Wohnung gehabt/ zu welcher sie ein Stiegen von fünffzehen Staffeln hoch auffsteigen müssen/ vnd die alte Mutter Anna dem Geheiligsten Jungfräwlein die Reißklepder/ warmit Sie vnderwegs von Nazareth biß gen Hierusalem angethan war/ außgezogen/ vnd ihr schönere Kleyder/ als einer Edlen Braut deß höchsten Königs zustehet/ angelegt/ Sie Augenblicklich ohne anderer Hülff/ auff die oberste Staffel auffgestiegen/ so nit allein ein grosses Wunder/ sondern auch gewisses Zeichen gewesen/ der grossen Begierd Gott epfferig zu dienen/ vnd das Gelübd frewdig zu vollziehen.

II. Wunder. E. De Ortu Virg.

Zum III. Ist ein grosses Wunder/ daß der höchste Gott die Auffopfferung dises seligsten Jungfräwleins MARIÆ alsobald mit Gnaden angesehen/ vnd in sein Verwahrnuß genommen/ auch dem Englischen Schutz anbefohlen: wie der H. Bernardinus mit folgenden Worten lehret: F Der Seligsten Jungfrawen war zugegen der Engel Schutz, dann sie stunden bey ihr zu ihrer Beschirmung/ ein vnzahlbare Menge der H. Engeln/ dann ich halte Gottseliglich darfür/ daß sie zu ihrer Bewahrung vnd Beschützung vil Legiones der Englen gehabt/ sintemahlen auch Eliseus zu seinem Schutz vil Engel gehabt; dahero die HH. Vätter Ambrosius, G. Georgius Nicomediensis, H. vnd Andreas Cretensis, I. bezeugen/ daß von der Zeitan, da die Seligste Jungfraw MARIA im Tempel auffgeopffert worden/ vnd daselbst durch eylff Jahr verbliben/ hab Sie täglich der Englischen Tröstung vnd Ansprach sichtbarlich genossen/ sey auch von denselben gespeiset worden. Der H. Bonauentura schreibt: K. Sie hab sich mit der Engel Speiß erhalten/ vnd das jenig/ was Sie von Hohen Priestern empfangen/ habe Sie vnder die Armen außgetheilt.

III. Wunder. F. Serm. 51. art. 3. c. 2. tom. 1.
4. Reg 6. 17. G. De Visg. H. In orat. de oblat. I. In orat de Dormit.
K. De meditatione vitæ Christi.

Zum IV. Ist ihr gantzes heiliges Leben durch die gantze Zeit/ welche Sie im Tempel

IV. Wunder.

Tempel zugebracht / ein lauters Wunder gewesen. Der H. Damascenus sagt / es sey an Ihr erfüllt worden / was der Königliche Prophet David geschriben. Die gepflantzt seynd in dem Hauß deß HErrn / werden in den Vorhöffen vnsers Gottes wohnen: vermeldet auch / Sie sey im Hauß Gottes als wie ein fruchtbarer Ölbaum gewesen / mit dem frölichen Regen deß H. Geists begossen / vnd hab vberflüssige Früchte gebracht / ja Sie sey worden zu einer Wohnung aller Tugenden.

Psal. 91. 14.

Gleich anfangs erwöhlte Sie GOtt zu einem Vatter vnd Beschirmer / vnd gedachte / wie Sie Ihm recht dienen möcht: Zu allen Zeiten war Sie einweders dem Gebett / Göttlichen Betrachtungen / vnd Geistlichem Lesen / oder sonsten guten Vbungen ergeben: Sie war im Göttlichen Gesatz wol erfahren / vnd durchlase embsig die H. Schrifft von der Anfunfft MARIÆ: vnd alles / was ihr von der Menschwerdung deß Sohns Gottes fürkommen / das betrachtete Sie mit grosser Frewd vnd Süssigkeit / vnd achtete sich für selig / wann Sie die jenige Jungfraw / die Gottes Sohn gebähren wurd / mit Augen sehen / vnd derselben dienen solte.

1. Lehr für die Eltern.

Auß disem haben I. alle Christliche Eltern zu lernen / daß sie nach dem Exempel Joachim vnd Annæ / ihre Kinder gleich von Jugend on Gott befehlen / vnd durch das heilige Gebett auffopffern / auch dieselbe zeitlich zu dem Gottsdienst vnd heiligen Gebett gewehnen / von allen Lastern / vnd bösen Gesellschafften abhalten: vnd hingegen zu allen guten Tugenden anhalten sollen. Der heilige Chrysostomus sagt: *L. Oportet filios ab vberibus carnis, protinus transferri ad vbera spiritualia, vbi rebus diuinis assuescant.* Es ist vonnöthen / daß die Kinder von den Mütterlichen Brüsten / alßbald zu den Geistlichen Brüsten gehalten werden / allda sie der Göttlichen Sachen gewohnen sollen: auff welches auch der weise Syrach redet: Hast du Söhne / so ziehe sie auff in Zucht vnnd Lehre / vnd bieg sie von Jugend auff: wie gethon der fromme Job / Abraham / vnd andere.

L. Homil. de Anna & Samuele.

Eccli. 7. 27.

Eltern Verantwortung.

Warlich ein grosse Verantwortung / vnd scharpffes Gericht Gottes laden auff sich die jenige Eltern / welche ihre Kinder mehr zur Hoffart / vnd der Welt Vppigkeit / als zur Gottsforcht vnd Andacht / mehr zum Schwören vnd Fluchen / als zum Kirchengehen vnd Betten / mehr zu Sünden vnd Lastern / als zu der Frombkeit vnd Tugenden Anleitung geben: mehr in Wekllichen vnd Politischen / als in Religion- vnd Glaubens Sachen vnderrichten: mehr / wie sie ihre Kinder an Geldt vnd Gut reich / als an guten Wercken fromm hinderlassen möchten / sie mehr vor der schnöden Welt / als vor GOtt groß zu machen / trachten: solche Eltern seynd denen gleich /

von

Die VI. Predig.

von welchen der Königliche Prophet David redet: Sie opfferten jhre Söhne vnd Töchtern den Feldteufflen: vnd vergossen vnschuldig Blut/ das Blut jhrer Söhn vnd Töchtern/ die sie opfferten den Abgöttischen Götzen. Psal. 105. 37.

Zum II. Lehrnen wir/ was Gestalt man die Gelübdt/ welche zu GOtt vnd seiner werthen Mutter geschehen/ halten/ vnd ins Werck setzen solle. Es heißt allhie: Si quid vouisti Deo, ne moreris reddere: So du Gott etwas verlobt hast/ so verzeuch nit/ dasselbig zu halten. Vnd abermahl: Vouete, & reddite Domino Deo vestro: Jhr solt geloben / vnd ewer Gelübt halten dem HErrn ewerem GOTT. II. Gelübt zu halten. Eccli. 5. 3. Psal. 75. 12.

Joachim vnd Anna haben ein Gelübt gethan/ wann GOtt sie von der Schmach der Vnfruchtbarkeit erledigen/ vnd mit einem Leibs-Erben begnaden wurd/ wolten sie dasselbig Kind/ seiner Göttlichen Majestätt in dem Tempel zu dienen auffopffern. Was nun sie verlobt/ stellen sie auch fleissig ins Werck / vnd sprach die fromme alte Anna zu Zacharia: Jch will mein Gelübt erfüllen/ welche mein Mund außgesprochen hat. Also mein Christ/ gedenck / ich will mein Gelübt erfüllen: sonsten heißt es: Wer sich rühmbt/ vnd gibt nit/ was er verheissen hat/ der ist wie ein Wolcken vnd Wind ohne Regen. Prou. 25. 14.

Zum III. Sollen wir herauß lehren/ vns auch Gott vnd seiner lieben Mutter zum Dienst auffopffern : vnd dises nach dem Rath vnd Ermahnung deß heiligen Gregorij VII. welcher neben anderen heylsamen Ermahnungen vnd Lehren / der Seligen Mechtildi insonderheit auch disen Rath geben/ daß sie sich M A R I Æ ergeben/ vnd auffopffern solle/ sprechend: M. Vnder andern Waffen / welche ich dir zum Streit wider die Fürsten der Welt/ mit der Gnaden Gottes geben/ ist fürnemblich gewesen / daß du dich mit grossem Vertrawen der Mutter deß HErrn auffopffern/ vnd ergeben sollest. Diser hab ich dich auff ein sonderbare Weiß anbefohlen / befehle dich derselben noch / vnd werde dero dich zu befehlen nit vnderlassen: erzehle darauff: Je höher / grösser / vnd heiliger die Mutter Gottes / als andere Mütteren/ je Gnädiger vnd Barmhertziger erzeige Sie sich gegen den büssenden Sündern/ vnd spricht: Bessere dein Leben / nimb dir ernstlich vnd steiff für / von den Sünden abzustehen/ falle vor jhr mit einem zerknirschten Hertzen vnd Bußzähern nider / so verspriche ich dir / du wirst Sie bereitter vnd gnä III. Opffer zu verrichten. M. Lib. 1. epist. 47. Mariæ Gütigkeit.

K diger

Von Maria der Wunderbarlichen Mutter.

diger finden in deiner Lieb/ als alle Leibliche Müttern gegen jhren Kindern.

N. Tom. 1. Opusc. 2. de defectibus religios. cap. 10.

Disen Rath gibt auch der heilige Bonauentura. *N.* vnd sagt: Matri Christi omnem exhibeat reuerentiam, & dicat: O dulcissime Iesv, dignare donare mihi misero peccatori, Matri tuæ dignè seruire. Der Mutter Christi thue er alle Ehr an/ vnd sprech: O süssester JEsu/ würdige dich/ mir armen Sünder zu geben/ daß ich deiner Mutter würdig dienen möge.

O. Reuel. S. Birgittæ, lib. 6. c. 95.

Disem Rath vnd Exempel hat gefolgt Israël Primas deß Königreich Schweden Fürst/ vnd Leiblicher Bruder der heiligen Birgittæ: O. Als dieser in Teutschland wider die Vnglaubige Krieg führete/ vnd erkrancket/ hat er sich in die Kirchen tragen lassen/ vnd allda vor der Bildnuß vnser lieben Frawen mit höchster Demuth den Ring von seinem Finger gezogen/ selbigen der Mutter Gottes angesteckt/ vnd gesagt: Du/ O heilige Jungfraw/ sollst hinfüran mein Hochgeehrte Fraw/ vnd allerliebste Beschützerin seyn/ Ich ergib mich dir gantz vnd gar/ vnd wirff mich in die Schoß deiner süssesten Fürsichtigkeit/ bitte auch gantz demühtig/ du wollest deines zwar ärmesten/ aber doch dich liebhabenden Dieners/ alle Augenblick Sorg tragen.

Weiß/ Mariæ sich auffzuopffern.

Dises hat auch gethon der Gottselige Gualterus von Birbach: diser nahm zu sich einen Priester/ welcher jhme den Gottsdienst halten/ vnd ein Zeug seyn solte/ schlosse sich in ein Capellen/ knyet vnder dem Gottsdienst nider/ legte ein Strick vmb den Hals/ vnd opffert sich der Mutter Gottes für einen leibeygenen Knecht auff/ gabe auch derselben als seiner Lehen-Frawen von dato an/ jährlich ein gewise Stewer.

Ribadeneira.

P Opusc. 33. de bono Suffragiorum, cap. 4.

Fast dergleichen schreibt auch Petrus Damianus, der Römischen Kirchen Cardinal/ *P.* daß gethon hab, sein Bruder Marinus, vnd sich vor dem Altar der Himmel-Königin knyend/ derselben auffgeopffert/ nicht allein als einen Diener vnd Lehengehörigen/ sondern auch als einen Leibeygnen vnd Sclauen: habe auch in solcher Meynung jhme selbsten sein Gürtel vmb den Hals gebunden/ vnd jährlich ein gewisen Zinß bezahlt.

Sihe mein Christ/ opffere du dich/ vnd alle die Deinige M A R I Æ der Wunderbarlichen Mutter Gottes täglich mit einem Seufftzer/ oder Aue M A R I A auff: vnd thue alles zu derselben Dienst vnd Ehr/ so wirst du gewißlich die ewige Belohnung empfangen.

Der

Die VI. Predig.
Der II. Theil.

Maria ist Wunderbarlich in dem Gelübd ewiger Jungfrawschafft.

ES soll sich einer nit vnbillich verwundern / warumb die Seeligste Jungfraw vor der Empfängnuß deß Sohns Gottes ein Gelübd ewiger Jungfrawschafft gethon: da doch den jenigen/ welche keinen Saamen nach jhnen verliessen/ im Alten Testament/ vermög H. Schrifft/ solches zur Schmach gereichet/ vnnd der Fluch getrehet war: hingegen aber das Kinder erzeugen vnd gebähren / für ein Segen Gottes gehalten worden. Welches wegen die Rachel, da sie erst in ihrem hohen Alter schwanger worden / gesagt: daß Gott die Schmach von jhr genommen hab: vber disem hatte die Seeligste Jungfraw solches Gelübds damahls noch kein einiges Exempel/ ꝛc. *Gelübb der Jungfraw- schafft/ Wun- derbarlich.* Exod.23.26. Gen.30.26.

Weil aber dises Gesatz/ wie der H. Thomas von Aquin lehret/ allein die Verheurathen Personen angieng/ vnnd die H. Junafraw MARIA eben die Morgenröthe war / welche der Finsternuß deß Alten Gesatz ein End machen/ vnnd die Sonnen der Gerechtigkeit herfürbringen solte/ hat Sie/ wie Dominicus Sotus lehret/ *A* Gott billich die Jungfrawschafft verlobt. *A In 4. sent. distinct. 30. q. 1. art. 2, B. Lib. de Instit. Mo- nach c. 34.*

Joannes Bischoff zu Hierusalem schreibt: *B.* Gleich wie Elias der erste vnder den Männern gewesen/ welcher sich beflissen die Jungfrawschafft freywillig zuhalten: Also hat hernacher die Gebährerin Gottes die Allererste vnder den Weibern erwöhlt/ in ewiger Jungfrawschafft zuleben.

Von disem Gelübd hat der H. Apostel Iacobus also gehalten: *C.* Dise Jungfraw/ welcher alle Männer zuwider/ hat zum allerersten ein Gelübd die Jungfrawschafft zuhalten gethon: ich sag aber darumb zum ersten/ weil von Anfang der Welt/ da der Mensch erschaffen worden/ keine dergleichen Gelübd gethon: daß aber Sie/ Gott die Jungfrawschafft wahrhafftig verlobt/ erweiset der H. Augustinus *D,* auß den Worten/ welche Sie zum Engel geredt/ vnnd gesagt: wie soll das zugehen/ dann ich erkenne keinen Mann: dises/ spricht er/ würd gewißlich die Jungfraw nit gesagt haben/ wann Sie sich zuuor nit Gott zu einer Ewigen Jungfrawen verlobt hette. *C. Apud Ab- diam, lib. 8. epist. Apo- stol.* *D. Lib. 4. de S. Virginit. cap. 4.*

Der Ehrwürdige Vatter Beda helt darfür/ *E.* daß Jhr dißfals ein Göttliche Gnad widerfahren/ weil Sie vnder allen Weibern die erste/ so Gott dergleichen Gelübd gethon. *E. Homil. de Annunciat.*

K ij

Von Maria der Wunderbarlichen Mutter.

F. In Luc 1.

Der H. Gregorius *F.* bezeuget auch/ daß durch dises Gelübd Sie verdienet, von den Englen GOttes heimgesucht zuwerden.

G. Lib. de institut. Monach. c. 35.

Denckwürdig ist auch, was vor angezogner Ioannes Patriarch zu Hierusalem schreibt: *G.* Daß nemblich die Priester zu Hierusalem/wie sie verstanden/ daß ein Jungfräwlein ihr Jungfräwliche Keuschheit GOtt verlobt/ gleich geschlossen/ vnnd darfür gehalten/ daß die Zukunfft deß Sohns Gottes nahe vnd vor der Thür seye.

Auß disem Gelübd MARIÆ, haben von Anfang der Christenheit ihr vil 1000. Vrsach genommen/ daß sie GOtt vnd MARIÆ ihr Jungfrawschafft

H. Serm. de Deip. Psal. 44. 15.

verlobt: wie dann Ægidius bezeuget: *H.* Daß/ehe MARIA auß dem Tempel außgangen/ schon vber tausent Weibsbilder gewesen/ welche alle nach ihrem Exempel GOtt die ewige Keuschheit verlobt gehabt. Da ist erfüllt worden/ was im 44. Psalm geschriben stehet: Man wird dem König Jungfrawen zubringen nach Ihr.

Die Glorwürdige Jungfraw MARIA ist die erste gewesen/ welche als ein Gespons Christi/ in der Kirchen das Gelübd der Jnngfrawschafft gethon hat/ ist also die erst gewesen/ welche zu Christo geführt worden, welcher die andere Jungfrawen nachfolgen/ vnd auch Christo ihr Jungfrawschafft vngezwungen/ sondern gantz frölich vnd freywillig verloben.

I. Hæresi 78.

Der H. Epiphanius schreibt/ *I.* daß schon zu seiner Zeit vil im Brauch gehabt/ in dem Namen MARIÆ die Jungfrawschafft zuuerleben/ vnnd zuhalten: dann Sie war ein Pflantzen der Jungfrawschafft/ welche sich in ihr

K. Orat. 1 de Natiu. Virg.

gar weit außgebreit hat; sagt der H. Damascenus. *K.*

Der H. Athanasius schreibt/ es haben sich zur Zeit deß H. Antonii so vil Klöster vnd Closterleuth befunden/ daß es das Ansehen gehabt, als haben sich vnzahlbare Landschafften vnd Stätt versamblet/ die Vppigkeit der Welt zufliehen.

S. Hilarion ist allein vilen Clöstern vorgestanden: S. Isidorus hatte in einem Closter mehr als 1000. Münch/ dissen Nachkömbling Apollonius vber 5000. Pachomius vngefähr 400. Jahr nach Christi Geburt/ ist vorgestanden 7000. Geistlichen: Serapion vber zehen Tausent. Auff dem Berg Nitria seynd 5000. Clöster nahe beysammen gewesen: Palladius erzehlt:

L. Descript. suæ peregrinat.

L. Er hab ein Statt gesehen/ darinnen mehr Clöster als Burgers-Häuser zufinden gewesen/ vnnd weil alle Gassen mit Dienern GOttes besetzt gewesen/ welche Tag vnnd Nacht Gott mit Betten vnd Singen lobten/ hat er vermeint, die gantze Statt sey zu einer Kirchen worden: vermeldet auch/ daß er zu Nymphi/ vnnd in Babylonia ein vnzahlbare Schaar der Ordensleuth gesehen/ die alle mit Keuschheit/ vnd allerhand Gaaben deß H. Geists erfüllt waren.

Theodo-

Die VI. Predig.

Theodoretus schreibt: *M.* Daß in gantz Orient/ in Palæstina/ Ægypten/ Asia/ Ponto/ Cilicia/ Syria/ vnd Teutschland/ vnzahlbar vil Jungfraw Clöster gewesen/ dann/ sagt er/ so bald der Heyland auß der Mutter der Jungfrawen ist gebohren worden/ haben die schöne Lustgarten der Jungfrawschafft sich zumehren angefangen.   *M.* In extrema Historia Relig.

Der Abbt Trithemius *N.* schreibt/daß zu seiner Zeit/ nemblich Anno 1080 allein in der Prouintz Meyntz/ noch hundert vier vnd zweyntzig vollkommne Abbteyen zusehen gewesen: er setzt auch hinzu/daß ein Zeit gewesen/ daß allein sein/deß H. Benedicts Orden/ fünfftzehen tausent Abbteyen gehabt/neben den Probsteyen/vnd andern kleinern Clöstern.   N. Lib. 1. de Viris Illustr. S. Benedicti. cap. 2.

Die gedencke: wie vil wol hundertmahl tausent geistliche Jungfrawen allerhand Orden/von Anfang der Christenheit gewesen: darunder die allerheyligste Männer vnd Weiber/Päbst vnnd Bischöff/ Keyser vnd Könige/ Fürsten vnd Herrn/ Edel vnd VnEdel/ Hoch-vnd Niber Stands Personen sich befunden. Welche alle 1. Sich GOtt auff ein sonderbahre Weiß/ durch das Gelübd der Jungfrawschafft auffgeopffert haben:dann dise neben der Frucht auch GOtt den Baum geben.   Jungfrawen vnzahlbar in der Kirchen.

    Nutz der Jungfrawen.

2. Haben sich dise alle mit GOtt auff ein sonderbahre Weiß vermählet/ vnd auff ihn all ihr Lieb gewendet. dahero sagt der H. Augustinus, O sie seyen nit ohne Vermählung/ dann sie gehören zu der Hochzeit der Catholischen Kirchen/in welcher Christus der Bräutigamb ist: deßwegen sprach die H. Agnes: *P.* Annulo suæ fidei subarrhauit me Dominus: Der HErr hat mich mit dem Ring seines Glaubens vermählet.   O. Tract. 9. in Ioann.

P. Ambros. Serm. 90.

3. Seynd dise jederzeit ein sonderbare Zier der Rechtglaubigen/ vnd ein gewises Kennzeichen der Catholischen Kirchen gewesen: wie Athanasius sagt: *Q.* vnd schreibt der H. Hieronymus: *R.* Sie seyen die köstliche Edelgestein/ mit welchen das Halßband der wahren Kirchen besetzt/ vnd gezieret werde.   Q. Lib. de Virginitat. R.Lib.2 cōtra Iouian.

4. Betrachte: wie GOtt der HErr dieselbe zu allen vnd jeden Zeiten geliebt vnd erhöhet habe: dann anfangs/sagt der H. Basilius, *S.* werden ihnen auff Erden grosse Ehren zubereittet/seine Freund werden ihn groß achten/vnd seiner Hilff vnd Fürbitt in schweren Fällen gebrauchen/ ihm als einem streitbaren Ritter alle Notturfft mittheilen. ihn zu sich freundlich beruffen/ vnd mit Frewden als einen Engel Gottes/ ja/wie der Apostel meldet/als JEsum Christum selbsten auffnemmen.   S. In Præfat. in Ascenf.

Dahero geben dem Christlichen Keyser Constantino, Athanasius, T. vnd Nicephorus *V.* Zeugnuß:daß er vor allen andern Personen die Jungfrawen in höchsten Ehren gehalten: weil er geglaubt/ daß GOTT/ dem sie sich verlobt, gewiß in derselben Hertzen wohne: dann wie die heilige Lucia gesagt: T.InApolog. ad Constantium filium. V. Lib. 4. de vita Cōstantini. cap.28.

gesagt: welche Keusch vnd Gottseelig leben/ die seynd ein Tempel vnd Wohnung deß H. Geists.

X. Lib. 1. c. 8.
Keyserin dienet den Closterfrawen.

So schreibt auch Ruffinus X. von der Keyserin Helena/ daß sie die Gott verlobte Jungfrawen zu Hierusalem zu Gast gebetten/ ihnen selbsten zu Tisch gedienet/ vnd mit leyden wollen/ daß sie ihr auffwarten vnd dienen sollen: ist also sagt er/ die Königin der Welt/ vnnd die Mutter deß Römischen Reichs/ ein Magd worden der Dienerinnen Christi. Die heißt es: O quàm pulchra est casta generatio: O wie schön vnd klar ist die Keusche Geburt/ dann ihr Gedächtnuß ist vnsterblich/ sie ist bey Gott/ vnd den Menschen bekannt.

Sap. 4, 1.

Lib. de Virg. in Psal. 44.
Astitit, &c.

II. Hat sie Gott in ihrer Jungfrawschafft offt Wunderbarlich beschützet: wie der H. Basilius de vera Virginitate lehret/ vnd mit disen Worten der H. Ambrosius bezeuget/ sprechendt: Custodit Dominus Virgines grandi cura: Der HErr schirmet vnd schützet die Jungfrawen mit grosser Sorg.

Wie wir dessen ein schönes vnd denckwürdiges Exempel haben an der H. Jungfrawen Theophila: disse war vom Keyser Maximiano verurtheilt/ daß Sie in ein Vnzucht-Hauß geführt/ vnd daselbsten geschwächt/ vnd ihrer Jungfrawschafft beraubt werden solte: In dem Hinführen betet die Keusche Theophila also: Mein Jesu/ mein Lieb/ mein Liecht/ mein Geist/ mein Beschützer der Keuschheit/ vnd deß Lebens: sihe an die dir vermählet ist/ laß dein Schäfflein von den Wölffen nit zerrissen werden: du Bräutigamb/ erhalte dein Braut; erhalte mein Keuschheit/ du Bronn der Reinigkeit.

Engel beschützen die Jungfrawen.

Wie sie nun in daß Vnzucht-Hauß kommen/ nahme sie das Euangelij Buch/ welches sie bey ihr getragen/ vnnd lase mit Auffmercksambkeit in solchem: Bald war ihr auch ein Engel Gottes gegenwertig/ welcher gemacht/ daß der erste vnzüchtige Jüngling/ der in Meynung die H. Jungfrawen zu schwächen hinein gangen/ gleich deß gähen Todts gestorben: der ander stockblind/ andere aber auff andere Waiß hart gestrafft worden/ also daß sich keiner mehr wagen dörffte.

Cornel. à Lap. 1. Cor. 7. 35.

Da aber etliche auß disem Wunder in sich selbsten/ vnd guter Meynung hinein gangen/ fanden sie die Jungfraw sitzendt/ vnd im Buch lesendt/ neben ihr aber einen Jüngling mit vnaußsprechlichem Glantz/ vnd vnglaublicher Schönheit stehen/ auß dessen Augen gleichsamb fewrige Straal Pfeil außgiengen. Diser führete endtlich die Jungfraw widerumb herauß/ vnnd stelte sie vnder das Vorzeichen der Kirchen/ gab ihr auch den Friden/ vnd verschwand: warüber sich die Heyden verwundert/ vnnd geruffen: Quis est sicut Christianorum DEVS?

Fast

Die VI. Predig.

Fast auff dise Weiß ist auch S. Agnes von einem Engel/ S. Chrysanthus vnd Daria von Löwen: andere auff andere Weiß beschützt worden/ daß sie entweder alle Verfolgung vnd Anfechtung das Jungfrawkräntzlein rein behalten: dahero sprach auch die H. Jungfraw Caecilia: Ego, Valeriane, in Angeli tutela sum, qui Virginitatem meam custodit: du solt wissen/ Valeriane, daß ich einen Engel zum Beschützer hab / der mein Leib mit höchstem Eyffer bewahret/ darumb sihe zu/ daß du nichts vnzimbliches begehrest/ vnd den Zorn Gottes auff dich ladest.

Daß aber die Engel den Jungfrawen auff ein sonderbare Weiß zum Schutz gegeben worden/ soll sich darumben keiner verwundern / weiln sie sich mit den heiligen Engeln vergleichen/ vnd sie von dem heiligen Hieronymo I. Familia Angelorum, ein Geschlecht der Englen genennt werden/ von welchen / gleichwie Gott von den Engeln im Himmel angebettet / Er von disen auff Erden verehrt wird.

Engel/ sonders Beschützer der Jungfrawen.
Y. Epist. 1. ad Eustoch.

Zum III. merckt: Obwolen vor allen Zeiten / fast in allen Landen vnd Stätten /, sich vil Tausent Gott verlobte Jungfrawen befanden / also daß der heilig Ambrosius schreibt / Z. es seyen in der Orientalischen vnd Africanischen Kirchen mehr Jungfrawen Gott eingeweyhet/ als zu Mayland/ vnd in gantz Italia Menschen gebohren werden / dannoch hab das Menschlich Geschlecht nit abgenommen / noch auch dise Gott allein dienende Personen/ einige Thewrung nicht verursacht: dann Gott habe sie an Leib vnd Seel/ auch andere ihrenthalben an Kindern / ja Haab vnnd Gut reichlich gesegnet.

Frucht der Jungfrawen. Z. Lib. 5. de Virg.

Da etwan zuvor in einer Statt biß in ein / zwey / oder dreyhundert Geistliche Clesterleuth / vnd Jungfrawen gewesen/ hat jederman sampt ihnen den Vorlauff/ vnd gnug gehabt/ dann wie vorermeldter H. Ambrosius A. sagt/ ist durch sie das Heyl der Welt kommen/ vnd das gantze Römische Reich fruchtbar gemacht worden: seyther aber dise alle abgeschafft / vnd deroselben Stifftungen in Weltliche Sachen verwendet worden / ist auß gerechtem Vrtheil Gottes / kein Gedeyen noch Segen verbliben / vnd können an statt so viler hundert Geistlichen / welche Tag vnd Nacht Gott in grosser Andacht vnd Heiligkeit auffs eyfferigst gedient / ertwann kaum 2. oder 3. Prædicanten/ ja auch disenit ohne Klag daselbst erhalten werden/ wie menigklich bewust.

A. Lib. 3. de Virg.

Zum IV. Gleichwie die Jungfrawschafft Gott liebt / vnd wie gehört/ auff Erdreich verehrt / also vnd vil mehr wird Er sie lieben vnd ehren im Himmel. Hiervon schreibt der H. Apostel Johannes: wie daß er vor dem Thron gesehen stehen ein sehr grosse Schaar / von hundert vier vnd viertzig Tausenten/ welche mit Harpffen gespilet/ vnd ein newes Gesang gesungen/ auch

Gott liebt die Jungfrawen. Apoc. 14. 1.

80 Von Maria der Wunderbarlichen Mutter.

Sondere Cron der Jungfraw-schafft.

auch dem Lamb nachfolgten/ wohin es gehet/ vnd sey ein Stimm gehört werden: Hi sunt, qui cum mulieribus non sunt coinquinati, Virgines enim sunt. & sequuntur Agnum, quocunque ierit: Dise seynd die/ welche mit Weibern nicht verunreiniget seynd: disen ist im Himmel neben der Essential-Seligkeit/ noch ein grössere Neben-Glory zubereitet / welche die Lehrer Aureolam Virginitatis, ein sonderbare Cron der Jungfrawschafft nennen.

S. Emerich vom König Stephano vnd Gisela / Kaysers Henrici Schwester / in Vngarn gebohren/ liebte MARIAM von Jugend auff/ vnd hörte ein Stimm in der Kirchen: Jungfrawschafft ist vnser fürtreffliche Tugendt / GOtt vnd MARIÆ fast löblich: Alsbalde verlobt er ewige Jungfrawschafft. Wie lieb nun GOtt vnd seiner werthen Mutter dises gewesen / ist dahero abzunehmen / weil nach seinem seligen Absterben/ bey seinem Grab grosse vnd vbernatürliche Zeichen geschehen / vnd neben anderen dises: Conrad ein Teutscher vnd schwerer Sünder / war von Päbstlicher Heiligkeit in Ketten eingeschlagen / sampt einem Brieff seiner Lastern / vnd mit Erinnerung / bey welchem Grab die Ketten auffspringen werden / allda werde jhm die Schuld vnd Straff vergeben seyn: welches geschehen bey S. Emerichen Grab / dann allda seynd die Ketten auffgesprungen / vnd im Brieff die Laster aufgetilgt worden / wie Surius schreibet. B.

Sünder erlangt Verzeyhung bey dem Grab der Jungfrawen.

B. Sur. Anno 1030.
Ermahnung an die Sünder.

Hierbey aber lehrne du armer elender Sünder/der du etwan dein Jungfrawschafft vnd Keuschheit liederlich / vnd in vil weg verscherzet / vnd dich in Sünden vnd Lastern deß Fleisches schwerlich vergriffen hast: lehrne/ sag ich / auch ein Gelübt zu thun / daß du Gott vnd seiner werthen Mutter zu Ehren/wenigst auff etlich Tag/Wochen/Monat oder Jahr/ vnd endtlich die gantze Zeit deines Lebens / von dem schandlichen Laster der Vnreinigkeit dich enthalten wöllest.

Lobwürdige Jungfraw.

Mercket/ liebe Zuhörer/ wie nutzlich es sey/ auß lieb MARIÆ sich von dergleichen Fleischlichen Lastern vnd Vnreinigkeit enthalten: Zu Verona vnterstund sich ein frecher geyler Jünglich am Sambstag ein reine Jungfraw/ Maria genannt / mit Gewalt zu verführen: weil aber die Tochter so hertzlich vnd inniglich weinte / sich Ritterlich wehrte / vnd sprach: Ich heiß Maria/ MARIÆ hab ich ewige Jungfrawschafft verlobt/ heut ists Sambstag MARIÆ Fest/ vmb MARIÆ willen berühr mich nit/ wilt du nit eines grawsamen Todts sterben. Den Jüngling rewet/ vmb MARIÆ willen/sein fürnemmen/ stehet ab die Sünd zu begehen/ vnd führet die Jungfraw in ein Closter: Er aber stirbt bald darauff: nach seinem

nem Todt wird von der Seligsten Jungfrawen MARIA der Äbbtissin dises
Closters geoffenbaret/ daß er selig sey: weil er jhretthalben die Keuschheit ge-
halten/ habe Sie jhme Rew vnd Leyd erlangt. Zum Wahrzeichen dises/ sagt Carthagen.
Sie/ werdet jhr auß deß Jünglings Hertzen ein schöne gewachsene Rosen c. 3 §. 131.
finden/ allermassen geschehen. Folge du auch/ O mein sündige Seel/ disem
nach/ so wird die Jungfräwliche Mutter Gottes/ dir hie in disem Leben Rew
vnd Leyd/ auch Besserung deines Lebens erlangen/ vnd dich dort in Ewigkeit
selig machen.

Der III. Theil.

**MARIA ist Wunderbarlich in Jhrer H. Ver-
mählung mit dem Seligen Joseph.**

MARIA ist auch in dem Wunderbarlich/ daß/ obwohlen Wunderbar-
Sie außereit ein Gelübd der Ewigen Jungfrawschafft gethan ge- liche Ver-
habt/ wie der H. Hieronymus lehret/ *A*. dannoch Sie dem Se- mählung.
ligen Joseph wahrhafftig vermählet worden/ wie auß den H. Euangelisten *A.* De Ortu
abzunehmen/ alda gesagt wird: Missus est Angelus ad Virginem despon- Virg.
satam Ioseph: Der Engel ward gesandt zu einer Jungfrawen/ wel- Matth 1.18.
che mit dem Joseph vermählet war: Bey welcher Vermählung alles/ Luc. 1. 26.
was fürüber gangen/ verwunderlich war.

Vnd zwar Anfangs: Obwohlen Gott ein Stiffter aller heiligen Ehen/ GOTT ein
dannoch befinden sich in H. Schrifft dreyerley/ welche Er für sich selber/ Stiffter der
oder mit außtrucklichem Befelch vnd Willen/ zusammen geben hat: Die Ehe.
1. Ehe war Adam vnd Eua im Paradeyß: welche/ wie Paulus schreibt/ 1. Ehe/ A-
vorbedeutet die Vereinigung Christi/ vnd seiner Kirchen: Die 2. Ehe dams.
hat Er befohlen zu machen/ zwischen dem Propheten Osea/ vnd einem sün- Ephes. 5. 32.
digen gemeinen Weib: dardurch die Bohheit vnd Verwerffung der Juden 2. Osex.
vorbedeutet worden: Die 3. Ehe ist zwischen Joseph vnd MARIA, welche Oseæ 1. 3.
auch durch ein Göttliches Wunderwerck vnd Verordnung zusammen gege- 3. Mariæ,
ben worden. vnd Josephs.

Dann es schreiben die H.H. Vätter vnd Lehrer mit dem H. Hieronymo,
B. daß die heilige Jungfraw MARIA von Jugend auff GOTT in dem *B.* De Ortu
Tempel gedienet/ vnd aufferzogen worden: wie Sie aber sambt andern Jung- Virg.
frawen zu jhrem gebührlichen Alter kommen/ daß Sie nach dem Gesatz Moy-
sis/ vnnd Gebrauch deß Jüdischen Lands hat sollen verheurath werden:
hat der Hohe Priester befohlen/ daß sie sich alle heimb verfügen/ vnd verheurathen sollen: welchem die andere Jungfrawen alle gehorsamlich nachkommen/
die

Maria will nit vom Tempel weichen.

Die Seeligste Jungfraw MARIA aber hat sich dessen entschuldiget/ mit Fürgeben: Sie hette sich dem Gottsdienst gantz ergeben/ vnd ihr Jungfrawschafft Gott auff ewig verlobt.

Zweiffel deß Hohen Priesters.

Darauff der Hohe Priester angestanden/ vnd nit gewüßt/ was mit einer solchen Gott verlobten Jungfrawen anzufangen: deßwegen die Fürnembste zu Hierusalem/ vnd auß den vmbligenden Orthen auff das Fest der Kirchwenhung/ welches nahend vnd im December war/ berüffen/ damit er sich mit jhnen berathschlagen könte/ was in so zweiffelhaffter Sach zu thun/ oder zu lassen seyn werde.

C. Lib. 1. c. 7.

Dann es hielten die Priester eines theils darfür/ spricht Nicephorus, C. Sie wurden höchlich wider Gott thun/ wann sie diß Jungfräwlein einem Mann/ vnd in die Dienstbarkeit deß Ehestands geben solten/ weil es einmahl Gott geheiliget/ vnd ergeben war: anders theils bedachten sie/ daß das Gesatz nit zulasse/ es auch nit rühmlich vnd verantwortlich seyn würde/ daß ein Jungfraw/ welche schon das vierzehende Jahr erreichet/ in einem solchen blühenden Alter/ in dem heiligen Orth deß Tempels verbleiben solle.

Gebett/ in zweiffelhafftigē Dingen/ nutzlich.

Wie aber am Festtag sich die gantze Rahts Versamblung nit vergleichen könte/ was hierinnen zu thun/ vnd deßwegen sie sich alle einhällig zum heiligen Gebett begeben/ vnd der Hohe Priester in das Heilig Allerheiligsten eingangen/ den HERRN Rahts zu fragen/ ist von dem Gnadenstul ein Stimm gehört worden/ daß sie durch ein Looß erforschen/ wem dise Jungfraw anvertrawet/ vnd vermählet werden könne/ sollen auch zu disem End alle vom Hauß vnd Geschlecht Davids/ so ledigen Standts/ vnd doch zum Heurathen tauglich wären/ jhre Ruthen zum Altar bringen lassen/ mit Bedeutung/ auff wessen Ruthen oder Zweiglein/ nach der Propheceyung Isaiae/ der Heilig Geist sitzen/ vnd ein Blümlein wachsen würde/ derselbige werde ein würdiger Ehegemahel diser Jungfrawen seyn: welches als es also geschehen/ hat vnder den zwölff Ruthen der Befreundten deß Geschlechts MARIÆ, allein deß Josephs grünet/ vnd ist mit der Gegenwärtigkeit deß H. Geistes in Gestalt einer Tauben erfüllt worden.

Gottes Fürsehung/ in Vermählung Mariæ. Esaiæ c. 11. Josephs Ruthen/ blühet allein.

Darauß dann menigklich Gottes endlichen Willen erkanne/ daß die Seeligste Jungfraw jhme dem Seligen Joseph/ vnd keinem andern anvertrawet vnd vermählet werden solle: als welcher jhres Geschlechts/ vnd sonsten wegen seines Alters/ vnd ehrlichen Lebens/ ein gut Lob hatte/ welches wegen jhne der Euangelist Matthæus/ Virum justum, ein gerechten Mann/ nemblich von allen Tugenden/ nennet.

Matth. r. 19.

D. Lib de Iustit. Virg. cap. 2.

Weil nun auch anders Theils MARIA nach Zeugnuß deß heiligen Ambrosij D. schon zuvor gewüßt/ daß der heilige Joseph gantz keusch vnd ein Reine Jungfraw sey/ vnd auch die Täg seines Lebens verbleiben wer-

Die VI. Predig.

de/vnnd deßwegen Sie gar wol ohne alle Verletzung jhres Gelübts vnd Jungfrawschafft/ jhme vermählet werden könne/ auch solche Vermählung zu Handhabung jhrer Ehe/ vnnd jhr zum Schutz vnd Trost/ auch Verhütung viler böser Argwohn/ vnd anderer Vblen gedeyen werde/ als hat Sie hierein auch jhren Willen geben.

Warauff sie hernacher/ wie Euodius, welcher nach dem H. Petro zu Antiochia der erste Bischoff gewesen/ schreibt: *E. nach dem Willen GOttes/ vnnd der Priester Rath/ mit gewissen Cæremonien zusammen geben worden.* — E. In Commentar. suis & epist. ipsius inscripta.

Wie dann P. Paulus Barry, der Societet Iesv, vermeldet/ *F. daß der Mähl-Ring/ mit welchem* MARIA *dem Joseph vermählet worden/ noch bey den Perusinern auffgehalten/ vnnd mit eylff Schlössern/ deren Schlüssel jeglicher auß den fürnembsten der Statt einen beyhanden/ verwahret werde.* — F. In paradiso aperto. Mariæ Mähl-Ring.

Die betrachte I. Was grosse Ehr vnd Glück dem seeligen Joseph widerfahren/ daß er der allerseeligsten Jungfrawen vertrawt worden: Was ist fürtrefflicher/ meine Geliebte/ in diser Welt/ als ein Ehegemahl der Mutter Gottes seyn? In Betrachtung dises so grossen Geheimbnuß schreyet Ioannes Gerson auff/ vnnd sagt: *G. Dein Hochzeit/ O Joseph/ ist vber alle massen groß.* — 1. Lehrstuck. S. Josephs Ehr vnd Glück. G. Serm. de Nativit.

Er hat wol können sagen/ was vnder dem Namen der Weißheit gesagt wird: Dise hab ich geliebt von Jugend auff/ fleissig Nachfrag nach jhr gehabt/ vnnd hab mir dise vnderstanden zur Braut zuvermählen/ dann sie ist ein Lehrmeisterin der Zucht GOttes/ vnd ein Außerwöhlerin seiner Werck/ auch Sie wird die Vnsterbligkeit erlangen/ vnnd ein ewige Gedächtnuß hinderlassen bey denen/ so nach mir kommen/ so ich heimb komme/ finde ich Ruhe bey jhr/ dann jhr Bewohnung hat nichts vnfreundtlichs/ noch bitters/ sondern Frewd vnd Lust. — Sap. 8. 2.

Zum II. Lehrne/ daß auch eben die dise Ehr vnd Glück widerfahren kan vnd wird/ wann du nur selber willst/ vnnd dich mit der Mutter GOttes Geistlich vermählen wirst: als wie neben vilen Gottseeligen Manns vnnd Weibs Personen/ gethan der heilig Edmundus Ertz-Bischoff zu Candelberg wie Surius schreibt: *H. Diser/ noch ein Jüngling hat seines Vatters Schwester/ oder seiner Baasen einest gesagt: Er habe ein herrliche schöne Braut bekommen/ welche er täglich grüsse: verstund aber dardurch B. liebe Frawen/ welcher er sein Hertz/ als einer Königin vnnd Mutter der schönen Lieb vbergeben/ mit einem Gelübd ewiger Keuschheit: welches er vor dero Bildnuß gethan/ gegen welcher er hernacher jederzeit grosse Andacht* — II. Lehrstuck. Geistliche Vermählung S. Edmunde. H. In vita.

L ij

84 Von Maria der Wunderbarlichen Mutter.

Andacht getragen/ vnd zur Bestättigung seines Gelübds vnnd Geistlichen Vermählung/ derselben einen Ring von Gold/ darauff das Aue Maria geschrieben war/ an Finger gesteckt/ auch ein dergleichen stäts getragen/ vnnd von der Zeit an von vnser lieben Frawen vilfältige Hilff in allen Nöthen empfangen.

Vermählung mit Maria, löblich.

Seelig seynd die/ welche sich jhr auff dise vnd andere Geistliche Weiß zuvermählen begehren/ dann sie seynd versichert/ daß auch Sie sich mit jhnen vermählen wirdt: wie wir dessen schöne Exempel haben.

l. Surius in vita S. Roberti Cistertieus.

Surius schreibt im Leben deß H. Roberti/ Cistertienser Ordens / *l.* daß/ als die Mutter mit S. Roberto schwanger gangen/ sey jhr die Mutter GOttes mit einem guldenen Ring an der Hand offtermahls erschinen/vnd sie mit disen Worten angeredt: Engardis,(also hiesse die Mutter)Ich will/ daß dein Sohn/welchen du in deinem Leib trägst/mir mit disem Ring soll vermählet werden: welches geschehen/ da Robertus in den heiligen Orden gangen ist.

Dergleichen wird in dem Leben der fürtrefflichen Männer/ S. Dominici Ordens beschriben/ *K.* daß MARIA ein Ring auß jhren Haaren gemacht von dem Finger gezogen/vnd dem Seeligen Alano jhrem Liebhaber an die Finger gesteckt/zum Zeichen einer Geistlichen Vermählung. Geistlicher Gestalt hat sich MARIA auch vermählet mit dem Seeligen Hermanno von Steinfeldt/ Præmonstratenser Ordens/ vnnd zum Zeichen dessen/ jhme ein herrlich Halßband selbsten verehrt/vnd befohlen/er solt forthin nach dem Namen jhres frommen vnd getrewen Ehegemahls/Joseph heissen.

K. In vitis Virorum Illustr. Ordin. S. Dominici, B. Alani, B. Hermanni Præmonstrat. Ord.

Seelig vnd abermahl Seelige Joseph seynd alle die/ welche MARIAM lieben/ Sie zur Geistlichen Gespons vnd Braut erwöhlen/ vnnd jhr in allen Tugendten auffs embsigst dienen.

Laßt vns derowegen / Geliebte Zuhörer/ nachfolgen dem Exempel deß Gottseeligen Ioannis Berchmanns, der Societet IESV, vnnd mit jhm offtermahl im Hertzen gedencken/vnnd mit dem Mund außsprechen: Volo amare MARIAM, Ich will MARIAM lieben: so werden wir gewißlich auch von jhr geliebt/vnd mit jhr Geistlich vermählt werden/hie in Gnaden/dorten aber in der ewigen Frewd vnd Seeligkeit: darzu helffe vns die Allerheyligste Dreyfaltigkeit / GOTT Vatter/ Sohn/ vnd heiliger Geist/
AMEN.

Die sibendte Predig.

Mater Admirabilis, Ora pro nobis.

MARIA ist Wunderbarlich wegen der Jungfräwlichen Empfängnuß.

ALS vor Zeitten zwen mächtige Könige / nemblich Rasis König in Syria / vnnd Phacee König in Israel / ꝛc. sich wider den König Achaz, vnnd die Statt Hierusalem / zu dem Krieg rüsteten / vnnd beßwegen so wol der König Achaz, als das Volck in grossen Aengsten stecketen / vnd frembde Hilff zu suchen gedachten / hat der Prophet Esaias den König getröstet / vnnd zugesprochen / daß er sich nit förchten / noch frembde Hilff suchen solle: dann weder er / noch das Volck vnnd Statt Hierusalem / für dißmal von den anstehenden Feinden Schaden leyden werde: auch zu Versicherung deß Sigs / auß G. heiß GOttes jhne also angeredt: Pete tibi signum à Domino DEO tuo, siue in profundum inferni, siue in excelsum supra: Begehre dir ein Zeichen von deinem Gott / es sey vnden in der Tieffe der Höllen / oder droben in der Höhe: wie aber Achaz solches auß vnleydenlicher Boßheit abgeschlagen / wie die HH. Hieronymus, Cyrillus, Basilius, vnnd Rupertus lehren / *A.* setzt der Prophet hinzu / vnnd spricht: Propter quod dabit Dominus ipse vobis signum: Ecce Virgo concipiet, & pariet filium: Darumb / so wird euch der HERR selbs ein Zeichen geben: Sihe / ein Jungfraw wird schwanger / vnnd wird einen Sohn gebähren: mit welchen Worten der Prophet zuuerstehen geben / daß die Empfängnuß vnd Geburt Christi auß der Reinen Jungfrawen MARIA, in sich begreiffe alle Wunderzeichen / welche der König Achaz so wol im Himmel / als auff Erden / oder vnder der Erden hette können begehren. Ist also die Allerseeligste Jungfraw vnd Wunderbarliche Mutter GOttes MARIA das Allergröste vnd Allerverwunderlichste Zeichen.

Bey welchem zumercken: daß in der H. Schrifft das Wort Signum, oder Zeichen / vnderschidliche Bedeuttungen hat: 1. Zu Zeitten heist es so vil / als ein Feldzeichen / oder Fähnle: Leuabit signum in nationes: Er wird ein Zeichen auffwerffen vnder die Heyden / vnnd die Versagten Israël versamblen.

Esa. 7. 11.

A. Cornel. de Lapid. in cap. 7. Esa.

Signum oder Zeichen / was es bedeutte. 1. Fähnle. *Esa. 11. 12.*

2. Heist

68 Von Maria der Wunderbarlichen Mutter.

2.
Zihl.
Thren.3.12.

2. Heißt es so viel/ als ein Zweck oder Zihl/darauff man zihlet: als wie in Klag-Liedern Jeremiæ/ Posuit me quasi signum ad sagittam: sein Bogen hat er gespannet/ vnd mich dem Pfeil zu einem Zihl gesetzt.

1.
Rennzeichen.
Luc.2.12.

3. Wird es genommen für ein Kenn oder Merckzeichen/ wie der Engel solches gebraucht hat/da er zu den Hirten sprach: Hoc vobis signum: Das habt zum Wahrzeichen/ ihr werdet finden das Kind in Windeln eingewicklet.

4.
Wunder-
zeichen.
Ioan.2.11.
Ioan.4.48.

4. Heißt er offt/Miraculum, ein Wunderzeichen: als da gesagt wird: Hoc fecit initium Signorum IESVS: Das ist das erste Zeichen/das Iesus thät/ zu Cana Galileæ. Vnd wie Christus selbsten gesagt: Nisi Signa.& prodigia videritis, non creditis: Es sey dann/daß ihr Zeichen/ vnd Wunder sehet/so glaubt ihr nit.

Fähnle.
B. Super Si-
gnum ma-
gnum.
Apoc.12.

Auff diese Weiß alle kan MARIA genennt werden/vnd ist Signum magnum.wie der H. Bernardus lehret/ B, ein groß Zeichen.

Dann I. Ist Sie Vexillum, ein Fähnle / oder Feldzeichen der Barmherzigkeit Gottes: Dann durch Sie alle bey Gott Barmherzigkeit erlangen/welche ihr Zuflucht zu ihr nemmen/vnd solches von Herzen begehren.

C.Lib.1.Hi-
stor. Eccles.
cap.4.

Sozomenus schreibt/ C. Daß das Feldzeichen Constantini, so man Labarum genennt/ keinen/der es getragen/ verwundet oder fangen lassen sondern alle auff die Fendrich gericht vnd abgangne Pfeil auffgehalten/ vnnd abgewendet. Also beschützt der Glaubigen Feldzeichen MARIA alle/welche vnder ihrem Fahnen dienen/vnnd Sie verehren: Sie ist / sagt S. Bernardus, D. Mater misericordiæ, ein Mutter der Barmherzigkeit/vnnd das Zeichen/welches Gott denen/die ihn förchten/geben/ daß sie fliehen von dem Bogen.

D. Serm. 1.
de Assumpt.

Zihl.
E. Lib.2.de
Virginitate.

Zum II. Ist Sie ein Zeichen vnd Zweck/ nach welchem alle Glaubigen zihlen/ vnd ihr Leben anstellen sollen: dann wie der H. Ambrosius sagt: E. Ist Sie ein klar Exemplar aller Tugenden / vnnd ein außtrucklich Meisterstuck aller Frombkeit/daß vns weiset/was wir thun/vnd was wir lassen sollen.

F. Serm. 2.
de Annunt.

Der H. Gregorius Thaumaturgus nennet Sie F. Credentium firmamentum,& piorum perfectum exemplar: der Glaubigen Befestigung/ vnd aller Frommen vollkommnes Fürbild: daheso sagt S.Bernardus : G. Vt impetres eius orationis suffragium, non deseras conuersationis exemplum : damit du derselben Fürbitt geniessest / so vnderlaß nit dero Exempel nachzufolgen.

G. Homil.1.
super Missus
est.

Rennzeichen.

Zum III. Ist MARIA auch ein grosses Kenn-oder Wahrzeichen aller

Auß-

Außerwöhlten / zur ewigen Seligkeit / wie der heilig. Anselmus lehret. *H.*   H. Lib. de ex-
So bezeugt auch die heilige Catharina von Senis / *I.* daß sie selbsten auß   cell. Virg.
dem Mund Gottes diß Wort gehört: MARIA meines Eingebohrnen   cap. 4.
Sohns Glorwürdige Gebährerin / ist durch mein Güte / wegen   I. Tract. de
Ehrerbiettigkeit der Menschwerdung zugelassen / daß welcher Ge-   Dial. c. 139.
rechte oder Sünder mit andächtiger Verehrung sein Zuflucht zu
Ihr nimbt / keines wegs wird betrogen / oder von den Höllischen
Tracken verschluckt werden.

    Dahero wird Sie genennt Mater sanctæ spei: **Ein Mutter der heilli-**   Eccli. 24. 24.
gen Hoffnung. Weil die Andacht gegen Ihr ein Hoffnung der ewigen
Seligkeit machet.

    Zum IV. Ist Sie auch das gröste Wunderzeichen im Himmel und   Wunder-
auff Erden: wie dann der H. Ignatius *K.* Sie nennet / ein himmlisch Wun-   zeichen.
derzeichen / und S. Epiphanius: *L.* Cœli terræque mysterium, & stupen-   *K.* In epist.
dum miraculum: deß Himmels und der Erden Geheimnuß / und   ad S. Iuc.
entsetzliches Wunderzeichen / der H. Bernardinus Senensis, *M.* Mi-   *L.* Orat. de
raculorum miraculum. Aller Wunder ein Wunderzeichen.   Deip.
    Insonderheit aber ist an Ihr verwunderlich / daß Sie ein Reine Jung-   *M.* Tom. 8.
fraw bleibend den Sohn Gottes empfangen und gebähren: wie Wunderbar-   conc. 61. art.
lich und schwer diß Geheimnuß zu fassen sey / und die Mutter Gottes Vor-   1. can. 12.
In- und Nach der Geburt ein Jungfraw gewesen und geblieben / will mit an-
gehenckten Lehren ich in folgender Predig erklären. Bereitet, etc.

Der I. Theil.

MARIÆ Jungfräwliche Empfängnuß ist Wunderbarlich und schwerlich zu begreiffen.

Er H. Gregorius schreibt / *A.* Daß die Empfängnuß   *A.* Homil. 7.
und Menschwerdung Christi sey so verwunderlich / daß auch   in Euang.
kein Engel / ingeschweigen ein Mensch / dieselbe gnugsamb fassen
und begreiffen könne: wie dann auch der heilige Paulus solche nennet / un-   Ephes. 3. 8.
erforschliche Reichthumb Christi / und ein Geheimnuß / das von der   Col. 1. 16.
Welt her verborgen gewesen ist in Gott. Der heilige Ildephonsus hält darfür / *B.* daß die Menschwerdung Christi mehr verwunderlicher sey / als alle   *B.* Lib. de
Wunderwerck / weit mächtiger als alle Werck / vill heiliger als alle Wunder-   Virg. Maria.
zeichen.   cap. 11.

Dann

Von Maria der Wunderbarlichen Mutter.

Dann andere Werck Gottes werden in H. Schrifft dem Finger Gottes zugeschrieben/ die Menschwerdung Christi aber wird genennt/ Ein Werck deß Armbs Gottes/ Fecit potentiam in brachio suo: Er hat Gewalt erzeigt mit seinem Arm.

Luc.1.51.

Ein solches vnbegreifflliches Wunder ist hierinnen neben anderen/ Virginitatis fœcunditas, daß MARIA ein Jungfraw bleibend/ den Sohn Gottes empfangen. Dises betrachtet der heilig Epiphanius, frolocket darüber/ vnd spricht mit Verwunderung: C. D. du Allerheiligste Jungfraw/ welche die Englische Heerscharen in Verwunderung gebracht hat; ein entsetzliches Wunder ist im Himmel/ ein Weib mit der Sonnen vmbgeben: ein entsetzliches Wunder im Himmel ist/ ein Weibsbild tragend in den Armen das Liecht: ein entsetzliches Wunder im Himmel ist/ der ander Cherubinische Thron: ein entsetzliches Wunder im Himmel ist/ einer Frawen Sohn/ welcher ihrer selbst/ vnd der Welt Vatter ist: ein entsetzliches Wunder im Himmel ist/ der Jungfrawen Schlafftkammer/ verstehe der heiligen Jungfrawen Leib/ welcher den Sohn Gottes/ vnd den Göttlichen Bräutigamb Christum in Ihr hat. In Betrachtung dises Geheimbnuß schreyet der H. Bernardus also auff: D. Mag dann etwas grössers seyn/ dessen du dich in MARIA verwunderst/ als eben die Fruchtbarkeit, mit der Jungfrawschafft?

Menschwerdung Christi verwunderlich.
C. Serm.de B. Virg.

D. Homil.1. super Missus est.

Dises Geheimbnuß/ daß ein Jungfraw empfangen/ vnd gebähren soll vnd werde/ haben I. nit fassen können die Heyden/ dahero als sie zur Gedächtnuß der erhaltenen Sig wider ihre Feind/ ein stattlichen Tempel erbawen/ vnd denselben Templum Pacis, deß Fridens Tempel genennt/ auch ihren Abgott Apollinem consulirt vnd Rahts gefragt/ Wie lang solcher stehen werde? vnd hierüber dise Antwort bekommen: Quousque Virgo pareret: so lang/ biß daß ein Jungfraw gebähren werde: haben sie sich erfrewet/ vnd vermeynt/ es werde diser Fridens-Tempel ewig stehen/ seytemahl sie für vnmüglich gehalten/ daß ein Jungfraw gebähren könne vnd werde.

I. Die Heyden fassen sie nit.

Deßwegen sie ober die Thür deß Tempels schreiben lassen: Templum Pacis in æternum: Der Tempel deß Fridens in Ewigkeit: welcher aber in der Nacht/ da die Reine Jungfraw MARIA Christum gebohren/ zu Boden gefallen: wie der H. Bonauentura E. nach längs beschreibt.

E. De Fest. pueri Iesv.
II. Die Juden.

II. Haben disem Geheimbnuß zu allen Zeiten die verstockte Juden auß angebohrner Halßstärrigkeit vermessentlich widersprechen: vnd jederzeit/ wie noch/ fälschlich fürgeben/ MARIA die Mutter Gottes hab in ihrer Empfängnuß vnnd Geburt Ihr Jungfrawschafft verlohren: Ja schon
zu Chri-

Die VII. Predig.

zu Christi Zeiten war es bey den Juden für ein grosse Sünd vnd Gottsläste-
rung geachtet / wann einer fürgeben / MARIA hab Christum ein Reine
Jungfraw bleibend empfangen / vnd gebohren / dahero als Zacharias der
Hohe Priester / vnd deß H. Johannis deß Tauffers Vatter / die Mutter
Gottes / nach dem Sie Christum schon gebohren gehabt / widerumb in den
Tempel auffgenommen / vnd zu andern Jungfrawen gethan / mit dem Fürgeben vnd Behaupten / Sie sey auch nach ihrer Geburt noch ein vnuerseh-
te Jungfraw / ist er darüber von den Juden getödet worden / wie solches bezeugen die heiligen Vätter/ B. silius, F. Gregorius Nicænus, G. Theo-
philactus, vnd Euthymius. H. welche dahin deuten vnd außlegen / was
Christus den Juden verwisen vnd gesagt: Vt veniat super vos omnis san-
guis iustus: auff daß auff euch komme alles gerechte Blut / das vergossen
ist auff Erden/von dem Blut an Abels deß Gerechten/ biß auffs Blut Zachariæ / deß Sohns Barachiæ/ꝛc.

Zum III. Haben MARIÆ Jungfräuliche Empfängnuß vnd Geburt
widersprochen die Ketzer: als Cherinthus vnd sein Anhang/ welche die wahre Jungfrawschafft MARIÆ verlaugnet/ vnd fürgeben/ Christus wäre von
Joseph vnd MARIA wie andere Kinder gebohren: wie Irenæus, I. vnd
Clemens K. bezeugen.

Iouinianus lästerte/ MARIA hab ihr Jungfrawschafft in der Geburt verlohren: wie der H. Ambrosius L. schreibt.

Heluidius. vnd sein vnselige Brueder hat Gottslästerlich gelehrt/ MARIA
hab nach der Geburt Christi ihr Jungfrawschafft auffgeben/ vnd noch andere Kinder gebohren / welches der heilig Hieronymus ihnen starck verwisen
hat. M.

Zum IV. Ist in disem Geheimbnuß ir gangen der allerweiseste König
Salomon/ wie er selbsten in seinen Sprüchwörtern bekennt/vnd sagt: Drey
Ding seyn mir zu schwer/ vnd das vierdte weiß ich gantz nit: deß Adlers Weg
im Himmel: der Schlangen Weg auff einem Felsen: deß Schiffs Weg
mitten im Meer; vnd eines Manns Weg in der Jugend: oder wie die Hebreer lesen / eines Manns Weg in einer jungen Frawen: oder wie der Chaldeisch Text hat/eines Manns Weg an einer Jungfrawen.

Es schreibt Galatinus, N. daß der Römische Bürgermeister Antoni-
nus, da er dise Wort deß Salomonis gelesen/ gern gewüßt hette / was wol
durch dise Ding der Salomon verstanden: vnd hab hierüber einen gelehrten
Juden/ der H. Magister genannt / Rahts gefragt / vnd die Außlegung diser
Sachen begehrt: welcher ihme geantwortet: Daß in disen vier Stücken deß
Messiæ gantzes Leben begriffen seye.

Dann 1. versteht Salomon durch den Weg deß Adlers die Himmelfahrt
Christi/

*F. De huma-
na Christi
Generat.
G. In Arc. de
Natin. Do-
mini.
H. In Mat-
thæum.
Matth. 23.
35.
III.
Den Ketzern.
I. Lib. 1. c. 25
K. Lib. 6. In-
stit. c. 6.
L. Epist. 81.

M. Contra
Heluid.
IV.
Dem König
Salomon.
Prou. 30. 18.

N. Lib 7. de
Arcan. c. 15.

L
Himelfahrt
Christi.*

Chriſti/ da Er nemblich durch die Lüffe gen Himmel gefahren: welches ein ſchwerer Weg zu verſtehen war/weil zuvor die Himmel verſchloſſen geweſen/ vnd der H. Euangeliſt Johannes ſagt: Nemo aſcendit in cælum, niſi qui de cælo deſcendit: Niemand ſteiget auff gen Himmel / dann der vom Himmel herab kommen iſt.

Ioan. 3. 13.

2. Verſtehet er durch den Weg der Schlangen vber den Felſen/Chriſtum: welcher præfigurirt vnd vorbedeutet worden durch die Aehrine Schlangen/ welcher auch vber den Felſen gangen/da Er vom Todten/ auß dem verſchloſſenen Grab aufferſtanden/ vnd doch niemand kein Zeichen ſehen können/ wo/vnd wie er durch den Felſen herauß kommen.

2. Chriſtus. Ioan. 3. 14.

3. Durch deß Schiffs Weg mitten auff dem Meer/ deutet Salomon auff Chriſti heiliges Leyden: welcher mitten vnder Mühe vnd Arbeit / Hitz vnd Kälte/ Hunger vnd Durſt/ Verfolgung vnd Verachtung/ Schläg vnd Streichen/aller Marter vnd Pein geweſen/daß Er wol ſagen mögen: Veni in altitudinem maris. Ich bin kommen in dieſſe deß Meers / nemblich aller Pein vnd Marter/vnd doch kein einiges Zeichen einer Vngedult geben: welches ja ſchwer zu faſſen.

3. Chriſti H. Leyden. Pſal. 68. 3.

4. Verſtehet er durch den Weg eines Manns in der Jugend/an einer Jungfrawen/ die Menſchwerdung Chriſti: welche Salomon gar nit können verſtehen vnd faſſen/ daß nemblich der Sohn Gottes / inn- vnd auß einer Reinen vnd vnverſehrten Jungfrawen/ wahrhafftig empfangen vnd gebohren werden ſolle.

4. Chriſti Menſchwerdung.

Diſes/ſagt der H. Ambroſius, O. iſt ein gröſſers Wunder/als daß Er von Todten aufferſtanden iſt: dann vermög H. Schrifft / ſeynd mit ihme noch andere auß den Gräbern herfür gangen: aber diſes/ daß ein Jungfraw ſoll ſchwanger werden vnd gebähren/ iſt der Mutter Gottes allein/ vnd ſonderbar gegeben.

O. Lib. de Inſtit. Virg.

Zum 5. Hat eben diſes nit recht begreiffen können/der alte vnd gerechte Simeon: von welchem Nicephorus der berühmte Chroniſt ſchreibt: P. daß / als er die Prophezey vnd Weiſſagung deß Propheten Eſaiæ laſe: Sihe/ein Jungfraw wird empfangen/vnd gebähren einen Sohn: hab er ſich vber diſe Prophetiſche Wort faſt geärgert / vnd in ſeinen Sinn vnd Verſtandt nit bringen können / auch von diſem Vnglauben ſchwerlich abgeſtanden wäre / wann er nit ein Antwort vom H. Geiſt bekommen hett/ daß er nit ſterben ſoll/biß daß er alles mit Augen werd geſehen haben.

5. Dem alten Simeon. P. Lib. 1. Hiſtor. cap. 7. Iſa. 7. 14.

Zum 6. Hat die Allerſeligſte Jungfraw MARIA ſelbſten/ Anfangs diſes für ein ſeltzame vnd vnerhörte Geſchicht gehalten: dann obwolen Sie von Anfang her ein Mutter der Weißheit war/ dannoch da Ihr der Engel verkündiget/ daß Sie in ihrem Jungfräwlichen Leib empfangen / vnd einen

6. Der Allerſeligſten Jungfrawen. Eccli. 24. 24.

Die VII. Predig.

nen Sohn gebähren solle/ hat Sie sich entsetzt/ vnnd gesagt: Quomodo fiet istud, quoniam virum non cognosco? wie soll das zugehen/ dann ich erkenne keinen Mann?

Das ist/ wie der H. Ambrosius, *Q.* Augustinus, *R.* vnnd Bernardus *S.* außlegen. Ich verstehe vnd glaube zwar alles/ was du/ O du heiliger Engel/ mir verkündigest/ weil ich aber mein Jungfrawschafft Gott verlobt/ vnd nit brechen kan/ auch bißher noch nie erhört worden/ daß ein Jungfraw ohne Verletzung ihrer Jungfrawschafft wäre schwanger worden/ so kan ich nit fassen vnd begreiffen/ wie/ vnd mit was Weiß das geschehen solle/ sondern begehre zu wissen/ wie solche Geburt ins Werck gesetzt werden könne.

Q. Lib. 2. de Abraham. cap. 8.
R. Lib. 16. de Ciuit. Dei. cap. 24.
S. Serm. 4. Super Missus est.

Warauff Sie von dem Engel alßbald vnderrichtet worden/ daß es vbernatürlich/ vnd durch Vberschattung deß H. Geists, ohn alle Verletzung jhres Gelübds vnd Jungfrawschafft geschehen werde: auff welches Sie dann jhren Willen darein geben/ vnd gesagt: Fiat mihi secundùm Verbum tuum: Mir geschehe nach deinem Wort: auch gleich in disem Augenblick den Sohn Gottes empfangen.

Zum 7. Hat dises Geheimbnuß vil Mühe/ vnd Gedancken gemacht dem frommen Joseph: dann als er zwar mit MARIA vermählet war/ Sie aber nie erkennet/ doch vermerckte/ daß Sie schwanger gienge/ vnd nit wußte/ wie es geschehen ist/ er angestanden/ was zuthun: dann eins Theils sahe er den schwangern Leib: andern Theils war jhme MARIÆ Heyligkeit vnd Englische Reinigkeit also bekannt/ das er nichts vngleichs von jhr argwohnen könte. Endlich beschloß er bey sich selbsten/ vnnd gedachte Sie heimblich zuverlassen: aber im Schlaff erschine jhme der Engel deß HERRN/ vnnd sprach: Joseph/ du Sohn Dauids/ förcht dir nit zunemmen MARIAM dein Gemahel/ dann das/ so in jhr ist gebohren ist von dem H. Geist: vnnd Sie wird gebähren einen Sohn/ dessen Namen solst du heissen IESVS, dann Er wird seelig machen sein Volck von jhren Sünden.

7. Dem Seelligen Joseph.

Matth. 1.

Etliche auß den H. Lehrern/ als Origenes, *T.* Basilius, *V.* Bernardus, *VV.* vermelden: daß der seellige Joseph damahls/ da er die jhme vertrawte Jungfraw MARIAM schwanger zusein vermerckte/ jhme selbsten allerhand Gedancken gemacht/ vnnd neben andern gedacht/ ob Sie nicht villeicht die Jungfraw sey/ võ welcher der Prophet Jsaias weissaget: Sie werd ein Jungfraw bleibendt empfangen/ vnnd gebähren: Deßwegen auß Demuth Sie wollen verlassen: dieweil er in Betrachtung dises Geheimnuß/ vnd Hochheit MARIÆ sich vnwürdig geachtet bey jhr zuuerbleiben: sonderlich weilen auch auß dem Angesicht MARIÆ zur Zeit/ da Sie Christum getragen/ ein vngewohnlicher Glantz geschienen/ wie auß etlichen der

T. Homil. 1. in Matth.
V. Homil. 50.
VV. Homil. 2. Super missus est.

H. Tho-

Von Maria der Wunderbarlichen Mutter.

1.3 p q.28.
art. 3 ad 3.
H. Thomas von Aquin lehret / X. auff Weiß/als wie vor Zeiten das Angesicht deß Moyses auß dem Gespräch/welches er mit GOtt gehalten/ also
2. Cor. 3.7.
geglantzet/daß die Kinder von Jsraël dasselbe nit können anschawen/ vmb der Clarheit willen seines Angesichts.

I. Epist. 3. ad
Volusian.
Von disem Geheimbnuß redet der H. Augustinus also: Y. Si haberet exemplum, non esset singulare ; fateamur ergo, DEVM aliquid posse,

Christi
Menschwer-
dung ver-
wunderlich.
quod nos fateamur inuestigari non posse : Wann ein Exempel hette/wäre es nichts sonderbares: so laßt vns derohalben bekennen/ daß GOtt etwas thun könne/welches wir nit ergründen vnd fassen mögen.

Dise Wort zieht auch das Toletanische Concilium an/vnd setzt hinzu: Si ratione ostendi posset, non esset mirabile : wann dises Geheimbnuß ein Vrsach könte geben werden/so wäre es nit also verwunderlich.

Vnderschid
zwischen
Glaubigen/
vnd Irren-
den.
Hie lehrne: was für ein grosser Vnderschid sey zwischen Glaubigen vnd Vnglaubigen/den Catholischen vnd Vncatholischen oder Ketzern: die Rechtglaubige / obwolen sie zu Zeiten anstehen/wie ein oder das ander Geheimbnuß vnsers heiligen Catholischen Glaubens geschehen/ vnnd zuverstehen sey/ so lassen sie sich mit MARIA der Mutter GOttes/ mit dem alten Simeon / vnnd frommen Joseph vnterrichten / geben ihrem Veistand gefangen/ glauben den Offenbarungen deß H. Gasts/vnnd vnder werffen sich

2.Tim.3.15.
bißfals der Kirchen Gottes/als welche ein Saul vnnd Grundfest der Warheit.

Die Vnglaubige Heyden aber/ insonderheit Juden vnnd Ketzer/seynd pertinaces, vnd halsstärrig/beharren vermessentlich auff ihrer gefaßten trutzigen Meynung/ vnd verkehrten Sinn; dise vergleichen sich gar wol mit dem

Iudæ epist.
v.11.
Weg Cain / Balaam / vnnd Core/wie Judas Thadæus in seiner Canonischen Epistel lehret. Welche auch nach geschehenen Ermahnungen/Strafen vnd Vnderrichtungen/sich nit gebessert/sondern nur ärger worden : wie aber jederzeit die wahre Kirch GOttes / MARIÆ Jungfrawschafft wider alle Secten/vnd deren Anhang beschützet/wird auß folgendem andern Theil der Predig erscheinen.

Der II. Theil.

MARIÆ Jungfrawschafft Vor, In, vnd nach der Geburt/ wird erwisen.

Beweiß dises
Geheimnuß.
Jses Geheymbnuß hat die Catholische Kirchen zu allen Zeiten wider die vnglaubige Heyden / vnnd verstockte Juden / auch halsstärrige Ketzer erwisen : auß natürlichen Exemplen/auß
den

Die VII. Predig. 93

den Prophezeyhungen vnnd Offenbahrungen/ auß etlichen Portentis vnnd Wunder/ endtlich auch auß der H. Schrifft.

I. Auß Natürlichen Exemplen: weil auch vnder den Thieren erfunden werden/ welche ohne Vermischung empfangen/schwanger werden/ vnnd gebähren: Ein Exempel ist anfangs der Vogel Ormomela, so von etlichen der Königs Vogel genennt wird: diser/wie Aristoteles schreibt/ A. empfangt auff folgende Weiß: Er laßt anß ihm ein Tropffen seines Geblüts/ auß demselben wird Crafft der Sonnen Bescheinung ein Vogel/ ihm gleich/ empfangen: also ist anß dem Jungfräwlichen reinesten Geblüt/ durch Bescheinung vnnd Vberschattung deß H. Geists / Christus empfangen worden.
I. Natürliche Exempel. Königs Vogel. A. Lib. 7. histor. Animal.

Daß 2. geben die Meerschnecken / welche wie Plinius bezeuget/ B. ein köstliches Perlein in Muschlen empfangen/vnd gebähren/doch auch ohne Zuthun eines andern/ sondern an statt deß Saamens/ ist deß Himmels Thaw mit der Feuchtigkeit deß Meerschneckens vermischet: auß welchen Crafft deß Liechts der Sonnen oder deß Mons/ ein herrliches Perlein formirt wird.
Meerschnecken. B. Lib. 9. cap. 35.

Auff dise Weiß hat die Allerseeligste Jungfraw MARIA als ein Himmlische Concha vnd Muschel nit auß Mannlichen Saamen/ sondern Crafft deß Allerhöchsten empfangen vnnd gebohren Christum/ Wahren GOtt vnd Menschen: dessen Gottheit durch deß Himmels Thaw bedeuttet wird. Rorate Cœli desuper: Ihr Himmel thawet herab: die Menschheit aber ist genommen worden von der Allerseeligsten Jungfrawen MARIA: de qua natus est Iesus, qui vocatur Christus. Von welcher gebohren ist Iesus, der da genennt wird Christus.
Esa. 45. 8. Matth.1. 16.

3. Bezeugen eben dises die heylige Vätter/ Basilius, C. Ambrosius, D. von den Turtldrauben: Ruffinus E. von dem Vogel Phœnix: Augustinus F. von einer Pferds Art in Cappadocia/welche allein von dem Lufft empfangen: Virgilius. G. Von den Immen: über welche vnd andere dergleichen mehr/die H.H. Vätter mit dem Alten Lehrer Lactantio H. wider alle Vnglaubigen schliessen/ daß weil etliche Vögel/ Fisch vnd Thier/ ohne Vermischung deß andern/empfangen vnd gebähren/ man nit vnglaublich halten solle / daß die Jungfraw ohne Zuthun eines Manns vom H. Geist/ bey deme nichts vnmöglich ist/ empfangen habe: GOtt/ sagt der H. Augustinus . I. hat ihren Kinder ohne Beyschlaff geben können/ darumb hat er auch in dem Jungfräwlichen Leib das Fleisch Christi wahrhafftig bilden vnd formiren können.
C. In cap. 7. Isaiæ. D. Lib. 5. Exam. c. 10. E. In Symb. Apost. F. Lib. 21. de Civit. Dei. G. Lib. de Georg. H. Lib. 4. de vera sapient. I. Lib. de bono Coniugum. c. 2.

II. Wird dises Verwunderliche Geheimbnuß erwisen auß etlichen Pro-
II.

Prophezeyungen/ oder Offenbahrungen/ welche Heyden vnnd Juden geschehen: als 1. der Sybillen, welche zwar Heydinnen/aber doch Jungfrawen gewesen/ deren GOtt/ wegen ihrer Reinigkeit den Geist der Weissagung verlihen hat/ daß durch sie/ auch den Heyden die Zukunfft deß Messiæ auß einer Jungfrawen verkündiget werden solle.

Sybillen.

Fürs 2. Hat dises Geheimbnuß vorgesagt der Heydnische Poet Claudianus, welcher MARIAM die Mutter GOttes/ wie Sie mit dem Engel redet/einführt/ vnd sagt: Concipiet salua Virginitate DEVM: Sie werde auff die Verkündigung deß Engels/ vnd gegebnen jhren Willen, GOtt ohne Verletzung ihrer Jungfrawschafft empfangen.

Claudianus Poet.

3. Hat von der Jungfrawschafft ein herrliches Zeugnuß geben Albamazar, der fürnembsten einer vnder den Heydnischen Astrologen, welcher also schreibt: K. In prima facie Virginis, orietur in terra Virgo munda, puella immaculata, corpore decora, vultu modesta, habitu honesta, crine prolixa: In dem ersten Zeichen der Jungfrawen/wird herfür gehen auff Erden ein reine Jungfraw/ ein vnbeflecktes Mägdlein/ schön von Leib/ züchtig von Angesicht/ erbar in der Kleydung/mit langen Haaren/ɾc. Hierauff setzt er hinzu/ es werde die jenige Jungfraw seyn/ welche im Jüdischen Land ein Sohn erziehen/ speisen/ vnd träncken werde/ so von etlichen Völckern werde IESVS genennt werden/ welchen wir auff Griechisch Christum nennen: wie solches beschreibt Dionysius Carthusianus, L.

Albamazar. K. Lib. 6. in Introduct. maiori.

L. Lib. de Laud. Virg.

4. Ist MARIÆ vnuersehrte Jungfrawschafft geoffenbahret worden den Götzen-Pfaffen/ welche man Druides nennet/ welche vor Zeiten der alten Frantzosen Weise/ vnd in der Religion Vorsteher gewesen: dise haben sich in Carnut, so ein Landschafft mitten in Franckreich/ auffgehalten/ vnnd daselbsten ein Altar erbawet/mit diser Vberschrifft: Virgini pariturae: zu Ehren der gebährenden Jungfrawen.

Götzen Pfaffen. Druides. M. In cornucopiis verbo Druides.

5. Erzehlt auch der H. Dorotheus Martyr, N. vnd Epiphanius, O. wie nit weniger Petrus Comestor, P. daß als der Prophet Ieremias im Exilio vnd Elend sich bey den Ægyptiern auffgehalten/ er jhnen vorgesagt/ es wurden aller jhrer Götzen Bildnuß zerstöret werden/ wann ein Jungfraw gebähren/vnd das Kind in ein Krippen legen wurde: Welcher Prophecey sie grossen Glauben geben/ daß sie gleich ein Bildnuß einer Jungfrawen mit dem Kindlein gemacht/vnd mit grosser Ehrerbiettung an ein absonderlich Orth im Tempel in ein Krippen gelegt/ auch gar angebettet/ vnd zu Ehren der gebährenden Jungfrawen ein Altar erbawen.

N. In Synopsi. O In vita Ieremiæ Prophetæ. P. Hist. Eccl. c.4.de obitu Ieremiæ. Weissagung Jeremiæ/ den Egyptiern.

Disem

Die VII. Predig. 95

Disem gemäß/ schreibt auch Innocentius III. Q. Daß zur Zeit der Geburt Christi auß der Jungfrawen MARIÆ, alle Götzenbilder in Ægypten/ von jhren Ständen vnd Höhern herab gefallen/ vnd zerschmettert worden/ wie aber die Ægyptier solche widerumb auffgestellt/ seynd sie zum andernmahl/ da die Jungfräwliche Mutter mit dem Kind in Egypten geflohen/ gleichwie vor Zeiten vor der Archen Gottes der Abgott Dagon / herab gefallen vnd zunichten gemacht worden: vnd dises nach der Weissagung deß Propheten Esaiæ: Ecce, Dominus ascendet super nubem leuem, & ingredietur Ægyptum, & commouebuntur simulachra Ægypti à facie eius: Sihe/ der HErr wird auff steigen auff einen leichten Wolcken / vnd eingehen in Ægypten / vnd Ægyptische Abgöttische Götzen werden vor jhme erbeben.

<small>Q. Serm. de Natiuit.</small>

<small>Esai. 19. 1.</small>

Nit weniger ist führs 6. Denckwürdig/ was der heillige Englische Lehrer Thomas von Aquin lehret / R. daß nemblich zur Zeit Constantini Augusti, vnd Irenæ seiner Mutter/ in einer Statt Thraciæ ein Begräbnuß erfunden worden/ in welcher ein Mensch gelegen / der auff seinem Hertzen ein guldenes Blatt ligend gehabt/ in welchem dise Wort eingestochen gewesen: Christus nascetur ex Virgine, & ego credo in eum, O Sol, sub Constantino & Irena, iterum me videbis: Christus wird auß einer Jungfrawen gebohren werden/ vnd ich glaub an jhne/ O Sonn/ vnder Constantino, vnd Irena, wirst du mich widerumb sehen.

<small>R. 1. 1. q. 2. art. 7. ad 3.</small>
<small>Alt erfundene Schrifft.</small>

Zum III. Wird diß Geheimbnuß wider alle Heyden/ Juden vnd Ketzer erwisen auß heilliger Schrifft / Figuren vnd Sprüch. Ich will geliebter Kürtze halben nur etlich wenig anziehen vnd erkläxen, vnd zwar 1. Daß die Mutter Gottes/ vor der Empfängnuß vnd Geburt Christi ein Reine Jungfraw gewesen/ erweisen folgende Figuren: Die Erschaffung deß Adams/ dann gleichwie der erste Mensch auß einer Jungfräwlichen Erden / welche noch kein Erden benetzt hatte/ noch gearbeitet/ noch besäet gewesen/ formirt worden / also ist der ander Adam Christus von der gebenedeyten Erden einer Jungfräwlichen Mutter empfangen worden/ wie Cyrillus Hierosolymitanus außleget. S. Hievon der H. Apostel Andreas also sagt: Gleichwie der erste Mensch auß einer vnbefleckten Erden gemacht/ also ist vonnöhten gewesen/ daß Christus von einer vnbemackelten Jungfrawen gebohren wurde/ wie die Priester Achatz erzehlen. T.

<small>III. H. Schrifft.</small>

<small>Adam.</small>

<small>Psal. 84.</small>

<small>S. Catecheß 12.</small>

<small>T. In Histor. S. Andreæ Apostoli.</small>

Fürs 2. Der brinnende/ aber doch nit verbrennte Busch Moysis: das Fewer in dem nit verbrennten Busch/ ist GOttes Sohn/ inn- vnd auß der Jungfraw MARIA empfangen vnd gebohren / ohne Verletzung ihrer Jungfrawschafft/ wie mit den H. H. Vättern die Kirch Gottes zu verstehen gibt / vnd singet: Rubum quem viderat Moyses incombustum, con-

<small>Busch Moysis.</small>
<small>Exod. 3. 1.</small>

seruas

seruatam agnouimus tuam laudabilem Virginitatem: Der nie verbrinnende Busch/ welchen Moyses gesehen/ hat vns zu erkennen geben dein löbliche erhaltene Jungfrawschafft.

Steinern Tafflen Moysis.
v. Orat. de oblat.
Aarons Ruthen.
Num.7.8.

3. Gleichwie vor Zeiten das Gesatz in die steinern Tafflen Gott allein mit seinen Göttlichen Fingern eingeschriben: also hat auch die Jungfraw MARIA, allein durch Mitwürckung deß H. Geists empfangen: wie Georgius Nicomediensis außleget. V.

4. Durch die Ruthen Aarens / welche dürr gewesen / vnd ohn alle Begiessung gegrünet / auch die Frucht der Mandelnuß getragen: also hat in MARIA die Jungfrawschafft/ welche zuvor so lange Zeit dürr vnd verborgen gewesen/ am ersten gegrünet/ vnd ohne deß Manns Zuthun/ die Gebenedeyteste Frucht Jesum getragen.

H.H. Vätter.
VV. De occursu Domini.
Num.8.16.

Zum II. Daß die Mutter Gottes in der Geburt auch ein Reine vnd vnbefleckte Jungfraw gewesen: erweist fürs 1. der H. Cyrillus VV. auß dem vierdten Buch Moysis / allda gesagt wird: Sanctifica mihi omne primogenitum, quod aperit vuluam: Heilige mir alle Erstgeburt/ so der Mutter Schloß eröffnet: vnd schließt darauß/ daß ein Erstgebohrner seyn werde/ welcher das Schloß seiner Mutter nit eröffnen werde.

Psal.21.10.

Fürs 2. Bewehrt solches der heilig Augustinus auß dem 21. Psalm/ allda in der Person Christi gesagt wird: Tues, qui extraxistime de ventre matris: Du hast mich auß Mutterleib gezogen / auff dich bin ich geworffen von Mutterleib an: welche Wort zu verstehen geben/ daß Christus auff ein Wunderbarliche Weiß/ vnnd durch Göttliche Krafft auß Mutter-Leib außgangen / nemblich ohne Verletzung der Jungfrawschafft.

Esaias.

3. Bezeugt dise Warheit außtrucklich der Prophet Esaias / welcher gleichsamb mit Fingern auff MARIAM deutet/ vnd spricht: Ecce, Virgo concipiet, & pariet filium, Sihe / ein Jungfraw wird empfangen/ vnd gebähren: welchen Spruch auch der heilig Euangelist Matthæus

Matth.1.23.

auff Christum allegirt, vnd spricht: Diß ist nur alles geschehen/ damit erfüllt würde/ das so gesagt ist von dem HERRN durch den Propheten/ der also spricht: Sihe / ein Jungfraw wird im Leib haben / vnd gebähren einen Sohn: welche Wort klar erweisen/ daß die Mutter Gottes nicht allein ein Jungfraw bleibendt / den Sohn GOttes empfangen/ sondern auch ein Jungfraw bleibende/ denselben gebähren werde: Dahero bettet die gantze Catholische Kirch in dem Apostolischen Symbolo: Natus ex MARIA Virgine: Gebohren auß MARIA der Jungfrawen: auff

Weiß/

Die VII. Predig.

Welß/ als wie Er durch den Stein auß dem Grab aufferstanden: vnd durch verschloßne Thür zu seinen Jüngern eingangen / auch die Himmel durchtrungen.

Hierauff redet auch der H. Ignatius: *X.* Decebat Creatorem, non consueto, sed peregrino ac admirando vti partu: **Dem Erschaffer aller Ding ist zugestanden / daß Er sich einer gantz vngewöhnlichen / frembden / vnd verwunderlichen Geburt gebrauche:** die Vrsach dessen gibt Proclus, *Y.* sprechend: vt probaret se D E V M: **damit Er bewehrete / daß Er Gott sey.**

Lib. 26. c. 14
X. Hist. ad Hieron.
Y. Lib. de Christi Nat.

Zum IV. Daß auch die Mutter Gottes nach der Geburt iederzeit ein Jungfraw verbliben / hat 1. im Geist Gottes vorgesehen der Prophet Ezechiel / alda er sagt: Porta hæc clausa erit, non aperietur, & Vir non transiet per eam, quoniam Dominus D E V S Israël ingressus est per eam: **dise Porten wird beschlossen bleiben / vnd nicht auffgethan werden / vnd kein Mann soll dardurch gehen / dieweil der Herr Gott Israel dardurch gangen ist.** Vber dise Wort schreibt der H. Augustinus: M A R I A **ist ein Jungfraw bliben vor der Geburt / in der Geburt / vnd nach der Geburt / vnd Ewig.**

IV.
Ezech. 43. 2.

2. Erscheinet solches auß den Worten deß Euangelisten: Quomodo fiet istud, quoniam Virum non cognosco? **wie soll das zugehen / seytemahl ich von keinem Mann weiß?** in welchem gnugsamb zu verstehn geben wird / daß Sie keinen Mann erkennt habe / noch auch ins künfftig erkennen werde / wegen deß geleisten Gelübds der ewigen Jungfrawschafft.

Luc. 1. 34.

3. Ist solches ein Apostolische Tradition, wie der H. Basilius bezeugt: Z. vnd auch der gantzen Catholischen Kirchen Lehr: Post partum Virgo inuiolata permansisti: **Nach der Geburt bist du ein vnbefleckte Jungfraw verbliben.** Welche Lehr die heilige Concilia iederzeit behaupret / vnd Gott selbsten mit herrlichen Wunderzeichen bestättiget hat.

Z. Lib de Spiritu sancto.

Vnder welche billich zu zehlen / welches sich mit dem Seligen Vatter Ægidio, einem auß den ersten Gesellen deß heiligen Seraphischen Vatters Francisci, zugetragen / darvon Laurentius Surius im Leben der Heiligen folgenden Innhalts beschreibt: *A.* Wie nemblich ein berühmbter Magister der heiligen Schrifft in disem Artickel von der ewigen vnd vnversehrten Jungfrawschafft M A R I Æ angestanden vnd gewancket / vnd deßhalben zu dem Seligen Vatter Ægidio begehrt / sich mit ihme in diser Sach zu vnderreden: aber Ægidius hat auß Eingebung Gottes dises wanckenden Magisters Gemüth erkennt, vnd ist ihme entgegen gangen: auch so bald er ihme

Wunderzeichen.
A Surius in vita B. Ægidij.

N   iunazunahete / hat er offt alles anreden vnd disputiren / mit seinem Stab / den er damahls in der Hand hatte / auff die Erden geschlagen / sprechend: Ein Jungfraw vor der Geburt: warauff alßbald auß dem Erdboden ein schneeweisse Gilgen herfür kommen: abermahl schlug er mit dem Stab an ein anders Orth deß Erdbodens / sprechend: Ein Jungfraw in der Geburt: alßbald grünet ein andere Gilgen / so schön / wie die erste herfür: wiederumb vnd zum drittenmahl schlug er mit dem Stab auff ein anders Orth / sprechend: Ein Jungfraw nach der Geburt: von stund an sprang ein schöne Gilgen den zweyen gleich / auß dem Erdboden herfür. Auß welchem Wunder der Magister sein Irthumb erkennet vnd abgelegt / vnd biß in sein End in dem wahren Glauben beständig vnd steiff verharret.

In Appendice Exempl. C. Lib. 3. part. 4, art. 3. f. 3.

Ein anders beschreibt Thomas Cantipratanus, *B.* vnd Belbarrus Themesuor: *C.* Wie daß nemblich zur Zeit Pabsts Bonifacij, zwischen den Christen vnd Juden zu Rom / sich ein grosser Streit erhebt / in dem die Juden wissentlich vorgeben: MARIA hab Christum nit vom H. Geist / sondern auß dem Saamen deß Josephs / dem Sie vermählet war / empfangen vnd gebohren: disen Irrthumb haben hingegen die Christen starck widersprochen / vnd die Jungfräwliche Empfängnuß beständig beschützet: insonderheit nahm sich diser Sachen ein blindgebohrner Christ / doch in Schrifften vnd Glaubenssachen wol vnderricht / eyfferig an / vnd machet mit disputiren die Juden offt zu schanden / daß sie vberzeugt schweigen müssen: endlich ist die Sach so weit kommen / daß sich die Juden erbotten ihme zu welchen / vnd Christum für den Wahren Gottes Sohn auß der Jungfraw MARIA gebohren / erkennen / auch sich tauffen lassen wollen / wann sein Christus ihne sehend machen würde.

Der Blinde voll Glaubens / nimbt das für bekandt an / vnd weißt die Juden auff drey Tag / nemblich auff das Fest der Reinigung MARIÆ zur Gedult / laßt sich zum Pabst Bonifacio führen / vnd erzehlt ihme den gantzen Verlauff: wie das Fest herbeykommen / hat sich die gantze Clerisey / sambt den glaubigen Christen / wie nit weniger auch die Juden in grosser Anzahl in der Kirchen versamlet: bey welcher Versamlung vnder wehrendem Gottesdienst / der Blinde vor Vnser l. Frawen Altar ein Responsorium von der vnbefleckten Jungfrawschafft MARIÆ, mit heller Stimm gesungen / vnd ist darunder in Angesicht aller / mit einem Liecht vmbgeben / vnd sehend worden: warüber die Christen sehr gefrolocket / vnd das Gloria in Excelsis gesungen: auch sich alßbald fünffhundert Juden tauffen lassen / die vbrigen aber auß der Statt flüchtig worden.

Die VII. Predig.

Der III. Theil.

Daß die Jungfraw MARIA mächtig/ die Gaab der Jungfrawschafft vnd Keuschheit jhren Liebhabern zuerhalten.

Durch die Sünd vnserer ersten Eltern ist die Menschliche Natur also verderbt vnd geschwächt worden/ daß der Mensch von Jugend auff zu dem bösen geneigt ist/ vnnd sich das Fleisch wider den Geist aufflainet/ auch böse Neygungen vnd Begürligkeiten verursachet. Also daß auch sonsten heylige Leuth demselben vnderworffen/ vnnd darwider starck zustreitten haben. Gen. 8. 21.
Gal. 5. 17.

Der H. Augustinus schreibt hierinnen also: A. Inter omnia Christianorum certamina, duriora sunt proelia Castitatis: vbi continua pugna, & rara victoria: Vnder allen Streitten der Christen/ seynd die Krieg der Keuschheit die allerschwereste/ allda ein vnauffhörlicher Kampff ist/ aber selten der Sig erfolget: Ja/ vil Tausent arme Seelen fallen dardurch in schwere Sünd vnd Laster/ vnd gerathen endtlich ins ewig Verderben/ daß auch vnder Geistreichen Männern etliche der Meynung seynd/ daß/ wann vnder gewachßnen jungen Leuthen/ hundert verdambt werden/ so werden die neun vnd neuntzig wegen deß Lasters der fleischlichen Wollüsten vnd Begirden verdambt. A. Lib. de Agone Christianorum.

Ich glaub/ sagt Franciscus Toletus der Röm. Kirchen Cardinal/ daß der meiste Theil der Verdambten/ werden verdambt wegen der Sünd/ so sie begehen durch Befleckung/ vnd eigne Belustigung deß Fleischs. In summa casuum. l. 5. cap. 13.

Nun werden zwar von den HH. Vättern vnd Lehrern/ allerhand Mittel die böse Bezürligkeit vnnd sündliche Wolust deß Fleischs zudämpffen/ vnd zuüberwinden/ auch keusch zuleben/ fürgeschrieben/ vnder welchen nit das wenigste ist die Anruffung der Seeligsten Jungfrawen MARIÆ: wie Bartholomæus Medina, Prediger Ordens Theologus lehret/ B. dann Sie nit allein für sich selbsten ein Reine Vnbefleckte Jungfraw gewesen vnnd geblieben/ vnd mit ihrer Reinigkeit/ wie der H. Antonius bezeugt/ C. alle Menschen vnnd Engel vbertroffen/ sondern ist auch mächtig andern solche Gaab vnd Keuschheit zuerlangen/ vnnd zuerhalten: dann ihr Gnad geben war/ sagt der H. Ambrosius, D. daß Sie nit allein die Gaab der Würdigkeit vnd Jungfrawschafft erhalten/ sondern auch andern/ welche Sie besucht/ das Zeichen der Reinigkeit brächte. B. In Instit. Confessar. Lib. 8. §. 18.
C. 4 p. tit. 15. c. 17. §. 4.
D. Lib. de Instit. Virg. cap. 7.

Eben disees bekräftiget auch der Englische Lehrer Thomas von Aquin mit

mit disen Worten: E: Die Gnad der Heyligung hat nit allein in der Seeligsten Jungfrawen alle vnzimbliche Bewegungen vnnd Begirden vndertruckt / sondern hat auch in andern die Würckung gehabt/daß obwolen Sie gantz schön vom Leib / dannoch von keinem begehrt wurde : Gleichwie das Anschawen der Aehrenen Schlangen in der Wüsten / die tödtliche Biß der vergifften Schlangen geheylet/ also daß das Anschawen B.L. Fr. alle vergiffte. böse/ vnkeusche Gedancken vertriben: dahero daß der Seelige Joseph / so der Allerseeligsten Jungfrawen MARIÆ wahrhafftig vermählet gewesen/ bey vnd mit jhr gewohnt/ hin vnd her gereißt/vnd doch gantz keusch gebliben / sagen die H. Lehrer / daß er solches gehabt hab auß den Verdiensten vnd Anschawen MARIÆ, welchem Sie dise Gaab erhalten/auff vil mehrere Weiß als die H. Jungfraw Cæcilia jhrem Gespons Valeriano die Gaab der Jungfrawschafft erlanget : in gleichem vermelden sie/ daß der H. Apostel vnd Euangelist Johannes in der Jungfrawschafft vil gestärckt worden sey auß der Gemeinschafft MARIÆ.

Als der H. Ignatius Loyola, der Societet IESU Stiffter/noch im weltlichen Stand war/ vnd wider seinen Willen grosse Versuchung deß Fleischs erlitte/ auch vmb Abwendung derselben die Mutter GOttes fleissig anruffte/ hat Sie sich mit Christo jhme erzeigt/vnnd alle vnreine Phantaseyen vnnd fleischliche Begirden in jhme also außgelöscht/daß er von dato an / sein Keuschheit biß an das End rein behalten/wie Petrus Ribadeneira schreibt. F.

Wol ist zuhören/was Surius von Iuliano einem Hoch-Adelichen reichen Jüngling zu Antiochia erzählt : G. Diser hat sich entschlossen/ Ewige Jungfrawschafft zuhalten/ ist aber doch wider seinen Willen von seinen Eltern einer Adelichen schönen Jungfrawen/ Namens Basilissa, verheurathet worden : weilen aber sein Fürnemmen Iulianus GOTT befohlen / hat es sich zugetragen/daß in der ersten Nacht jhrer Hochzeit/ die Schlaffkammer mit sehr lieblichem Geruch / allerhand wolschmeckenden Gilgen vnnd Rosen / vnangesehen es im Winter war/ angefüllt worden/ also das Basilissa nicht anderst vermeynt / sie wäre in einem sehr schönen Paradeyßgarten/welcher vol wolriechenden Blumen war vnnd derselben sich hoch verwundert : Iulianus aber / welcher jhme die Vrsachen diser Ding leichtlich einbilden könte/ vnderrichtet sein Gespons Basilissam, vnnd bringt sie dahin/ daß sie beede auß Einsprechung deß H. Geists/ Jungfräwliche Keuschheit im Ehestand Ewig zuhalten versprochen : warauff sich das Zimmer ein wenig beweget/ mit hellem Glantz erfüllt worden/ vnnd Christus mit sambt seiner Gebenedeytesten Mutter jhnen auff folgende Weiß erschinen.

Die VII. Predig.

Auff der einen Seitten erzeigte sich Christus mit einer grossen Schaar der Heyligen so alle schneeweiß bekleydet waren: auff der andern Seitten die Seeligste Mutter Gottes mit vnzehlich vil Heyligen Jungfrawen: die mit Christo waren/ singen gantz lieblich: Vicisti, Iuliane: O Iuliane, du hast vberwunden: die Jungfrawen aber lebten/ vnd sprachen: O Basilissa, seelig bist du/ daß du die irrdische Wollust verachtest/ vnnd dich zur ewigen Glory bereitest: Nach solchem warde Iuliano ein Buch zu lesen geben/ in welchem geschriben stund: Welcher auß Begird vnd Lieb gegen mir die Welt verachten wird/ der wird vnder die Zahl gesetzt werden deren/ welche mit Weibern nit befleckt seynd: Basilissa wird vnder die Zahl der Jungfrawen gesetzt werden: deren MARIA, IESV Mutter/ ein Königin vnnd Fürstin ist. Wie nun Iulianus das Buch gelesen vnd zugeschlossen/ haben die zween Chör der Heyligen geantwortet: Amen.

Als der H. Thomas von Aquin von einem vnuerschambten Weib zur Vnlauterkeit angereitzt wurde, betet er also: Ne, quæso, sinas Domine IESV, & tu Sanctissima Christi Mater & Virgo, vt tam immani me scelere obstringam: O H e x x IESV Christe, ich bitte, laß du/ vnd auch du/ O Allerheiligste Mutter Christi vnd Jungfraw/ nie zu/ daß ich mich mit einem so grausammen Laster beflecke: vnd ist also bald erledigt worden. S. Thomas de Aquine.

Der seelige Andreas de Chio pflegte jederzeit weisse Kleyder zutragen/ damit er der Keuschheit/ welche er verlobt/ nimahlen vergesse. Alphabetum Christi. f. 37. Andreas de Chio.

Dergleichen zuerlangen schreibt P. Franciscus de la Croiz, der Societet IESV, H. daß gar dienlich vnd kräfftig sey der Versicul: Virgo singularis, inter omnes mitis, nos culpis solutos, mites fac & castos. Ibid. f. 40. H. In Hortulo Mariæ. no. c. 14.

Doctor Auila, ein Apostolischer Prediger in Hispania/ vnd auß ihme P. Ribadeneira, I bezeugen euß öffters vnd grösserer Erfahrenheit/ daß ein sonderbares vnd sehr kräfftiges Mittel sey/ wieder die Versuchung deß Fleisches/ vnnd die Keuschheit zuerhalten/ wann der versuchte V. f. Fr. anruffe/ vnd Hilff von Jhr begehre durch ihr Vnbefleckte Empfängnuß. Doctor Auila. I. In vitis Sanct tract. de Concept. B. Virg. die 8. Decembr.

So erzehlt auch Germannus Hugo in dem Leben Ioannis Berchmanni, daß er im Jahr 1620. schrifftlich hinderlassen, vnd bezeugt/ daß von dem Tag an/ da er zu Ehren der Vnbefleckten Empfängnuß MARIÆ ein Aue MARIA gebetten, keinen einigen vnkeuschen Gedancken/ oder fleischliche Begird vnd Wollust mehr empfunden habe, durch die Gnad vnd Hilff der Allerseeligsten Jungfrawen MARIÆ. Io. Berchm.

Dise Gnad vnd Hilff hat auch erfahren/ wie der H. Gregorius Nazianze-

102 Von Maria der Wunderbarlichen Mutter.

K. Homil. de SS. Cyprian. & Iustina.

Gnzenus schreibt / K. die H. Jungfraw vnnd Martyrin Iustina, welche durch Fürbitt MARIÆ, nit allein alle Teufflische Versuchung vnd fleischliche Begirden vberwunden / sondern auch Cyprianum zum Christlichen Glauben gebracht.

Dise Hilff vnd Gnad haben noch vil Tausent andere, hierinnen augenscheinlich erfahren: diser Allerreinesten Jungfrawen vnd Wunderbarlichen Mutter Hilff vnd Gnad / mein Christ, kanst du auch dich theilhafftig machen, durch gewise Verehrung vnd Anruffung derselbigen.

Vil seynd also in fleischlichen Wollüsten vertiefft gewesen, daß sie fast an ihnen selbst verzweifflet, vnnd ihnen vnmöglich zu seyn vermeynt von solchen abzustehn, vnd keusch zuleben: sobald sie aber jhr Zuflucht zu der Vnbefleckten Jungfraw vnd Wunderbarlichen Mutter GOttes MARIA genommen, durch jhr heilige Fürbitt die Gaab der Keuschheit begehrt, vnnd zu disem End Sie Täglich mit gewisen Gebetten gegrüßt, haben sie gleich die vnaußbleibliche Hilff empfunden, vnnd ab den Lastern, in welchen sie zuvor ein Wollust vnd Freud gesucht, ein Abschewen zubekommen, vnnd sich von Tag zu Tag zu bessern angefangen, auch die vbrige Zeit ein reines vnnd keusches Leben geführt, wie wir vil Tausenten im Werck erfahren in Maria Ægyptiaca, welche, wie Sophronius schreibt /

L. In vita eius.

L. vermittelst der Anruffung vnd Fürbitt MARIÆ, auß einer offentlichen schweren Sünderin ein grosse Büsserin vnd Heiligin worden.

M Lib. de Iustit. Vir.

Nun wolan, Geliebte Zuhörer, saget der H. Ambrosius, M. daß die Allerseeligste Jungfraw MARIA jetzt im Himmel das Zeichen vnnd Fahnen der Reinigkeit vnnd Keuschheit auffgesetzt, ruffe vnd schreye: O jhr alle, die jhr

Eccli. 24. 26.

ein Begird zu mir habt, kommet her zu mir, vnnd sättiget euch mit meinen Früchten: dann mein Geist ist süsser dann Hönig vnnd Hönigsaum, ich bin ein Rebstock mit Früchten vnd süssem Geruch, lieblich auffgewachsen, vnnd die Frücht, die an mir hangen, seynd voller Ehr vnd Reichthumb.

So last vns dann, meine Geliebte, hinzu nahen, vnnd durch MARIÆ kräfftige Fürbit die Gaab der Reinigkeit vnd Keuschheit begehren, auch jhr in solcher zufolgen, so werden wir die vilfältige Nutzbarkeiten vnd Süssigkeiten erfahren, vnd jhrer Früchten der Ehren vnd Reichthumb geniessen hie zeitlich / vnd dort Ewig/

AMEN.

Die achte Predig.

Mater Admirabilis, Ora pro nobis.
MARIA ist Wunderbarlich in Ihrem Heiligen Namen.

In der H. Schrifft geschicht offt Meldung der Archen deß Bunds / vnd Gezeugnuß / vnd werden von derselben denckwürdige Sachen beschriben: 1. Daß Gott befohlen seine grösste Schätz darinnen auffzubehalten/ nemblich die grünende Ruthen Aarons/ die Tafflen deß Gesatzes/ vnd den Guldenen Eymer / darinnen das Manna oder Himmelbrodt war. *Arch deß Bunds denckwürdig.* *3.Reg:8.9. Heb. 9. 4.*

Fürs II. Daß sich Gott auff den Gnadenstul der Archen gesetzt/ vnd daselbsten dem Volck in ihren Nöthen Audientz vnd Gehör ertheilt / vnd ihnen darauß Antwort geben: dahero lesen wir: daß als Moyses in den Tabernacul/ darinnen die Arch Gottes war / eingangen/ den HERRN Rath zu fragen/ da hab er die Stimm dessen gehört/ welcher mit ihm auß dem Gnadenstuel/der auff der Archen deß Gezeugs war/ geredt. *Num.7.89.*

III. Sehen wir/ wie daß Gott wegen der Archen den Obededom, sambt seinem gantzen Hauß gesegnet vnd bereichet / welches wegen der König David solche in sein Königliches Schloß mit grosser Solemnitet tragen lassen/ vnd ist auch selbige genennt worden Gloria Israël. *2.Reg.6.11. 1.Reg.4.12.*

IV. Ist die Archen also heilig gewesen/ daß sie Gott am näheesten war/ vnd deßwegen Gott genennt worden: dahero wann dem Läger die Archen vorgangen / war gesagt / daß Gott demselben vorgangen: vnd wann die Archen ins Läger gebracht worden/ hat man gesagt: DEus venit in Castra: Gott ist ins Läger kommen. *Num.10.35. Exod.28.30. Psal. 67.*

V. Finden wir/ wie die Archen wegen Entmehrung in die Händ der Phillisteer kommen/ vnd in deren Abgöttischen Tempel deß Dagons gesetzt worden: aber der Abgott solche nit gedulden können/ sondern zweymahl herab gefallen/ vnd gantz zerfallen sey. *1.Reg.5.2.*

VI. Wird vermeldet: wie daß wegen der Archen Abiathar beym Leben erhalten worden/ da er sonsten hett sterben müssen: dann der König Salomon zu ihme gesagt: Tu es vir mortis: Du bist ein Mann deß Todts: aber ich will dich heut nit tödten/ dann du hast die Archen Gottes vor meinem Vatter getragen. *3.Reg.2.26.*

Geliebte

Geliebte in dem Herrn: dise denckwürdige Ding vergleichen sich alle mit der himmlischen Schatz-Archen der Wunderbarlichen Mutter Gottes MARIA: ja alles erzehltes ist nur ein Figur vnnd Schattenwerck geweseñ/ dessen was sich mit MARIA zugetragen: dann 1. war Sie selbsten die wider den lauff der Natur grünende vnd Frucht tragende Ruthe Aarons/ in dem Sie ohne Zuthun eines Manns/ vbernatürlicher Weiß/ durch Vberschattung deß H. Geists empfangen/ vnd die Gebenedeyteste Frucht Jesum getragen.

Maria die grünende Ruthen Aaronis.

2. Hat Sie nit allein die Tafflen deß Gesatzes/ sondern das Euangelium in Ihr gehabt/ weil die Menschwerdung Christi/ so auß dem Jungfräwlichen Geblüt MARIÆ geschehen/ ein Begriff ist alles dessen/ was in der gantzen Bibel geschrieben.

Col. 2. 3. II.

3. Hat Sie nit nur das Manna oder Himelbrodt/ sondern das Brodt deß Lebens/ nemblich Christum IESVM, in welchem alle Schätz verborgen/ neun Monat lang in Ihr verschlossen getragen.

Der Gnaden-Stuel.

Zum II. Gleichwie Gott vor Zeiten auff dem Gnadenstuel der Archen/ seine Schätz eröffnet/ dem Volck Audienz, Gehör vnd Antwort geben: also ist vnd will Er vns gnädig seyn/ vnd in vnsern Nöthen durch sein liebe Mutter vns erhören: diser Vrsachen halben hat der H. Methodius, welcher gelebt hat/ vnd gemartert ist worden im Jahr Christi 255. Sie genennt Propitiatorium, per quod DEVS hominibus loquitur, & benignus est: Ein Gnadenstuel oder Thron/ durch welchen Gott mit den Menschen redet/ vnd ihnen gnädig ist. Vnd Andreas Cretensis, A. der Versöhnung Zuflucht/ zwischen Gott vnd den Menschen.

A. Orat. in Angelicam Salut.
III.
Schatz-Archen/ aller Gnaden.
Prou. 8. 20.

Zum III. Können alle sich deß zeitlichen vnd ewigen Segens getrösten von der Schatz Archen der Mutter Gottes MARIA, welche derselben Fauor vnd Gnaden sich theilhafftig machen: dann in jhrer Person wird gesagt: In viis iustitiæ ambulo, & in medio semitarum iudicij, vt ditem diligentes me, & thesauros eorum repleam. Ich wandle auff den Wegen der Gerechtigkeit, mitten auff der Strassen deß Gerichts/ daß ich reich mache/ die mich lieben/ vnd jhre Schätz voll erfülle: wie vil an Leib vnd Seel erfahren/ vnd wol sagen können: Venerunt mihi omnia bona cum illa: Alle Güter seynd mir mit Ihr kommen.

Sap. 7. 11.

IV.
Gott am nähesten.
B. Serm. 2. de Assumpt.

Zum IV. Ist MARIA Gott am nähesten/ vnd führt billich den EhrenTitul/ DEI formis, Gott Gleichförmig. Guerricus der Abbt/ B. führet Christum ein/ wie Er mit seiner Mutter vor Ihrem seligsten End redet/ vnd spricht also: Veni ELECTA mea, &c. Communicasti mihi, quòd Homo sum: Ego communicabo tibi, quòd DEVS sum: Kemme mein Außerwöhlte/ du hast mir mitgetheilt/ daß ich ein Mensch bin: Ich will dir mittheilen/ daß ich GOTT bin.

Die VIII. Predig.

Zum V. Haben vor der Schatz-Archen der Mutter Gottes MARIA, der Dagon, das ist/ der Teuffel vnd all sein Anhang nie können bestehen/dann es sagt der heilig Bernardinus, *C. Sicut magnus ignis effugat muscas, sic ardentissima Virginis mente, & inflammatissima Charitate effugabuntur dæmones*: Gleichwie ein grosses Fewer die Mucken vertreibt/ also hat das brennende Hertz/ vnd die flammete Lieb der Jungfrawen/ die böse Geister vertriben/ vnd also vertriben/ daß Sie auch dieselbe kein Augenblick anschawen/ noch auch von weitem zu Jhr nahen dörffen: vnd das ist kein Wunder/ dann Sie ist das Weib/ von der Gott selbsten gesagt: Er wolle zwischen derselben vnd der Schlangen Feindschafft setzen/ vnd zwischen Jhrem Saamen/ vnd der Schlangen Saamen/ vnd Sie werd derselben den Kopff zertretten.

V. Zerstört den Teuffel. C. Serm.51. art.3.c.2.

VI. Können auch die grösste Sünder durch dise Schatz-Archen zu Gnaden kommen/ Reich vnd Selig werden: wie Sie selbsten der H. Birgittæ geoffenbaret: Ja/ Sie ist *Refugium peccatorum*, ein Zuflucht aller armen Sünder/ ein Ehr aller glaubigen Völcker/ vnd ein Schatzmeisterin aller Gnaden vnd Gaaben Gottes: ja/ allein Jhr heiliger Nam MARIA begreifft in sich die allergröste vnd meiste Geheimnussen Gottes/ wie auß gegenwärtiger vnd etlich folgenden Predigen erscheinen wird: für dißmahl will ich allein vermelden/ wie Wunderbarlich vnd Geheimbnußreich der Nam MARIA, was für Geheimnussen solcher in Außlegung der Buchstaben in sich begreiffe/vnd wie fast solcher zu verehren seye: Tröstlicher Hoffnung/ sie werden mit Gedult zuhören/rc. Bereitet/rc.

VI. Ein Zuflucht der Sünder.

Der I. Theil.
Wie Wunderbarlich vnd Geheimbnußreich der H. Nam MARIA seye.

ES schreibt Petrus Chrysologus: *A.* Gleichwie die Titul vnd Vberschrifften/ so vber den Porten vnd Thüren stattlicher Pallä vnd Häuser stehen/anzeigen/ wer jhre Herren seyn/vnd wer darinnen wohne/ also geben auch offtermal die Namen der Heiligen Gottes jhre Verdienst zu erkennen.

A. Serm. 154. Nam vergleicht sich mit sich selbst.

Auff welches auch der König David gesehen/da er spricht: *Secundum nomen tuum, ita & laus tua*: Wie dein Nam/ also ist auch dein Lob: Dahero hat auch Adam auß jhme von Gott eingegossener Wissenheit/ allen Dingen solche Namen geben/ welche derselben Natur vnnd Eygenschafften gemäß waren: *Et omne, quod vocauit Adam, ipsum est nomen eius,*

Psal.47.11.

Von Maria der Wunderbarlichen Mutter.

Gen. 2. 19. eius, sagt der H. Text: Wie Adam alles/ das ein lebendige Seel hat/ genennet/ also heißt es: das ist/ Adam hat allen Dingen so weltliche Namen geben/ welche derselben Natur erklären.

B. Lib. 8. Metaph. Wie dann auch Aristoteles schreibt/ *B.* daß die Namen vns in Erfahrnuß der Sachen bringen: auff dise Weiß ist Christus gerennt worden JEsus/ ein Heyland vnd Seligmacher: also hat Adam sein
Luc. 2. 21.
Genes. 3. 20. Weib genennt Eua/ das ist/ ein Mutter aller Lebendigen. Also ist Abram
Genes. 17. 5. genennt worden Abraham/ das ist/ ein Vatter aller Glaubigen. Also Si-
Matth. 16. 18. mon/ Jonas Sohn/ Petrus, das ist ein Felsen/ oder Haupt der Kirchen.
Gen. 32. 26. Also ist Jacob/ Jsrael/ starck gegen Gott/ genennt werden. Also der Tauffer
Luc. 1. 63. Christi/ Ioannes, das ist/ Gnad. Also ist der Mutter Gottes der Nam
Luc. 1. 22. MARIÆ gegeben worden/ wegen der grossen Geheimbnussen vnd Wundern/ so darinnen begriffen.

I. Dann I. Haben die Chaldeer vnd Ægyptier darfür gehalten/ daß
Mariæ Nam aller Geschöpffen GOttes Namen vom Himmel herab gefallen: welches
vom Himel. eygentlich nach dem Süssen Namen IESVS, auch in dem Heiligen Namen MARIÆ wahr ist: dann selbiger von Ewigkeit her in dem Buch der Lebendigen gestanden: wie Nicolaus Cusanus mit disen Worten lehret:
C. Lib. 4. ex- *C.* Der erst Nam im Buch des Lebens eingeschriben/ ist der Nam IESVS:
ercitat. der ander vnnd nächst nach disem ist MARIA: diser Nam MARIA, ist den Eltern Joachim vnd Anna/ ehe daß Sie in Mutter Leib empfangen war/ geoffenbahret/ vnd Ihr von ihnen 14. Tag nach der Geburt gegeben
D. Lib. de worden/ wie der heilig Ambrosius schreibt/ *D.* vnd sagt: *E.* Habent hoc
Instit. Virg. merita Sanctorum, vt à DEO nomen accipiant: Es haben die Verdienst
cap. 5.
E. Lib. 2. in der Heiligen/ daß sie von GOTT Namen empfangen: welches
Leuit. 12. 5. von der Mutter Gottes viel heilige Lehrer/ auß dem dritten Buch Moysis schliessen.

II. Zum II. Haben disen Namen MARIÆ die Hebreer Ineffabile, vnd
Ehrwürdig. also Heilig gehalten/ daß solcher nit außgesprochen werden solle: wie dann auch die H. Engel Gottes denselben auß Reuerentz nit allzeit außsprechen: da-
F. Apoc. 12. hero Blasius Viega darfür haltet/ *F.* daß/ als der Ertzengel Gabriel in Ver-
Comment. 1. kündigung des Gruß/ MARIAM zum ersten angeredt/ nicht gesagt hab:
de B. Virg.
sens. 1. D. 11. Aue MARIA, Sey gegrüßt MARIA, sondern/ Aue gratia plena, Sey gegrüßt/ voll Gnaden: dann er auß lauter Ehrerbietigkeit diser Hochheiligen Namen nit wollen nennen/ biß daß er in mehrere Ansprach vnd Erkanntnuß MARIÆ kommen.

Bey den alten Catholischen Hungarn/ ist diser Nam MARIÆ in so

grosser

Die VIII. Predig.

grosser Ehr/daß sie jhne nicht außsprechen/ sondern an statt desselben Sie Vnser Liebe Frawen nennen/ im Fall sie aber den Namen MARIA außsprechen/so biegen sie die Knye/vnnd neygen sich mit dem Haupt vnterfich: wie solches im Leben deß H. Gerardi, der sie also vnderweisen/zulesen: wie dann auch auß diser Vrsach die Polacken keinem Weibsbild disen heiligen Namen geben.

Zum III. Hat von disem heiligen Namen die Mutter Gottes mit der H. Birgitta also geredt: G. Mein Nam/wie im Euangelio stehet/ ist MARIA: darbey jhr erzehlt/daß ein andächtige Außsprechung vnnd Anhörung dises Namens die Engel erfrewe/die im Fegfawr tröste/ den bösen Geistern erschröcklich fürkomme/ vnd den armen Sündern zur Bekehrung diene/wann sie solchen in Meynung vnnd Vorsatz nit mehr zusündigen/anruffen: auff dises deutet auch Cæsarius, sprechendt: H. Ihr Nam vnd Gedächtnuß beyder den Krancken schlägt in die Flucht die böse Geister/löset auff die Band/ treibt auß die Forcht/stillet die Versuchungen.

Zum IV. Obseruirt der H. Bonauentura, I. daß der Nam der Mutter GOttes in H. Schrifft sibenmal außgesprochen/ vnd dardurch die siben Haupt Tugenden/ welche in jhr geleuchtet/vnd den siben Todsünden zuwider gesetzt seyn bedeuttet worden.

1. Stehn bey dem H. Luca dise Wort: MARIA aber sprach: Sihe/ Ich bin ein Dienerin deß HERRN/mir geschehe nach deinem Wort: An welchem Orth MARIÆ Demuth wider die Hoffart angezeigt wird.

2. Sagt der H. Lucas: Ihr werdt finden MARIAM vnnd Joseph/ vnd das Kind in der Krippen ligen: hier erscheinet die Armuth/wider den Geitz.

3. Erzehlt der H. Lucas die Ankunfft deß Ertz Engels Gabriel, vnd Verkündigung deß Gruß, vnd spricht: Et nomen Virginis MARIA: Vnd der Jungfrawen Nam war MARIA: darbey dero Jungfrawschafft wider die Vnkeuschheit abzunemmen.

4. Beschreibt ermelter H. Euangelist Lucas die Reiß der Mutter GOttes über das Gebürg/ vnnd sagt: Exurgens MARIA abiit in montana cum festinatione: MARIA aber stund auff in denselbigen Tagen/ vnd gieng eylendts auff das Gebürg: bey welchem MARIÆ Lieb gegen jhrer Baasen der betagten Elisabeth/ wider den Neyd zuwerstehen geben wird.

5. Sprach der Ertz Engel Gabriel zu der Seeligsten Jungfrawen: Ne timeas MARIA, inuenisti enim gratiam apud DEVM: Förche dich nit MARIA, dann du hast Gnad bey GOTT funden: Weil nun

Marginalia:
Dem Teuffel erschröcklich. G.Lib. 1 reuelat. cap.9. & Chartul. l.3 de Laud. Virg c vlt. H.Lib.7.Miracul.c.1.

IV. Sibenmal in H. Schrifft. I.In Speculo Virg. cap. 4. Luc. 1. 38.
Mariæ Demuth / der Hoffart zuwider Luc 1. 26.
Armuth/ wider den Geitz. Luc. 1. 27.
Jungfrawschafft/ wider die Vnkeuschheit.
Luc. c. 39.
Lieb / wider den Neyd.
Luc.1.30.

Von Maria der Wunderbarlichen Mutter.

Hebr. 13. 9.
Mäſſigkeit wider den Fraß.
Ioan. 19. 25.

S. Paulus ſchreibt: Man ſoll das Hertz ſtärcken mit der Gnad/ vnnd nit mit Speiß; MARIA aber/ vermög der Engliſchen Zeugnuß/ Gnad funden/ als wird hier derſelben Mäſſigkeit wider den Fraß geſetzt.

6. Schreibt der H. Euangeliſt Johannes: Stabat iuxta Crucem Ieſu Mater eius (MARIA) Es ſtund neben dem Creutz ſein Mutter

Sanfftmuth wider den Zorn.

(MARIA.) Alda ihr Sanfftmuth wider den Zorn zubetrachten geben wird.

Act. 1. 14. Andacht wider die Trägheit.

Fürs 7. Vermelden die Geſchicht der Apoſtel: Diſe alle bliben/ vnd verharrten einmüthig im Gebett/ ſambt den Weibern/ vnnd MARIA der Mutter IESV: allda derſelben Andacht vnd Gottsforcht wider die Trägheit angedeuttet wird.

In Summa/ recht vnd wol hat ſchon vor 1400. Jahren von diſem H.

K. Oratio in Hypapon.

Namen MARIA, der H. Martyr Methodius geprediget/ vnd geſagt: K. Tuum DEI Genitrix nomen, diuinis benedictionibus & gratijs omni ex parte refertum: Dein Nam/ O Gebärerin Gottes/ iſt mit Göttlichem Segen vnd Gnaden allenthalben erfüllt.

Der II. Theil.

MARIÆ Nam iſt Wunderbarlich vnd Geheimbnuß-reich/ in Außlegung der Buchſtaben deſſelben.

ES hat vor Zeitten der Jüngling David/ zu Überwindung deß Goliaths fünff Stein in ſein Hürten-Taſchen genommen/ vnd darmit den Goliath an die Stirn geworffen/ vnd alſo ihme den Garauß gemacht. Diſe fünff Stein in der Hürten-Taſchen deß Davids/ können wol gedeuttet werden auff die fünff Buchſtaben in dem H. Namen MARIA: dann in diſen die Wehr vnd Waffen begriffen/ mit welchen Sie dem Hölliſchen Goliath vnd Schlangen den Kopff zerknirſchet; wie der H. Birgittæ geoffenbaret worden.

2. Reg. 17.

Mariæ Nam hat 5. Buchſtaben.

Es hat diſer H. Nam fünff Buchſtaben: aber nit ohne Wunder vnd Geheimbnuß: dann gleichwie Sie GOTT mit fünff Worten empfangen/ ſprechende: Fiat mihi secundùm Verbum tuum: Mir geſchehe nach deinem Wort: alſo gebührt es ſich/ daß ihr H. Nam/ in welchem auch die höchſte Geheimbnuß bedeuttet worden/ mit fünff Buchſtaben außgeſprochen werde.

Solche

Die VIII. Predig.

Solche legt I. Leonardus de Vtino Prediger Ordens auß/ *A.* vnd sagt: Sie bedeutten/daß die Mutter Gottes in sich begreiffe die Eigenschafften vnnd Würckungen der fünff fürnembsten Edelgesteinen: vnd I. versteher er durch das M. Margaritam, so ein köstliches Perlein/ welches die Würckung hat/das es in Gefahr das Hertz stärcket: also stärcket der Nam MARIA vns in aller Gefahr/ vnd ist allen Nothleydenden ein Hilff: dahero schreibt Germanus Patriarch zu Constantinopel in einer Oration oder Predig/ welche auff das Chalcedonische Concilium, nach Zeugnuß deß H. Damasceni gebracht worden: Daß bey MARIA alle Beängstigte sollen Zuflucht suchen. wie auß disen Vrsachen die Kirch GOttes also zu ihr bettet: Sub tuum præsidium confugimus sancta DEI Genitrix: Vnder deinen Schutz vnd Schirm fliehen wir O heilige Gebärerin/ verschmähe nit vnser Gebett in vnsern Nöthen/ sondern erlöß vns allzeit von aller Gefährligkeit/ O du Ehrenreiche vnnd Gebenedeyteste Jungfraw.

Durch den II. Buchstaben A, versteher er das Edelgestein Adamas, oder Adamantstein/ dessen Würckung ist/ die widerspennige Hertzen vnd Gemüther zuuersöhnen: also versöhnet vns MARIA mit GOtt/ daß wol auff Sie kan gedeuttet werden: In tempore iracundiæ facta est reconciliatio: Zur Zeit deß Zorns ist Sie ein Versöhnung worden: welches wegen Sie der H. Andreas Cretensis nennet Reconciliationis perfugium inter DEVM & homines, ein Zuflucht der Versöhnung zwischen Gott vnd den Menschen.

Wilhelmus I. König in Engelland/ bettet sterbendt also: *B.* MARIA der Gebärerin Gottes/ meiner Frawen befihl ich mich/damit Sie mich versöhne mit ihrem lieben Sohn.

Durch den III. Buchstaben R, versteher er das köstlich Edelgestein Robinus, Rubin/ welcher herrlich scheinet: also auch MARIA, deren heiliges Leben/ vnd fürtrefflicher Wandel cunctas illustrat Ecclesias, alle Kirchen erleuchtet: dahero schreibt von ihr der H. Hieronymus, daß Sie mit dem Schein ihrer Heyligkeit die andere Weiber alle verborgen hab/als wie der Sonnen liecht den Schein der anderen Gestirnen verdunckelt.

Recht singt von ihr die Kirch Gottes mit dem H. Abbt Bernardo: *C.* Nihil est candoris, nihil est splendoris, nihil est virtutis, quod non splendeat in Virgine gloriosa: Es ist nichts ziehrlichs / nichts scheinbarlichs/ nichts

A. In Serm: de Natiuit. *B.* Virginis. M. Margarita.

Eccli. 44. 17:

B. Baronius tomo 3. Annal. A. 1087.

R. Rubinus.

C. In Festo Concept. Serm. 41. super Salue.

nichts Tugendtliches/daß nicht an der Glorwürdigsten Jungfrawen schimmere.

I.
lapis.

Durch den I. V. Buchstaben I, verstehet er den Edlen Stein lapsis, welcher die Gespenst vertreibt/vnd den/der jhn trägt/sicher macht: also auch vertreibt MARIA die Mutter GOttes von vns alle böse Geister/ vnd alle Gespenst: dessen beschreibt Cæsarius ein Histori, D. wie daß ein Jüngling in seinem Todt-kampff grewliche Gespenster vmb sich gesehen/ vnd geruffen: Heilige MARIA, Mutter Gottes/ erledige mich von disen nichtigen Gestern/ welche mich plagen: vnnd sey alsbald erlediget worden/ vnd seelig gestorben.

D. Lib. 7.
cap. 55.

A.
Alectorius.

Durch den V. Buchstaben A, verstehet besagter Auctor das Edelgestein Alectorius, welcher den Menschen glückseelig macht/ vnd zu Ehren befürderet/ wie Dioscorides schreibt: also bringt MARIA jhre Liebhaber vnd Diener zu grossen Ehren/vnd macht sie Seelig : massen solches dem Seeligen Bertramo Cistercienser Ordens / in Lombardia offenbahret worden: E. dann als er andächtig zu der Mutter Gottes bettete/erschiene Sie jhme/ vnnd zeiget jhme von jhr hinüber einen Goltfarben Brunnen/auß welchem die allerköstlichste Perlein vnd Edelgestein gequellet/ vnd gegen jhme geflossen/ hat auch zugleich von jhr verstanden/ daß die Goldfarb / die Andacht gegen jhr vnnd die köstlichen Perlein die Liebhaber vnser lieben Frawen bedeuten.

E. Cæsarius
Lib. 7. c. 38.

Sie aber/ wie Hesychius Hierosolymitanus schreibt/ ist Aurifodina, ein Goldgruben oder Goldbrennen selbsten/auß welchem dero Liebhabern vnd Dienern zeitliche vnd ewige Güter reichlich zufliessen.

Zum II. Hat der Pabst Leo am H. Gebürts-Tag MARIÆ geprediget/daß durch die fünff Buchstaben in dem Namen MARIA, Sie von fünff fürtrefflichen Weibern sey præfigurirt vnd verbedeutet worden: vnd hat daß M. die Michol vorbedeutet: so ein Gespons deß Königs David gewesen/ welche er also geliebt/ daß er in das Jüdische Land (ausser welchem er ein Zeitlang gewesen war) nit eingehen wolte/ biß daß die Michol jhme præsentiert vnnd fürgestelt wurd: Also hat GOttes Sohn von Ewigkeit her die Jungfraw MARIAM also geliebt/daß Er chender in die Welt nit eingehen/ vnd Mensch werden wolte/ biß daß Sie gebohren/vnd jhme zu einer Mutter außerkohren worden.

M.
Michol.
2. Reg. 3. 13.

II. Hat das A. vorbedeutet die kluge Abigail, welche den König David versöhnet/daß er den groben Nabal nicht getödtet : Also hat die Jungfraw MARIA GOtt den Himmlischen Vatter/ daß Er die sündige Welt/

A.
Abigail.
1. Reg. 25. 32.

Die VIII. Predig.

Welt/ vnd grobe Sünder nit außgetilgt/ schon offt versöhnet/ vnd versöhnet jhn noch mit vns. Dahero hat in Betrachtung solches der Gottselige P. Sebastianus Barradius, ein Lusitanier/ vnd Priester der Societet IESV, wie von jhme Antonius Balingh bezeigt/ F. dessen Spruch geführt: Jhne vnd andere Sünder auff der Welt gebildt GOtt wegen der Seligsten Jungfrawen MARIA.   F. In Calendario Mariano.

III. Hat das R. die schöne Rachel præfigurirt, so den Joseph gebohren/ welchen der König Pharao / auff Hebraische Sprach Saluatorem Mundi, ein Heyland der Welt genennt: Also hat MARIA Jesum Christum/ den wahren Heyland der Welt gebohren/ welcher sein Volck von Sünden selig gemacht.   R. Rachel. Gen. 41. 45.

IV. Hat das I. Iudith vorbedeutet/ welche vermög ihrer Keuschheit den Holofernes erlegt vnd jhme den Kopff abgeschnitten. Also hat MARIA Crafft ihrer ewigen Jungfrawschafft / dem Höllischen Holofernes vnd Teuffel den Kopff zertretten / nach laut der Prophezey: Ich will Jandschafft machen zwischen dir vnd dem Weib/ ec.   I. Iudith. Iudith 13. 10. Gen. 3. 15.

V. Ist das A. ein Figur gewesen Abisag, welche vor allen Töchtern Hierusalem die Schönste zum Dienst deß Königs David erwöhlt worden: Also ist MARIA vber- vnd vor allen Weibern gebenedeyet/ zum Dienst deß Himmlischen Königs erwöhlt worden/ daß Sie sprechen kan: In habitatione sancta coram ipso ministraui: In der heiligen Wohnung hab ich vor jhme gedienet.   A. Abisag. Eccli. 24. 14.

Zum III. Leonardus Fosseus Prediger Ordens/ G. legt die Buchstaben deß H. Namens MARIÆ anderst auß/ vnd sagt/ daß dardurch fünff sonderbare Gnaden bedeutet werden/ welche vnser liebe Fraw bey ihrem Sohn den armen Sündern erlange: 1. M. bedeute Misericordiam diuinam: die Göttliche Barmhertzigkeit.   G. In Tract. de Rosario & Psalt. lib. 2. discursu 2. M. Misericordia.

2. A. Amorem: die Liebe: welche Gott durch Sie in den Hertzen der armen Sündern anzünde.   A. Amor.

3. R. Remissionem peccatorum: Vergebung der Sünden/ so durch Sie erlangt wird.   R. Remissio peccatorum.

4. I. Illuminationem: Erleuchtung/ in den Göttlichen Geheimnussen vnd Glaubenssachen.   I. Illuminatio.

5. A. Acquisitionem meritorum, & præmiorum: Die Theilhafftigmachung der Verdiensten Christi / vnd Erlangung der Ewigen Belohnung: Auff dise Außlegung vnd Geheimnussen re-   A. Acquisitio meritorum.

Von Maria der Wunderbarlichen Mutter.

der der heilige Abbt Bernardus: Wann du wegen großen Lastern betrübt/ wann du wegen Häßlichkeit deines Gewissens schamroth / wann du auß Forcht deß Gerichts erschröckt / wann du wegen Tieffe der Höllen verzagt vnd kleinmütig bist / MARIAM cogita, MARIAM inuoca: so gedenck an MARIAM, rueff an MARIAM: alßdann wirst du an dir selbsten erfahren können/ wie billich diser Jungfrawen der Nam MARIA geben worden.

p. 4. tit. 14.
c. 15 §. 3.

Zum IV. Betrachtet auch der H. Antoninus alle vnd jede Buchstaben in dem Namen MARIA, vnd legts auff folgende Weiß auß: 1. M. Mater vniuersorum, ein Mutter Aller: 2. A. Aduocata peccatorum, ein Advocatin vnd Fürsprecherin der Sündern: 3. R. Regina Angelorum, die Königin der Engel: 4. I. Iaculum inimicorum, ein Pfeil wider die Feind: 5. Arca Thesaurorum, ein Schatz-Archen.

M. Mater Vniuersorum.

I. Was Gestalt MARIA sey Mater Vniuersorum, ist auß P. Leonardo Fossæo in der 3. Predig im 1. Theil weitläuffig erklärt vnd außgelegt worden.

A. Aduocata peccatorum.

Fürs II. Wird Sie recht vnd wol bey dem A. genennt: Aduocata peccatorum, als welche der armen Sünder Bußjäher nicht allein für GOTT trägt / sondern auch starck für sie intercedirt vnd bittet: dahero die Wahre Kirch Gottes von Ihr in dem Salue Regina also singt vnd bettet: Eia ergo Aduocata nostra, illos tuos misericordes oculos ad nos conuerte: Eya du vnser Aduocatin vnd Fürsprecherin / wende zu vns dise deine Barmhertzige Augen. Hiervon redet gar schön Arnoldus

H. Tom. 7. Bibliothec. Patrum.

Carnotensis: H. Der Mensch hat ein Mittler seiner Sachen; den Sohn vor dem Vatter/vnd vor dem Sohn die Mutter: Christus zeigt dem Himmlischen Vatter sein eröffnete Seiten vnd Wunden: MARIA zeigt Christo Ihr Hertz vnd Brust: da kan kein Abschlagen erfolgen / wo zu Erhaltung einer Sach so vil Gedächtnussen der Barmhertzigkeit / vnd so vil Zeichen der Liebe mit vnderlauffen / vnd fürgewendet werden. Allhie heißt es billich: Abyssus abyssum inuocat: dann MARIA rufft an den Abgrund der Barmhertzigkeit Gottes; wie der H. Bonauentura in seinem MARIÆ Spiegel außleget.

Psal. 41. 8.

Alexander Magnus pflegte vor Zeiten von seiner Mutter zu sagen: Vna Matris lacryma multas delebit epistolas: Ein einziger Zäher oder Thräne seiner Mutter wurd vil Brieff (darinnen nemblich das Vrtheil andere zu straffen begriffen) außlöschen vnnd cassiren: dises kan noch vil mehr gesagt werden / vnnd ist vil mehr wahr von der Wunderbarlichen Jungfrawen vnd Mutter Gottes MARIA, daß nemblich ein einzige Fürbitt MARIÆ, vil/ vil von ihrem Sohn der sündigen Welt getrohete/

vnd

Die VIII. Predig.

unserer Augen stehende Wol- und Straffen abwenden könne/ und offt/wie
wil an ihnen selbst erfahren/ abgewendt habe.

MARIA, Aduocata nostra, unser Fürsprecherin/ hat offt durch ihre
krässstige Fürbitt Handschrifften deren/ so sich gar dem Teuffel mit ihrem
Blut verschriben gehabt/ widerumb auffgelöscht: wie Eutychianus Patriarch zu Constantinopel dessen ein denckwürdige Histori/ deren Verlauff
er selbsten persöhnlich beygewohnt/ und gehört/ weitläuffig beschreibet. 1. Apud Sur.
von Theophilo einem fürnemmen Kirchenverwalter/ in der Statt Adana: welcher/ damit er zu Bischöfflicher Würde erhöcht werden möchte/
bey einem Zauberer Rahtgesucht/ und dardurch so weit kommen/ daß er
Christo/ seiner werthen Mutter/ und gantzem Himmlischen Heer abgesagt/
und sich mit eignem Blut dem Teuffel verschriben: bald ab er hernach angefangen seinen armseligen Stand/ und grosse Sünd-Thar zu erkennen und
zu beweinen/ auch in disem Elend sein Hülff zu MARIA als einer Trösterin der Betrübten/ und Zuflucht der Sünder zu nemmen: zu disem End
in unser Lieben Frawen Kirchen gelauffen/ dar innen 40. Tag und Nächt im
Gebett und Bußwercken verharret/ und endlich durch die krässtige Fürbitt
diser Wunderbarlichen Mutter Gottes/ nicht allein bey Christo Gnad und
Vergebung seiner schweren Sünden/ sondern auch die Handschrifft bekommen: darauff mit Frewden dem Bischoff den gantzen Verlauff erzehlt/
und begehrt/ man solle es dem Volck/ allen Sündern zum Trost/ offentlich
verkündigen.

MARIA, Aduocata nostra, hat offt mit ihrer heiligen Fürbitt gantze Länder/ ja wol die gantze Welt vor dem endlichen Verderben erhalten: wie der
H. Fulgentius mit disen Worten bezeugt: *K. Cœlum & terra iam dudum* K. Lib. 4.
ruissent, si MARIA precibus non sustentasset: Himmel und Erd wären Mythiolog.
schon längstenzu grund gangen/ wann sie nit durch Fürbitt MARIÆ wären
erhalten worden.

MARIA, Aduocata nostra, unser Fürsprecherin/ hat offt manchem armen Sünder Perdon. Gnad und Barmhertzigkeit erlangt/ welcher sonsten
ewig hett müssen gestrafft werden und verlohren seyn/rc.

Der III. Buchstab R. bedeutet/ daß MARIA sey Regula viatorum, R.
Ein Regel und Richtschnur aller Wanderer diser Welt/ als nach Regula Viatorum.
welcher Exempel sie ihr Leben anstellen sollen. Dahero nennet Sie Idiota:
Vitæ moralis Ideam: Ein Exemplar oder Vorbild deß Sittlichen
oder Geistlichen Lebens: und sagt der heilig Thomas Aquinas: *L. Sic* L. Opusc. 8.
wird uns für ein Exempel aller Tugenden fürgestellt: mit ihme stimmet
ein der heilig Ambrosius, *M.* und schreibt: *Habetis in ea exempla probi-* M. Lib. 2. de
tatis, vt sciatis, quid eligere, quid reprobare debeatis: Ihr habt an Ihr Virginitate.

Von Maria der Wunderbarlichen Mutter.

ein Exempel vnd Beyspil der Andacht/daß Ihr wissen könnet/was ihr ervolgen/vnd was ihr vermeyden sollet.

Cant. 4. 4. In den Hohen Liedern Salomonis wird MARIA verglichen dem Thurn Davids/vnd gesagt: Dein Halß/ist wie der Thurn Davids/mit Brustwehren gebawet: vil auß den Dolmetschern vertiren, vnd verteutschen disen Orth also: Dein Halß ist wie der Thurn Davids / gebawet zur Lehr vnd Vnderweisung: vnd vermelden / daß der Thurn Davids also künstlich vnd wesentlich erbawet gewesen/ daß auch die allerkünstlichste Meister dahin kommen/solchen als ein Meisterstück aller Künsten zu sehen/vnd etwas darbey lernen. Ein solcher Thurn vnd künstliches Werck Gottes ist MARIA, dann alle Menschen von Ihr zu lernen / an Ihr zu spiegeln/ vnd an Ihr ein Exempel aller Tugenden zu nemmen haben.

In Betrachtung disses / hat die H. Hedwigis ein Fürstin in Poln/ stäts bey ihr ein guldenes MARIA Bild in der Hand getragen/ damit / so offt sie solches anschawete/angereizt wurde/MARIÆ der Mutter Gottes ein Dienst zu erzeigen / vnd in Tugenden ihrem Exempel nachzufolgen: wie angenemb diße Ubung Gott/vnd ihr nutzlich gewesen/ist mit einem hertzlichen Wunderwerck bestättiget worden: dann als die H. Hedwigis an ihrem letzten End/ die ermelte Bildnuß mit drey Fingern also starck gefaßt/ daß niemand ihr solche auch nach dem Todt nemmen können / sondern mit ihr begraben werden müssen: als man aber vber 25. Jahr hernach dero Gebein ihres seligen Leichnambs anderstwohin transferiren wolte / ist zwar der vbrige Leib gantz verwesen/aber die drey Finger/sambt der Bildnuß vnd Haupt/ darauß wolriechendes Oel geflossen/gantz vnverwesen vnd frisch erfunden worden: wie auch noch heut zu Tag im Closter Trebnitz bey ihrer heiligen Begräbnuß zu sehen/

N. In vita 15. Octobr. alda auch noch vil Wunderzeichen geschehen. N.

I. Iaculum ini-micorum. Der IV. Buchstaben in dem H. Namen MARIA, bedeutet nach Außlegung deß heiligen Antonini, daß Sie sey Iaculum inimicorum, ein Pfeil wider sichtbare vnd vnsichtbare Feind. Von den vnsichtigen Feinden soll/ geliebts Gott / ein anders mahl Anregung geschehen: daß aber MARIA Iaculum inimicorum, ein Pfeil wider sichtbare Feind seye/ vnd ihre Liebhaber wider dieselbige beschütze/erweisen vnd bezeugen all die jenige/ welche Sie in einer Feinds Gefahr oder Noth/ recht vnd mit Andacht angeruffen: dann

Eccli. 24. 11. Sie/wie Syrach sagt/beherrschet das Meer/die gantze Erden/vnd alle Leuth/ vnd alle Völcker/ vnd hat mit Macht vnder sich getretten die Hälß aller Hohen vnd Nidern.

O. In vita S. Basilii. P. In Serm. de Deipara. Ich will diser Sachen für dißmal nur ein Exempel geliebter Kürtze willen erzehlen: Amphilochius, O, vnd Fulbertus, P. beschreiben: wie daß zur Zeit deß H. Basilij Bischoffs zu Cæsarea in Cappadocia / der abtrinnige

Die VIII. Predig.

nige vnnd von dem wahren Glauben abgefallne Iulianus, wider die Persianer mit grosser Kriegsrüstung außzogen / vnnd sehr getrohet, wie daß er im Widerkeren die Statt Cæsarea in Grund verhergen / vnnd Christen verfolgen / vnnd außtilgen wolte: da hat der H. Basilius dem Vbel vorzukommen/ein dreytägige Fasten angestellt/vnnd ein grosse Anzahl von Männern vnd Weibern in B. L. Fr. Kirchen/auff S. Dydimi Berg versamblet, vnnd sie ermahnt/ daß sie in diser Feinds Gefahr die Mutter GOttes vmb Fürbitt vnnd Hilff eyfferig anruffen sollen: vnder dessen sihet der H. Basilius in einer Verzuckung MARIAM die Himmelkönigin auff einem Königlichen Thron sitzen/vmb welche ein schöne Anzahl der Heyligen Gottes herumb gestanden:denen Sie befohlen/daß sie den H. Mercurium ruffen sollten: welcher dann alsbald mit seiner Langen gegenwertig erschinen / vnnd von der Mutter Gottes Befelch empfangen/daß er Iulianum mit seiner Langen vmbbringen solt.

So bald der H. Basilius von seiner Verzuckung zu sich selbsten kommen/ ist er gleich mit Ebulo einem Geferdten in die Statt gangen/ das Grab deß H. Mercurij zubesuchen: alsda er aber die Langen/welche sonsten in der Kirchen auffgestecks war/nit funden/deßwegen er der Erscheinung geglaubt/sich widerumb zum Volck auff den Berg begeben / demselben was er im Gesicht gesehen/ vnnd wie deß H. Mercurij Langen hinweg kommen/erzehlt, sie auch getröst/vnd gesagt/ Iulianus wäre gewiß todt.

Darauff führte er das Volck zu S. Mercurij Grab/bey welchem sie die Langen, doch mit Blut besprengt/widerumb funden: vber siben Tag hernach empfangt der H. Basilius gewisse Bottschafft / daß von einem vnbekandten Ritter oder Soldaten/ der gleich widerumb verschwunden/ Iulianus erstochen worden: welcher vor seinem End ein Hand voll Bluts in die Höhe geworffen, vnd Gottlästerlich auffgeschryen habe: Vicisti Galilæe: du hast vberwunden du Galilæer: du hast mich vberwunden.

Der V. Buchstab in dem H. Namen MARIA ist A, vnd bedeuttet daß MARIA verglichen werde mit der Arca, oder Schatz-Archen der allergrösten Wunder vnd Gehaimnussen Gottes: darvon im Exordio Meldung geschehen: bleibt also wahr/daß MARIA Wunderbarlich in jhrem H. Namen/wegen Bedeuttung der Buchstaben desselben.

Der III. Theil.

Die Mutter GOttes ist Wunderbarlich/wegen Verehrung jhres H. Namens MARIA.

A.
Arca Thesaurorum.

Von Maria der Wunderbaaslichen Mutter.

Gen. 2. 19. cius, sagt der H. Text: Wie Adam alles/das ein lebendige Seel hatt/ genennet/ also heist es: das ist/ Adam hat allen Dingen so weltliche Namen geben/welche derselben Natur erklären.

B. Lib. 8. Metaph. Wie dann auch Aristoteles schreibt/ B. daß die Namen vns in Er-
Luc. 2. 21. kantnuß der Sachen bringen: auff dise Weiß ist Christus genennt wor-
Genes. 3. 20. den JEsus/ ein Heyland vnd Seligmacher: also hat Adam sein
Genes. 17. 5. Weib genennt Eua/ das ist/ ein Mutter aller Lebendigen. Also ist Abram
Matth. 16. genennt worden Abraham/ das ist/ ein Vatter aller Glaubigen. Also Si-
v. 18. mon/ Jonas Sohn/ Petrus, das ist ein Felsen/ oder Haupt der Kirchen.
Gen. 32. 26. Also ist Jacob/ Israel/ starck gegen Gott/ genennt worden. Also der Tauffer
Luc. 2. 63. Christi/ Ioannes, das ist/ Gnad. Also ist der Mutter Gottes der Nam
Luc. 1. 22. MARIA gegeben worden/ wegen der grossen Geheimbnussen vnd Wundern/ so darinnen begriffen.

I.
Mariæ Nam vom Himel. Dann I. Haben die Chaldeer vnd Ægyptier darfür gehalten/ daß aller Geschöpffen Gottes Namen vom Himmel herab gefallen: welches eygendlich nach dem Silssen Namen IESVS, auch in dem Heiligen Namen MARIÆ wahr ist: dann selbiger von Ewigkeit her in dem Buch der Lebendigen gestanden: wie Nicolaus Cusanus mit disen Worten lehret:
C. lib. 4. exercitat. C. Der erst Nam im Buch deß Lebens eingeschriben/ ist der Nam IESVS: der ander vnnd nächst nach disem ist MARIA: diser Nam MARIA, ist den Eltern Joachim vnd Anna/ ehe daß Sie in Mutter Leib empfangen war/ geoffenbahret/ vnd Jhr von jhnen 14. Tag nach der Geburt gegeben
D. Lib. de Instit. Virg. cap. 5. worden/ wie der heilig Ambrosius schreibt/ D. vnd sagt: E. Habent hoc
E. Lib. 2. in Levit. 12. 5. merita Sanctorum, vt à DEO nomen accipiant: diß haben die Verdienst der Heiligen/ daß sie von GOTT Namen empfangen: welches von der Mutter Gottes vil heilige Lehrer/ auß dem dritten Buch Moysis schliessen.

II.
Ehrwürdig. Zum II. Haben disen Namen MARIÆ die Hebreer Ineffabile, vnd also Heilig gehalten/ daß solcher nit außgesprochen werden solle: wie dann auch die H. Engel Gottes denselben auß Reuerentz nit allzeit außsprechen: da-
F. Apoc. 12. Comment. 1. de B. Virg. sect. 1. n. 11. hero Blasius Viega darfür haltet/ F. daß/ als der Ertzengel Gabriel in Vertündigung deß Gruß/ MARIAM zum ersten angeredt/ nicht gesagt hab: Aue MARIA, Sey gegrüßt MARIA, sondern/ Aue gratia plena, Sey gegrüßt/ voll Gnaden: dann er auß lauter Ehrerbietigkeit disen Hochheiligsten Namen nit wollen nennen/ biß daß er in mehrere Ansprach vnd Erkanntnuß MARIÆ kommen.

Bey den alten Catholischen Hungarn/ ist diser Nam MARIÆ in so
grosser

Die VIII. Predig.

grosser Ehr/daß sie jhne nicht außsprechen/ sondern an statt desselben Sie Unser Liebe Frawen nennen, im Fall sie aber den Namen MARIA außsprechen/ so biegen sie die Knye/ vnnd neygen sich mit dem Haupt vntersich: wie solches im Leben deß H. Gerardi, der sie also vnderweisen/ zu lesen: wie dann auch auß diser Vrsach die Polacken keinem Weibsbild disen heiligen Namen geben.

Zum III. Hat von disem heiligen Namen die Mutter Gottes mit der H. Birgitta also geredt: G. Mein Nam/ wie im Euangelio stehet/ ist MARIA: darbey jhr erzehlt/ daß ein anddchtige Außsprechung vnnd Anhörung dises Namens die Engel erfrewe/ die im Fegfewr tröste/ den bösen Geistern erschröcklich fürkomme/ vnd den armen Sündern zur Bekehrung diene/ wann sie solchen in Meynung vnnd Vorsatz nit mehr zusündigen/ antruffen: auß dises deuttet auch Cæsarius, sprechendt: H. Ihr Nam vnd Gedächtnuß heylet den Krancken. schlägt in die Flucht die böse Geister/ löset auff die Band/ treibt auß die Forcht/ stillet die Versuchungen.

III.
Dem Teuffel erschrocklich.
G.Lib. 1 reuelat. cap.9.
& Chartus. l.3 de Laud.
Virg c vlt.
H.Lib.7.Miracul.c.1.

Zum IV. Obseruirt der H. Bonauentura, I. daß der Nam der Mutter Gottes in H. Schrifft sibenmal außgesprochen/ vnd dardurch die siben Haupt-Tugenden/ welche in jhr geleuchtet/ vnd den siben Todtsünden zuwider gesetzt seyn bedeuttet worden.

IV.
Sibenmal in H. Schrifft.
I.In Speculo Virg. cap. 4.

1. Gesehen bey dem H. Luca dise Wort: MARIA aber sprach: Sihe/ ich bin ein Dienerin deß HERRN/ mir geschehe nach deinem Wort. An welchem Ort MARIÆ Demuth wider die Hoffart angezeigt wird.

Luc.1.38.
Mariæ Demuth/ der Hoffart zuwider

2. Sagt der H. Lucas: Ihr werdet finden MARIAM vnnd Joseph/ vnd das Kind in der Krippen ligen: hier erscheinet die Armuth/ wider den Geitz.

Luc.1.26.
Armuth/ wider den Geitz.

3. Erzehlt der H. Lucas die Ankunfft deß Ertz Engels Gabriel, vnd Verkündigung deß Gruß/ vnd spricht: Et nomen Virginis MARIA: Vnd der Jungfrawen Nam war MARIA: darbey dero Jungfrawschafft wider die Vnkeuschheit abzunemmen.

Luc.1.27.
Jungfrawschafft/ wider die Vnkeuschheit.

4. Beschreibt ermelter H. Euangelist Lucas die Reiß der Mutter Gottes vber das Gebürg/ vnnd sagt: Exurgens MARIA abiit in montana cum festinatione: MARIA aber stund auff in denselbigen Tagen/ vnd gieng eylendts auff das Gebürg: bey welchem MARIÆ lieb gegen ihrer Baasen der betagten Elisabeth/ wider den Neyd zuuersteen geben wird.

Luc.1.39.
Lieb/ wider den Neyd.

5. Sprach der ErtzEngel Gabriel zu der Seeligsten Jungfrawen: Ne timeas MARIA, inuenisti enim gratiam apud DEVM: Förcht dich nit MARIA, dann du hast Gnad bey GOTT funden: Weil nun

Luc.1.30.

D ij   S. Pau-

108 Von Maria der Wunderbarlichen Mutter.

Hebr. 13. 9.
Mässigkeit wider den Fraß.
Ioan. 19. 25.

S. Paulus schreibt: Man soll das Hertz stärcken mit der Gnad, vnnd nit mit Speiß; MARIA aber/ vermög der Englischen Zeugnuß/ Gnad funden/ als wird hier derselben Mässigkeit wider den Fraß gesetzt.

6. Schreibt der H. Euangelist Johannes: Stabat iuxta Crucem Iesv Mater eius (MARIA) Es stund neben dem Creutz sein Mutter

Sanfftmuth wider den Zorn.

(MARIA.) Als da jhr Sanfftmuth wider den Zorn zubetrachten geben wird.

Act. 1. 14.
Andacht wider die Trägheit.

Fürs 7. Vermelden die Geschicht der Apostel: Dise alle bliben/ vnd verharrten einmüthig im Gebett/ sambt den Weibern/ vnnd MARIA der Mutter IESV: allda derselben Andacht vnd Gottsforcht wider die Trägheit angedeuttet wird.

In Summa/ recht vnd wol hat schon vor 1400. Jahren von disem H.

K. Oratio in Hypapon.

Namen MARIA, der H. Martyr Methodius geprediget/ vnd gesagt: *K. Tuum Dei Genitrix nomen, diuinis benedictionibus & gratijs omni ex parte refertum:* Dein Nam/ O Gebärerin Gottes/ ist mit Göttlichem Segen vnd Gnaden allenthalben erfüllt.

Der II. Theil.

MARIÆ Nam ist Wunderbarlich vnd Geheimbnuß-reich/ in Außlegung der Buchstaben desselben.

ES hat vor Zeiten der Jüngling Dauid/ zu Vberwindung deß Goliaths fünff Stein in sein Hirten-Taschen genommen/ vnd damit den Goliath an die Stirn geworffen/ vnd also ihme den Garauß gemacht. Dise fünff Stein in der Hirten-Taschen deß Dauids/ können wol gedeuttet werden auff die fünff Buchstaben in dem H. Namen MARIA: dann in disen die Wehr vnd Waffen begriffen/ mit welchen Sie dem Höllischen Goliath vnd Schlangen den Kopff zerknirschet; wie der H. Birgitta geoffenbaret worden.

2. Reg. 17.

Mariæ Nam hat 5. Buchstaben.

Es hat diser H. Nam fünff Buchstaben: aber nit ohne Wunder vnd Geheimbnuß: dann gleichwie Sie GOTT mit fünff Worten empfangen/ sprechendt: *Fiat mihi secundùm Verbum tuum:* Mir geschehe nach deinem Wort: also gebührt es sich/ daß jhr H. Nam/ in welchem auch die höchste Geheimbnuß bedeuttet worden/ mit fünff Buchstaben außgesprochen werde:

Solche

Die VIII. Predig.

Solche legt I. Leonardus de Vtino Prediger Ordens an/ *A.* vnd sagt: Sie bedeutten/daß die Mutter Gottes in sich begreiffe die Eigenschafften vnnd Würckungen der fünff fürnembsten Edelgesteinen: vnd I. verstehet er durch das M. Margaritam, so ein köstliches Perlein/ welches die Würckung hat/das es in Gefahr das Hertz stärcket: also stärcket der Nam MARIA vns in aller Gefahr/ vnd ist allen Nothleydenden ein Hilff: daher schreibt Germanus Patriarch zu Constantinopel in einer Oration oder Predig/ welche auff das Chalcedonische Concilium, nach Zeugnuß deß H. Damasceni gebracht worden: Daß bey MARIA alle Bedrängstigte sollen Zuflucht suchen. wie auß disen Vrsachen die Kirch GOttes also zu jhr bettet: Sub tuum præsidium confugimus sancta Dei Genitrix: Vnder deinen Schutz vnd Schirm fliehen wir O heilige Gebärerin / verschmähe nit vnser Gebett in vnsern Nöthen / sondern erlöß vns allzeit von aller Gefährligkeit/ O du Ehrenreiche vnnd Gebenedepteste Jungfraw.

Durch den II. Buchstaben A, verstehet er das Edelgestein Adamas, oder Adamantstein/ dessen Würckung ist/ die widerspennige Hertzen vnd Gemüther zuuersöhnen: also versöhnet vns MARIA mit GOtt/ daß wol auff Sie kan gedeuttet werden: In tempore iracundiæ facta est reconciliatio: Zur Zeit deß Zorns ist Sie ein Versöhnung worden: welches wegen Sie der H. Andreas Cretensis nennet Reconciliationis perfugium inter DEVM & homines. ein Zuflucht der Versöhnung zwischen Gott vnd den Menschen.

Wilhelmus I. König in Engelland/ bettet sterbendt also: *B.* MARIÆ der Gebärerin Gottes/ meiner Frawen befilh ich mich/damit Sie mich versöhne mit ihrem lieben Sohn.

Durch den III. Buchstaben R, verstehet er das köstlich Edelgestein Rubinus, Rubin / welcher herrlich scheinet: also auch MARIA, deren heiliges Leben / vnd fürtrefflicher Wandel cunctas illustrat Ecclesias, alle Kirchen erleuchtet: dahero schreibt von jhr der H. Hieronymus, daß Sie mit dem Schein jhrer Heyligkeit die andere Weiber alle verborgen hab/als wie der Sonnen liecht den Schein der anderen Gestirnen verdunckler.

Recht singt von jhr die Kirch Gottes mit dem H. Abbt Bernardo: *C.* Nihil est candoris, nihil est splendoris, nihil est virtutis, quod non splendeat in Virgine gloriosa: Es ist nichts ziehrlichs / nichts scheinbarliches/

O iij nichts

A. In Serm. de Natiuit. B. Virginis.

M. Margarita.

A. Adamas.

Eccli. 44. 17.

B. Baronius tomo 3. Annal. A. 1087.

R. Rubinus.

C. In Festo Concept. Serm. 41. super Salue.

Von Maria der Wunderbarlichen Mutter.

nichts Tugendtliches/daß nicht an der Glorwürdigsten Jungfrauen schimmere.

I. Lapis.

Durch den IV. Buchstaben I, verstehet er den Edlen Stein lapsis, welcher die Gespenst vertreibt/vnd den/der jhn tragt/sicher macht: also auch vertreibt MARIA die Mutter GOttes von vns alle böse Geister, vnd alle Gespenst: dessen beschreibt Cæsarius ein Histori, D. wie daß ein Jüngling in seinem Tod-kampff grewliche Gespenster vmb sich gesehen / vnd geruffen: Heilige MARIA, Mutter Gottes/ erledige mich von disen nichtigen Geistern/ welche mich plagen: vnnd sey alsbald erlediget worden/ vnd seelig gestorben.

D. Lib. 7. cap. 55.

A. Alectorius.

Durch den V. Buchstaben A, verstehet besagter Auctor das Edelgestein Alectorius, welcher den Menschen glückseelig macht, vnd zu Ehren befürderet, wie Dioscorides schreibt: also bringt MARIA ihre Liebhaber vnd Diener zu grossen Ehren/vnd macht sie Eidig : mussen solches dem Seeligen Bertramo Cisterzienser Ordens / in Lembardia geoffenbahret worden: E. dann als er andächtig zu der Mutter Gottes betete/erschiene Sie ihme, vnnd zeigt jhme von ihr hinüber einen Gold farben Brennen, auß welchem die allerköstlichste Perlein vnd Edelgestein gequellet, vnd gegen jhm zu geflossen/ hat auch zugleich von jhr verstanden daß die Goldfarb / die Andacht gegen jhr vnnd die köstlichen Perlein die Liebhaber vnser lieben Frawen bedeuten.

E. Cæsarius Lib. 7. c. 38.

Sie aber/wie Hesychius Hierosolymitanus schreibt/ ist Aurifodina, ein Goldgruben oder Goldbrennen selbsten/auß welchem dero Liebhabern vnd Dienern zeitliche vnd ewige Güter reichlich zustiessen.

Zum II. Hat der Pabst Leo am H. Geburts-Tag MARIÆ geprediget/daß durch die fünff Buchstaben in dem Namen MARIA, Sie von fünff fürtrefflichen Weibern sey præfigurirt vnd vorbedeutet worden: vnd habe das M. die Michol vorbedeutet: so ein Gespons deß Königs David gewesen/ welche er also geliebt/ daß er in das Jüdische Land (ausser welchem er ein Zeitlang gewesen war) nit eingehen wolte/ biß daß die Michol jhme præsentiert vnd fürgestelt wurd: Also hat Gottes Sohn von Ewigkeit her die Jungfraw MARIAM also geliebt/daß Er eheder in die Welt nit eingehen/ vnd Mensch werden wolte/ biß daß Sie gebohren/ vnd jhme zu einer Mutter ausserkohren worden.

M. Michol. 2. Reg. 8. 13.

II. Hat das A. vorbedeutet die kluge Abigail, welche den König David versöhnet/daß er den groben Nabal nicht getödtet : Also hat die Jungfraw MARIA GOtt dem Himmlischen Vatter/ daß Er die sündige Welt/

A. Abigail. 1. Reg. 25. 32.

Die VIII. Predig.

Welt/ vnd grobe Sünder nit außgetilgt/ schon offt versöhnet/ vnd versöhnet jhn noch mit vns. Daher hat in Betrachtung solches der Gottselige P. Sebastianus Barradius, ein Lusitanier/ vnd Priester der Societet IESV, wie von jhme Antonius Balingh bezeuget/ F. disen Spruch geführt: Jhne vnd andere Sünder auff der Welt geduldet GOtt wegen der Seligsten Jungfrawen MARIA. *F. In Calendario Mariano.*

III. Hat das R. die schöne Rachel præfigurirt, so den Joseph gebohren/ welchen der König Pharao/ auff Hebraische Sprach Saluatorem Mundi, ein Heyland der Welt genennt: Also hat MARIA Jesum Christum/ den wahren Heyland der Welt gebohren/ welcher sein Volck von Sünden selig gemacht. *R. Rachel. Gen. 41. 45.*

IV. Hat das I. Iudith vorbedeutet/ welche vermög ihrer Keuschheit den Holofernes erlegt/ vnd jhme den Kopff abgeschnitten. Also hat MARIA Crafft ihrer ewigen Jungfrawschafft/ dem Höllischen Holofernes vnd Teuffel den Kopff zertretten/ nach laut der Prophezey: Ich will Jandtschafft machen zwischen dir vnd dem Weib/ ꝛc. *I. Iudith. Iudith 13. 10. Gen. 3. 15.*

V. Ist das A. ein Figur gewesen Abisag, welche vor allen Töchtern Hierusalem die Schönste zum Dienst diß Königs David erwöhlt worden: Also ist MARIA vber- vnd vor allen Weibern gebenedeyet/ zum Dienst deß Himmlischen Königs erwöhlt worden/ daß Sie sprechen kan: In habitatione sancta coram ipso ministraui: In der heiligen Wohnung hab ich vor jhme gedienet. *A. Abisag. Eccli. 24. 14.*

Zum III. Leonardus Fossæus Prediger Ordens/ G. legt die Buchstaben deß H. Namens MARIÆ anderst auß/ vnd sagt/ daß dardurch fünff sonderbare Gnaden bedeutet werden/ welche vnser liebe Fraw bey jhrem Sohn den armen Sündern erlange: 1. M. bedeute Misericordiam diuinam: die Göttliche Barmhertzigkeit. *G. In Tract. de Rosario & Psalt. lib. 2. discursu 2. M. Misericordia.*

2. A. Amorem: die Liebe: welche Gott durch Sie in den Hertzen der armen Sündern anzünde. *A. Amor.*

3. R. Remissionem peccatorum: Vergebung der Sünden/ so durch Sie erlangt wird. *R. Remissio peccatorum.*

4. I. Illuminationem: Erleuchtung/ in den Göttlichen Geheimnußen vnd Glaubenssachen. *I. Illuminatio.*

5. A. Acquisitionem meritorum, & præmiorum: Die Theilhafftigmachung der Verdiensten Christi/ vnd Erlangung der Ewigen Belohnung: Auff dise Außlegung vnd Geheimbnußen re- *A. Acquisitio meritorum.*

Von Maria der Wunderbarlichen Mutter.

der der heilige Abbt Bernardus: Wann du wegen grossen Lastern betrübt/ wann du wegen Heßlichkeit deines Gewissens schamroth/ wann du auß Forcht deß Gerichts erschröckt/ wann du wegen Tieffe der Höllen verzagt vnd kleinmütig bist/ MARIAM cogita, MARIAM inuoca: so gedenck an MARIAM, ruff an MARIAM: alßdann wirst du an dir selbsten erfahren können/ wie billich diser Jungfrawen der Nam MARIA gegeben worden.

p.4. tit. 14. c. 15 §. 3.

Zum IV. Betrachtet auch der H. Antoninus alle vnd jede Buchstaben in dem Namen MARIA, vnd legts auff folgende Weiß auß: 1. M. Mater vniuersorum, ein Mutter Aller: 2. A. Aduocata peccatorum, ein Abrecatin vnd Fürsprecherin der Sündern: 3. R. Regina Angelorum, ein Königin der Engel: 4. I. Iaculum inimicorum, ein Pfeil wider die Feind: 5. Arca Thesaurorum, ein Schatz-Archen.

M. Mater Vniuersorum.

I. Was Gestalt MARIA sey Mater Vniuersorum, ist auß P. Leonardo Fossæo in der 3. Predig im 1. Theil weitläuffig erklärt vnd außgelegt worden.

A. Aduocata peccatorum.

Fürs II. Wird Sie recht vnd wol bey dem A. genennt: Aduocata peccatorum, als welche der armen Sünder Bußjäher nicht allein für GOTT trägt/ sondern auch starck für sie intercedirt vnd bittet: dahero die Wahre Kirch Gottes von Ihr in dem Salue Regina also singt vnd bettet: Eia ergo Aduocata nostra, illos tuos misericordes oculos ad nos conuerte: Eya du vnser Abuocatin vnd Fürsprecherin/ wende zu vns dise deine Barmhertzige Augen. Hiervon redet gar schön Arnoldus Carnotensis: H. Der Mensch hat ein Mittler seiner Sachen; den Sohn vor dem Vatter/vnd vor dem Sohn die Mutter: Christus zeigt dem Himlischen Vatter sein eröffnete Seiten vnd Wunden: MARIA zeigt Christi Ihr Hertz vnd Brüst: da kan kein Abschlagen erfolgen/ wo zu Erhaltung einer Sach so vil Gedächtnussen der Barmhertzigkeit/ vnd so vil Zelchen der Liebe mit vnderlauffen/ vnd fürgewendet werden. Alhie heist es billich: Abyssus abyssum inuocat: dann MARIA rufft an den Abgrund der Barmhertzigkeit Gottes; wie der H. Bonauentura in seinem MARIÆ Spiegel außleget.

H. Tom.7. Bibliothec. Patrum.

Psal. 41. 8.

Alexander Magnus pflegte vor Zeiten von seiner Mutter zu sagen: Vna Matris lacryma multas delebit epistolas: Ein einziger Zäher oder Thräne seiner Mutter wurd vil Brieff (darinnen nemblich das Vrtheil andere zu straffen begriffen) außlöschen vnnd cassiren: diß kan noch vil mehr gesagt werden/ vnnd ist vil mehr wahr von der Wunderbarlichen Jungfrawen vnd Mutter Gottes MARIA, daß nemblich ein einzige Fürbitt MARIÆ, vil/ vil von ihrem Sohn der sündigen Welt getrohete/

vnd

Die VIII. Predig.

so vor Augen stehende Vbel vnd Straffen abwenden könne / vnd offt / wie wil an jhnen selbst erfahren / abgewendt habe.

MARIA, Advocata nostra, vnser Fürsprecherin / hat offt durch jhre kräfftige Fürbitt Handschrifften deren / so sich gar dem Teuffel mit ihrem Blut verschrieben gehabt / widerumb außgelöscht: wie Eutychianus Patriarch zu Constantinopel dessen ein denckwürdige Histori / deren Verlauff er selbsten persöhnlich beygewohnt / vnd gehört / weitläuffig beschreibet I. *I. Apud Sur.* von Theophilo einem fürnemmen Kirchenverwalter / in der Statt Adana: welcher / damit er zu Bischöfflicher Würde erhöcht werden möchte / bey einem Zauberer Rahts gesucht / vnd dardurch so weit kommen / daß er Christo / seiner werthen Mutter / vnd gantzem Himmlischen Heer abgesagt / vnd sich mit eignem Blut dem Teuffel verschrieben: bald aber hernach angefangen seinen armseligen Stand / vnd grosse Sünd-That zu erkennen vnd zu beweinen / auch in disem Elend sein Hülff zu MARIA, als einer Trösterin der Betrübten / vnd Zuflucht der Sünder zu nemmen: zu disem End in vnser Lieben Frawen Kirchen geloffen / darinnen 40. Täg vnd Nächt im Gebett vnd Bußwercken verharret / vnd endlich durch die kräfftige Fürbitt diser Wunderbarlichen Mutter Gottes / nicht allein bey Christo Gnad vnd Vergebung seiner schweren Sünden / sondern auch die Handschrifft bekommen: darauff mit Frewden dem Bischoff den gantzen Verlauff erzehlt / vnd begehrt / man solle es dem Volck / allen Sündern zum Trost / offentlich verkündigen.

MARIA, Aduocata nostra, hat offt mit jhrer heiligen Fürbitt gantze Länder / ja wol die gantze Welt vor dem endlichen Verderben erhalten: wie der H. Fulgentius mit disen Worten bezeuget: *Cælum & terra iam dudum* *K. Lib. 4.* *ruissent, si MARIA precibus non sustentasset:* Himmel vnd Erd wären *Mytholog.* schon längsten zu grund gangen / wann sie nit durch Fürbitt MARIÆ wären erhalten worden.

MARIA, Aduocata nostra, vnser Fürsprecherin / hat offt manchem armen Sünder Perdon, Gnad vnd Barmhertzigkeit erlangt / welcher sonsten ewig hett müssen gestrafft werden vnd verlohren seyn, etc.

Der III. Buchstab R. bedeutet / daß MARIA sey Regula viatorum, *R.* Ein Regel vnd Richtschnur aller Wanderer diser Welt / als nach *Regula Via-* welcher Exempel sie jhr Leben anstellen sollen. Dahero nennet sie Idiota: *torum.* *Vitæ moralis Ideam:* Ein Exemplar oder Vorbild deß Sittlichen oder Geistlichen Lebens: vnd sagt der heilig Thomas Aquinas: *L. S. Sie* *L. Opusc. 8.* wird vns für ein Exempel aller Tugenden fürgestellt: mit jhme stimmet ein der heilig Ambrosius. *M.* vnd schreibt: *Habetis in ea exempla probi-* *M. Lib. 2. de* *tatis, vt sciatis, quid eligere, quid reprobare debeatis:* Jhr habt an Jhr *Virginitate.*

P ein

Von Maria der Wunderbarlichen Mutter.

ein Exempel vnd Beyspil der Andacht/ daß jhr wissen könnet/ was jhr er wöhlen/ vnd was jhr vermeyden sollet.

Cant. 4.4.
In den Hohen Liedern Salomonis wird MARIA verglichen dem Thurn Davids/ vnd gesagt: Dein Halß/ ist wie der Thurn Davids/ mit Brustwehren gebawet: vil auß den Dolmetschern vertiren, vnd verteutschen disen Orth also: Dein Halß ist wie der Thurn Davids / gebawet zur Lehr vnd Vnderweisung: vnd vermelden / daß der Thurn Davids also künstlich vnd wesentlich erbawet gewesen/ daß auch die allerkünstlichste Meister dahin kommen/ solchen als ein Meisterstuck aller Künsten zu sehen, vnd etwas darbey lernen. Ein solcher Thurn vnd künstliches Werck Gottes ist MARIA, dann alle Menschen von Jhr zu lernen / an Jhr zu spiegeln / vnd an Jhr ein Exempel aller Tugenden zu nemmen haben.

In Betrachtung dises / hat die H. Hedwigis ein Fürstin in Poln / stäts bey jhr ein guldenes MARIA Bild in der Hand getragen/ damit / so offt sie solches anschawete/ angereitzt wurde/ MARIÆ der Mutter Gottes ein Dienst zu erzeigen / vnd in Tugenden jhrem Exempel nachzufolgen: wie angenemb dise Vbung Gott/ vnd jhr nutzlich gewesen/ ist mit einem hertzlichen Wunderwerck bestättiget worden: dann als die H. Hedwigis an jhrem letzten End/ die ermelte Bildnuß mit drey Fingern also starck gefast/ daß niemand jhr solche auch nach dem Todt nemmen können / sondern mit jhr begraben werden müssen: als man aber vber 25. Jahr hernach dero Gebein jhres seligen Leichnambs anderstwohin transferiren wolte / ist zwar der vörige Leib gantz verwesen/ aber die drey Finger/ sambt der Bildnuß vnd Haupt/ darauß wolriechendes Oel gefloßen/ gantz vnverwesen vnd frisch erfunden worden: wie auch noch heut zu Tag im Closter Trebnitz bey jhrer heiligen Begräbnuß zu sehen/

N. In vita S. Octobr. I.
alda auch noch vil Wunderzeichen geschehen. N.

Iaculum inimicorum.
Der IV. Buchstaben in dem H. Namen MARIA, bedeutet nach Außlegung deß heiligen Antonini, daß Sie sey Iaculum inimicorum, ein Pfeil wider sichtbare vnd vnsichtbare Feind. Von den vnsichtigen Feinden soll/ geliebts Gott / ein anders mahl Anregung geschehen: daß aber MARIA Iaculum inimicorum, ein Pfeil wider sichtbare Feind seye/ vnd jhre Liebhaber wider dieselbige beschütze/ erweisen vnd bezeugen alle die jenige/ welche Sie in einer Feinds Gefahr oder Noth/ recht vnd mit Andacht angeruffen: dann

Eccli. 24.11.
Sie/ wie Syrach sagt/ beherrschet das Meer/ die gantze Erden/ vnd alle Leuth/ vnd alle Völcker/ vnd hat mit Macht vnder sich getretten die Hälß aller Hohen vnd Nidern.

O In vita S. Basilii.
P. in Serm. de Deipara.
Jch will diser Sachen für dißmal nur ein Exempel geliebter Kürtze willen erzehlen: Amphilochius, O. vnd Fulbertus, P. beschreiben: wie daß zur Zeit deß H. Basilij Bischoffs zu Cæsarea in Cappadocia / der abtrinnige

Die VIII. Predig.

zligt/ vnnd von dem wahren Glauben abgefallne Iulianus, wider die Persianer mit grosser Kriegsrüstung außziegen/ vnnd sehr getrohet/ wie daß er im Widerkeren die Statt Cæsarea in Grund verhergen/ vnnd Christen verfolgen/ vnnd außtilgen wolte: da hat der H. Basilius dem Vbel vorzukommen/ ein dreytägige Fasten angestelt/ vnnd ein grosse Anzahl von Männern vnd Weibern in B. L. Fr. Kirchen/ auff S. Dydimi Berg versamblet/ vnnd sie ermahnt/ daß sie in diser Feinds Gefahr die Mutter GOttes vmb Fürbitt vnnd Hilff eyfferig anruffen sollen: vnder dessen sihet der H. Basilius in einer Veryuckung MARIAM die Himmelkönigin auff einem Königlichen Thron sitzen/ vmb welche ein schöne Anzahl der Heyligen Gottes herumb gestanden: denen Sie befohlen/ daß sie den H. Mercurium ruffen sollten: welcher dann alsbald mit seiner Langen gegenwertig erschinen/ vnnd von der Mutter Gottes Befelch empfangen/ daß er Iulianum mit seiner Langen vmbbringen solt.

So bald der H. Basilius von seiner Veryuckung zu sich selbsten kommen/ ist er gleich mit Ebulo einem Geferdten in die Statt gangen/ das Grab deß H. Mercurij zubesuchen: alda er aber die Langen/ welche sonsten in der Kirchen auffgesteckt war/ nit funden/ deßwegen er der Erscheinung geglaubt/ sich widerumb zum Volck auff den Berg begeben/ demselben was er im Gesicht gesehen/ vnnd wie deß H. Mercurij Langen hinweg kommen/ erzehlt/ sie auch getröst/ vnd gesagt/ Iulianus wäre gewiß todt.

Darauff führte er das Volck zu S. Mercurij Grab/ bey welchem sie die Langen doch mit Blut besprengt/ widerumb funden: vber siben Tag hernach empfangt der H. Basilius gewisse Botschafft/ daß von einem vnbekandten Ritter oder Soldaten/ der gleich widerumb verschwunden/ Iulianus erstochen worden: welcher vor seinem End ein Hand voll Bluts in die Höhe geworffen/ vnd Gottslästerlich auffgeschryen habe: Vicisti Galilæe: du hast vberwunden du Galilæer: du hast mich vberwunden.

Der V. Buchstab in dem H. Namen MARIA ist A, vnd bedeuttet daß MARIA verglichen werde mit der Arca, oder Schatz-Archen der allergrösten Wunder vnd Geheimbnussen Gottes: darvon im Exordio Meldung geschehen: bleibt also wahr/ daß MARIA Wunderbarlich in ihrem H. Namen/ wegen Bedeuttung der Buchstaben desselben.

A. Arca Thesaurorum.

Der III. Theil.

Die Mutter GOttes ist Wunderbarlich/ wegen Verehrung jhres H. Namens MARIA.

Von Maria der Wunderbarlichen Mutter.

Judith herrliches lob.

Als vor Zeitten Judith dem Holofernes das Haupt abgeschlagen / vnnd dardurch die Statt Bethuliam vor dem Verderben errettet / hat sie Ozias der Obrist deß Volcks Hohe Priester fast gerühmbt / vnnd neben anderm erzehlt / GOTT habe jhren Namen so groß gemacht / daß sie in demselben werde gelobt vnd geehrt werden sprechend: Gesegnet bist du Tochter von dem HERRN dem hohen GOTT / für allen Weibern auff Erden / dann heut hat Er deinen Namen also herrlich gemacht / daß dein Lob auß dem Mund der Menschen nimmermehr kommen soll / darauff alles Volck gesprochen: Amen, Amen. Also muß es geschehen / also muß es geschehen.

Iudith 8. 23.

Mariæ Nam/groß vnd lobwürdig.

Auff dise Weiß hat GOtt den Namen MARIA also groß gemacht / daß sie in demselben von allen Geschlechtern Seelig gesprochen / vnnd verehrt werden muß: wie schon vor lengsten ein Gottseeliger gelehrter alter Vatter / welcher sich selbsten auß lautter Demuth einen Idioten titulirt / neben andern hiervon also geschrieben: A. Die gantze heyligste Dreyfaltigkeit hat dir O Jungfraw / den Namen MARIA gegeben / welcher nach deines Siebenedeyisten Sohns Namen / ist ein Namen vber alle Namen / daß in deinem Namen alle Knye gebogen werden / wie klar vnnd offenbar ist / der Himmlischen / Jrrdischen vnd Höllischen Creaturen / vnd alle Zungen bekennen dises heiligsten Namens Snad, Glory vnd Krafft: in keinem andern / nach deines vbergebenedeytesten Sohns Namen / ist so mächtige Hülff / vnd ist auch kein Nam vnder der Sonnen den Menschen / nach dem süssen Namen IESV, gegeben / auß welchen so grosses Heyl außgegossen wird: dann vber alle heylige Namen labet er / die matt seynd / macht gesund die Krancken / erleuchtet die Blinden / durchtringt die hartnäckigen / erfrischt die Müeden / salbet die Streittenden / vnd vertreibt deß Teuffels Joch.

A: In Lib. Contempl. cap. 5.

Gebett zu Ehren deß Namens Mariæ.

Disem heiligen Namen zu Ehren / haben r. etliche gewisse Gebett gemacht / vnnd täglich gesprochen / als wie der H. Jerbanus der ander General deß heiligen Prediger Ordens gethan / vnnd ein Gebett oder Gruß gemacht auß fünff Psalmen / welche den Anfang der fünff Buchstaben deß H. Namens MARIÆ gehabt: als 1. das Magnificat, 2. den Tag. Psalm / Ad Dominum cùm tribularer. 3. auß dem 128. Psalm / das Retribue servo tuo; 4. den 124. Psalm / In conuertendo. 5. den 122. Psalm / Ad te leuaui oculos meos. Dise hat er mit so vil dergleichen Antiphonen vnd Aue Maria, fleissig gebetten.

Fünff Psalmen zu Ehren deß Namens Mariæ.

Ein anderer Religios, Namens Ioscius, in S. Bertini Closter / hat in einer Predig / so ein Ertz-Bischoff von Cantuarien gehalten / gehört / wie man im heiligen Land MARIAM, wider alles Anligen / mit fünff Psalmen verehrt / vnnd die Predig mit Frewden behalten / auch die fünff Psalmen nach der

Die VIII. Predig.

Betten mit wunderbarlicher Andacht/ täglich gebetten: Nun hat GOTT/ vnd seiner werthen Mutter dise Andacht so wol gefallen/ daß Er selbige mit einem grossen Wunder bestätiget: dann als diser Seelig Ioscius gestorben/ seynd alßbald auß seinem Grab fünff schöne Rosen gewachsen: auß der Zungen eine: auß den Augen zwo: vnnd zwo auß den Ohren: die auß der Zungen hatte die Wurtzel im Hertzen/ vnd stund darauff geschriben MARIA: das hat verursacht/ daß jederman/ so gar die kleine Kinder/ disen Psalmen täglich gesprochen: vnd dardurch von allerhand Vblen erlediget worden.

Dise Rosen vnnd Wunderwerck haben nit allein die damahlig gegenwertige Ordens Personen/ sondern auch der Bischoff von Arras/ vnd die gantze Clerisey/ sambt allem Volck gesehen: es ist auch die/ so auß dem Mund außgangen/ lange Zeit in einem Glaß auffbehalten worden: wie Vincentius Beluacensis bezüget. B.

Vom P. Francisco Retzano Prediger Ordens/ gewesten Rector der Vniuersitet zu Wien in Osterreich/ schreibt P. Drexelius der Societet Iesu. C. daß nit außzusprechen sey/ wie grosse Andacht er zu disem heiligen Namen gehabt: vnd daß er vnder andern Andachten den Namen MARIA nie gehört/ daß er nit ein Englischen Gruß darzu gebettet.

Zum III. Seynd vil gewesen/ welche disen heiligen Namen stäts im Mund geführt/ vnd offt außgesprochen: vnd diß gar löblich vnnd nutzlich/ dann es sagt der H. Bonauentura: D. O MARIA, eines sehr fürtrefflichen Namens: wie könt dein Nam rühmlicher seyn/ der ohne Nutzen von niemand mag genennt werden. Vnd der H. Bernardus: O Grosse/ O Seelige/ O Lobwürdige MARIA: du kanst kaum genennt werden/ so bist du schon gegenwertig: nie gedacht kanst du werden/ daß du nit erquickest die Seelen deren/ die dich lieben/ nimmer kommest du in die Gedancken/ ohne die von Gott eingegoßne Süssigkeit.

Es schreibt Cæsarius, E. wie daß ein andächtige Fraw zu Cölln/ einem verartzletten Bischoff Namens Marsilius, erzehlt/ sie könne den H. Namen MARIA ohne sonderbare Süssigkeit nit außsprechen/ dann auch/ wann sie sonderlich den Rosenkrantz bette/ das was im Mund/ ihr in süsses Honig verwandlet werde: wie Marsilius diser Andacht nachgefolgt/ hat er auch dergleichen empfunden vnd erfahren.

In dem jährlichen Sendtschreiben der Vätter der Societet IESV auß Japonia/ wird vermeldet/ F. daß im Jahr 1621. ein Fraw getaufft worden/ welche dem Abgott Amidæ also zugethon gewesen/ daß sie ihm zu Ehren/ seine Namen täglich bey etlich Tausentmahl außgesprochen/ vnd deßwegen in aller frühe auffgestanden: nach dem sie aber ein Christin worden/ hat sie disen ihren Aberglauben in wahre Andacht verändert/ vnd sich verbunden/ zu Danckbar-

B. In Speculo Histor. c. 116.

C. In Trismegist. L. 2. cap. 1. §. 3.

D. In Speculo cap. 8. Mariæ Nam sehr nutzlich.

F. Lib. 7. cap. 50. Adrianus

F. Lit. annuæ Societ. anno 1623. & P. Lyræus S. I. Trisagij Mariani lib. 2. modo 39.

Von Maria der Wunderbarlichen Mutter.

seit ihrer Bekehrung/die Hochheiligste Namen IESVS MARIA, so offt zunennen/vnd mit Andacht außsprechen.

Verwunderlich vnnd hieher dienlich ist / was P. Paulus de Barry von dem Gottseeligen P. Theodorico Canisio der Societet IESV schreibt: *G. wie daß disen Patrem in seiner Kranckheit der Schlag also getroffen/daß er allerdings so gar seines eignen Namens vergessen/jedoch dise beede H. Namen IESVS vnd MARIA behalten/auch nichts anders geredt habe/als nur dise beyde Wort: vnd welches noch mehr zuuerwundern ist/könte er nichts mehr lesen/ dise beede H. Namen außgenomen/also daß er alle seine Wissenschafft nunmehr bestunde in außsprechung vnnd lesung der Allerheyligsten Namen IESVS vnd MARIA.*

G. in Lib. Sanctus Fauor apud Iesum, deuotione 5.

Zum III. Haben andere vil/bey Außsprechung oder Anhörung deß H. Namens MARIA, demselben grosse Ehrerbietigkeit erzeigt: mit niderneigen/oder Huet abziehen/ vnd dergleichen: also hat gethon der H. Gerardus, vnd thun dises auß seiner Lehr alle Hungarn: also hat gethon der Abbt Odilo, welcher/ so offt er disen H. Namen hören außsprechen/ sich tieff geneigt/ als wie die recht Catholischen Christen thun, vnd sich tieff bucken/wann sie in der H. Meß auß S. Johannis Euangelio die Wort lesen vnnd hören: Et Verbum caro factum est: vnd das Wort ist Fleisch worden.

Sich neigen/vnd den Huet abziehen.

Also hat auch gethon der H. Hermannus, der auch Ioseph ist genennt worden/Præmonstratenser Ordens/vnd auff Anhörung dises H. Namens/ sich biß zu der Erden geneigt/dieselbe kußt / vnnd lang also verbliben: als er die Vrsach dessen vom Bruder Fideli gefragt worden/sprach er: So offt ich höre MARIÆ Namen nennen / wirff ich mich nider auff die Erden/wie ihr sehet/vnd das nit ohne grosse Nutzen/dann alsbann empfinde ich die Süssigkeit vnnd Lieblichkeit aller wolschmeckenden Blumen/vnnd alles lieblichen Geruchs.

Zum IV. Haben ihnen etliche/vil vnnd allerhand Denckzeichen gemacht/damit sie nur offt dises H. Namens MARIÆ gedencken/vnd sich dessen erinnern köndten: zu disem End hat Ludouicus Pius, Caroli Magni Sohn/stäts ein MARIA Bild bey sich getragen. H. Zu disem End hat Franciscus Binas deß Ordens der Mündern Brüder, die H.H. Namen IESVS vnd MARIA, mit einem Messerlein tieff in sein Hertz hinein geschnitten. *I.*

H. Canisius in opere Mariano, lib. 5. cap. 29.
I. Balingh. ex Chronic. Min.

Cæsarius Razius, Carthäuser zu MARIÆ Capell / hatte MARIÆ H. Namen tieff im Hertzen/ vnnd im Mund ohne vnderlaß: vnd begehrte/daß die gantze Welt/ alle Hertzen/ alle Zungen/alles Papier/alle hohe Thürn/ aller Derrher/so gar der Himmel/ lautter vnd voll MARIÆ H. Namen wären: diser süsse Nam erhielt ihme ein hertzliche Lieb zu IESV, vnnd zu der heyligsten Dreyfaltigkeit/in welcher er disen H. Namen Tag vnnd Nacht lase/

anbet-

Die IX. Predig.

anbettet/ vnd verehrte/ vnd weil jhme MARIA offt erschinen/ wie auch im Sterbstündlein/ könte er anders nichts als nur Himmlische Ding in sein Hertz hinein lassen. *K.*

Andere haben disen H. Namen auff andere Weiß verehrt/ welcher Exempel wir billich nachfolgen sollen: hört/ vnd behaltet zum Beschluß der Predig/ Geliebte Zuhörer/ was der H. Bonauentura *L.* sagt: Gloriosum & admirabile est nomen tuum, qui illud retinent, non expauescent in puncto mortis: O Allerheiligste Jungfraw/ Glorwürdig vnd verwunderlich ist dein heilliger Nam: welche disen behalten (vnd verehren) haben sich nichts zu förchten an jhrem letzten End: Das vertephe vnd erlange vns/ O dulcis Virgo Maria: O du süsse Jungfraw MARIA. Amen.

K. Chron. Carthus. lib. 7.c.26. Anno 1487.
L. In Psalterio suo.

Die neundte Predig.

Mater Admirabilis, Ora pro nobis.

MARIÆ H. Nam wird verdolmetschet/ DEVS ex Genere, & vtero meo: GOTT auß meinem Geschlecht/ oder Leibe vnd ist deßhalben Wunderbarlich/ weil Sie Christum empfangen ohne fleischliche Begierden/ getragen ohne Beschwernuß/ vnd gebohren ohne Schmertzen.

BEy dem frommen vnnd gedultigen Job werden die Wunder Gottes erzehlt/ welche niemandts begreiffen kan/ vnd neben andern also gesagt: Ostendisti Auroræ locum suum: Du hast der Morgenröhte jhren Orth gezeigt: Bey Außlegung diser Wort/ schreibt Quirinus erster Abbt zu Tegernsee. *A.* Daß die Morgenröhte. I. den Tag gleichsamb anzeige/ vnd mit sich bringe. II. Die Mörder vnd Nachtdieb verjage/ vnd denselben zuwider sey. III. Die Schlangen/ Attern/ Nachteulen/ Fledermäuß/ vnd dergleichen Vnziffer in jhre Schlupffwinckel vnd Hölen vertreibe. IV. Den Krancken vnd Betrübten ein Linderung/ Erquickung vnd Trost bringe. V. Die kleine Waldvögelein zum Gesang vnd Lob Gottes anreitze.

Geliebte in dem HERRN: durch die Morgenröhte/ verstehe ich mit dem H. Vatter Bonauentura, vber den angezogenen Orth/ *B.* die Glorwürdigste

Iob. 38.12.

A. Conc. 3. de Nativ. B.Virg.

B. In Speculo c. 2.

Von Maria der Wunderbarlichen Mutter.

digste Jungfraw vnd Wunderbarliche Mutter MARIAM: sonderlich woll auch die Kirch Gottes auff. Sie deutet / was Canticorum gesagt wird: Quæ est ista, quæ progreditur quasi aurora: Wer ist die / welche herfür tritt als wie die Morgenröhte: vnd dises recht vnd wol.

Cantic. 6. 9.

Dann I. Wie die Morgenröhte den Mördern vnd Nachtdieben zuwider / vnd sie vertreibt: also hat MARIA in jhrem Auffgang die Teuffel vnd böse Geister vertriben / vnd ist jhnen / wie noch / zuwider gewesen. Ein Figur diser Sachen haben wir Exodi, allda vermeldt wird / wie starck der Gottlose Pharao den Kindern Israel zugesetzt / vnd sie todt haben wollen / aber iam que adueneratVigilia matutina: da die Morgenwacht kommen / nemblich die Zeit da die Morgenröhte pflegt auffzugehen, / schawet der Herr auff der Egyptier Gezelt /. auß der Fewrsäulen vnd Wolcken / vnd erschlug all jhr Heer / vnd kehret vmb die Wagenräder / vnd stürtzet sie in die Tieffe. In was vor Zeiten das gantze Menschliche Geschlecht für einem grossen Ellend vnnd Dienstbarkeit gewesen / vnd wie die Höll jhren Rachen auffgethan / das ist allen Glaubigen bewust: aber es hat geheissen / da die Morgenröhte kam / vnd die Allerseligste Jungfraw MARIA gebohren war / seynd die Ægyptier / das ist / die höllische Geister auß der Welt vertriben / vnd jhnen jhr Gewalt vnd Macht genommen / auch der thewre Raub der köstlichen Seelen abgejagt worden: dann MARIA war das versprochene Weib / welche der höllischen Schlangen den Kopff zertretten solte.

Maria gleich der Morgenröhte / den Nachtdieben zuwider.
Exodi 14. 24.

Zum II. Gleichwie die Morgenröhte alle Schlangen Vngziffer in jhre Schlupffwinckel jagt / also hat MARIA alle Abgöttereyen vnd Ketzereyen zerstört. / vnd deßwegen recht vnd wol Interemptrix omnium Hæresum: ein Zerstörerin aller Ketzereyen genennt wird. Diser Sachen haben wir ein Figur bey dem heiligen Job / allda erzehlt wird vonetlichen / welche nur bey der Nacht mausen / vnd sich heimblich in die Häuser einschleichen wollen / aber / sagt der Text: Si subitò apparuerit Aurora, arbitrantur vmbram mortis: Wo die Morgenröhte schnell kompt / ist es jhnen wie ein Schatten deß Todts.

Maria verjagt die Ketzer.
Iob. 24. 17.

Wer seynd dise Nachtmauser / vnd Häuser Einschleicher? Es seynd mit einem Wort die Secten vnd Ketzer / welche in Finsternuß deß Irrthumbs wandlen / vnd sich mit Betrug vnd Falschheit in das Hauß der Catholischen Kirchen / ohne rechtmässigen Beruff einringen: disen allen ist MARIA die wahre Morgenröhte ein Schatten vnd Vrsach deß Todts / vnd der Außreuttung / wie die gantze rechtglaubige Christenheit mit folgenden Worten bezeugt: C. Gaude Maria Virgo , cunctas Hæreses sola interimisti in vniuerso mundo: Frew dich / O Jungfraw MARIA, du hast alle Ketzereyen

Ketzer / Nachtmauser.
C. In Officio.

in der

Die IX. Predig.

in der gantzen Welt zerstöret: dann Sie/ sagt der H. Bernardus, *D. hat* | D. Serm. su-
allen Ketzerischen Sinn vnd Falschheit zerknirscht. | per Signum
    Zum III. Gleichwie die Morgenröhte den Betrübten vnd Krancken ein | magnum.
Trost vnd Linderung bringt: also die Morgenröhte MARIA, allen Betrüb- | Maria ein
ten ein Trösterin/ vnd aller Krancken Heyl: hört diser Sachen ein schönes | Trost der
Exempel: Im ersten Buch Moysis wird gelesen/ wie daß der fromme Pa- | Krancken.
triarch Jacob bey nächtlicher Weil beängstiget gewesen / vnd mit einem | Gen. 31. 2.
Mann / dessen Nam Wunderbarlich/ ringen müssen / auch von ihme an der
Hüfft berührt / vnd hinckend gemacht worden: wie aber / sagt die Schrifft/
die Morgenröhte auffgangen/ ist er widerumb getröstet/ ihme sein Nam ver-
ändert/ vnd groß gesegnet worden.
    Sihe mein Christ/ wann dich GOTT als wie den Gottseligen Patriar-
chen Jacob mit seiner Straff-Hand berührt / vnd hinckend/ kranck oder
arm macht / oder sonsten mit einer Trübsal heimbsucht: so setze zwischen
den erzürneten GOtt vnd dich / die Morgenröhte MARIAM, so wird es
bald besser / vnd anderst hergehen / du erledigst/ vnd an Leib vnd Seel gesegnet werden: wann dise Morgenröhte dir auffgangen/vnd die Gnad MARIÆ
dich bescheinen wirdt / so wirst du wol zu deinem GOTT sagen können vnd
dörffen / was damahls der Patriarch Jacob gesagt hat: Non dimittam te,
nisi benedixeris mihi: Ich will dich nit lassen/ du segnest mich dann
zuvor.
    Zum IV. Wie die Morgenröhte die grüne Waldvögelein zum singen | Maria er-
vnd Lob Gottes anreitzt: also hat MARIA mit ihrem Auffgang vnd Geburt | frewet alle
die gantze Welt/ Engel vnd Menschen/ ja alle Creaturen erfrewet. | Creaturen.
    Zum V. Hat Sie vns das rechte Taglecht der Sonnen / nembllch
Christum Jesum mitgebracht: wie solches in dem Geist Gottes der Kö-
nig David vorher erkennt / da er gesprochen: Tu fabricatus es auroram & | Psal.73.16.
solem: Du machest die Morgenröhte/vnd Sonnen: das ist/ wie Pe-
trus Damianus außleget: E. Du hast lassen auffgehen die Morgenröhte | E. In Psal.73
MARIAM, vnd auß ihr die Sonnen/ nembllch der Gerechtigkeit / welcher
ist Christus vnser Herr / so empfangen vom H. Geist / vnd gebohren auß
MARIA. F. | F. Symbol.
    Eben dises Geheimbnuß erkläret ermelter H. David/vnd sagt: Ex utero | Apost.
ante luciferum genui te: vor dem Morgenstern hab ich dich gezeugt | Psal.109.3.
auß meinem Leib: disen Orth verdolmetschet Iansonius also: G. Ex ute-
ro auroræ, ros nativitatis tuæ: auß dem Leib der Morgenröhte / ist der | G. Ianson. in
Thaw deiner Geburt: mit welcher Außlegung er zu verstehen gibt / daß | hunc locum.
Christus auß dem reinesten Gebült des Jungfräwlichen Leibs empfangen/
                    Q   vnd

Von Maria der Wunderbarlichen Mutter.

vnd auß Ihr gebohren/ auff Weiß/ als wie auff die Morgenröhte der Thaw herab fallet/ vnd alles fruchtbar macht.

E. I. Com-
...uper
Cant. c. 6.

Hiervon redet auch gar schön Rupertus Tuitiensis, *H.* Da du bist gebohren worden/ O. H. Jungfraw/ ist vns alßdann die rechte vnd wahre Morgenröhte auffgangen/ein Morgenröhte/ welche vns ankündt hat den Ewigen Tag: dann gleichwie die Morgenröhte ein End ist der vergangnen Nacht/ vnd Anfang deß folgenden Tags/ also ist dein Geburt ein End der Schmertzen/ vnd Anfang deß Trosts gewesen; ein End der Trawrigkeit/ vnd nun ein Anfang der Frewden gemacht worden: insonderheit aber ist auß diser Morgenröhte die rechte Sonn erfolgt, da MARIA Christum empfangen/ vnd auff die Welt gebohren: in welchem Geheimbnuß Sie auch darumb Wunderbarlich gewesen/ weil Sie Christum empfangen ohne fleischliche Begierden/ getragen ohne Beschwernuß/ vnd gebohren ohne Schmertzen: wie geliebts Gott in folgender Predig erklärt werden solle. Bereitet/&c.

Der I. Theil.

MARIA ist Wunderbarlich/ weil Sie Christum empfangen ohn alle fleischliche Begierden vnd Wolust.

Namens
Mariæ, vil
Außlegungē.

Bey den heiligen Vättern findet man gar vil vnd schöne Außlegungen deß H. Namens MARIÆ, welche der Mutter Gottes Stand/ Beruff/ vnd Hülff gegen vns erklären/ vnd den Glaubigen sehr Trost-vnd Lehrreich seyn: neben andern verdolmetschet der H. Ambrosius

A. Lib. de
Instit. Virg.
c. 5.
B. Cap. 2.
Histor. B. V.

A. den Namen MARIA, Deus ex Genere meo: **Gott auß meinem Geschlecht:** oder wie P. Christophorus de Castro, der Societet IESV, außleget: *B.* **Gott auß meinem Leib:** welcher Naw ihr eigentlich zustehet/ weil Gott auß ihrem Jungfräwlichen Leib vnd Geblüt die Menschliche Natur an sich genommen/ vnd auß Ihr gebohren worden.

C. Orat. 1.
de Nativit.

Dises Geheimbnuß betrachtet der H. Damascenus vnd sagt: *C.* O Miraculorum miraculum, & rerum admirandarum admirandum: Diß sey ein Wunderzeichen aller Wunderzeichen: vnd ein Wunder aller wunderlichen Dingen: ja ein Werckstatt aller Wunderzeichen.

D. Albertus
Luc. c. 11.

Der Selige Albertus zu Lawingen an der Thonaw/ von Adelichen Eltern gebohren/ anfangs ein Prediger Mönch/ hernacher Bischoff zu Regenspurg/ welcher wegen seiner Geschickligkeit/ Magnus der Groß genennt war/ erforschet vnd legt auß die Wort deß Evangelischen Weiblins: D. Beatus

Die IX. Predig.

ros venter qui te portauit, & vbera quæ suxisti: **Seelig ist der Leib der** Luc. 11. 27.
dich getragen hat / vnd die Brüst die du gesogen hast: Vnd er-
zehlt darbey zehen grosse Wunder / welche sich mit der Mutter Gottes in Zehen Wunder Empfängnuß vnnd Geburt Christi begeben / welches wegen Sie billich der.
vnnd recht Mater admirabilis: ein **Wunderbarliche Mutter** genennt
wird.

Vnder disen zehen Wundern rechnet er auch die drey folgende: daß Sie
nemblich Christum ohn alle Begirligkeit vnnd Wollust deß Fleischs empfangen, ohn alle Beschwerden getragen, vnd endtlich ohne allen Schmertzen vnd
Vngesund gebohren.

Mit dem Seeligen Alberto Magno stimmet ein der H. Bonauentura, In Luc. 11. c.
vnd schreibt auch vber angezogne Wort: Seelig ist der Leib, etc. Der Jungfräwliche Leib war dreyer Vrsachen hoch gesegnet: seytemahlen Sie ohne
Versehrung ihrer Jungfrawschafft fruchtbar worden / ohne Beschwernuß
schwanger, vnd ohne Schmertzen ein Gebärerin.

Eben dises lehret auch der H. Bernardus, vnd spricht: Sicut sine omni
corruptione fœcunda, ita sine omni grauatione grauida, & sine dolore
puerpera: **Gleichwie Sie ohne Verletzung ihrer Jungfrawschafft
fruchtbar / also war Sie ohne Beschwerden schwanger, vnd gebahr ohne Schmertzen.**

Das I. betreffendt: Ist ja ein grosses Wunder / daß die Seeligste I.
Jungfraw MARIA in dem Augenblick / da Sie dem Ertz Engel Gabriel ein- Wunder.
gewilliget, vnd gesagt: Mir geschehe nach deinem Wort / den Sohn
Gottes empfangen, nit allein ohne Verletzung ihrer Jungfrawschafft, vnd
ohne alle Sünd, sondern auch ohne alle Begirden vnd Wollust deß Fleischs, E. Homil. r.
wie Origenes, E. vnd Andreas Hierosolymitanus F. lehret, vnd ihr ein in diuerso.
kleines zuuor der Ertz Engel Gabriel vorgesagt hat / sprechendt: Spiritus F Serm. de
sanctus superueniet in te, & virtus Altissimi obumbrabit tibi: **Der H.** Anuunt.
Geist wird kommen vber dich / vnd die Krafft deß Allerhöchsten Luc. 1. 35.
wird dich vberschatten: wie solches Ioannes Maldonatus dahin außlegt,
vnnd hierüber der H. Augustinus also schreibt: G. Ita te Virtus Altissimi G, Serm. 14.
obumbrauit, vt nec æstum patiaris libidinis, & Mater sis Creatoris: **Die** de Natiuit.
Krafft deß Allerhöchsten hat dich also vberschattet / daß du kein Domini.
**Fewr der Begirden empfandest, vnd doch ein Mutter deß Erschaf-
fers wurdest.**

Hieruon prediget auch der H. Pabst Leo, vnd sagt: **Christus ist mit
einer newen Geburt gebohren worden: weil Er empfangen von einer Jung-**
Q ij   **frawen,**

Von Maria der Wunderbarlichen Mutter.

frawen vnd gebohren worden auß einer Jungfrawen/ohn alle Begährligkeit deß Vätterlichen Fleisches/vnd ohn alle Schmach der Mütterlichen Reinigkeit: dann dem zukünfftigen Heyland aller Welt gebührte ein solche Geburt/ welche in sich hette die Menschliche Natur/vnnd doch von deß Menschlichen Fleisches Besteckung nichts wußte.

H. Homil. 49. in Genes.
Diß es Wunder betrachtet auch der H. Chrysostomus, H. vnd spricht: Der Eingang vnsers allgemeinen Herrn soll würdiger seyn/als der vnserig dann es war ein Königlicher Einzug: Er müßt aber eins theils mit vnser Geburt gemein/vnd zum theil frembd seyn: diese beyde haben sich begeben: dann von dem Leib außgehen/hat mit vns Gemeinschafft: aber ohne Hochzeitliche Vermischung gebohren werden/ist aber vnser Geburt: es ist natürlich/in dem Leib empfangen werden/vber die Menschliche Natur ist es ohne Vermischung schwanger seyn: vnd darumb hat Er beydes gehabt, damit die

Vnderschid vnserer Empfängnuß.
Fürtrefflichkeit vnd Gemeinschafft/so Er mit dir hat/erlehrneßt.

Auß disem erscheint der Vnderschid der Empfängnuß Christi vnd der Empfängnuß anderer Menschen

Dann 1. werden andere Menschen in Mutterleib empfangen durch Zuthun deß Manns: Christus aber ist allein auß dem reinesten Geblüt Mariae der Jungfrawen / durch Vberschattung deß H. Geists empfangen worden.

2. Geschicht anderer Menschen Empfängnuß mit Begirden vnd Lüste deß Fleisches: Christi Empfängnuß aber/wie gehört worden/ ist geschehen

Armseeligkeit deß Menschen/ noch in Mutter leib.
ohne alle dergleichen fleischliche Empfindligkeiten.

3. Schreiben die Physici: daß nach der Empfängnuß der Mensch/ wanns ein Knäblein/ 42. Tag: wanns ein Mägdlein/84. Tag in Mutterleib lige/ ehe daß er seine Glidmassen völlig bekomme/vnd ihme die vernünfftige Seel in dem Leib Embrio genannt / eingossen werde: aber Christus ist in dem Jungfrawlichen Leib also empfangen worden, daß gleich in dem ersten Augenblick/ er mit Leib vnd Seel/ Gottheit vnd Menschheit/auch vollkommenen Verstand/vnd allen Tugenden begabt/vnd gegenwertig gewesen.

4. Werden andere Menschen/wegen Vbertrettung vnserer ersten Eltern Adam vnnd Eua / in Sünden in Mutterleib empfangen/ wie der H.

Psal. 50.7.
König Dauid bezeuget: Ecce enim in iniquitatibus conceptus sum, & in peccatis concepit me mater mea: Sihe ich bin in Sünden empfangen/ vnd mein Mutter hat mich in Sünden gebohren.

L. in Psal. 50.
In welchen Worten/wie der H. Gregorius außlegt: I. der H. Dauid Gott darumben zur Barmhertzigkeit zubewegen begehrt/weil der Mensch in der Erb und empfangen/vnnd deßwegen zu andern Sünden geneigt/auch vieler Vbien vnderworffen ist.

Welches

Die IX. Predig.

Welches dann auch die Vrsach ist/warumb heylige Leuth die Tag vnnd Nacht ihrer Empfängnuß verflucht haben/ als wie Job gesagt. Pereat dies, Iob. 3. 3. in qua natus sum, & nox, in qua dictum est, conceptus est homo. Der Tag muß verlohren werden/darinn ich gebohren bin/vnd die Nacht/da man sprach: Es ist ein Mensch empfangen.

Dergleichen hat auch gethon der Prophet Ieremias: Christi Empfäng- Ier. 20. 14. nuß aber ist geschehen ohn alle Sünd/ als welcher aller Sünd vnfähig ge- wesen/dann Er ist ain Spiegel ohne Mackel/ vnnd ein Glanz deß Ewigen Sap. 7. 26. Liechts. Er ist ein Bronn aller Reinigkeit/vnd die Heyligkeit selbsten: Dahe- Hebr. 1. 3. ro hat jhne der ErtzEngel Gabriel das Heylig genennt: das Heylig/das Hebr. 7. 26. auß dir gebohren. Luc. 1. 35.

Herauß haben Christliche Eheleuth zubetrachten/was der H. Paulus 1. Thes. 4. 3. lehret/vnd sagt: Das ist der Will Gottes/ewer Heyligung/daß ihr euch ent- haltet von der Hurerey / auff daß ein jeglicher wisse sein Gefäß zuhalten in sehr für die Heyligung vnd Ehren/ nit in fleischlichen Lüsten/ wie die Heyden/ die von Eheleuth. GOtt nichts wissen.

Die erfordert der H. Paulus von den Ehemännern/ daß sie sich nit al- lein von frembden Weibern enthalten/sondern auch Leistung der Ehelichen Pflichten/ der rechten Maß gebührlicher Bescheidenheit/ vnnd Ehelicher Keuschheit befleissen/vnnd nicht auß fleischlichen vnordentlichen Wollüsten/ sonder auß Lieb der Kinder zusammen kommen sollen.

Damit nemblich derselben Ehe sey ehrlich/vnd ihr Ehebeth vnbefleckt/ nit allein von allem Ehebruch vnd Hurerey/sondern auch von allen vnzimb- lichen Lüsten/ vnnd der Natur zuwider lauffenden vnzimblichen Wercken/ welche Gott wird richten vnd straffen. Hebr. 13. 4.

Hört was von dem Seeligen Vatter Ægidio, einem auß den ersten Brüdern deß H. Francisci geschrieben wird. K. Daß nemblich derselbig auff K. In Chron. ein Zeit in beysein eines fürnemmen Ehemanns/ von der Keuschheit vil ge- Minor L. 7. redt/ vnnd dieselbe für allen Tugenden gerühmbt habe: diser Ehemann auß cap. 31. den schönen Worten vnnd Gespräch bewegt/sprach zu dem seeligen Ægidio: Vatter/ ich leb in Ehelicher Keuschheit/vnd halt meinem Weib die verspro- chene Trew/ sagt mir/ leb ich auff disem Weg sicherlich? Ægidius antwor- tet: Was duncket euch/ kan sich der Mensch nit so wol mit dem Wein seines eignen Faß voll trincken/ als in eines andern Wein? gab darmit zuverste- hen/ daß auch sonst rechtmässige Eheleuth/wann sie die Gebühr vnd Maß nit halten sich schwerlich mit einander versündigen können.

In heiliger Schrifft befindt sich ein erschröckliches Exempel/wie daß Gen. 38. 8. zween Ehemänner/ Her vnd Onan genannt / nicht allein Böswicht vnnd & 9. Schälcke gescholten/ sondern auch auff frischer That mit dem gähen Todt

Q iij   grau-

Von Maria der Wunderbarlichen Mutter:

grausamb gestrafft worden/ weil sie zu Verhütung der Kinder/ wider den
natürlichen Gebrauch der Ehelichen Pflichten gehandlet.

L. in Hortulo exempl. tit. de confess. cap. 3.

Nit weniger erschröcklich ist/ was Seraphim Razius L. schreibt von
einer Frawen/ welche nach dem Todt ihrer Tochter/ so für sie gebettet/erschienen in Gestalt eines grossen mageren Schweins: die Tochter erschrack sehr/
vnd wolt auß der Capell entlauffen/sich durch das Fenster hinab lassen vnnd
saluiren: aber das vngehewre Thier rufft im Thon oder Stimm jhrer Mutter/vnnd sprach: Wisse/ daß ich dein vnglückseelige Mutter/ vnnd ewig
verdambt bin: dann obwolen ich vor den Menschen ein aufferbäwliches
Leben geführt/aber nie vor Gott/ in dem ich mit deinem Vatter/ meinem
Ehelichen Mann/etliche abschewliche Sünden/vor vnd im Ehestand begangen/ vnnd solche nie gebeichtet/darumb muß ich ewig verlohren seyn. Wolte
Gott! Ach wolte Gott! daß nit jhrer mehrer auß dergleichen Vrsachen ewig
verdambt würden.

Es hat einest auch die H. Christina auß Göttlicher Offenbarung gesehen/ wie die Welt voller solcher schändtlichen Sünden vnnd Geilsten/ auch
vnder den Eheleuthen/ vnd deßwegen Gott erzürnet/vnd schwere Straffen
getrohet: zu welcher Abwendung sie grosse Bußwerck an jhr selbsten für die
Hand genommen.

M. Serm. ad populum.

Merckt wol/ liebe Zuhörer/ was in diser Sachen schon vor länfften der
H. Kirchenlehrer Augustinus geprediget/ M. sprechent: Jhr Allerliebsten/ ich bitt euch/ verzeyhet mir/ der ich zu ewrer Seelen Heyl/von solchen
Sachen euch mit Forcht vnd Gesätmigkeit ermahnen thue/dann das ist mir
nützlich euch zusagen/ vnd ist euch hoch vonnöthen zuhören: derowegen alles/
was jhr jetzt von mir verstanden habt/sagts an allen Orthen/vnnd ermahnet
euch einander in der Liebe: dann gleichwie ich vor dem Richterstul Christi
schuldig seyn würd/wann ichs nit predigte: also auch jhr/ wann jhr andere
hierinnen schuldig wisset/einander nit hieruon abmahnen wollet/jhr solt sorgen/daß jhr etwan Rechenschafft für sie geben müsset.

Der II Theil.

MARIA ist Wunderbarlich / weil Sie Christum getragen ohne Beschwerden.

A. Serm. Signum magnum.

Er H. Bernardus A. zehlt vnder die grosse Wunder /
welche sich mit der Seeligsten Jungfrawen MARIA begeben/daß
Sie den Sohn Gottes empfangen/vnd neun Monat lang in jhrem
Jungfräwlichen Leib getragen / Quòd sola prægnantium tædium non
senserit.

Die IX. Predig.

senserit, Sie doch allein der schwangeren Frawen Verdruß vnd
Müheseligkeiten nit erfahren / sondern das an jhr wahr worden / was geschriben stehet: Daß jhr Beywohnung vnd Gemeinsamme nichts verdrieß- *Sap. 8. 16.*
liches vnd bitters / sondern Frewd vnd Lust gehabt.

In Betrachtung dises Geheimbnuß schreibt der H. Cyprianus, B. daß *Serm. 3.*
er sich nit allein verwundere ab Erschaffung der gantzen Welt / ab der Feste *de Nat.*
deß Erdbodens / ab dem Lauff der Sonnen / ab der Veränderung der Zeit /
in welchem etliche Ding dürr seyn, etliche grünen / etliche / welche gleichsamb
verstorben gewesen / widerumb außschlagen vnd lebendig werden / sondern
er verwundere sich vil mehr ab dem newen Wunder / welches der Herr
auff Erden gethan / da ein Weib ein Mann vmbgeben / vnd Christus auß
MARIA empfangen / vnd in derselben neun Monat lang verschlossen gewesen / doch die Mutter kein Beschwerde oder Müheseligkeit der Natur gelitten
habe.

Andere schwangere Frawen leyden sehr vil Gepresten / jhnen wird der Leib *Schwange-*
schwer / müssen offt vnd däwen vnd außwerffen / keichen vnd kreissen: zu Zeiten *rer Weiber*
widerstehen jhnen gute Speisen / vnd bekommen hingegen Gelüste zu gantz *Beschwer-*
vnnatürlichen Sachen: ich hab selbsten mit meinen Augen gesehen / wie daß *den.*
ein fürnemme schwangere Fraw / ein vnflätige Brüe von einem gesottnen
schwercksenen Garn / wegen solcher Gelüsten hinein getruncken / als wanns der
beste Maluasier gewesen wär.

Ein verwunderlichen doch denckwürdigen Gelust einer schwangeren *Gelust der*
Frawen beschreibt P. Philippus Bosquier, S. Francisci Ordens / folgenden *Schwange-*
Innhalts: C. Es haben auff dem Gebürg Hannoniæ / etliche Herren mit *ren.*
dem Ball gespilt / vnd da jmmer einer dem andern solchen zugeschlagen / *C. In Scipio-*
gieng ein Fraw mit grossem schwangeren Leib fürüber / stund anfangs etwas *ne claudi-*
still / gählinge aber laufft sie auff einen auß den Ballspilern zu / vnd begehrt / *cant. Conc.*
als wann sie ein Menschenfresserin wär / das Fleisch von dessen Armb her- *6.*
ab zu beissen / vnd zu essen: wie aber jhr anfangs solches abgeschlagen worden / bekennet sie jhr Kranckheit vnd Weibliche Gelüste: der gute Herr auß
Mitleyden / so wol gegen der Mutter / als dem Kind in derselben Leib /
nimbt ein Messer / vnd schneidet ein Stuck Fleisch auß seinem Armb herauß /
vnd gibts jhr: solches hat sie gantz heißhungerig hinein gefressen / vnd von
jhme noch eins begehrt / deßwegen er jhr auch eins auß dem andern Armb
herauß geschnitten / welches sie gleichfalls in einem Augenblick hinab geschluckt: wie sie aber mehr dergleichen begehrt / sprach der Herr: Ich sehe
wol / mein Freygebigkeit wird mir gar zu thewer werden / mein Fraw / ich
hab der Ehren gnug gethan / befelcht ewere Kranckheit vnd Gelüsten Gott /
oder gehet zu meinen Mitgesellen / vnd lasst euch einen jeglichen so vil geben /

als

Von Maria der Wunderbarlichen Mutter.

als ich/ so werd jhr satt werden: vnnöhtig ist es alhie/ mehr dergleichen Weiblicher Gebrechen vnd Kümmernussen der schwangeren Frawen zu erzehlen/ welche vermög deß Fluchs/ so Gott vber sie im Parabeiß ergehen lassen/ außstehen müssen.

Maria von allen Beschwerden befreyet.

Gnug soll vns seyn zu wissen / daß diser Beschwerden allen die Wunderbarliche Mutter Gottes vberhebt gewesen: dann billich / sagt der H. Bernardus, hat die jenige die verdrießliche Gebresten / welchen sonsten alle andere Weiber vnderworffen/ allein nit empfunden/ welche auch allein ohne begierliche Wollust bewilliget/ vnd empfangen.

Dahero ist Sie gleich nach ihrer Empfängnuß/ da sonsten andere Weiber jhre meiste Beschwerden haben / hurtig / cum festinatione, eylends vber das Gebürg gangen/ damit sie jhr Basen Elysabeth diente.

Die Vrsach dessen gibt der H. Augustinus, sprechendt: Siquidem portabat portantem se : dann Sie trug den jenigen (in jhrem Leib) von welchem Sie getragen ward : dann gleichwie ein Vögelein von den Federn nit beschwehrt/ sondern vil mehr von denselbigen getragen wird : also ist von der Empfängnuß deß Sohns Gottes die Seligste Jungfraw / nicht allein nit beschwehrt/ vnd schwach/ sondern vil mehr gestärckt worden: dann das Liecht welches Sie in jhr gehabt/ hat keine Schwäre haben können / sagt der H. Augustinus. D.

D. Serm. de Nauiuit.

1. Lehr/ schwangerer Frawen.

Hierbey haben 1. Christliche schwangere Frawen zu lernen / daß sie jhre Leibsfrucht / Gott vnd MARIÆ fleissig befehlen sollen : wiegethan die fromme Königin Elisabetha/ Ludouici, S. Ludwigs Vatter/ Fraw Mutter/ welche jhne von Gott vnd MARIA erbetten: vnd als sie mit jhm schwanger gieng/ ist sie gen Carnoto zu vnser Lieben Frawen verreißt/ vnd die Frucht im Leib der Vberseligsten Jungfrawen auffgeopffert : vnd als sie vor dem MARIÆ Bild innbrünstig für das Kind betet/ sihe da springet das Kind wie vor Zeiten Johannes in Mutter Leib frölich / vnd lang auff : vnd wurden von jhnen selbst vier Kertzen in einem Augenblick angezündt / zum Zeichen/ daß sie erhört worden sey.

Dergleichen hat auch gethan die fromme Mutter deß Cardinals Cæsaris Baronij welche jhr Kind/ da es noch in Mutterleib lag / in vnser L. Frawen Kirchen Gott vnd MARIÆ befohlen vnd auffgeopffert : warauff sie handgreifflich empfunden/ daß das Kind sich in Mutterleib auffgerichet/ samb wolle es sich auch selbsten Gott vnd MARIÆ auffopffern : darauff sie sich selbsten/ vnd die Frucht jhres Leibs Gott vnd MARIÆ befohlen/ mit gebrachten Opffern/ Gebettern/ Beicht vnd Communion/ auch Besehlung in der Priester H. M. Opffer vnd Gebett.

So ist auch vor Zeiten bräuchig gewesen / daß die schwangere Frawen
den

Die IX. Predig.   129

den Segen vnd Gebett der Geistlichen vnd Priester begehrt/damit sie frölich genesen können: dannenhero als die Kayserin Eudoxiam, welche schwanger war/zween Bischöff heimbgesucht/hat sie dieselbe mit disen Worten empfangen/vnd angeredt: Benedicite Patres, propter Dominum orate pro me, vt quod est in vtero, in lucem edam cum Dei benignitate. Ihr liebe Vätter/ gebt mir den Segen/ vnd vmb deß HERRN willen bittet für mich / auff daß ich meines Leibs Frucht/ durch die Güte vnd Gnad Gottes/ ans Tag-Liecht bringen möge; wie solches Marcus Gazensis erzehlt. E.   E. In vita S. Porphyrij Martyr.

Zum II. Haben die schwangere Frawen zu lernen / daß / weilen sie dem Fluch Euæ, vnd also vilem Kummer vnderworffen seyn/ sie durch jhre eigne Schuld selbigen nit grösser machen / vnd jhnen selbsten keine Mißgeburten/ oder gar den Todt jhrer eygnen Leibsfrucht verursachen/es sey durch einnemmen verbottner Artzneyen / oder durch vnordentlich vnd vnmässigen Essen/ Trincken/Springen/ Tantzen/ vnd dergleichen/von welchen der H. Augustinus sagt: F. Sie sollen wissen/daß sie vor dem gestrengen Richterstul Christi deßhalben schwere Rechenschafft geben müssen.   II. Lehr.

F. Serm. 244. de tempore.

Wie nicht weniger auch die Männer / welche zur Zeit / da jhre Weiber schwanger gehen/jhnen mit Schrecken/Schlagen/Tretten/ Werffen/ oder anderen Vbeln tractiren, Schaden zufügen/vnd causiren, daß Mißgeburten erfolgen.   Männer/wie sie sich gegen jhren schwangern Weibern zu halten 1. Petr. 3. 7.

Welches wegen der H. Apostel Petrus die Ehemänner ermahnt / daß sie jhren Weiberen/als dem schwächeren Gefäß/mit Bescheidenheit beywohnen sollen.

Kayser Nero kundte nit leiden/ daß jhne einest sein Kayserin gefragt/ warumb er so spat heimbgefahren? hat sie/ ohnangesehen daß sie groß schwanger war/mit Füssen getretten/daß ihr das Kind abgangen.

Der III. Theil.

MARIA ist Wunderbarlich/ weil Sie Christum ohne Schmertzen gebohren.

Die heillige Vätter halten es für ein groß Geheimbnuß vnd Wunder / daß die Mutter Gottes Christum ohn alle Schmertzen gebohren / vnd also vom Fluch anderer Weiber befreyt gewesen: als welchen von Gott selbsten zur Straff aufferlegt worden/ daß sie in Schmertzen jhre Kinder gebähren sollen.   Maria hat ohne schmertzen geboh-ren. Gen. 3. 16. Ioan. 16. 2.

Wie dann auch Christus sagt: Mulier, cùm parit, tristitiam habet, quia venit hora eius: Ein Weib / wann sie gebährt / hat sie Trawrigkeit/ dann jhr Stund ist kommen.

R   Wann

Von Maria der Wunderbarlichen Mutter.

Wann die Propheten deß Alten Testaments ein vberauß grossen Jammer vnd Leyd verkündigen vnd beschreiben wollen/ haben sie die Gleichnuß einer gebährenden Frawen angezogen.

Psal. 47. 7.
Esa. 13. 8.
Ierem. 4. 31.
& 6. 24.
Osee 13. 13.
Mich. 4. 9.
4 Reg. 19. 4.
Gebährende in Gefahr.

So schreibt auch der Heydnische Weltweise Aristoteles: Parturientibus contingit maximus dolor: den Gebährenden widerfähret der allergröste Schmertzen: von solchen sagt man: es ist ihr zum Kind weh worden/ vnd wird von jhnen vermeldet/ daß sie ohne Krässten seyen: dann offt vermeynen sie/ es lig jhnen Himmel vnd Erden auff dem Halß/ vnd ist offt Leben vnd Todt kaum ein Spann weit von einander.

Dann zu Zeiten bleibt die Mutter/ zu Zeiten das Kind: zu Zeiten Mutter vnd Kind/ wie die tägliche Erfahrnuß mit sich bringt/ vnd auch die Exempel der H. Schrifft außweisen: wie geschrieben stehet von der schönen Rachel/ einer Ehegemahlin deß Patriarchen Jacobs: wie daß sie in Kindesnöthen Todts verfahren/ da sie den Benjamin zur Welt gebracht/ vnd jhne/ da jhr die Seel Schmertzens halben außgieng/ Benoni, das ist/ ein Sohn deß Schmertzens genennt habe.

Gen. 35. 18.

Es wird vermeldet/ wie daß jene Mutter ihren Sohn Jabes genennt/ weil sie denselben mit Schmertzen gebohren: der Text sagt: vnd sein Mutter hieß jhn Jabes/ dann sie sprach/ Ich hab jhn mit Kummer gebohren.

1. Paral. 4. 9.

Dergleichen lesen wir von der Haußfrawen Phinees, der Schnur Heli/ daß sie wegen empfangener trawriger Bottschafft/ vnd widerwertigen Zustands/ das Kind Ichabod schnell gebohren/ vnd sambt demselben auff der Stell gestorben seye.

1. Reg. 4. 21.

So schreibt auch Plutarchus von deß Pompeij Magni Ehegemahl/ Julia genannt/ daß sie ein solches schmertzliches vnd betrübliches Kindsbringen gethon/ vnd so trawrige Kindbeth gehabt/ daß es zu jammern war.

Dahero pflegt auch auß Erfahrung difes/ die Königin Medea apud Euripidem A. zu sagen: sie wolle lieber dreymal in einer Schlacht sich fornen an der Spitzen finden lassen/ als einmal ein Kind gebähren: in Summa/ da ist Ach vnd Weh/ Jammer vnd Noth/ Weinen vnd Klagen.

A. Apud Eurip.

Aber die Wunderbarliche Mutter Gottes hat ihren Eingebohrnen Sohn gebohren ohn allen Schmertzen vnd Wehtragen/ mit verwunderlicher Gesundheit/ Stärcke/ Schönheit/ vnd Reinigkeit/ Frewd vnd Frolockung ihres Jungfräwlichen Leibs/ auch ohne einige Befleckung/ oder Vnsauberkeit deß Göttlichen Kinds: dise Mutter/ sagt der H. Gregorius, B, ist frey von aller Arbeit vnd Schmertzen.

B. In tragædia de Christo patiente.

Im Buch der Offenbahrung S. Birgittæ wird vermeldet/ da die Zeit kommen/ daß Maria den Sohn Gottes in der Krippen gebähren solte/

hab

Die IX. Predig.

hab Sie die Schuch abzogen/auch den eussern Mantel vnd HauptTüchlein hinweg gelegt / die weisse Windelein herfür gezogen/ihr Haar vber die Achseln fliegen lassen: vnd das Angesicht gegen Orient/ Händ vnd Augen aber gegen dem Himmel außgestreckt/ vnnd ihr Hertz in den Abgrund der Allerheyligsten Dreyfaltigkeit erhebt/auch also mit inniglicher Süssigkeit/ vnnd verzuckter Seel den Heyland insehen begehrt.

Sihe / hierzwischen ligt in einem Augenblick vor ihr das vbergebenedeyte Kindlein auff der Erden / schön glantzende / welches Sie knyend geküßt/vnd an statt der gantzen Welt lassen willkomm seyn.

Dises verwunderliche Geheimbnuß geben auch zuverstehen die Wort deß Propheten Esaiæ. C. Ehe daß kommen seynd die Schmertzen der Gebährenden / hat sie es schon vberwunden/ vnnd gebohren ein Knäblein. Die Vrsach diser Frewden-Geburt gibt der H. Augustinus, D. in einer Predig von W. L. Fr. Himmelfahrt/vnd lehret/daß die Mutter Gottes von dem gemeinen Fluch Euæ,(in Schmertzen solt du deine Kinder gebähren)gäntzlich befreyt/vnd außgenommen war/dann/sagt er/ welche ohne Sünd vnnd Mannliche Vermischung empfangen / die hat auch ohne Schmertzen gebohren. *Esa. 66. 7. C. Iuxta 70. Interpret. D. Serm. de Assumpt.*

Hieruon schreibt der H. Gregorius, vnd spricht: E. Wo in der Geburt kein Wollustbarkeit vorgangen ist/da ist auch kein Schmertzen nachgefolgt: fast dergleichen Vrsach führt der H. Ildephonsus ein/ vnnd spricht: Dann vmb so vil desto mehr war dise Jungfraw von allen Leibs Schmertzen/ vnnd Schwachheit deß vngesunds ledig vnd frey/vmb wie vil mehr Sie mit Gnaden erfüllt/gantz vnuersehrt dem HERRN vom H. Geist geheiliget/vnd mit Göttlicher Crafft vmbschattet gewesen ist. *E. In Orat. de Christi Resurrect.*

Hierauff redet auch der Prophet Esaias; Germinabit sicut lilium: & exultabit lætabunda, & laudans: sehr wird sie blühen vnd mit Frewden vnd Lust stehen/ vnd loben: welche Wort der H. Thomas von Aquin auff die ohne Schmertzen gebährende Mutter Gottes deuttet. F. *Esa. 35. 1. F. 3. p. q. 53 art. 6.*

In Summa / wie ein Rosen-oder Blumenstock seine Blümlein ohne Weheragen vnbefleckt mit sonderlicher Zier vnnd Schönheit herfür bringt: eben mit gleicher Ringfügigkeit vnd Schönheit/hat auch die Seligste Jungfraw MARIA, welche in H. Schrifft ein Rosen Hiericho gerühmbt wirdt/ den Sohn GOttes als ein Feld Blum/ vnnd Gilgen im Thal vns zu Trost gebohren. *Eccli 24. 18.*

Auß disem haben Christliche Eltern widerumb zulehrnen: daß gleichwie sie an Leibs Frucht/so lang die Mutter schwanger gehet/sich Gott vnnd MARIÆ offt befehlen sollen/also sie auch insonderheit ihr Zuflucht zu Gott vnnd MA- *Sehr Christlicher Eltern.*

R ij RIÆ

Von Maria der Wunderbarlichen Mutter.

Beicht / vnd Communion.

æ nemmen sollen / wann die Zeit / daß sie gebähren sollen / herzu nahet. Zu diesem End soll 1. die Mutter in solchem Fall frömmer seyn / vnd ihre Sachen also anstellen / als wann GOtt ihr ein Botten schickte / der sie fürs Gericht citiren vnnd laden solle: deßwegen sich hierzu durch die H. Beicht vnd Communion zeitlich bereit machen.

G. Lib. 5.
Hexam. c. 9.

Es schreibt der H. Ambrosius G. von dem Fisch Echino, oder Meerygel / daß derselb / wann er ein grosse Vngestümmigkeit vermerckt / ein Stein oder Felsen ergreiffe / vnd sich darmit wider solche waffne: auff Weiß / wie auch ein Imm zur Zeit deß Vngewitters ein Steinlein nimbt / vnd bey sich führet damit er dem Wind könne vorstehen. Also solle ein Christliche schwangere Ehefraw / welche gleichsamb den Todt auff dem Rucken tragt / vnnd ein grossen Strauß vor ihr hat / sich hierzu mit würdiger Empfahung deß Allerhöchsten Sacraments deß Altars bereiten.

Vbung der Tugenden.

2. Sollen sie gedencken / daß von Gott dem Weiblichen Geschlecht die Geburts-Schmertzen auch darumb aufferlegt / daß sie seyn sollen ein Vbung deß Glaubens / der Hoffnung / Liebe / Geduld / vnd anderer Tugendten: dann ein Fraw hat nie bessere vnd grössere Gelegenheit die Tugenden zuüben / als eben in solchem Nothfall / dann sie nit weißt / wie es GOtt mit ihr machen werd / ob ers mit Frewden entbinden / oder zu Scheittern werd gehen lassen.

Embsiges Gebett.

Zum 3. Sollen sie alßdann / fürnemblich in der Geburt / Gott vmb sein Hilff anruffen / vnd gedencken / daß Er allda fürnemblich in solcher Noth sein Allmacht erzeige: dann wann offt alle Krafften entzogen werden / vnnd kein Vermögen da ist zugebähren / sondern man vermeint / es werd Mutter vnd Kind in ein Grab kommen / da legt GOtt manches mal selbs sein Hand an / vnd beweißt mit der Thatt sein Hilff / daß warhafftig erfüllt wird / was der König David sagt: Extraxisti me de vtero matris meæ: du hast mich auß Mutterleib gezogen: du warest mein Zuuersicht von Mutter leib an.

Psal. 21. 19.

Dises hat erfahren / vnd erkennt der fromme Moyses, welcher da ihme sein Ehegemahel / den andern Sohn gebohren / er denselben Eliezer, das ist / Dvs meus Adiutor: GOtt ist mein Helffer / genennt. Warmit er den Glaubigen Eltern zuuerstehen geben wollen / daß in Kinds Nöthen Gott vmb sein Hilff anzuruffen sey / Er auch hierinnen Hilff vnnd ein frölichen Anblick verleyhe.

Exod. 2. 22.

Mariæ nit zuvergessen.

4. Soll auch in solchen Fällen der Mutter GOttes nit vergessen / sondern auch sie vmb ihr fürbittliche Hilff angeruffen werden.

M. In Epist. ad Heliodor.

Dann es schreibt Orosius: H. Ich hab vor GOtt erkennt / vnnd in der Warheit erfahren / daß kein Weib in der Geburt Gefahr leyde / oder welche die Gnad MARIÆ andächtiglich angeruffen / vnnd der Tag ihrer Empfängnuß verehret wird.

Inglei-

Die IX. Predig. 133

Ingleichem erzehlt Vincentius Beluacensis, *I.* von einer Jüdin/ welche schon etlich Tag lang vnaußsprechliche Schmertzen hat außgestanden/ vnd dannoch jhrer Frucht nit kan erlediget werden: in diser jhrer höchsten Noth vnd gewisser Gefahr deß Todts hört sie ein Stimm also zu jhr sprechendt: Ruffe an/ vnnd nenne den Namen MARIA, vnd dir wird geholffen werden/ sie thät es/ vnd gleich darauff ist die Erlösung erfolget.

I. Apud P. Paulum de Boreij, in paradiso aperto. Jüdin rufft Mariam an.

Als die andere Juden Weiber disen Namen von jhr gehört hatten/ wolten sie dieselbe auß grossem Grimmen vnd Zorn in Stucken zerrissen/ vnnd vmbringen: aber jhr liebe Erlöserin die Mutter GOttes ist jhr beygestanden/ vnnd auch auß diser Gefahr errettet: für welche Wolthat sie sich danckbarlich erzeigt/ vnnd gleich nach der Kindbett tauffen lassen/ ein fromme Christin worden/ vnd jhr Lebenlang die allerseeligste Jungfraw MARIAM sonderbar verehret.

Es schreibt auch P. Nicolaus Iansserius, *K.* wie daß im Jahr 1558. der Seelige Vatter Ludouicus Bertrandus Prediger Ordens/ zu Albayda in Indien zu einer fürnemmen Gräffin daselbsten/ mit Namen Fraw Blanca de Colona beruffen worden/ vnd sie in gefährlichen KindsNöthen gefunden/ also daß man besorgte/ beede Mutter vnd Kind werden beysammen bleiben/ vnd darauff gehen: als nun der seelige Pater hinkommen/ vnnd gesehen/ daß Menschlicher Weiß darinn zuretten/ sein Hoffnung deß Lebens mehr vorhanden war/ besucht er die jetzt sterbende vnnd in Zügen ligende Kindbetterin der barmhertzigen Trösterin aller Betrübten/ der willigisten Helfferin aller Nothleydenden/ der Allerheiligsten Jungfrawen MARIÆ, nimbt zugleich seinen geweichten Rosenkrantz/ dardurch er schon vilen auß der Noth geholffen hette/ vnd henckt jhn der schwachen Kindbetterin vmb den Halß.

K. Lib. de beneficijs S. Virg. in ord. Prædicat. c. 13.

Ein Wunderding inhören/ kaum hat er jhr den Rosenkrantz angehenckt/ sihe da wird sie Augenblicklich / mit höchster Verwunderung aller Gegenwertigen/ Kinds Mutter/ vnnd von der zustehenden Todts Gefahr ledig.

Geweichter Rosenkrantz Würckung.

Dergleichen könnten noch vil erzehlt werden/ aber für dißmal will ichs bey disem beruhen lassen. Du aber O Seeligste Jungfraw/ vnnd Mutter GOTTES MARIA, zeige vns die Gebenedeyte Frucht deines Leibs IESUM hie in Gnaden/ dorten aber in der
ewigen Frewd vnd Seeligkeit/
Amen/ Amen.

R iij

134 Von Maria der Wunderbarlichen Mutter.

Die zehendte Predig.

Mater Admirabilis, Ora pro nobis.

MARIA ist Wunderbarlich im Glauben.

Hierusalem herrlich.
Cant. 6.3.

DEr Himmlische Bräutigamb Christus gibt in den Hohenliedern seiner Gespontz der Seeligsten Jungfrawen MARIÆ das Gezeugnuß/ daß Sie sey schön/ holdseelig/ vnnd lieblich wie Hierusalem. Nun werden in H. Schrifft herrliche Wunderding von Hierusalem prophezeyet vnd erzehlt.

Psal. 86.1.

I. Daß sie eine von Gott vor andern geliebte Statt sey/ jhre Grundfest/ sagt Dauid, seynd auff den H. Bergen/ der HERR liebet die Pforten Sion vber alle Wohnung Iacobs.

Ier. 36.18.
Esa. 1.26.
Esa. 52.1.
Psal. 47.4.

II. Gibt der Prophet Ieremias das Gezeugnuß/ daß sie in die Höhe gebawet/ vnd ein Sitz deß HERRN sey: welches wegen sie der Prophet Isaias nennet ein Statt deß Gerechten/ vnnd Heyligen. Vnd sagt der König Dauid, DEVS in domibus eius: Gott wohne in jhren Häusern.

Tob. 13.23.
Psal. 86.7.

III. Ist sie vor allen andern Stätten in Judæa in grossen Ehren gehalten worden/ darumb sprach der alte Tobias in Beschreibung diser Statt: Hoch gelobt sey der Herr/ der sie erhöhet hat/ daß sein Ruhe in Ewigkeit vber sie sey: daß Wohnung in jhr ist aller deren/ die sich frewen/ vnd am frölichsten seynd.

Psal. 21.4.

IV. Hat Hierusalem den Namen/ daß sie sey ein Zufluchts Statt/ illuc ascenderunt tribus tribus Domini: Hierusalem/ die gebawet ist wie ein Statt/ welcher Gemeinschafft ist vnder einander/ dahin Geschlecht seynd auffgestigen/ nemblich die Geschlecht deß HERRN: daß ist/ die Geschlecht der Heyden vnd Juden.

Esa. 33.20.

V. Wird Hierusalem gerühmbt/ ein sehr reiche vnd gewerbige Statt vnd Wohnung/ in welcher/ wie Esaias sagt/ aller Ding ein gnügen ist.

Was vermeynt Ewer lieb vnd Andacht woll/ daß durch die Statt Hierusalem verstanden werde? der H. Anselmus antwortet vnd sagt: daß gleichwie andere Wort der H. Schrifft vnderschidlichen Verstand/ vnnd Außlegung haben/ also auch das Wort Hierusalem: dann zu Zeiten bedeuttet es

Matth. 23.37.
Gal. 4.26.

die Jüdische Statt Hierusalem: als da Christus sagt: O Hierusalem/ Hierusalem/ die du tödtest die Propheten: 2. Bedeut zu Zeiten das Reich der Himmlen: als da S. Paulus Meldung thut von einem Hierusalem/ das droben ist. 3. Bedeutet es zu Zeiten die streitbare Kirchen/

Psal. 146.2.

daruon beym Psalmisten stehet: Der HErr wird Hierusalem bawen/

vnd

Die X. Predig.

vnd zusammen bringen die Zerstrewten in Israel/ das ist/ die Kirchen der Rechtglaubigen auffrichten.

Zu Zeiten bedeutet es auch die Allerseligste Jungfrawen MARIAM, insonderheit am angezogenen Orth/ Cant. 6;. vnd diß recht vnd wol. *Maria vergleicht sich mit Jerusalem.*

Dann I. ist MARIA vor/ vnd vber alle Creaturen von Gott geliebt worden: wie der H. Bonaventura lehret. *A.* vnd Sap. 8. 3. von jhrer Person geschriben wird: Dominus omnium dilexit eam: Der HErr aller hat Sie geliebt. Von der Königin Esther sagt die Schrifft: Adamauit eam Rex super omnes mulieres: Der König hat Sie vber alle andere Weiber geliebt: also hat Gott MARIAM vber alle Creaturen geliebt/ vnd jhr mehrere Priuilegien/ vnd Freyheiten erzeigt/ als allen: der H. Anselmus schreibt: Ostendit eum amorem erga matrem, quo nullum putamus esse posse maiorem: Es hab Gott ein solche Lieb gegen seiner Mutter erzeigt/ daß wir nit gedencken können/ ein grössere zu seyn. *A. In Speculo c. 6. Esth. 2. 17.*

In Betrachtung solcher Lieb gegen MARIAM, schreibt P. Didacus Baëza, der Societet IESV: *B.* MARIA Deipara sic præ omnibus aliis creaturis simul iunctis DEO placuit, vt non mirum esset, si DEVS habens MARIAM, reliquos omnes derelinqueret: Die Gebärerin Gottes MARIA hat Gott vor/ vnd vber alle andere Creaturen zugleich also gefallen/ daß kein Wunder wäre/ wann Gott/ der MARIAM hat/ die andere alle verliesse. *B. Lib. 18. Ioan. de Cóment. in Histor. Euangel. c. 3.*

II. Ist MARIA auch in die Höhe gebawet/ vnd ein Sitz Gottes/ vnd deß Heiligen aller Heiligen: dann 1. ist Sie gesegnet vber alle Weiber: 2. ist Sie in die Höhe gesetzt/ weil Sie ist Mater DEI, ein Mutter Gottes: 3 weil Sie vber alle Chör der Engel erhöhet: vnd von jhr die Kirch Gottes singt: Exaltata est sancta DEI Genitrix super omnes Choros Angelorum: Die Gebärerin Gottes ist erhöhet worden vber alle Chör der Engel: auch Sie wol sagen kan: Ego in altissimis habito: Ich wohne in der Höhe. *Eccli. 24. 7.*

III. Wird Sie auch gleich Hierusalem vor vnd vber alle andere Geschöpff im Himmel vnd auff Erden verehret von Gott / den HH. Englen/ Menschen / auch ganzer Catholischen Kirchen; da heißt es: Domum Maiestatis meæ glorificabo: Das Hauß meiner Majestät will ich ehren/ vnd das ist / was Sie in ihrem Magnificat selbsten vorgesagt: daß nemblich Sie alle Geschlecht selig sprechen werden. *ES. 60. 7.*

IV. Ist Sie ein rechte Zuflucht Statt/ in dem Sie von der ganzen rechtglaubigen Christenheit geglaubt/ vnd genennt wird/ Refugium peccatorum, ein Zuflucht der Sünder/ vnd Geängstigten; dann Sie/ wie der H. Bernardus sagt/ thut jhr Schoß der Barmherzigkeit allen auff.

V. Ist

136 Von Maria der Wunderbarlichen Mutter.

C. In Speculo.
Prou. 31. 29.

V. Iſt Sie auch ſehr reich an Tugenden vnd Gnaden/ dann Sie Gratia plena, voll Gnaden. Der H. Bonauentura ſagt: *C.* Sie hab das vnendlich Gold der Liebe getragen. Recht deutet Ioan. Gerſon Pariſiſcher Cantzler mit andern HH. Vättern auff Sie: Multæ filiæ congregauerunt diuitias, tu ſupergreſſa es vniuerſas: Vil Töchter haben zuſammen bracht Reichthumb/ du aber haſt ſie alle vbertroffen.

D. Tom. 2. in 3. part. S. Thomæ, diſp. 18. ſent. 4.

Der Hochgelehrte P. Franciſcus Suarez, der Societet IESV, lehret: *D.* Die Mutter Gottes allein für ihr Perſon hab gröſſere Gnad vnd Glory, dañ alle Engel vnd Heiligen ſammentlich. Dann wie der H. Bernardus redet/ hat Sie vbertroffen den Glauben der Patriarchen/ die Hoffnung der Propheten/ die Lieb der Apoſtel/ die Stärcke der Martyrer/ die Nüchterkeit vnd Barmhertzigkeit der Beichtiger/ die Keuſchheit der Jungfrawen/ die Fruchtbarkeit der Eheleuthen: in Summa/ ſupergreſſa eſt vniuerſas: in allem hat Sie vbertroffen. Für dißmal will ich allein der Mutter Gottes Glauben erklären/ vnd neben nutzlichen vnd heylſamen Lehren zeigen/ wie Wunderbarlich Sie in ſolchem geweſen. Bereitet/ ꝛc.

Der I. Theil.

MARIA iſt Wunderbarlich in Ihrem Glauben.

A. Lib. 2. Inſtructionum.
B. Lib. de nom. Hebr.
C. Lib. 7. Etymolog.

ES verdolmetſchet Euſebius Lugduniſcher Biſchoff *A.* den Namen MARIA, Illuminata, ein Erleuchte: der H. Hieronymus, *B.* wie auch Iſidorus Ertz Biſchoff zu Hiſpalis/ *C.* ſagen/ daß MARIA ſo vil heiſſe/ als Illuminatrix, vel illuminans eos: ein Erleuchterin/ oder eine/ ſo andere lehret vnd vnderweiſet.

Rom. 4. 12.

Diſen Namen führet die Mutter Gottes recht vnd wol: dann gleichwie vor Zeiten der Patriarch Abraham ein Vatter aller Glaubigen genennt war: alſo wird die Seligſte Jungfraw MARIA genennt/ vnd iſt wahrhafftig ein Mutter aller Glaubigen.

Mariæ Glauben.

Der H. Cyrillus nennet Sie/ Sceptrum fidei, ein Scepter deß Glaubens/ vnd vermeldet darbey/ derſelben Glaub ſey ſo groß vnd hoch geweſen/ daß ſolcher gegen dem Glauben anderer Glaubigen gleichſamb ein Königin zu ſchätzen.

D. Lib. Virgo imitanda cap. 7.
1.
Geheimb.

Dann MARIA die Mutter Gottes hat die allerhöchſte Geheimbnuſſen/ welche damahls der Welt noch nit völlig geoffenbart geweſen/ erkennt/ vnd beſtändig geglaubt/ wie P. Franciſcus Arias, der Societet IESV, lehret. *D.*

Vnd zwar I. hat Sie glaubt das Geheimbnuß der Allerheiligſten Dreyfaltig-

Die X. Predig.

faltigkeit / welches in dem Gesatz der Natur verborgen / vnd im geschribnen *auß der H.H.* Gesatz gar wenig bekannt gewesen: solches aber hat Sie erkennt / theils auß *Dreyfaltig-* der H.H. Propheten Schrifften / theils aber vnd vil kluger auff den Worten *keit.* deß Ertzengel Gabriels / welcher bey Verkündigung deß Gruß / aller dreyer Meldung gethan.

II. Hat Sie geglaubt das vnbegreiffliche Geheimbnuß der Menschwer- *II.* dung Christi, welches zuvor vnder den Figuren / vnd Schatten deß Alten Te- *Der Mensch-* staments verborgen gelegen: hie hat Sie geglaubt / daß der Natürlich Sohn *werdung.* Gottes mit Gott dem Vatter / vnd dem H. Geist einer gleichen Gottheit sey / doch die Menschliche Natur annemmen werde: Sie hat auch geglaubt / daß Sie die Gebenedeyte Jungfraw sey / in welcher das verwunderliche Geheim- nuß vollzogen / vnd Sie den Sohn Gottes auff eine zuvor vnerhörte / vnd vbernatürliche Weiß empfangen / vnd gebähren werde.

Vor Zeiten als dem König Salomon gesagt worden / daß Gott in seinem Tempel wohnen werde / köndt er es weder fassen noch glauben / vnd sprach: Ergóne putandum est, quod verè DEVS habitet super terram? Si cæli, & cæli cælorum te capere non possunt, quantò magis domus hæc, quam ædifi- caui? Soll man auch meynen / daß Gott warlich auff Erden woh- *3. Reg. 8. 27.* ne? Sihe der Himmel / vnd aller Himmeln Himmel mögen dich nicht verschliessen / noch vmbgreiffen: wie soll dann diß Hauß thun / daß ich gebawet hab?

Aber auff Ankündigung deß Engels hat MARIA geglaubt / Sie werde in jhrem Leib Gott / den sonsten Himmel vnd Erden nit köndten begreiffen / fas- sen vnd schliessen.

In Betrachtung dises schreyt der H. Bernardus also auff: E. Quàm *E. Super Si-* verò stupenda fides, vt ad incomprehensibile hoc mysterium, & admirabile *gaum ma-* commercium, ad inscrutabile Sacramétum nullatenus se dubitaret electam, *gnum.* & veram Dei, & hominis Genitricem crederet mox futuram: was ist das für ein entsetzlicher Glaub / daß Sie durchauß nit gezweifflet / Sie sey zu di- sem vnbegreifflichen Geheimbnuß / vnd verwunderlichen Wercken / auch vn- erforschlichen Sacrament erwöhlt / auch kräfftig geglaubt / Sie werde bald ein Gebärerin Gottes vnd deß Menschen werden / vnd seyn.

In der Predig von B. L. Frawen Himmelfahrt / welche ins gemein dem H. Hieronymo zugeschriben wirdt / vermeldet der Auctor, vnd sagt: F Was *F. Serm. de* die Natur nit vermöcht / was die Vernunfft nit gewußt / was das Mensch- *Assumpt.* lich Gemüth nit fasset / darab der Himmel erschröckt / darab die Erd sich ent- setzt / darab sich alle Creaturen verwundern / das ist gantz das jenige / was durch den Ertzengel Gabriel vbernatürlich verkündiget / vnd von jhm geglaubt worden.

S

Abra-

Abrahams Glauben.

Abraham/ ein Vatter der Gläubigen/ hat nahend in dem hunderten Jahr seines Alters geglaubt/ daß Gott jhme auß seiner vnfruchtbaren Haußfrawen der Sara/ ein Sohn geben/ vnd dardurch sein Saamen/ als wie die Stern deß Himmels mehren werde: groß zwar war diser Glaub: aber noch vil grösser der Glaub MARIÆ: dann Abraham hat allein geglaubt/ es werd von der vnfruchtbaren Sara ein Mensch gebohren: MARIA aber hat geglaubt/ daß auß der reinen Jungfrawen/ ohn alle Verletzung der Jungfrawschafft/ der Sohn Gottes/ Gott vnd Mensch werd gebohren werden.

III. Der Erlösung.

III. Hat Sie geglaubt/ daß das Menschlich Geschlecht/ welches durch den Sündfall Adam vnd Eua/ vnserer ersten Eltern in das eufferst Verderben/ vnd Armseligkeit gefallen/ vermög der Menschwerdung/ vnd Erlösung jhres Sohns/ widerumb werd zu recht gebracht/ mit Gott dem Himmlischen Vatter versöhnet/ vnd demselben der Himmel eröffnet werden: anß Antrib dises vnzweiffelichen Glaubens/ hat Sie in vil weg auch vnser Heyl vnd Erlösung mitgewürckt.

IV. Der Gottheit.

Zum IV. Hat Sie geglaubt/ daß obwolen der Sohn Gottes/ welchen Sie gebohren/ dem leyden/ Todt/ Hunger/ Durst/ Hitz/ Kälte/ vnd andern dergleichen Gebrechlichkeiten vnderworffen war/ er dannoch ein wahrhaffter/ Vnendtlicher Gott/ der weder Anfang/ noch End habe/ vnd der Welt/ vnd alles was darinnen ist/ ein Erschaffer/ vnd Herr sey.

Dises alles hat MARIA, die Wunderbarliche Mutter Gottes/ vor der Verkündigung deß Euangelij/ vnd ehe Sie Christum sehen Miracul vnd Wunderwerck thun/ mit solcher Gewißheit/ vnd Klarheit deß Glaubens geglaubt/ daß dergleichen niemahls von einem andern geschehen.

Vnd obwolen zur Zeit deß Leydens Christi/ die Apostel in dem Glauben nit offentlich bestanden/ ist doch Sie darinnen fest/ vnd steiff verblieben/ vnd solchen mit jhrer Gegenwärtigkeit/ vnder dem Creutz stehendt/ vor der gantzen Welt/ Freunden vnd Feinden bekennt/ auch vnzweiffenlich geglaubt/ daß der gecreutzigte/ vnd versterbne Christus/ widerumb von den Todten aufferstehen werde: Nam non ignara fuit mysterij, quòd genuisset resurrecturum: sagt der H. Ambrosius, G. das ist: Jhr war nit vnwissend: das Geheimbnuß/ daß Sie den gebohren/ welcher widerumb von dem Todt auff erstehen werde.

G. Lib. de Instit. Virg. c. 7.

Dahero lehret auch der H. Antoninus, daß in der Charwochen/ in den drey Mettinen/ die oberste Kertzen/ wann gleich die andere alle außgelöscht werden/ vnaußgelöscht bleibe: anzuzeigen/ daß allein MARIA damahls jhren Glauben offentlich hab scheinen lassen; Da ist erfüllt worden/ was in den Sprichwörtern geschriben stehet: Non extinguetur in nocte lucerna eius: Jhr Liecht verlöschet deß Nachts nit.

Prou. 31. 18.

Wegen

Die X Predig.   123

Wegen so grosser erkantnuß/vnd steiffen Glauben der vbernatürlichen
vnnd Göttlichen Dingen auch aller Geheimbnussen/ welche GOtt auff der
Weltwürcken würd/ hat Sie vor Zeiten der Prophet Esaias Prophetissam, Esa. 8. 3.
ein Prophetin zu welcher jhme befohlen worden zugehen/ genennt/ wie der
hochgelehrte Rupertus vermerckt / sprechendt: *H.* Hæc Prophetissa, ad H. In lib. 3.
quam Propheta iussus accedit, sancta est MARIA, cuius in vtero omnium   Esa. c. 34.
Prophetarum sanctorum completa est prophetia, nec quod carne concepit,
mente ignorare potuit : Die Prophetin / zu welcher der Prophet auß Befelch gangen/ ist die H. MARIA, in dero Leib aller heyligen Propheten Weissagungen erfüllt worden./ dann was Sie im Fleisch empfangen/ hat im Gemüth nit verborgen seyn können. In Summa/ Sie war plena fide, voll deß
Glaubens/ sagt der H. Augustinus in Soliloquiis.

Dises so grossen Glaubens hat die Mutter GOttes selbs Zeugnuß ge-
ben in ihrem Lobgesang/ also sprechent: Fecit mihi magna, qui potens est: Luc. 1. 48.
Grosse Ding hat an mir gethon / der da mächtig ist: was seynd
aber dise grosse Ding anderst / als daß Gott in jhrem Jungfräwlichen Leib
Mensch worden/ vnd Sie allein auß allen Weibern zu einer Mutter erwöhlt/
auch hierzu mit so grossen Gnaden vn Gaaben gezieret/ daß vermög jhrer selbst
eignen Weissagung/ Sie alle Völcker der Glaubigen werden seelig sprechen.

Darnach hat von der Mutter Gottes grossen Glauben/ Zeugnuß geben
die H. Elisabeth, da sie auff geschehenen Wunder-Gruß zu jhr sprach: Beata, Luc. 1. 45.
quæ credidisti, quoniam perficientur in te, quæ dicta sunt tibi Domino:
Seelig bist du/ die du geglaubt hast dann es wird von dir alles vollendet werden/ was dir vom HERRN gesagt worden.

In welchen Worten sie zuverstehen gibt/ daß die Seeligste Jungfraw
MARIA, Krafft jhres Glaubens/ zu einer Mutter Gottes gewürdiget/ vnnd
erhöhet worden: vnd obwolen es einer vnendtlichen Würdigkeit, ein Mutter GOttes seyn/ schreibt doch der H. Augustinus: *I.* Beatior fuit MARIA, *I.* Lib. de
percipiendo fidem Christi, quàm concipiendo: MARIA sey seeliger gewesen Virg. cap. 3.
in Begreiffung deß Glaubens Christi/ als in der Empfängnuß deß Fleischs
Christi.

Bey disem ersten Theil haben alle Christen zulehrnen : 1. Gleichwie   I.
MARIA die Mutter Gottes sich beflissen/ vnnd geübt in Erkanntnuß der Ge- Lehrstuck.
heimbnussen Gottes/ also sie sich befleissen sollen/ die Geheimbnuß GOttes
zuerkennen/ vnnd alle Articel deß Glaubens zulehrnen/ weil in Erkanntnuß
derselben/ deß Menschen ewiges Heyl vnd Seeligkeit bestehet/ dann ohne den Hebr. 11. 6.
Glauben ist vnmüglich GOtt zugefallen/ vnnd seelig zuwerden. Vnd/ wer Marc. 16. 16.
nit glaubt/ der wird verdambt.

S ij   Wel-

Welches auch der H. Athanasius in seinem Symbolo, vnd Glaubens Bekantnuß bezeugt/ sprechent: Wer will seelig werden/ dem ist vor allen Dingen vonnöthen/ daß er hab den Catholischen Glauben/ welchen wann einer nit gantz vnd vnuerbrochen haben wirdt/ so wirdt er vnzweiffenlich ewig verderben.

K. Lib 1. de fide ad Petrum. c. 32. 38. 39.

So schliest auch der H. Fulgentius, K. daß wegen Abgang deß Glaubens nicht allein die Heyden/ Juden/ Türcken/sondern auch alle Ketzer/vnd Schismatischen vom Himmelreich ewig außgeschlossen werden: deßen setz ich hinzu alle diejenigen/welche die nothwendige Glaubens Sachen/so zur Seeligkeit zuwissen vonnöthen/nit erlehrnen.

Wie dann vil liederliche Leuth seyn/ welche sich von den Christlichen Lehrern/ vnnd Vnderweisungen der Lehr Christi entziehen/vnd dißfals auffwachsen/als wie die vngestümmlete Bäum/auch von Glaubens Sachen nit mehr wissen zureden/als der Blind von der Farb.

Von solchen schiltesset das Aquisgranische Concilium: Christiano titulo indignum esse, qui necessaria fidei nesciat: daß der deß Tittels/ vnnd Namens eines Christen vnwürdig sey/ welcher die nothwendige Stuck deß Glaubens nit weiß: wie dann wider solche der H. Chrysostomus klagt/vnd sagt: Es sey ein grosse Schand/ vnnd grosse Sünd/ daß alle Handwercksleuth jhre Hand Arbeit zuuerthädigen wissen/vnd ein Christ soll nit Rechenschafft seines Glaubens geben können: dann/sagt er/die nothwendige Stuck zu vnd in einem Handwerck nit erlehrnen vnnd wissen/bringt allein ein Gelt-Schaden: die nothwendige Glaubens Sachen aber nit erlehrnen/vnd wissen/

2. Cor. 14. 38.

bringt der Seelen Verderben: Qui enim ignorat, ignorabitur: dann wers nicht erkennt/ der wird auch vnbekandt/ vnnd ewig verwerffen bleiben.

II. schißtuck.

Zum II. Gleichwie MARIA alles/was von Gott einmal geoffenbaret worden/durchauß geglaubt/also soll vnd muß ein rechter Christ/alle vnnd jede Artickel deß wahren Glaubens bekennen: dann wie gehört worden/ sagt der H. Athanasius: Wer wolle seelig werden /dem sey vonnöthen/daß er den Catholischen Glauben integram, inuiolatámque, gantz vnnd vnuerbrochen bekenne/vnnd halte: deßwegen welcher in einem einigen Artickel deß Glaubens halbstärig zweiffler/der wird aller schuldig: wie der H. Iacobus redet.

Iacob. 2. 10.

Ein klares Gesicht vnd Augen erstrecken sich auff alle Farben: also der rechte Glaub auff alle Artickel: dann wann einer gleich sagte / er sehe alle Farben/allein sehen seine Augen die grüne Farb nit/so wird man jhm sagen/ er hette kein recht Gesicht: also wann gleich einer alle Artickel deß Catholischen Glaubens bekennete / ausser etwann den Artickel von der Gemeinschafft der Heyligen Gottes/ so ist er schon kein rechter Christ.

Gleich

Die X. Predig.

Gleichwie alle vnd jede zehen Gebott/ bey verlurst der ewigen Seeligkeit zuhalten seyn/also daß wann einer nur eines fürsetzlich nit halten thut/er ewig verdambt wurde/ wann er gleich die andere alle vnerbrüchlich gehalten hett: also seynd alle vnnd jede GlaubensArtickel/ bey verlurst der ewigen Seeligkeit zubekennen vnd zuglauben: also daß die halsstärige Widersprechung eines einigen/den Menschen ewig verdambt. *Gebott Gottes/ sollen gehalten werden.*

Dahero sagt vnser Catholischer kleiner Catechismus, daß der ein recht Catholischer Christ/welcher/nach dem er getaufft ist/durchauß glaubt vnnd bekennt/was die Catholische Kirch glaubt vnd bekennt. Merck: soll einer ein rechter Catholischer Christ seyn/so muß er durchauß alle Artickel deß Catholischen Glaubens bekennen vnd glauben.

Deßwegen Thomas der Apostel / obwolen er allein im Artickel von der Aufferstehung Christi zweiffelhafftig gewesen/ vnglaubig genennt worden/ dann wie er seinen Irrthumb hernacher fallen lassen/ vnd auch disen Artickel bekennt/ sprach Christus zu jhme : Noli esse incredulus, sed fidelis : Sey nit vnglaubig/sondern glaubig. *Ioan. 20. 17.*

Der Glaub ist diß fals gleich einem Vhrwerck : wie dann in demselben vnder hundert eisenen Zähnen/nur ein einiger verderbt ist/ so ligt schon das gantze Vhrwerck darnider/ vnnd nutzet nichts/ biß daß auch der zerbrochne Zahn widerumb gemacht wird: also hat es ein Beschaffenheit mit dem Glauben : wann ein einiger Artickel desselben halsstärrig in Zweiffel gezogen/vnd nit bekennt wird/da ist der gantze vbrige Glaub nichts nutz. *Gleichnuß.*

Wie neben andern der Römischen Kirchen Cardinal Hosius L. gar schön erkläret/sprechendt: Tam est Anathema, tam Ethnicus, & Publicanus, qui Ecclesiam in paucis, quàm qui in multis non audit: sicut tam mergitur, qui palmo aquæ, quàm qui abysso maris contegitur: Der ist so wol verdambt/so wol als ein Heyd vnd Publican verdambt ist/welcher die Kirchen allein in wenigen Dingen/ als der/ welcher sie in vilen nit hört : gleichwie der eben so wol versauffen muß/welcher nur ein Spannen tieff vnder dem Wasser ist/als der/ welcher gar biß in dem tieffesten Abgrund deß Meers ist : darumb laßt vns alles durchauß glauben/vnd folgen dem H. Augustino, auch mit Hertzen vnnd Mund sagen: Firmissimè credo, & nullatenus dubito, quidquid credit, & credendum proponit Romana, & Catholica Ecclesia: Ich glaube steiff/ vnnd zweiffle keines wegs ab dem/ was die Römische vnd Catholische Kirch glaubt/ vnd zuglauben fürstelle vnd befilcht. *L. Apud Stanislaum Reschium in vita l. 2. c. 21.*

Zum III. Gleichwie die Mutter Gottes allzeit/vnd jhsonderheit vnder dem Creutz Christi jhren Glauben in der allergrössten Versuchung/ vor Freunden vnnd Feinden standhafftig bekennt: also sollen auch wir thun/ *III. lehrstuck.*

142 Von Maria der Wunderbarlichen Mutter.

vnd den wahren Catholischen Glauben vor Heyden/Juden/Türcken/ vnnd Ketzern offentlich bekennen/ vnd vns an allen Orthen/ vnd vor allen Leuthen Catholisch erzeigen/mit Worten vnd Wercken/mit Geberden vnd Cæremonien. als im H. Gebett/ vnd wann man das H. Sacrament deß Altars vber die Gassen trägt/ niderknyen; wann man das Aue Maria leuttet/ den Huet abziehen/ das Creutz machen/ Rosenkrantz tragen/ an verbottnen Fasttägen kein Fleisch essen/vnd dergleichen.

Gespött nit zuachten.
2.Reg. 6,22.

In disem Fahl soll sich ein rechter Christ das Gespött der Ketzer so wenig abwendig machen lassen/als vor Zeitten der König David sich von Verehrung Gottes die gespö:tig Michol hat lassen abwendig machen / welcher er zu trutz nur mehr die Archen Gottes verehrt/ vnnd gesagt: Ludam coram Domino, & vilior fiam, plusquam factus sum: Ich will / so wahr der HErr lebt/ vor dem HErren spilen/ vnd noch geringer werden/ dann ich gewesen bin.

Es ist nit genug/allein im Hertzen Catholisch seyn/eusserlich aber sich
Rom. 10.10.
Eusserliche Bekanntnuß deß Glaubens.
anderst erzeigen wollen: dann es sagt der H. Paulus: Corde creditur ad iustitiam, ore autem confessio fit ad salutem: Mit dem Hertzen glaubt man zur Gerechtigkeit/mit dem Mund aber geschicht die Bekanntnuß zur Seeligkeit.

Es schreibt der H. Euangelist Ioannes von etlichen Juden / daß sie zwar an Christum geglaubt/ weill sie aber solches eusserlich nit bekennt/vnnd darfür wollen angesehen seyn/damit sie nit verspottet/vnd auß der Jüdischen Synagog außgestossen wurden/ als wir des jhnen hoch verwisen/vnd gesagt:
Ioan. 12.43.
Dilexerunt enim gloriam hominum magis, quàm gloriam DEI: Dann sie liebten mehr die Ehr der Menschen/als die Ehr Gottes.

Hört was der H. Bischoff Basilius von dem H. Martyrer Georgio
M. In vita eius.
schreibt/ M. daß nemblich jhme etliche an den Rohtgeben;Er solle zu Entgehung der grossen Peyn vnnd Marter/ wenigst nur eusserlich den Glauben verlaugnen/vnd gleichwol denselben im Hertzen behalten/vnd GOTT bekennen : Hierauff aber der H. Martyr also geantwortet habe : Negem ego
Beständigkeit deß H. Martyrers Georgij.
DEVM meum, in cuius cultu sum educatus? nonne Cœlum, Sol, & Luna, lumen mihi clauderent suum? credo profectò, humum, quam pedibus gero, ruituram: lingua, quam Christi beneficio retineo, adduci non potest, vt Auctorem suum neget: Soll ich meinen GOtt verlaugnen/in dessen Dienst vnd Glauben ich aufferzogen bin? wurd nit der Himmel/Son/ vnd Mon/mir jhr Liecht verschliessen vnd versagen? ich glaub gäntzlich/ die Erd/darauff ich stehe/ wurd vnder mir einfallen: mein Mund/vnnd Zungen/ welche ich biß daher auß Christi Gnad erhalten/ werden dahin nit können

nen gebracht werden / da sie jhren Anfänger vnd Erschaffer verlaugnen? Also gedencke auch du mein Christ / der sey deß Christlichen Namens vnd Gemein nit werth / werde auch von Christo an jenem grossen Gerichts Tag nit erkennt / sondern verlaugnet werden / welcher sich jetzt schämet / jhne in seinem Wort / Lehr vnd Glauben offentlich zu bekennen. Matth. 10. 32. Luc. 12. 8.

Der II. Theil.

Maria erleuchtet vnd stärcket jhre Liebhaber Wunderbarlich im Glauben.

MARIA die Mutter Gottes führt nit allein den Namen / daß Sie sey Illuminata, ein Erleuchte / in den Geheimbnussen Gottes / vnd vbernatürlichen Glaubensachen / in welchen Sie von Anfang her vnderwisen / vnd fundirt war / sondern Sie wird auch genennt / vnd ist Illuminatrix, ein Erleuchterin / als welche auch andere zu der Erkanntnuß Gottes / vnd dem rechten wahren Catholischen Glauben bringen kan vnd will.
Maria ein Erleuchterin im Glauben.

Der H. Cyrillus Alexandrinischer Patriarch / nennet Sie A. ein Scepter vnd Richtschnur deß rechten Glaubens. Der H. Ignatius Antiochenische Patriarch / welcher zu der Apostel Zeit gelebt / B. sagt: Sie sey Magistra nostræ Religionis, ein Lehrmeisterin vnserer Religion.
A. Homil. de Nativ. Seruatoris, coram Patribus Ephesini Concilij habita.

Die H. Birgitta erzehlt mehrmal in jhren Offenbarungen: Sie sey gewesen ein Meisterin der Apostel / vnd deß Catholischen Glaubens ein Beförderin vnd Stärcke: als auß welcher Exempel / Fleiß / Lehr / Worten vnd Wercken / vnzahlbar vil Juden vnd Heyden zum Catholischen Glauben bekehrt worden.
B. In suis Epistolis, Epist. 1.

Dergleichen schreibt auch Emissenus: C. Sie hab alle Wort in jhr Hertz gelegt / betrachtet / vnd behalten / damit solche hernacher auff jhr Angeben geschriben / vnd allen Völckern geprediget wurden: dann sagt er / ab ipsa luce Apostoli audierunt, & ipsa dictante scripserunt, nobisque legenda mandauerunt: von jhr haben die Apostel gehört / vnd auff jhr Angeben geschriben / auch vns zu lesen befohlen.
C. In Euang. de Assumpt.

Diser Vrsachen halben schreibt auch der H. Anselmus D. daß Sie nach Christi Himmelfahrt darumb noch so lang auff der Erden gelassen worden / damit Sie der Apostel Lehrerin sey / vnd durch Sie der Catholische Glaub befördert wurde: wie Sie dann nicht allein die Apostel vnd Erstglaubige hierinnen gestärckt / sondern auch noch zur Zeit durch jhr Fürbitt vilen die Erleuchtung vnd Stärcke im rechten Glauben erlangt / daß Sie auch dahero von S. Augustino, vnd Gregorio Thaumaturgo Bischoff zu Neocæsarea. E, ein Mutter vnd Grundvest aller Glaubigen genennt wird.
D. Lib. de Excell. Virg.
E. In Serm. de Assumt.

Wir

Von Maria der Wunderbarlichen Mutter.

Wie dann diser Wunderheilige Gregorius im Werck erfahren: dann es schreibt von jhme Gregorius Nyssenus, wie daß in seinen Zeiten die Catholische Kirch grosse Anstöß erlitten / eines theils von den Heyden / anders theils von vnderschidlichen Ketzereyen / sonderlich von den Arrianern. Nun begab es sich / daß der H. Gregorius einest zu Nacht in seiner Ruhe / ohne Schlaff wachend lag / vnd den Glaubenssachen embsiglich nachtrachtete/was doch bey solcher schweren Zeit fürzunemmen wäre/ dem Vbel vorzukommen.

In diser Betrachtung erschin jhme augenblicklich die Seligste Mutter Gottes mit dem H. Euangelisten Ioanne: Johannes erzeigte ein alte ehrwürdige Gestalt / mit einem Bischofflichen Habit bekleidet: die Mutter Gottes erzeigte sich zwar in Weiblicher Gestalt / aber Sie vbertroffe in der Schönheit alle Menschen/vnd erfüllet die Kammer mit einem hellen Liechtglantz/befahle auch dem H. Johanni/ er solle Gregorium in dem Geheimnuß der Allerheiligsten Dreyfaltigkeit recht vnderrichten: welches dann geschehe/ vnd hat der H. Gregorius solche Vnderweisung vnd Lehr alßbald auffs Papier gebracht / vnd an die Nachkömling kommen lassen: daß also das Volck in dem Allerhöchsten Artickel deß Glaubens wol vnderrichtet / vnd von villen Ketzereyen erhalten worden.

F. In vita Petri Veronensis Martyris. Es schreibt auch Thomas Leontius, Patriarch zu Hierusalem / F. wie daß Pabst Innocentius der vierdt diß Namens/ etliche Geistliche auß deß H. Dominici Orden/in Barbariam geschickt/die Ketzereyen daselbsten außzureuten: Petro aber von Veraun/welcher hernacher vmb deß Catholischen Glaubens willen gemartert worden / habe er die Statt Mayland anvertrawet: diser Petrus verrichtete sein Commission vnd Ambt auffs allerfleissigst/vnd widersetzt sich den Ketzern auff stärckest: befahle auch die Bekehrung deß Volcks Vnser Lieben Frawen mit eyfferigem Gebett.

Darauff erschine die Mutter Gottes jhme im Schlaff / vnd sprach / was vor Zeiten Christus zu dem Apostel Petro gesprochen: Ego pro te rogaui, Luc. 22. 32. vt non deficiat fides tua: Petre, ich hab für dich gebetten / daß dein Glaub nit abnemmen soll: ab disem Wort ist der heilig Mann also gestärckt worden/daß er kein Streit oder Disputation der Ketzer mehr abschluge/ sich auch ab derselben nichts förchtere / sondern mit Hülff vnd Erleuchtung der Seligsten Jungfrawen MARIÆ, gar vil zum Christlichen Glauben bekehrte.

G. De rebus Hippon. l. 5. cap. vlt. Denckwürdig vnd verwunderlich ist / was Marinæus Siculus erzehlt / G. wie daß in Hispania nahend bey dem Orth Oliana/ ein Vnser Lieben Frawē Kirchen auff einer Höhe stehe / vnd nicht weit darvon ein Insul / oder Orth/so beyderseits mit Wasser vmbfliesset / sey / auß welchem Jährlich im Mayen

Die X. Predig. 145

Mayen allzeit an Freytägen drey Himmelblawe Fewerflammen auffgehen/ vnd gegen Vnser lieben Frawen Kirchlein schweben / auch sich durch die Fenster in daffelbig hinein tringen/ vnd alle Ampeln anzünden: darnach widerumb an das Orth/ darvon sie außgangen/ kehren/ vnd auß den Augen der Zuschawenden verschwinden.

P. Ioannes Bonifacius der Societet IESV, hält darfür / *H.* dise drey himmelfarbige Fewerflammen in Vnser lieben Frawen Kirchen/ bedeuten das liecht deß Glaubens / der Hoffnung vnd liebe/ welches Gott wegen Verdienst vnd Fürbitt MARIÆ, in Hispania vor andern Orthen angezündet/ vnd erhalten: vermeynt auch / sie seyen ein Anzeigung/ daß Hispania von den hartnäckigen Juden/ Barbarischen Mauren/ vnd halßstärrigen Ketzern erlediget/ vnd erhalten werde.

H. Tract. de Divæ Virg. vita, & miraculis. l. 4. c. 2.

Die will ich allen Glaubigen / insonderheit den Newbekehrten / ein sehr heylsame vnd fast nutzliche Lehr geben: daß nemblich sie von Gott die Erleuchtung/ vnd Mehrung deß Glaubens / durch die Fürbitt MARIÆ begehren sollen/ mit gewiser vnfehlbarer Versicherung/ daß alßdann der H. Geist in ihnen Wunderbarlich würcken / sie erleuchten / vnd zu völliger Erkanntnuß deß allein Seligmachenden Catholischen Glaubens bringen werde.

Lehr/ für new Bekehrte.

Alle die jenige / welche einmahl an new reformirten Orthen Pfarrer vnd Seelsorger gewesen/ vnd die Vn-Catholische zu dem Wahren Glauben vnderweisen/ werden vnd müssen Zeugnuß geben/ daß alle die/ welche im Anfang jhres Vnderrichts / oder hernacher gegen der Mutter Gottes ein Andacht gehabt/ vnd Sie zu jhrer Bekehrung / vnd völliger Erleuchtung vmb Fürbitt angeruffen/ recht eyfferig Catholisch werden/ recht eyfferig Catholisch leben / vnd auch recht eyfferig Catholisch/ ja selig sterben.

Da hingegen die/ welche sich der Mutter Gottes nit achten/ noch Sie mit gewisen Gebetten grüssen vnd verehren / gemeiniglich nur lawe Maul-Christen seyn / welche von jeglichem Wind falscher Lehr / sich wie ein Rohr im Wasser hin vnd her wehen lassen.

Ich sags noch einmahl/ welchem schwer fallet/ den Catholischen Glauben anzunemmen/ oder im sälbigen in einem/ oder andern Articfel anstehet / der verehre die Mutter Gottes/ vnd begehre zu disem End mit gewisen Gebetten/ etwann täglich nur mit einem einigen Aue Maria derselben Fürbitt / so wird er versicherlich zu völliger Erleuchtung/ vnd vollkommener Erkanntnuß deß wahren Glaubens kommen.

Dann die Verehrung vnd Andacht gegen der Mutter Gottes / ist ein gewises Kennzeichen deß allein Seligmachenden Catholischen Glaubens/ wie vor vil mehr als Tausent Jahr der heilig Ambrosius Bischoff zu Meyland

Kennzeichen/ deß wahren Glaubens.

T

Von Maria der Wunderbarlichen Mutter.

In Lucam. sondt gelehrt hat/ *l.* vnd solches die Augenscheinliche vnd tägliche Erfahrnuß mit sich bringt.

Die Mutter Gottes kan vnd will nit zulassen/ daß einer auß denen/ welche Sie dißfalls angerufft/ ohne Erkanntnuß deß wahren Glaubens sterben, vnd ewig verderben solle.

Wie mit seinem grösten Nutz erfahren der H. Martyr Cyprianus, von welchem Nicephorus schreibt/ *K.* daß er auff solche Weiß bekehrt/ vnd durch Fürbitt der Seligsten Jungfrawen/ zu grosser Erkanntnuß/ vnd Bekanntnuß deß Catholischen Glaubens kommen sey/ daß er selbigen hernacher mit seinem Blut bestritten/ bezeugt/ vnd die ewige Marter Cron erlangt habe.

K. Hist. Eccles. lib. 5. c. 27.

So schreibt auch Thomas Cantipratanus, *L.* von eines reichen Juden von Cöln fünffjährigen Töchterlein/ Namens Rachel: welches in der Jugendt ein Andacht zu Vnser Lieben Frawen bekommen/ vnd insonderheit derselben Namen MARIA verehrt/ auch vmb desselben willen den Armen/ was es außtreiben können/ geben/ vnd offt gebettet: O heilige Jungfraw/ verlaß dises arme Waißlein nit: wegen solcher Andacht vnd Verehrung MARIÆ ist dise Rachel gantz Wunderbarlich zu der Bekehrung vnd Christlichen Catholischen Glauben kommen/ auch durch Fürbitt vnd Hülff MARIÆ. welche/ wie der H. Chrysostomus sagt/ ein süsser Trost vnd Schirm der Bekehrten ist/ wider grosse Versuchungen/ starcke Nachstellungen/ vnd wüttige Verfolgungen jhres eignen Vatters/ darinnen biß an jhr End erhalten worden.

L. Lib. 2. Apum. c. 29.

Tom. 4. in Liturg.

Zu Löuen war sie in der Bernardiner Kirchen getaufft/ Catharina genennet/ vnd auff starckes Anhalten in das Closter auffgenommen: in welchem sie allen Closter-Frawen mit guten Exempeln vorgangen/ nächst Gott/ MARIÆ jhrer Erleuchterin trewlich gedient/ vnd dieselbe zu jhrem Vatter/ Mutter/ Bruder/ Frawen vnd Beschützerin erwöhlt/ auch offt jhre Gebettlein widerholet/ sprechendt: O H. Jungfraw/ verlaß dises arme Waißlein nicht/ welches zu dir kempt als zu seiner lieben Mutter: Ach! du bist gewißlich mein Mutter/ mein Vatter/ mein Bruder/ mein Schwester/ mein Fraw/ mein Geliebte/ mein Beschützerin/ mein Zuflucht vnd alles.

M. In Societ. B. Virg. Sacra.

Ingleichem erzehlt Bourghesius *M.* von Martino Guttrich von Comburg gebürtig/ daß diser der Vncatholischen Religion gewesen/ vnd auff ein Zeit in dem Thumb zu Bamberg mit seinem Catholischen Herrn in einer Predig gewesen/ vnd vom Prediger daselbsten/ Herrn Friderico Fornero gehört habe/ wie die Mutter Gottes aller Ehren werth/ vnd wie angenemm jhr das Aue Maria sey/ deßwegen er auß der Predig bewegt/ Täglich Morgens

Die XI. Predig.

gens vnd Abends Sie mit siben Aue Maria gegrüst/ vnd zu Erinnerung der Ehr vnd Frewd/ welche Sie in der Menschwerdung Christi gehabt.

Als nun diser Martinus im Jahr 1608. erkrancket/ erschin jhme die Mutter Gottes/ vnd sagt jhm vor/ Sie werde jhne am H. Christ. Abend zum Himmel begleitten/ deßwegen er sich mit dem H. Catholischen Glauben versöhnen/ vnd durch Empfahung der heiligen Sacramenten sich zum Todt bereiten solle. *VnCatholische verehren Mariam nutzlich.*

Worauff er alßbald gedachten Thumb Prediger/ wider alles abwehren vnd widersprechen seiner VnCatholischen Befreundten/ zu sich beruffen/ vnd jhme den Verlauff vnd die Erscheinung der Mutter Gottes erzehlt/ auch sich eyfferig Catholisch offentlich erkläre.

Auß welchem Herr Fornerus vnfehlbar geschlossen/ daß dise geringe Andacht/ vnd Gebett der siben Aue Maria, die Mutter Gottes bewegt habe/ dises jrrende Schäfflein auff den rechten Weg/ vnd wie jhme vorgesagt/ in den Himmel zu führen.

Ein andere Wunderbekehrung/ durch die Fürbitt MARIAE, erzehlt P. Paulus de Barry, der Societet IESV, N. vnd sagt: Er hab im Jahr 1610. zu Turon in Franckreich ein Ketzer gesehen/ welcher in seiner Kranckheit in seinem Jrrthumb halßstarrig verharrete/ diser hatte niemahlen MARIAM, wie er selbsten bekennt/ angeruffen/ auch zu disem durch langes Bitten vnd Betten nit können bewegt werden: endtlich aber ist er auff starckes Anhalten dahin gebracht worden/ daß ers einmahl gethon/ vnd allein dise Wort außgesprochen: Mutter IESV, siehe mir bey. *N. In Paradiso aperto, deuot. 7. circa octauam Purificationis Mariae.*

Sihe Wunder! kaum hat er dises gar kurtze/ doch aber sehr krässtige Gebettlein außgesprochen/ sagte er gleich hinzu/ er wolle sich bekehren/ massen zu seinem ewigen Heyl geschehen: vnd zwar inner zwo Stund/ da doch jhme zuvor vil Patres auß der Societet acht gantzer Tag eyffrig zugesprochen/ jhme allerhand vernünfftige Motiuen fürgehalten/ vnd zu dem allein Seligmachenden Catholischen Glauben ermahnt/ aber alles vmbsonst vnd vergebens/ biß endlich einem auß jhnen in Sinn kommen/ jhne zur Anruffung der Mutter Gottes anzureitzen: dises alles/ sagt ermelter Pater, hab ich mit meinen Augen gesehen; Sihe/ wie vil die Anruffung MARIAE, zu Bekehrung vnd Erleuchtung deß Glaubens diene. *Schlechte Verehrung kräfftig.*

Dergleichen Wunderbarlichen Bekehrungen/ durch die Verehrung/ vnd Fürbitt MARIAE, könten noch vil beygebracht/ vnd erzehlt werden/ aber die Predig wurde gar zu lang werden: derowegen will ich allein noch eines alhie erzehlen/ welches ich selbsten erfahren/ vnd daß deme also sey/ hiemit vor Gott/ vnd der gantzen erbaren Welt/ bey meinen Priesterlichen Trewen bezeuge. *Mariae Verehrung erleucht im Glauben.*

T ij Nemb-

Von Maria der Wunderbarlichen Mutter.

Nemblich / daß im Jahr 1646. ein Chur Bayrischer Soldat vnd Reuter / einen Burger zu Lawingen an der Thonaw erschossen / vnd deßwegen eingezogen / auch vom Leben zum Todt verurtheilt / vnd mit dem Schwerdt gericht worden: weil nun diser von Jugend auff der VnCatholischen Religion zugethan gewesen / bin ich dessen auisirt, vnd erinnert worden / daß / weilen er sterben müsse / ich mich seiner annemmen / vnd zum Todt disponiren wolle: ich thue es / vnd besuche jhn zu vnderschidlichen mahlen / bemühe mich auch starck jhn zu bekehren / vnd zu dem Wahren Catholischen Glauben zu bringen: aber alles vmbsonst / vnd vergebens: es wolte nichts bey jhme Verfang haben.

Es kamen auff mein Zusprechen auch andere Patres vnd Geistliche zu jhme / aber richteten auch nichts / dann er verbliebe einmahl für allemahl / vnd jedesmahl auff seiner Meynung vnd Red / man werde jhn nimmermehr dahin bereden / daß er wegen so kurtzer Zeit seines Lebens / sein (vermeynte) Religion ändern werde.

Endlich da kein Ration vnd Zusprechen erklecken wolte / vnd es schon die letzte Nacht war / daß er am Morgen iustificirt werden solte / hab ich dises armen Menschen Seel Gott / vnd MARIÆ Fürbitt befohlen / vnd in mir ein innerlichen Antrib empfunden / ich solte mein Heyl noch einmahl versuchen: gehe derowegen bey der Nacht in die Gefängnuß (das Gewölb genannt) vnd fang an allerhand mit dem Gefangenen zu reden / vnd jhn neben andern zufragen.

Was er von Vnser Lieben Frawen hielte? vnd wie er mir zur Antwort geben: er verachte die Mutter Gottes nicht / dann er hette schon lange Zeit im Brauch / daß er täglich / Morgens vnd Abends neben dem Vatter vnser / auch das Aue Maria gantz auß / wie es die Catholische im Brauch haben / gebettet; hab ich jhne weiter gefragt: Was er dann von dem Gebettlein halte / welches die Catholische Kirch / auß Eingebung deß H. Geists / dem Englischen Gruß zugesetzt: Heilige MARIA Mutter Gottes / bitt für vns arme Sünder / jetzt / vnd in der Stund vnsers Absterbens / Amen? Vnd ob ers auch glaube / was er schon lange Zeit gebettet hab: daß nemblich MARIA die Mutter Gottes im Leben vnd Sterben für vns bitten könne?

Vnd wie er sich hierauff etwas besonnen / doch endlich / ja / er glaubs / geantwortet / hab ich jhn getröst / vnd der ewigen Seligkeit gute Hoffnung gemacht / auch ermahnt: er solle mit mir allein fünff Vatter vnser / vnd fünff Aue Maria zu disem End Andächtig betten / daß / wann er in einer verdamblichen Religion / Gott jhn durch die Fürbitt MARIÆ erleuchten / vnd zu der Erkannruß deß wahren seligmachenden Glaubens / an welchem einmahl die ewige Seligkeit bestehe / bringen wolle.

Er

Die X. Predig. 149

Er folgt/ vnd kaum war das Gebett vollendet/ fienge der Geist Gottes in *Andächtige*
jhme also an zu wircken/ daß er nit allein bekehrt/ sondern die jenige/ welche *Verehrung*
neben den Stattknechten/ vnd etlichen Burgern vor dem Gewölb auff mich *Mariæ kräff-*
mit Laternen gewartet/ proprio motu, vnd für sich selbsten geruffen/ vnd zu *tig.*
Erzeugen seiner Bekehrung/ vnd Bekanntnuß deß Catholischen Glaubens
ersucht/ auch sich die vbrige kurtze Zeit vnd Stund also zum Todt bereitet/ daß
man Augenscheinlich erkennen müssen/ da sey Mutatio dexteræ Excelsi: die
Veränderung der rechten Hand Gottes/ vnd das wahr/ vnd vberwahr sey/
daß wer Mariam verehrt/ vnd jhr Fürbitt vnd Erleuchtung begehrt/ in
Finsternuß nit stecken/ sondern zu Erkanntnuß Gottes/ vnd ewigen liecht
kommen werde.

Disen Puncten beschliesse ich mit dem seligen Idiota. O. sprechend: Id *O. In Libro*
circo adiuuare me digneris, piissima Virgo Maria, vt Christianus re, & *Contempl.*
nomine euadam, & sic perseuerando gratiam, te, & Filium tuum regem æ- *c. 1.*
ternum laudandi obtineam, in vitam æternam: Derowegen/ O Allerseligste Jungfraw Maria, wirdige dich mir zu helffen/ daß ich ein rechter Christ
in der That vnd Namen erfunden werde/ damit ich in standhafftiger Verharrung diseß/ dich/ vnd deinen lieben Sohn/ den ewigen König zu loben/
Gnad erlangen möge ins ewig leben.

Der III. Theil.

Maria erlangt jhren Liebhabern Wunderbarlichen Verstand/ Weißheit/ vnd Geschicklichkeit.

Den hab ich auß dem H. Hieronymo vnd Isidoro schon *Maria er-*
vermeldet/ wie daß der Nam Maria, auch verdolmetschet werde *leuchtet/ vnd*
Illuminatis eos, vel Doctrix, ein Erleuchterin/ oder Lehrerin/ als *lehrt.*
welche andere erleuchtet/ vnderweiset/ vnd lehret: welchen Namen die Mutter Gottes billich führet/ dann Sie kan/ vnd will jhren Liebhabern in allen
zweiffelhafftigen Dingen ein guten Rath vnd Anschlag/ Weißheit vnd Geschicklichkeit geben: dann in jhrer Person wird gesagt: Ich ruffe den Men- *Prou. 1. 14.*
schen Kindern/ dann ich kan rahten/ vnd Rahts than, ich hab Verstand/ vnd
hab Gewalt. Gibt auch der H. Bernardus A. den Rath/ in rebus dubiis *A. Super*
Mariam inuoca, daß wir in anstehenden Sachen Mariam anruffen *Missus est.*
sollen: diser Vrsachen halben haben andächtige Personen all jhr Thun vnd
lassen Mariæ befohlen.

Die H. Catharina auß Schweden fieng alle jhre Werck mit dem Gebett
deß heiligen Aue Maria an/ vnd wann sie in einer wichtigen Sachen Rahts
T iij   gefragt

150 Von Maria der Wunderbarlichen Mutter.

gefragt worden/ bettete sie in der still das Aue Maria, vnd thate deßhalben in allem weißlich. Surius. B.

B. In vita eius. tom. 2. c. 16.

Ingleichem befahle der Selige Franciscus dem puero IESV, all sein Vorhaben/ vnd Anligen der Mutter Gottes/ vnd stellet jhr alles heimb/ vnd alles gieng jhm glücklich von statt. C.

C. Paradisus apertus. cap. 3. deuot. 1. D. In vita.

Die H. Elisabetha Königin in Lusitania opffert sich vnd alles das jhrig Gott durch MARIÆ Hand auff. Petrus Perpinianus. D. wie auch die Selige Abbtissin Oportuna. Königl. Geschlechts/ alle jhre Werck mit MARIA verrichtet/ allezeit mit jhr gebettet/ vnd ist allzeit erhört worden. Surius. E.

E. In vita.
F. Orat. 6. in Nestorium.

Der H. Cyrillus schreibt/ F. daß durch MARIAM alle Menschen die Wunderwerck erkennt/ vnd Weißheit/ auch Geschicklichkeit erlangt haben: dann wie der H. Bernardus sagt: Eius præsentiâ illustratur totus orbis: Durch jhr Gegenwart wird die gantze Welt erleuchtet.

G. Lib. 1. de Instit. Virg. cap. 7.

Es schreibt der H. Ambrosius, G. daß der H. Euangelist Iohannes/ welcher in seinem Euangelio gar hoch geflogen/ vnd vor andern die Geheimbnussen der Menschwerdung Christi herrlich beschriben/ von der Mutter Gottes vnderwisen worden: sagt auch darbey/ es sey sich hierob nit hoch zu verwundern/ daß der jenig vor andern die Göttliche Geheimbnussen herrlich vnd deutlich außgesprochen/ bey welchem gegenwärtig war der Saal/ oder Gefäß der Himmlischen Sacramenten vnd Geheimbnussen.

MARIÆ Erleuchtung hat im Werck erfahren der H. Thomas von Aquin/ welcher noch ein kleines Kind/ ein Papierlein/ darauff geschriben war Aue Maria, Gegrüßt seyest du MARIA, mit allem Gewalt ergriffen/ vnd mit Begierd hinab geschluckt: hernacher aber zu solcher Weißheit vnd Geschickligkeit kommen ist/ daß er in der gantzen Christenheit/ wegen seiner vilfältigen von jhme geschribnen Büchern/ der Englische Doctor genennt wird/ vnd Christus jhme selbsten das Zeugnuß geben: er habe wol von jhme geschriben/ dann wie er bekennt/ hat er alles durch Fürbitt MARIÆ, was er begehrt/ erlangt. Lippelous ex Surio. H.

H. Tom. 1. die 7. Martij

MARIÆ Erleuchtung hat auch erfahren Rupertus Abbt/ welcher eines gar harten ingenij, vnd. Verstandts war/ vnd Anfangs im studiren schwerlich fortkommen könte/ aber durch die Fürbitt vnd Erleuchtung MARIÆ hernacher der gantzen H. Schrifft Erkanntnuß erlangt. Trithemius. I.

I. In Lib. de Monasterio Hirsaug. 12.

Hermannus der Contract genannt/ ist auß einem Graffen ein Mönch worden/ vnd bey Vnser Lieben Frawen mit vilen Gebetern/ vmb Erledigung seiner Kranckheit angehalten/ endtlich erscheint jhm die Seligste Jungfraw MARIA, mit grossem liecht vmbgeben/ vnd bietet jhme an/ auff sein Begehren/ eintwedeis deß Leibs Gesundheit/ oder aber Geschickligkeit zu erlangen.

Vnd

Die X. Predig.

Vnd wie er die Geschickligkeit der Leibsgesundheit vorgezogen / ist er in allen freyen Künsten also erleuchtet worden / daß ihne zu seiner Zeit keiner übertroffen: redete drey Hauptsprachen/ Griechisch/ Lateinisch/ vnd Hebraische/ als wann er darinnen gebohren worden wäre / schreibt Hieronymus Plato. K.

MARIÆ Wunderbarliche Erleuchtung hat auch erfahren Iustus Lipsius Leodiensis, welcher gelebt hat im Jahr Christi 1606. diser schreibt von jhme selbsten/ L. Er hab von Jugend auff MARIAM für sein Patronin erwöhlt / jederzeit vor dem Studieren mit einem Aue Maria gegrüst / vnd wann er offentlich etwas/ daran vil gelegen/ sollen fürbringen/ hab er mit Gebett vnd Gelübt zu jhr die Zuflucht genommen/ vnd jedesmahl grossen Nutzen vnd Frucht gespürt.

Diser Erleuchtung MARIÆ, hat auch genossen vnd erfahren der Selige Albertus Magnus von Lawingen: diser/ wie Ferdinandus à Castiglio schreibt/ ist im 16. Jahr seines Alters in S. Dominici Orden / zu welchem die Mutter Gottes jhne selbst ermahnt/ getretten: weil er aber zum Studieren anfangs nit tauglich war/ vnd deßhalben den Orden zu verlassen gedachte: sahe er im Schlaff / wie trauff seiner Leitter vber die Maur steigen wolte/ aber von vier Jungfrawen abgehalten/ vnd zu MARIA sein Noth zu klagen/ gewisen wurde, er begehri von jhr Gnad/ die Philosophiam, vnd Erkanntnuß der natürlichen Dingen wol zu ergreiffen: warauff er seiner Bitt gewährt/ vnd in disen Künsten also proficirt vnd zugenommen/ daß Pater Canisius schreibt/ er sey zu seiner Zeit der allergelehrteste Mann gewesen.

Eben dises bezeugen vil heilige vnd hochgelehrte Vätter/ Lehrer vnd Außleger der H. Schrifft / in dem sie ihre gantze Bücher/ vnd ansehlige Schrifften/ MARIÆ der Mutter Gottes dediciren, auffopffern/ vnd bekennen/ daß von jhr sie dirigirt/ vnd jhnen die Feder geführt worden.

Hie lerne mein Christ/ MARIÆ der Mutter Gottes auch all dein Thun vnd Lassen zu befehlen/ durch Sie Gott alle deine Werck auffzuopffern/ vnd Sie in allen wichtigen Sachen vmb Direction, vnd Erleuchtung anzuruffen: dann der H. Thomas von Aquin/ nachdem er erwisen/ daß MARIA gratiâ plena, voll der Gnaden; setzt er hinzu: M. In omni opere virtutis potes eam habere in adiutorium: In allen guten Wercken kanst du Sie zur Hülff haben.

Beschliesse derowegen die Predig/ vnd bette mit Ruperto: N. Zu dir/ O H. Jungfraw/ vber alle Berg heben wir auff vnsere Augen/ seufftzende allzeit vor allem vmb dein Hülff/ erwirbe hie vns Gnad/ dorten aber die ewige Frewd/ vnd Seligkeit.
Amen/ Amen.

K. Lib. 2. de Bono statws Religiosi. c. 32.
L. Lipsij diua virgo Halensis. c. 11.

Erscheinung.

Mariæ alles zu befehlen/ nutzlich.

M. Opusc. 8.

N. In Cant.

Die

Von Maria der Wunderbarlichen Mutter.

Die eylffte Predig.

Mater Admirabilis, Ora pro nobis.

MARIA ist Wunderbarlich in der Hoffnung / und macht uns vorderst zu Gott / nechst Gott aber auch zu Jhr ein grosses Vertrawen / und Hoffnung zu haben.

Maria gleich dem Berg Carmel. Cant. 7. 5.

IN den Hohen Liedern deß weisen Königs Salomonis, beschreibt der Himmlisch Bräutigamb sein Gespons / und Braut/ und sagt neben andern von Jhr: Caput tuum sicut Carmelus: Dein Haupt stehet auff dir wie Carmelus. Carmelus ist ein berühmbter Berg / mitten in dem heiligen Land / gegen dem Meer gelegen.

Diser hat I. an der Höhe und Grösse alle andere Berg in Judæa übertroffen.

3. Reg. 18. 42. Esa. 32. 16.

II. Hat der Prophet Elias auff dem Berg Carmele mit gebogenen Knien bettend / einen gantz fruchtbaren Regen von Gott erlangt.

III. Bezeugt der Prophet Esaias / daß auff disem Berg die Gerechtigkeit gewohnt: ist auch solcher ein Wohnung der Propheten / und ein Zufluchts-Orth der Verfolgten gewesen: wie dann der Prophet Elias zu Entstehung und Verfolgung Jezabel / sich auff disen Berg begeben / und daselbsten gleichsamb ein Einsidlisch Leben geführt: Es halt auch Johannes der 44. Bischoff zu Hierusalem darfür / *A.* daß in dem Propheten Elia auff dem Berg Carmelo / der Carmeliter Orden vorbedeutet / und daselbsten gleichsamb seinen Anfang genommen.

A. Tom. 9. Bibliothec. SS. Patrum.

IV. Ist diser Berg Carmelus gar fruchtbar gewesen / und zwar also / daß selbiger das Bawfeld genennt / und zu einem Symbolo, und Zeichen deß Vberfluß aller Sachen worden: dahero als vor Zeiten der Prophet Michæas für das gefangene Volck zu Babylon gebettet / hat er begehrt / daß Gott mit seiner Göttlichen Fürsichtigkeit sie speisen wolle in medio Carmeli, als wann sie mitten auff dem Berg Carmeli wären.

2 Es. 16. 10.

Mich. 7. 17.

Dan. 3. 50.

Also daß gleichwie GOTT denen drey Knaben den fewrigen Offen gleichsamb zu einem Paradeyß / und kühlen Thawgarten gemacht: und dem H. Martyrer Tiburtio die glüende Kohlen in Rosen verkehrt / auch andern Heiligen ihre Pein und Marter leicht gemacht: also solle Er auch den Kindern Jsrael ihr Babylonische Gefängnuß zu einem Berg Carmelo machen: dann diser Berg war gleichsamb ein Versamblung aller Fruchtbarkeiten /

Die XI. Predig. 153

barkeiten/ vnd was in andern Bergen zu finden/das befand sich alles in disem Berg vberflüssig.

P. Cornelius à Lapide B. erzehlt vber dise Wort deß Propheten Danielis/ Benedicite montes & colles Domino: Ihr Berg vnd Bühl lobet den HErrn: vnderschidliche Nutzbarkeiten der Bergen: 1. Daß sie den Schnee/ Nebel/ vnd Wolcken an sich ziehen/ vnd in fruchtbare Regen verkehren. *B. Dan. 3. 75. Nutzbarkeit der Berg.*

2. Daß selbige Vrsach der fliessenden Brunnerquellen/ vnd Wasserflüssen seyen: auff welches der König David deutet/ sprechendt: Qui emittis fontes in conuallibus, inter medium montium pertransibunt aquæ: Da lasst Brunnenquellen in den Gründen/ daß die Wasser zwischen den Bergen hingehen. *Psal. 103. 10*

3. Daß sie an vilen Orthen sehr fruchtbar an Getreid/ Blumen/ Weintrauben/ Bäumen: wie dann auff dem Berg Libano sich die allerköstlichste vnd größte Bäum befinden.

4. Daß inn- vnd auß denselben allerhand Metall/ Kupffer/ Eisen/ Zihn/ Stahl/ Ertz/ Silber/ vnd Gold wachse: Job sagt: Habet argentum viarum suarum principium, & auro locus est, in quo conflatur: Es hat das Silber seiner Adern bestimpte Orth/ vnd das Gold sein Orth / da es zusammen rinnt. *Iob. 28. 1.*

Vber disen Orth schreibt P. Pineda, C. daß in dem Reich Quiti das Gold / so auß den Bergen herauß tringet/ wachse / vnd breitte sich vmb die Bäum herumb auß / vnd zeittige. *C. In Iob. c. 28, 1.*

Dise vnd andere Ding mehr/ welche ermelter Pater Cornelius von Bergen erzehlt/ haben sich häufftig in dem Berg Carmelo befunden: welcher gar zu einem Sprüchwort worden/ daß/ wann man ein fruchtbares Orth/ da aller Sachen Vberfluß gewesen/ beschreiben wollen/ mans mit dem Berg Carmelo verglichen: wie dann/ sagt Delrio, D. in Bætica die allerschönste vnd fruchtbarste Orth vnd Mayrhöff Carmeles genennt werden. *D. Adagio 970.*

Geliebte in dem Herrn: dise Figuren/ vnd Geheimbnussen deß Bergs Carmell/ seynd alle in der Mutter Gottes MARIA erfüllt worden/ vnd deßwegen Sie billich von H.H. Vättern Mons DEI, ein Berg Gottes genennt wird: wie dann schon vor längsten Sie auch Andreas Cretensis E. einem lustigen Schattenberg verglichen/ vnd das recht vnd wol. *Maria gleich dem Berg Carmel. E. Orat. de Annunt.*

Dann 1. Gleichwie der Berg Carmel an der Höhe vnd Größe alle andere Berg in Judæa vbertroffen: also vbertrifft MARIA an Hochheit/ vnd Würdigkeit alle Creaturen im Himmel vnd auff Erden: welches wegen Sie der heilige Gregorius F. mit dem Berg vergleicht/ darvon beym Esaia stehet: er sey auff dem Gibel der Bergen/ vber alle Bühel erhoben worden: die *I. Hochheit. Esa. 2. 2. F. Super. 1. Regum. 1.*

V Vrsach

Von Maria der Wunderbarlichen Mutter.

G. Tom. 3. Serm 11.art. 1.c.2.
Vrsach dessen gibt der H. Bernardinus, *G.* nemblich darumb: weil Sie vber alle Chör der Engel den Gipffel der Verdiensten vbersteigen.

II. Wohnung Gottes.
Zum II. Hat auch auff disem Berg Gottes die Gerechtigkeit, welche ist Christus vnser HERR, gewohnet, in dem Er auß dem Jungfräwlichen Leib MARIÆ empfangen, vnd neun Monat lang darinnen geruhet hat, dahero Sie der H. Damascenus einen feißten Berg genennt, darumn auch al-

Psal. 67. 17.
so geschriben stehet: Mons DEI mons pinguis, mons coagulatus, mons pinguis; mons, in quo beneplacitum est DEO habitare in eo: Gottes Berg ist ein feißter Berg, ein geraumer Berg, ein feißter Berg: es ist ein Berg, da GOtt ein Wolgefallen hat darinnen zuwohnen.

Dan. 2.
Von disem grossen Berg MARIA, ist der Stein ohne Handanlegung eines Menschen herab gefallen: in dem der wahre Eckstein Christus ohne Zuthun deß Manns, allein durch Vberschattung deß H. Geists inn- vnd auß ihr empfangen, vnd gebohren worden; wie disen Ort neben vilen andern die heylige Vätter Irenæus, *H.* Iustinus Martyr, *I.* Chrysippus Presbyter *K.* außlegen.

H. Lib.3. cōtra Hæreticos c. 28. I. In Dialogo cum triphon. K Homil. de B. Virg.

III. Gnaden-Regen.
Zum III. Wie der Prophet Elias auff dem Berg Carmelo ein fruchtbaren Regen erbettet: also können die Rechtglaubigen durch die Fürbitt MARIÆ, den Regen aller Guttaten Gottes erlangen: dann Sie, sagt der H. Bernardus, *L.* eröffnet die Schoß der Barmhertzigkeit, damit von jhrer Völle alle empfangen, etc.

L. In Serm. Super Signū magnum.

IV. Fruchtbarkeit.
Zum IV. Wie Carmelus von Fruchtbarkeiten allerhand Gewächsen gerühmbt ist: also wird MARIA gerühmbt von allen Gnaden: dann es lehret der H. Thomas, *M.* die Würdigkeit der Mutter Gottes sey ein Brunn, vnd Vrsprung der höchsten Gnaden vnd Gaaben, so Ihr vber alle Engel vnnd Menschen verlihen worden: sagt auch der H. Damascenus: *N.* Gratia Virginis est immensa: Die Gnad der Seeligsten Jungfrawen sey Vnendtlich: daß Sie also billich gegrüßt wird: Gratiâ plena, voll Gnaden: Ich bin ein Rebstock mit Früchten, vnnd süssen Geruch lieblich auffgewachsen, vnd die Früchte, die an mir hangen, seynd voller Ehr vnd Reichthumb.

M.3. part. q. 27. art. 4. N. Orat. de Laud. Virg. Eccli. 24. 23.

Diser Gnaden Berg Gottes MARIA stehet die Schnee, Nebel, vnnd Wolcken der Verfolgung vnnd Trübsal ihrer Liebhaber an sich, vnd verwandelts in ein Regen deß Trosts: dann Sie ist Consolatrix Afflictorum: Ein Trösterin der Betrübten: diser Gottes Berg MARIA ist ein Vrsach aller Gnadenflüß, vnd Guttaten Gottes: dann was wir haben, das haben wir durch Sie: auff disem Gottes Berg MARIA befinden sich allerhand Früchte der Andacht, Heyligkeit vnnd Tugenden: dann Sie, wie der H. Chrysologus spricht, *O.* ist Collegium Sanctitatis, ein Versamblung aller Heyligkeit.

O. Serm. 146.

In

Die XI. Predig.

In disem Gnaden-Berg MARIA befinden sich die rechte Gold-Adern der Liebe GOttes/ vnnd aller Gnaden: dann Sie ist Aurifodina, ein Goldgruben: vnd ist die Andacht gegen jhr ein gantzer Goldfluß/ auß welchem gegen vns allerhand köstliche Perlen/ vnnd Edelgestein aller Gnaden quellen vnd fliessen. *Liebe Gottes.*

Diser Gnaden-Berg MARIA ist auch ein Hoffnungs- vnd Zuflucht-Berg aller Betrübten vnnd Geängstigten: wie geliebts GOtt/ in folgender Predig zuuernemmen seyn wird: wie starck nemblich MARIÆ Hoffnung zu GOtt gewesen/ wie auch wir in allem vnser Hoffnung forderst zu GOtt/ vnd nechst GOTT auch zu der Mutter GOttes nemmen/ vnd haben sollen: der Hoffnung. ꝛc. *Zuflucht-Berg.*

Der I. Theil.

MARIÆ Hoffnung zu GOtt ist starck vnd Wunderbarlich gewesen.

Der H. Epiphanius zu Salamina in Cyppern Bischoff/ verdolmetschet A. neben andern den Ehrwürdigen Namen MARIA, vnnd sagt/ er heisse so vil als Spes, ein Hoffnung/ vnd disesrecht vnd billich: dann Sie zu GOtt dem Himmlischen Vatter jederzeit ein grosse Hoffnung gehabt/ auch nechst GOtt aller Rechtglaubigen Hoffnung ist vnnd bleibt: Fürnemblich aber hat Sie jhr Hoffnung zu GOtt in vier Stucken scheinen lassen. 1. Daß GOtt Sie in jhrem guten Fürnemmen Wunderbarlich erhalten. 2. Jhr in der Trübsal/ vnnd Noth außhelffen. 3. Sie in jhrem Gebett erhören. Vnd 4. alles das jenige/ was Er zu Erlösung deß Menschlichen Geschlechts der Welt versprochen/ Wunderbarlich halten vnd vnfehlbar erfüllen werde. *A. In Orat. de Laudibus B. Mariæ. Mariæ Nam ein Hoffnung.*

Vnd zwar Erstlich/ hat Sie gleich in jhrer blühenden Jugende sich GOTT gantz ergeben/ vnd niemand andern zu einem Beschützer jhrer Jungfrawschafft erwöhlt/ als jhne: dahero obwol Sie auß sonderbarer Schickung/ vnd Ordnung GOttes dem H. Joseph anuertrawet/ vnnd vermählet war/ hat Sie doch steiff geglaubt/ vnd gehofft/ GOtt werde dise Vermählung dahinrichten/ daß auch bey stäter Beywohnung deß Josephs/ Sie ein weg als den andern das Gelübd der ewigen Jungfrawschafft vnfehlbarlich halten könne/ vnnd werde: wie dann geschehen/ vnd Sie Vor- Jnn- vnnd Nach der Geburt ein sonderbare vnd Ewige Jungfraw/ mit aller Welt Verwunderung gebliben. *I. Mariæ Hoffnung in der Vermähluig.*

II. Weil Sie durch Vberschattung deß H. Geists schwanger worden/ vnd solches Joseph vermerckt/ vnd darüber sehr betrübt war/ auch weil er nit wußte/ *II. In der Empfängnuß Christi.*

B ij

Von Maria der Wunderbarlichen Mutter.

wußte/ woher Sie schwanger/ gedachte Sie heimblich zu verlassen/ hat Sie jhme doch dises Geheimbnuß der Jungfräwlichen Empfängnuß nit geoffenbaret/ sondern allemahl steiff geglaubt/ vnd gehoffet/ Gott werde den Joseph auß solcher Angst vnd Betrübnuß 2 Wunderbarlich erledigen/ vnd in diser Gefahr jhr Ehr vor allem bösen Verdacht erretten/ auch nit zulassen/ daß die Ehevermählung/ welche auß Göttlichem Rath zwischen jhnen beyden geschehen/ durch ein ärgerliche Ehescheidung zerstört werden solle: aller massen die Hoffnung Sie nit hat lassen zu schanden werden.

Matth.1.20. Dann es schreibt der Euangelist Matthæus, daß als Joseph mit solchen Gedancken vmbgangen/ sey jhme der Engel deß Herren im Schlaff erschinen/ vnd gesprochen: Joseph/ du Sohn Davids, förcht dir nit zu nemmen MARIAM dein Gemahel: dann das/ so in Jhr gebohren/ ist von dem H. Geist/ vnd Sie wird gebähren einen Sohn/ deß Namen solst du heissen IESVS, dann Er wird selig machen sein Volck von jhren Sünden.

III.
Auff der Hochzeit zu Cana.

Zum III. Als die Mutter Gottes auff der Hochzeit zu Cana Galilæa vermerckte/ daß Wein abgienge/ vnd sorgte/ es möchte den angehenden Eheleuthen zum Spott gereichen/ hat Sie solches jhrem liebsten Sohn Jesu geoffenbaret/ vnd obwol Sie Jhn noch nit gesehen Wunderwerck thun/ widerumb vnzweiffenlich glaubt/ vnd gehofft/ Er werde gewiß alda zu Hülff kommen/ vnd disen Mangel mit einem grossen Wunderzeichen/ zu Offenbarung seiner vnendlichen Gottheit ersetzen.

Vber das/ vnd vnangesehen Christus Jhr anfangs ein solche Antwort geben/ auß welcher dem eusserlichen Ansehen nach abzunemmen war/ als wolle Er nit helffen: In dem Er zu Jhr sprach: Quid mihi, & tibi est, mulier: Weib, was hab ich mit dir: hat Sie dannoch damahls nichtes von jhrer Hoffnung fallen lassen/ sondern beständig verharret/ Er werd zu Hülff kommen: sprach derowegen in solcher grosser Zuuersicht zu den Dienern/ daß sie alles/ was Er jhnen schaffen wurde/ thun sollen.

IV.
In der Erlösung.

Zum IV. Hat Sie geglaubt daß jhr Gebenedeyrester Sohn, vermög Göttlicher Zusagung die Welt erlösen/ alle seine Feind bestretten/ vnd im Himmel vnd auff Erden regieren werde: hernacher aber hat Sie mit jhren eignen Augen gesehen: wie jhr geliebter Sohn von seinen Todtfeinden schändlich gefangen, hart gebunden, spötlich tractirt, vnstättig angespeyet/ erbärmlich gegeiselet/ schmerzlich gekrönet/ ans Creutz vnbarmherzig genaglet/ ja auffs grausameft gemarttert/ vnd schmählichst gerödtet worden.

Luc. 24. Sie hat auch gesehen: wie so gar an jhme sich seine Jünger geärgert/ vnd jhr Hoffnung fallen lassen auch gewancket/ ob das jenig/ was Er jhnen zuvor gesagt vnd versprochen/ geschehen werde: Sperabamus, sprachen jene zween Jünger auff dem Weg gen Emauß: Wir hofften/ Er solte Jsrael erlösen: aber es ist heut schon der dritte Tag. Nun

Die XI. Predig.

Nun mein Christ/ wilt du wissen: wie damahls der Mutter Jesu umbs Hertz gewesen/ vnd was Sie Ihr für Gedancken ab solchem abschewlichen Spectacul gemacht habe?
Sie allein hat sich hie nichts erschröcken/ oder irr machen lassen/ sondern ist in Beständigkeit ihrer Hoffnung geblieben/ vnd festiglich geglaubt/ ihr Allerliebster Sohn/ dem alle dise Schmach/ Pein/ Marter vnd Todt angethan worden/ werde in kürtze vom Todt auß dem Grab mit vnvergleichlicher Glory aufferstehen/ vnd alle Völcker vnder das Joch deß Glaubens/ vnd Gehorsambs versamblen vnd bringen.
Vnd das ist die Vrsach/ warumb die Mutter Gottes an dem H. Ostertag mit den andern Frawen nicht zu dem Grab gangen/ Christum zu salben/ weil nemblich Sie für gewiß geglaubt/ Er sey von Todten Glorwürdig aufferstanden/vnd bedörffe weitters der Salbung nicht.

Der II. Theil.

MARIA ist ein Wunderbarlichs Exempel der Hoffnung zu Gott.

Gleichwie die Seligste Jungfraw MARIA vns zu einem Exempel vnd Ebenbild aller Tugenden fürgestellt wirdt/ wie der H. Ambrosius lehret/ A. Also wird Sie vns auch fürgestellt zu einem Exempel der Hoffnung zu Gott: vnd zwar I daß wir sambt Ihr der Göttlichen Güte in allem vertrawen/ vnd für gewiß halten sollen/ daß Gott zu allen heiligen Begierden/ gutem Fürnemmen/ vnd heylsamen Gelübden/ welche Er vns zu vnserm Heyl vnd Seligkeit inspirirt, vnd eingibt/ auch Mittel an die Hand geben werden/daß wir solche ins Werck setzen/vnd vollziehen können: dann Gott/ sagt der H. Paulus/ ist/ der in euch würcket beyde/ das wöllen/vnd das thuen/ nach seinem gütigen willen. *Maria ein Ebenbild der Hoffnung. A. Lib.1.de Virgin. Phil. 2. 13.*

Weil dann die Seligste Jungfraw/ Gott die ewige Jungfrawschafft verlobt/ hat Sie auch zu ihme ein grosses vertrawen vnd Hoffnung gesetzt/ Er werde Sie darinnen wunderbarlich beschützen/vnd erhalten. Also soll sich ein rechter Christ/ vnd Nachfolger MARIÆ, von seinem guten Fürnemmen nichts abhalten lassen/ sondern gedencken/ wann es sich gleich schwer ansehen laßt/ Gott werde jhme in allem guten beystehen.

Als den H. Franciscum sein eigner Vatter von seinem Geistlichen Fürnemmen verhindern wolte/ vnd zu disem End jhn enterben thäte/ hat er sich dises nichts hindern lassen/ sondern sein Zuversicht zu Gott genommen/ vnd also gesagt: Bißher hab ich dich auff Erden meinen Vatter genennt/ forthin mag

mag ich sicher sprechen: Vatter vnser/ der du bist in den Himmeln: bey welchem ich all mein Schatz hinderlegt/ vnd mein Hoffnung gantz gesetzt.

Ja er lebte allein von dem Vertrawen/vnd Hoffnung zu Christo/ so wol was seine Geistliche/als was jhn selbs betraff: was er auch anfieng/ kleines oder grosses/ hat er allzeit sein Hoffnung vorhin an sein gebührend Orth gerichtet/vnd Gott alles heimb gestelt: Et proponebat Christo duce se facturum: Mit der Hilff Christi in seinem Namen nahme er jhm für/ grosse vnd schwere Ding zuthun/ sagt der H. Bonauentura.

In vita eius.

Der H. Ignatius Stiffter der Societet Iesv, hat im Anfang seines löbl. Fürnemmens sehr grosse Anstöß/vnnd Verfolgungen erlitten/es hatt offt das Ansehen/ als wann nichts darauß werden wolte: er aber setzt jederzeit sein Hoffnung auff Gott/ vnnd bringt mit desselben Hilff sein H. Orden zu einem gewünschten/vnd der gantzen Catholischen Kirchen nutzlichem End.

Deßwegen pflegte er offt zu den Seinigen zusagen: Nescitis, quantas vires habeat spes in Devm: Jhr wisset nit/ wie grosse Würckung vnd Krafft die Hoffnung zu Gott habe; sie auch ermahnet/daß sie in allen jhren Verrichtungen Gott sollen vertrawen/ als wann bey jhme allein das gantze Werck bestehe: andern theills/ dasselbig mit solchem Eyffer/ vnnd Ernst vollziehen/ vnd alle Mittel hierzu an die Hand nemmen/als wanns jhnen allein zuuerrichten obligte.

In Widerwertigkeit.

Zum II. Sollen wir nach dem Exempel der Mutter Gottes/ in allen vnsern Anligen vnd Widerwertigkeiten niemahlen verzagen/ sondern der vnaußbleiblichen Hülff Gottes mit grosser Zuuersicht erwarten/ als welcher will/vnd kan alle/die auff jhn hoffen/auß aller Leibs vnnd Seelen Gefahr erretten: dann wie der H. David sagt: Salus autem iustorum à Domino: & protector eorum est in tempore tribulationis: Das Heyl aber der Gerechten ist von dem HERRN/der ist jhr Beschützer in der Zeit der Noth: vnnd der Herr wird jhnen beystehen/vnd erlösen/ vnd wird sie von den Gottlosen erretten/ vnnd jhnen helffen: die Vrsach diser Hilff/ vnd Schutz wirdt hinzu gesetzt/ vnd gesagt: quia sperauerunt in eo: Dann sie haben auff jhn gehoffet.

Psal. 36. 39.

B. Lib. 2. Hist. c. 5.

Dises hat Philo, vnder den Juden der Weisesten einer verstanden: dann als derselb/ wie Eusebius schreibt/ *B*. mit andern bey dem Keyser Caio Caligula, von dem Appione anklagt/als wann er dem Keyser die Göttliche Ehr nit anthäte/ vnnd deßhalben von Hoff verstossen wurde/sprach er zu andern Juden/ seinen Mitgesellen: Bono animo nos esse oportet, quibus iratus

Die XI. Predig.

est Caius, quia necesse est adesse diuinum, vbi humanum cessat auxi-
lium: Brüder/wir sollen guts Muths seyn/vber welche Caius zürnet: dann *Hoffnung*
nothwendig fangt die Göttliche Hülff an/wo die Menschliche ein End nimbt: *auff Gott.*
auff dises redet auch GOtt bey dem Propheten Osea: Dabo ei vallem A- Oseæ 2.15.
chor ad aperiendam spem: Ich will dir geben das Thal Achor auff
ein gute Hoffnung: das ist/wie die Lehrer außlegen: wann sie vermeinen
werden/sie seyen gantz verlassen/so will ich jhnen alßdann ein Hertz vnd Hoffnung machen.

Im ersten Buch Moysis stehet geschriben/wie daß GOtt dem Abra- Gen. 17.
ham versprochen/daß in seinem Saamen/nemblich in seinem Sohn dem
Isaac, alle Völcker sollen gesegnet werden: bald aber darauff befahle GOTT
dem Abraham,er solle disen seinen Sohn nemmen/vnnd jhme auff einem *Abrahams*
Berg auffopffern: nun war dises ein grosse Tentation vnnd Versuchung/ *grosse Hoff-*
gleichwol aber hat Abraham sein Hoffnung nit sincken lassen/sondern wie *nung.*
S. Paulus sagt: Confortatus est fide, plenissimè sciens, quia quæcunque Rom.4.20.
promisit DEVS: potens esset & facere: Abraham war im Glauben ge-
stärckt/gab GOtt die Ehr/vnnd wuste auffs aller gewisest/daß/was GOtt
verheissen/ Er auch thun kan. Dahero als Isaac jhn fragte/wo das Opffer
wär/sprach Abraham; DEVS prouidebit sibi victimam: GOtt wird jhm Gen.22.8.
fürsehen/mein Sohn/das Schaff zum Opffer/vnnd sagt S. Paulus: Qui Rom. 4.18.
contra spem, in spem credidit: Abraham hat geglaubt auff Hoff-
nung/da nichts zuhoffen war: nemblich GOtt werde jhm beystehen/vnd
eintweders seinen Sohn widerumb von Todten aufferwecken/vnd ein anders
Opffer/wie geschehen/erschaffen.

Diser Vrsachen halben ist der Berg/da solches geschehen/genennt
worden/Devs videbit, vel prouidebit: GOtt wirdts sehen/vnnd fürsehen/
vn ist dises/schreibt der H. Hieronymus, bey den Hebreern zu einem Sprichwort worden/daß wann sie in Gefahr oder Engsten seynd/vnd Hülff begeh-
ren/sprechen sie: Mons Dominus videbit, vel prouidebit: sie sollen nur
getröst seyn/dann gleichwie wegen grossem Vertrawen GOtt sich deß Abrahams erbarmet/also werde Er sich auch jhrer erbarmen.

Solcher Hoffnung vnnd Zuuersicht gibt vns auch ein Exempel die H.
Susanna, von welcher die H. Schrifft meldet, da sie falsch anklagt/der Welt Dan.13.35.
zum Spott fürgestellt/vnd zum Todt verurtheilt war, hat sie vber sich gesehen/ *Hoffnung*
dann jhr Hertz hett ein guts Vertrawen zu dem HERRN wie dann solche *auff Gotts/*
Hoffnung sie nit lassen zuschanden werden/sondern jhre Vnschuld an Tag *läßt nit zu-*
vnd sie zu grossen Ehren bracht. *schanden*
werden

Im ersten Buch der Machabeer führt der fromme Mathias ein die 1.Machab.2.
Exempel

160 Von Maria der Wunderbarlichen Mutter.

Exempel deß Abrahams/ Joseph/ Josua/ Caleb/ David/ Eliæ/ Ananiæ/ Azariæ/ Misael/ Daniel/ vnd anderer/ vnd beschließt also: Gedencke an alle Geschlecht für vnd für/ so findet jhr / daß alle die/ so auff Gott getrawet vnd gehoffet haben, nit seynd verlassen / oder zu schanden worden.

C. In vita eius oculatus testis.

Der H. Cyrillus schreibt von Ioanne, der Stillschweiger genannt: C. Dieser war ein grosser Liebhaber Vnser lieben Frawen / Anfangs Bischoff zu Cöln/ hernacher ein Religios vnder der Disciplin deß H. Abb:s Sabbæ, als zu selbiger Zeit Alamundarus mit den Saracenern in Palæstinam eingetrochen/vbel gehauset/vnd auch dem Closter zugenahet/haben sich die andere mit der Flucht saluirt, vnd zu solcher auch den Ioannem erinnert: er aber wolte nit weichen/sondern sprach: Si DEVS mei curam non habet, vt quid viuo? So Gott meiner kein Sorg hat/ was lebe ich? warauff er mitten vnder den Feinden/ bey Tag vnd Nacht von einem Löwen/ der ståts bey jhm war / also beschüzt worden/daß niemands an jhne Hand anlegen dörffen.

Löwen/Beschützer der Frommen.

Diser vnd anderer dergleichen vilen Exempel sollen wir nachfolgen/vnser Sorg vnd Anligen anff den HERRN werffen / in gewiser Hoffnung / vnd Vertrawen/ Er werde vns helffen/vns auß Gefahr erretten/ das Vbel von vns abwenden/vnd vns an Leib vnd Seel reich machen: dann Spruch sagt:

Eccli.2.11.

Respicite, filij, nationes hominum, & scitote, quia nullus sperauit in Domino, & confusus est: O jhr Söhn/ seh t auff die vbrige Geschlecht/ vnd wisset / daß nie keiner ist zu schanden worden / der auff den HErrn verhofft hat.

Hoffnung im Gebett.

Zum III. Sollen wir nach dem Exempel der Mutter Gottes in vnsern Gebetten vnd Bittungen ein hertzliches Vertrawen haben / GOtt werde vns erhören / als wie Er sein liebe Mutter erhört hat. Zu solcher Hoffnung im Gebett erinnert vns der H. Apostel Jacobus/ sprechend: So jemand vnder euch Mangel hat an Weißheit (vnd also auch ande n Dingen) der bitt von Gott) der da jederman gibt reichlich/ er bitt aber also/ daß er im Glauben gar nichts zweiffle / dann wer da zweifflet / der ist gleich wie die Wellen deß Meers / die vom Wind bewegt/ hin vnd her getriben wird: darumb gedenck ein solcher Mensch nur nit/ daß er etwas von dem HERRN empfangen werde.

Iacob. 1. 5.

Zur rechten Hoffnung zu Gott im Gebett/ ermahnt vns auch Christus/

Marc.11.24.

da Er spricht: Darumb sag ich euch: Alles was jhr bittet in ewerm Gebett/ glaubt/ daß jhrs empfangen werdet/ so w.rds euch widerfahren.

In diser Sach hat der H. Cyprianus ein gar schönen Spruch / also lautendt:

Die XI. Predig.

tendt: *D. Quantum nos fidei capacius vas afferimus, tantum gratiæ inundantis haurimus: D* ɪ *enim misericordia, vel inexhaustus quidam bonorum fons est, à quo plus hauriet, qui capacius fidei vas ad illum affert:* In disen Worten vergleicht er die Barmhertzigkeit Gottes einem vnerschöpfflichen Meer: das Vertrawen aber/ vnd Hoffnung zu Gott im Gebett/ vergleicht er einem Geschirr/ oder Wasserschapffen/ vnd lehret: daß vmb wie vil grösser das Geschirr der Hoffnung vnd Zuversicht zu Gott in vnserm Gebett seyn werde/ vmb desto mehr können vnd werden wir der Wasser Göttlicher Gnaden schöpffen/ vnd erlangen.

D. In Epist. ad Donatum.

Es hat vor Zeiten Gott den Kindern Jsrael versprochen: daß alle Derter/ darauff ihre Fußsohlen tretten werden/ sollen ihrer seyn. Vber disen Orth schreibt der H. Bernardus, *E.* vnd sagt: Ewer Fuß/ ist ewer Hoffnung/ vmb wie vil mehr sich dise wird sehen lassen/ vmb so vil mehr werdet ihr in ewrem Gebett erlangen: doch wann ewer Vertrawen/ vnd Hoffnung also gantz in Gott gesetzt wird/ daß sie steiff bleib/ vnd nit wancke: dann wie vnser Vertrawen vnd Hoffnung zu Gott beschaffen/ also erhört Er vns.

Cent.11.24. Iof. 1. 3. E. Serm.15. Super Psal. Qui habitat. Starckes Vertrawen auff Gott.

Ein Exempel diser Sachen haben wir an Moyse/ welcher vor Zeiten in der Wüste vmb Wasser gebettet/ vnd in seinem Gebett mit dem Stab an den Felsen geschlagen/ aber das Wasser flosse nit herauß: die Vrsach dises gibt der König David; sprechend: *Distinxit labiis suis:* er hab besonders geredt mit meinen Lefftzen: der Griechisch Text verdolmetschet disen Orth/ vnd sagt: Moyses habe zwar mit seinen Lefftzen gebettet/ *sed dubius fuit,* aber er hab darbey gewancket/ vnd gezweiffler/ ob das/ was Gott zugesagt:/ vnd er begehre/ werde geschehen: darumb flosse das Wasser auff den ersten Streich nit: wie aber Moyses ein rechtes Vertrawen zu Gott gefaßt/ vnd in solchem bettendt das andermahl an den Felsen geschlagen/ da sprang das heile frische Wasser vber flüssig herauß.

Psal. 105. 33. Zweiffelhaffter wird nit erhört. *Num. 20. 11.*

Der fromme Gottselige David hat grosse Verfolgungen vnd Gefahren von dem Gottlosen König Saul außstehen müssen: weil er aber mit steiffer Hoffnung Gott vmb Erledigung angeruffen/ ist er auch erhört/ vnd seiner Bitt gewehrt worden.

Einest da jhne Saul mit einem gantzen Kriegsheer suchte/ gienge er in die Hole Engaddi hinein/ vnd verbarg sich in dem innern Theil derselben: weil nun Saul daselbsten bey diser Hole mit den Seinigen fürüber zogen/ solt einer gedacht haben/ es wäre vmb den David geschehen/ er wurde gewiß von seinem Todtfeind ertapt/ vnd auffgeriben werden: aber Hoffnung läßt nit zu schanden werden: David hatte damahls ein grosse Hoffnung/ aber nit auff den innern Theil der Hole/ sondern zu Gott: disen ruffte er mit grosser Zuversicht an/ vnd sprach: *Miserere mei Deus, miserere mei, quoniam in te*

Davids Verfolgung.

Psal. 56. 1.

X con-

Von Maria der Wunderbarlichen Mutter.

confidit anima mea, & in vmbra alarum tuarum sperabo, donec tra[n]seat iniquitas. Erbarme dich meiner / Gott/ erbarme dich meiner; dann auff dich trawet meine Seel/ vnd vnder dem Schatten deiner Flügel sihe ich Zuflucht/ biß daß die Schwachheit fürüber gehe.

Dise Hoffnung hat den David erhalten/ daß Saul mit allen den Seinigen fürüber gangen. vnd ihne nit gefunden: deßwegen sprach er weiter: Clamabo ad Deum altissimum. Deum, qui benefecit mihi: Ich ruffe zu Gott dem Allerhöchsten / zu Gott/ der mir wolgethan.

Spinnweb bedeckt den David. Heb. 4.

Der Chaldeische Text lautet: daß Gott ein Spinnen verordnet / welche für den innern Theil der Hölen ein Weben oder Gewürck gemacht / daß weder Saul/ noch seine Soldaten ihnen einbilden können/ es lige jemand daselbsten verborgen. Darumb sagt der H. Paulus. / laß vns hingehen / cum fiducia, mit Vertrawen / zu dem Thron seiner Gnaden/ auff daß wir Barmhertzigkeit empfangen/ vnd Gnad finden auff die Zeit / wann vns Hülff nothseyn wird.

Zum IV. Sollen wir vns auch mit der Seligsten Jungfrawen Maria trösten der Zusag Gottes / vnd auff die Göttliche Scheinmussen, auch Verdiensten Christi / vnd Erlösung deß gantzen Menschlichen Geschlechts ein grosses Vertrawen setzen/ Gott werde in seinem Wort getrew seyn/ sein Kirchen wider alle Verfolgungen erhalten/ vnd vns Krafft seiner Verdiensten vnd Leydens / durch den Gebrauch der heiligen Sacramenten / zu Gnaden auffnemmen/ vnd selig machen.

D. In Monili. f. l. c. I.

Wie die H. Catharina von Senis gethon: von welcher Ludouicus Blosius F. schreibt: daß sie der Sathan in Versuchung vnd Kleinmüthigkeit bringen/ vnd bereden wollen/ sie wäre verkehrt / vnd verworffen von Gott: hierauff aber fasste sie ein grosses Vertrawen auff Gottes Barmhertzigkeit/ vnd die heilige Wunden Christi/ vnd sprach: Ich bekenne, daß ich mein Lebenlang vbel gelebt/ nichts desto weniger will ich mich mit allem Vertrawen vnder die heilige Wunden Christi verbergen / vnd will mit seinem H. Blut meiner Sünden Mackel abwaschen/ vnd in Gedächtnuß der H. Wunden mich hertzlich erfrewen.

a. Ex Constant. Porphyrio, 28. Octobr.

So schreibt auch der H. Hieronymus, G. wie daß Abagarus, König zu Edessa / vil von Christo gehört / vnd auch mit grossem Vertrawen vnd Hoffnung/ Er werde ihme in seiner Kranckheit helffen/ seiner hertzlich begehrt habe: nun habe sich begeben / daß der H. Apostel Judas Thadæus in seinem Apostolat-Ambt / auch endtlich zu disem König kommen/ vnd ein leinenes Tuch / darinn Christus selbsten die Bildnuß seines heiligen Angesichts gantz natürlich eingetruckt gehabt / mitgebracht: so bald der König diser Bildnuß in seinem Zimmer ansichtig worden/ ward er alßbald gesund: vnd

ließ

Die XI. Predig. 163

ließ sich mit allen den Seinigen tauffen/ vnnd die Bildnuß Christi Angesichts an ein offentlich Orth zur Verehrung auffstecken: warüber der H. Apostel Thadæus mit guldenen Buchstaben dise Vberschrifft gemacht: Die Hoffnung/ O Christe/ die man auff dich setzt/ laßt keinen zu Schanden werden.

Setze derowegen/ mein Christ/ auch du dein Hoffnung in allen Fählen auff Gott/ vnd sprich mit dem König Dauid: In te Domine speraui, non confundar in æternum: In Dich hab ich gehoffet/ O HErz/ ich werd nit zu Schanden werden: Vnd widerumb: Was betrübst du dich mein Seel/ vnd bist also traurig? hoffe in Gott. Psal. 31. 1.
Psal. 41. 6.

Der III. Theil.

MARIA ist nechst GOtt auch vnser Hoffnung.

ES seynd von Anfang der Christenheit/ der Mutter Gottes zu Ehren/ vil herzliche Capellen/ vnd Kirchen aufferbawen worden: welchen Weylandt die Catholische Stiffter/ vnd Vorfahrer allerhand Lob Namen geben/ mit welchen sie klärlich anzeigen wollen/ daß nechst GOtt die ganze Welt von ihr Hilff/ vnd Beystand erwartet habe/ vnd erwarten solle: neben andern dergleichen Wunder-Kirchen befindet sich ein Gotteshauß zu Aach/ das wird genennt: Vnser Lieben Frawen von der Hoffnung: weil Sie nemblich nechst Gott/ der Glaubigen Hoffnung ist/ vnd seyn solle. *Vnderschidliche Kirchen/ Mariæ zu Ehren erbawet.* *Maria von der Hoffnung.*

Die Hoffnung nach Gott/ auch zu seiner werthen Mutter zu haben/ lehret vns I. die H. Schrifft bey dem König Dauid, allda er deß Berg Syon Meldung thut/ vnd spricht: Ponite corda vestra in virtute eius: Setzet ewere Herzen in ihr Krafft: vber disen Spruch führet der H. Hieronymus A. Gott ein/ wie er den Engel Gabriel zu MARIA gesandt/ vnd deuttet denselben auff die Seeligste Jungfraw MARIAM, vnd gibt zuuer-stehen/ daß Krafft diser Wort wir alle vnsers Herzen Vertrawen/ auff die Hilff vnd Macht der Mutter Gottes setzen vnd haben sollen. Psal. 47. 14. A. Orat. de Annunc.

Eben das lehret auch Petrus Damianus, B. allda er den 22. Psalm anziehet: Virga tua, & baculus tuus, ipsa me consolata sunt: Dein Ruthen/ vnd Stab trösten mich: vnd sagt: In Virgine virga, & baculo crucis, miserorum spes, & consolatio mortalium continetur: In der Jungfraw Ruthen (MARIA) vnnd Creuz Stab (Christi) stehet die ganze Hoff- *B. Serm. de Assumpt. Psal. 22. 4.*

X ij nung

Von Maria der Wunderbarlichen Mutter.

Eccli. 24. 24. nung vnnd Trost der Armen: dahero wird sie billich Mater sanctæ spei, Ein Mutter der H. Hoffnung genennt.

II. Erinnert vns hierzu die wahre Catholische Kirch/ in dem sie in dem Salue Regina, MARIAM vnser Hoffnung nennet/ vnd spricht: Et spes nostra salue: vnd vnser Hoffnung sey gegrüßt: auch von Anfang der Christenheit in allen grossen Nöthen/ vnd Anligen derselben/ zu MARIA die Hoffnung/ vnnd Zuflucht nechst Gott genommen: wie dann Ioannes Patriarch zu Constantinopel *C.* schreibt, vnd auch solches das Basileensische Concilium obseruirt. man habe nemblich in der Christenheit jederzeit erfahren/ daß grosse Haupt-Plagen/ vnd allgemeine Straffen/ als Krieg, Thewrung/ Pestilentz vnd dergleichen ehender kein End genommen/ vnd nachgelassen/ biß daß man zu MARIA der Mutter Gottes Zuflucht genommen/ vnd von ihr Hülff begehrt.

G. In Epist. ad Hormisdam Papam.
Krieg/ Pest/ Thewrung/ wendet Maria ab.

H. lehrer Hoffnung auff Maria.
D. Orat. ad SS. Dei Genit.
E. Serm. de Laud. B. V.
F. Orat. 1. de Dormit.
Biler Heyligt Hoffnung.
G. Serm. de aquæ ductu.

Zum III. Machen vns nächst Gott/ ein grosses Vertrawen/ vnd Hoffnung auff MARIA zuhaben, die heylige Lehrer vnd Vätter: der heilige Ephrem nennet Sie/ sein vnd aller Christen Hoffnung/ *D.* Ja/ sagt er: Sie sey ein Hoffnung der Verzweiffelten/ ein Hoffnung der Welt-Menschen/ ein Hoffnung der Frommen/ vnd in allen Widerwertigkeiten ein Trost. *E.* der H. Damascenus *F.* lehret/ daß wir vnser Gemüth/ vnd Seelen/ ja alles auff Sie/ als den rechten Ancker vnserer Hoffnung/ vnd Zuflucht setzen sollen.

Zum IV. Lehren vns solches mit ihrem Exempel vil Tausent Heylige/ vnd mit dem H. Geist erfüllte Mann vnd Weibs-Personen: ich will vns zum Nachfolgigen Exempel nur etliche anziehen: anfangs prediget der H. Bernardus also: *G.* Filioli, hæc peccatorum scala, hæc mea maxima fiducia est, hæc tota ratio spei meæ: Ihr allerliebste Kinder/ diße ist der Sünder Leitter/ diße ist mein grösstes Vertrawen/ ja diße ist die gantze Vrsach/ vnd Rathschlag meiner Hoffnung.

H. In vita. cap. 9.

Von dem H. Seraphischen Vatter Francisco schreibt S. Bonauentura, *H.* daß er mit vnaußsprechlicher Liebe der Mutter deß HERRN zugethan gewesen/ darumb daß Sie vns den HERRN der Majestät zu einem Bruder gemacht/ vnd durch Sie wir Barmhertzigkeit erlangen: nach Christo hat er in Sie fürnemblich sein Hoffnung/ vnd Vertrawen gesetzt, vnnd hat dieselbe ihme/ vnd allen den Seinigen zu einer Aduocatin, vnd Fürsprecherin außerkohren/ vnd fürgestellt.

I. In vita breuiori, anno 1600. edita.

Eben das hat auch der H. Ignatius Loiola der Societet IESV Stiffter gethan; dann wie Petrus Ribadeneira *I.* bezeuget: hat er in seiner ersten Bekehrung zu GOtt sein Zuflucht genommen/ vnd ihme selbsten die Seeligste Jungfrawen zu einer sonderbaren Patronin erwöhlt/ als in wel-

Die XI. Predig.

che er in seinen Verfolgungen/vnd Beschwerden sein Hoffnung gesetzt/auf welcher Hoffnung er auch vil Guttthaten empfangen.

Also hat die H. Margaretha/ eines Königs in Vngarn Tochter/von Kindheit an B. L. Fr. hoch verehrt/ ihr selbige zu einer Patronin außerwöhlt/vnd Sie allezeit ihr Fraw/vnd ihr Hoffnung genennt.

Denckwürdig ist/was in diser Sach Fauinus beschreibt/ K. wie daß Ludouicus von Bourbon/ mit dem Zunamen/ der gute Hertzog/ im Jahr 1370. den Ritter Orden der Distel von Vnser lieben Frawen angefangen/ vnd seinen Rittern befohlen/ daß sie täglich ein Gürtel von Himmelblawen Samet/ mit rothem Atlaß gefüttert/vnd mit Gold gestückt/ darauff der Nam/ Hoffnung mit Gold gemacht/ stehe/ tragen sollen: auch noch darzu verordnet/ daß an dem grossen Halß-Bihäng/ oder Band/ welches sie an festneinen Festen anlegen müssen/das Wort Hoffnung mit grossen Buchstaben gemacht gesehen wurde. Wormit diser Fürst zuverstehen geben wollen/ daß nechst Gott er all sein Hoffnung auff die Seeligste Jungfrawen Mariam gestellt habe/und begehre/daß in disem ihme alle Ritter/ja alle Rechtglaubige nachfolgen sollen.

K. In Theatro Honoris. Newer Ritterorden.

Die Vrsach: warumb wir nechst Gott/auch auff B. L. Fr. vnser Hoffnung setzen sollen: 1. Weil Gottes Will/ vnnd Verordnung ist/daß was wir haben wollen/durch Sie/als gesetzte Schatzmeisterin aller Gnaden Gottes/ haben sollen. Als wie vor Zeiten der König Pharao gewolt vnd verord. net/daß in seinem Land den Rothleydenden durch den Ioseph geholffen wurde: dann in gantz Ægypten, vnd vmbligenden Orthen ein grosse Hungers-Noth eingerissen: war allein Pharao König/ ihme allein gehöreten die Früchte/ als dem König/ doch damit er auch den Ioseph ehrete/ hat er ihme alle Auctoritet vnd Gewalt vbergeben/ auch jedermann/ wer zu ihme vmb Hilff kam/ vnd Getreid begehrte/ durch den Ioseph widerfahren lassen/ Ite ad Ioseph,& quidquid ipse dixerit vobis,facite. Gehet zu dem Ioseph, sprach der König/ vnd was er euch sagen wird/das thut.

Vrsach warumb wir auff Mariam hoffen sollen.

Gen. 41. 55.

Also obwol Gott allein deß Himmels/ vnd der Erden ein Herr/alles allein guberniert, vnnd regiert, doch will Er vns alle seine Guttthaten deß Leibs vnd der Seelen/ der Gnaden vnd Glory durch sein Mutter geben: wie solches der H. Vatter Bernardus lehret/ L. alda er die Mutter Gottes einem Wasserteichel vergleichet/ durch welche das Wasser aller Gnaden Gottes in vns fliesset/ vnd spricht: Sehet ihr Brüder/ wie Gott gewolt habe/ daß sein Mutter von vns soll verehrt werden/welcher die Völle alles Guten in Mariam gesetzt/darumb wann ein Hoffnung in vns ist/wann ein Gnad in vns ist/wann ein Heyl in vns ist/ sollen wir wissen/daß solches alles durch Sie in vns kommen.

L. Serm. de B. Virg.

X iij

Von Maria der Wunderbarlichen Mutter.

Diser Vrsachen halben pflegte auch P. Angelus de Paz, S. Francisci Ordens/ ein grosser Liebhaber Vnser Lieben Frawen/zusagen/ gleichwie alle Speisen/ so der Mensch niesset/ durch den Halß in den Magen/ Leib/ vnnd Glider kommen/ also auch alle Gaaben vnd Gnaden Gottes kommen in den Leib der Christlichen Kirchen durch MARIAM.

M. in Ecclesi. 1. 10.

Dahero Christus selbsten/ wie Octauianus Tufo schreibt/ *M. zu der H.* Birgitta gesagt: Mater mea est esca dulcissima, qua homines ad me traho, Mein Mutter ist die allersüsseste vnd lieblichste Speiß/ mit welcher ich die Menschen zu mir ziehe. Sie/ sagen die H.H. Augustinus,

N. Serm. 11. de Natiu. O. Serm. 2. in Aduentu Domini, de verbis Esaiæ: Pete tibi signum.

N. vnnd Bernardus *O.* ist der richtige Königliche Weg/ vnd Himmelsleiter/ durch welche wir zu Gott kommen/ vnd seiner Gnaden vns theilhafftig machen können.

2. Macht in vns das Vertrawen vnd Hoffnung zu MARIA groß/ weil an jhr nach der Lehr deß *H.* Bernardi, nichts hartes/ sondern Sie gantz süß ist/ vnd die Schoß ihrer Barmhertzigkeit allen eröffnet/ damit von jhrer Völle alle empfangen/ auch gesetzt ist ein Mittlerin zwischen Gott/ vnd den Menschen.

P. in Sententijs.

Dahero spricht Hugo de sancto Victore: *P.* Wann du dir förchtest in deinem Gebett für Gottes Angesicht zutretten/ so schaw auff MARIAM, daselbsten wirst du nichts finden/ das du förchtest: Genus tuum vides: Du sihest in jhr dein Geschlecht.

Q. Ecclesia, in oratione.

Auff dises deuttet auch die Kirch Gottes/ bettend: *Q.* Vt qui tibi placere de actibus nostris non valemus, Genitricis Filij tui intercessione saluemur. HERR verleyhe/ daß wir/ welche mit vnsern Wercken nie getrawen dir zugefallen/ durch die Fürbitt der Mutter deines Sohns seelig werden.

R. Io. Histor. Virginali. l. 2. cap. 15.

Ein Exempel diser Sachen beschreibt P. Ioannes Bonifacius der Societet IESV, *R.* von einem sehr reichen Menschen/ welcher aber durch Vnglück in grosse Armuth gerathen/ vnd darüber sich dermassen gekräncket/ daß er gar wegen deß zeitlichen Verlurst verzweifflet/ sich dem bösen Feind ergeben/ GOtt vnd seinen Tauff verlaugnet/ vnd sich mit seinem eignen Blut dem leydigen Sathan verschriben hat.

Mariæ Verehrung/ sonderbahres Mittel wider den Sathan.

In disem vnglückseligen Stand kombt er einest in der Prediger Kirchen/ vnd hört in einer Predig/ was es für ein Ellend sey/ in dem Gewalt deß Teuffels seyn/ vnd wie grausamb der Sathan die arme Sünder tractiere: hingegen wie GOttes Barmhertzigkeit so groß/ wie lange Zeit Er offt auff die Bekehrung der Sünder warte/ vnd wie vil Er jhnen Mittel an die Hand gebe/ durch welche die grösste Sünder sich bekehren/ vnd von deß Teuffels Ge-

walt

Die XI. Predig. 167

wolt ledig machen können: auch wie vnder solchen Mitteln eines auß den fürnembsten sey/ die Andacht gegen der Mutter Gottes/ vnd die Bettung deß Rosenkrantz.

Dise Predig ist dem armseligen Sünder also zu Hertzen gangen/ daß er angefangen eines theils sein Elend zu erkennen/ anders theils/ weil er Gott verlaugnet/ vnd deßwegen zu jhme zu kommen sich vnwürdig schätzete/ sein Zuversicht vnd Hoffnung zu MARIA zu nemmen: ließ sich derowegen in deß H. Rosenkrantz Bruderschafft einschreiben/ vnd ruffte die Mutter der Barmhertzigkeit in seinem Elend/ vnd armseligen Stand vmb Hülff an. *H. Rosenkrantzes Bruderschafft Nutzbarkeit.*

Auß dergleichen tribe zwar der Teuffel mit das Gespött/ warff jhme die Handschrifft vor/ vnd gabe für/ er wäre ewig sein: aber der arme Sünder ließe sein Hoffnung/ welche er in diser Noth auff die Mutter Gottes gesetzt/ nit fallen/ gieng mit grossem Vertrawen in Vnser lieben Frawen Capell/ knyete vor derselben Bildnuß nider/ klagte mit heissen Thränen vnd Weinen sein Noth/ bettete auch mit auffgehebten Augen so eyfferig vnd lang/ biß daß vor jhme sein eigene Handschrifft/ in welcher er sich zuvor mit seinem eigenen Blut dem Sathan verschriben gehabt/ herab gefallen/ vnd er gäntzlich versicheret worden/ daß alles/ was er dem Sathan versprochen gehabt/ cassirt, vnd außgelöscht/ vnd er vermittelst der Mutter Gottes kräfftigen Fürbitt mit Gott vereiniget/ vnd widerumb zu Gnaden auffgenommen seye.

Germanus Patriarch zu Constantinopel hat MARIAM sein Zuflucht/ Leben/ Beschützerin/ Stärcke vnd Hoffnung genennt/ in Betrachtung/ daß Sie ein Mutter Gottes ist.

5. Soll billich die Hoffnung zu der Mutter Gottes in vns groß machen/ weil Sie keinen/ der auff Sie hoffet/ zu schanden werden lasset/ wie der H. Bernardus mit folgenden Worten lehret: Es ist nit billich zu sagen/ daß der/ welcher sein Hoffnung vnd Vertrawen auff Sie gesetzt/ verlassen worden sey/ oder verlassen werden könne: welches auch bestättiget der Geistreiche Vatter Ludouicus Blosius, sprechendt: *S. Es werde ehender der Himmel einfallen/ vnd die Erd zu grund gehen/ als daß Sie einen/ der Sie mit rechtem Vertrawen ehret/ liebt/ vnd anrufft/ nit erhöre/ vnd gewähre.* *S. In Speculo, c. 12.*

Recht schreibt auch Petrus Damianus: *T. O Gebenedeyteste Königin der Engeln/ vnd Menschen: nechst Gott dich sehen/ nechst Gott dir anhangen/ nechst Gott in dem Namen deiner Beschützung/ vnd Hülff sich auffhalten/ vnd verharren/ ist die gröste Ehr/ vnd Glory.* *T. Serm. de Natiuit.*

Billich derowegen schreyen wir zum Beschluß diser Predig/ mit dem H. Vatter Bonauentura auff/ vnd betten: In te dulcis Maria speramus: nos defen=

Von Maria der Wunderbarlichen Mutter.

defendas in æternum: Wir hoffen auff dich / O süsse MARIA, beschütze vns Ewiglich / Amen / Amen.

Die zwölffte Predig.

Mater Admirabilis, Ora pro nobis.

MARIA ist Wunderbarlich in der Liebe / dann Sie GOtt mehr / als alle andere Creaturen geliebt: auch mehr andere von Gott / vnd allen Rechtgläubigen geliebt wird.

Zach. 4.
Zachariæ
Leuchters /
Bedeutung.

IN der Weissagung deß Propheten Zachariæ wird beschriben: wie daß der ErtzEngel Michaël dem Propheten Zacharia ein sehr grossen gantz guldenen Leuchter in einem Gesicht gezeigt / warauff ein grosse brennende Ampel gestanden: die war mit noch siben anderen / vnd kleinern Ampeln ringsweiß vmbgeben: in welche siben Ampeln / von der grossen Ampel / siben Röhrlein gangen / welche am End gestaltet gewesen / wie siben Augen: daß sie gantz künstlich das Oel zu stäter Vnderhaltung deß Fewers an sich gezogen: neben disem guldenen Leuchter / vnd Ampeln stunden zween Oelbäum / einer zur rechten / der ander zur lincken Seiten.

A. Visione
3 l. sect. 1.

Ferdinandus à Castro, A. Vatablus, vnd andere schreiben vber disen Orth / daß auß den zween Oelbäumen Oel geflossen stäts / vnd gemächling in zween kleine / aber doch runde Canäl / welche sich vmb die grosse Ampel herumb gezogen / vnd auß welchen das Oel von den Oelbäumen in die grosse Ampel / vnd von dar sich in die siben andere Ampeln außgetheilt / vnd das Fewer erhalten.

Der Prophet Zacharias hat sich vber disem Gesicht verwundert / vnd den Engel gefragt / was dises bedeute / aber kein andere Antwort bekommen / als dise: das ist deß Herrn Wort zu Zorobabel / vnd spricht: weder mit Heer / noch mit Macht / sondern durch meinen Geist wird es geschehen.

Bey den heiligen Lehrern seynd vnderschidliche Meynungen / was doch Gott durch den ErtzEngel Michaël, dem Propheten eygentlich zu verstehen geben wollen.

Babylonische
Gefängnuß.

Remigius, Albertus, Haymo vermeynen / es hab Gott ihme offenbaren wollen die Außlösung der Babylonischen Gefängnuß: welche mit Krafft

der

Die XII. Predig. 169

der Kriegswaffen/ sondern durch Gottes Fürsichtigkeit geschehen wurde.

Die Hebreer verstehen dardurch die Auffrichtung deß gemeinen Nutzes *Gemeiner* durch Zorobabel/ welcher das Mosaische Gesatz widerumb in schwang brin- *Nutz.* gen werde: dann der guldene Leuchter/ welchen Moyses auß Befelch Gottes *Exod. 31.* machen müssen/ hat das Gesatz bedeutet.

Lyranus vnd Hugo verstehen eigentlich dardurch die Ernewerung vnd *Tempel Sa-* wider Aufferbawung deß Tempels: nit durch Macht/ sondern Gottes Für- *lomonis.* sichtigkeit: wie dann Gott/ vermög H. Schrifft/ dem König Dario eingeben/ *1. Esdræ 8.* daß er solches nit allein zugelassen/ sondern auch befürdert.

Mariana sagt/ daß durch disen Leuchter Gottes Fürsichtigkeit repræsen- *Gottes Für-* tirt, vnd seye Augen gestellt worden: vnd bedeuten die siben Röhrer mit den si- *sichtigkeit.* ben Augen/ die fürnembste Engel Gottes / welche Diener vnd Vollzieher Göttlicher Fürsichtigkeit seyn: die siben Ampeln aber allerhand Gnaden vnd Gaaben/ welche Gott vnderschidlich außtheilet.

Andere vermelden / daß Gott durch dises Gesicht dem Propheten den *Kirch Got-* Stand seiner Kirchen fürstellen wollen: vnd verstehen durch den guldinen *tes.* Leuchter/ die Kirchen Gottes: durch die grosse Ampel/ den Römischen Pabst Petrum, vnd seine Nachkömblinge: durch die Canal/ vnd siben Röhrlein/ den H. Geist mit seinen Gnaden: vnd durch die siben Ampeln/ die Lehrer der Ca- tholischen Kirchen.

Endtlich verstehet der H. Damascenus durch disen Wunderleuchter die *- Maria.* Allerseeligste Jungfrawen MARIAM, als auß welcher das Ewig Liecht/ da niemandt zukommen kan / auffgangen: wie dann auch der H. Epiphanius *1.Tim 6.16.* B. vnd Georgius Nicomediensis: C. Sie Candelabrum templi aureum, *B. Orat de* ein guldinen Leuchter deß Tempels nennen: als dero Leben alle Kirchen *B.Virg.* erleuchtet. D. *C. Orat.de Oblat.*

Andreas Cretensis betrachtet die grosse brinnende Ampel/ welche noch mit *D. Ecclesia* siben andern/ doch kleinern Ampeln ringsweiß vmbgeben/ vnd verstehet 1. *in Offic.* dardurch den H. Geist mit seinen siben Gaaben: als welcher MARIAM vber- schattet/ vnd in Sie alle seine Gnaden häuffig außgossen.

2. Durch die siben Röhrer/ welche, von der grossen Ampel in die kleinere *Mariæ siben* gangen/ vnd am End wie Augen gestaltet gewesen/ können verstanden wer- *Schutzengel.* den die siben Engel/ welche der Mutter Gottes auff ein sonderbare Weiß zu geben/ Sie verehren/ vnd derselben Willen vollziehen: Dann Franciscus Mayro, welcher ein Discipul Scoti gewesen / vnd wegen seiner Geschicklig- keit der erleuchte Doctor genennt worden / vergleicht die Mutter Gottes dem Meerstern/ vnd gibt dessen zwölff Vrsachen/ vnd lehret in der Letzten: *E. E. In Serm.* daß gleichwie vmb den Meerstern siben andere sonderbare Stern glantzen/ *de creat.ani-* vnd *mæ B.V.*

Von Mariæ der Wunderbarlichen Mutter.

vnd schweben / also habe die Mutter Gottes zu ihrem Dienst siben sonderbare heilige Engel / welche vmb ihren Thron stehen: wie dann zu Bestättigung dises / auch in deß heiligen Francisci Chronick vermeldet wirdt: da einest der heilig Amadæus, Hertzog in Saphoia / in einer himmlischen Verzuckung gewesen / vnd den Ertzengel Gabriel habe hören aufsprechen: Septem Angeli sumus, qui Genitricem Dei nostri veneramur: alios omnes generis nostri præcedimus: Wir seynd siben Engel / welche die Gebährerin vnsers Gottes verehren: wir gehen allen vnsers Geschlechts vor.

Süsse Gottes 3. Kan auch die grosse vnd flammende Ampel / welche noch siben andere Amplen angezündt / verstanden werden die brinnende lieb Gottes in MARIA, welche liebe noch siben andere Tugenden in ihr angezündt / daß an ihr erfüllt

Cant. 8. 6. worden / was in den Hohen Liedern stehet: Lampades eius, lampades ignis, atque flammarum: Ihre Ampeln seynd wie brinnende vnnd flammende Ampeln.

Diser Sachen haben wir ein Enewerffung in der Offenbahrung S. Bir-
F. Lib. 1. re- gittæ / F. allda vermeldt wirdt: wie daß ihr die Mutter Gottes / sambt dem
uelat. c. 31. heiligen Johanni dem Tauffer erschinen / mit einer stattlichen Cron auff dem
Cron von si- Haupt / von siben schönen Rosen / vnd so vil köstlichen Edelgestainen / mit flie-
ben Rosen. genden Haaren / in glantzendem guldinen Gewand / vnd einem himmelblawen Mantel.

Erklärung. Dise Ding hat der H. Tauffer Johannes der heiligen Birgittæ erklärt / vnd gesagt: Die Cron 1. bedeutet ihr herrliche Regierung, vnd grosse Macht vber alle Creaturen. 2. Seynd die siben Rosen ein Erinnerung siben herrlicher Tugenden MARIÆ, als Demuth / Forcht / Gehorsamb, Gedult / Beständigkeit / Sanfftmuth / vnd Barmhertzigkeit. 3. Geben die siben köstliche Edelgestein zu verstehen noch siben andere heroische Tugenden / mit welchen MARIA vor allen andern geleuchtet habe: als die vollkommene Keuschheit / geziemende Schönheit / leuchtende Weißheit / grosse Stärcke / die glantzende Klarheit / vnd reine Frewd. 4. Bedeuten die fliegende Haar / die Reinigkeit ihres Hertzens Gedancken. 5. Der himmelblawe Mantel / die vollkommene Verachtung aller Weltlichen Sachen. 6. Das guldine Gewandt / die Liebe der Mutter Gottes.

Wie dann die Liebe MARIÆ gegen Gott / vnd dem Nechsten die zween Oelbäum seyn / von welchen das Oel allerhand Gnaden / vnd Tugenden geflossen / wie geliebt Gott in folgender Predig erklärt / vnd vermeldt werden solle: wie starck MARIA Gott geliebt / vnd was hierauß für Tugenden erfolgt / auch wie Gott Sie geliebt / vnd wir Sie lieben sollen. Der Hoffnung / rc.

Der

Die XII Predig.

Der I. Theil.
MARIA ist Wunderbarlich in der Liebe gegen GOtt.

ES werden zwar in H. Schrifft/ vnd sonsten herzliche Exempel fürnemmer Liebhaber GOttes beschriben/ aber wie das Gold an der Würde seiner Natur/ alles Silber vbertrifft/ also hat die Liebe der Seeligsten Jungfrawen MARIÆ gegen GOtt/ aller anderer Heyligen Gottes Liebe vbertroffen/ vnd ist jederzeit so groß gewesen/ daß niemandts außsprechen kan. *Mariæ Liebe gegen GOtt/ vbertrifft alles.*

Wunderbarlich/ aber doch wahr ist/ was Arnoldus Carnotensis schreibt: *A.* Vna est Mariæ, & Christi caro, vnus Spiritus, vna Charitas: MARIÆ vnd Christi Fleisch/ ist ein Fleisch/ ein Geist/ ein Liebe: dann gleich wie bey dem H. Ioanne GOtt die Lieb genennt wird: also wird auch MARIA in den Hohen Liedern von jhrem Himmlischen Bräutigamb die Lieb genennt: Neque suscitetis, neque euigilare faciatis dilectam: Mein Geliebte/ oder wie der H. Gregorius Nyssenus liset/ *B.* Charitatem, Mein Lieb/ solt jhr nit auffwecken/ vnd wachendt machen. *A. Tract. de Laud. B. V.* *1. Ioan. 4.* *Cant. 2. 7.* *B. Homil. 4. in cant. ex Text. Hebr.*

Diser Vrsachen halben verdolmetschet Placitus Nigidus Siculus, *C.* neben andern den Namen MARIA, Mare vel Oceanus maris, ein Meer oder Abgrund der Liebe: vnd grüsset Sie der H. Gregorius, *D.* Eia Mater, fons amoris, Ey du Mutter/ ein Bronn der Liebe. *C. In suo Mariali Opusc.* *D. Serm. 6. D. In Rythmo, Stabat Mater.*

Hierbey mercke: daß die Gelehrten dreyerley Liebe vnderscheiden/ ein Natürliche/ ein Vbernatürliche/ vnd ein erlangte Liebe. *Dreyerley Liebe. Natürliche.*

I. Auß Natürlicher Liebe/ liebt ein jede Creatur seinen Erschaffer mehr als sich selbsten/ dann die Creatur oder das Geschöpff dependiert, vnd wird erhalten von seinem Erschaffer: vnd ist die Natürliche Liebe auch den vnvernünfftigen Creaturen eingepflantzt/ wie erscheint an den Bienennen/ vnd dem Liebvogel Pelican, etc.

II. Wird die Vbernatürliche Liebe mit/ vnd durch die Gnad Gottes in deß Menschen Seel eingossen: wie S. Paulus andeuttet/ sprechendt: Charitas DEI diffusa est in cordibus nostris, per Spiritum sanctum, qui datus est nobis: Die Liebe Gottes ist außgossen in vnsern Hertzen/ durch den H. Geist/ welcher vns ist geben worden: vnd auff dise Weiß ist die Liebe vnder den Haupt-Tugenden die größte/ wie zulesen: Manent hæc tria, Fides, Spes, Charitas: Jetzt aber bleiben/ Glaub/ Hoffnung/ Liebe/ dise drey; aber die Lieb ist die größte vnder jhnen. *Vbernatürliche Liebe. Rom. 5. 5.* *1. Cor. 13. 13.*

III. Ist

III. Ist die erlangte Liebe/ welche mit Geistlichen Vbungen/ Himmlischen Betrachtungen/ vnd allerhand Tugenden vnd guten Wercken erweckt/ bekommen/ vnd gemehrt wird: wie der H. König David erfahren/ sprechendt: In meditatione mea exardescit ignis: Fewer ist angangen in meinem Betrachten.

Mit disen dreyen Lieben hat V. L. Fraw Gott mehr geliebt/ als sonsten kein Creatur/ wie der H. Antoninus lehret. E. Vnd I. ist MARIÆ Natürliche Liebe fundiert/ vnd gegründet gewesen in der Mutterschafft: nun vergleicht Gott selbsten sein Lieb gegen vns einer Mutter Liebe/ sprechendt: Kan auch ein Mutter ihres Kindts vergessen? vnd ist die Mütterliche Lieb in MARIA vil grösser gewesen/ als in andern Müttern: 1. darumb/ weil Sie allein ihres Sohns/ ohne Zuthun eines natürlichen Vatters ein Mutter gewesen/ deßwegen war Sie ihme so wol deß Vatters/ als der Mutter Lieb allein schuldig/ wie der H. Anselmus lehret. F. 2. Weil ihr Sohn ein Eingebohrner war/ auff welchem Sie als ihr Liebe allein gewendet/ da hingegen andere Müttern auch ihre Männer/ andere Kinder/ vnd Befreundten lieben/ Sie aber allein Christum/ der Gott vnd Mensch ist: damit vns vor Zeitten der David sein grosse Liebe/ welche er gegen dem Ionatha getragen/ zu vnterstehen gebe/ vergleichte er solche einer Mutter Liebe/ gegen einem einigen Sohn/ vnd sprach: Sicut mater vnicum amat filium, ita ego te diligebam: Ich hab dich geliebet/ wie ein Mutter ihren einigen Sohn liebet.

3. Weil ihr Sohn das alleredleste Kind/ nemblich GOtt selbsten/ vnd Er vnder den Menschen Kindern der Schönest/ auch in allem der Mutter gleich war; dahero spricht der H. Augustinus: G. Quis dubitare poterit, omnino in charitatis affectionem transîsse viscera MARIÆ, in quibus ipsa, quæ DEVS est, charitas nouem mensibus corporaliter requieuit? Wer wolt zweifflen können/ daß das Hertz vnd Gemüth MARIÆ gantz in der Liebe Begird verwandlet worden als in welcher die Liebe selbsten/ welche Gott ist/ in ihr neun Monat lang leiblich geruhet hat?

Bey dem Syrach wird Sie einem gantz lautern guldinen Geschirr/ gelehrt mit allerhand Edelgesteinen verglichen/ weil Sie gantz guldin von Lieb geflammet vnd geglintzet: der H. Augustinus betrachtet/ H. wie daß vor Zeitten der Nam GOttes in Gold hat müssen eingeschrieben werden/ vnd sagt hierüber also: So dann der Nam GOttes hat müssen in Gold eingeschrieben werden/ wie vil mehr das Wort Gottes/ welches Gott selbsten ist/ hette ihr nit können empfangen werden/ wann Sie nit gantz guldin mit der Göttlichen Liebe gezieret gewesen wäre.

Zum II. Hat Sie auch vor/ vnd vber andern Heyligen allen Gott mit Vbernatürlicher Liebe geliebt: dann ihr ist von dem ersten Augenblick ihrer Empfäng-

Die XII. Predig.

Empfängnuß biß an ihr End mehrer Gnad/ vnd Glory gegeben/ vnd eingegossen worden/ als allen Englen vnd Heyligen sammentlich/ wie P. Franciscus Suarez der Societet IESV lehret. *l.*

Welches wegen der seelige Albertus Magnus nach längs erweiset: *K.* daß MARIA vom ersten Augenblick ihrer Vnbefleckten Empfängnuß/ biß an ihr End/ ohn alle vnderlaß im Stand deß Verdienstes gewesen/ vnd also GOtt schlaffend/ wachend/ vnd in allen ihren Wercken auffs höchst geliebt habe/ weil ihr ganzes Leben/ wie P. Canisius lehret/ *L.* ein immerwehrende Betrachtung gewesen ist: vnd sagt der H. Bernardinus Senensis, *M.* Mens Virginis in ardore dilectionis continuè tenebatur: Das Gemüth der Jungfrawen/ war in der Liebe Gottes allzeit/ vnd vnauffhörlich auffgehalten.

Diser Vrsachen halben vergleicht Sie der H. Bonauentura mit der Sara, sprechendt: MARIA kan wol mit der Sara verglichen werden/ dann Sara wird verdolmetschet/ vnd heißt so vil/ als ein glühender Kohl: diser aber kombt wol vberein mit MARIA, als welche mit der Hitz der Liebe gantz fewrig gewesen: widerumb/ vnd noch besser/ sagt er/ könne Sie dem brennenden/ aber nit verbrennenden Busch deß Moysis verglichen werden/ dann das Fewr der Liebe also in ihrem Hertzen gebronnen/ daß solches nie auffhörte zubrinnen vnd zulieden.

Der H. Vatter Bernardus sagt/ *N.* daß die Lieb Christi in dem Hertzen MARIÆ ein Pfeil gewesen/ welcher MARIÆ Hertz nit allein durchschossen/ sondern allenthalben also durchstochen vnd eingenommen/ daß in derselben gantzen Jungfräwlichen Hertzen/ von der Göttlichen Liebe kein Orth läer verbliben: dann ihre Ampeln waren brinnende vnd flammende Ampeln.

Zum III. Hat Sie auch die erlangte Liebe GOttes mehr/ als andere gehabt/ weil niemands mehr vollkommnere Werck/ Himmlische Betrachtungen/ vnd Geistliche Vbungen gethon/ vnd gehabt/ als Sie. Sie/ sagt Bernardinus de Bustis, *O.* hat niemahlen was anders erwöhlt/ oder fürgenommen/ als was ihr die Göttliche Weißheit vor gezeigt hat: Sie liebte Gott jeder zeit so vil/ als vil Sie vermeynt/ daß Er von ihr soll geliebt werden. Ja/ wie der H. Anselmus schreibt/ *P.* hat die Grösse der Liebe diser Jungfrawen gegen ihrem Sohn/ aller Creaturen Liebe vnd Säffigkeiten weit vbertroffen: vnd wie vor Zeitten die Ampel in dem Tabernacul allzeit gebronnen/ also liebte auch Sie ohne vnderlaß.

Auß diser Liebe gegen GOtt ist 1. entsprungen/ daß Sie alle Gebott vnd Satzungen Gottes/ auch alle Euangelische Räthe/ auff das allerfleissigst gehalten vnd erfüllet: dann wer GOtt recht liebt/ der hält auch seine Gebott;

I. 3. Part. S.
Tom. disp.
18. sect. 4.
K. Lib. de B.
Virg. c. 176.
& seq.
L. Lib. 5.
Marial. c. 1.
M. Tom. 3.
Serm. 51 art.
3. cap. 2.

N. Apud P.
Francisc. Arias de Virg.
imitanda, c.
13. Serm. 29.
in Cant.
Cant. 8.

O. Serm. 51.
c. 3. de Concept.
P. De Exal.
Virg. cap. 4.
Exod. 25.

liebe Gottes
hält seine Gebott/

Von Maria der Wunderbarlichen Mutter/

Joan. 14.
Wer meine Gebott hat/ vnd hält dieselbe/ der ist der mich liebt/ sagt Christus. Dahero weil die Seeligste Jungfraw GOTT mehrer/ als alle andere Creaturen geliebt/ als hat Sie alle Gebott fleissiger gehalten/ also daß Sie keines derselben auch im wenigsten iota, oder Minuten vbertretten.

Vbung guter Wercken
Zum 2. Hat MARIÆ Lieb gegen GOtt gemacht/ daß Sie nit allein in allen guten Wercken geübt/ sondern auch ein jegliches mit höchster Vollkommenheit verrichtet: dann die Lieb gegen GOtt macht/ daß der Mensch all sein Thun vnd Lassen gegen GOtt richtet.

Gedult im Leyden.
Zum 3. Ist auch die Liebe GOttes erfolgt/ daß Sie alles Creutz vnd Leyden diser Welt/ welches jhr zu Hand gestossen/ mit höchster Gedult vbertragen/ das/ je mehr die Widerwertigkeit gewachsen/ je mehr vnd mehr, auch die Lieb zugenommen: ja die Liebe ist in jhr so starck worden/ als wie der Todt/ seltzsamwahlen Sie ohne allen Schmertzen allein auß Lieb in GOtt verschiden:

Albertus in suo Mariali.
also daß dise Lieb/ kein Wasser der Trübsal/ noch auch deß Todts Strömen mögen außlöschen.

Heyl deß Nechsten
Zum 4. Ist auß der brinnenden Lieb gegen Gott entsprungen/ daß Sie auch jhr deß Nechsten/ ja gantzen Menschlichen Geschlechts Heyl vnd Seeligkeit auff daß eussrist hat lassen angelegen seyn/ vnd befürdert: zu disem End hatte Sie ein grosses Verlangen nach d. in wahren Messia, vnd Erlöser der Welt/ vmb dessen Sendung/ vnd Schickung Sie GOtt den Himmlischen Vatter auffs eyfferigst angetruffen vnd gebetten: welcher Gebett dißfals/ wie

Q. 3. Sent. dist. 4. q. 2.
der H. Bonaventura lehrt Q. mehr bey GOtt verdienen können/ vnd vermöcht/ als aller Heyligen Vätter diß Alten Testaments.

Mariæ Lieb gegen vnserm Heyl.
Darnach als Sie auß dem Gespräch deß ErtzEngels verstanden/ daß zu Menschwerdung/ vnd also Erlösung diß gantzen Menschlichen Geschlechts auch jhr Consens, vnnd Einwilligung begehrt werde/ ist Sie gleich auß Lieb gegen der Menschen Heyl auff jhre Knye widergefallen/ jhre Augen vnd Händ gegen dem Himmel auffgehebt/ vnnd mit vergossnen Frewdenzäheren auffs demütigst eingewilliget/ vnd gesprochen: Ecce ancilla Domini, fiat mihi secundùm Verbum tuum: Sihe/ ich bin ein Dienerin deß HERRN/ mir geschehe nach deinem Wort.

R. Tract. de Laud. Virg.
Ja damit ich noch anderer Liebwerck/ welche Sie noch auff diser Welt lebend erzeigt hat/ geschweige/ solle vns für dißmal gnug seyn/ was Arnoldus Carnotensis schreibt/ R. daß nemblich zur Zeit deß bittern Leydens Christi/ MARIÆ Lieb gegen dem Menschlichen Geschlecht so groß gewesen/ daß Sie auch gar wünschte/ auß Lieb für dasselbig zusterben.

Zween Altär auff dem Berg Calvariæ.
Jo er sagt/ in disem Tabernacul/ nemblich auff dem Berg Calvariæ/ seynd zween Altär zusehen gewesen/ einer im Hertzen MARIÆ, der ander in dem Leib Christi: da hat Christus sein Fleisch/ MARIA aber jhren Geist vnd Seel

Die XIV. Predig.

weil für vns geopffert: dann daselbsten hat Sie gar die Schmertzen deß Todts/das ist/ welche den leiblichen Todt verursachen können/erlitten.

Die lerne/ mein Christ/ auch Gott recht vnd allzeit lieben/ seine Gebott halten/ all dein Thun vnd Lassen zu seiner grössern Ehr auffopffern/ vnd dich in Glück vnd Vnglück/ auß Lieb in seinen Göttlichen Willen gedultiglich ergeben: vnd difes nach dem Exempel der Mutter Gottes/ welche ein Mutter der schönen Lieb genennt wird: auch nach dem Exempel grosser Liebhaber Vnser Lieben Frawen: deren ich vnder vilen Tausenten nur etlicher Meldung thun will. *Eccli.24.14.*

Der H. Augustinus wird wegen grosser brinnender Lieb gegen Gott/ mit einem Hertzen/ darauß die Flammen vber sich steigen/ gemahlt/ pflegte auch offt zu sagen: Wo ich hingehe/ da treibt mich die Liebe.

Von dem H. Seraphischen Vatter Francisco bezeugt der H. Bonauentura: S. daß er auß Lieb zu Gott/ offt gantze Nächt hindurch nichts anders gethan/ vnd gebettet/ als: Quis tu Domine? quis ego? Wer bist du O HErr? wer bin ich? *S. In vita eius.*

Von dem Gottseligen Ioanne de Rusbroch schreibt Dionysius Carthusianus, T. er habe also in der Liebe Gottes gebronnen/ daß er den Baum/ darunder er sich auffgehalten/ von der Hitz seiner Liebe angezünde. *T. Apud Manhard. de tempore.*

Saluianus Bischoff zu Massilien pflegte zu sagen: Quid est, quæso, Sapientia Christiani? Quid? nisi timor, & amor. Was ist die Weißheit eines Christen Menschen anders/ als die Forcht/ vnd Liebe.

Deß H. Ludouici Königs in Franckreich Spruch war: Omnis copia, quæ DEVS meus non est, mihi inopia est: Aller Vberfluß/ welcher mein Gott nit ist/ ist mir ein Abgang.

Der H. Ignatius Loiola, Stiffter der Societet IESV, hat von Monbrimo Rosea V. das Zeugnuß: daß er entzündt gewesen mit dem Eyffer Gottes/ vnd mit vnendtlicher Liebe/ vnd auß Liebe/ alles zu grössern Ehren Gottes gerichtet/ vnd offt gesagt habe: HErr/ was will ich/ oder was hab ich gewolt ausser dir? du bist ein Hertz meines Hertzens/ vnd mein Theil/ O Gott in Ewigkeit. *M. 3. Part. Hist. lib. 1.*

Der H. Indianische Apostel Franciscus Xauerius war also in der Liebe Gottes erhitzet/ vnd eingenommen/ daß er offt im Schlaff in dise Wort außbrache: O IESV bone, ô Creator mi: O du guter IESV, O du mein Erschaffer.

Der Selige Stanislaus Koska war in der Lieb Gottes/ vnd MARIÆ, die er nie anderst/ als sein Mutter nennet/ dermassen entzündet/ daß er zu kälrister

Winters-

Von Maria der Wunderbarlichen Mutter.

Franc. Sacchin. in vita. c. 17. Winterszeit vnder den freyen Himmel gangen / sein Brust entblöst / mit der Hand / oder Lufftwedel Lufft gemacht / auch ein Tüchlein ins Wasser gedunckt / damit nit vor lauter Liebe sein Hertz zerschmeltze.

Die Seelige Magdalena de Pazis schrye offt auß Antrib der Liebe Gottes auff: O Jesu mein Lieb / ich liebe dich von Grund meines Hertzens! O Lieb / wie wenig erkennt man dich! findest du niemand / der dich liebe / so komme zu mir / ich will dich lieben: lehre in meinem Hertzen ein / so wirst du ein trewe Liebhaberin finden.

Philippa ein Fürstin auß Lothringen / vnd gebohrne Hertzogin zu Geldern / hat offt mündtlich außgesprochen / vnnd endtlich in ihrem Testament das schrifftlich hinderlassen: Ein Seel die Gott liebt / ist köstlicher vnd fürtrefflicher / als alle Schätz der gantzen Welt. Genug vom Ersten Theil.

Der II. Theil.

MARIA ist Wunderbarlich / weil Sie vor andern von Gott auff ein sonderbare Weiß geliebt wird.

A. In Speculo. Mariæ lieb gegen Gott. B. Lib. de Excell. Virg. ES betrachtet der H. Bonauentura die grosse Lieb MARIÆ gegen Gott / vnd spricht: A. Quid mirum, quod præ aliis diligat, quæ præ omnibus aliis est dilecta? Was soll es Wunder seyn / daß Sie vor andern liebe / weil Sie vor allen anderen ist geliebt worden? vnd schreibt der H. Anselmus: B. Ostendit Deus amorem erga Matrem, quò nullum putamus esse maiorem: Gott hat ein so grosse Lieb gegen seiner Mutter erzeigt / daß wir darfür halten / es sey kein grössere Liebe: kein Mensch / kein Engel kan ergründen die vnermäßliche Liebe Gottes gegen diser Jungfrawen / es ist aller Welt vnersehlich / vnd vnaußsprechlich diser Frawen Gnad / vnd Erhöhung. So berichtet auch der H. Augustinus, der höchste Gott habe die Seeligste Jungfraw MARIAM mehr geliebt / vnd begnadet / dann alle seine andere Heiligen. Es seynd aber vil Ding / in welchen Gott seine Lieb gegen seines Eingebohrnen Sohns Mutter vor andern erzeigt hat.

Kennzeichen der Lieb Gottes gegen Maria. I. Ihre sonderbahre Vorsehung C In Lib. 1. Reg. 1. I. Ist es ein grosses vnd verwunderliches Liebzeichen / daß Gott Sie von Ewigkeit her auff ein sonderbare Weiß vorgesehen / vnd nicht allein zu der Glory / wie andere Heiligen / sondern auch zu einer würdigen Mutter seines Eingebohrnen Sohns erwöhlet hat: wie der H. Gregorius lehret / vnd sagt: C. Sie sey nit erst new / oder vngefehr erfunden / sondern von Ewigkeit her

Die XII. Predig.

her erwöhlt/ vnd von dem Allerhöchsten erkennt/ vnd ihme bereittet worden/ also / daß Sie nach Christo alle Creaturen vberschreitte an der Würdigkeit ihrer Erwöhlung.

Du bist/ sagt der H. Bernardinus Senensis. *D. von Gott/ vor allen Geschöpffen verordnet gewesen/ daß du Gott/ vnd Menschen gebähren sollest:* welches auch bestättiget die Kirch Gottes/ in dem dieselbige von der Mutter Gottes bettet / vnd singt : *E. Elegit eam Deus, & prælegit eam :* Gott hat Sie erwöhlt/ vnd hat Sie vorher erwöhlt.   *D. Serm. 51.*   *E. In Officio B. Virg.*

Zum II. Ists ein grosses Liebzeichen/ daß Gott Sie den Altvättern versprochen / vnd durch vil vbernatürliche Geheimbnussen / Miraculn/ Wunderzeichen/ Figuren/ Prophetischen Weissagungen hat verkündigen/ ja so gar durch die Heydnische Sybillen vorsagen / vnd dieselbe lang vor ihrer Empfängnuß vnd Geburt der Welt offenbaren lassen: wie in der 4. Predig nach längs außgeführt worden/ vnd hiervon der heilig Bischoff Ildephonsus also lehret/ *F. daß aller Propheten Wort/ Schrifften/ vnd Weissagungen auff Sie gedeutet worden / weil in dem Wort / das auß ihr Fleisch worden/ alles begriffen.*   II. *Vil Prophezeyungen von ihr.*   *F. Serm. 1. de Assumpt.*

Zum III. Ist ein grosses vnd verwunderliches Liebzeichen/ daß Er Sie durch ein sonderbare Freyheit/ vnd Miracul auß vnfruchtbaren Eltern lassen empfangen vnd gebohren werden : welches ein Zeichen grösser Liebe vnd Gnade ist. Dann es schreibt der H. Augustinus: *G. Significat filios gratiæ, qui non virtute carnis, sed singulari dono gratiæ nascuntur:* Gnadenkinder bedeuten/ vnd seyn die jenige/ welche nit auß Krafft deß Fleischs / sondern auß sonderbaren Gnaden empfangen/ vnd gebohren werden.   III. *Ihr H. Geburt von vnfruchtbahren Eltern.*   *G. Lib. 15. de Ciuit. Dei. cap. 3.*

Zum IV. Ist es ein groß vnd verwunderliches Liebzeichen/ daß Gott Sie auß so fürnemmen Geschlechten / nemblich der Patriarchen/ Propheten/ Priestern/ vnd Königen hat lassen empfangen vnd gebehren werden/ daß Sie wol sagen können: *Radicaui in populo honorificato:* In einem christlichen Volck hab ich gewurtzlet/ vnd in den Theilen deß HErrn.   IV. *Ihr groß Geschlecht.*   *Eccli. 24. 16.*

Zum V. Ist es ein grosses vnd verwunderliches Liebzeichen/ daß Gott Sie in dem ersten Augenblick ihrer vnbefleckten Empfängnuß von der Erbsünd / vnd allen andern Sünden also erlediget/ vnd durch sein Allmacht von dem Fluch/ vnd Gesatz aller andern Menschen dißfals dermassen vorkommen/ vnd außgenommen / daß weder Erbsünd/ noch andere Sünden an ihr statt vnd platz haben können/ sondern hat geheissen : *Sicut lilium inter spinas, sic amica mea inter filias :* Gleichwie die Lilien vnder den Dörnern / also ist mein Freundin vnder den Töchtern.   V. *Ihr Vnbefleckte Empfängnuß.*   *Cant. 2. 7.*

Welche Wort die heylige Vätter Damianus. *H.* vnd Ephrem. *I.* mit andern   *H. Serm. de Laud. Virg. I. Serm. 3. de Natiu. Virg.*

andern von MARIA verstehen / vnd erklären: gleichwie die Lilien vnder den stechenden Dörnern erwachst vnd auffgehet / ohn alle ihre Beschädigung vnd Bemacklung; ebnermassen seye auch die Mutter Gottes MARIA, auß dem sündigen Stammen Enæ empfangen vnd gebohren / vnd hab doch auß Fürsehung Göttlicher Gnaden kein Macul an ihr behalten / sondern jederzeit ganz schön gewesen vnd geblieben: dann der König aller Königen / sagt der heilig Bonauentura, *K.* hat Sie / als sein wahre Mutter / vnd herzliche Gesponß vor allen andern geliebt / vnd mit dem Liebfluß ihme zugeeygnet.

K In Speculo.c.6.

VI.
Ihr Auffopfferung.

Zum VI. Ist ein groß vnd verwunderliches Liebzeichen gewesen / daß Gott Sie gleich im dritten Jahr ihres Alters zu seinem Dienst erkohren / vnd in ihrer Auffopfferung im Tempel zu Jerusalem alßbald mit Gnaden angesehen / vnd in sein Verwahrnuß genommen / auch dem Englischen Schutz anbefohlen / daß sie mit Ihr täglich Anspruch halten / vnd Sie wunderbarlich speisen sollen / wie die HH. Bernardinus, *L.* vnd Georgius Nicomediensis *M* lehren.

L. Serm.51. art.3.cap.2. Tom.1. *M* Orat.de Oblat.B.V.

VII.
Ihr Mutterschafft.
N. 1.Part.q. 25.art.6. ad 4.
O. De Excel. Virg.c.2.

Zum VII. Ist mehr als ein grosses vnd verwunderliches Liebzeichen: daß Gott Sie vor allen andern ihme zu einer Mutter erwöhlet / vnd auß ihr wahrhafftig empfangen / vnd gebohren werden wollen / welches / wie der H. Thomas von Aquin lehret / *N.* ein Gnad vnd Liebe ist einer vnendlichen Würdigkeit: vnd vbertrifft / wie der H. Anselmus schreibt / *O.* alle Hoheit / die nach Gott kan außgesprochen werden.

VIII.
Ihr vnverfehrte Jungfrawschafft.
P. Homil.2. Super Missus est
Q Epist.3.ad Volusia.1.

Zum VIII. Ist es ein grosses / vnd mehr als ein verwunderliches Liebzeichen / daß Gott Sie ein wahre Mutter hat seyn / vnd doch zugleich ein reine vnd vnversehrte Jungfraw verbleiben lassen: dann der heilige Bernardus schreibt: *P.* daß nichts sey / vnd seyn könne / ab welchem man sich in MARIA mehrer verwundern müsse / als eben die Fruchtbarkeit / sampt der Jungfrawschafft. Hiervon redet der H. Augustinus also: *Q.* Wann dises ein Exempel hett / so wäre es nichts sonderbares / derotwegen so laßt vns bekennen / daß Gott etwas zu thun vermöge / welches wir nit ergründen / vnd fassen können.

IX.
Christi Empfängnuß vnd Geburt.
P. Super Lucam cap.11.
Beatus venter.

Zum IX. Ists ein grosses / vnd sonderbar verwunderliches Liebzeichen: daß Sie Christum ohn alle Begierligkeit / vnd Wollust deß Fleisches empfangen / ohn alle Beschwerden getragen / vnd endlich ohne alle Schmerzen / vnd vngesund gebohren: dises hält der Seelige Albertus *R.* für ein grosse Gnad vnd Liebzeichen Gottes / vnd sagt: Der Jungfräwliche Leib sey dreyer Vrsachen halber hoch gesegnet / seytemahlen Sie ohne Versehrung ihrer Jungfrawschafft fruchtbar: ohne Beschwernuß schwanger: vnd ohne Schmerzen ein Gebärerin worden.

Zum

Zum X. Ist ein grosses Liebzeichen gewesen: daß Christus ihr in seiner Aufferstehung von Todten zum allerersten Glorwürdig erschinen: wie mit Simone Metaphraste, *S. Anselmo T.* vnd andern/der alte Christliche Poet Sedulius lehret vnd sagt: *V.* es sey geschehen ihr zum sonderbaren Trost/ vnd daß Sie/ als ein gütige Mutter/die grosse Wunder auch andern verkündigen solle: wie Sie dann von dem H. Bernardo, testis prima Resurrectionis Dominicæ: die erste Gezeugin deß HErrn Aufferstehung genennt wird.

Christi Glorwürdige Erscheinung.
S. In Orat. de vita, &c dormit. Virgin.
T. De Excell. Virg.
V. Lib. 5. Paschaliū Carmin.

Zum XI. Ist es ein grosses vnnd verwunderliches Liebzeichen/daß Gott am H. Pfingstag/ vnd bey der Sendung deß H. Geists/ Sie vor allen andern mit vnendtlichen Gnaden erfüllt/ vnd in Sie gar die Völle aller Gnaden außgossen: wie der H. Sophronius schreibt/ *X.* vnd hiervon Balthasarus Surius Prediger Ordens *Y.* also lehret: Maior plenitudo gratiæ affluxit à Christo in Matrem suam, quàm in totam residuam Ecclesiam: Ein grössere Völle der Gnaden sey von Christo in sein Mutter geflossen/ als in die gantze vbrige Kirchen/ vnd alle Glaubigen zugleich. Ja es bezeugt der H. Athanasius: *Z.* GOtt der H. Geist selbsten sey in Sie herabgestigen/ mit allen seinen wesentlichen Gaaben vnd Tugendten; das heißt: Gratia plena, Voll Gnaden.

XI. Gnad deß H. Geists.
X. Serm. de Assumpt.
Y. In Mariaii, Serm. 2. de Concept.
Z. In Euang. de Deip.

Zum XII. Ist es ein grosses vnd verwunderliches Liebzeichen gewesen/daß Gott nach ihrem Seeligen Entschlaffen vnd Hinscheiden auß diser Welt/ derselben heyligen Leib nit hat lassen verwesen werden/sondern Sie mit Leib vnd Seel Glorwürdig in Himmel auffgenommen vnd Sie daselbsten zu einer Königin der Himmeln/ vnd Frawen aller Engel vnd Außerwöhlten gesetzt/ auch gewolt/daß Sie allen Himmlischen Burgern ein Verwunderung/ allen Teufflen ein Schröcken/ allen Sündern ein Zuflucht/ vnd aller Glaubigen Patronin seyn solle: wie hiervon/geliebts GOtt/etliche gantze Predig gehalten werden sollen.

XII. Ihr Glorwürdige Himmelfahrt.

Der III. Theil.

MARIA soll billich von vns geliebt werden.

ROmæus von Tarracon lobte in vilen Predigen die Himmel Königin/ vnd ließ Sie nie auß seinen Gedancken: führte stäts den 126. Psalm im Mund: Cùm dederit dilectis suis somnum: wann Er seinen Geliebten den Schlaff geben wirdt: vnd legts also auß: Wer MARIAM hertzlich liebt/der verdient den Himmel mit schlaffen: er hatte auch wie ein Schlaffender kein andere Sorg/als allein GOtt/ vnnd

Maria wirdt billich von vns geliebt. Himmel sell. mit S...

vnd schweben / also habe die Mutter Gottes zu ihrem Dienst siben sonderbare heilige Engel / welche vmb ihren Thron stehen: wie dann zu Bestättigung dises / auch in deß heiligen Francisci Chronick vermeldet wird: da eines der heilig Amadæus, Hertzog in Saphoia / in einer himmlischen Verzuckung gewesen / vnd den Ertzengel Gabriel habe hören aussprechen: Septem Angeli sumus, qui Genitricem Dei nostri veneramur: alios omnes generis nostri præcedimus: Wir seynd siben Engel / welche die Gebährerin vnsers Gottes verehren: wir gehen allen vnsers Geschlechts vor.

Reiß Gottes
M[ARIÆ]
Cant. 8. 6.

3. Kan auch die grosse vnd flammende Ampel / welche noch siben andere Ampelen angezündt / verstanden werden die brinnende Lieb Gottes in Maria, welche Liebe noch siben andere Tugenden in ihr angezündt / daß an ihr erfüllt worden / was in den Hohen Liedern stehet: Lampades eius, lampades ignis, atque flammarum: *Ihre Ampeln seynd wie brinnende vnnd flammende Ampeln.*

F. Lib. 1. re-
uelat. c. 3 1.
Cron von si-
ben Rosen.

Diser Sachen haben wir ein Entwerffung in der Offenbarung S. Birgittæ / F. allda vermeldt wirdt: wie daß ihr die Mutter Gottes / sambt dem heiligen Johanne dem Tauffer erschinen / mit einer stattlichen Cron auff dem Haupt / von siben schönen Rosen / vnd so vil köstlichen Edelgesteinen / mit fliegenden Haaren / in glantzendem guldinen Gewand / vnd einem himmelblawen Mantel.

Erklärung.

Dise Ding hat der H. Tauffer Johannes der heiligen Birgittæ erklärt / vnd gesagt: Die Cron 1. bedeute ihr herzliche Regierung, vnd grosse Macht vber alle Creaturen. 2. Seynd die siben Rosen ein Erinnerung siben herrlicher Tugenden MARIÆ, als Demuth / Forcht / Gehorsamb, Gedult / Beständigkeit / Sanfftmuth / vnd Barmhertzigkeit. 3. Geben die siben köstliche Edelgestein zu verstehen noch siben andere heroische Tugenden / mit welchen MARIA vor allen andern geleuchtet habe: als die vollkommene Keuschheit / gezirmende Schönheit / leuchtende Weißheit / grosse Stärcke / die glantzende Klarheit / vnd reine Frewd. 4. Bedeuten die fliegende Haar / die Reinigkeit ihres Hertzens Gedancken. 5. Der himmelblawe Mantel / die vollkommene Verachtung aller Weltlichen Sachen. 6. Das guldine Gewandt / die Liebe der Mutter Gottes.

Wie dann die liebe MARIÆ gegen Gott / vnd dem Nechsten die zween Oelbäum seyn / von welchen das Oel allerhand Gnaden / vnd Tugenden geflossen / wie geliebt Gott in folgender Predig erklärt / vnd vermeldet werden solle: wie starck MARIA Gott geliebt / vnd was hierauß für Tugenden erfolgt / auch wie Gott Sie geliebt / vnd wir Sie lieben sollen. Der Hoffnung /ꝛc.

Der

Die XII Predig.
Der I. Theil

MARIA ist Wunderbarlich in der Liebe gegen GOtt.

ES werden zwar in H. Schrifft/ vnd sonsten hertzliche Exempel fürnemmer Liebhaber GOttes beschriben/aber wie das Gold an der Würde seiner Natur/alles Silber vbertrifft/also hat die Liebe der Seeligsten Jungfrawen MARIÆ gegen GOtt/aller anderer Heyligen Gottes Liebe vbertroffen/vnd ist jederzeit so groß gewesen/daß niemands außsprechen kan. *Mariæ liebe gegen GOtt/ vbertrifft alles.*

Wunderbarlich/ aber doch wahr ist/was Arnoldus Carnotensis schreibt: *Vna est Mariæ, & Christi caro, vnus Spiritus, vna Charitas:* MARIÆ vnd Christi Fleisch/ist ein Fleisch/ ein Geist/ ein Liebe: dann gleich wie bey dem H. Ioanne GOtt die Lieb genennt wird: also wird auch MARIA in den hohen Liedern von jhrem Himmlischen Bräutigamb die Lieb genennt: *Neque suscitetis, neque euigilare faciatis dilectam:* Mein Geliebte/ oder wie der H. Gregorius Nyssenus liset/ B. *Charitatem,* Mein Lieb/ solt jhr nit auffwecken/ vnd wachendt machen. *A. Tract. de Laud. B. V.* *1. Ioan. 4.* *Cant. 2. 7.* *B. Homil. 4. in cant. ex Text. Hebr.*

Diser Vrsachen halben verdolmetschet *Placitus Nigidus Siculus,* neben anderen den Namen MARIA, *Mare vel Oceanus maris,* ein Meer oder Abgrund der Liebe: vnd grüsset Sie der H. Gregorius, D. *Eia Mater, fons amoris,* Ey du Mutter/ ein Bronn der Liebe. *C. In suo Materiali Opusc.* *4. Serm. 6. D. In Rythmo, Stabat Mater.*

Hierbey mercke: daß die Gelehrten dreyerley Liebe vnderscheiden/ ein Natürliche/ ein Vbernatürliche/ vnd ein erlangte Liebe. *Dreyerley liebe.*

I. Auß Natürlicher Liebe/ liebt ein jede Creatur seinen Erschaffer mehr als sich selbsten/ dann die Creatur oder das Geschöpff dependiert, vnd wird erhalten von seinem Erschaffer: vnd ist die Natürliche Liebe auch den vnuernünfftigen Creaturen eingepflantzt/wie erscheint an den Bienlein/ vnd dem Liebvogel Pelican, &c. *Natürliche.*

II. Wird die Vbernatürliche Liebe mit/vnd durch die Gnad Gottes in deß Menschen Seel eingossen: wie S. Paulus andeuttet/ sprechendt: *Charitas Dei diffusa est in cordibus nostris, per Spiritum sanctum, qui datus est nobis:* Die Liebe Gottes ist außgossen in vnsern Hertzen/ durch den H. Geist/ welcher vns ist geben worden: vnd auff dise Weiß ist die Liebe vnder den Haupt-Tugenden die grösse/ wie zulesen: *Manent hæc tria, Fides, Spes, Charitas:* Jetzt aber bleiben/ Glaub/ Hoffnung/ Liebe/ dise drey; aber die Lieb ist die grösse vnder jhnen. *Vbernatürliche liebe.* *Rom. 5. 5.* *1. Cor. 13. 13.*

Y ij   III. Ist

III. Iſt die erhangte Liebe/ welche mit Geiſtlichen Vbungen/ Himmliſchen Betrachtungen/ vnd allerhand Tugenden vnd guten Wercken er-
weckt/ bekommen/ vnd gemehrt wird: wie der H. König David erfahren/
ſprechendt: In meditatione mea exardeſcit ignis: Fewer iſt angangen
in meinem Betrachten.

Mit diſen dreyen Lieben hat V. L. Fraw Gott mehr geliebt/als ſonſten
kein Creatur/wie der H. Antoninus lehret. E. Vnd I. iſt MARIÆ Natürliche Liebe fundiert/ vnd gegründet geweſen in der Mutterſchafft: nun
vergleiche Gott ſelbſten ſein Lieb gegen vns einer Mutter Liebe/ ſprechendt:
Kan auch ein Mutter ihres Kindts vergeſſen? vnd iſt die Mütterliche Lieb in MARIA vil gröſſer geweſen/als in andern Müttern: 1. darumb/
weil Sie allein ihres Sohns/ ohne Zuthun eines natürlichen Vatters ein
Mutter geweſen/deßwegen war Sie ihme ſo wol deß Vatters/als der Mutter Lieb allein ſchuldig/wie der H. Anſelmus lehret. F. 2. Weil ihr Sohn
ein Eingebohrner war/auff welchem Sie als ihr Liebe allein gewendet/da hingegen andere Müttern auch ihre Männer/andere Kinder/vnd Befreundten
lieben/ Sie aber allein Chriſtum/ der Gott vnd Menſch iſt: damit vns vor
Zeitten der David ſein groſſe Liebe, welche er gegen dem Ionatha getragen/zu-
uer ſtehen gebe/ vergleichte er ſolche einer Mutter Liebe/ gegen einem einigen
Sohn/ vnd ſprach: Sicut mater vnicum amat filium,ita ego te diligebam:
Ich hab dich geliebet wie ein Mutter ihren einigen Sohn liebet.
3. Weil ihr Sohn das allerediſte Kind/nemblich GOtt ſelbſten/ vnd
Er vnder den Menſchen Kindern der Schönſt/ auch in allem der Mutter
gleich war; dahero ſpricht der H. Auguſtinus: G. Quis dubitare poterit,
omnino in charitatis affectionem transiſſe viſcera MARIÆ, in quibus ipſa,
quæ DEVS eſt, charitas nouem menſibus corporaliter requieuit? Wer
wolt zweifflen können/daß das Hertz vnd Gemüth MARIÆ gantz in der Liebe
Begird verwandlet worden als in welcher die Liebe ſelbſten/ welche Gott iſt/
in ihr neun Monat lang leiblich geruhet hat?

Bey dem Syrach wird Sie einem gantz lautern guldinen Geſchirr/ge-
gleht mit allerhand Edelgeſteinen verglichen/ weil Sie gantz guldin von
Liebe geflammet vnd glaingt: der H. Auguſtinus betrachtet/ H. wie daß
vor Zuitten der Nam GOttes in Gold hat müſſen eingeſchriben werden/vnd
ſagt hierüber alſo: So dann der Nam GOttes hat müſſ.n in Gold eingeſchriben werden/wie vil mehr das Wort Gottes/ welches Gott ſelbſten iſt/
hett in ihr nit können empfangen werden/wann Sie nit gantz guldin mit der
Göttlichen Liebe geliehrt geweſen wäre.

Zum II. Hat Sie auch vor/ vnd vber andern Heyligen allen Gott mit
Vbernatürlicher Liebe geliebt: dann ihr iſt von dem erſten Augenblick ihrer
Empfäng-

Die XII. Predig.

Empfängnuß biß an ihr End mehrer Gnad/ vnd Glory gegeben/ vnd eingegossen worden/ als allen Englen vnd Heyligen sammentlich/ wie P. Franciscus Suarez der Societet Iesv lehret. *l.*

Welches wegen der seelige Albertus Magnus nach längs erweiset: *K.* daß MARIA vom ersten Augenblick jhrer Vnbefleckten Empfängnuß / biß an jhr End/ ohn alle vnderlaß im Stand deß Verdiensts gewesen/ vnd also GOtt schlaffend/ wachend/ vnd in allen jhren Wercken auffs höchst geliebt habe/ weil jhr ganges Leben/ wie P. Canisius lehret/ *L.* ein immerwehrende Betrachtung gewesen ist: vnd sagt der H. Bernardinus Senensis, *M.* Mens Virginis in ardore dilectionis continuè tenebatur: Das Gemüth der Jungfrawen/ war in der Liebe Hitz allzeit/ vnd vnauffhörlich auffgehalten.

Diser Vrsachen halben vergleicht Sie der H. Bonauentura mit der Sara, sprechendt: MARIA kan wol mit der Sara verglichen werden/ dann Sara wird verdolmetschet/ vnd heißt so vil/ als ein glüender Kohl: diser aber kombt wol vberein mit MARIA, als welche mit der Hitz der Liebe gantz fewrig gewesen: widerumb/ vnd noch besser/ sagt er/ könne Sie dem brennenden/ aber nit verbrennenden Busch deß Moysis verglichen werden/ dann das Fewr der Liebe also in jhrem Hertzen gebronnen/ daß solches nie auffhörte zu brinnen vnd zulieben.

Der H. Vatter Bernardus sagt/ *N.* daß die Lieb Christi in dem Hertzen MARIÆ ein Pfeil gewesen/ welcher MARIÆ Hertz nit allein durchschossen/ sondern allenthalben also durchstochen vnd eingenommen/ daß in derselben gantzen Jungfräwlichen Hertzen/ von der Göttlichen Liebe kein Orth lär verblieben: dann jhre Ampeln waren brinnende vnd flammende Ampeln.

Zum III. Hat Sie auch die erlangte Liebe GOttes mehr/ als andere gehabt/ weil niemands mehr vollkommnere Werck/ Himmlische Betrachtungen/ vnd Geistliche Vbungen gethon/ vnd gehabt/ als Sie. Sie/ sagt Bernardinus de Bustis, *O.* hat niemahlen was anders erwöhlt oder fürgenommen/ als was jhr die Göttliche Weißheit vor gezeigt hat: Sie liebte Gott so vil/ als sie vermeynt/ daß Er von jhr soll geliebet werden. Ja/ wie der H. Anselmus schreibt/ *P.* hat die Gröffe der Liebe diser Jungfrawen gegen jhrem Sohn/ aller Creaturen Liebe vnd Süssigkeiten weit vbertroffen: vnd wie vor Zeiten die Ampel in dem Tabernacul allzeit gebronnen/ also liebte auch Sie ohne vnderlaß.

Auß diser Liebe gegen GOtt ist 1. entsprungen/ daß Sie alle Gebott vnd Satzungen Gottes/ auch alle Euangelische Räthe auff das allerfleissigst gehalten vnd erfüllet: dann wer GOtt recht liebt/ der hält auch seine Gebott:

l. 3. Part. S. Tom. disp. 18. sect. 4. *K.* Lib. de B. Virg. c. 176. & seq.
L. Lib. 5. Mariäl. c. 1.
M. Tom. 3. Serm. 51. art. 3. cap. 2.

N. Apud P. Francisc. Arias de Virg. imitanda, c. 13. Serm. 29. in Cant. Cant. 8.

O. Serm. 51. c. 3. de Concept.
P. De Exal. Virg. cap. 4. Exod. 25.

Liebe Gottes hält seine Gebott.

Von Maria der Wunderbarlichen Mutter.

Joan. 14. Wer meine Gebott hat / vnd halt dieselbe / der ist der mich liebt / sagt Christus. Dahero weil die Seeligste Jungfraw GOTT mehrer / als alle andere Creaturen geliebt / als hat Sie alle Gebott fleissiger gehalten / also daß Sie keines derselben auch im wenigsten iota, oder Minuten vbertretten.

Vbung gutter Wercken. Zum 2. Hat MARIÆ Lieb gegen GOtt gemacht / daß Sie nit allein in allen guten Wercken geübt / sondern auch ein jegliches mit höchster Vollkommenheit verrichtet: dann die Lieb gegen GOtt macht / daß der Mensch all sein Thun vnd Lassen gegen GOtt richtet.

Gedult im leyden. Zum 3. Ist auch die Liebe GOttes erfolgt / daß Sie alles Creutz vnd Leyden diser Welt / welches jhr zu Hand gestossen / mit höchster Gedult vbertragen / das / je mehr die Widerwertigkeit gewachsen / je mehr vnd mehr auch die Lieb zugenommen: ja die Liebe ist in jhr so starck worden / als wie der Todt / selzte wahlen Sie ohne allen Schmertzen allein auß Lieb in GOtt verschieden:

Albertus in suo Mariali. also daß dise Lieb / kein Wasser der Trübsal / noch auch deß Todts Ströme mögen außlöschen.

Heyl deß Nechsten Zum 4. Ist auß der brinnenden Lieb gegen Gott entsprungen / daß Sie auch jhr deß Nechsten / ja gantzen Menschlichen Geschlechts Heyl vnd Seeligkeit auff das eusserst hat lassen angelegen seyn / vnd befürdert: zu disem End hatte Sie ein grosses Verlangen nach dem wahren Messia, vnd Erlöser der Welt / vmb dessen Sendung / vnd Schickung Sie GOtt den Himmlischen Vatter auffs eyfferigst angetruffen vnd gebetten: welcher Gebett dißfals / wie

Q. 3. Sept. dist. 4. q. 2. der H. Bonauentura lehrt: Q. mehr bey GOtt verdienen können / vnd vermöcht / als aller heyligen Väter deß Alten Testaments.

Darnach als Sie auß dem Gespräch deß ErtzEngels verstanden / daß zu der Menschwerdung / vnd also Erlösung deß gantzen Menschlichen Geschlechts auch jhr Consens, vnnd Einwilligung begehrt werde / ist Sie gleich

Mariæ Lieb gegen vnserm Heyl. auß Lieb gegen der Menschen Heyl auff jhre Knye nidergefallen / jhre Augen vnd Händ gegen dem Himmel auffgehebt / vnnd mit vergossnen Frewden-Zähren auffs demütigst eingewilliget / vnd gesprochen: Ecce ancilla Domini, fiat mihi secundum Verbum tuum: Sihe / ich bin ein Dienerin deß HERRN / mir geschehe nach deinem Wort.

Ja damit ich noch anderer Liebwerck / welche Sie noch auff diser Welt lebend erzeigt hat / geschweige / solle vns für dißmal gnug seyn / was Arnol-

R. Tr. L. de Laud. Virg. dus Carnotensis schreibt / R. daß nemblich zur Zeit deß bittern Leydens Christi / MARIÆ Lieb gegen dem Menschlichen Geschlecht so groß gewesen / daß Sie auch gar wünschte / auß Liebe für dasselbig zu sterben.

Zweyen Altär auff dem Berg Caluariæ. Ja er sagt / in disem Tabernacul / nemblich auff dem Berg Caluariæ / seynd zween Altär zu sehen gewesen / einer im Hertzen MARIÆ, der ander in dem Leib Christi: da hat Christus sein Fleisch / MARIA aber jhren Geist vnd

Seel

Die XIV. Predig.

vil für vns gelyffert: dann daselbsten hat Sie gar die Schmertzen deß Todts/ das ist/ welche den leiblichen Todt verursachen können/ erlitten.

Die lerne/ mein Christ/ auch Gott recht vnd eyfrig lieben/ seine Gebott halten/ all dein Thun vnd Lassen zu seiner grössern Ehr auffopfferen/ vnd dich in Glück vnd Vnglück/ auß Lieb in seinen Göttlichen Willen gedultiglich ergeben: vnd dises nach dem Exempel der Mutter Gottes/ welche ein Mutter der schönen Lieb genennt wird: auch nach dem Exempel grosser Liebhaber Vnser Lieben Frawen: deren ich vnder vilen Tausenten nur etlicher Meldung thun will. *Lehrstuck.* *Eccli. 24. 14.*

Der H. Augustinus wird wegen grosser brinnender Lieb gegen Gott/ mit einem Hertzen/ darauß die Flammen vber sich steigen/ gemahlt/ pflegte auch offt zu sagen: Wo ich hingehe/ da treibt mich die Liebe.

Von dem H. Seraphischen Vatter Francisco bezeugt der H. Bonauentura: S. daß er auß Lieb zu Gott/ offt gantze Nächt hindurch nichts anders gethan/ vnd gebettet/ als: Quis tu Domine? quis ego ? Wer bist du O HErr? wer bin ich ? *S. In vita eius.*

Von dem Gottseligen Ioanne de Rusbroeh schreibt Dionysius Carthusianus, T. er habe also in der Liebe Gottes gebronnen/ daß er den Baum/ darunder er sich auffgehalten/ von der Hitz seiner Liebe angezündt. *T. Apud Manhard. de tempore.*

Saluianus Bischoff zu Massilien pflegte zu sagen: Quid est, quæso, Sapientia Christiani ? Quid? nisi timor, & amor. Was ist die Weißheit eines Christen Menschen anders als die Forcht/ vnd Liebe.

Deß H. Ludouici Königs in Franckreich Spruch war: Omnis copia, quæ Deus meus non est, mihi inopia est. Aller Vberfluß/ welcher mein Gott nit ist/ ist mir ein Abgang.

Der H. Ignatius Loiola, Stiffter der Societet Iesu, hat von Monbrimo Rosea V. das Zeugnuß: daß er entzündt gewesen mit dem Eyffer Gottes/ vnd mit vnendtlicher Liebe / vnd auß Liebe/ alles zu grössern Ehren Gottes gerichtet/ vnd offt gesagt habe: HErr/ was will ich/ oder was hab ich gewolt ausser dir? du bist ein Hertz meines Hertzens / vnd mein Theil/ O Gott in Ewigkeit. *R. 3. Part. Hist. lib. 3.*

Der H. Indianische Apostel Franciscus Xauerius war also in der Liebe Gottes erhitzet/ vnd eingenommen/ daß er offt im Schlaff in dise Wort außbrache: O Iesu bone, ô Creator mi : O du guter Iesv, O du mein Erschaffer.

Der Selige Stanislaus Koska war in der Lieb Gottes/ vnd Mariæ, die er nie anderst/ als sein Mutter nennet/ dermassen entzündt/ daß er zu fältiger

Winters-

Von Maria der Wunderbarlichen Mutter.

Franc. Sacchin. in vita. c.17. Winterszeit vnder den freyen Himmel gangen / sein Brust entblöst / mit der Hand / oder Lufftwedel Lufft gemacht / auch ein Tüchlein ins Wasser getunckt/ damit nit vor lauter Liebe sein Hertz zerschmeltze.

Die Selige Magdalena de Pazis schrye offt auß Antrib der Liebe Gottes auff: O Jesu mein Lieb/ ich liebe dich von Grund meines Hertzens! O Liebe wie wenig erkennt man dich! findest du niemand/ der dich liebe/ so komme zu mir/ ich will dich lieben: kehre in meinem Hertzen ein / so wirst du ein trewe Liebhaberin finden.

Philippa ein Fürstin auß Lothringen/ vnd gebohrne Hertzogin zu Geldern/ hat offt mündtlich außgesprochen / vnnd endtlich in jhrem Testament das schrifftlich hinderlassen: Ein Seel die Gott liebt / ist köstlicher vnd fürtrefflicher / als alle Schätz der gantzen Welt. Genug vom Ersten Theil.

Der II. Theil.

MARIA ist Wunderbarlich / weil Sie vor andern von Gott auff ein sonderbare Weiß geliebt wird.

A. In Speculo. Mariæ lieb gegen Gott. B. Lib. de Excell. Virg. ES betrachtet der H. Bonauentura die grosse Lieb MARIÆ gegen Gott/ vnd spricht: A. Quid mirum, quòd præ aliis diligat, quæ præ omnibus aliis est dilecta? Was soll es Wunder seyn/ daß Sie vor andern liebe / weil Sie vor allen anderen ist geliebt worden? vnd schreibt der H. Anselmus: B. Ostendit Deus amorem erga Matrem, quo nullum putamus esse maiorem: Gott hat ein so grosse Lieb gegen seiner Mutter erzeigt/ daß wir darfür halten/ es sey kein grössere Liebe: kein Mensch / kein Engel kan ergründen die vnermäßliche Liebe Gottes gegen diser Jungfrawen / es ist aller Welt entsetzlich / vnd vnaußsprechlich diser Frawen Gnad/ vnd Erhöhung. So berichtet auch der H. Augustinus, der höchste Gott habe die Seligste Jungfraw MARIAM mehr liebt/ vnd begnadet/ dann alle seine andere Heiligen. Es seynd aber vil Ding/ in welchen Gott seine Liebe gegen seines Eingebohrnen Sohns Mutter vor andern erzeigt hat.

Kennzeichen der Liebe Gottes gegen Maria.
1. Ihre sonderbahre Vorsehung C In Lib. 1. Reg. 1.
1. Ist es ein grosses vnd verwunderliches Liebzeichen / daß Gott Sie von Ewigkeit her auff ein sonderbare Weiß vorgesehen / vnd nicht allein zu der Glory/ wie andere Heiligen / sondern auch zu einer würdigen Mutter seines Eingebohrnen Sohns erwöhlet hat: wie der H. Gregorius lehret / vnd sagt: C. Sie sey nit erst new/ oder vngesehr erfunden/ sondern von Ewigkeit

Die XII. Predig.

her erwöhlt/ vnd von dem Allerhöchsten erkennt/ vnd ihme bereittet worden/ also / daß Sie nach Christo alle Creaturen vberschreitte an der Würdigkeit ihrer Erwöhlung.

Du bist/ sagt der H. Bernardinus Senensis. *D. von GOtt/ vor allen Geschöpffen verordnet gewesen/daß du Gott/vnd Menschen gebähren solest: welches auch bekräfftiget die Kirch Gottes / in dem diesilbige von der Mutter Gottes bettet / vnd singt : E. Elegit eam Dxvs, & prælegit eam:* GOtt hat Sie erwöhlt/ vnd hat Sie vorher erwöhlt.   *D. Serm. 51.*

   E. In Officio B. Virg.

Zum II. Jst ein grosses Ehrzeichen / daß Gott Sie den Altvättern versprochen / vnd durch vil vbernatürliche Geheimbnussen / Miraculn/ Wunderzeichen, Figuren/ Prophetischen Weissagungen hat verkündigen/ ja so gar durch die Heydnische Sybillen vorsagen / vnd dieselbe lang vor jhrer Empfängnuß vnd Geburt der Welt offenbaren lassen: wie in der 4. Predig nach längs außgeführt worden / vnd hiervon der heilig Bischoff Ildephonsus also lehret/ *F. daß aller Propheten Wort/ Schrifften/ vnd Weissagungen auff Sie gedeutet worden / weil in dem Wort / das auß jhr Fleisch worden/alles begriffen.*   *II. Vil Prophezeyungen von jhr.*

   F. Serm. 1. de Assumpt.

Zum III. Ist ein grosses vnd verwunderliches Ehrzeichen/ daß Er Sie durch ein sonderbare Freyheit/ vnd Miracul auß vnfruchtbaren Eltern lassen empfangen vnd gebohren werden: welches ein Zeichen grösser Liebe vnd Gnade ist. Dann es schreibt der H. Augustinus: *G. Significat filios gratiæ, qui non virtute carnis, sed singulari dono gratiæ nascuntur:* Gnadenkinder bedeuten/vnd seyn die jenige/ welche nit auß Krafft deß Fleischs / sondern auß sonderbaren Gnaden empfangen/ vnd gebohren werden.   *III. Jhr H. Geburt von vnfruchtbahren Eltern.*

   G. Lib. 15. de Ciuit. Dei. cap. 5.

Zum IV. Ist es ein groß vnd verwunderliches Ehrzeichen/daß GOtt Sie auß so fürnemmen Geschlechten / nemblich der Patriarchen/ Propheten/ Priestern/ vnd Königen hat lassen empfangen vnd gebohren werden/daß Sie wol sagen können: *Radicaui in populo honorificato:* In einem ehrlichen Volck hab ich gewurtzlet/ vnd in den Theilen deß HErrn.   *IV. Jhr groß Geschlecht.*

   Eccli. 24. 16.

Zum V. Ist es ein grosses vnd verwunderliches Ehrzeichen/ daß Gott Sie in dem ersten Augenblick jhrer vnbefleckten Empfängnuß von der Erbsünd / vnd allen andern Sünden also erlediget/ vnd durch sein Allmacht von dem Fluch/ vnd Gesatz aller andern Menschen dißfals dermassen verschonen/ vnd außgenommen / daß weder Erbsünd/ noch andere Sünden an jhr statt vnd platz haben können/ sondern hat geheissen: *Sicut lilium inter spinas, sic amica mea inter filias:* Gleichwie die Lilien vnder den Dörnern / also ist mein Freundin vnder den Töchtern.   *V. Jhr Vnbefleckte Empfängnuß.*

   Cant. 2. 7.

Welche Wort die heylige Vätter Damianus, *H.* vnd Ephrem, *I.* mit andern   *H. Serm. de Laud. Virg. I. Serm. 3. de Natiu. Virg.*

andern von MARIA verstehen/ vnd erklären: gleichwie die Lilien vnder den stechenden Dörnern erwächst vnd auffgehet/ ohn alle ihre Beschädigung vnd Bemacklung; ebnermassen seye auch die Mutter Gottes MARIA, auß dem sündigen Stammen Eua empfangen vnd gebohren/ vnd hab doch auß Fürsehung Göttlicher Gnaden kein Macul an ihr behalten/ sondern jederzeit gantz schön gewesen vnd geblieben: dann der König aller Königen/ sagt der heilig Bonauentura, *K.* hat Sie/ als sein wahre Mutter/ vnd herzliche Gespons vor allen andern geliebt/ vnd mit dem Liebfluß ihme zugeeygnet.

K In Speculo.c.6.

VI. Ihr Auffopfferung.

Zum VI. Ist ein groß vnd verwunderliches Liebzeichen gewesen/ daß Gott Sie gleich im dritten Jahr ihres Alters zu seinem Dienst erkohren/ vnd in ihrer Auffopfferung im Tempel zu Jerusalem alßbald mit Gnaden angesehen/ vnd in sein Verwahrnuß genommen/ auch dem Englischen Schutz anbefohlen/ daß sie mit Ihr täglich Ansprach halten/ vnd Sie wunderbarlich speisen sollen/ wie die H.H. Bernardinus, *L.* vnd Georgius Nicomediensis *M* lehren.

L. Serm. 51. art. 7. cap. 2. Tom. 2.
M Orat. de Oblat. B. V.

VII. Ihr Mutterschafft.

Zum VII. Ist mehr als ein grosses vnd verwunderliches Liebzeichen/ daß Gott Sie vor allen andern ihme zu einer Mutter erwöhlet/ vnd auß ihr wahrhafftig empfangen/ vnd gebohren werden wollen/ welches/ wie der H. Thomas von Aquin lehret/ *N.* ein Gnad vnd Liebe ist einer vnendlichen Würdigkeit: vnd vbertrifft/ wie der H. Anselmus schreibt/ *O.* alle Hochheit/ die nach Gott kan außgesprochen werden.

N. 1. Part. q. 25. art. 6. ad 4.
O. De Excel. Virg. c. 2.

VIII. Ihr vnversehrte Jungfrawschafft.

Zum VIII. Ist es ein grosses/ vnd mehr als ein verwunderliches Liebzeichen/ daß Gott Sie ein wahre Mutter hat seyn/ vnd doch zugleich ein reine vnd vnversehrte Jungfraw verbleiben lassen: dann der heilige Bernardus schreibt: *P.* daß nichts sey/ vnd seyn könne/ ab welchem man sich in MARIA mehrer verwundern müsse/ als eben die Fruchtbarkeit/ sampt der Jungfrawschafft. Hiervon redet der H. Augustinus also: *Q.* Wann dises ein Exempel hett/ so wäre es nichts sonderbares/ derowegen so laßt vns bekennen/ daß Gott etwas zu thun vermöge/ welches wir nit ergründen/ vnd fassen können.

P. Homil. 2. Super Missus est
Q. Epist. 3. ad Volusian.

IX. Christi Empfängnuß vnd Geburt.
P. Super Lucam cap. 11.
Beatus venter.

Zum IX. Ists ein grosses/ vnd sonderbar verwunderliches Liebzeichen: daß Sie Christum ohn alle Begirligkeit/ vnd Wollust deß Fleisches empfangen/ ohn alle Beschwerden getragen/ vnd endtlich ohne alle Schmertzen/ vnd vngesund gebohren: dises hält der Seelige Albertus *R.* für ein grosse Gnad vnd Liebzeichen Gottes/ vnd sagt: Der Jungfräwliche Leib sey dreyer Vrsachen halber hoch gesegnet/ seytemahlen Sie ohne Versehrung ihrer Jungfrawschafft fruchtbar: ohne Beschwernuß schwanger: vnd ohne Schmertzen ein Gebärerin worden.

Zum

Die XI. Predig.

Zum X. Iſts ein groſſes Liebzeichen geweſen: daß Chriſtus ihr in ſeiner Aufferſtehung von Todten zum allererſten Glorwürdig erſchinen: wie mit Simone Metaphraſte, S. Anſelmo T. vnd andern, der alte Chriſtliche Poet Sedulius lehret vnd ſagt: V. es ſey geſchehen ihr zum ſonderbaren Troſt, vnd daß Sie, als ein gütige Mutter, die groſſe Wunder auch andern verkündigen ſolle: wie Sie dann von dem H. Bernardo, teſtis prima Reſurrectionis Dominicæ: die erſte Gezeugin deß HErrn Aufferſtehung genennt wird.

Chriſti Glorwürdige Erſcheinung. v. Ir. Orat. de vita, & de mir. Virgin. T. De Excell. Virg. V. Lib. 5. Paſchaliũ Carmin.

Zum XI. Iſt es ein groſſes vnnd verwunderliches Liebzeichen, daß Gott am H. Pfinaſtag, vnd bey der Sendung deß H. Geiſts, Sie vor allen andern mit vnendtlichen Gnaden erfüllt, vnd in Sie gar die Völle aller Gnaden außgoſſen: wie der H. Sophronius ſchreibt, X. vnd hiervon Balthaſarus Surius Prediger Ordens Y. alſo lehret: Maior plenitudo gratiæ affluxit à Chriſto in Matrem ſuam, quàm in totam reſiduam Eccleſiam: Ein gröſſere Völle der Gnaden ſey von Chriſto in ſein Mutter gefloſſen, als in die gantze vbrige Kirchen, vnd alle Glaubigen zugleich. Ja es bezeugt der H. Athanaſius: Z. GOtt der H. Geiſt ſelbſten ſey in Sie herabgeſtigen, mit allen ſeinen weſentlichen Gaaben vnd Tugendten; das heißt: Gratia plena, Voll Gnaden.

XI. Gnad deß H. Geiſts. X. Serm. de Aſſumpt. Y. In Mariaii, Serm. 2. de Concept. Z. In Euang. de Deip.

Zum XII. Iſt es ein groſſes vnd verwunderliches Liebzeichen geweſen, daß Gott nach ihrem Seeligen Entſchlaffen vnd Hinſcheiden auß diſer Welt, derſelben heyligen Leib nie hat laſſen verweſen werden, ſondern Sie mit Leib vnd Seel Glorwürdig in Himmel auffgenommen vnd Sie daſelbſten zu einer Königin der Himmeln, vnd Frawen aller Engel vnd Außerwöhlten geſetzt, auch gewolt, daß Sie allen Himmliſchen Burgern ein Verwunderung, allen Teufflen ein Schröcken, allen Sündern ein Zuflucht, vnd aller Glaubigen Patronin ſeyn ſolle: wie hiervon, geliebts GOtt, etliche gantze Predig gehalten werden ſollen.

XII. Ihr Glorwürdige Himmelfahrt.

Der III. Theil.

Maria ſoll billich von vns geliebt werden.

Romæus von Tarracon lobte in villen Predigen die Himmel Königin, vnd ließ Sie nie auß ſeinen Gedancken: führte ſtäts den 126. Pſalm im Mund: Cùm dederit dilectis ſuis ſomnum: wann Er ſeinen Geliebten den Schlaff geben wirdt: vnd legts alſo auß: Wer MARIAM hertzlich liebt, der verdient den Himmel mit ſchlaffen: er hatte auch wie ein Schlaffender kein andere Sorg, als allein GOtt, vnnd

Maria wirdt billich von vns geliebt. Himmel kan mit Schlaffen gewonnen werden.

Z ij Ma-

MARIAM inniglich vnnd würcklich zulieben/ vnd zugefallen: sprach auch offt zu andern: Brüder warumb machet jhr nit hertzlichere Freundschafft mit MARIA? Sie laßt sich mit lieben nit vberwinden: wie solches mit höchstem Trost erfahren Alphonsus Rodriquez, ein Bruder/ vnd lange Zeit Portner der Societet IESV, so gäntzlich vermeynt/ er liebe die Mutter Gottes jnbrünstiger/ als Sie jhn.

Warumb Maria zulieben.

Eben dises/mein lieber Christ/laß dir auch gesagt seyn/vnd wann du begehrest den Himmel zuuerdienen/vnnd Seelig zuwerden/ mache mehrere Freundschafft mit MARIA, vnd liebe Sie hertzlicher: vnd dises 1. darumb/ weil Sie ist Mater DEI, ein Mutter Gottes/ vnd vns den Sohn GOttes gebohren hat/ auch durch Sie wir nach dem Willen Gottes/ wie der heilig Bernardus lehret/ A. alles haben.

A. Serm. de Aquæductu B. Serm. 1. de Assumpt.

Diser Vrsachen halben/als der H. Ertz Bischoff Ildephonsus B. das Geheimbnuß der Menschwerdung deß Sohns Gottes auß MARIA erklärt/ vnnd hierzu die Figur von dem brennenden/ aber nit verbrennenden Busch Moysis eingeführet hette/ ladet er endtlich in Betrachtung der Mutterschafft MARIÆ alle Menschen zu jhrer Liebe/ Anruffung vnd Verehrung/ vnnd beschleußt es also: Weil aber wir Sie nit würdig gnug loben vnd lieben können/ dann all vnser lob ist noch zu wenig/ so laßt vns Sie verehren vnd lieben/ so vil wir vermögen.

C. Tom. 2. Opuscul. in Litanijs.

Ingleichem rufft der H. Bonauentura die Mutter GOttes an/ vnnd spricht: C. S. MARIA, super omnes diligentiùs amanda, & magnificanda: Heilige MARIA, welche du vber alle fleissiger zulieben/vnd zuuerehren bist.

D. In eius vita cap. 9.

Eben diser Lehrer Bonauentura gibt auch dem H. Seraphischen Vatter Francisco das Zeugnuß/ D. daß er mit vnaußsprechlicher Liebe der Mutter Gottes zugethon gewesen/ darumb daß Sie vns den HERRN der Majestät zu einem Bruder gemacht/ vnd bey Jhme durch Sie/ wir Barmhertzigkeit erlangen können.

2. Sollen wir MARIAM billich lieben/ weil Sie auch ist vnser Mutter/vnd vns vil mehr liebet/ als andere Müttern jhre Kinder: Sie/ wie der H. Bernardus prediget/ E. ist eygentlich Mater Charitatis, ein Mutter der Liebe/ vnd zwar wie Syrach bezeuget/ der schönen Liebe: welche als ein ehrliche Mutter vns entgegen gehet/ vnd als ein junge Fraw thut/ annfnimmet: vns auch vor Gefahr erlediget/ GOTT versöhnet/ vnd sein Gnad vnd Barmhertzigkeit erlanget.

E. Serm. 29. in Cant. Eccli. 24. 24. Ibid. 15.

Alß der heilig vnd liebe Jünger Ioannes der Euangelist gehört/ das Christus vom Creutz herunder/ sein allerliebste Mutter auch jhme zu einer Mutter geben/ sprechende: Sihe/ das ist dein Mutter/ hat er Sie gleich von diser Stund an in Verwahrung genommen.

Also

Die XII. Predig.

Also soll ein rechter Christ/wann er hört/vnd so offt er gedenckt/daß die *Maria fürein* Mutter Gottes auch sein Mutter sey/ Sie zu einer sonderbaren Patronin *sonderbahre* erwöhlen/Sie verehren/vnd als sein trewe Mutter lieben: wie der S. Stanis- *Patronin zu* laus Koska ein Nouiz auß der Societet IESV gethon: welcher/als er einest *erwöhlen* gefragt war /Ob er die Gebärerin GOttes lieb hette/geantwortet: Wie ? soll ich mein Mutter nit lieb haben ?

Der Gottselige Jüngling Ioannes Berchmannus sagte einest: Ich werd kein Ruhe haben/biß daß ich erlangt habe ein Hertz- vnd Kindtliche Liebe zu meiner allerliebsten Mutter / der Glorwürdigen Jungfrawen.

Deßgleichen hat auch der selige Franciscus de Sales anders nicht gedacht/als wie er die Seeligste Jungfraw MARIAM recht lieben / vnd alle Menschen zu ihrer Liebe bringen möchte: wie er dann zu vnsern Zeitten. zum Zeichen seiner Lieb zu MARIA, ein H. Orden hinderlassen/der den Namen hat von der Heimbsuchung MARIÆ; anzuzeigen/daß die/welche seiner Lehr folgen wollen kein andere Mutter haben sollen/als MARIAM.

Vnd das vmb so vil desto mehr/weil alle ihre Liebhaber der Gegenlieb von ihr vergwisset/vnd versichert seyn: wie Petrus Damianus bezeuget / spre- chent: F. Ich weiß O Fraw/ daß du Gnadig bist/vnd mir vnüberwindlich- *F. Serm. 1.* cher Liebe liebest du alle die/welche in die / vnnd durch dich dein Sohn/ vnd *de Natiuit.* dein GOtt mit höchster Liebe gelieb hat.

Es heißt allzeit bey ihr: Ego diligentes me diligo: Ich liebe die *Prou.8.17.* mich lieben: wie dann der H. Vatter Bonauentura G. dise Wort auff *G. In Specu-* Sie deuttet/vnd hieruon der Ehrwürdige alte Lehrer Beda, so sich auß laut- *lo cap. 3.* ter Demuth Idiotam genennt/also schreibt: H. Inuenta Maria Virgine,in- *H. In Proœ-* uenitur omne bonum, ipsa namque diligentes se diligit: Wer die Seelig- *mio Con-* ste Jungfraw MARIAM findt/ der findt alles Gut / dann Sie *templ. de B.* liebt/die Sie lieben: Vnd den 18. Psalm deß Königs Dauid, *Virg.*

Alda gesagt wird: Nec est, qui se abscondat à calore eius: Es ist *Psal.18.7.* niemand/ der sich vor ihrer Hitz verberge: auff Sie außliget/ vnnd spricht: Die ferrn seynd / erleuchtet Sie mit den Stralen ihrer Barmher- tzigkeit: die nahendt seyn/ entzündet Sie durch sonderbare Andacht: daß al- so niemand ist/der sich vor ihrer Hitz/das ist/Liebe verbergen könne: dahero weil die Liebe nit kan vergolten werden/als mit Gegenliebe/als wollen wir Sie/so vil möglich/lieben/vnd offt sagen : O süsse Mutter/ ich liebe dich von Grund meines Hertzens : insonderheit auch darumb / weil kein Zweiffel ist/wie der H. Anselmus lehrt/ I. daß die/welche in Süßigkeit *I. De Excell.* der Liebe gegen MARIAM kommen/ auch in den Theil vnd Orth ihrer Wider- *cap. 4.* geltung kommen werden.

S iij Zum

Zum 3. Sollen wir MARIAM auff ein sonderbare Weiß lieben/ weil nechst Gott Sie vnser sonderbare vnd gröste Wolthäterin vnd Heifferin ist/ wie der H. Basilius Magnus, Ertz Bischoff zu Cæsarea in Cappadocia/ schon vor mehr als dreyzehenhundert Jahr bezeiget hat. *K.*

K. Lib. de Virginit.

Ioannes Leonardus Gerusius hat zu Rom in Campo Martio, theils auß seinem Vermögen/ theils auß ersambleten Allmosen ein Kirchen erbawet/ vnd dieselbig genennt: Die Kirchen MARIÆ zu der Liebe: darzu auch ein Hauß gesetzt/ in welchem auß allen Nationen auffgeklaubte Arme/ vnd im Elend herumbgezogne Knaben vnder dem Tittul/ vnd Schutz MARIÆ erzogen/ ernehrt/ vnd mitler Zeit zu Ehren gebracht werden.

Mariæ Kirch von der Liebe.

Mit disem Lobtittul/ die Kirch MARIÆ zu der Liebe/ vnd darbey gesetzten Hilff-Hauß der Armen Verlassnen/ ward zuuerstehen geben: daß/ wo man MARIAM in einem Land/ Statt/ Closter/ Dorff oder Hauß recht liebe/ da habe man sich nit allein der Gegenlieb/ sondern auch alles guten zugetrösten: massen von Anfang der Christenheit vil Tausent heylige Apostolische Männer vnd Martyrer/ auch Hocherleuchte Vätter vnd Lehrer der Catholischen Kirchen: wie nit weniger vil König/ Fürsten/ Graffen vnd Herren/ sampt allen Rechtglaubigen/ zu allen vnd jeden Zeitten mit ihren Schrifften vnd Exemplen bezeuget/ vnd vilfältig im Werck erfahren haben.

Wie neben vilen andern hieruon P. Petrus Antonius Spinellus, der Societet IESV, weitläuffig handlet/ vnd viler dergleichen liebhabenden Exempel/ wie sie nemblich MARIAM, in Betrachtung derselben Hilff/ vnd Wolthaten geliebt haben/ einführet.

Auß vilen will ich dißmal nur einen einführen/ nemblich Waltherum de Birbach: welcher zwar von hohem Geschlecht/ vnd deß Hertzogs von Löwen Bluts-Freund/ aber von Tugenden noch vil berühmter war/ von eisem schreibt Cæsarius, L. daß er die Gebärerin Gottes von Jugend auff stäts angeruffen/ vnd inniglich geliebet/ auch Sie mit Fasten/ Allmosen/ Meßhören vnd Gebetten sonderbar verehrt: welches wegen durch Sie er vil/ vnd grosse Gnaden vnd Guthaten empfangen habe: deren der Auctor etliche erzehlet/ vnd dises hinzu setzet.

L. L b. 7. Miracul. c. 39.

Als Waltherus noch im Weltlichen Stand war/ vnd die grosse Gnaden vnd Guthaten/ welche er vermittelst der Mutter Gottes erlangt/ betrachtete/ sey er gantz vnd gar in Lieb gegen ihr entzündt worden/ vnd hab sich mit einem Priester/ welcher ihme die Göttliche Geheimbnussen/ vnd Opffer der H. Meß halten/ vnd sein Zeug seyn solte/ in ein kleines Kirchlein verfügt/ vnd eingeschlossen.

Daselbsten sich vnden am Altar in Form vnd Gestalt eines Mißthätigen/ einen Strick am Halß tragendt gestellt/ vnd mit solchem Auffzug der Mutter

Die XIII. Predig.

Mutter Gottes / auff die allerbeste vnd demütigste Weiß / die ihme einer hett einbilden können / gantz vnd gar ergeben / vnd derselben Barmhertzigkeit sich / all sein Erbaut / vnd allzeit Zinßbar auffgeopffert / auch zum Zeichen diseß / vor seinem Abscheiden von disem Orth / ihr den Zinß bezahlt / vnd solches die gantze Zeit seines Lebens jährlich continuirt, vnd vollzogen. Vnd weil er sich in Ehr / vnd auß Liebe gegen der Himmel Königin also gedemütiget hat, ipsa suum dilectum valde glorificauit, hat Sie disen ihren Liebhaber Glorios gemacht / vnd zu grossen Ehren gebracht. *Weiß Mariæ für te. beygen sich zu ergeben.*

Hört / vnd behaltet zum Beschluß diser Predig / was der Englische Jüngling Ioannes Berchmannus, auß der Societet Iesu, von der Liebe gegen Mariam gehalten / vnd mit folgenden denckwürdigen Worten außgesprochen: Wann ich Mariam liebe / so bin ich meiner Seligkeit / vnd der Beständigkeit in meinem Beruff versichert / vnd daß ich darneben erhalten werd / alles was ich begehre / vnd gleichsamb Allmächtig seyn. Sihe / die Liebe gegen der Mutter Gottes macht / daß durch Sie wir in vnserm Gebett erhört vnd gewährt / vnserm Beruff vnd Stand nachkommen / vnd gemäß leben / auch endlich der ewigen Seligkeit versichert seyn können: Darzu vns helffen wolle die Allerheiligste Dreyfaltigkeit / GOTT Vatter / Sohn / vnd H. Geist / Amen. *Mariæ Lieb bestättiget im Geistlichen Beruff.*

Die dreyzehende Predig.

Mater Admirabilis, Ora pro nobis.

MARIA ist Wunderbarlich in der Demuth / Gedult / vnd Barmhertzigkeit.

GEliebte in dem Herrn: Was dem Buchstaben nach der weise Salomon / im Büchlein Syrach von der ewigen Weißheit außgesprochen / daß nemblich dise wie ein Palmbaum in Cades hochgewachsen: eben dasselbige deutet die Catholische Kirch / sampt dero heiligen Lehrern auff die Wunderbarliche Mutter Gottes / vnd spricht von ihr: Quasi palma exaltata sum in Cades: Hoch bin ich auffgewachsen / wie ein Palmbaum in Cades. *Eccli. 24. 18*

Es werden aber von dem Palmenbaum denckwürdige Ding beschriben / welche sich alle mit der Allerseligsten Jungfrawen MARIA gar wohl verglichen. *Palmbaums-Beschreibüg.*

1. Sagt

Von Maria der Wunderbarlichen Mutter.

A. Lib. Moral.
I.
Sein Höhe.

I. Sagt der H. Gregorius, *A.* daß der Palmbaum hoch vnd vber alle Bäum/ ausser deß Cederbaums/ auffsteige: vnden her zwar am Stammen dünn/ rauch vnnd vnachtsamb sey/ oben her aber glatt/ sich auch theils vnnd in Form einer Cron wachse: deßwegen Palma Coronata, gekrönte Palm genennt wird: vnd wie vil mehr vnd höher selbiger vbersich wachset/ vmb desto mehr vnd tieffer wurtzlet er sich vnden in die Erden ein.

II.
Sigszeichen.
B. Lib. t. l.
1 1. de princ.
C. Lib. 50.
Hierogl.
D. Lib. 12.
Etymolog.
Deut. 25. 1.

Apoc. 7. 9.
Psal. 91. 13.
E. Lib. 16. de Natural. Histor. c. 25.
Palm/ wird nicht vndertruckt.
F. Lib. 12. Reductorij Moral. cap. 112.
G. 7. Problem.
H. In luis Aphorismis Hierogl. cap. 15.
I. In Hexam. Homil. 7.

II. Ist der Palm bey den Alten für ein Symbolum, oder Zeichen deß Sigs gehalten worden: wie dann auch bey den Rechtsgelehrten / *B.* der Palm für ein Sig vnd End der Arbeit gesetzt wird: dahero seynd vor Zeiten die Römische Obsig:r / wie Pierius, *C.* vnd Isidorus *D.* vermelden/ mit Palmen gekrönt/ vnd denen/ welche man für auffrecht gehalten/ Palmen in die Händ geben worden: nach laut der H. Schrifft: Quem iustum conspexerint, iustitiæ palmam dabunt. So ist bey vns noch der Zeit bräuchig/ daß man die Heyligen Gottes/ sonderlich die HH. Martyrer/ vnd Blutzeugen Christi/ mit Palmen in Händen abmahlet/ vnd diß nach Anweisung H. Schrifft / allda von Heyligen gesagt wird: Et palmæ in manibus eorum: vnd Palmen in ihren Händen: zum Zeichen / daß sie den Teuffel / Tyrannen/ vnd alle Verfolgung Ritterlich vberwunden. vnd deßwegen billich grünen/ wie ein Palmbaum.

Plinius schreibt/ *E.* daß zur Zeit/ da Cæsar Obrister Gewalthaber zu Rom mit den Bürgern Krieg führt/ vnden an desselben Statua, oder Bildsaul ein Palm herfür gewachsen/ welcher ein Portentum, vnd Zeichen gewesen/ daß er vberwunden werde.

Es haben aber die Alten darumb dem Palmen den Sig zugeschrieben/ weil er sich/ wie Bercorius *F.* schreibt/ nicht vndertrucken laßt/ sondern je mehr solcher vndertruckt werden will / je mehr er sich vbersich in die Höhe schwinge: welches der Heydnisch Aristoteles *G.* für ein grosses Wunder gehalten.

Die Blätter deß rechten Palmbaums/ haben die Form der Schwerter: behalten ihre Farb vnd Gestalt allzeit/ vnd bleiben im Sommer vnd Winter gleiche Blätter: wie Henricus Schüelin, *H.* vnd der H. Basilius *I.* obseruieren.

III.
Sein Frucht.
Cant. 7. 8.

III. Trägt der rechte Palmbaum Dattelkern/ ein Frucht einer verwunderlichen Süssigkeit vnd Edligkeit: auff welche Salomon in hohen Liedern deutet: Ascendam in palmam, & apprehendam fructus eius. Ich will auff den Palmenbaum hinauff steigen/ vñ dessen Frucht abbrechen.

I.
Maria gleich dem Palmen hoch.

Nun Geliebte/ in dem HErrn/ laßt vns hören: wie die Mutter Gottes sich hierinnen mit dem Palmenbaum vergleiche: I. Gleichwie der Palmenbaum ausser deß Cederbaums vber alle Bäum hoch auffwachset/ aber sich

vnden

vnden tieff eingewurtzelt / vnd wachtsamb ist / also ist die Seligste Jungfraw MARIA, allein Christum auffgenommen / vber alle andere Creaturen im Himmel vnd auff Erden erhöhet/ vnd gekrönet worden.

Dann Sie ist das Weib mit der Sonnen bekleidet / so den Mon vnder ihren Füssen / vnd ein Cron auff ihrem Haupt hat/ von zwölff Sternen. Apoc. 12. 1. Dannoch aber hat Sie auff diser Welt vnachtsamb vnd gering seyn wollen: dann je mehr vnd höher Sie von Gott selbst erhöhet / begnadet/ vnd gar zu einer würdigen Mutter deß Sohns Gottes erwöhlt worden / je mehr vnd tieffer hat Sie sich gedemütiget / schreibt der H. Ambrosius, K. daß an Ihr K. Lib. 2. de erfüllt worden/ was der Prophet Esaias geschrieben hat: Sie werd vnder sich Virginit. wurtzeln / vnd vber sich Frucht tragen. Esa. 37. 31.

II. Hat MARIA, gleichwie der Palmbaum in Cades/ sich nicht lassen II. vndersich trucken/ vnd vnordentlich betrüben. Sedes grä-

Dann obwol die Mutter Gottes/gleichwie der Palmbaum mit Schwert- nendt. Blättern angefüllt / also Sie mit vilen SchmertzSchwerderen vmbgeben gewesen / welche in vil weg ihr Hertz durchtrungen / dannoch hat Sie allzeit Luc. 2. 15. wie ein Palmbaum gegrünet/ vnd ist in allem Creutz vnd Schmertzen standhafftig / vnd gedultig / auch jederzeit zu GOTT in die Höhe auffgericht gewesen.

Wie neben andern der H. Anselmus bezeügt/ L. alba einstheils die grosse Schmertzen / vnd Bitterkeiten MARIÆ vnder dem Creutz stehend / be- L. Serm. sutrachtet: anders theils aber desselben grosse Gedult/ vnd Starckmütigkeit be- per Euang. hertziget/ vnd nach längs beschreibt: da hat es geheissen: Statura tua assimu- Cant. 7. 8. lata est palmæ: Dein Statur oder Länge ist einem Palmbaum verglichen. Wie dann zum Zeichen dises/ nach Zeugnuß deß alten Metaphrastæ, M. Ihr vor ihrem seligen Hinscheiden von einem Engel Gottes ein M. Serm. de Palmzweig gebracht worden. Assumpt.

III. Hat Sie als ein fruchtbarer Palmen in Cades/ die Gebenedeyteste III. vnd Edeliste Frucht Jesum Christum getragen / vnd vns geben / eröffnet Fruchtbarauch noch täglich die Schoß ihrer Barmhertzigkeit gegen vns/ vnd will/ daß keit. wir vns ab ihren Gnadenfrüchten / welche vnsern Kehlen süß seyn/ ersättigen Cant. 2. 3. sollen.

Laßt vns derowegen nach Anweisung deß Hohenlieds Salomonis / auff Cant. 7. 8. disen köstlichen Palmbaum steigen / desselben Geistliche Frücht abbrechen/ vnd in folgender Predig handlen von MARIÆ tieffen Demuth/ in Hoch- hertzgrösser Gedult im Leyden: vnd derselben vnergründtlichen Barmhertzigkeit gegen vns Glaubigen Menschen. Darzu dann Gott Gnad verleyhen wolle.

Aa Der

Von Mariä der Wunderbarlichen Mutter.

Der I. Theil.

MARIA ist Wunderbarlich wegen ihrer tieffesten Demuth/ in dero gröſten Hochheit.

Mariæ De-
muth.
Ai In ſuo
gladio Iſraël
Gergezæus
S. Auguſti-
ni Frag.

ES ſchreibt P. Philippus Rheindehius auß der Societet JESV, daß der H. Auguſtinus ſich vor Zeiten vber die gleichſamb vnendliche Würdigkeit der Gebärerin Gottes höchlich verwundert/ dieſelbe angeredt/ vnd von ihr zu wiſſen begehrt: Sie ſolle doch ihm ſagen/ was Sie Gott auffgeopffert / oder was das jenige ſey / welches wegen Gott Sie ſo hoch begnadet/ vnd zu ſeines Eingebohrnen Sohns Mutter erwöhlet worden.

Ihr Wort.

Hierauff aber hat im Namen der Seligſten Jungfrawen MARYÆ, der H. Auguſtinus ihme ſelbſten geantwortet / vnd geſprochen: Oblatio mea, Humilitas mea: Mein Auffopfferung / mein Demuth: vber diſe De-

B. Serm. 12.
ad fratres in
Eremo.

muth ſchreyet an einem andern Orth B. diſer H. Vatter alſo auff: O ſancta, venerabiliſque humilitas, tu Filium D̅n̅i de ſinu Patris deſcendere feciſti in vterum ſanctæ Mariæ Virginis : O du heilige/ vnd Ehrwürdige Demuth: du haſt den Sohn GOttes von der Schoß deß Himmliſchen Vatters in der H. Jungfrawen MARIA Leib herab gezogen.

Demuth
wird erhöcht.

Diſe Antwort vnd Lehr deß H. Auguſtini iſt der H. Schrifft gemäß. Krafft welcher/ der erhöhet wirdt/ welcher ſich ernidriget. Die Ernidrigung ſeiner ſelbſten/ vnd Demuth, iſt vnder allen Tugenden die gröſte/ vnd nach den vbernatürlichen Tugenden deß Glaubens / Hoffnung vnd Liebe, die Fürtreff-

C. 2. 2. q. 161
art. 5.

lichſte: wie der H. Thomas von Aquin lehret. G.

Diſer Tugendt hat ſich die Seligſte Jungfraw von Jugend auff / vor vnd vber alle andere befliſſen/ vnd deßwegen billich vber alle andere Creaturen erhöhet worden.

D. Lib. 7. de
Arcan. Ca-
thol. Verit.
c. 1.
E. In Opuſc.
de vita Chri-
ſti. c. 3.
I.
Demuth in
Aemptern.

Es erzehlt die H. Mechtildis auß geſchehener Göttlichen Offenbahrung. D. daß die erſte Tugendt / in welcher ſich die Seligſte Jungfraw in ihrer Kindheit geübt hat/ ein ſonderbahre Demuth geweſen/ durch/ vnd krafft welcher Sie ſich zu allen Zeiten ſo verbahr / vnd züchtig verhalten/ daß obwoln Sie vor allen mit Gnaden erfüllt war/ dannoch ſich keiner einzigen Creatur vorgezogen habe: maſſen auch der H. Bonauentura ſchreibt: E. Daß / da Sie im Tempel geweſen / mit vnablä ſlichem Gebett von Gott die Tugendt der Demuth begehrt habe.

Auß diſer Demuth hat I. die Mutter Gottes ſich ſchlechter Aembter/
vnd

Die XIII. Predig.

vnd Dienst/ auch Kleider bessissen: dahero hat Sie die Zeit im Tempel/ welche von Geistlichen Vbungen vbrig war/ zur Hand-Arbeit angewendet/ als mit Spinnen/ Weben/ würcken vnd dergleichen/ vnd diß allein zur Zier vnd Gebrauch deß Tempels.

Nach dem Sie aber dem Ioseph vermählet worden/ welches auch der H. Bernardus für ein grosse Demuth haltet/ F. hat Sie sich der Hauß-Arbeit mit Fleiß angenommen.

F. Serm. 4. Super Missus est Mariæ Kleidung.

So schreibt auch der H. Epiphanius, daß ihre Kleider auß Leinwad vnd Wollen/ von natürlichen Farben/ (nit gefärbt) gewesen seyen/ vnd erwölbe solches mit dem Hauptuch oder Schlair/ welchen Sie auff ihrem H. Haupt getragen/ vnd zu seiner Zeit vnder die höchsten Heyligthumben gezehlt worden.

II. Andern dienen.

II. Hat Sie sich auß Demuth beflissen andern auch geringern/ als Sie war/ zu dienen: deßwegen wie Sie vom Engel verstanden/ daß es schon der sechst Monat/ daß Elisabeth einen Sohn empfangen/ hat Sie sich mit grosser Eyl/ durch einen schweren mühsamen Weg vber die hohe Gebürg/ zu Fuß nach dem Hauß Zachariæ begeben/ damit Sie als ein Magd/ Elisabethæ in allen häußlichen Geschäfften/ Hülff erweisen möchte.

Vber dise Demuth hat sich die H. Elisabeth hoch verwundert/ vnd auß Antrib deß H. Geists ihr lob außgeschryen/ vnnd gesagt: Gebenedeyet bist du vnder den Weibern/ vnd gebenedeyet ist die Frucht deines Leibs. Vnd: woher kombt mir/ daß die Mutter deß Herrn zu mir kombt: darbey hat Sie auch die Krafft vnd Wirckung ihres Gruß vnd Wertgöhr/ angezeigt: wie auff ihren Gruß das Kind in Mutter leib vor Freuden auffgehupffet/ vnd geheyliget worden/ auch ihren grossen Glauben gerühmbt/ deßhalben Sie selig/ vnd vnder allen Weibern gebenedeyet gesprochen/ vnnd die Frucht ihres leibs hoch gelobt.

Aber dise/ vnnd dergleichen lob vnd Preyß Reden hat MARIA von stundan von ihr abgewisen/ vnd alles Gott zugeschriben/ sprechend/ vnd lobsingend: Magnificat anima mea Dominum: Mein Seel macht groß den Herren: als wolt Sie sagen: du lobest vnd preist mich/ Ich aber lobe Gott/ vnd alles Lob/ so du mir gibst/ gib ich ihme; dann ihme/ als dem Bronnen aller Güter/ gebührt allein die Ehr: du verwunderst dich/ daß ich zu dir komme/ ich aber verwundere mich/ daß GOtt so grosse Barmhertzigkeit an mir erzeiget hat: du preysest mich/ daß dein Sohn auff mein Gruß in deinem Leib gefröloket/ ich aber preyse Gott/ daß mein Geist in ihme gefröloket hat/ vnnd wegen der vnermeßlichen Glory/ so er in ihme hat/ vnnd ihme von allen Creaturen geben wird/ thue ich mich erfrewen: du lobest mich/ daß ich geglaubt/ vnnd sprichst/ daß darumb die Verheissungen GOttes an mir sollen vollbracht werden/ ich aber lobe die vnendtliche Gütigkeit GOttes

Aa ij   daß

Von Maria der Wunderbarlichen Mutter.

daß Er mich / so verachte Creatur mit den Augen seiner Gnaden angesehen.

III.
Verachtet
niemand.

III. Hat die Demuth MARIÆ gemacht/ daß Sie niemands ver-
achtet/ sondern vnangesehen Sie von Königl. Stammen vnnd Geblüt/
dannoch mit den armen vnnd gemeinen Leuthen zuthun gehabt/ vnnd jhnen
guts gethon: wie zu Cana Galilææ geschehen/ alda Sie sich der armen
Hochzeit Leuthen angenommen, vnd mit Hilff beygestanden: auch sonst mit
den armen Büssenden Sündern/ als Maria Magdalena/ vnd andern Gemeinschafft gehabt/ vnd jederzeit bey andern den letzten Orth erwöhlet: dahero als der Lucas die Versamblung bey Hierusalem beschriben/ setzt er die
Mutter IESV zum letzten.

Actor. 1.14.

G. Ser v. Si-
gnum ma-
gnum.

Billich sagt der H. Bernardus, G. ist die jenige vber alle Engel erhö-
het/ vnd die Allervnterste worden/ welche vnder den Armen vnd Büssenden/ ja
vnder der/ von welcher siben Teuffel außgetriben seynd/ sich gedemütiget/ vnd
die letzte seyn wollen.

IV.
Ziehet sich
niemand vor.

Zum IV. Hat MARIA Demuth gemacht/ daß obwol Sie vor an-
dern grosse Freyhaiten vnd Gnaden gehabt/ dannoch Sie sich niemalen mehr/
vnd besser als andere halten wollen/ sondern je grösser Sie gewesen/ je mehr
Sie sich nach der Lehr deß Syrachs / In allem gedemütiget: dahero obwol
Sie ein Vnbefleckte Jungfraw vor. Jnn. vnnd nach der Geburt/ auch keinem Gesatz vnderworffen war/ hat Sie dannoch auß lauter Demuth das Gesatz der Reinigung erfüllen wollen.

Eccli 3. 20.

V.
Je höher / je
demütiger.

V. Hat die Seeligste Jungfraw MARIA die Tugend der Demuth
insonderheit scheinen lassen / wie ihr der Ertz Engel Gabriel den Gruß ge-
bracht/ vnd auß Befelch der Allerheyligsten Dreyfaltigkeit verkündiget/ daß
Sie soll werden vnd seyn ein Mutter deß Sohns Gottes / deß Erlösers vnd
Heylands der ganzen Welt / da Sie hingegen sich ein Magd deß HERRN
genennt / sprechende: Ehe/ ich bin ein Dienerin deß HERRN/
mir geschehe nach deinem Wort.

H Serm. 4.
Super Missus
est.

Es schreibt der H. Bernardus, H. In der Verachtung sich demütig zuerzeigen/ sey ein schlechtes Ding/ aber demütig seyn in der Erhöhung/
sey ein grosse vnd Heroische Tugendt; nun war damals MARIA zu dem höchsten Grad der Ehren/ vnd Würdigkeit erhebt / da ihr ankündet worden/ Sie
soll seyn ein Mutter deß Allerhöchsten. Von disem Grad/ der gleichsamb
vnendtlicher Würdigkeit vnd Hocheit/ wirfft Sie sich selbsten zu dem vndersten Staffel der Demuth/ da sie sich erklärt ein Magd zu seyn.

S. In Opusc.
Wunderbar-
liche Demuth
zu Maria.

Ober diese tieffeste Demuth entsetzt sich billich der H. Vatter Bonauentura, vnd spricht mit Verwunderung also: L. O miri, & profundi humilitas MARIÆ, &c. O der Wunderbarlichen vnd tieffen Demuth

MA-

MARIÆ! sihe/ der ErtzEngel redet Sie an: Sie wird voll der Gnaden gerühmbt: die Vberschattung deß H. Geists wirdt jhr versprochen: Sie wird zu einer Mutter deß HERRN auffgenommen: Sie wird allen Creaturen vorgesetzt: Sie wirdt jetzt zu einer Frawen deß Himmels vnnd der Erden gesetzt: aber in disem ernidriget sich MARIA mit Demuth/ vnd spricht: Sihe/ ich bin ein Dienerin deß HERRN.

Groß zwar war vor Zeitten die Demuth der klugen Abigail, da der König David zu jhr gesandt/ vnnd sie zu einer Gemahlin begehrt/ sie aber hingegen auffgestanden/ sich tieff zu der Erden geneigt/ vnd mit Demuth zu den Dienern deß Königs also gesprochen: Ecce, famula tua sit in ancillam, & lauet pedes seruorum Domini: sihe/ hie ist dein Magd/ daß sie dienne den Knechten meines Herren/ vnd jhre Füß wasche. — *Abigail, Demuth.* *1. Reg. 25, 41.*

Aber noch grösser/ vnd vil grösser ist die Demuth MARIÆ: dann Sie war nicht zu eines Königs Weib begehrt/ sondern zu Gottes Mutter ernennt: Et tamen humilior facta est, vbi se à Deo cognouit electam: vnnd doch ist Sie/ wie der H. Ambrosius lehret/ K. noch vil demühtiger worden/ wie Sie erkennt/ daß Sie von GOtt erwöhlt war. *K. Lib. 2. de Virg.*

Wie Rebecca zum ersten mal den Isaac jhren Gemahel sahe/ demühtiget sie sich/ sprang vom Camel/ nahm jhren Mantel/ vnd bedeckte sich darmit: MARIÆ Demuth ist so vil grösser/ als die Demuth Rebeccæ, vmb wie vil grösser der Herr ist/ mit welchem Sie vereiniget worden. *Rebeccæ Demuth. Gen. 24. 65.*

Wie dise Demuth GOtt angenemb gewesen/ gibt der weise Solomon in Hohen Lidern zuversteehen/ sprechend: Dum esset Rex in accubitu suo, nardus mea dedit odorem: da der König war in seiner Ruh/ gab mein Nard seinen Geruch: disen Orth deuttet der H. Ambrosius L. mit andern Lehrern auff die Menschwerdung Christi/ vnd vermeldet/ daß alßdann in demselben Augenblick, da der Sohn Gottes inn vnd auß MARIA empfangen/ vnd die Menschliche Natur an sich genommen/ vnd Sie würcklich zu einer Mutter worden/ da hab jhr Nard den lieblichsten Geruch der Demuth von sich geben. *Cant. 1. 2.* *L. In Psal. 18. Serm. 3.*

Dann der Nard/ wie Plinius schreibt/ M. ist zwar klein/ vnd nidertrachtig/ hat kleine/ doch dicke Blätlein oben mit Zweiglein/ auß welchen der allerwolriechste Balsam Spicanardi erwächßt; also ist MARIA zwar klein vnd demütig gewesen/ aber GOtt dem HERRN den lieblichsten Geruch geben/ sprechende: Ecce Ancilla Domini: Sihe ich bin ein Dienerin deß HErrn: welche Demuth dann GOtt angesehen/ wie Sie in jhrem Lobgesang spricht. *M. Lib. 12. c. 12.*

Dise Demuth MARIÆ hat Christus am Stammen deß H. Creutzes/ *Christus am H. Creutz*

Von Maria der Wunderbarlichen Mutter.

Stelle Gott dem Himmlischen Vatter / Mariæ Demuth vor. Psal. 85. 16.

da Er sich hefftig beklagt / Er sey von GOtt verlassen / seynem Himmlischen Vatter fürgestellt / unnd ihme durch den König David also zugesprochen: Respice in me, & miserere mei, da imperium tuum puero tuo: & salvum fac filium ancillæ tuæ: Sihe auff mich vnd sey mir gnädig / gib deinem Knecht deinen Gewalt / vnd Herrschafft / vnd hilff dem Sohn deiner Magd. Dise Wort legt der H. Augustinus also auß: Hilff dem Sohn der jenigen / welche dem ErtzEngel Gabriel zur Antwort geben: Ecce ancilla Domini, Sihe / ich bin ein Magd deß HERRN.

Die merck / als Christus am Creutz in grösten Schmertzen hangend merckte / daß sein Himmlischer Vatter ihne verlassen / vnd motiuen beybringen wolte / daß Er ihme hie sein Göttliche Hand reichen / vnd beystehen wolte / hett zwar Christus vil bewegliche Vrsachen / insonderheit daß Er ein natürlicher Sohn GOttes / einwenden können: aber wender nichts dergleichen ein / sondern erinnert ihne allein dessen / daß Er sey ein Sohn der jenigen / welche auß höchster Demuth gesprochen: Ich bin ein Magd deß HERRN.

Nun solte aber ein Christ billich gern wissen / warumb der Sohn Gottes allein die Demuth seiner Mutter in seinem letsten Todts=Kampff / seinem Himmlischen Vatter fürgestellt / vnnd krafft derselben Hilff begehrt habe? Hierauff antwortet P. Ferdinandus Quirinus de Salazar, vnnd gibt dessen drey Vrsachen. N.

N In Prou. cap. 8. v. 13. n. 52. & seqq. Dreyerley Vrsachen dessen.

1. Weil Christus die mächtige Hand seines Himmlischen Vatters ob ihme außgestreckt gesehen / vnd daß Er jetzt sterben solte / empfunden / doch sich erinnert / daß ihme auß Würckung diser Wort / vnnd krafft der tieffsten Demuth seiner gebenedeytesten Mutter / das Leben geben: dann in dem Augenblick / wie MARIAM zu dem Engel gesprochen: Sihe / ich bin ein Magd deß HErrn / mir geschehe nach deinem Wort; ist das Wort Fleisch / vnnd Christus in ihr empfangen worden: Ex Virginitate placuit, humilitate concepit: vnd hat Sie / sagt der H. Bernardus, ihme mit der Jungfrawschafft gefallen / mit Demuth aber empfangen: also stellt Christus seinem Himmlischen Vatter solche Demuth für / vnd erinnert ihn diser Wort / krafft welcher Er ihme das Leben geben / vnd begehrt / daß krafft solcher ihme jetzunder das Leben erhalten werden solle.

2. Weil Christus gewißt / daß es seines Himmlischen Vatters Will war / daß er in seinem Leyden sich erniedrigen / vnnd demütigen solle / massen S. Paulus alles Leyden Christi seiner Demuth vnd erniedrigung zuschreibt /

Phil. 2. 8.

sprechendt: Humiliauit semetipsum, factus obediens vsque ad mortem, mortem autem crucis: Er hat sich selbs erniedriget / vnd ist gehorsam worden biß zum Todt / nemblich zum Todt deß Creutzes.

Als

Die XIII. Predig.

Als stellet Er jhme die Ernidrigung vnd Demuth seiner Mutter für/ vnd begehrt/ daß krafft derselben sein Himmlischer Vatter jhn weiter nit vnderdrucken/ sondern erhalten wolle/ sprechend: Saluum fac filium ancillæ tuæ: Hilff dem Sohn deiner Magd / das ist/ hilff dem Sohn der jenigen Mutter/ welche gesagt hat: Ich bin ein Magd deß Herrn.

Hat also Christus darfür gehalten/ daß dem Göttlichen Willen seines Himmlischen Vatters/ in Ernidrigung ehender vnd mehrer nit könne gnug geschehen/ als wann Er jhn der Demuth seiner Mutter erinnere/ vnd begehre/ daß jhme solche eigenthümlich zugeschriben werde.

3. Hat Christus auch vermög diser Wort/ da Er sagt: Gib deinem Knecht deinen Gewalt/ vnd Herrschafft/ vnd hilff dem Sohn deiner Magd/ nit allein die Erledigung vom vorstehenden Creutz tod/ sondern auch die Erhöhung. Gewalt vnd Herrschafft vber alle Creaturen im Himmel vnd auff Erden begehrt.

Bey welchem zu mercken/ daß nach Außlegung deß H. Bernardi, O. Ildephonsi, P. vnd Damasceni, Q. V. L. Fr. wegen jhrer Demuth/ welche Sie in Außsprechung der Wort: sihe/ ich bin ein Magd deß Herrn/ gehabt hat/ zu einer Königin/ vnd Herrscherin vber alle Creaturen erklärt worden.

O. Serm. de Aßumpt.
P. Serm. 3. de Aßumpt.
Q. Serm. 1. de Aßumpt.

Deßwegen Christus auß zweyfachem Recht die Erbschafft vnd Herrschafft deß Reichs begehren können: zum theil weil Er ein natürlicher Sohn deß höchsten Königs/ nemblich Gottes: zum theil/ weil Er war ein Sohn der Königin.

Damit nun Christus in seinem letzten Todtskampff sein Mutter ehrete/ vbergeht Er stillschweigend das erste Recht/ daß nemblich jhme das Reich/ vnd Herrschafft/ als einem natürlichen Sohn Gottes gebühre/ vnd gebraucht sich allein deß andern Rechts/ sprechend: Da Imperium puero tuo, & salutum fac filium ancillæ tuæ: Gib deinem Knecht deinen Gewalt vnd Herrschafft/ vnd hilff dem Sohn deiner Magd.

Als wolt Er sagen. damit ich das Reich erlange/ wirffe ich für/ vnd gib zu bedencken/ daß ich sey ein Sohn deren/ welche gesagt hat: Ecce ancilla Domini: Sihe/ ich bin ein Magd deß Herrn: vnd auß Verdienst diser tieffesten Demuth/ das Reich vnd Herrschafft vber Himmel vnd Erden erhalten hat: dann ein Sohn tritt nicht allein deß Vatters / sondern auch der Mutter Erbschafft an: darumb begehre ich ein Oberster König deß Himmels, vnd der Erden zu seyn/ weil ich der Königin Sohn bin. Das seynd nun grosse vbernatürliche vnd verwunderliche Geheimbnussen.

Bey disem 1. Theil/ haben erstlich reicher Leuth Kinder zu lehrnen/ daß sie nach

Lehr/ für reiche Kinder.

sie nach dem Exempel M. L. Fr. sich auch der gemeinen / vnd gebührigen Arbeit nit schämen sollen: wie dann offt dergleichen auch auß lauter Stolz / vnd Hoffart sich darüber duncken / daß sie die Arbeit recht angreiffen / ehrliche Handwercker lehrnen / oder redlichen Leuthen dienen / hernacher aber gemeiniglich ins Verderben gerathen / vnd der Welt zu Schanden werden müssen: von denen / welche in der Jugendt nichts erlehrnen / vnd nur faulentzen wollen / sagt der Prophet Oseas, daß Sie Wind außsäen / vnd Würbel / das ist / Verderben / Schand vnd Spott einschneiden werden: disem vorzukommen / hat jene Matron ihr Hand zu starcken Dingen außgestreckt / mit Wol vnd Flax vmbgangen / vnd die Spindel ergriffen / auch selbst zu ihrem Haußwesen gesehen: welches wegen sie wol gehauset / vnd keinen Mangel leiden dörffen / etc.

Osea 8.7.
Prou. 31. 19.

Niemandt verachten.

2. Soll sich keiner / er sey wer er wolle / besser oder mehrers halten / oder duncken als andere / noch jemandt verachten / sondern sich gegen menniglich nach dem Exempel MARIÆ, liebreich erzeigen. S. Kunigunda war ein Kayserin / wie sie aber ins Kloster kommen / hat sie sich keiner vorgezogen / sondern liebte alle / vnd erzeigte sich gegen allen / als ein Dienerin.

Vns selbs für nichten halten.

3. Lehrnen wir / vns nach dem Exempel MARIÆ vnser Talent / gegebnen Gnaden vnd Gaaben Gottes halber / nit zu vberheben / sondern je grösser wir seyn / vnd je mehr wir vor andern guts von Gott empfangen / je mehr wir vns in solchem demütigen sollen.

Wie wir vns im Todtskampff zu verhalten.

4. Lehrnen wir hie / daß wir nach dem Exempel Christi / in vnserm letzten Todtskampff nechst GOTT auch vnser Zuflucht zu den Verdiensten vnd Fürbitt MARIÆ nemmen / vnd Sie vmb Abwendung aller Vblen bitten / auch vmb Erlangung deß Himmelreichs anruffen sollen: dann wer Sie alba findt / der findt das Leben / vnd wird das Heyl von dem Herrn schöpffen.

Prou. 8. 35.
R. Lib. 7. c. 55.

Cæsarius schreibt / R. wie ein Jüngling in seinem Todtskampff / vnd letzten Zügen grewliche Gespenster vmb sich gesehen / vnd geruffen: H. MARIA, Mutter Gottes / erledige mich von disen nichtigen Geistern / welche mich plagen / vnd sey alßbald erlediget worden / vnd selig gestorben.

Toletus redet mit Maria im Todt.

Toletus, der Römischen Kirchen Cardinal / hat das Zeugnuß / daß gleichwie er im Leben ein grosser Liebhaber MARIÆ gewesen / also hab er sterbend gar lieblich mit jhr geredt / vnd nicht auffgehört sie anzuruffen / biß daß sein Seel vom Leib selig abgescheiden. S.

S. Part. 2. l. 2. n. 153. Hist. Soc. in suo Chron.
T. S. Annonis Gebett im Todt.

Hieher erzehlt Lambertus Schaffnaburgensis T. ein denckwürdige Geschicht von dem H. Anno Ertz Bischoffen zu Cöln: als diser in die Todtsnöthen kommen / hat er grosse Vbel / welche bald vber die Welt / vnd insonderheit vber die Statt Cöln haben kommen sollen / vorgesehen / deßwegen er die Hand vbersich gehebt / vnd also geruffen: O weh / O weh der sündigen Welt:

Die XIII. Predig.

tet: O wehe/ O wehe den Sündern: heilige MARIA spring bey den Ar-
ken/ bewahre die Statt Cöln/ komme zu hülff der Statt/ welche dem Ver-
rhen nahe ist: O heilige Fraw/ was seynd das für erschröckliche Gespen-
ster/ welche meinen Augen fürgeworffen werden! Ich bitte dich/ durch dein
liebe Barmhertzigkeit/ daß du mir die Thür seyest/ durch welche ich
diesem armseligen Leben entrinnen/ vnd zu deinem Sohn/zu dir/vnd allen
seligen Gottes gelangen möge/ damit ich die Vbel/ welche jetzt gezeigt wer-
den/ nit ansehen dörffe.

Wie er nun ein Zeitlang still geschwigen/vnd sich in etwas erholet gehabt/
hat er für die Statt Cöln S. Petrum, vnd andere sonderbare Patronen vmb
Fürbitt an/ gibt hierauff seinen seligen Geist auff/ vnd fahrt mit Hülff
der Gebährerin Gottes/ zu dem Bronnen deß ewigen Liechts im Jahr Christi 1675.

Das in Todtsnöthen Vnser liebe Fraw vermöge/hat wol gewüßt Iustus   Maria in
Lipsius, welcher endtlich mit folgenden Worten seinen Seligen Geist auffge-   Todesnöthen
ben: O Mutter Gottes/ stehe deinem Diener bey/ welcher mit der Ewigkeit   vermöglich.
streit/ vnd verlaß mich nit in der Stund/an welcher das ewige Heyl meiner
Seelen hangen thut. Gott gebe vns allen/ daß wir vnsern Geist/vnd Seel in   P. Drexel. de
Schutz der Seligen Jungfrawen auffgeben/ vnd Sie herrschend von   æternit.
Angesicht zu Angesicht in alle Ewigkeit anschawen mögen.

Der II. Theil.

MARIA ist Wunderbarlich in Gedult/ in gröſten Schmertzen.

ALs vor Zeiten der Prophet Jeremias die vile vnd gröſſe der   G. bilt in
Schmertzen B.L.Fr. betrachtet/ hat er solche dem weiten vnd vner-   Schmertzen.
gründtlichen Meer verglichen/ vnd gesagt: Cui comparabo te, &c.   Thren.2.3.
onsolabor te filia Sion : magna est velut mare contritio tua: Wem soll
dich vergleichen/oder gegen wem soll ich dich rechnen? du Tochter Sion/ was soll ich dich vergleichen/ mit dem ich dich doch trösten möge? weil dein Schad so groß als das Meer iſt.

Weil dann auch der heilig Hieronymus A. den Namen MARIA ver-   A. De Nom.
teutschet: Mare amarum: ein bitters Meer: die Vrsach dessen gibt   Hebr.
heilig Bonauentura, vnd sagt: B. Gleichwie alle Wasser ins Meer flieſ-   B. In Specu-
sen/ also sey alles Leyden in MARIAM geflossen/ vnd so wenig die Tropffen   lo.
deß Meers zu zehlen/ als wenig seyen die Schmertzen MARIÆ auſzuſpre-
chen.

In diser Vergleichung/ oder Verdolmetschung deß Namens MARIÆ
Bb   mit

mit dem bittern Meer/wird 1. zu verstehn geben/daß gleich wie alle Wasserflüß vnd Bronnenquellen gegen dem vnergründtlichen Meer nichts zu rechnen seyndt/ also sey aller heiligen Martyrer vnd Außerwöhlten Leyden/ Trübsal vnd Schmertzen/ gegen dem Schmertzen der Seligsten Jungfrawen nichts zu rechnen.

C. Lib. de Excell. Virg. c. 5.

Wie neben andern det H. Anselmus bezeugt/ sprechendt: *C. Quidquid crudelitatis inflictum est corporibus Martyrum, leue fuit, vel potiùs nihil, comparatione tuæ passionis:* Alle Grawsamkeit vnd Schmertzen/ welche der H. H. Martyrer Leiber zugefügt worden/ seynd leicht/ oder nichts zu rechnen gewesen/ in Vergleichung deines Leydens.

Luc. 2. 35.

Darauff auch der alte gerechte Simeon geredt/ da er in seiner Weissagung auß Eingebung deß H. Geists zu Ihr also gesprochen: *Et tuam ipsius animam pertransibit gladius:* Vnd dein selbs eigne Seel wirdt das Schwerdt durchtringen.

Dann vermög diser Wort/hat die Mutter Gottes nit nur an Leib/sondern auch fürnemblich an der Seel gelitten/ wie die H. H. Sophronius, *D.* Ildephonsus, *E.* vnd Bernardus *F.* außlegen. Welches wegen auch der H. Hieronymus sagt/ *G.* daß Sie mehr als ein Marterin gewesen.

D. Serm. de Assumpt.
E. Serm. 1. de Assumpt.
F. Super Signum magnum.
G. Serm. de Assumpt.

Zum III. Wird das Leyden vnd Schmertzen Vnser lieben Frawen einem bittern Meer verglichen/ anzuzeigen/ daß obwol alle Wasser ins Meer fliessen/ vnd also das Meer *congregatio omnium aquarum,* ein Versamblung aller fliessenden Wasser ist/ dannoch daß.lbig durch vnd durch gantz bitter ist/ also/ obwol Gott in MARIAM alle Gnadenflüß außgossen/ vnd Sie ein Versamblung aller Gnaden ist/ wie der Selige Albertus sagt/ dannoch ist derselben gantzes Leben ein bitters Meer/ mit Leyden vnd Schmertzen angefüllt gewesen/ daß Sie wol mit dem Propheten Jeremia sagen können:

Thren. 3. 15.

Repleuit me amaritudinibus, inebriauit me absynthio: Mich hat Er mit Bitterkeit ersättiget/ vnd mit Wermuth getränckt.

Hierauff deutet auch der H. Bernardus, da er spricht: *H.* Paar vnd paar giengen mitainander: die Wort deß H. Engels: *Gratia plena,* Voll Gnaden: vnd die Wort Simeonis, das Schmertzen Schwerdt wird dein Seel durchtringen: dann gleichwie die Seel der Jungfrawen dermassen voll war der Gnaden/daß sie nichts mehr könte fassen: eben also ist ihr gebenedeytes Hertz dermassen angefüllt vnd vberhäufft worden mit Schmertzen/ daß es mehr nit ertragen könte.

H. Super Signum magnum.

1. Mariæ Schmertz=Schwerdt/ vnser Armseligkeit.

1. Ist ein bitterer Wermuth vnd durchtringendes SchmertzenSchwert in ihrem Hertzen gewesen/ der armselige Stand deß gantzen Menschlichen Geschlechts/ vnd die Verlaugnung der Zukunfft deß Messiæ: dann die

Hoff.

Die XIII. Predig.

Hoffnung/ die sich verzeucht/ ängstiget das Hertz. Nun hatte Sie nach Christi Zukunfft ein so grosses Verlangen/ als alle Patriarchen/ Propheten vnd Gerechten deß Alten Testaments. Der H. Bonauentura schreibt / *I.* daß Sie auß hertzlichem Mitleyden/ mit heissen Thränen/ vnnd eyfferigem Gbett bey GOTT vmb die Sendung deß Heylands der Welt angehalten: welche auch mehrer dißfals vermögt/ vnd verdient haben/als alle auch heyligste alte Väter.

2. Durchtrange mit Bitterkeit ihr Hertz/ die schmertzliche Beschneydung ihres allerliebsten Sohns IESVS: auß welcher Sie ihr alles bevorstehendes Leyden desselben hat eingebildet vnd betrachtet/ wie die erste Blutvergiessung vnd Schmertzen Christi in dem H. Passion zu einem gantzen rothen Meer werden würden: wie dann der H. Ambrosius *K.* lehret/ daß Sie von daran ihres Sohns gantzes Leyden allzeit jnnerlich in ihrem Hertzen getragen.

Rueus schreibt/ *L.* daß Galenus an seiner Hand ein Ring getragen mit einem Japsis/ in welchem man gesehen einen Menschen/ der trug ein Büchelein Myrrhen: auff diese Weiß hat die Seeligste Jungfraw MARIA, allzeit Christum mit dem Creutz vnnd Leyden beladen/ in ihrem Hertzen getragen.

So vermeldet die H. Schrifft/ wie Sephora ihrem Sohn/ da er beschnitten/ vnd noch Blutrieffend war/ auff ihre Arm genommen/ weinend vnnd trawrend also gesagt habe: Vere sanguinum sponsus tu mihi es: Du bist mir warhafftig ein Blut Bräutigamb; also ist Christus in seiner H. Beschneydung seiner werthen Mutter ein Blut Bräutigamb worden.

3. Haben die bittere Meer-Wellen deß Leydens/ vnd der Schmertzen MARIÆ Hertz verschmättert/ wie Ioseph ihr die trawrige Bottschafft gebracht/ daß der Wütterich Herodes dem Kindlein nach dem Leben stelle/ vnd selbiges tödten wolle.

In der H. Schrifft wirdt erzehlt: wie daß einer Mutter/ welche ein Kind vnehrlich gebohren gehabt/ ihr Hertz sey beweget worden/ vnd mit ihren Augen nit können ansehen/ noch ohne Schmertzen das Vrtheil deß Königs Salomonis anhören mögen / daß nemblich man ihren Sohn mit dem Reichs-Schwert zertheilen solle: darfür sie den am Gericht sitzenden König Salomon mit gebognen Knyen gebetten.

Wie vil mehr muß der Mutter Gottes schmertzlich fürkommen seyn/ daß ihr allerliebster Sohn/ welchen Sie in vnversehrter Jungfrawschafft empfangen vnd gebohren/ so jämmerlich ermördtet worden.

Gleichwie vor Zeitten die Rachel ihren Sohn Beniamin, ein Sohn der Rechten/ genennt hat Benoni, ein Sohn deß Schmertzens: also ist Christus seiner Mutter Benoni, ein Schmertzen Kind gewesen : sonderlich weil

I. 3. Sent. Dist. 4. q. 2. quæstion. 1. & 2.

2. Christi schmertzliche Beschneidüg.

K. In cap. 2. Lucæ.
L. Lib. 2. de Gemmis.

Exod. 4. 25.

3. Herodis Tyranney.

3. Reg. 3. 26.

Gen. 35. 18.

Von Maria der Wunderbarlichen Mutter.

Der I. Theil.

MARIA ist Wunderbarlich wegen ihrer tieffesten Demuth/ in dero grösten Hochheit.

Mariæ Demuth. A. In suo gladio Israël Gergezæus. S. Augustini Frag.

ES schreibt P. Philippus Rheindelius auß der Societet IESV, A. daß der H. Augustinus sich vor Zeiten vber die gleichsamb vnendliche Würdigkeit der Gebärerin Gottes höchlich verwundert/ dieselbe angeredt/ vnd von ihr zu wissen begehrt: Sie solle doch ihm sagen/ was Sie Gott auffgeopffert/ oder was das jenige sey/ welches wegen Gott Sie so hoch begnadet/ vnd zu seines Eingebohrnen Sohns Mutter erwöhlet worden.

Antwort.

Hierauff aber hat im Namen der Seligsten Jungfrawen MARIÆ, der H. Augustinus ihme selbsten geantwortet/ vnd gesprochen: Oblatio mea, Humilitas mea: Mein Auffopfferung/ mein Demuth: vber dise Demuth schreyet an einem andern Orth *B. Serm. 12. ad Fratres in Eremo.* diser H. Vatter also auff: O sancta, venerabilisque humilitas, tu Filium DEI de sinu Patris descendere fecisti in vterum sanctæ Mariæ Virginis: O du heilige/ vnd Ehrwürdige Demuth: du hast den Sohn GOttes von der Schoß deß Himmlischen Vatters in der H. Jungfrawen MARIA Leib herab gezogen.

Demuth wird erhöhet.

Dise Antwort vnd Lehr deß H. Augustini ist der H. Schrifft gemäß/ Krafft welcher/ der erhöhet wirdt/ welcher sich ernidriget. Die Ernidrigung seiner selbsten/ vnd Demuth/ ist vnder allen Tugenden die gröste/ vnd nach den vbernaturlichen Tugenden deß Glaubens/ Hoffnung vnd Liebe/ die fürtreffleichste: wie der H. Thomas von Aquin lehret. *C. 2.2.q.161 art.5.* G.

Diser Tugend hat sich die Seligste Jungfraw von Jugend auff/ vor vnd vber alle andere befleissen/ vnd deßwegen billich vber alle andere Creaturen erhöhet worden.

D. Lib. 3. de Arcan. Cathol. Verit. c.1. E. In Opusc. de vita Christi. c.3.

Es erzehlt die H. Mechtildis auß geschehener Göttlichen Offenbahrung. D. daß die erste Tugend/ in welcher sich die Seligste Jungfraw in ihrer Kindheit geübt hat/ ein sonderbahre Demuth gewesen/ durch/ vnd krafft welcher Sie sich zu allen Zeiten so erbahr/ vnd züchtig verhalten/ daß obwoln Sie vor allen mit Gnaden erfüllt war/ dannoch sich keiner einzigen Creatur vorgezogen habe: massen auch der H. Bonauentura schreibt: E. Daß/ da Sie im Tempel gewesen/ mit vnablässlichem Gebett von Gott die Tugendt der Demuth begehrt habe.

I. Demuth in Aemptern.

Auß diser Demuth hat I. die Mutter Gottes sich schlechter Aembter/ vnd

Die XIII. Predig.

vnd Dienst/ auch Kleider beflissen: dahero hat Sie die Zeit im Tempel/ welche von Geistlichen Vbungen vbrig war/ zur Hand-Arbeit angewendet/ als mit Spinnen/ Weben/ würcken vnd dergleichen/ vnd diß allein zur Zier vnd Gebrauch deß Tempels.

Nach dem Sie aber dem Ioseph vermählet worden/ welches auch der H. Bernardus für ein grosse Demuth haltet/ F. hat Sie sich der Hauß-Arbeit mit Fleiß angenommen. *F. Serm. 4. Super Missus est. Mariæ Kleidung.*

So schreibt auch der H. Epiphanius, daß jhre Kleider auß Leinwad vnd Wollen/ von natürlichen Farben/ (nit gefärbt) gewesen seyen/ vnd erweise solches mit dem Hauptuch oder Schlair/ welchen Sie auff jhrem H. Haupt getragen/ vnd zu seiner Zeit vnder die höchsten Heylthumben gezehlt worden.

II. Hat Sie sich auß Demuth beflissen andern auch geringern/ als Sie war/ zu dienen: deßwegen wie Sie vom Engel verstanden/ daß es schon der sechst Monat/ daß Elisabeth einen Sohn empfangen/ hat Sie sich mit grosser Eyl/ durch einen schweren weiten Weg vber die hohe Gebürg/ zu Fuß nach dem Hauß Zachariæ begeben/ damit Sie als ein Magd/ Elisabethæ in jren häußlichen Geschäfften/ Hülff erweisen möchte. *II. Andern dienen.*

Vber dise Demuth hat sich die H. Elisabeth hoch verwundert/ vnd auß trieb deß H. Geists jhr Lob auffgeschryen/ vnd gesagt: Gebenedeyet bist du vber den Weibern/ vnd gebenedeyet ist die Frucht deines Leibs. Vnd: woher kombt mir/ daß die Mutter deß Herrn zu mir kombt: darbey hat Sie auch die Krafft vnd Würckung jhres Gruß vnd Wort gelobt/ vnd angezeigt: wie auff jhren Gruß das Kind in Mutter Leib vor Frewden auffgehupffet, vnd geheiliget worden/ auch jhren grossen Glauben gerühmbt/ deßhalben Sie seye vnder allen Weibern gebenedeyet gesprochen/ vnnd die Frucht jhres Leibs hoch gelobt.

Aber dise/ vnnd dergleichen Lob vnd Preyß Reden hat MARIA von jhr abgewisen/ vnd alles Gott zugeschriben/ sprechend/ vnd lobend: *Magnificat anima mea Dominum*: Mein Seel mache groß den Herrn: als wolt Sie sagen: du lobest vnd ehrest mich/ Ich aber lobe Gott/ alles Lob/ so du mir gibst/ gib ich jhme; dann jhme/ als dem Bronnen aller Ehr/ gebühret allein die Ehr: du verwunderst dich/ daß ich zu dir kome/ ich aber verwundere mich/ daß Gott so grosse Barmhertzigkeit an mir erzeigt hat: du preysest mich/ daß dein Sohn auff mein Gruß in deinem Leib frolocket/ ich aber preyse Gott/ daß mein Geist in jhme frolocket hat/ wegen der vnermeßlichen Glory/ so er in jhme hat/ vnnd jhme von allen Creaturen geben wird/ thue ich mich erfrewen: du lobest mich/ daß ich gläube/ vnnd sprichst/ daß darumb die Verheissungen Gottes an mir sollen vollbracht werden/ ich aber lobe die vnendtliche Gütigkeit Gottes/

Aa ij daß

daß Er mich / so verachte Creatur mit den Augen seiner Gnaden angesehen.

III. Verachtet niemand.

III. Hat die Demuth MARIÆ gemacht/ daß Sie niemands verachtet/ sondern vngeachten Sie von Königl. Stammen vnnd Geblüt/ dannoch mit den armen vnnd gemeinen Leuthen zuthun gehabt/ vnnd jhnen guts gethon: wie zu Cana Galileæ geschehen/ alda Sie sich der armen Hochzeit Leuthen angenommen/ vnd mit Hilff beygestanden: auch sonst mit den armen Büssenden Sündern/ als Maria Magdalena/ vnd andern Gemeinschafft gehabt/ vnd jederzeit bey andern den letsten Orth erwöhlet: dahero als der Lucas die Versamblung bey Hierusalem beschriben/ setzt er die Mutter IESV zum letsten.

Actor. 1.14.

G. Ser v. Signum magnum.

Billich sagt der H. Bernardus, G. ist die jenige vber alle Engel erhöhet/ vnd die Allererste worden/ welche vnder den Witwen vnd Büssenden/ ja vnder der/ von welcher siben Teuffel außgetriben seynd/ sich gedemütiget/ vnd die letste seyn wollen.

IV. Ziehet sich niemand vor.

Zum IV. Hat MARIA Demuth gemacht/ daß obwol Sie vor andern grosse Freyheiten vnd Gnaden gehabt/ dannoch Sie sich niemahlen mehr/ vnd besser als andere halten wollen/ sondern je grösser Sie gewesen/ je mehr Sie sich nach der Lehr deß Syrachs / in allem gedemütiget: dahero obwol Sie ein Vnbefleckte Jungfraw Vor- Inn- vnnd nach der Geburt/ auch keinem Gesatz vnderworffen war/ hat Sie dannoch auß lauter Demuth das Gesatz der Reinigung erfüllen wollen.

Eccli 3. 20.

V. Je höher / je demütiger.

V. Hat die Seeligste Jungfraw MARIA die Tugent der Demuth insonderheit scheinen lassen/ wie ihr der ErtzEngel Gabriel den Gruß gebracht/ vnd auß Befelch der Allerheyligsten Dreyfaltigkeit verkündiget/ daß Sie soll werden vnd seyn ein Mutter deß Sohns Gottes/ deß Erlösers vnd Heylands der gantzen Welt/ da Sie hingegen sich ein Magd deß HERRN genennt / sprechende: Sihe/ ich bin ein Dienerin deß HERRN / mir geschehe nach deinem Wort.

H Serm. 4. Super Missus est.

Es schreibe der H. Bernardus, H. In der Verachtung sich demütig zuerzeigen/ sey ein schlechtes Ding/ aber demütig seyn in der Erhöhung/ sey ein grosse vnd Heroische Tugent: nun war damals MARIA zu dem höchsten Grad der Ehren/ vnd Würdigkeit erhebt/ da ihr entbunden worden/ Sie soll seyn ein Mutter deß Allerhöchsten. Von disem Grad/ der gleichsamb vnendtlicher Würdigkeit vnd Hochheit/ wirfft Sie sich selbsten zu dem vndersten Staffel der Demuth/ da sie sich erklärt ein Magd zu seyn.

S. In Opusc. Wunderbarliche Demuth zu Maria.

Vber diß tieffeste Demuth entsetzt sich billich der H. Vatter Bonaventura, vnd spricht mit Verwunderung also: *L O mira, & profunda humilitas* MARIÆ, &c. O der Wunderbarlichen vnd tieffen Demuth

MA-

Die XIII. Predig.

Mariæ! sihe/ der ErtzEngel redet Sie an: Sie wird voll der Gnaden gerühmbt: die Vberschattung deß H. Geists wirdt jhr versprochen: Sie wird zu einer Mutter deß HERRN auffgenommen: Sie wird allen Creaturen vorgesetzt: Sie wirdt jetzt zu einer Frawen deß Himmels vnnd der Erden gesetzt: aber in disem erniedriger sich MARIA mit Demuth/ vnd spricht: Sihe/ ich bin ein Dienerin deß HERRN.

Groß zwar war vor Zeitten die Demuth der klugen Abigail. da der König David zu jhr gesandt/ vnnd sie zu einer Gemahlin begehrt/ sie aber hingegen auffgestanden/ sich tieff zu der Erden geneigt/ vnd mit Demuth zu den Dienern deß Königs also gesprochen: Ecce, famula tua sit in ancillam, & lauet pedes seruorum Domini: sihe/ hie ist dein Magd/ daß sie diene den Knechten meines Herren/ vnd jhre Füß wasche. *Abigail. Demuth. 1. Reg. 25. 41.*

Aber noch grösser/ vnd vil grösser ist die Demuth MARIÆ: dann Sie war nicht zu eines Königs Weib begehrt/ sondern zu Gottes Mutter erwöhlet: Et tamen humilior facta est, vbi se à Deo cognouit electam: vnnd noch ist Sie/ wie der H. Ambrosius lehret/ K. noch vil demühtiger worden/ die Sie erkennt/ daß Sie von GOtt erwöhlt war. *K. Lib. 2. de Virg.*

Wie Rebecca zum ersten mal den Isaac jhren Gemahel sahe/ demütiglich sie sich/ sprang vom Camel/ nahm jhren Mantel/ vnd bedeckte sich darmit: ARIÆ Demuth ist so vil grösser/ als die Demuth Rebeccæ, vmb wie vil öffter der Hertz ist/ mit welchem Sie vereiniget worden. *Rebeccæ Demuth. Gen. 24. 65.*

Wie disi Demuth GOtt angenemb gewesen/ gibt der weise Solomon Hohen Liedern zuver stehen/ sprechend: Dum esset Rex in accubitu suo, nardus mea dedit odorem: da der König war in seiner Ruh/ gab mein Nard seinen Geruch: disen Orth deuttet der H. Ambrosius L. mit an. n Lehrern auff die Menschwerdung Christi/ vnd vermeldet/ daß alßdann demselben Augenblick, da der Sohn Gottes inn vnd auß MARIA eingen/ vnd die Menschliche Natur an sich genommen/ vnd Sie würcklich iner Mutter worden/ da hab jhr Nard den lieblichsten Geruch der Deh von sich geben. *Cant. 1. 2. L. in Psal. 18. Serm. 3.*

Dann der Nard/ wie Plinius schreibt/ M. zwar klein/ vnd niderjeig/ hat kleine/ doch dicke Blättlein oben mit Zweiglein/ auß welchen der wolriecheste Balsam Spicanardi erwächßt; also ist MARIA zwar vnd demütig gewesen/ aber Gott dem Herrn den lieblichsten Geruch /sprechend: Ecce Ancilla Domini: Sihe ich bin ein Dienerin Herrn/ welche Demuth dann GOtt angesehen/ wie Sie in jhrem saus spricht. *M. Lib. 12. c. 12.*

Dese Demuth MARIA hat Christus am Stammen deß H. Creutzes/ *Christus am H. Creutz.*

Von Maria der Wunderbarlichen Mutter.

Stelle Gott dem Himmlischen Vatter / Mariæ Demuth vor. Psal. 85.16.

da Er sich hefftig beklagt/ Er sey von Gott verlassen/ so habe er seinem Vatter fürgestellt/ unnd ihme durch den König David also zugesprochen: Respice in me, & miserere mei, da imperium tuum puero tuo: & salvum fac filium ancillæ tuæ: Sihe auff mich / und sey mir gnädig/gib deinem Knecht deinen Gewalt/und Herrschafft/und hilff dem Sohn deiner Magd. Dise Wort legt der H. Augustinus also auß: Hilff dem Sohn der jenigen/ welche dem ErtzEngel Gabriel zur Antwort geben: Ecce ancilla Domini, Sihe/ich bin ein Magd deß HERRN.

Die merck/ als Christus am Creutz in grösten Schmertzen hangende merckte/ daß sein Himmlischer Vatter ihne verlassen/ und motiven beybringen wolte/ daß Er ihme hie sein Göttliche Hand reichen/ und beystehen wolte/ hette zwar Christus vil bewegliche Ursachen/ insonderheit daß Er ein natürlicher Sohn Gottes/einwenden können: aber wender nichts dergleichen ein/ sondern erinnert ihne allein dessen/ daß Er sey ein Sohn der jenigen/ welche auß höchster Demuth gesprochen: Ich bin ein Magd deß HERRN.

Nun solte aber ein Christ billich gern wissen / warumb der Sohn Gottes allein die Demuth seiner Mutter in seinem letzten Todes-Kampff/ seinem Himmlischen Vatter fürgestellt / unnd krafft derselben Hilff begehrt habe? Hierauff antwortet P. Ferdinandus Quirinus de Salazar, unnd gibt dessen drey Ursachen. N.

N In Prou. cap. 8. v. 13. n. 52. & seqq. Dreyerley Ursachen dessen

1. Weil Christus die mächtige Hand seines Himmlischen Vatters ob ihme außgestreckt gesehen/ und daß Er jetzt sterben solte/ empfunden/ doch sich erinnert/ daß ihme auß Würckung diser Wort/ unnd krafft der tieffesten Demuth seiner gebenedeytesten Mutter/ das Leben geben: dann in dem Augenblick / wie Mariam zu dem Engel gesprochen: Sihe / ich bin ein Magd deß HErrn/ mir geschehe nach deinem Wort; ist das Wort Fleisch / unnd Christus in ihr empfangen worden: Et Virginitate placuit, humilitate concepit: und hat Sie / sagt der H. Bernardus, ihme mit der Jungfrawschafft gefallen/ mit Demuth aber empfangen: also stellt Christus seinem Himmlischen Vatter solche Demuth für / und erinnert ihn diser Wort/krafft welcher Er ihme das Leben geben/ und begehrt/ daß krafft solcher ihme jetzunder das Leben erhalten werden solle.

2. Weil Christus gewißt/ daß es seines Himmlischen Vatters Will war/ daß er in seinem Leyden sich ernidrigen/ unnd demütigen solle/ massen S. Paulus alles Leyden Christi seiner Demuth und ernidrigung zuschreibt/ sprechend: Humiliauit semetipsum, factus obediens vsque ad mortem, mortem autem crucis: Er hat sich selbs ernidriget/ und ist gehorsam worden biß zum Tode/ nemblich zum Todt deß Creutzes.

Phil. 2. 8.

Als stellet Er jhme die Erniedrigung vnd Demuth seiner Mutter für/vnd begehrt/daß krafft derselben sein Himmlischer Vatter jhn weiter nit vndertrucken/sondern erhalten wolle/sprechend: Saluum fac filium ancillæ tuæ: Hilff dem Sohn deiner Magd / das ist/ hilff dem Sohn der jenigen Mutter/ welche gesagt hat: Ich bin ein Magd deß HErrn.

Hat also Christus darfür gehalten / daß dem Göttlichen Willen seines Himmlischen Vatters/in Erniedrigung ehender vnd mehrer nit könne gnug geschehen/als wann Er jhn der Demuth seiner Mutter erinnere/vnd begehre/ daß jhme solche eigenthümblich zugeschrieben werde.

3. Hat Christus auch vermög diser Wort / da Er sagt: Gib deinem Knecht deinen Gewalt / vnd Herrschafft/ vnd hilff dem Sohn deiner Magd/ nit allein die Erledigung vom vorstehenden Creutzsodt/sondern auch die Erhöhung/ Gewalt vnd Herrschafft vber alle Creaturen im Himmel vnd auff Erden begehrt.

Bey welchem zu mercken/ daß nach Außlegung deß H. Bernardi, deyphonsi, P. vnd Damasceni, Q. V. L. Fr. wegen jhrer Demuth/welche sie in Außsprechung der Wort: sihe/Ich bin ein Magd deß HErrn/ gehabt hat/ zu einer Königin / vnd Herrscherin vber alle Creaturen erklärt worden. *O. Serm. de Annunc. P. Serm. 2. de Assumpt. Q. Serm. 12. de Assumpt.*

Dehwegen Christus auß zweyfachem Recht die Erbschafft vnd Herrschafft deß Reichs begehren können: zum theil weil Er ein natürlicher Sohn deß höchsten Königs/ nemblich Gottes: zum theil/ weil Er war ein Sohn der Königin.

Damit nun Christus in seinem letzten Todtskampff sein Mutter ehrete/ vbergeht Er stillschweigend das erste Recht/ daß nemblich jhme das Reich/ vnd Herrschafft/als einem natürlichen Sohn Gottes gebühre/ vnd gebraucht sich allein deß andern Rechts/ sprechend: Da Imperium puero tuo, & saluum fac filium ancillæ tuæ: Gib deinem Knecht deinen Gewalt vnd Herrschafft/ vnd hilff dem Sohn deiner Magd.

Als wolt Er sagen: damit ich das Reich erlange/ wirff ich für / vnd gib zu bedencken / daß ich sey ein Sohn deren / welche gesagt hat: Ecce ancilla Domini: Sihe/ich bin ein Magd deß HErrn; vnd auß Verdienst diser tieffesten Demuth/ das Reich vnd Herrschafft vber Himmel vnd Erden erhalten hat: dann ein Sohn tritt nicht allein deß Vatters / sondern auch der Mutter Erbschafft an: darumb begehre ich ein Obrister König deß Himmels/ vnd der Erden zu seyn/weil ich der Königin Sohn bin. Das seynd nun grosse vbernatürliche vnd verwunderliche Geheimbnussen.

Bey disem 1. Theil / haben erstlich reicher Leuth Kinder zu lehrnen / daß sie nach *Lehr / für reiche Kinder.*

Von Mariæ der Wurtzel häußlichen Mutter.

sie nach dem Exempel V. L. Fr. sich auch der gemeinen vnd gebührenden Arbeit nit schämen sollen: wie dann offt dergleichen auch auß lauter Stolz/ vnd Hoffart sich darüber duncken/ daß sie die Arbeit recht angreiffen / ehrliche Handwercker lehrnen / oder redlichen Leuthen dienen/ hernacher aber gemeiniglich ins Verderben gerathen/vnd der Welt zu Schanden werden müssen: von denen/welche in der Jugendt nichts erlhernen / vnd nur faulentzen wollen / sagt der Prophet Oseas, daß Sie Wind außsäen/ vnd Würbel/ das ist/ Verderben/ Schand vnd Spott einschneiden werden: disem vorzukommen / hat jene Matron ihr Hand zu starcken Dingen außgestreckt / mit Woll vnd Flax vmbgangen/ vnd die Spindel ergriffen/ auch selbst zu ihrem Haußwesen gesehen: welches wegen sie wol gehauset / vnd keinen Mangel leiden dörffen/ etc.

Osee 8. 7.

Prou. 31. 19.

Niemandt verachten.

2. Soll sich keiner/ er sey wer er wolle/ besser oder mehrers halten / oder duncken als andere / noch jemandt verachten / sondern sich gegen menniglich nach dem Exempel MARIÆ, liebreich erzeigen. S. Kunigunda war ein Kayserin/ wie sie aber ins Kloster kommen/ hat sie sich keiner vorgezogen/sondern liebte alle/ vnd erzeigte sich gegen allen/ als ein Dienerin.

Vns selbs für nichten halten.

3. Lehrnen wir/ vns nach dem Exempel MARIÆ vnser Talent/ gegebenen Gnaden vnd Gaaben Gottes halber/ nit zu vberheben / sondern je grösser wir seyn/ vnd je mehr wir vor andern guts von Gott empfangen/ je mehr wir vns in solchem bemütigen sollen.

Wie wir vns im Todtskampff zu verhalten.

4 Lehrnen wir hie/ daß wir nach dem Exempel Christi/ in vnserm letzten Todtskampff nechst GOTT auch vnser Zuflucht zu den Verdiensten vnd Fürbitt MARIÆ nemmen / vnd Sie vmb Abwendung aller Vblen bitten/ auch vmb Erlangung deß Himmelreichs ánruffen sollen: dann wer Sie alda findt/ der findt das Leben/ vnd wird das Heyl von dem Herrn schöpffen.

Prou. 8. 35.
R. Lib. 7. c. 55.

Cæsarius schreibt/ R. wie ein Jüngling in seinem Todtskampff/vnd letzten Zügen grewliche Gespenster vmb sich gesehen/ vnd geruffen: H. MARIA, Mutter Gottes, erledige mich von disen nichtigen Geistern/ welche mich plagen/ vnd sey alßbald erlediget worden/ vnd selig gestorben.

Toletus redet mit Maria im Todt.

Toletus, der Römischen Kirchen Cardinal/ hat das Zeugnuß/ daß gleich wie er im Leben ein grosser Liebhaber MARIÆ gewesen/ also hab er sterbend gar lieblich mit ihr geredt / vnd nicht auffgehört sie anzuruffen/ biß daß sein Seel vom Leib selig abgescheiden. S.

S. Part. 2. l. 2. n. 153. Hist. Soc. in suo Chron.
T.S. Annonis Gebett im Todt.

Hieher erzehlt Lambertus Schaffnaburgensis T. ein denckwürdige Geschichte von dem H. Anno Ertzbischoffen zu Cöln: als diser in die Todtsnöthen kommen/ hat er grosse Vbel/ welche bald vber die Welt/ vnd insonderheit vber die Stätt Cöln haben kommen sollen/ vorgesehen/ deßwegen er die Hand vbersich gehebt / vnd also geruffen: O weh/ O weh der sündigen Welt:

Die XIII. Predig.

Wak: O wehe/ O wehe den Sündern: heilige MARIA spring bey den Armen/ bewahre die Statt Cöln/ komme zu hülff der Statt/ welche dem Verderben nahe ist: O heilige Fraw/ was seynd das für erschröckliche Gespenster/ welche meinen Augen fürgeworffen werden! ich bitte dich/ durch dein sonderbare Barmhertzigkeit/ daß du mir die Thür seyest/ durch welche ich von disem armseligen Leben entrinnen/ vnd zu deinem Sohn/zu dir/vnd allen Heiligen Gottes gelangen möge/ damit ich die Übel/ welche jetzt gezeigt werden/ nit ansehen dörffe.

Wie er nun ein Zeitlang still geschwigen/vnd sich in etwas erholet gehabt/ rüffte er für die Statt Cöln S. Petrum, vnd andere sonderbare Patronen vmb ihre Fürbitt an/ gibt hierauff seinen seligen Geist auff/ vnd fahrt mit Hülff der Gebährerin Gottes/ zu dem Bronnen deß ewigen Liechts/im Jahr Christi 1075.

Was in Todtsnöthen Vnser Liebe Fraw vermöge/hat wol gewüßt Iustus Lipsius, welcher endtlich mit folgenden Worten seinen Seligen Geist auffgeben: O Mutter Gottes/ stehe deinem Diener bey/ welcher mit der Ewigkeit streitet/vnd verlaß mich nit in der Stund/an welcher das ewige Heyl meiner Seelen hangen thut. Gott gebe vns allen/ daß wir vnsern Geist/vnd Seel in den Schutz der Seligen Jungfrawen auffgeben/ vnd Sie herrschend von Angesicht zu Angesicht in alle Ewigkeit anschawen mögen.

Maria in Todtsnöthen vermöglich.
P. Drexel. de æternit.

Der II. Theil.

MARIA ist Wunderbarlich in Gedult/ in grösten Schmertzen.

Als vor Zeiten der Prophet Jeremias die vile vnd gröſſ der Schmertzen V.L.Fr. betracht/ hat er solche dem weiten vnd vnergründtlichen Meer verglichen/ vnd gesagt: Cui comparabo te, &c. & consolabor te filia Sion: magna est velut mare contritio tua: Wem soll ich dich vergleichen/ oder gegen wem soll ich dich rechnen? du Tochter Sion/ was soll ich dich vergleichen/ mit dem ich dich doch trösten möge? weil dein Schad so groß als das Meer ist.

Weil dann auch der heilig Hieronymus A. den Namen MARIA verdolmetschet: Mare amarum: ein bitters Meer: die Vrsach dessen gibt der heilig Bonauentura, vnd sagt: B. Gleichwie alle Wasser ins Meer flieſſen/ also sey alles Leyden in MARIAM geflossen/ vnd so wenig die Tropffen deß Meers zu zehlen/ als wenig seyen die Schmertzen MARIÆ außzusprechen.

In diser Vergleichung/ oder Verdolmetschung deß Namens MARIÆ

G. dult in Schmertzen. Thren.2.3.
A. De Nom. Hebr.
B. In Specu lo.

Ob mit

mit dem bittern Meer/wird 1. zu verstehn geben/daß gleich wie alle Wasserflüß vnd Bronnenquellen gegen dem vnergründlichen Meer nichts zu rechnen seynd/ also sey aller heiligen Martyrer vnd Außerwöhlten Leyden/ Trübsal vnd Schmertzen/ gegen dem Schmertzen der Seligsten Jungfrawen nichts zu rechnen.

C. Lib. de Excell. Virg. c. 5.

Wie neben andern der H. Anselmus bezeügt/ sprechendt: *C. Quidquid crudelitatis inflictum est corporibus Martyrum, leue fuit, vel potius nihil, comparatione tuæ passionis:* Alle Grawsamkeit vnd Schmertzen / welche der H.H. Martyrer Leiber zugefügt worden/ seynd leicht/ oder nichts zu rechnen gewesen/ in Vergleichung deines Leydens.

Luc. 2. 35.

Warauff auch der alte gerechte Simeon geredt / da er in seiner Weissagung auß Eingebung deß H. Geists zu Jhr also gesprochen: *Et tuam ipsius animam pertransibit gladius:* Vnd dein selbs eigne Seel wird das Schwerdt durchtringen.

D. Serm. de Assumpt.
E. Serm. 1. de Assumpt.
F. Super Signum magnum.
G. Serm. de Assumpt.

Dann vermög diser Wort/ hat die Mutter Gottes nit nur an Leib/ sondern auch fürnemblich an der Seel gelitten/ wie die H.H. Sophronius, *D.* Ildephonsus, *E.* vnd Bernardus *F.* außlegen. Welches wegen auch der H. Hieronymus sagt/ *G.* daß Sie mehr als ein Marterin gewesen.

Zum III. Wird das Leyden vnd Schmertzen Vnser lieben Frawen einem bittern Meer verglichen/ anzuzeigen/ daß obwol alle Wasser ins Meer fliessen/ vnd also das Meer *congregatio omnium aquarum*, ein Versamblung aller fliessenden Wasser ist/ dannoch dasselbig durch vnd durch gantz bitter ist/ also/ obwol Gott in MARIAM alle Gnadenflüß außgossen/ vnd Sie ein Versamblung aller Gnaden ist/ wie der Selige Albertus sagt/ dannoch ist derselben gantzes Leben ein bitters Meer/ mit Leyden vnd Schmertzen angefüllt gewesen/ daß Sie wol mit dem Propheten Jeremia sagen können:

Thren. 3. 15.

Repleuit me amaritudinibus, inebriauit me absynthio: Mich hat Er mit Bitterkeit ersättiget/ vnd mit Wermuth getränckt.

H. Super Signum magnum.

Hierauff deutet auch der H. Bernardus, da er spricht: *H.* Paar vnd paar giengen miteinander: die Wort deß H. Engels: *Gratia plena*, Voll Gnaden: vnd die Wort Simeonis, das Schmertzen Schwerdt wird dein Seel durchtringen: dann gleichwie die Seel der Jungfrawen dermassen voll war der Gnaden/ daß sie nichts mehr könte fassen: eben also ist jhr gebenedeytes Hertz dermassen angefüllt vnd vberhäufft worden mit Schmertzen/ daß es mehr nit ertragen könte.

1.
Mariæ Schmertz-Schwerdt/ vnser Armseligkeit.

1. Ist ein bitterer Wermuth vnd durchtringendes SchmertzenSchwert in jhrem Hertzen gewesen/ der armselige Stand deß gantzen Menschlichen Geschlechts/ vnd die Verlaugnung der Zukunfft deß Messiæ: dann die

Hoff-

Die XIII. Predig.

Hoffnung/die sich verleucht/ängstiget das Hertz. Nun hatte Sie nach Christi Zukunfft ein so grosses Verlangen/ als alle Patriarchen/ Propheten vnd Gerechten deß Alten Testaments. Der H. Bonauentura schreibt / *L. Dist. 4. q. 2. quæstion. 1. & 2.* daß Sie auß hertzlichem Mitleyden/ mit heissen Thränen/ vnnd eyfferigem Gebett bey GOTT vmb die Sendung deß Heylands der Welt angehalten: welche auch mehrer dißfals vermögt/ vnd verdient haben/ als alle auch heyligste alte Väter.

2. Durchdrange mit Bitterkeit ihr Hertz/ die schmertzliche Beschneydung ihres allerliebsten Sohns IESVS: auß welcher Sie ihr alles beuorstehendes Leyden desselben hat eingebildet vnd betrachtet/wie die erste Blutuergiessung vnd Schmertzen Christi in dem H. Passion zu einem gantzen rothen Meer werden wurden: wie dann der H. Ambrosius *K.* lehret/ daß Sie von dar an ihres Sohns gantzes Leyden alzeit innerlich in ihrem Hertzen getragen. Ruæus schreibt/ *L.* daß Galenus an seiner Hand ein Ring getragen mit einem Japsis/ in welchem man gesehen einen Menschen/ der trug ein Büschelein Myrrhen: auff diese Weiß hat die Seeligste Jungfraw MARIA, allzeit Christum mit dem Creutz vnnd Leyden beladen/ in ihrem Hertzen getragen.

2. Christi schmertzliche Beschneydung.

K. In cap. 2. Lucæ.

L. Lib. 2. de Gemmis.

So vermeldet die H. Schrifft/ wie Sephora ihrem Sohn/da er beschnitten/ vnd noch Blutrieffend war/auff ihre Arm genommen/ weinend vnnd trawrend also gesagt habe: Vere sanguinum sponsus tu mihi es: Du bist mir warhafftig ein Blut Bräutigamb; also ist Christus in seiner H. Beschneydung seiner werthen Mutter ein Blut Bräutigamb worden.

Exod. 4. 25.

3. Haben die bittere Meer-Wellen deß Leydens/ vnd der Schmertzen MARIÆ Hertz verschmättert/ wie Ioseph ihr die trawrige Bottschafft gebracht/ daß der Wütterich Herodes dem Kindlein nach dem Leben stelle/ vnd selbiges tödten wolle.

3. Herodis Tyranney.

In der H. Schrifft wirdt erzehlt: wie daß einer Mutter/welche ein Kind vnehrlich gebohren gehabt/ ihr Hertz sey bewegt worden/ vnd mit ihren Augen nit können ansehen/ noch ohne Schmertzen das Vrtheil deß Königs Salomonis anhören mögen / daß nemblich man ihren Sohn mit dem Reichs-Schwert zertheilen solle: darfür sie den am Gericht sitzenden König Salomon mit gebognen Knyen gebetten.

3.Reg. 3. 16.

Wie vil mehr muß der Mutter Gottes schmertzlich fürkommen seyn/ daß ihr allerliebster Sohn/ welchen Sie in vnuersehrter Jungfrawschafft empfangen vnd gebohren/ so jämmerlich ermördet worden.

Gleichwie vor Zeiten die Rachel ihren Sohn Beniamin, ein Sohn der Rechten/ genennt hat Benoni, ein Sohn deß Schmertzens: also ist Christus seiner Mutter Benoni, ein Schmertzen Kind gewesen: sonderlich weil

Gen. 35. 18.

Bb ij Sie

Von Maria der Wunderbarlichen Mutter.

Sie eben damals zu WintersZeit ein schweren Weg reysen/in Ægypten fliehen / vnnd siben Jahr daselbsten vnder den Barbarischen Völckern gantz Hilffloß verbleiben/ auch vnder dessen erst hören müssen/daß Herodes vmb jhres Sohns willen/so vil 1000. vnschuldige Kindlein jämmerlich ermörden lassen

M. Serm. de Christi Nat.

Doch schreibt der H. Cyprianus, *M.* daß Sie auff diser Reiß/ vnd in Ægypten jhrem allerliebsten Kind alle Mütterliche Dienst erzeigt hab/vnd sich nichts verdriessen /oder kleinmütig machen lassen.

4.
Da Sie Jesum verlohren.
Luc. 2 48.
Tob. 5. 23.

4. War jhr schmertzlich/da Sie Christum im 12. Jahr seines Alters im Tempel zu Hierusalem verlohren/vnd drey Tag mit Schmertzen gesucht hat: wie Sie selbsten gesagt: Ego, & pater tuus dolentes quærebamus te: Ich vnd dein Vatter/ haben dich mit Schmertzen gesucht.

Im Buch Tobiæ wird beschriben: wie daß die fromme Anna beß jungen Tobiæ Mutter/ das Außbleiben jhres Sohns bitterlich beweinet/vnnd täglich hinauß auff die Strassen gangen / ob sie jhne etwann von ferrn sehen möchte daher gehen: wie vil mehr Hertzleyd muß es der Mutter Christi gemacht haben/ daß Sie seiner Gegenwertigkeit damahls hat müssen beraubt seyn.

5.
Christi Schmach.

5. Hat MARIÆ das Mütterlich Hertz geblütet/so offt Sie gesehen/ daß jhr Sohn Durst vnd Hunger/ Hitz vnd Frost/Arbeit vnd Müde erlitten/ vnd von den Neydhässigen Juden an Ehren antastet/vnd ein Weinsauffer/ oder dergleichen gescholten worden.

Gen. 21.16.

Als vor Zeitten die Magd Agar mit jhrem Sohn sich in der Wildnuß auffhielte/ vnd an Wasser Mangel litte/ auch gäntzlich vermeynte/ der Sohn wurde verschmachten/vnd sterben/sprach sie: Ich kan nit sehen den Knaben sterben: vnd sie setzt sich gegen vber/ vnd hub jhr Stimm auff/ vnd weinet: vil mehr hat das Mütterlich Hertz MARIÆ schmertzlich durchtrungen / so offt Sie gesehen vnd gehört/daß jhr Sohn Mangel oder Schmach gelitten.

6.
Die vorsagung seines H. leydens.

6. Ist jhr nit weniger schmertzlich vorkommen/ so offt Sie Christum hören sein heiliges bitters Leyden vorsagen: wie daß nemblich Er den Heyden werde vberantwortet/verspeyet/verspottet/gegeißlet vnd getrönt/ja auch gar gecrentziget vnd getödt werden: welche Reden jhr lautter vmbfahrende Messer im Leib gewesen/ so Sie tieff zu Hertzen gefaßt/vnd mit Schmertzen embsiglich betrachtet hat.

So offt die Catharina von Senis betrachtet/was Christus am Creutz gelitten/ empfande sie ein solchen Schmertzen/ daß kaum der Geist vnd Seel in jhr bleiben könte: wie vil mehr muß schmertzlich gewesen seyn der Mutter Gottes / so offt Sie gehört vnnd betrachtet/ was jhr lieber Sohn leyden werde.

7. Haben

Die XIII. Predig.   197

7. Haben die Meerwellen aller Schmertzen jhr Mütterliches Hertz erst recht angefangen zuüberschwemmen/vnd Sie mit Bitterkeit zuerfüllen/da jhres allerliebsten Sohns Marter vnd leyden angefangen/ dañ da ist eigentlich erfüllt worden: vnd dein selbst eigne Seel wird das Schwert durchdringen.

Durchdringende Schmertzen. Schwerter seynd allda gewesen/ das grimmige antasten/ fangen vnd binden am Oelberg: das falsche Anklagen vor dem Caiphas, auch hönische verspotten/ verspeyen vnd Fäustschlägen die gantze Nacht: das Barbarische verurtheilen zum Todt/ vnd erschröckliche schreyen: Crucifige, crucifige, das vnmenschliche geißlen/ vnd grausamb zerfleischen deß gantzen H. Leibs Christi: die schmertzliche Eindruckung der dörninen Cron / vnnd spöttliche Fürstellung dem Volck/ Ecce Homo: die schwere Creutztragung/ vnd vilfältige hin- vnd her Schleiffung/ vnd Abmatturig: durchbohren Händ vnd Füß/ vnd empfindliche durchdringen der Nägel: das heißlich Creutz- vnd KlagGeschrey/ mein Gott/ mein Gott warumb hast du mich verlassen: die Auffgebung seines Seligsten Geists/ vnd traurige Begräbnuß.

Der H. Laurentius Iustinianus N. sagt: Cor MARIÆ clarissimum Passionis speculum, & perfecta mortis imago effecta est: Das Hertz MARIÆ ist zu einem klaren Spiegel deß Passions worden/vnd ein vollkommnes Ebenbild deß Todts.

Dann in jhr als in einem Spiegel war zusehen/ alle Strick/ vnd Salter aller Saiffer vnd Spaichel/ alle Straich vnd Schläg/ alle Ruthen vnnd Gaissel/ alle Nägel vnd Dörn/ alle Schulen vnd Wunden/ alle Schmertzen/ ja der bitter Todt selbsten.

Der H. Epiphanius O. nennet Sie Cruciformem: als welche mit Christo an einem Creutz gewesen: allermassen Sie selbsten der H. Birgittæ geoffenbaret/ vnd gesagt: P. Ich sage frey vnd redlich herauß: daß sein Schmertz/ mein Schmertz war: weil sein Hertz mein Hertz wars deßwegen betracht mein Tochter / wie mir zu Hertzen war im Todt meines Sohns/ so wird dir nit schwer seyn die Welt zuuerlassen.

Vnd widerumb / Q. da mein Sohn gestorben/ vnd begraben worden/ ist es eben so vil gewesen/ als wann zween Leiber in einem Grab gelegen wären.

Der H. ErtzBischoff Ildephonsus bezügt/ R. daß die Mutter Gottes jhr alle Schmertzen ernewert/ so offt Sie die H. Deriber besucht habe.

P. Paulus Barry vermeldet / S. GOtt der Herr habe etlichen Contemplanten geoffenbaret: Sie hab auß Lieb vnd Mitleyden gegen jhrem sterbenden vnd todten Sohn/ dreyssig Tausent/ vnd neun hundert Zäher vergossen: darunder/ wie der H. Germanus bezeügt/ vil blutige Zäher gewesen seynd.

B iij   So

7.
Sein heilliger Passion.

Vil Schmertzen Schwerter.

N. Lib. de Triumph. Christi agone.

O. De Laud. Virg.
P. Lib. 1. Reuel. c. 7.

Q. Lib. 2. reuel. c. 21.
R. Serm. 4. de Assumpt.
S. In sancto fauore ad Iesum. c. 2. deuot. 46.
Wiewil Maria Zäher gehabt.

Von Maria der Wunderbarlichen Mutter.

Schmertzen der langen in Maria.

So sagt der Gottseelige Landspergius: die Mutter GOttes hab den Stich der Lantzen/damit Lusv Seiten nach seinem Todt eröffnet worden/ mit eben solchem Schmertzen empfunden/wie jhr Sohn wirb gehabt haben/ wann Er denselben/da Er noch im Leben war/empfunden hett.

4.Reg.4.21.

In H. Schrifft stehet geschrieben/ wie daß jener Sunamitischen Frawen/ so deß H. Propheten Elizei Gastgebin war/ihr Hertz gantz betrübt gewesen/ da ihr Sohn auff ihrer Schoß lag/vnd an einem hitzigen Fieber starb.

4.Esdr.9.38.
Ruth.1.20.

Im Buch Esdræ wird auch ein weinend vnd wehklagendes Weib eingeführt/ derer Sohn gestorben war. Als auch Ruth jhrer Kinder beraubt/ gen Bethlehem kam/ vnd hörte: Ist das die Noëmi? sprach sie: Ne vocetis me Noëmi, sed vocate me Mara, quia amaritudine valde me repleuit Dominus: Heißt mich nit Noëmi, (das ist/ schön) sondern Mara, (das ist/ bitter) dann der Allmächtige GOtt hat mich mit Bitterkeit erfüllet/ic.

Mariæ Klag vber jhres Sohns Todt.
T. Tom. 1. Serm.61. artic. 7. c. 2.

Vil billicher beklagt die Mutter Gottes den Todt jhres geliebten Sohns: weil Sie dardurch/ wie der H. Anselmus betrachtet/ den verlohren: der jhr war an statt eines Vatters/ eines Bräutigambs/ eines Kinds/ vnnd aller Ding. Dahero schreibt der H. Bernardinus, T. daß in Anschawung/ vnd Betrachtung Christi Leydens/ der Schmertzen MARIÆ so groß gewesen/daß wann solcher in alle Creaturen/welche dem Leyden vnd Schmertzen vnderworffen seyn können / außgetheilt wurde/ hetten alle alsbald zugrund gehen müssen.

Mariæ Gedult.

Zum IV. Mercke vnnd betrachte hier die grosse Gedult MARIÆ: Obwol alle Schiff-reiche Wasser/ auch andere Flüß/ Bäch/ vnd Bronnenquellen der gantzen Welt ins Meer fließen/ wirb doch das Meer nit grösser/ also/ obwol alle Wasser der Trübsal, dß Leydens vnd Schmertzens/ in das Hertz MARIÆ geflossen/ ist Sie dannoch alzeit in der Gedult verblieben/ vnd hat bey jhr geheissen: Mulierem fortem quis inueniet? Wer wird ein so starckes Weib finden?

Prou.31.1.

Beständigkeit.

Die Alten haben die Beständigkeit repræsentiert, vnd fürgestellt durch einen Felsen im vngestümmen Meer: welcher / obwol solcher mit Wellen vmbgeben/ dannoch denselben nit weichet/ sondern allzeit stehend bleibt:

Symbolum.

disem Zeichen der Beständigkeit haben Sie dise Wort beygesetzt / Eadem sum semper; Ich bin allzeit dieselbige.

2. Machab. 7.20.

Ein solcher Felß ist die Seeligste Jungfraw MARIA, in mitten vnder den Meer-Wellen deß Passions/ vnd der Schmertzen gewesen: Eadem semper. Sie war allzeit dieselbe/ da Sie gar vnder dem Creutz Christi stund.

Es wird hoch gerühmbt die Mutter der siben Söhne der Machabeer: daß sie überauß fürtrefflich war/vnd würdig/daß man jhr zu gutem gedencke/diß sahe jhre siben Söhne in einem Tag sterben/ vnnd vbertrug solches
standhaff-

Die XIII. Predig.

ſtandhafftig vnd gedultiglich/ mit gutem Gemüth/ vmb der Hoffnung wil-
len/die ſie zu Gott hatte. Vil iſt das an einer Mutter/die eigne Kinder ſehen
leyden/ja eines ſchmertzlichen Todts ſterben/ vnd jhnen noch zuſprechen/ vnd
zu aller Standhafftigkeit biß in Todt/Mütterlich ermahnen.

Surius, V. vnd Petrus de Natalibus VV. erzehlen von der H. Sympho-
roſa/von Tiberina deß H. Martyrers Gerulij Ehegemahel/ wie ſie gleich der
Mutter der ſiben Söhn der Machabeer/ vnder dem Kayſer Licinio jhre Kinder vor jhrem Angeſicht/ mit gantz ſtandhafftigem Gemüth vnd groſſer Ge-
dult/ ohne Vergieſſung eines Zähers/ auch mit menigiſches verwundern ſehen martern/vnd erbärmlich rödten.

So ſchreibt auch der H. Baſilius X. in der Hiſtori von den 40. heiligen
Martyrern/ welche zu Sebaſten vnder dem Landpfleger Agricolao jhr Marter vollendet haben / vnnd erzehlt von deß heiligen Jünglings Melitonis
Mutter/ welche als die andere Martyrer ſchon verſchiden / vnd jhr Sohn
noch lebte/ auch ſolchen die vnglaubigen Heyden von Chriſto abwendig zu
machen/ſich bemühetten/gantz behertzt vnd ſtandhafftig/ auch mit groſſer Gedult / jhrem eignen Sohn zugeſprochen/ vnd geſagt: Fili mi, ſuſtine pau-
liſper, ecce Chriſtus ad januam ſtat, ſuſtinens te: mein Sohn/ gedulde
dich ein kleines/ſihe Chriſtus iſt vor der Thür/vnd wartet auff dich:
vnd als der andern H.H. Martyrer Cörper auff einen Karren gelegt / vnd
dem Fewer zu verbrennen zugeführt wurden/ nahm ſie jhren Sohn auff die
Arm / an welchem er auch verſchiden/ vnd warff denſelben mit eignen Mütterlichen Händen zu den andern ins Fewer/ damit er lebendig vnd todt bey
jhnen verbliebe.

Ein groß heroiſch Gemüth vnd Gedult/hat auch ſcheinen laſſen die heilige
Melania, deß Burgermeiſters Marcelli Tochter/ da ſie/ wie der H. Hieronymus ſchreibt/ T. die todte Leich jhres Ehegemahls mit beſtändigem Gemüth/
ohne Vergieſſung eines Zähers.angeſchawet/vnd ſich in den Willen Gottes
alſo ergeben/ daß man an jhr kein Veränderung ſpüren möchte: die Vrſach
hat ſie ſelbſten geben / vnd geſagt: Sie könne jetzund Gott deſto mehr
vnd beſſer dienen.

Diſe alle hat weit vberwunden die Mutter Gottes/in Beklagung vnd Be-
weinung jhres allerliebſten Sohns Todt: Der H. Anſelmus Z. betrachtet
die Wort deß H. Johannis: Es ſtund aber bey dem Creutz JEſu ſein
Mutter: vnd ſagt: In ſo groſſen Schmertzen vnd Bitterkeit/ hat Sie jhr
ſelbs die Haar nit außgeriſſen: nit geſcholten/ nit gemurret/ noch von Gott
Rach vber die Feind begehrt/ ſondern ſtund gar erbahr/ züchtig / ein Jungfraw gantz gedultig/ voll Zäher in Schmertzen verſenckt.

1.
Schmertzlich
jhren lieben
Kindern.
V Tom.Hiſt.
Sanct.
VV. In Catal.
Sanct.c.111.
Standhaffte
Müttern.
X. Orat. in
Sanct.;40.
Mart.

Y. In Epiſt.
ad Paulam.

Z. Sarm.Sa-
per Euang.
Ioan. 19.25.

Eine

Von Maria der Wunderbarlichen Mutter.

Eins theils war Sie bereit/ jhren Sohn für das Heyl deß Menschlichen Geschlechts darzugeben/ damit die Mutter Christi sich dem Himmlischen Vatter gleichförmig machte: anders theils hat sie ein grosses Mitleyden/ daß Sie/ wann es müglich gewesen/ alle Pein vnd Qual/ welche der Sohn erlitten/ gern auff sich genommen/ vnd erlitten hette.

Gedult in Widerwertigkeit/ vnd im Guten beständig.

Die lehrne 1. in allem Creutz vnd Widerwertigkeit gedultig vnd in allem Guten beständig zu seyn. Als die H. Lydwina sehr armselig/ vnd 38. Jahr kranck lage/ vnd wegen allerhand Gebresten/ alle Glider an jhrem Leib besondere Schmertzen hatten/ auch sie einem Crucifix bald gleich sahe/ schickte jhr die Mutter Gottes einen Engel/ der führt sie neben andern auch zu einer Schaar der Außerwöhlten/ welche jhr also zugeschryen: Patere constanter, Lydwina,& fortiter, quæ præterea ferenda, tolerandáque restant: nos autem per ignem,& aquam transiuimus, nunc autem vt cernis, in quiete viuimus: Leyde beständig Lydwina/ vnd starckmühtig/ was noch vbrig ist zu leyden: dann wir seynd auch durch Fewer vnd Wasser gangen/ jetzunder aber wie du sihest/ leben wir in der Ruhe.

Gedencke mein Christ/ in allem deinem Anligen/ Widerwertigkeiten/ Kranckheiten/ Schmertzen/ Angst vnd Noth diese armseligen Lebens/ die Mutter Gottes lasse dir auch dergleichen zuschreyen/etc. vnd dich zur Beständigkeit ermahnen.

Mitleyden gegen Maria.
A Lib.de B. Virg. part. 3. art. 3.

2. Sehne/ Christi vnd seiner Mutter Schmertzen/ vnd Leyden mitleydenlich betrachten/ vnd mit gewisen Gebetten zu verehren. Wie heylsamb vnd nutzlich es sey/ ist abzunemmen auß Pelbarto, welcher schreibt/ *A*. daß M. L. Har dise vier sonderbare Gnaden den jenigen versprochen/ welche durch die grosse Schmertzen Christi vnd MARIÆ, mit andächtiger Gedächtnuß etwas begehren werden. 1. Daß einer mög vor seinem End wahre Rew vnd Leyd vber seine Sünd erlangen. 2. Zur Zeit deß Absterbens welle Er einen solchen Menschen sonderlich bewahren. 3. Er wolle das heylsame Leyden Christi ihm in das Hertz wol eintrucken/ durch welche Betrachtung der Mensch ein grosse Gnad erlangen kan. 4. Wolle Er seiner lieben Mutter Gewalt geben/ einem solchen Menschen zu erlangen/ was er wolle/ nemblich was ihme zu seiner Seelen Seligkeit nutz seyn wird.

B. De Miracul.Dei par. §.134.
C.Lib 6.Reuel.c.97.

Wie dann Ioan. Carthagena *B*. schreibt/ vnd auch in der Offenbahrung S. Birgittæ gelesen wird/ *C*. von einem fürnemmen Herrn/ doch grossen Sünder/ welcher vber 60. Jahr mit dem Teuffel ein Verbündnuß gehabt/ doch an seinem letzten End zur Rew vnd Leyd kommen/ vnd Buß gethon/ durch die Verdienst MARIÆ, darumben/ daß er mit derselben Schmertzen ein hertzlich Mitleyden gehabt/ so offt er derselben ingedenck gewesen.

Der

Die XIII. Predig.

Der III. Theil.

MARIA ist Wunderbarlich an Barmhertzigkeit gegen allen.

ES betrachtet Ioannes Gerson, *A.* daß das Reich Gottes auff zweyen Dingen bestehe/ vnd regirt werde: nemblich Potestate, & Misericordiâ: in der Macht/ vnd in der Barmhertzigkeit: die Macht habe ihme GOtt vorbehalten: die Barmhertzigkeit aber seye Vnser lieben Frawen verbliben/ mit welcher Sie als ein Fraw vnd Mutter der Barmhertzigkeit regire.   *A.* Tract. 4. super Magnificat. Reich Gottes/ in wem es bestehe.

Eben dise Lehr bestättiget auch der H. Vatter Bernardus, *B.* sprechendt: Certè Domina, cùm te aspicio, nihil nisi misericordiam cerno, nam pro miseris Mater DEI facta es, misericordiam insuper genuisti: & tibi demum misericordiæ officium est commissum, vndique tu misericordiâ vallaris, solùm misereri tu appetere videris, ita solicita es de miseris.   *B.* Bern. 2. super Salue Regina.

Gewißlich Fraw/ wann ich dich anschawe/ so sihe ich nichts/ als lauter Barmhertzigkeit: dann wegen der Armen bist du ein Mutter Gottes worden/ vnd hast vber das die Barmhertzigkeit gebohren/ vnd ist dir auch das Ambt der Barmhertzigkeit anbefohlen worden: du bist allenthalben mit Barmhertzigkeit vmbgeben/ vnd hat das Ansehen/ als wann du allein Barmhertzigkeit begehrest/ also sorgfältig bist du für die Armen.   Mariæ Barmhertzigkeit.

Diser Vrsachen halben nennet vnd grüsset Sie auch die Catholische Kirch in dem Salue Regina. Mater misericordiæ. ein Mutter der Barmhertzigkeit; vnd sagt der H. Anselmus: *C.* Tu, quæ Mater DEI es, eo reuerà misericordiæ Mater, & gratiæ existis: Du/ welche ein Mutter Gottes bist/ biß wahrhafftig auch ein Mutter der Barmhertzigkeit/ vnd Gnaden.   *G.* Lib. de Excell. Virg. c. 13.

Ingleichem schreibt der H. Antoninus, *D.* vber die Außlegung deß Namens MARIÆ, vnd sagt/ er werde auch verdolmetschet Mare, ein Meer/ vnd gibt dessen die Vrsach mit folgenden Worten: Quia sicut nullus valet guttas maris dinumerare, sic misericordiam, gratiæ excellentissimam, & gloriam MARIÆ nullus valet exprimere: dann gleich wie die Tropffen deß Meers niemandts erzehlen kan/ also kan MARIÆ   *D.* 4. Part. Tit. 15. c. 14.

Barmhertzigkeit/der Gnaden Fürtrefflichkeit/ vnd Glori niemands auffsprechen.

Wie barmhertzig Sie gegen vns/hat Sie selbsten in einer Erscheinung der H. Birgittæ erzehlt / vnd gesagt: Ego sum Regina Cæli, ego sum Mater misericordiæ, iustorum gaudium, & aditus peccatorum ad DEVM. Ich bin ein Königin deß Himmels: ich bin ein Mutter der Barmhertzigkeit: ich bin ein Zugang deß Sünders zu Gott: erzehlte auch hierauff / daß keiner so weit von Gott abgesönderet / welcher nit durch Sie Barmhertzigkeit erlangen könne.

Z. Serm. 1. & 4. de Assumpt.
Gegen wem Maria barmhertzig seye.

Gegen welchen aber / vnd wie weit sich MARIÆ Barmhertzigkeit erstrecke/beschreibt gar schön der H. Bernardus, E. vnd spricht: dein Barmhertzigkeit/O selige Jungfraw/ verschweige der / so dich in Nöthen angeruffen/ vnd nit Hülff funden? wir deine arme Diener erfrewen vns mit dir selb/len: wir preisen dein Jungfrawschafft/ verwundern vns deiner Demuth / aber dein Barmhertzigkeit ist vns lieblicher/ dise ergreiffen wir liebtr/ diser gedencken wir öffter/ dise ruffen wir mehr an.

Wie groß Mariæ Barmhertzigkeit sey?

Dise ist / welche die gantze Welt zu recht gebracht / vnd das Heyl erlangt. Wer ist O Gebenedeyreste/ welcher deiner Barmhertzigkeit länge / weite/ höhe / vnd tieffe ergründen könne? die Länge erstreckt sich biß an das letzte End denen/ die sie anruffen: die Weite erfüllt das gantz Erdreich / also daß deiner Barmhertzigkeit die Erd voll ist: die Höhe erleuchtet die himmlische Statt: vnd die Tieffe hat denen / so in Finsternuß / vnd im Schatten deß Todts sitzen/ Erlösung gebracht.

Dann durch dich wird der Himmel erfüllt / die Höll außgelärt / der Fall im Himmel ersetzt/vnd den armen Sündern Gnad gegeben. Hie vermeldet der H. Vatter vier denckwürdige Stuck von der Barmhertzigkeit V. L. Fr.

I. Wie lang Mariæ Barmhertzigkeit.

1. Sagt er: die Länge erstreckt sich biß an das letzte End vnd euserste Todtsnöthen: also daß krafft diser Sie den armen Sündern auch in den letzten Zügen Gnad vnd Barmhertzigkeit erlangen kan/vnd will.

F. Epist. ad Eustoch.

Wie dann auch der H. Hieronymus F. schreibt / daß die seligste Jungfraw MARIA den Sterbenden nit allein beyspringe/sondern auch mit Barmhertzigkeit begegne vnd helffe / weil Ihr alle Glaubigen von dem sterbenden Christo am Creutz insonderheit anbefohlen worden.

3. Tröstliche Erscheinungen.
G. In Fasciculi. precat.
S. Mechtild.

Dise Trostlehr bestättigen drey merckliche Erscheinungen: Die 1. beschreibt Tilmannus Bredenbachius, G. vnd sagt die Mutter Gottes habe einest zu der H. Mechtildi gesprochen: ich will zu allen / die mir mit Andacht vnd Heiligkeit dienen/ in ihrem Absterben kommen/ vnd bey jhnen seyn / sie trösten/vnd beschützen.

Die 2.

Die XIII. Predig.

Die 2. Ist der H. Gertrudis auff folgende weiß geschehen. Als am Fest der Geburt V. L. Fr. das Salue Regina in der Complet gesungen worden/ vnd darunder die H. Gertrudis die Seeligste Jungfraw MARIAM vmb Hilff anruffte/ sahe sie/ wie auff die Wort Eia ergo aduocata nostra, Eya vnser Fürsprecherin/ sich die Mutter Gottes gegen jhr geneygt: vnd wie man im Gesang auff dise Wort kommen/ illos tuos misericordes oculos ad nos conuerte: vnd dise deine barmhertzige Augen wende zu vns: hat sich V. L. Fr. gegen jhrem Sohn gewendt/ denselben Tugendlich/ vnd lieblich ergriffen/ jhne gegen den singenden/ vnd bettenden geneygt sprechendt: Disses seynd meine barmhertzige Augen/ welche ich zu allen/ so mich anruffen/ neyge/ vnd jhnen einen grossen Nutzen deß ewigen Heyls erlangen kan.

S. Gertrudis H. l. Reuel. Lib. 4. c. 52.

Darbey hat auch die H. Gertrudis von dem HERRN dise Lehr bekommen, daß sie täglich bey dem Salue Regina, insonderheit bey den angezognen Worten MARIAM anruffen/ vnd jhr Barmhertzigkeit begehren solle/ mit Versprechung/ daß sie dardurch in der letsten Stund jhres Absterbens/ grossen Trost empfinden/ vnd Hilff erfahren werde.

Salue Regina, ein nutzliches Gebett.

Die 3. Ist gezeigt worden der H. Birgittæ, I. welche im Geist gesehen/ wie starck sich die Mutter Gottes der Seel Caroli, Fürstens auß Schweden jhres Sohns im letsten Todts Kampff angenommen/ beschützet/ vnd vor dem ewigen Verderben erhalten.

3. S. Burgittæ. I. Reuelat. Lib. 7.

Zum II. Sagt der H. Bernardus, die Weitte der Barmhertzigkeit MARIÆ erfülle das Erdtreich/ also daß die Welt voll ist derselben Barmhertzigkeit. So prediget auch der H. Damascenus, K. die Gnad vnd Barmhertzigkeit diß Weibs ist aller Welt vnaußsprechlich vnnd verwunderlich: vnd hält der H. Fulgentius dafür/ daß die Welt schon vor lengsten zu grund gangen/ wann sie nit durch die Fürbitt vnd Barmhertzigkeit MARIÆ erhalten worden wäre.

II. Wie weit. K. Orat. 2. de Assumpt.

Ja es ist in der gantzen newen Welt kein Reich noch Land zufinden/ in welchem nit sonderbare Wallfahrten zu V. L. Fr. darbey man aller Orthen vil Tausend Exempel MARIÆ Barmhertzigkeit findet.

So erweisen auch glaubwürdige Historien/ daß mehrmal die gantze Welt vor grossen Vblen vnd Straffen durch jhr Fürbitt erhalten worden/ wie neben andern zur Zeit deß H. Vatters vnd Stiffters Prediger Ordens Dominici geschehen: da GOtt der HERR vber die Welt drey Lantzen geschwungen/ vnnd dieselbe wegen der drey Haupt Laster/ der Hoffart/ deß Geitz/ vnd der Vnkeuschheit/ welche damahls sehr vberhand genommen gehabt/ mit dreyerley Straffen/ als Krieg/ Thewrung/ vnnd Pestilentz erschröcklich straffen wollen.

Maria erhält die Welt vorm Vndergang.

Von Maria der Wunderbarlichen Mutter.

Da aber die Mutter GOttes vor jhrem lieben Sohn nider fallen/ vmb Abwendung vnnd Verschonung gebetten/ auch fürgewendt/ daß jhre zween Diener/ Dominicus vnd Franciscus, die Welt reformieren werden/ ist die Straff eingestellt/ vnd die Welt vor den angetroweten Vblen erhalten worden. *L.*

Surius. L. In vita. III.

Zum III. Erstreckt sich MARIÆ Barmhertzigkeit/ laut angezogner Wort/ biß in Himmel: dann daselbsten befürdert Sie vnser Heyl/ vnd Seeligkeit/vnd bringt vns den Himmel: wie der H. Bernardus selbsten erkläret/vnd spricht: *M.* Vnser Pilgerschafft hat die Fürsprecherin vorhin geschickt/ welche/. als deß Richters Gebärerin/ vnd als ein Mutter der Barmhertzigkeit/das Werck vnsers Heyls eyfferig handlet/vnd befürdert.

Wie hoch.
M. Serm. 1. de Assumpt.

Es betrachtet auch der H. Ambrosius *N.* die Vrsach/warumb Vnser liebe Fraw mit Leib vnd Seel gen Himmel auffgenommen/vnd daselbsten nechst Christo zu einer Himmel Königin gesetzt worden/ vnd antwortet hierauff also: Hinc nos per te hereditamus misericordiam miseri, ingrati gratiam, veniam peccatores, sublimia infimi, cælestia terreni, DEVM homines mortales, vitam & patriam peregrini. Darumb/ sagt der H. Kirchenlehrer/sey es geschehen; damit der Armseelige durch Sie die Barmhertzigkeit/ die vndanckbare Gnad/die Sünder Vergebung/die Vnderste das Oberste/ die Jrrdische das Himmlische/ die sterbliche Menschen GOtt/ die Pilgramb vnd Fremdling das ewig Leben vnd Vatterland ererben.

N. Serm. de Assumpt.

Gleichwie vor Zeitten die Königin Bethsabea auß Lieb vnd Barmhertzigkeit gegen jhrem Sohn Salomon, bey dem König Dauid starck angehalten/ daß Salomon jhr Sohn zum Königreich kommete: *O.* also hält die Himmel Königin/ vnd Mutter der Barmhertzigkeit MARIA für vns jhre Kinder/vnd Liebhaber starck an/ daß wir ins Himmelreich kommen.

O. 3. Reg. 1. 17.

Dahero sagt Andreas Cretensis, *P.* daß von der Zeit an/da Sie von der Welt in Himmel auffgenommen/Sie die gantze Welt für ein allgemeines Versöhn Hauß halte.

P. In Encomio B. V.

Ja die Barmhertzigkeit/ Hilff vnd Fürbitt MARIÆ ist so groß/wie Idiota, ein Hochgelehrter Vatter lehret/ *Q.* daß offtermal diejenige/welche die Gerechtigkeit deß Sohns GOttes ewig verdammen könnt/ durch Barmhertzigkeit/vnd Macht V. L. Fr. seelig werden.

Q. Lib. de Contempl. B. V.

Von solcher grossen Barmhertzigkeit der Mutter Gottes beschreibt Joannes Monachus, in dem Leben deß H. Odonis ersten Cluniacensischen Abbts/ein schönes Exempel/ *R.* wie daß nemblich zu dem H. Odoni ein gewester Mörder/vnnd grosser Sünder kommen/vnd in das Closter für einen Mönch auffgenommen zuwerden begehrt/ auch endlich auff sein vnnd seines Fürsprechers/ oder Gezeugen starckes Anhalten auffgenommen worden/

R. Lib. 3. de vita S. Odonis.

Die XIII. Predig.

den/ bald aber/ nach dem er in kurtzer Zeit grosse Bußwerck gewürckt / gestorben seye.

Diser hat kurtz vor seinem End dem Abbt Odoni erzehlt/ wie daß ihme in der vergangenen Nacht die Mutter Gottes in gantz glantzender Gestalt erschinen/ vnd gefragt: Kennst du mich? vnd wie er gesagt/ nein: Sie geantwortet habe: Ego Mater misericordiæ illa sum, quam toties inuocant Christiani: Ich bin die jenige Mutter der Barmhertzigkeit/ welche die Christen so offt anzuruffen pflegen.

Darauff hat Sie ihn vber drey Tag in Himmel geladen/ vnd ein sehr schöne Buß Cron verheissen: allermassen geschehen/ vnd er auff den Tag vnd Stund/ wie MARIA ihme vorgesagt/ gantz selig verschiden.

Auß disem hat der H. Abbt Odo Vrsach genommen/ daß er die Allerseligste Jungfraw MARIAM, nit allein für sich selbsten jederzeit Matrem misericordiæ, ein Mutter der Barmhertzigkeit genennt/ sondern auch disen Ehren Titul: MARIA Mater misericordiæ, MARIA ein Mutter der Barmhertzigkeit / auff aller Reformierten Clöstern Portal/ vnd Thüren angeschlagen/ vnd hierdurch in aller frommen Religiosen Hertzen eintrucken lassen. Dessen Ehren Titul/ O sündige Seel/ schreibe auch du tieff vnd mit Innbrunst in dein sündiges Hertz/ so wirst du im Leben vnd Sterben ein gnädige Mutter der Barmhertzigkeit haben vnd erfahren.

Zum IV. Wie MARIÆ Barmhertzigkeit sich auff die/ welche in Finsternuß/ vnd Schatten deß Todts wandlen/ erstrecke/ soll ein andersmal mit mehrerem erklärt werden/ jetzt aber will ich auß vilen hunderten/ dessen nur ein einige Histori erzehlen/ auß welcher ihr sehen werdet/ daß die Mutter Gottes manchen armen Sündern/ welche Sie jnniglich verehrt/ vom ewigen Verderben vnd eussersten Finsternussen/ da Heulen vnd Zähnklappern in alle Ewigkeit seyn wird/ herauß gerissen/ vnd jhnen Barmhertzigkeit erzeigt/ vnd erlangt habe.

IV.
Wie tieff.

Matth. 8. 12.

P. Carolus Foresti beschreibt/ S. daß ein Religos. vnd Geistlicher im Brauch gehabt/ so offt er für ein Altar B. L. Fr. gangen/ er allzeit niderknyet/ vnd einen Englischen Gruß gebettet/ im vbrigen aber sich nit wie ein Geistlicher verhalten/ sondern ausser deß Closters offt grosse Sünden begangen.

s. Ex P. Didaco Ogea Lib. de Mirac. Rosar. Mirac. 73.

Als er nun einest bey Nächtlicher Weil auß dem Closter/ in Meynung/ seine Sündthaten zuvollziehen/ heimblich gangen/ vnd zu disem End durch ein Wasser gewatten/ war er in demselben vom Teuffel zu Boden geworffen/ vnd ersäufft: darauff alsobald ein grosse Anzahl der bösen Geister vorhanden gewesen/ vnd dises armen Sünders Seel in Abgrund der Höllen/ vnd eusserste Finsternuß führen wollen.

Cc iij   Wie

206 Von Maria der Wunderbarlichen Mutter.

Esa. 9. 2.

Wie aber in diser letzten Noth die arme Seel weder sein SchutzEngel/ noch andere Engel mehr erretten könden: sihe da ist dem/ der schon in Finsternuß vnd im Schatten deß Todts wandlete/ ein groß Liecht auffgangen/ in dem die liebreiche Königin der Engel vnd Mutter der Barmhertzigkeit MARIA ins mittel kommen/ vnd mit macht die bösen Geister abgetriben/ auch jhme/ weil er auch damahls im außgehen vor dem Altar das Aue Maria gebettet gehabt/vnd von dem strengen Richter Barmhertzigkeit erlangt/ daß die Seel widerumb mit dem Leib vereiniget werden/ vnnd er Buß thun solle. Hermassen geschehen: weil dann diser Religios bey der Mertzinzeit nie erschinen/ ist er allenthalben gesucht/ vnd endtlich bey obbemeltem Wasser todtligend gefunden/ vnd ins Kloster getragen worden.

Wie aber ob disem Zahl sich menigklich/ vnd insonderheit die anwesende Geistlichen Ordens-Leuth höchlich verwunderten/ vnd gern wissen wolten/ wie jhme ergangen wäre. sihe/ da kombt die Seel auß Zulassung GOttes widerumb zum Leib/ wirdt lebendig/ vnd erzehlt den Vmbstehenden den gantzen Verlauff/ verändert auch hernacher sein Leben mit solcher Buß/ daß er denselbigen Geistlichen ein Spiegel/ vnd endtlich seelig worden, Lutt. 13.

Tägliches Aue Maria nutzlich.

Hie lehrne mein Christ/ wie nutzlich es sey/ die Mutter Gottes täglich auch nur mit einem Aue Maria verehren vnd grüssen/ vnnd wie in vnserm Leben vnd Sterben wir offt vmb Barmhertzigkeit vnd Hilff anruffen/ auch mit der Catholischen Kirchen betten sollen/ Eia ergo Aduocata nostra, illos tuos misericordes oculos ad nos conuerte, &c. Eya derowegen du vnser Fürsprecherin/ wende zu vns deine barmhertzige Augen/ vnd erlange vns GOttes Gnaden vnsern Lebzeiten/Vergebung vnserer Sünden im Absterben/ dorten aber vor dem Gstrengen Richter Barmhertzigkeit/ vnd die ewige Seeligkeit/ Amen.

Die vierzehende Predig.

Mater Admirabilis, Ora pro nobis.

MARIA ist Wunderbarlich in dem Englischen Gruß / wegen Vrsprung / Gebrauch / auch Würckung vnd Nutzbarkeit desselben.

Psal. 18. 6.

A. Super Psal. 18.

ES sagt der Königl. Prophet Dauid, GOtt hat in die Sonnen sein Wohnung gesetzt: vber disen Orth verstehen der H. Hieronymus vnd Alexander de Ales, A. durch die Sonnen

Die XIV. Predig.

Sonnen die seligste Jungfraw Mariam: auff welches auch die Catholische Kirch deutet/ vnd spricht/ Electa vt Sol: Daß MARIA sey außerwöhlt als die Sonn.   *Cant.6.9.*

Der Sonnen werden von den Lehrern vnd Naturkündigern vnderschiedliche sonderbahre Eygenschafften zugeschriben.   *Sonn eygenschafften.*

1. Daß sie an Reinigkeit alle jrrdische Creaturen im Himmel vnd auff Erden vbertreffe: als welche also rein vnd klar scheinet/ daß ohne Verletzung deß Gesichts keiner in die Sonnen sehen kan: welches wegen/ wie Ennius bezeuget/ die Poëten die Sonn Album, Weiß genennt haben. Interea sol albu' recessit in infera noctis: vnd von Vndergang der Sonnen gesagt: sie/ die weiß Sonn/ sey in die finstere Nacht gangen.   *1. Reinigkeit.*

11. Vbertrifft sie alle jrrdische Creaturen an der Klarheit vnd Liechtschein: durch welche sie mir allen das gantz Firmament deß Himmels erleuchtet/ daß auch in jhrer Gegenwart weder der Mon noch die Sternen scheinen/ oder gesehen werden/ B. sondern sie erleuchtet auch vnd vberscheinet alles/ was auff Erden ist.   *11. Klarheit. B. Auctor in Arg.de Propriet. rerum. C. In Hist. Scholast. cap.4.*

Daher wirdt die Sonn genennt C. Fons perennis totius luminis: ein immerwehrender Bronn alles Liechts: Martianus sagt/ D. sie sey ein Anfang deß Liechts/ ein König der Natur/ ein Seel der Welt/ ein Glantz deß Himmels/vnd ein Regent deß Firmaments.   *D. Apud Auctorem de Propriet. rerum.*

Zum III. Vollbringt die Sonn bey Tag vnd Nacht ihren Lauff/ vnd breitet ihre Stralen vber alle Creaturen auß/ sie seyen schön oder scheußlich/ rein oder vnrein/ gut oder böß: wie dann Christus selbsten sagt: Gott laßt sein Sonn auffgehen vber Gute vnd Böse: diser Vrsachen halben nennet der H. Dionysius Areopagita E. die Sonn/ diuinæ bonitatis imaginem: ein Ebenbild der Göttlichen Gütigkeit.   *III. Bescheint alles. E. Cap.4.de Diuin.Nom.*

Zum IV. Macht die Sonn mit jhrer Influenz vnd Stralen alles fruchtbahr auff Erden/ vnder der Erden aber/ vnd im Meer recht sie das Gold/ vnd köstliche Edelgestein/ die Perlen. Sol à DEO factus est, quasi conditor rerum, sagt Plato. F. die Sonn ist von Gott gemacht/ ein Herfürbringer aller Ding.   *IV. Macht fruchtbar. F.In Timæo.*

Dann wie erstermelter H. Dionysius lehret/ so erleuchtet nicht allein die Sonn alles/ sondern ernewret vnd ernähret alles: macht alles fruchtbahr vnd lebendig: wachsendt/ vnd vollkommen.

P. Pineda G. sagt: das Wort Sol, werde genommen von dem Wort Samis, welches dienen heißt: es sey die Sonn als ein Diener Gottes/ welcher Gott gebrauche/ die Natur aller Ding fruchtbar/ vnnd lebendig zu machen.   *G. lu Iob. cap.38. 13.*

Von Maria der Wunderbarlichen Mutter.

Hertz der Welt/was?

Die Stoici, welche die Welt für ein grosses Wunderthier gehalten/ nenneten die Sonn das Hertz der Welt / als an welcher aller irrdischen Geschöpffen Leben hange.

V.
Stillet das Meer.
H. In suis canicular.
Colloquiis.
I. In Hymno ad Laudes die Domin.

Zum V. Schreiben beyde Faustus, vnd Maiolus, *H.* daß die Sonn mit ihrer Beschein ung vnd influenz die auffsteigende Meerwellen / vnd Vngestümmigkeiten deß Meers vertreibe vnd stille: welches auch der heilig Ambrosius bestättiget / sprechendt: *I.* Hoc nauta vires colligit, pontique mitescunt freta: das ist: ab der Sonnen Auffgang fasse der Schiff-Herr auff dem vngestümmen Meer ein Hertz / weil dardurch dasselbige gestillet wird.

V L
Heyden grüssen sie.
K. In fine Æsclepij.
L. Ex lob. c. 31. 26.
M. Lib. 7. cōtra Gentes.

Zum VI. Erzehlt Trismegistus, *K.* die Heyden haben die Sonn auff Heydnische Weiß gegrüst/vnd mit gewisen Ceremonien angebettet: deß H. Hieronymus vermeldet/ *L.* daß sie zu disem End ihre Händ geküsset / vnd der auffgehenden Sonnen darmit gleichsamb ihre Dienst angebotten.

Diser Ceremonien haben sie sich gebraucht / sagt Arnobius, *M.* damit sie ihren Göttern / welche / wie sie darfür gehalten/ bey der Nacht schlaffen thäten/den Sonnen Auffgang verkündigten/ vnd sie gleichsamb vom Schlaff auffweckten.

Sonnen Statt.
Gen. 41. 45.
N. Lib. 9.

Von den Heyden haben disen Brauch erlehrnet die Ægyptier / welche auch die Sonnen verehrt / vnd derselben ein Statt erbawen / welche sie Heliopolim, oder die Sonnen-Statt genennt haben. Diser Sonnen-Statt Tempel ist Putiphar Obrister Priester gewesen.

Herodotus schreibt / *N.* daß in der Ægyptier Vorstätten gewisse Wisen gewesen / welche die Vorsteher der Burger bey nächtlicher Weil mit allerhand Fleisch vnd essenden Sachen vberlegt/ vnd wann die Sonn auffgangen/ haben sie derselben zu Ehren menigklich/ wer nun kommen/ darvon reichlich gespeißt/ vnd zu essen geben/ vnd dises haben sie Mensam Solis, der Sonnen Tisch genennt / weil sie glaubten / daß durch der Sonnen Schein alles wachse/ vnd jhnen hunderfältig widerumb gegeben werde.

Sonnen-Tisch.
O Epist. ad Paulinam.
P. Lib. 9. antiq. lect.

Dises Sonnen Tisch thut auch Meldung der H. Hieronymus , *O.* vnd sagt: daß Apollonius allein auß Fürwitz dergleichen Sonnen Tisch zu sehen/ in Ægypten verreyset. So hält Cælius Rhodiginus darfür/ *P.* daß der Reichen Tisch/ von welchen die Armen gespeißt werden/ Mensæ Solis, der Sonnen Tisch können genennt werden.

I.
Mariæ Reinigkeit.
Q. Apud S. Anton. p. 4. tit. 15. c. 20. §. 7.
R. De Concept. c. 18.

Geliebter in dem Herrn: mit obersehlten Eygenschafften der Sonnen vergleicht sich sehr wol die Allerseeligste Jungfraw MARIA. Vnd zwar I. Vbertrifft Sie mit ihrer Reinigkeit vnd Heiligkeit/ gleich der Sonnen/ alle Creaturen im Himmel vnd auff Erden/ wie der Seelige Albertus Magnus lehret: *Q.* vnd hiervon der H. Anselmus also prediget: *R.* Es hat sich geziem-

Die XIV. Predig.

zeigen wird/ daß diejenige Jungfraw/ welcher Gott seinen Sohn zu geben fürgenommen hat/ daß eben derselb auch jhr Sohn sey/ einer solchen Reinigkeit wäre/ daß kein grössere vnder Gott köndte erdacht werden.

Wie dann auch der H. Augustinus bezeuget/ daß die grösse der Heiligkeit vnd Reinigkeit MARIÆ kein Menschliche Zungen außsprechen könne: Dann sie ist gantz schön/ vnd kein Macul ist in jhr/ vnd so weit Ihr Begriff/ ist Sie Sanctum Sanctorum, Aller Heiligst: dahero Sie billich von dem heiligen Chrysologo S. Collegium Sanctitatis, ein Versammlung aller Heiligkeit genennt wirdt.   Cant.4.7. Ezech.41. 12. S.Serm.146.

II. Vbertrifft Sie auch alle heilige Engel vnd Menschen an der Klarheit vnd Glori: dann Sie/ wie P. Franciscus Suarez der Societet IESV lehret/ T. hat für Ihr Person allein grössere Gnad vnd Glori/ als alle Engel vnd Heilige sammentlich: vnd schreibt der H. Hieronymus, V. daß MARIA mit dem Schein jhrer Heiligkeit hab andere Weiber alle verborgen/ als wie der Sonnen liecht/ das ander Gestirn deß Himmels verdunckelt.   II. Ihr Klarheit. T.Tom.3. Disp.18. Sect.4. V.S.Hieron. Præfat. in Sophon.

Eben diſes bezeugen auch beyde Lehrer Basilius Bischoff zu Seleucia, VV. vnd Bernardinus, X. sprechende: vmb wie vil mehr das liecht der Sonnen anderer Stern Schein vbertreffe/ vmb so vil mehr vbertreffe die Glori vnd Klarheit MARIÆ, die Glori anderer Heiligen: vnd wie der Mon vnd alle andere Stern jhren liechtschein von der Sonnen empfangen/ also wird das Himmliſche Heer von der ſeligſten Jungfrawen erfrewet vnd gezieret: dann Sie iſt außerwöhlt wie die Sonn.   VV.Orat.in Aununt. X.Tom.1. Serm.61. art.2.c.3.

III. Wie die Sonn ohne vnderlaß scheinet/ vnd jhre Stralen vber gute vnd böse außbreitet: also bescheinet die Himmliſche Sonn MARIA mit den Stralen jhrer Barmhertzigkeit Fromme vnd Böſe/ Gerechte vnd Vngerechte: welchen Sie allen das rechte Sonnenthürlein der Gnaden auffthut/ vnd zu recht bringt/ wann sie nur wollen.   III. Erleuchtet alle.

Dann wie der H. Bernardus von Ihr den 18. Psalmen außleget/ T. kan sich vor Ihrer Sonnenhitz niemands verbergen: dann Sie/ sagt er/ eröffnet die Schoß der Barmhertzigkeit allen/ damit von Ihrer Völle alle empfangen: den Gefangnen die Erledigung/ den Krancken Gesundheit/ den Betrübten Tröstung/ den Sündern Vergebung/ vnd den Gerechten Gnad.   Psal.18 7. T.Super Signum magnum.

IV. Wie die Sonn mit jhrer Bescheinung die Vngestümmigkeit deß Meers stillet/ also stillet die Mutter Gottes durch Ihr Fürbitt den Zorn Gottes/ vnd wendet von dem vngestümmen Meer diser armseligen Welt alle grosse Vbel vnd Straffen ab: wie dann die Vätter deß Baſilienſiſchen Concilij Z. obseruirt vnd befunden haben: daß in der Christenheit alle grosse Straffen vnd Plagen/ als Krieg/ Thewrung/ Pestilentz/ Ketzereyen/   IV. Stillet das Meer. Z.Seſſ.43.

Dd   vnd

vnd Vneinigkeiten in Glaubenssachen ehender nie auffgehört / biß daß man bey MARIA Rath gesucht / vnd gefunden. Es haben auch die Vätter der Versam̃lung zu Constantinopel in einem Sendschreiben an den Bapst Hormißdam folgende Wort vberschriben: Ecce, intercessione Sanctissimæ Virginis, olim quando fuerunt membra diuisa, per Spiritus S. gratiam ad vnitatem, & charitatem perfectam sunt reducta, Sihe / auff intercession vnd Fürbitt der Allerheiligsten Jungfrawen MARIA seynd allein schon von alten Zeiten die mit einander entzweyte Glider / durch Gnad deß H. Geists zur Einigkeit / vnd vollkom̃ner Liebe gebracht worden.

V. Fruchtbarkeit.

Zum V. Wie der Sonnen Krafft vnd Würckung sich auff alles inn- vnd vnder der Erden erstreckt / vnd gleichsamb aller wachsenden Ding ein Vatter ist: also ist MARIA ein Mutter aller Glaubigen / vnd genieſſen derselben kräfftigen Fürbitt / lebendige / Sterbende / vnd Todte: weil GOtt gewolt / daß alles / was wir haben / wir durch Sie haben sollen.

Eccli. 26. 21.

Syrach sagt: Sicut Sol oriens mundo in altissimis DEI, sic mulieris bonæ species in ornamentum domus suæ: Wie die Sonn / die da auffgehet / ist der allerhöchsten Dingen deß HErrn ein Zierd: also ist die Schöne eines ehrsamen tugenthafften Weibs ein Zierd ihres gantzen Hauß: nemblich das starcke Weib MARIA der gantzen Catholischen Kirchen.

Der H. Vatter Bonauentura handlet von MARIÆ Barmhertzigkeit gegen den Glaubigen / welche Sie noch auff Erden / vnd jetzt im Himmel erzeigt / vnd spricht also: A. Quis est, super quem Sol non luceat? quis est, super quem misericordia MARIÆ non resplendeat? Wer ist / dem die Sonn nit leuchte? Also wer ist / den die Barmhertzigkeit MARIÆ nicht bescheine?

A. In Speculo Virg. c. 2.

VI. Mariæ Verehrung.

VI. Vnd letzten: belangendt die blinden Heyden vnd Ægyptier / daß sie die Sonnen mit gewissen Cæremonien gegrüſſet vnd angebetten / auch in derselben alle ihre Abgötter verehrt / vnd selbige zu ihrem Schutz auffgeweckt / laſſen wir solches ein Abgöttisch vnd Heydnisch Wesen seyn vnd bleiben.

Wir Catholische Christen aber grüssen vnd verehren täglich vnd offt mit auffgehebten Händen vnser Gnaden-Sonnen / die Allerseligste Jungfrawen MARIAM, mit dem Englischen Gruß / nit als ein Göttin / wie die Sonnendiener die Sonn oder Mon / vnd der verdampten Ketzer Collyridianer Weiber / MARIÆ auff Heydnisch geopffert vnd verehrt / B. sondern wir grüſſen vnd verehren Sie als die Würdigste Mutter Gottes / vnd vnser starcke Fürbitterin bey Gott.

Jer. 44. 17.
B. Epiphanius Hæresi 79.

In disem Englischen Gruß verehren wir nicht die Heydnische Abgötter / sondern den wahren GOtt / vnd sein gebenedeyte Mutter / seytemahln auch die Ehr der Mutter / deß Sohns GOttes Ehr ist / vnd MARIA mit schönern

Die XIV. Predig.

nern Worten nit kan verehrt werden/als mit welchen Sie durch den Ertz-Engel Gabriel GOtt selbsten verehrt hat.

Wir Catholische Christen wissen zwar wol/daß vnser Gott nit schlaffet/ *Gott schlafft* wie die Heyden von ihren Göttern gedichtet/ dann der vns behüttet/ schlässt *nit.* nit: doch aber wissen wir das / daß vnser GOtt wegen vnserer Sünden vnd *Psal.120.4.* Missethaten offt vber vns erzürnet/vns züchtiget/ vnd lang am Creutz hangen laßt/ derowegen nemmen wir in vnsern Nöthen/vnd Anligen zuflucht Gott auch zu MARIA vnser Zuflucht/ vnd machen ihr von allerhand Geistlichen *Maria, vnser* Vbungen/ Andachten vnnd Gebetten zu ihr/ einen Sonnen Tisch, verehren *Zuflucht.* auch vnd grüssen Sie mit dem Englischen Gruß, mit sicherer Hoffnung/ wir werden durch Sie Gnad vnd Barmhertzigkeit/ auch zeitliche vnd ewige Güter erlangen: wie mit mehrerem in folgender Predig von Vrsprung vnd Gebrauch/ auch Würckungen vnd Nutzbarkeiten deß Englischen Gruß gehandlet werden solle. Bereittet/rc.

Der I. Theil.

MARIA ist Wunderbarlich wegen Vrsprung vnd Gebrauch deß Englischen Gruß.

Sophronius Patriarch, vnd Senior zu Hierusalem / betrach- *A.Serm.de* tet den Englischen Gruß, vnd spricht: A. Non simplex, fateor, vel *Assumpt. B.* consueta fuit illa salutatio, sed omni admiratione digna: Jch beken- *Virg.* ne/ disses ist kein schlechter oder gewohnlicher / sondern ein gantz verwunderli- *Aue Maria,* Gruß gewesen. *ein Wunder=*
Gruß.
Von disem Wunder-Gruß schreibt der H. Ambrosius Bischoff zu *B.In 1.cap.* Meylandt/ B. daß sich die Seeligste Jungfraw ab diser newen Form vnd *Lucæ.* Weiß disses Gruß verwundert: weil zuuor von dergleichen weder gelesen/ noch gehört/ sondern diser Gruß allein MARIÆ ist vorbehalten worden.

Wie hoch der Geistliche Ludouicus Blosius disen Gruß gehalten/ er- scheint auß folgenden seinen Worten: C. Du solt wissen/ vnd fleissig *C. In Epist.* inngedenck seyn/ daß kein Gebett köstlicher ist / als das Vatter vn- *ad Florent. à* ser vnd der Englische Gruß: alle andere heylige Gebett liebe als *Monte.* köstliche Perlein: aber das Vatter vnser/ vnd Englischen Gruß/ liebe noch mehr/ als die allerköstlichsten vnd stattlichsten Edelge- stein/ mit denen nichts zuvergleichen ist.

Disen Englischen Gruß hat die Allerheyligste Dreyfältigkeit selbsten *Aue Maria,* dictiert, vnd dem Ertz Engel Gabriel die Weiß darmit an die Hand geben/ *von der Aller-* wie er der Seeligsten Jungfrawen consens vnd Bewilligung zu der Gött- *heyligsten*
Dreyfaltig-
Dd ij lichen *keit.*

lichen Menschwerdung/ vnd Werck der Erlösung des gantzen Menschlichen
Geschlechts begehrten solle: wie der H. Chrysostomus lehret. W.

D. Senn. in Anuunt.

Dahero nennet disen Wunder Gruß Petrus Damianus der Römischen Kirchen Cardinal/Rugitum leonis altissimæ vocis: ein Löwen Geschrey der allerhöchsten Stimm/ das ist/der Allerheyligsten Dreyfaltigkeit.

A V E, Geheimb nußreich.
A. Amor:
1. Ioan. 4. 16.
V.
Veritas.
Ioan. 14. 6.
E.
Æternitas.

Es hat auch der hochgelehrte Theodoretus über den Englischen Gruß vermerckt: daß das Wort A V E, welches der ErtzEngel Gabriel zum allererstenauß gesprochen/ drey geheimbreiche Buchstaben A. V. E. in sich begreiffe: deren der 1. A. bedeuttet Amorem/ die Liebe/ welche dem H. Geist zugeeygnet wirdt: der 2. V. bedeuttet Veritatem, welche Christus selbsten ist: der 3. E. bedeuttet Æternitatem, die Ewigkeit/welche eygentlich GOTT dem Vatter zugeschriben wirdt.

Vermeldet auch darbey/ daß der ErtzEngel sich gleich anfangs dises Worts A V E, sey gegrüßt / gebraucht zur Anzeigung vnnd Erweisung/ daß Er hierinnen der Allerheyligsten Dreysaltigkeit Legaten vnnd Bottschaffter vertretten thue.

Aue Maria efft widerholet E. in 1. cap. Lucæ.

Fürs II. Hat disen Gruß auß Göttlichem Befelch/ der ErtzEngel Gabriel mit grosser Ehrerbietung vnd offter Widerholung/ wie Epiphanius schreibt/ zum ersten Anßgesprochen: vnd dises in Gegenwart aller Englen GOttes/ wie Albertus Magnus lehret/ vnd sagt. E. solches sey præfiguriert, vnd vorbedeuttet worden an dem Eliezer dem trewen Diener Abrahams, welchem/ da er außgesandt/ seines Herrn Sohn dem Isaac ein Gemahlin zuprocurieren, vnnd zuwerben/ noch andere Gsährten seynd zugeben worden: also seyen auch dem ErtzEngel Gabriel / da Er der Seeligkeit Jungfrawen M A R I Æ den Gruß verkündiget/ vnd ihren Willen erforschen sollen/ von GOtt noch andere Engel zugeben werden.

Gen. 24. 16.

Elisabeth widerholet das Aue.

III. Hat den Englischen Gruß widerholet die H. Elisabeth / thails da sie mit dem H. Geist erfüllet/ zu der Mutter Gottes/ welche zu ihr vber das Gebürg kommen/ mit lauter Stimm also außgeschryen: Benedicta tu inter mulieres, gebenedeyet bist du vnder den Weibern: theils aber hat sie denselben gemacht/vnd gesagt: Benedictus fructus ventris tui: gebenedeyet ist die Frucht deines Leibs.

Luc. 1. 42.

Die Vrsach dises Zusatz/ weilen damahls/ da der ErtzEngel den Gruß anßgesprochen, M A R I A Christum noch nit empfangen gehabt. aber wie Sie Elisabeth gegrüßt hat, Sie die gebenedeyte Frucht IESVM Christum schon in ihrem Jungfräwlichen Leib getragen: hat auch die H. Elisabeth auß Eingebung deß H. Geists mit disem Zusatz die Vrsach anzeigen wollen. warumb

MARIA

Die XIV. Predig.

Maria vnder/vnnd vber allen Weibern gesegnet/nemblich/weil Christus auß ihrem Jungfrawlichen Geblüt die Menschliche Natur an sich genommen/vnd also Sie ein wahre Mutter Gottes ist.

IV. Ist der Englisch Gruß von der Catholischen Kirchen mit einem schönen Gebettlein gemehrt worden: nemblich: Heilige Maria Mutter Gottes bitt für vns arme Sünder/jetzt/ vnd in der Stund vnsers Absterbens/Amen. *Aue Maria, von der Kirchen vermehret.*

In welchem/ so vil Wort/ so vil grosse Wunder vnd Geheimbnussen begriffen seynd/ darbey auch zumercken/ daß zwar die Mutter Gottes schon zur Apostel Zeit/ vnd hernach alweg von den Rechtglaubigen mit dergleichen Worten vmb Fürbitt angeruffen: doch aber dises Schutzgebett erst im Jahr nach Christi Geburt 436. eigentlich zu dem Aue Maria addiert, vnd gesetzt worden. *Aue, wann von der Kirchen vermehret worden.*

Nemblich da regiert hat Pabst Cælestinus, welcher mit Hilff Keysers Theodosij deß Jüngern/ das Ephesinisch Concilium von mehr als 300. H.H. Bischöff vnd Lehrern versamblet, wider den Ertzketzer Nestorium, welcher damahls die wahre Mutterschafft Mariæ bestritten: wider disen Ertzketzer hat der Pabst den H. Cyrillum Bischoffen zu Antiochia, ein eyfferigen Verfechter der Catholischen Religion, mit dem Schwert der Excommunication geschickt: wider welchen dann er den Sig erhalten. *Nestorius, Mariæ feind.*

Ab welchem sich dann die Väter deß H. Concilij höchlich erfrewet/ vnd haben alsbald den Priester Ioannem, vnd Epitetum den Diacon, zum Pabst abgeordnet/vnd ihme wegen deß glücklichen Sigs wider den Mariæ Feind Nestorium, vnd alle Ketzer Glück wünschen lassen.

Wie nun dise Legaten eben am H. Weynachts oder Geburts Tag Christi nach Rom angekommen/ hat der Pabst wegen so grosser Guttthat Gott vnendtlichen Danck gesagt/ vnd gleich verordnet/ vnd b. fehlen/ daß an allen Orthen der gantzen Welt Maria als ein wahre Mutter Gottes gelobt/ vñ gepriesen/ auch beßwegen zu dem Englischen Gruß das schöne Schlußbeutlein gesetzt/ vnd gebetten werden solle: Sancta Maria Mater Dei, ora pro nobis: H. Maria Mutter Gottes/bitt für vns arme Sünder/jetzt/vnd in der Stund vnsers Absterbens/Amen.

Damit durch öffters widerholen deß Englischen Gruß die werthe Mutterschafft Mariæ bestättiget, vnd dise Geheimbnuß/ auch Anrecht zu B. J. Fr. den kleinen Kindern sambt der Mütterlichen Milch eingeflossen/ vnnd dero Würdigkeit desto mehr außgebreittet/ auch die Höllische Schlang sambt ihrem Ketzer Saamen vnd Geschmeiß zuschanden gemacht wurde: wie mit mehrerem hiervon P. Antonius Dauroaltius der Societet Iesv erzehlet. F. *Maria wahre Mutterschafft. F. In Catechiß. Histortit. de Angel. Salut.*

Dd iij   Emma-

Von Maria der Wunderbarlichen Mutter.

Emmanuel Fernandez auß ernielter heiliger Geselschafft Priester/ hat dise Wort im Aue Maria: H. MARIA Mutter Gottes bitt für vns/ ic. langsammer vnd andächtiger außgesprochen/ auch grossen Trost darauß in jhme selbsten empfunden. G.

G. Histor. Abyss. lib. 3. c. 76.
Aue, von den Aposteln gebettet.

V. Ist diser Englische Gruß von den Aposteln selbsten gebettet/ vnd gebraucht worden: wie solches neben andern klar erscheinet auß der Liturgia, oder Meß Form deß H. Apostels/ vnd Bruders deß HERRN Iacobi: welcher nach langem Anruffen vmb Fürbittliche Hülff/ endtlich die Gebärerin Gottes also grüsset/ vnd bettet: Aue MARIA, gratia plena, Dominus tecum, benedicta tu in mulieribus, & benedictus fructus ventris tui, quia Saluatorem peperisti animarum nostrarum: Gegrüßt seyest du MARIA, voll der Gnaden/ der HERR ist mit dir/ du bist gebenedeyet vnder den Weibern/ vnd gebenedeyet ist die Frucht deines Leibs/ weil du geboren hast den Heyland vnsern Seelen.

Der seelige Alanus lehret/ H. daß die Apostel disen Gruß gesprochen/ da die Mutter Gottes noch bey Leben war.

H. In Lib. de Psalt. "Aue, von heiligen Vättern hoch gehalten I. In Lib. Apolog. Psalt. B. V, c. 15. sub fin. K. In Euang. de SS. Deip. L. In Trag. Christus patiens. M. Serm. 18. de Sanctis. N. Orat. 3 ad Missae praeparat. O. Serm. de Laud. P. In Carm. de Annunt. Q. Serm. de Dorm. Virg. R. Serm. de Annunt. B. V. S. Orat. de Assumpt.

Zum V. Ist der Englisch Gruß von den heyligen Vättern vnd Lehrern jederzeit hoch gehalten/ vnd von der gantzen Christenheit durch alle Alter mit grosser Andacht gesprochen vnd gebettet worden.

Der seelige Alanus bezeugt/ I. wie daß die Seeligste Jungfraw einem ihrer Liebhabern selbsten geoffenbaret/ daß in primitiua Ecclesia, in der ersten Kirchen der Englisch Gruß in höchsten Ehren gehalten worden sey/ auch vnder/ vnd von den Aposteln.

Solchen zubetten hat der H. Chrysostomus in seiner MeßForm/ welche er selbsten gemacht/ verordnet: also auch der H. Basilius, vnnd andere HH. Vätter/ als S. Athanasius, K. Gregorius Nazianzenus, L. Ambrosius, M. Ephrem, N. Augustinus, O. Damascenus, P. &c.

Der H. Anselmus Q. redet in einer Predig/ seine Zuhörer also an: Lasset vns mit dem ErtzEngel vnd Vorgänger Gabriel auffschreyen: Aue gratia plena, Dominus tecum: Gegrüßt seyest du voll Gnaden ic.

Vnd widerumb: K. Aller Frommen Lefftzen sollen zu Ehren der Gebärerin Gottes die Stimm deß ErtzEngels erheben/ vnd mit Frewden auffschreyen: Aue gratia plena: Gegrüßt seyest du voll Gnaden.

Eben dises hat geprediget/ vnd MARIAM mit dem Englischen Gruß zuuerehren gelehrt Andreas Cretensis, S. auch dessen darbey die Vrsach geben/ vnd vermeldt: Diser Gruß sey darzu gemacht vnd vollbracht worden/ daß wir darduch MARIAE der Königin vnsers Geschlechts Danck sagen: gebühre das nemlich, Gegrüßt seyest du MARIA.

Die

Die XIV. Predig.

Hie lehrnt mein Christ 1. wie löblich von vns Catholischen Christen das Aue Maria gebettet werde: dann in disem/ wie gehört worden/ folgen wir nach/ vnd thuen/ was die Allerheyligiste Dreyfaltigkeit selbsten angeben: was der Ertz Engel Gabriel auß derselben Gcheiß vollzogen: was Elisabetha auß Eingebung deß H. Geists widerholet/ vnd gemehret: was alle Heylige vnd Hocherleuchte Vätter durch alle Alter der Welt gelehrnet/vnd was die Allein Seeligmachende Catholische Kirch/ vnd rechtmässige Christenheit verordnet/ vnd geübet hat.

Dahero sagt der H. Hesychius Priester zu Hierusalem *T.* billich: Ohn allen Zweiffel grüsset ein jegliche Zung eines danckbaren Hertzens die Seeligste Jungfraw vnd Gebärerin GOttes/ vnd befleißt sich mit allen Kräfften dem Obristen Engel Gabriel hierinnen nachzufolgen.   *T.* Homil. 2. de Deip.

Wann wir derowegen prediget Chrysippus auch Priester zu Hierusalem/ *V.* sonsten keine würdige Gaaben auffopffern können/ so laßt vns den Anfang nemmen von dem Gruß vnd Wort deß Ertz Engels Gabriel, vnd sprechen: Gegrüßt seyest du voll Gnaden.   *V.* In Serm. de Deip.

Als P. Ignatius Martinez auß der Societet IESV, König Sebastiam in Lusitania HoffPrediger einest Kinderlehr hielte/ vnd niemandts mit lauter Stimm den Englischen Gruß sprechen wolte/ gabe Gott mit einem Miracul zu erkennen/ wie lieb vnd angenemb jhme diser Gruß seye/ in dem ein Kind erst 6. Monat alt auff der Mutter Schoß den Kopff vber sich gericht/ vnd mit lauter verständigen Worten den Englischen Gruß/ mit menigliche Verwunderung gebettet.

Zum 2. Sollen wir lehrnen/ vnd vns lassen gesagt seyn/ was die Hugo Charnotensis mit disen Worten erinnert: *VV.* Si vis ad Virginem ingredi, & eam salutare, oportet te esse Angelum: Wann du zu der Seligsten Jungfrawen eingehen/ vnd Sie grüssen wilst/ so ist vonnöthen/ daß du ein Engel seyest: er will sagen/ wer den Englischen Gruß mit Nutz recht betten wolle/ müsse solches verrichten mit reinem vnd reintzem Hertzen.   *VV.* In Cap. 1. Lucæ.

Solinus der Naturkündiger schreibt von den Elephanten/ *X.* daß selbige den Auffgang der Sonnen mit gewisen Geberden grüssen/ aber ehe sie solchen Gruß verrichten/ sich zuvor mit Wasser waschen: Auff dise Weiß/wer die GnadenSonnen MARIAM würdig grüssen will/ der muß sich zuvor mit den Bußwassern waschen/ seine Sünd bereuen/ vnd dises mit reinem Hertzen verrichten.   *X.* Apud Berchorium verbo salutare. Elephant grüßt die Sonn.

Hierauff dencket auch Thomas à Villanova, vnd spricht: *Y.* Tolle Solem, quid est in mundo, nisi tenebræ? Tolle MARIAM ab Ecclesia, quid restat nisi caligo? vnde prius aquâ lacrymarum se lauent, qui salutant. Nimb hinweg die Sonnen/ was wirdt in der Welt seyn/ als Finsternuß?   *Y.* Conc. 1. de Annunt.

Von Maria der Wunderbarlichen Mutter.

nuß? also nimb hinweg MARIAM von der Kirchen vnd Glaubigen Seelen/ was wirdt vbrig seyn/ als Dunckelheit? darumben reinige sich der zuvor mit den Bußzähern/welcher Sie grüssen will.

Es erzehlt auch Alexander ab Alexandro, Z. es wäre bey den Römern vor Zeiten im brauch gewesen/wann einer zum Kayser hinein gehen/ vnd jhne grüssen wollen / daß die Hoffherrn zuvor vber solchen inquirirt, vnd jhne angesucht haben / ob er nit villeicht verborgne Mordwaffen / vnd vergiffte Pfeil bey sich trage.

Wer die Himmel-Königin recht vnd nutzlich mit dem Aue Maria grüssen will/ der sol zuvor vber sich selbsten inquiriren/sein Gewissen erforschen/ vnd die Mordwaffen/das ist/ Tödtliche Sünden ablegen/vnd zu Ihr mit Besserung deß Lebens kommen.

Bekandt ist die Histori/ welche P. Franciscus de la Croix der Societet IESV, von einem Jüngling beschreibt. A. welcher zwar die Mutter Gottes mit allerhand Andachten verehrt / vnd auch mit dem Aue Maria offt gegrüsst: doch darbey ein sündliches vnd vnreines Leben geführt.

Als diser Jüngling einest in einem Holtz jrr gieng/vnd Hunger litte/brachte Vnser Liebe Fraw ihme ein köstliche gute Speiß/aber in einer so vnsaubern Schüssel/daß der/ wiewol hungerige Jüngling nichts darvon verkostete/sondern sprach: die Speiß wäre zwar gut / aber die vnsaubere Schüssel bringe jhm ein Grawsen/daß er nichts darvon essen könne.

Warauff die Mutter Gottes jhne vnderwisen / vnd gesagt: seine Gebett vnd Gruß / seyen zwar hertzliche vnd köstliche Gebett / aber weilen selbige auß einem so sündtlichen vnd vnreinen Hertzen herkommen / könne Sie kein Gefallen darob haben.

Disen ersten Puncten beschliesse ich mit dem H. Vatter Bonauentura, B. Libenter nos MARIA salutat cum gratiâ. si libenter eam salutamus cum Aue Maria: MARIA grüsset vnd begegnet vns willigklich mit Gnaden/wan wir Sie offt vnd gern/ auß rechter Andacht vnd Liebe grüssen mit dem Aue MARIA.

Der II. Theil.

Von der Wunderbarlichen Würckung deß Englischen Gruß.

P. Joannes Itzstein, Prediger Ordens/ schreibt in seinem Rosengarten A. von dem Englischen Gruß/ vnd spricht: der Englisch Gruß ist so voll der verborgenen Wunder/ vnd Wunderbahrlichsten Geheimbnussen/daß es das Ansehen hat/als habe Gott in denselbigen seiner

Die XIV. Predig.

seiner Allmächtigen Würckung ein Zihl gesetzt / ausser welchem er nichts können / oder wolle besser machen: dann diser ist in dem Rhat der Allerheiligsten Dreyfaltigkeit dictirt worden: diser hat den Sohn Gottes mit dem sterblichen Fleisch vereiniget: diser hat die Jungfraw zu einer Mutter Gottes gemacht: diser hat die Welt widerumb gebohren: diser hat die Höll außgelähret: diser hat den Himmel bestritten / vnd eröffnet: diser hat die Vnermäßlichkeit alles Guten bracht: diser Englische Gruß hat alle Vbel / so wegen der Erbsünd auff vns gewachsen / hinweg genommen / vnd begreifft in demselben ein jegliches Wort / ein sonderbare Würckung der Göttlichen Allmacht.

Von disem Englischen Gruß schreibt der Selige Alanus de Rupe. *B,*   B. 4. Part.
Pauca verbis, alta mysteriis: er sey kurtz von Worten / aber hoch von Ge-   Operis re-
heimbnussen / vnd groß in der Würckung.   diui. c. 30.

Iodocus Beyselius handlet auch von dem Englischen Gruß / vnd vermeldt, *C,* Quæ oratio plura habet mysteriorum Sacramenta, quàm non   C. Lib. de
dico verba, sed etiam litteras: dises Gebett begreifft mehr verborgene / vnd   Rosacea Co-
heilige Geheimbnussen in sich / als in demselben nit allein Wort / sondern auch   rona.
Buchstaben zu finden.   Mehr Ge-
   heimbnuß /
Vnd zwar I. begreifft der Englisch Gruß in sich die höchste Gutthaten   als Buchsta-
Gottes / vnd Geheimnußen vnserer Erlösung: nemblich / die Gnadenreiche   ben im Ave
Menschwerdung Christi: vnd ist ein Erfüllung deß Alten / vnd Anfang / ja   Maria.
Innhalt / vnd Begriff deß Newen Testaments / vnd Euangelij: dann alles   I.
was Moyses / die Propheten / vnd Apostel geschriben / wirdt auff die Mensch-   Gottes Gut-
werdung Christi gezogen: weil in dem Wort / das Fleisch worden / alles   that.
begriffen / wie der Selige Albertus Magnus lehret. *D,*   D. Epist. ad
II. Bringt derselbig Frewd vnd Süssigkeit allen Chören der Engel / vnd   Florent. à
gantzem Himmlischen Heer: in disem Englischen Gruß / sagt der H. Eph-   Monte.
rem / *E.* ist der Engel Hönig begriffen: vnd hat deßwegen recht den Namen   II.
Englisch Gruß: vorderst aber bringt selbiger Frewd vnd Süssigkeit dem H.   Alle Frewd
ErtzEngel Gabriel, wie die H. Gertrudis auß geschehener Göttlicher Offen-   der Englen.
bahrung bezeuget / vnd erzehlt / *F.* daß derselb mit einem gantz newen Glantz   E Orat. 8. de
deß Göttlichen Liechts schimmerendt gesehen worden / so offt der Englisch   Laud. Virg.
Gruß / welchen er zum erstenmahl außgesprochen / gebettet war.   F. Lib. 4.
   Reuelat.
Darnach ist diser Gruß lieblich allen heyligen Englen Gottes / welche alle
nach dem Exempel deß ErtzEngels Gabriel, wie der H. Athanasius Bischoff
zu Alexandria lehret / *G.* MARIÆ der Mutter Gottes mit disem Gruß   G. Orat. de
Glückwünschen / vnd Sie verehren: dann sie wissen / daß Krafft dises / der   SS. Dei
Fall der Engel ersetzt / GOtt Mensch / vnd die Welt widerumb zu recht ge-   Matris Lau-
bracht / vnd seelig gemacht worden: dahero lassen sich die Engel Gottes gern   dibus.
finden bey denen / welche disen Gruß andächtig betten.

Von Maria der Wunderbarlichen Mutter.

Wie Sie dann dem seligen Henrico Susoni erschinen / da er das Aue Maria gebettet / vnd mit ihme die Mutter Gottes gegrüsset / vnd das Lob gesungen / *H.* Weil die H. Catharina von Senis gleich von jhrer Kindheit an gegen der Seligsten Jungfrawen ein grosse Andacht gehabt / vnd Sie schon im fünfften Jahr jhres Alters mit dem Englischen Gruß zu verehren angefangen / auch so offt sie die Stiegen deß Hauß hinauff gangen / auff jedem Staffel niderknyet / vnd die Mutter Gottes mit einem Aue Maria gegrüst / seynd jhr die Engel zum offtern erschinen / vnd haben sie vber die Stiegen getragen / daß sie kein Staffel berühret hat : wie P. Raymundus de Capua I. jhr Beichtvatter erzehlt.

III. Ist diser Bettgruß der Allerseligsten Gebährerin Gottes am allerangenembsten: dann so offt solcher mit Andacht gesprochen wird / wird Sie mit sonderbarer Süssigkeit vbergossen / vnd empfangt ein newe zugegebene Frewd.

Da die Mutter Gottes in dem Gespräch mit der H. Elisabeth / dises Gruß erinnert worden / kont Sie sich vor innerlicher Frewd jhres Hertzens nit mehr halten / sondern brach in dise Wort herfür: Magnificat anima mea Dominum &c. Mein Seel macht groß den H. Errn / vnd mein Geist hat sich erfrewet in Gott meinem Heyland.

Wilhelmus Pepinus schreibt *K.* von einer andächtigen Frawen / welche der Bruderschafft deß H. Rosenkrantz einverleibt gewesen: als selbige einest zu Nacht in jhrem Beth ruhete / erschine jhr V. L. Fraw / vnd sprach: Förcht dich nit / mein Tochter / dem Mutter / welcher du täglich angenemme Dienst erzeigest: allein ermahne ich dich / daß du in solchem verharrest: dann du solst wissen / daß ich so grosse Frewd ab dem Englischen Gruß empfange / welche kein Mensch außsprechen kan.

Dises bestättiget die Erscheinung / welche der H. Gertrud widerfahren / vnd folgenden Innhalts erzehlt wird : *L.* Als in dem Jungfraw Kloster / in welchem sich S. Gertrudis auffhielte / am Fest der Verkündigung MARIÆ vmb die Mettenzeit der Englisch Gruß gesungen war / sahe sie drey starcke fliessende Bächlein / vom Vatter / Sohn / vnd H. Geist herfür quellen / vnd das Hertz der Mutter Gottes mit einem sehr lieblichen rauschen durchtringen / auch von dannen mit Macht widerumb an jhr voriges Orth fliessen: Auß disem Innfluß der Heiligsten Dreyfaltigkeit war der Mutter Gottes Gnad gegeben: daß Sie nach Gott dem Vatter / die aller Mächtigste / nach Gott dem Sohn / die aller Weiseste: vnd nach Gott dem H. Geist / die aller Gnädigste ist.

Bey diser Erscheinung hat die H. Gertrud auch wahrgenommen / daß / so offt der Englisch Gruß von den Glaubigen auff Erden mit Andacht gebettet /

Die XIV. Predig.

...wirdt/ diſe Gnaden Bächlein mit mehrerem Gewalt das Hertz Vnſer L. Frawen ſtärcker vmbflieſſen/ vnd auff der andern Seitten widerumb abflieſſt/ endtlich aber mit öffterer Widerholung ſich zu ihrem Vrſprung kehren: doch alſo/daß von derſelben Aederlein der Frewden/ vnd diß ewigen Heyls quellen in alle Perſonen/ der Heyligen im Himmel/ der Engel Gottes/ vnnd alle die jenige/ welche auff diſer Erden diſes Gruß Gedächtnuß halten: durch welche gleichſamb ernewert/ vnnd zur Gedächtnuß gebracht wirdt/ alles Guten/ was ſie einmal durch die heylwertige Menſchwerdung deß Sohns Gottes erlangt haben. *Roſenkrantz Baſilein.*

Als auff ein andere Zeit die H. Gertrud den Roſenkrantz/ vnd offt widerholte Aue Maria bettete/ kame ihr vor/ als wann alle Aue Maria, oder vilmehr alle Wort deſſelben/ lauter guldine Pfenning/ vnd köſtliche Perlein wären/ welche ſie auß dem Schatz ihres Hertzens vnd Munde/ der Mutter Gottes auffopfferte: ſo ihr lieber geweſen/als alles Gelt der Geltkeichen. *M.* *Aue Maria; Guldine Pfenning. M. Lib. 4. Reuel.c.44.*

Dergleichen Schatz kan ein jeglicher Chriſt durch das andächtige Aue Maria-Gebett aufftrhun/ vnnd damit Vnſer liebe Fraw/ verehren/ auch ihme ſelbſten ein Schatz im Himmel vnd auff Erden ſamblen.

Dergleichen denckwürdige Erſcheinung/ vnnd Offenbarung hat auch gehabt die H. Kloſter Jungfraw Mechtildis, S. Benedicts Orden: dann als an einem Sambſtag in der Kirchen das Salue ſanćta parens, Sey gegrüßt du heilige Gebärerin/geſungen war/vnd ſie bey ihr ſelbſten gedachte: Königin der Himmeln/ wann ich dich mit dem allerſüſſeſten vnd lieblichſten Gruß/ ſo jemahl ein Menſchliches Hertz erdencken mag/ würdig grüſſen köndte/ ſo wolt ich thun: iſt ihr hierauff alsbald die Mutter Gottes ſichtbarlich erſchinen/vnd hat auff ihrem Hertzen das Aue Maria, mit guldinen Buchſtaben eingeſchriben gehabt/ auch ſie alſo angeredt. *S. Mechtildis Erſcheinung.*

Mein Tochter/ es iſt kein Menſch vber diſes Gebett hinaufftommen/ vnd kan mich kein Menſch ſüſſer grüſſen/als der jenig/ der mich grüſſet/wie mich GOTT der Vatter/der Sohn/ vnd der H. Geiſt durch den Engel hat grüſſen laſſen. *Aue Maria; der liebſte Gruß.*

Dann wer alſo bettet/ermahnet mich aller Guttharen/ welche mir die heylige Dreyfaltigkeit damahls erwiſen: hat auch noch längs erzehlt/wie/ vnd was für ein ſonderbare Süſſigkeit vnd Frewd ſie auß einem jeglichen Wort deß Engliſchen Gruß empfange.

Wie angenemb das Aue Maria-Gebett/Gott/ vnd ſeiner werthen Mutter/ iſt nit allein vilen Liebhabern MARIÆ in diſem Leben geoffenbaret / ſondern auch nach derſelben Abſterben mit Wunderzeichen beſtättige worden. *Aue Maria; angenemb.*

Sergius ſchreibt/ N. daß nach dem ſeeligen Abſterben Ioannis eines Mönchs/ Ciſterrienſer Ordens/auß ſeinem Grab ein ſchöne Gilgen herfür gewach- *N. Lib. 3 ſS. Ord. Cittec. c. 93.*

Ee ij

Von Maria der Wunderbarlichen Mutter.

Gilgen/ mit dem Aue be= zeichnet.
O. Ex Chron. Seruit.
P. Specul.
Exempl. Tit Simplicitas.
Q. Vincent. Beluac. in Specul. Histor. l. 7. cap 116.
R. Lib. Miracul.
Pilgerstab/ grünet mit dem Aue. s. In Homil. Dom. 9. post Pentecost.
Baums Blätter mit dem Aue.
T. Apud Coppenst. in claui Præd Rosarium, l. 1. c. 6.
Aue, gibt Mariæ ein Frewdenkuß.
IV.
Teufflen er= schröcklich. Caut. 6. 3.
V. Serm. de Laud. Virg. Aue schwächt den Teuffel.
Aue, ver= treibt deß Teuffels ver= suchung.

gewachsen/ vnd auff einem jeglichen Blat das Aue Maria gestehen werden/ weil er solche Wort in seinem leben ohne vnderlaß außgesprochen. Dergleichen ist auch geschehen nach dem Todt Francisci von Senis, Seruiter Ordens. *O.* Item deß Bernlers Salaun. *P.* Item deß Seeligen Ioseij S. Benedicts Orden/ in dem Kloster S. Bertini/ auß dem Mund/ Augen/ vnd Ohren fünff Gilgen gewachsen. *Q.*

Von einem Pilgramb erzehlt der H. Anselmus, *R.* daß er aller Orthen das Aue Maria gebettet/ wie er aber von den Mördern vmbgebracht/ begraben/ vnnd an statt eines Creuz sein Pilgramb Stab auff das Grab gestecket worden/ hat derselbe anfangen außschlagen/ vnd zu einem Baum gewachsen: auff dessen Blätter dise Wort erfunden worden: Aue Maria, gratia plena, Dominus tecum: Gegrüßt seyest du MARIA, voll der Gnaden/ der HERR ist mit dir.

Dergleichen beschreibt auch Cæsarius, *S.* von einem Conuersen, vnd Novitzen Cistertienser Ordens/ daß er ausser das Aue Maria nichts erlehrnen können: doch aber dasselbig offt mit Andacht/ vnd Süßigkeit seines Hertzens gesprochen: nach deß u Todt ist auß seinem Grab ein Wunder-Baum/ dessen Wurtzel in das Hertz gieng/ herfür gewachsen: auff welches Baums Blätter das Aue Maria mit Verwunderung zusehen gewesen.

Diser Vrsachen halben lehret der H. Bernardus, *T.* daß welcher den Englischen Gruß andächtig bettet/ der gebe gleichsamb der Mutter Gottes einen Angenemmen/ Geistlichen Hertz= vnd Frewden Kuß: vnd empfange hingegen von ihr einen innerlichen Gnaden Kuß: setzt darauff dise Wort hinzu: Ergo fratres charissimi, ad imaginem eius accedite, genua flectite, oscula imprimite, Aue Maria dicite: Derowegen ihr Allerliebsten/ kemmet zu derselben Bildnuß hinzu/ bieget die Knye/ gebt ihr den Kuß/ vnd sprecht: Aue Maria: Gegegrüßt seyest du MARIA.

IV. Ist der Englisch Gruß den Teufflen erschröcklich: dann in disem Gruß kombt Sie den bösen Geistern erschrecklich für/ als wie ein wolgeordnetes Kriegs Heer: dann der Sathan weißt/ daß krafft dises Gruß ihme das Haupt zerknitscht/ vnd das gantze Menschliche Geschlecht/ so zuvor wegen der Sünden ihme vnderworffen war / zurecht gebracht/ auch ihme hierdurch aue seine Wehren/ vnnd Waffen den Menschen zuschaden/ abgenemmen worden: Epiphanius, *V.* wie dann er allen denjenigen/ so disen Gruß andächtig betten/ weder an Leib/ noch an der Seel schädlich seyn kan / sondern von ihnen mit Spott ablassen/ vnd weichen müssen.

Als die seelige Jungfraw Euphemia gedachte in ein Kloster zugehen/ erlitte sie vom bösen Geist grosse Versuchungen/ diser vnderstund sich einest/ sie gar zum Fenster hinauß zuwerffen: aber da sie den Englischen Gruß gebettet/

Die XIV. Predig.

bettet/ hat er nit allein damahls/ sondern auch hernacher allzeit/ so offt sie in der Versuchung das Aue Maria gebettet/ welchen/vnd sie vnbeschädigt lassen müssen. Cæsarius. VV.   VV. Lib. 5. Dialog. cap. 44.

So erzehlt auch der Gottseelige Thomas de Kempis von jhme selbsten/ X. wie daß jhme der Teuffel/ da er bey der Nacht gebettet/ in allerley abschewlichen Gestalten erschinen/vnd erschrecken wollen: aber wie er das Aue Maria mit zitterender Stimm vnnd Hertzen geſp:ochen/ hab er alßbald mit schröcklichem Geräusch vnd Brummlen jhne verlassen müssen.   X. Serm. 3. ad Nouitios. Aue, verjagt Natürliche Gespänster.

Dann/ wie der H. Ambrosius sagt/ auff Anruffung deß Namens MARIÆ, wird die gantz Versamblung deß Höllischen Gewalts erschröckt: der Englisch Gruß ist die Ruthen auß Jsrael/ daruon Balaam weißgesagt/ welche die Obriste Moabiter/ vnd alle Kinder Seth, das ist/ den Teuffel vnd seinen Anhang vergwältigen/ vnd zerstören wirdt.   Num. 24. 17.

Ein schöne vnd denckwürdige Geschicht beschreibt zu Bestättigung diser Sach Iacobus de Voragine, Y. wie daß ein Adelicher Soldat an gemeiner Strassen ein RaubSchloß gehabt/ vnd die fürüber Reisende ein geraume Zeit ohne alle Barmhertzigkeit durch seine Soldaten plündern/ vnnd zum theil ermörden lassen: darbey er doch im Brauch gehabt/ daß er täglich die Mutter GOttes/ nach dem Exempel deß ErtzEngels Gabriel mit dem Aue Maria grüßte/ sich auch von solchem täglichen Gruß nichts verhinderen lisse.   Y. In festo Annunt. B. Virg.

Nun hat es sich zugetragen/ daß ein frommer vnd heiliger Religios auch dise Strassen reisete/ vnd gleich andern/ alles deß Seinigen beraubt werden solle: diser hat die Räuber gebetten/ sie solten jhn zu jhrem Herzen führen/ dann er hette gantz wichtige Sachen mit jhme zureden: er wird erhört/ vnd für den Herrn geführt/ disen bittet der arme Ordens-Mann/ er solle sein gantzes Haußgesind zusammen fordern damit er jhnen GOttes Befelch vnnd Werck verkündigen könne.   Aue, erhält offnen Mörder zur Buß.

Hierauff stelt der Herr dem Geistlichen Vatter sein gantzes Haußgesind für: aber diser erkannte auß Göttlicher Offenbahrung/ daß nicht jemand abgienge/ vnd begehrt auch den Abwesenden.

Man inquiriert, vnd befindet daß der Kämmerling deß Herrn nit verhanden/ wird derowegen auch beruffen vnd her: bey gebracht: wie aber diser deß heiligen Manns ansichtig worden / verkehrt er die Augen im Kopff grausamb/ schüttelt das Haupt/ vnd wolte nit nahe hinzu tretten: da fangt der heilige Mann an jhne in dem Namen deß HERRN JEsu Christi zubeschwören/ er solle offentlich außsagen/ wer er sey vnd auß was Vrsachen er hieher kommen wäre.

Hierauff müste der vnreine Kämmerling gezwungner Weiß bekennen/

Ee iij   daß

Von Maria der Wunderbärlichen Mutter.

Teuffel dienet 14 Jahr für ein Käm̄erling vnd sonst/wegen deß Aue Maria.

daß er kein Mensch/sondern der leidige Teuffel sey/vnnd die Gestalt eines Menschen an sich genommen/vnd sich bey disem Herrn vierzehen Jahr auff gehalten: mit Befelch seines Obristen Fürsten/vnnd Teuffels/daß er fleissig auff den Tag/an welchem sein Herr den Englischen Gruß zubetten vndertassen wurde/Achtung geben/vnd alsdann auß gegebnem Gewalt/jhne jāmerlich zerreissen solle/damit er in grossen Sünden vnd Lastern sein Leben endete/vnd ewig verdambt wurde: doch wann er den Englischen Gruß gesprochen/hab er kein Gewalt jhne zubeleydigen gehabt.

Ab disem hat sich der Herr höchlich entsetzt/dem H. Mann zu Fussen gefallen/vnd sein sündliches Leben gebessert/der Sathan aber ist an ein Orth beschworen worden/an welchem er den Liebhabern MARIÆ nimmer schädlich seyn können.

Aue, verjagt alles Gewalt deß Teuffels.

Wer nun von deß Teuffels List/auch zeitlich vnnd ewigen Verderben will erhalten werden/der bette fleissig das Aue Maria, als krafft welches dem Teuffel aller Gewalt vber vns benommen wirdt.

Z. De coronatione Mariæ.

Es erzehlt Bernardinus de Bustis, Z. wie daß ein Gottselige Jungfraw ein Vögelein das Aue Maria gelehrnet/also daß dasselbig nichts schwätzen/oder singen könde/als Aue Maria.

Vögele lehrnet vnd singt das Aue.

Wird durch das Aue bey dem leben erhalten.

Nun hat es sich begeben/das dises Vögelein von jhrer Lehrmeisterin der Jungfrawen/etwas zu weit hinweg geflogen/vnnd einem Raubvogel in die Klawen kommen/ darinnen er es hinweg geführt: wie aber das Vögelein/ nach dem es vnderwisen war/das Aue Maria geruffen/ist alsbalden der Raubvogel herab gefallen/das Vögelein von dessen Klawen erlediget vnd widerumb in der Jungfrawen Schoß geflogen/vnnd darinnen sein Leben saluiert.

Mariæ Lob-Vögele.

Hie merck/mein lieber Christ: Es geschicht zu Zeitten/das manche Kinder/Söhne vnd Töchtern/von den Eltern, Seelsorgern, Præceptorn, vnnd Schulmeistern in Gottseeligkeit aufferzogen/in Glaubens-vnd Geistlichen Sachen wol vnterwisen/zu dem Rosenkrantz oder Aue Maria, vnd andern heyligen Gebetten/ vnd Tugenden angehalten/auch wol in V. L. Fraw Congregation, vnnd Bruderschafften eingeschriben werden: darinnen sie Gott/vnd seiner werthen Mutter das Lob singen/vnd also der Jungfrawen MARIÆ Lob-Vögelein/vnd andächtige Seelen seynd.

Nun begibt es sich aber auch offt/wann solche Kinder/Söhne/vnd Töchtern auß der Zucht kommen/daß sie auch von der Seeligsten Jungfrawen Andacht/vnnd Gottsforcht außfliehen/von jhren täglichen Gebetten/ vnd Tugenden ablassen/ vnd endlich durch schwere tödliche Sünden/vnd Laster dem Höllischen Raubvogel in die Klawen kommen/vnd dem ewigen Verderben zugeführt werden.

Was

Die XIV. Predig.

Was Rahts in solchem armseligen Stand vnd Elend? sie sollen an das/ was sie erlehrnet/ gedencken/ jhre alte Andacht ernewern/ zu der Seligsten Jungfrawen jhr Zuflucht nemmen/ Sie in dem H. Rosenkrantz-Gebett/ vnd sonsten mit dem Aue Maria vnd Besserung jhres Lebens antruffen/ vnd endtlich gleich obbemeltem Vögelein in die Schoß der Barmhertzigkeit MARIÆ jhr Zuflucht nemmen/ vnd Schutz suchen/ so werden sie auß deß Höllischen Raubvogels Klawen/ vnd Gewalt erlediget werden/ dem eussersten Verderben entgehen/ vnd bey MARIA, wie vil tausent arme bußfertige Sünder erfahren/ hie zeitliche Wolfahrt/ dorten aber das ewige Leben finden.

Alte Andacht zu ernewern.

Pulcherrimam pro hac re declaranda Historiam habet Carthagena, 3. de Arcanis B. Virg. & Ioseph, & Calend. B. Virg. M. dem Stammenbuch 4. Ian.

Der III. Theil.

Von verwunderlichen Nutzbarkeiten deß Englischen Gruß.

WAs das heilige Gebett deß Englischen Gruß den Glaubigen für Nutzen bringe/ weiß vnd kan ich besser nicht erklären/ als wann ich das jenige fürbringe vnd erzehle/ was MARIA selbsten hiervon jhrem trewen Diener/ vnd grossen Liebhaber dem H. Vatter Dominico geoffenbahret/ vnd schrifftlich vbergeben.

Dann als derselb auff ein Zeit am Fest deß H. Evangelisten vnd Apostels Ioannis auff der Academia zu Pariß in Franckreich predigen solte/ vnd jhm hohe Concept vnd Sachen/ weil er Hochgelehrte vnd fürnemme Zuhörer haben wurde/ zu predigen fürnahm/ auch zu disem End vor dem Hoch Altar in einer Capellen den Rosenkrantz bettete/ erschine jhme die Seligste Mutter Gottes/ vnd vbergab jhme ein Büchlein/vnd sprach zu jhme: Mein Sohn Dominice, obwol zwar es gute Sachen seyn/ die du dir fürgenommen zu predigen/ so hab ich dir doch vil bessere gebracht.

Der H. Dominicus thät das Buch auff/ lase es/ vnd fande in demselben so vil verwunderliche Geheimbnussen/ vnd grosse Nutzbarkeiten deß Aue Maria oder Englischen Gruß/ so vil Wort darinnen begriffen.

Welche auß Befelch der Mutter Gottes er zu Pariß in beyseyn/ vnd Gegenwart aller Theologen/ vnd gantzen Academiæ, auch fürnemmer Herren/ vnd grosser Menge deß Volcks/ in Gleichnussen auff folgende Wuß geprediget.

1. Frag ich/ sagt er/ wann wir nothwendig durch eines Feindts Land ziehen müßten/ wurden wir vns nit vmb ein Salvum conductum, vnd sicher Glait bewerben? Wolan/ in diser Welt schweben wir mitten vnder den Feinden:

Nutzbarkeit deß Aue Maria.

Prediger sollen sich mit dem H. Gebett vor bereiten.

Aue Maria, voll Geheimnussen.

S. Dominici Predig zu Pariß/ vom Aue Maria.

1. Aue, Zeichen deß Heyls.

Emmanuel Fernandez auß ernielter heiliger Geselschafft Priester/ hat diſe Wort im Aue Maria: H. MARIA Mutter Gottes bitt für vns/ ꝛc. langſammer vnd andächtiger außgeſprochen/ auch groſſen Troſt darauß in jhme ſelbſten empfunden. G.

G. Hiſtor. Abyſſ. lib. 3. c. 76. Auc. von den Apoſtlen gebettet.

V. Iſt diſer Engliſche Gruß von den Apoſtlen ſelbſten gebettet/vnd gebraucht worden: wie ſolches neben andern klar erſcheint auß der Liturgia, oder Meß Form deß H. Apoſtels / vnd Bruders deß HERRN Iacobi: welcher nach langem Anruffen vmb Fürbittliche Hilff/ endtlich die Gebärerin Gottes alſo grüſſet / vnd bettet: Aue MARIA, gratia plena, Dominus tecum, benedicta tu in mulieribus, & benedictus fructus ventris tui, quia Saluatorem peperiſti animarum noſtrarum: G'grüſſt ſeyeſt du MARIA, voll der Gnaden/der H err iſt mit dir/du biſt gebenedeyet vnder den Weibern/ vnd gebenedeyet iſt die Frucht deines Leibs/weil du gebohren haſt den Heyland vnſern Seelen.

H. In Lib. de Pſalt. Aue, von heiligen Vättern hoch gehalten

Der ſeelige Alanus lehret/ H. daß die Apoſtel diſen Gruß geſprochen/ da die Mutter Gottes noch bey Leben war.

I. In Lib. Apolog. Pſalt. B.V. c. 15. ſub fin. K. In Euang. de SS. Deip. L. In Trag. Chriſtus patiens. M. Serm. 18. de Sanctis. N. Orat. 2 ad Miſſæ præparat. O. Serm. de Laud. P. In Carm. de Annunt. Q. Serm. de Dorm. Virg. R. Serm. de Annūt. B. V. S. Orat. de Aſſumpt.

Zum V. Iſt der Engliſch Gruß von den heyligen Vättern vnd Lehrern jederzeit hoch gehalten / vnd von der gantzen Chriſtenheit durch alle Alter mit groſſer Andacht geſprochen vnd gebettet worden.

Der ſeelige Alanus bezeugt/ I. wie daß die Seeligſte Jungfraw einem ihrer Liebhabern ſelbſten geoffenbaret/ daß in primitiua Ecclesia, in der erſten Kirchen der. Engliſch Gruß in höchſten Ehren gehalten worden ſey/ auch vnder/vnd von den Apoſtlen.

Solchen zubetten hat der H. Chryſoſtomus in ſeiner Meß Form/welche er ſelbſten gemacht/ verordnet: alſo auch der H. Baſilius, vnnd andere HH. Vätter/als S. Athanaſius, K. Gregorius Nazianzenus, L. Ambroſius, M. Ephrem, N. Auguſtinus, O. Damaſcenus, P. &c.

Der H. Anſelmus Q. redet in einer Predig/ ſeine Zuhörer alſo an: Laſſet vns mit dem Ertz Engel vnd Vorgänger Gabriel auffſchreyen: Aue gratia plena, Dominus tecum: G'grüſſt ſeyeſt du voll Gnaden ꝛc.

Vnd widerumb: R. Aller Frommen tieffen ſollen zu Ehren der Gebärerin Gottes die Stimm deß Ertz Engels erheben/ vnd mit Frewden auffſchreyen: Aue gratia plena: Gegrüßt ſeyeſt du voll Gnaden.

Eben diſes hat geprediget/ vnd MARIAM mit dem Engliſchen Gruß zuuerehren gelehrt Andreas Cretenſis, S. auch deſſen darbey die Vrſach geben/vnd vermeldt: Diſer Gruß ſey darzu gemacht vnd volbracht worden / daß wir darburch MARIÆ der Königin vnſers Geſchlechts Danck ſagen: gebühre das mäiſt, Gegrüßt ſeyeſt du MARIA.

Die

Die XIV. Predig.

Hie lehrnt mein Christ 1. wie löblich von vns Catholischen Christen das Aue Maria gebettet werde: dann in disem/ wie gehört worden/ folgen wir nach/ vnd thuen/ was die Allerheyligste Dreyfaltigkeit selbsten angeben: was der ErtzEngel Gabriel auß derselben Geheiß vollzogen: was Elisabetha auß Eingebung deß H. Geists widerholet/ vnd gemehrt: was alle Heylige vnd Hocherleuchte Vätter durch alle Alter der Welt gelehrnet/vnd was die Allein Seeligmachende Catholische Kirch/ vnd rechtmässige Christenheit verordnet/ vnd geübet hat.

Dahero sagt der H. Hesychius Priester zu Hierusalem T. billich: Ohn allen Zweiffel grüsset ein jegliche Zung eines danckbaren Hertzens die Seeligste Jungfraw vnd Gebärerin GOttes/ vnd befleißt sich mit allen Kräfften dem Obristen Engel Gabriel hierinnen nachzufolgen.   *T. Homil. 1. de Deip.*

Wann wir derowegen prediget Chrysippus auch Priester zu Hierusalem/ V. sonsten keine würdige Gaaben auffopffern können so laßt vns den Anfang nemmen von dem Gruß vnd Wort deß ErtzEngels Gabriel, vnd sprechen: Gegrüßt seyest du voll Gnaden.   *V. In Serm. de Deip.*

Als P. Ignatius Martinez auß der Societet Iesu, König Sebastiani in Lusitania HoffPrediger einest Kinderlehr hielte/ vnd niemands mit lauter Stimm den Englischen Gruß sprechen wolte/ gabe Gott mit einem Miracul zu erkennen/ wie lieb vnd angenemb ihme diser Gruß seye / in dem ein Kind erst 6. Monat alt auff der Mutter Schoß den Keyff vber sich gericht/ vnd mit lauter verständigen Worten den Englischen Gruß/ mit menigliche Verwunderung gebettet.

Zum 2. Sollen wir lehrnen/ vnd vns lassen gesagt seyn/ was hie Hugo Charnotensis mit disen Worten erinnert: *VV. Si vis ad Virginem ingredi, & eam salutare, oportet te esse Angelum:* Wann du zu der Seligsten Jungfrawen eingehen/ vnd Sie grüssen wilst / so ist vonnöthen/ daß du ein Engel seyest: er will sagen/ wer den Englischen Gruß mit Nutz recht betten wolle/ müsse solches verrichten mit reinem vnd rewigem Hertzen.   *VV. In Cap. 1. Lucæ.*

Solinus der Naturkündiger schreibt von den Elephanten/ X. daß selbige den Auffgang der Sonnen mit gewissen Geberden grüssen / aber ehe sie solchen Gruß verrichten/ sich zuvor mit Wasser waschen: Auff dise Weiß/wer die GnadenSonnen MARIAM würdig grüssen will/ der muß sich zuvor mit den Bußwassern waschen / seine Sünd berewen/ vnd dises mit reinem Hertzen verrichten.   *X. Apud Berchorium verbo salutare. Elephant grüßt die Sonn.*

Hierauff deutet auch Thomas à Villanoua, vnd spricht: *Y. Tolle Solem, quid est in mundo, nisi tenebræ? Tolle* MARIAM *ab Ecclesia, quid restat nisi caligo? vnde priùs aquâ lacrymarum se lauent, qui salutant.* Nimb hinweg die Sonnen/ was wirdt in der Welt seyn/ als Finsternuß?   *Y. Conc. 1. de Annuat.*

nuß? also nimb hinweg MARIAM von der Kirchen vnd Glaubigen Gottes/ was wurde vbrig seyn/ als Dunckelheit? darumben reinige sich der zuvor mit den Bußzähern/ welcher Sie grüssen will.

Es erzehlt auch Alexander ab Alexandro, Z. es wäre bey den Römern vor Zeiten im brauch gewesen/ wann einer zum Kayser hinein gehen/ vnd ihne grüssen wollen/ daß die Hoffherren zuvor vber solchen inquirirt, vnd ihne angesucht haben/ ob er nit vielleicht verborgne Mordwaffen/ vnd vergiffte Pfeil bey sich trage.

Wer die Himmel-Königin recht vnd nutzlich mit dem Aue Maria grüssen will/ der sol zuvor vber sich selbsten inquiriren/ sein Gewissen erforschen/ vnd die Mordwaffen/ das ist/ Tödtliche Sünden ablegen/ vnd zu Jhr mit Besserung deß Lebens kommen.

Bekandt ist die Historj/ welche P. Franciscus de la Croix der Societet IESV, von einem Jüngling beschreibt. A. welcher zwar die Mutter Gottes mit allerhand Andachten verehrt/ vnd auch mit dem Aue Maria offt gegrüßt: doch darbey ein sündtliches vnd vnreines Leben geführt.

Als diser Jüngling einest in einem Holtz jrr gieng/ vnd Hunger litte/ brachte Vnser liebe Fraw jhme ein köstliche gute Speiß/ aber in einer so vnsaubern Schüssel/ daß der/ wiewol hungerige Jüngling nichts darvon verkosten/ sondern sprach: die Speiß wäre zwar gut/ aber die vnsaubere Schüssel bringe jhm ein Grawsen/ daß er nichts darvon essen könne.

Warauff die Mutter Gottes jhne vnderwisen/ vnd gesagt: seine Gebett vnd Gruß/ seyen zwar hertzliche vnd köstliche Gebett/ aber weilen selbige auß einem so sündtlichen vnd vnreinen Hertzen herkommen/ könne Sie kein Gefallen darob haben.

Disen ersten Puncten beschliesse ich mit dem H. Vatter Bonauentura, B. Libenter nos MARIA salutat cum gratiâ. Si libenter eam salutamus cum Aue Maria: MARIA grüsset vnd begegnet vns willigklich mit Gnaden/ wañ wir Sie offt vnd gern/ auß rechter Andacht vnd Liebe grüssen mit dem Aue MARIA.

Der II. Theil.
Von der Wunderbarlichen Würckung deß Englischen Gruß.

Joannes Itzstein, Prediger Ordens/ schreibt in seinem Rosengarten A. von dem Englischen Gruß/ vnd spricht: der Englisch Gruß ist so voll der verborgenen Wunder/ vnd Wunderbahrlichsten Geheimnussen/ daß es das Ansehen hat/ als habe Gott in denselbigen seiner

Die XIV. Predig.

seiner Allmächtigen Würckung ein Zihl gesetzt / ausser welchem er nichts könne / oder wolle besser machen: dann diser ist in dem Rahte der Allerheiligsten Dreysaltigkeit dictirt worden: diser hat den Sohn Gottes mit dem sterblichen Fleisch vereiniget: diser hat die Jungfraw zu einer Mutter Gottes gemacht: diser hat die Welt widerumb gebohren: diser hat die Höll außgelähret: diser hat den Himmel bestritten / vnd eröffnet: diser hat die Vnermäßlichkeit alles Guten bracht: diser Englische Gruß hat alle Vbel/ so wegen der Erbsünd auff vns gewachsen / hinweg genommen / vnd begreifft in demselben ein jegliches Wort/ein sonderbare Würckung der Göttlichen Allmacht.

Von disem Englischen Gruß schreibt der Selige Alanus de Rupe. *B,* Pauca verbis, alta mysteriis: er sey kurtz von Worten / aber hoch von Geheimbnussen / vnd groß in der Würckung.

Iodocus Beyselius handlet auch von dem Englischen Gruß / vnd vermeldt, *C,* Quae oratio plura habet mysteriorum Sacramenta, quàm non dico verba, sed etiam litteras: disses Gebett begreifft mehr verborgene / vnd heilige Geheimbnussen in sich/als in demselben nit allein Wort/ sondern auch Buchstaben zu finden.

Vnd zwar I. begreifft der Englisch Gruß in sich die höchste Guttaten Gottes / vnd Geheimbnussen vnserer Erlösung: nemblich / die Gnadenreiche Menschwerdung Christi: vnd ist ein Erfüllung deß Alten / vnd Anfang / ja Innhalt / vnd Begriff deß Newen Testaments / vnd Euangelij: dann alles was Moyses / die Propheten / vnd Apostel geschriben / wird auff die Menschwerdung Christi gezogen: weil in dem *Wort / das Fleisch worden /* alles begriffen /wie der Selige Albertus Magnus lehret. *D,*

II. Bringt derselbig Frewd vnd Süssigkeit allen Chören der Engel / vnd gantzem Himmlischen Heer: in disem Englischen Gruß / sagt der H. Ephrem, *E.* ist der Engel Hönig begriffen: vnd hat deßwegen recht den Namen Englisch Gruß: vorderst aber bringt selbiger Frewd vnd Süssigkeit dem H. Ertz Engel Gabriel, wie die H. Gertrudis auß geschehener Göttlicher Offenbahrung bezeugt / vnd erzehlt / *F.* daß derselb mit einem gantz newen Glantz deß Göttlichen Liechts schimmerendt gesehen worden / so offt der Englisch Gruß / welchen er zum erstenmahl außgesprochen / gebettet war.

Darnach ist diser Gruß lieblich allen heyligen Englen GOttes / welche alle nach dem Exempel deß Ertz Engels Gabriel, wie der H. Athanasius Bischoff zu Alexandria lehret / *G.* MARIÆ der Mutter GOttes mit disem Gruß Glück wünschen / vnd Sie verehren: dann sie wissen / daß Krafft dises / der Fall der Engel ersetzt / GOtt Mensch / vnd die Welt widerumb zu recht gebracht / vnd seelig gemacht worden: dahero lassen sich die Engel GOttes gern finden bey denen / welche disen Gruß andächtig betten.

B. 4. Part. Operis rediui. c. 30.

C. Lib. de Rosacea Corona. Mehr Geheimbnuß/ als Buchstaben im Aue Maria.
I.
Gottes Guttat.

D. Epist. ad Florent. à Monte.
II.
Alle Frewd der Englen.
E Orat. 8. de Laud. Virg.
F. Lib. 4. Reuelat.

G. Orat. de SS. Dei Matris Laudibus.

E e   Wie

Von Maria der Wunderbarlichen Mutter.

Wie Sie dann dem seligen Henrico Susoni erschinen/ das erbet Aue Maria gebettet/ vnd mit jhme die Mutter Gottes gegrüsset/ vnd das Lob gesungen/ H. Weil die H. Catharina von Senis gleich von jhrer Kindheit an gegen der Seligsten Jungfrawen ein grosse Andacht gehabt/ vnd Sie schon im fünfften Jahr jhres Alters mit dem Englischen Gruß zu verehren angefangen/ auch so offt sie die Stiegen deß Hauß hinauff gangen/ auff jedem Staffel niderknyet/ vnd die Mutter Gottes mit einem Aue Maria gegrüßt/ seynd jhr die Engel zum öfftern erschinen/ vnd haben sie vber die Stiegen getragen/ daß sie kein Staffel berührt hat: wie P. Raymundus de Capua J. jhr Beichtvatter erzehlt.

III. Ist diser Gettgruß der Allerseligsten Gebährerin Gottes am allerangenemsten: dann so offt solcher mit Andacht gesprochen wird/ wird Sie mit sonderbarer Süssigkeit vbergossen/ vnd empfangt ein newe zugegebene Frewd.

Da die Mutter Gottes in dem Gespräch mit der H. Elisabeth/ diß Gruß erinnert worden/ könt Sie sich vor innerlicher Frewd jhres Hertzens nit mehr halten/ sondern brach in dise Wort herfür: Magnificat anima mea Dominum&c. Mein Seel macht groß den HErrn/ vnd mein Geist hat sich erfrewet in Gott meinem Heyland.

Wilhelmus Pepinus schreibt K. von einer anbächtigen Frawen/welche der Bruderschafft deß H. Rosenkrantz einverleibt gewesen: als selbige einest zu Nacht in jhrem Beth ruhete/erschine jhr B. L. Fraw/vnd sprach: Förchte nit/ mein Tochter/ dein Mutter/ welcher dn täglich angenemme Dienst erzeigest: allein ermahne ich dich/ daß du in solchem verharrest: dann du solst wissen/ daß ich so grosse Frewd ab dem Englischen Gruß empfange/ welche kein Mensch außsprechen kan.

Disses bestätiget die Erscheinung/ welche der H. Gertrud widerfahren/ vnd folgenden Innhalts erzehlt wird: L. Als in dem Jungfraw Kloster/ in welchem sich S. Gertrudis auffhielte/am Fest der Verkündigung MARIÆ vmb die Mettenzeit der Englisch Gruß gesungen war/ sahe sie drey starcke flüssende Bächlein/ vom Vatter/ Sohn/ vnd H. Geist herfür quellen/ vnd das Hertz der Mutter Gottes mit einem sehr lieblichen rauschen durchtringen/ auch von dannen mit Macht widerumb an jhr voriges Orth fliessen: Auß disem Innfluß der Heiligsten Dreyfaltigkeit war der Mutter GOttes Gnad gegeben: daß Sie nach Gott dem Vatter/ die aller Mächtigste/ nach Gott dem Sohn/ die aller Weiseste: vnd nach Gott dem H. Geist/ die aller Gnädigste ist.

Bey diser Erscheinung hat die H. Gertrud auch wahrgenommen/ daß/ so offt der Englisch Gruß von den Glaubigen auff Erden mit Andacht gebettet/

Die XIV. Predig. 219

better wirdt/ diſe Gnaden Bächlein mit mehrerem Gewalt das Hertz Vnſer L. Frawen ſtärcker vmbflieſſen / vnd auff der andern Seitten widerumb abflieſſ·u / endtlich aber mit öffterer Widerholung ſich zu ihrem Vrſprung kehren: doch alſo/ daß von derſelben Aederlein der Freuden/ vnd deß ewigen Heyls quellen in alle Perſonen/ der Heyligen im Himmel / der Engel Gottes/ vnnd alle die jenige / welche auff diſer Erden diſes Gruß Gedächtnuß halten: durch welche gleichſamb ernewert/ vnnd zur Gedächtnuß gebracht wirdt/ alles Guten/ was ſie einmal durch die heylwertige Menſchwertung deß Sohns GOttes erlangt haben. *Roſenkrantz Bächlein.*

Als auff ein andere Zeit die H. Gertrud den Roſenkrantz/ vnd offt widerholte Aue Maria bettete/ kame ihr vor/ als wann alle Aue Maria, oder vilmehr alle Wort deſſelben/ lauter guldine Pfenning/ vnd köſtliche Perlein wären/ welche ſie auß dem Schatz ihres Hertzens vnd Mundes/ der Mutter Gottes auffopfferte: ſo ihr lieber geweſen/ als alles Gelt der SeitzKetchen. *M.* *Aue Maria, Guldine Pfenning. M. Lib. 4. Reuel. c. 44.*

Dergleichen Schatz kan ein jeglicher Chriſt durch das andächtige Aue Maria-Gebett auffthun/ vnnd darmit Vnſer liebe Fraw/ verehren/ auch ihme ſelbſten ein Schatz im Himmel vnd auff Erden ſamblen.

Dergleichen denckwürdige Erſcheinung/ vnnd Offenbarung hat auch gehabt die H. Kloſter Jungfraw Mechildis, S. Benedicti Orden: dann als an einem Sambſtag in der Kirchen das Salue ſancta parens, Sey gegrüſt du heilige Gebärerin/ geſungen war/ vnd ſie bey ihr ſelbſten gedachte: Königin der Himmeln/ wann ich dich mit dem allerſüſſeſten vnd lieblichſten Gruß/ ſo jemahl ein Menſchliches Hertz erdencken mag/ würdig grüſſen könnte/ ſo wolt ichs thun: iſt ihr hierauff alsbald die Mutter GOttes ſichtbarlich erſchinen/ vnd hat auff ihrem Hertzen daß Aue Maria, mit guldinen Buchſtaben eingeſchriben gehabt/ auch ſie alſo angeredt. *S. Mechtildis Erſcheinung.*

Mein Tochter/ es iſt kein Menſch vber diſes Gebett hinauff kommen/ vnd kan mich kein Menſch ſüſſer grüſſen/ als der ſenig der mich grüſſet/ wie mich GOTT der Vatter/ der Sohn/ vnd der H. Geiſt durch den Engel hat grüſſen laſſen. *Aue Maria, der liebſte Gruß.*

Dann wer alſo bettet/ ermahnet mich aller Guthaten/ welche mir die heyligſte Dreyfaltigkeit damahls erwieſen: hat auch nach länge erzehlt/ wie/ vnd was für ein ſonderbare Süſſigkeit vnd Freud ſie auß einem jeglichen Wort deß Engliſchen Gruß empfange.

Wie angenemb das Aue Maria-Gebett/ Gott/ vnd ſeiner werthen Mutter/ iſt nit allein vilen Liebhabern MARIÆ in diſem Leben geoffenbaret/ ſondern auch nach derſelben Abſterben mit Wunderzeichen beſtättige worden. *Aue Maria, angenemb.*

Sergius ſchreibt/ N. daß nach dem ſeeligen Abſterben Ioannis eines Mönchs/ Ciſtercienſer Ordens/ auß ſeinem Grab ein ſchöne Gilgen herfür gewach- *N. Lib. 3 ſS. Ord. Ciſter. c. 93.*

Ee ij

Von Maria der Wunderbarlichen Mutter.

Gilgen/ mit dem Aue bezeichnet.
O. Ex Chron. Seruit.
P. Specul. Exempl. Tit. Simplicitas.
Q. Vincent. Beluac. in Specul. Histor. l. 7. cap 116.
R. Lib. Miracul.

gewachsen/ vnd auff einem jeglichen Blat das Aue Maria gesehen worden: weil er solche Wort in seinem Leben ohne vnderlaß außgesprochen. Dergleichen ist auch geschehen nach dem Todt Francisci von Senis, Seruiter Ordens. *O.* Item deß Bettlers Salaun. *P.* Item deß Seeligen Ioseij S. Benedicti Orden/ in dem Kloster S. Bertini/ auß dem Mund/ Augen/ vnd Ohren fünff Gilgen gewachsen. *Q.* Von einem Pilgramb erzehlt der H. Anselmus, *R.* daß er aller Orthen das Aue Maria gebettet/ wie er aber von den Mördern vmbgebracht/ begraben/ vnnd an statt eines Creutz sein Pilgramb Stab auff das Grab gestecktt worden/ hat derselbe anfangen außschlagen/ vnd zu einem Baum gewachsen: auff dessen Blätter dise Wort erfunden worden: Aue Maria, gratia plena, Dominus tecum: **Gegrüst seyest du MARIA, voll der Gnaden/ der HERR ist mit dir.**

Pilgerstab/ grünet mit dem Aue. S. In Homil. Dom. 9 post Pentecost.
Baums Blätter mit dem Aue.
T. Apud Coppenst. in claui Præd Rosarium, l. 1. c. 6.
Aue, gibt Mariæ ein Frewdenkuß.

Dergleichen beschreibt auch Cæsarius, *S.* von einem Conuersen, vnd Neuigen Cistertienser Ordens/ daß er außer das Aue Maria nichts erlehrnen können: doch aber dasselbig offt mit Andacht/ vnd Süssigkeit seines Hertzens gesprochen: nach dessen Todt ist auß seinem Grab ein Wunder-Baum/ dessen Wurtzel in das Hertz gieng/ herfür gewachsen: auff welches Baums Blätter das Aue Maria mit Verwunderung zufinden gewesen.

Diser Vrsachen halben lehret der H. Bernardus, *T.* daß welcher den Englischen Gruß andächtig bettet/ der gebe gleichsamb der Mutter Gottes einen Angenemmen/ Geistlichen Hertz- vnd Frewden Kuß: vnd empfange hingegen von ihr einen innerlichen Gnaden Kuß: setzt darauff dise Wort hinzu: Ergo fratres charissimi, ad imaginem eius accedite, genua flectite, oscula imprimite, Aue Maria dicite: Derowegen ihr Allerliebsten/ trettet zu derselben Bildnuß hinzu/ bieget die Knye/ gebt ihr den Kuß/ vnd sprecht: Aue Maria: **Gegrüßt seyest du MARIA.**

IV. Teufflen erschröcklich. Cant. 6. 3.
V. Serm. de Laud. Virg.
Aue schwächt den Teuffel.
Aue, vertreibt deß Teuffels versuchung.

IV. Ist der Englisch Gruß den Teufflen erschröcklich: dann in disem Gruß kombt Sie den bösen Geistern erschröcklich für/ als wie ein wolgeordnetes Kriegs Heer: dann der Sathan weißt/ daß krafft dises Gruß ihme das Haupt zerknirscht/ vnd das gantze Menschliche Geschlecht/ so zuuor wegen der Sünden ihme vndterworffen war/ zurecht gebracht/ auch ihme hierdurch alle seine Wehren/ vnnd Waffen den Menschen zuschaden/ abgenemmen worden: Epiphanius, *V.* wie dann er allen denjenigen/ so disen Gruß andächtig betten/ weder an Leib, noch an der Seel schädlich seyn kan/ sondern von ihnen mit Spott ablassen/ vnd weichen müssen.

Als die seelige Jungfraw Euphemia gedachte in ein Kloster zugehen/ erlitte sie vom bösen Geist grosse Versuchungen/ diser vnterstund sich einest/ sie gar zum Fenster hinauß zuwerffen: aber da sie den Englischen Gruß gebettet/

Die XIV. Predig.

bettet/ hat er nit allein damahls/ sondern auch hernacher allzeit/ so offt sie in der Versuchung das Aue Maria gebettet/ welchen/vnd sie vnbeschädigt lassen müssen. Cæsarius. *VV. Lib. 5. Dialog. cap.*

So erzehlt auch der Gottseelige Thomas de Kempis von jhme selbsten/ wie daß jhme der Teuffel/ da er bey der Nacht gebettet/ in allerley abschewlichem Gestalten erschinen/vnd erschrecken wollen: aber wie er das Aue Maria mit zitterender Stimm vnnd Hertzen gesprochen/ hab er alßbald mit schröcklichem Geräusch vnd Brummen jhne verlassen müssen. *X. Serm. 3. ad Nouitios. Aue, verjagt Natürliche Gespänster.*

Dann/ wie der H. Ambrosius sagt/auff Anruffung deß Namens MARIÆ, wird die gantz Versamblung deß Höllischen Gewalts erschröckt: der Englisch Gruß ist die Ruthen auß Israel/darvon Balaam weißgesagt/welche die Obriste Moabiter/ vnd alle Kinder Seth, das ist/den Teuffel vnd seinen Anhang vergwältigen/vnd zerstören wirdt. *Num.24.17.*

Ein schöne vnd denckwürdige Geschicht beschreibt zu Bestättigung diser Sach Iacobus de Voragine, Y. wie daß ein Adelicher Soldat an gemeiner Strassen ein RaubSchloß gehabt/vnd die fürüber Reisende ein geraume Zeit ohne alle Barmherzigkeit durch seine Soldaten plündern/ vnnd zum theil ermörden lassen: darbey er doch im Brauch gehabt/daß er täglich die Mutter GOttes/nach dem Exempel deß ErtzEngels Gabriel mit dem Aue Maria grüßte/ sich auch von solchem täglichen Gruß nichts verhindern liesse. *Y. In festo Annunt. B. Virg.*

Nun hat es sich zugetragen/daß ein frommer vnd heiliger Religios auch dise Strassen reisete/ vnd gleich andern/ alles deß Seinigen beraubt werden solle: diser hat die Rauber gebetten/sie solten jhn zu jhrem Herrn führen/ dann er hette gantz wichtige Sachen mit jhme zureden: er wird erhört/ vnd für den Herrn geführt: hetssen bittet der arme Ordens-Mann/er solle sein gantzes Haußgesind zusammen fordern damit er jhnen GOttes Befelch vnnd Wort verkündigen könne. *Aue, erhält offenen Mörder zur Buß.*

Hierauff stellt der Herr dem Geistlichen Vatter sein gantzes Haußgesind für: aber diser erkannte auß Göttlicher Offenbahrung/daß nich jemand abgienge/ vnd begehrt auch den Abwesenden.

Man inquiriert/vnd befindet daß der Kämmerling deß Herrn nit verhanden/wirdt derowegen auch beruffen vnd herbey gebracht: wie aber diser deß heiligen Manns ansichtig worden / verkehrt er die Augen im Kopff grausamb/ schüttelt das Haupt/ vnd wolte nit nahe hinzu tretten: da fangt der heilige Mann an jhne in dem Namen deß HERRN JESU Christi zubeschwören/ er solle offentlich außsagen/ wer er sey vnd auß was Vrsachen er hieher kommen wäre.

Hierauff müßte der vnreine Kämmerling gezwungner Weiß bekennen/
Ee iij daß

Von Maria der Wunderbärlichen Mutter.

Teuffel dienet 14 Jahr für ein Jrrdmmerling vmb sonst/ wegen deß Aue Maria.

daß er kein Mensch/ sondern der leidige Teuffel sey/ vnnd die Gestalt eines Menschen an sich genommen/vnd sich bey disem Herrn viertzehen Jahr auffgehalten: mit Befelch seines Obristen Fürsten/ vnnd Teuffels/ daß er fleissig auff den Tag/ an welchem sein Herr den Englischen Gruß zubetten vnderlassen wurde/ Achtung geben/vnd alßdann auß gegebnem Gewalt/ jhne jämmerlich zerreissen solle/ damit er in grossen Sünden vnd Lastern sein Leben endete/vnd ewig verdambt wurde: doch wann er den Englischen Gruß gesprochen/ hab er kein Gewalt jhne zubeleydigen gehabt.

Ab disem hat sich der Herr höchlich entsetzt/ dem H. Mann zu Fussen gefallen/vnd sein sündtliches Leben gebessert/ der Sathan aber ist an ein Orth beschworen worden/ an welchem er den Liebhabern MARIÆ nimmer schädlich seyn könnnen.

Aue, verjagt allen Gewalt deß Teuffels. Z. De coronatione Mariæ.

Wer nun von deß Teuffels List/ auch zeitlich vnnd ewigen Verderben will erhalten werden/ der bette fleissig das Aue Maria, als krafft welches dem Teuffel aller Gewalt vber vns benommen wirdt.

Es erzehlt Bernardinus de Bustis, Z. wie daß ein Gottselige Jungfraw ein Vögelein das Aue Maria gelehrnet/ also daß dasselbig nichts schwätzen/ oder singen köndt/ als Aue Maria.

Vögele lehrnet vnd singt das Aue.

Nun hat es sich begeben/ das dises Vögelein von jhrer Lehrmeisterin der Jungfrawen/ etwas zu weit hinweg geflogen/ vnnd einem Raubvogel in die Klawen kommen/ darinnen er es hinweg geführt: wie aber das Vögleins/ nach dem es vnderwisen war/ das Aue Maria geruffen/ ist alßbalden der Raubvogel herab gefallen/ das Vögelein von dessen Klawen erlediget vnnd widerumb in der Jungfrawen Schoß geflogen/ vnnd darinnen sein Leben saluiert.

Wird durch das Aue bey dem Leben erhalten.

Die merck/ mein lieber Christ: Es geschicht zu Zeitten/ das manche Kinder/Söhne vnd Töchtern/ von den Eltern/ Seelsorgern, Præceptorn, vnnd Schulmeistern in Gottseligkeit aufferzogen/ in Glaubens vnd Geistlichen Sachen wol vnderwisen/ zu dem Rosenkrantz oder Aue Maria, vnd andern heyligen Gebetten/ vnd Tugenden angehalten/ auch wol in B. L. Fr. Congregation, vnnd Bruderschafften eingeschriben werden: darinnen sie Gott/ vnd seiner werthen Mutter das Lob singen/ vnd also der Jungfrawen MARIÆ Lob Vögelein/ vnd andächtige Seelen seynd.

Mariæ Lob Vögele.

Nun begibt es sich aber auch offt/ wann solche Kinder/Söhne/ vnd Töchtern auß der Zucht kommen/ daß sie auch von der Seeligsten Jungfrawen Andacht/ vnnd Gottsforcht außstehen/ von jhren täglichen Gebetten/ vnd Tugenden ablassen/ vnd endtlich durch schwere tödtliche Sünden/vnd Laster dem Höllischen Raubvogel in die Klawen kommen/ vnd dem ewigen Verderben zugeführt werden.

Was

Die XIV. Predig.

Was Rahts in solchem armseligen Stand vnd Elend? sie sollen an das/ was sie erlehrnet/ gedencken/ jhre alte Andacht ernewern/ zu der Seligsten Jungfrawen jhr Zuflucht nemmen/ Sie in dem H. Rosenkrantz- Gebett / vnd sonsten mit dem Aue Maria vmb Besserung jhres Lebens anruffen/ vnd endtlich gleich obbemeltem Vögelein in die Schoß der Barmhertzigkeit MARIAE jhr Zuflucht nemmen/ vnd Schutz suchen/ so werden sie auß deß Höllischen Raubvogels Klawen/ vnd Gewalt erlediget werden/ dem eussersten Verderben entgehen/ vnd bey MARIA, wie vil tausent arme bußfertige Sünder erfahren/ hie zeitliche Wolfahrt/ dorten aber das ewige Leben finden.

Alte Andacht zu ernewern.

Pulcherrimam pro hac re declaranda Historiam habet Carthagena, 3. de Arcanis B. Virg. & Ioseph, & Calend. B. Virg. M. dem Stammenbuch 4. Ian.

Der III. Theil.

Von verwunderlichen Nutzbarkeiten deß Englischen Gruß.

WAs das heillige Gebett deß Englischen Gruß den Glaubigen für Nutzen bringe/ weiß vnd kan ich besser nicht erklären/ als wann ich das jenige fürbringe vnd erzehle/ was MARIA selbsten hiervon jhrem trewen Diener/ vnd grossen Liebhaber dem H. Vatter Dominico geoffenbahret/ vnd schrifftlich vbergeben.

Dann als derselb auff ein Zeit am Fest deß H. Evangelisten vnd Apostels Ioannis auff der Academia zu Paritz in Franckreich predigen solte, vnd jhm hohe Concept vnd Sachen/ weil er Hochgelehrte vnd fürnemme Zuhörer haben wurde/ zu predigen fürnahm/ auch zu disem End vor dem Hoch Altar in einer Capellen den Rosenkrantz bettete/ erschine jhme die Seligste Mutter Gottes/vnd vbergab jhme ein Büchlein/vnd sprach zu jhme: Mein Sohn Dominice, obwol zwar es gute Sachen seyn/ die du dir fürgenommen zu predigen/ so hab ich dir doch vil bessere gebracht.

Der H. Dominicus thät das Buch auff/ lase es/ vnd fande in demselben so vil verwunderliche Geheimbnussen/ vnd grosse Nutzbarkeiten deß Aue Maria oder Englischen Gruß/ so vil Wert darinnen begriffen.

Welche auß Befelch der Mutter Gottes er zu Paritz in beysehn/ vnd Gegenwart aller Theologen/vnd gantzen Academiæ, auch fürnemmer Herren/ vnd grösser Menge deß Volcks/ in Gleichnussen auff folgende Wuß geprediget.

1. Frag ich/ sagt er/ wann wir nothwendig durch eines Feindts Land ziehen müsten/ würden wir vns nit vmb ein Saluum conductum, vnd sicher Plaz bewerben? Wolan/ in diser Welt schweben wir mitten vnder den Feinden:

Nutzbarkeit deß Aue Maria.

Prediger sollen sich mit dem H. Gebett vor bereiten.

Aue Maria, voll Geheimnussen.

S. Dominici Predig zu Paritz/ vom Aue Maria.

1. Aue, Zeichen deß Heyls.

Von Maria der Wunderbarlichen Mutter.

den: alda aber ist der Englisch Gruß ein Symbolum, vnd Zeichen deß Heyls/ vnd Sicherheit/ krafft deß Worts Aue: dardurch wir sicher durchkommen/ vnd von allen Feinden erlediget werden können / weil vermög desselben die gantze Welt von dem Fluch Euæ erlediget worden.

II.
Aue, Erleuchtet.

II. Wer durch finstere Erdgäng/ oder hole Weg wandlen muß/ laßt ihme ein Lucern / oder Liecht vortragen: wir alle müssen durch die menschliche Sterblichkeit in finstere Ort und Gräber gehen: darumben so laßt vns die Lucern vnd Liecht/ MARIA genannt / mit dem Fewer der Andacht / vnd Bettung deß Aue Maria anzünden / dann Sie heist / vnd ist Stella maris,& Illuminatrix: ein Meerstern/ vnd Erleuchterin.

III.
Aue, versöhnet.

III. Gesetzt / es sey vber dich ein König wegen deiner Mißthaten fast erzürnet: woltest du in solchem Fall nit / daß sich die Königin deiner annemme/vnd den König mit dir versöhnete: nun wir alle seynd die jenige / welche vns in vilen versündigen / vnd GOTT beleydigen: disen will / vnd kan die Königin deß Himmels versöhnen: deßwegen sollen wir ihm Aue Maria Ihr Gnad begehren / vnd Sie verehren: rathe auch euch / daß ihr noch heut deß Psalters/oder Aue Maria Gebett ergreiffet/ dann morgen werdet ihr villeicht nicht mehr alle leben: massen noch denselben Tag vnd Nacht vier Studenten / welche dise Aue Maria Predig verachtet gehabt / ellend vmb ihr Leben kommen seynd.

IV.
Aue, ernehret.

IV. Wer durch ein öde Landschafft reisen will / da nichts zu essen zu finden/ der muß sich vor her mit Proviant wol fürsehen: nun die Erd / auff welcher wir wandlen/ ist arm/ eitel/ vnd läer an Himmlischen Gütern: darumb so laßt vns von der Völle der jenigen nemmen/ von welcher der Ertzengel zeugt/ daß Sie seye Voll/ nemblich/ aller Gnaden/ vnd Himmlischen Gaaben.

V.
Aue, beschützet.

V. In grosser einreissender Feindsnoth/ da keiner deß Lebens sicher/ pflegt man in die Vestungen zu fliehen / sich zu erretten: wolan/ ein recht Feindsland ist die Welt/ in welcher wir seynd: der Herr aber ist vnser Vestung/ vnd starcke Burg: darumb laßt vns zu ihme fliehen / vnd offt im Aue Maria betten/ Dominus, der HErr.

VI.
Aue, errettet auß Gefahr.

VI. Wir alle haben gesündiget / vnd seynd der Gnaden bedürfftig / als welche in Finsternuß wandlen/ vnd eines Gehülffen vonnöthen haben: derenwegen laßt vns hierzu Vnser lieben Frawen annemmen/ vnd im Aue Maria andächtig betten: Tecum, mit dir.

VII.
Aue, erhält bey Ehren

VII. Verdächtige/ vnd beschraite Orth fliehen wir / vnd gehen ohne Geferdten nicht dahin / damit wir nit auch beschrait werden: nun aber ist nichts verdächtiger / vnd beschraitter / als die loßhaffte Welt/ mit welcher

Die XIV. Predig.

wir doch zu thun haben müssen: darumb lasse vns zum Geferdten annemmen MARIAM, vnd sprechen: Benedicta, gebenedeyet/ oder gesegnet bist du: dann dise nimbt die Schmach hinweg/ vnd bringt den Segen.

VIII. Welcher in einer Schul ist/ deren Sprach er nit kan/ die muß er lehrnen: hie in der Welt seynd wir in einer solchen Schul/ allda wir nit wissen/ob wir deß Haß/oder der Liebe würdig seynd; derowegen laß vns das Aue Maria betten/vermög/ welche du vns das wirst lehren. *VIII. lehrnet die Vnwissenden. Eccli. 3. 9.*

IX. Wann einer ein Almosen samblen solt in einem Land/da alle Männer hart vnd karg/ aber die Weiber barmhertzig vnd freygebig wären/ so wurd er sich ja freylich vmb derselben Freygebigkeit bearbeiten: Nun ist MARIA ein Mutter der Barmhertzigkeit: dann wann gleich alle Engel/ vnd Heiligen/wegen der Sünden/ mit welchen wir Gott beleydigen/ wider vns wären/ so will doch Sie nit wider/ sondern für vns seyn: dahero benedeyen wir Sie billich vnder allen Weibern. *IX. Aue, macht freygebig.*

X. Weil nach Zeugnuß deß H. Gregorij, wir auff solchen Wegen der Welt wandlen/ welche voll aller Gefahr/ Bitterkeit vnd Trübsal/ bedörffen wir wol eines guten Trösters: diser aber ist/ vnd will seyn/ von welchem wir im Aue Maria sprechen: Benedictus, Gebenedeyet: darumb sollen wir vns demselben darmit geneigt machen. *X. Aue, tröstet.*

XI. Wann einer ablangwüriger Reiß aller müed/ vnd matt/ hungerig/ vnd durstig/ auch aller Hülff beraubt wäre/ demselben wurde es sehr tröstlich seyn/ wann er ein Baum antreffe/ welcher vil köstlicher Frucht truege/ vnd darunder ein frische Brunnenquell wäre: nun auff der Reiß dises vngebawten/dürren vnd durstigen Lands der Welt/begegnet vns der Seligsten Jungfrawen/ vnd Mutter Gottes MARIA Lebens Baum der gebenedeyetesten Frucht/ sambt dem Bronnen deß Lebens Wasser: dise derowegen grüssen wir billich mit dem H. Ertzengel/ vnd sprechen: Fructus, Gebenedeyet sey die Frucht. *XI. Aue, stärckt die Reysenden. Psal. 61. 3.*

XII. Gesetzt/ es werd einer in einem solchen Königreich zu einem König erwöhlt/in welchem alles vnfruchtbar/ doch darben jhme ein Edelgestein gegeben werde/krafft welches alles fruchtbar wurde/ so wurde ja solcher new erwöhlter König dises Edelgestein nit gering/ sondern hoch achten/ vnd annemmen: nun wolan/ein jeglicher auß vns ist zu einem König gesetzt vber das Reich seines Leibs/ welches aber allhie in dem Land stehet/ da es dem Fluch/ auch Distel vnd Dorn vnderworffen ist. *XII. Aue, macht fruchtbar.*

Dises aber will/ vnd kan fruchtbar machen das allerköstlichste Edelgestein deß Englischen Gruß/so darvon genennt wirdt/ Ventris tui, der gesegnete Leib MARIÆ: als durch welche die gantze Welt gesegnet/ vnd fruchtbar gemacht worden.

Ff   XIII. Vns

XIII.
Aue, bereitet.

XIV.
Aue, erledigt die Gefangene.

XV.
Aue, erhält vor der Pest.

Cant. 1. 2.

Vil Nutzbarkeiten deß Aue Maria.

A. Lib. de dignitate Psalt. B. V. c. 18.

XIII. Vns allen wird gesagt: Handthieret/ biß daß ich widerkomme: Nun möchtest du sagen/ Ich bin arm/ hab weder Gold noch Silber/ mit was will ich handthieren/ oder handlen? Gesetzt aber/ es wäre ein Königin vorhanden/ welche dich mit Gelt vnd Gut reichlich zu begaben begehrte/ würdest du nit derselben Gnad begehren? Sihe/ Maria ist dise Königin/ zu der wir betten/ Tui: die Frucht deines Leibs/ darauß wir verstehen/ daß Sie alle Güter besitze/ vnd in jhrem Gewalt habe: Sie hats/ dir solche zu geben: darumb diene jhr mit dem Aue Maria, so wirst du es bekommen.

XIV. Wann jemand starck eingesperrt/ vnd hart gefangen läge/ vnd wolte den angebornen Schlüssel der Gefängnuß/ mit welchem er sich mit Ehren vnd Ruhm ledig machen könte/ nit annemmen/ so würd jederman sagen/ er wäre vnsinnig/ vnd an jhme selbsten vnrecht: nun wir alle ligen gefangen/ mit Elend/ vnd Eisen: warumb ergreiffen wir dann nit den Schlüssel/ welcher ist Jesus/ diser/ welcher durch den Englischen Gruß empfangen worden/ wird auch durch denselben im Aue Maria-Gebett zu einem Erlöser bekommen.

XV. Wer in einem Land wohnet/ da die Pest vnd vergiffter Lufft grassirt, dem ist vonnöthen/ daß er sich vmb kräfftige Præservatif, vnd köstliche Oel gewerbe/ welche wider alle Infection vnd Gifft dienlich: wolan/ dises köstlich Oel ist Christus/ dessen Namen/ Oleum effusum, ein außgegossenes Oel/ genennet wird: dises Heyl-Oels Apoteckerin/ so solches außgibt/ ist Maria, welche Christum der Welt gegeben: ist auch bereit/ dir denselbigen zu geben/ wann du durch den Englischen Gruß Sie verehren wirst. Bißhero der H. Dominicus.

Auß diser Aue Maria-Predig/ welche die Mutter Gottes selbsten dem heiligen Vatter Dominico angeben/ vnd auß dero Geheiß er auff der Academia zu Pariß/ bey Volckreicher Versamblung geprediget hat/ seynd vil grosse Nutzbarkeiten deß Englischen Gruß abzunemmen: 1. Daß nemblich solcher vns hie vnnd dorten vor den Feinden errette: 2. In Finsternuß vnd Jrrthumb erleuchte: 3. Den erzürneten GOtt versöhne: 4. Vns mit allen Gütern erfülle: 5. In Gefahr beschütze: 6. Vns GOTT gegenwärtig mache: 7. Vor Schand vnd Schmach behüte: 8. In Vnwissenheit lehre: 9. Mariam zur Barmhertzigkeit bewege: 10. In der Trübsal tröste: 11. Die Schwachen stärcke: 12. Fruchtbar mache: 13. Die Armen bereiche: 14. Von Gefängnuß erledige: 15. Vnd endtlich vor Kranckheiten erhalte/ vnd dieselbe heyle.

Der selige Alanus de Rupe allegirt auch dise Predig deß H. Dominici, vnd bezeugt: A. daß hierauff grosser Frucht/ vnd Veränderung der Gemühter

Die XVI. Predig.

mir:her vnder den Zuhörern erfolgt/wie er selbsten mit seinen Augen gesehen habe/ daß GOTT alle vnd jede obgezehlte Nutzbarkeiten/ mit vbernatürlichen grossen Wundern bestättiget habe: diser bezeugt auch von jhme selbsten/ *B.* daß wegen offt gesprochnen Englischen Gruß/ er durch die Mutter Gottes so vil sonderbare Guttthaten vnd Gnaden erlangt/ so vil Wort in demselben seynd. *B. Cap. 5.*

Diser seelige Vatter Alanus betrachtet auch in gemein die Nutzbarkeiten deß Englischen Gruß/ vnd beschreibts in einer Summa auff folgende Weiß: *C.* Es merck auff der Liebhaber deines H. Namens/ O MARIA: der Himmel erfrewet sich/ die gantze Erd entsetzt sich: wann ich sprich: Gegrüßt seyest du MARIA. *C. Lib. de dignit. Psalt. c. 70.*

Der Sathan weichet/ die Höll erzittert/ wann ich sprich: Gegrüßt seyest du MARIA: die Welt wirdt verächtlich/ das Hertz in Liebe zerschmeltzt/ wann ich sprich: Gegrüßt seyest du MARIA: der Schröck vergeht/ das Fleisch nimbt ab/ wann ich sprich: Gegrüßt seyest du MARIA: die Andacht nimbt zu/ Rew vnnd Leyd wirdt erweckt/ wann ich sprich: Gegrüßt seyest du MARIA: die Hoffnung wächßt/ der Trost wirt gemehrt/ wann ich sprich: Gegrüßt seyest du MARIA: das Gemüth wirt erquickt/ der Geist in Gutem gestärckt/ wann ich sprich: Gegrüßt seyest du MARIA. *Frucht deß Aue Maria.*

Dann/ sagt er/ es ist die Süssigkeit dises Gebenedeyten Gruß so groß/ daß mit Menschlichen Worten nicht kan außgesprochen werden: sondern er ist/ vnd bleibt noch höher/ als alle Creaturen ergründen können: dises Gebett ist von wenigen Worten/ doch hohen Geheimbnussen: kurtz an der Red/ hoch an der Würckung/ vber alle Hönig süß/ vber das Gold köstlich/ diß soll man mit dem Mund deß Hertzens stäts betrachten/ vnd mit dem Lefftzen gar offt lesen/ betten vnd widerholen: es ist zwar in wenig Wort verfaßt/ aber theilt sich in den weiten Bach der Himmlischen Süssigkeit. Dises Alanus. *Süssigkeit deß Aue Maria.*

Obangezogne Nutzbarkeiten deß Aue Maria alle außzuführen/ wirdt gar zu lang fallen: Die will ich E. Lieb vnd Andacht allein folgendes erinnern.

I. Welcher begehrt/ daß ein Seel nach ihrem Abscheiden von bösen Geistern erlediget/ vnnd vnangefochten gelassen werde/ der bette fleissig hie das Aue Maria, dann dorten solches mehr gültig ist/ vnnd vermag/ als aller Saluus conductus, vnd Freypaß: wie jene Fraw im Werck erfahren/ darvon Ioannes Heroldt schreibt/ *D.* daß derselben Seel nach ihrem Todt von bösen Geistern wollen hinweg geführet werden/ aber auß ihrem Gewalt erlediget/ vnnd sicher entrunnen/ weil sie in ihrem Leben die Mutter GOttes mit *L. Aue, nutzlich im Todt. D. In Promp. Mirac. B. V. cap. 73.*

einem

einem Aue Maria täglich zugrüssen pflegte/ vnd alle Sambßtag ein Meß lesen ließ/ auch in demselben in jhrem Hinscheiden befohlen gehabt.

II. *Erleucht im Glauben.*

II. Welcher will in Glaubens- vnd andern beschwerlichen Sachen erleucht werden/ vnnd rechten Verstand bekommen/ oder bete fleissig vnd andächtig das Aue Maria: dann krafft dises/ leuchtet allen Irrenden der rechte Meerstern MARIA: wie dann ein Fraw zur Zeit deß H. Dominici in einer Verzuckung gesehen/ wie daß auß dem Mund aller deren/ welche den Rosenkrantz betteten/ zu einem jeglichen Aue Maria, ein glantzender Stern außgangen/ vnd sie in das Buch deß Lebens eingeschrieben worden. E.

S. Hieron. Faxius in lib. de Rosario.

III. *Erlangt vergeung der Sünden.*

III. Wer hie vnd dort begehrt einen gnädigen Gott zuhaben/ vnd Vergebung aller seiner Sünd vnd Straffen zuerlangen/ der verehre offt mit dem Englischen Gruß MARIAM: dann krafft dises/ ist Sie der gantzen Welt Propitiatorium, vnd Versöhnhauß worden.

F. De Miraculis Dei p. §.94 Mariæ Bild. nuß im fürgeben verehren.

Denckwürdig ist, was Ioannes Carthagena erzehlt von einem Soldaten/ der weder Gott noch die Menschen gefürchten/ sondern voll der Sünden vnnd Vngerechtigkeiten/ doch aber auff Ermahnung seiner frommen Frawen alle Sambßtag gefastet/ vnd so offt er für MARIA Bild gangen/ ein Aue Maria gebettet: welches wegen die Mutter Gottes jhme grosse Geheimbnuß geoffenbaret/ dardurch er zur Bekehrung kommen/ vnd dem erzürneten Gott versöhnet worden: dann als er in einer Kirchen vor einem MARIA Bild mit dem Kindlein auff den Armen/ sein gewöhnliches Aue Maria bettete/ war er gewahr/ daß deß Kindleins Bildnuß aller verwundt/ vnd darauß das Blut in der Mutter Schoß häuffig herab ranne: wird auch darbey verständiget/ daß er/ vnd andere grosse Sünder hieran schuldig/ als welche den Sohn Gottes/ so vil an jhnen ist/ also vbel verwunden/ vnd mehr als die Juden gethon/ von newem Creutzigen.

Bildnuß Christi blutet.

Hierauff faßte er jhme ein grosse Rew, vnd sprach zu der Gebärerin Gottes MARIA: Mutter der Barmhertzigkeit/ bitte für mich. Anfangs verweißte jhme die Mutter Gottes die Schwere seiner Sünden/ vnd gibt jhme zuverstehen/ wie er/ vnd seines gleichen jhren allerliebsten Sohn höchlich beleydigen/ vnnd dardurch auch Sie betrüben/ doch aber in Ansehung seines Aue Maria-Gebetts erhört/ vnd gewähret Sie jhn seiner Bitt/ vnd bittet drey vnderschidliche mahl vmb Abwendung deß Zorns Gottes/ vnd vmb Gnad für jhne: als vmb jhr Liebe willen: vmb willen aller Schmertzen vnd Sorgen/ so Sie seinethalben außgestanden: aber wird jedesmal abgewisen von jhrem allerliebsten Sohn/ mit vermelden/ daß Er auch dreymal seinen Himmlischen Vatter vmb Abwendung deß Kelchs seines Leydens gebetten/ aber nit erhört worden: endlich aber/ da gar die Mutter der Barmhertzigkeit jhrem allerliebsten Sohn ein Fußfall thun wollen/ ist Sie erhört/ vnd jhrer Bitt gewährt/

Mariæ 3. Bitt/ für den Sünder.

Die XIV. Predig.

gewährt/deß Zorn Gottes abgewendt/vnd dem armen Sünder erlaubt wor-
den/Christi blutige Wunden zu küssen/dardurch sie alle heyl/vnd der Soldat vergwißt worden/daß krafft deß Englischen Gruß/ihme Barmhertzigkeit widerfahren/dessen er Gott/vnd MARIÆ gedanckt/sein Leben gebessert/
vnd beede/ er vnnd sein Fraw in einen Geistlichen Orden getretten. Sehet
meine liebe Zuhörer/sehet an jhr elende/vnd in Sünden veraltete verstockte
Sünder/was nit das Aue Maria-Gebett vermöge! vnd wie leichtlich/wann
jr nur welt/könne zu Gnaden kommen.

IV. Wer jhme selbsten hie/vnnd jnsonderheit auff das künfftig im
Himmel will Schätz sammlen: der grüsse offt MARIAM: dann Sie ist/ver-
mög deß Englischen Gruß/ein Schatzmeisterin worden aller Gütter/vnnd
Gnaden Gottes. Von einem Religiosen wird erzehlt / G. daß/ so offt er
das Aue Maria gebettet/ein Taub kommen/vnnd jhme ein schöne Rosen auß
dem Mund gezogen/vnd in Himmel getragen.

Zu Cöln am Rhein war ein Jüngling/welcher/wann er in die Kirchen
oder sonsten spatzieren gangen/das Aue Maria ohne vnderlaß gebettet: nach
seinem Todt aber ist er in gantz köstlichen Kleidern erschinen/welche allenthalben mit disen himmlischen Buchstaben vberschriben gewesen: Gegrüßt
seyst du MARIA: voll Gnaden/ der HERR ist mit dir. H.

V. Wer der Augenscheinlichen Leibs-Gefahr will entgehen/ der bette
fest das Aue Maria: dann weil durch disen Gruß Sie der gantzen Welt das
geistliche Leben bracht: als will vnd kan Sie vermög desselben auch das zeitlich erhalten: wie geschehen an jenem Knaben/darvon Ioan. Iunior schreibt/
daß sein Mutter jhne das Aue Maria fleissig gelehrnet/vnd befohlen/das-
selbig außzeit/ so offt er in Schrecken vnd Gefahr kommen werde/zubetten: da-
ro als er mit andern Kindern von den anlauffenden Wassern in ein Fluß
zogen/vnnd die andere ersoffen/ist er allein beym Leben von Vnser lieben
Frawen erhalten worden. weil er vnderrichter massen auch in diser Noth das
Aue Maria zubetten angefangen.

VI. Wer Gottes Schutz/Schirm/vnd Gnaden in allen Dingen ha-
ben/ vnnd erfahren will/ der bette andächtig das Aue Maria: Höre mein
Christ/was hiervon der H. Vatter Bernardus lehret/da er spricht: Gleich
wie der Welt durch den Englischen Gruß das Leben/ vnd Heyl ist
geben worden: also wirdt auch einem jeden jnsonderheit/ der disen Gruß embsig braucht/die Tugendt/Gnad/vnd Seeligkeit mit-
theilt.

Der H. Graff Elzearius hat jhme selbsten MARIAM zu einer sonderbaren Patronin außerkohren/vor allen seinen Gebetten/vnd Verrichtungen sich

---

IV.
Macht reich im Himmel.

G. In quod-
libet. Rosar.

H. Cæsarius.
lib.12.c.40.
V.
Erhält vor Gefahr.

I. Apud Pel-
bart. in Stel-
lar. Coronæ
Virg.lib.12.
part.vlt.c.2.
Mirac.1.

VI.
Erlangt Gnad Got-
tes.
Honigsüsse.

Aue, vor al-
lem vnser nu-
Thun zubet-
ten.

Die XIV. Predig.

bettet/ hat er nit allein damahls/ sondern auch hernacher allzeit/ so offt sie in
der Versuchung das Ave Maria gebettet/ welchen/vnd sie vnbeschädigt lassen müssen. Cæsarius. *VV.*

So erzehlt auch der Gottseelige Thomas de Kempis von jhme selbsten/
t, wie daß jhme der Teuffel/ da er bey der Nacht gebettet/ in allerley abschewlichem Gestalten erschinen/vnd erschrecken wollen: aber wie er das Ave
Maria mit zitterender Stimm vnd Hertzen gesprochen/ hab er alßbald mit
schröcklichem Geräusch vnd Brummen jhne verlassen müssen.

Dann/ wie der H. Ambrosius sagt/auff Anruffung deß Namens Maria wird die gantz Versamblung deß Höllischen Gewalts erschröckt: der
Englisch Gruß ist die Ruthen auß Jsrael/daruon Balaam weißgesagt/wel-
che die Obriste Moabiter/ vnd alle Kinder Seth, das ist/den Teuffel vnd selten Anhang vergwältigen/vnd zerstören wirdt.

Ein schöne vnd denckwürdige Geschicht beschreibt zu Beständigung diser Sach Iacobus de Voragine, Y. wie daß ein Adelicher Soldat an gemeiner Straffen ein RaubSchloß gehabt/vnd die fürüber Reisende ein geraume Zeit ohne alle Barmhertzigkeit durch seine Soldaten plündern / vnnd
im theil ermörden lassen: darbey er doch im Brauch gehabt/daß er täglich
die Mutter GOttes/nach dem Exempel deß ErtzEngels Gabriel mit dem
Ave Maria grüßte / sich auch von solchem täglichen Gruß nichts verhindern liesse.

Nun hat es sich zugetragen/daß ein frommer vnd heiliger Religios auch
dise Straffen reisete/vnd gleich andern/ alles deß Seinigen beraubt werden
solle: diser hat die Räuber gebetten/sie solten jhn zu jhrem Herren führen/
inn er hette gantz wichtige Sachen mit jhme zureden: er wird erhört/ vnd
zu den Herrn geführt/disen bittet der arme OrdensMann/er solle sein gantzes Haußgesind zusammen fordern damit er jhnen GOttes Befelch vnnd
Bott verkündigen könne.

Hierauff stellt der Herr dem Geistlichen Vatter sein gantzes Haußgesind f..: aber diser erkannte auß Göttlicher Offenbahrung/daß noch jemand
abgienge/vnd begehrt auch den Abwesenden.

Man inquiriert,vnd befindet daß der Kämmerling deß Herrn nit ver-
handen/wirdt derowegen auch beruffen vnd herbey gebracht : wie aber diser
deß heiligen Manns ansichtig worden / verkehrt er die Augen im Kopff
grausamb/ schüttelt das Haupt/ vnd wolte nit nahe hinzu tretten: da fangt
der heilige Mann an jhne in dem Namen deß HErren JESu Christi zube-
schwören/ er solle offentlich außsagen/ wer er sey vnd auß was Vrsachen er
nicht kommen wäre.

Hierauff müßte der vnreine Kämmerling gezwungner Weiß bekennen/
daß

VV. Lib. 5.
Dialog. cap.
44.
X. Serm. 3.
ad Nouitios.
Aue, verjagt
Natürliche
Gespänster.

Num. 24. 17.

Y. In festo
Annunp. B.
Virg.

Aue, erhält
offnen Mör-
der zur Buß.

Von Maria der Wunderbärlichen Mu...

Teuffel dienet 14 Jahr für ein Kämmerling vnnd sonst/ wegen deß Aue Maria.

daß er kein Mensch/ sondern der leidige Teuffel sey/ vnnd d...
Menschen an sich genommen/ vnd sich bey disem Herrn vier...
gehalten: mit Befelch seines Obristen Fürsten/ vnnd Teuff...
auff den Tag/ an welchem sein Herr den Englischen Gr...
lassen wurde/ Achtung geben/ vnd alßdann auß gegebnem G...
merlich zerreissen solle/ damit er in grossen Sünden vnd Last...
ere/ vnd ewig verdambt wurde: doch wann er den Englisch...
chen/ hab er kein Gewalt jhne zubeleydigen gehabt.

Ab disem hat sich der Herr höchlich entsetzt/ dem H...
gefallen/ vnd sein sündliches Leben gebessert/ der Sathan aber
beschworen worden/ an welchem er den Liebhabern MARIÆ
lich seyn können.

Aue, verjagt allen Gewalt deß Teuffels.

Wer nun von deß Teuffels List/ auch zeitlich vnnd ew...
will erhalten werden/ der bette fleissig das Aue Maria, als kra...
Teuffel aller Gewalt vber vns benommen wirdt.

Z. De coronatione Mariæ.

Es erzehlt Bernardinus de Bustis, Z. wie daß ein G...
fraw ein Vögelein das Aue Maria gelehrnet/ also daß daß...
gen/ oder singen köndt/ als Aue Maria.

Vögele lehrnet vnd singt das Aue.

Nun hat es sich begeben/ das dises Vögelein von jhrer...
Jungfrawen/ etwas zu weit hinweg geflogen/ vnnd einem...
Klawen kommen/ darinnen er es hinweg geführt: wie aber b...
nach dem es vnderwisen war/ das Aue Maria geruffen/...
Raubvogel herab gefallen/ das Vögelein von dessen Klawen
widerumb in der Jungfrawen Schoß geflogen/ vnnd dar...
saluiert.

Wird durch das Aue bey dem Leben erhalten.

Hie merck/ mein lieber Christ: Es geschicht zu Zeiten...
Kinder/ Söhne vnd Töchtern/ von den Eltern/ Seelsorgern...
vnnd Schulmeistern in Gottseeligkeit aufferzogen/ in Glauben...
chen Sachen wol vnterwisen/ zu dem Rosenkrantz oder Aue...
dern heyligen Gebetten/ vnd Tugenden angehalten/ auch wol in...
Congregation, vnnd Bruderschafften eingeschriben werden: da...
Gott/ vnd seiner werthen Mutter das Lob singen/ vnd also der Jung...
MARIÆ Lob-Vögelein/ vnd andächtige Seelen seyndt.

Mariæ Lob-Vögele.

Nun begibt es sich aber auch offt/ wann solche Kinder/ Söhne/ vnn...
Töchtern auß der Zucht kommen/ daß sie auch von der Seeligsten Jungfr...
wen Andacht/ vnnd Gottsforcht außstehen/ von jhren täglichen Gebetten/
vnd Tugenden ablassen/ vnd endlich durch schwere tödtliche Sünden/ vn...
Laster dem Höllischen Raubvogel in die Klawen kommen/ vnd dem ewigen
Verderben zugeführt werden.

Was

Die XIV. Predig.

Was Rahts in solchem armseligen Standt vnd Elend? sie sollen an das/ was sie erlehrnet/ gedencken/ jhre alte Andacht ernewern/ zu der Seligsten Jungfrawen jhr Zuflucht nemmen/ Sie in dem H. RosenkrantzGebett/ vnd sonsten mit dem Aue Maria vmb Besserung jhres Lebens anruffen/ vnd endtlich gleich obbemeltem Vögelein in die Schoß der Barmhertzigkeit MARIÆ jhr Zuflucht nemmen/ vnd Schutz suchen/ so werden sie auß deß Höllischen Raubvogels Klawen/ vnd Gewalt erlediget werden/ dem eussersten Verderben entgehen/ vnd bey MARIA, wie vil tausent arme bußfertige Sünder erfahren/ hie zeitliche Wolfahrt/ dorten aber das ewige Leben haben.

Alte Andacht zu ernewern.
Pulcherrimam pro hac re declaranda Historiam habet Carthagena, 3. de Arcanis B. Virg. & Ioseph, & Calend. B. Virg. M. dem Stammenbuch 4. Ian.

Der III. Theil.

Von verwunderlichen Nutzbarkeiten deß Englischen Gruß.

Als das heilige Gebett deß Englischen Gruß den Gläubigen für Nutzen bringe/ weiß vnd kan ich besser nicht erklären/ als wann ich das jenige fürbringe vnd erzehle/ was MARIA selbsten von jhrem trewen Diener/ vnd grossen Liebhaber dem H. Vatter Dominico geoffenbahret/ vnd schrifftlich vbergeben.

Nutzbarkeit deß Aue Maria.

Dann als derselb auff ein Zeit am Fest deß H. Euangelisten vnd Apostels Ioannis auff der Academia zu Pariß in Franckreich predigen solte/ vnd ihm die Concept vnd Sachen/ weil er Hochgelehrte vnd fürnemme Zuhörer haben wurde/ zu predigen fürnahm/ auch zu disem End vor dem Hoch Altar in der Capellen den Rosenkrantz bettete/ erschine jhme die Seligste Mutter Gottes/ vnd vbergab jhme ein Büchlein/ vnd sprach zu jhme: Mein Sohn Dominice, obwol zwar es gute Sachen seyn/ die du dir fürgenommen zu predigen/ so hab ich dir doch vil bessere gebracht.

Prediger sollen sich mit dem H. Gebett vorbereiten.

Der H. Dominicus thät das Buch auff/ lase es/ vnd fande in demselben so verwunderliche Geheimbnussen/ vnd grosse Nutzbarkeiten deß Aue Maria oder Englischen Gruß/ so vil Wort darinnen begriffen.

Aue Maria, voll Geheimnussen.

Welche auß Befelch der Mutter Gottes er zu Pariß in beyseyn/ vnd gegenwart aller Theologen/ vnd gantzen Academiæ, auch fürnemmer Herren/ vnd grosser Menge deß Volcks/ in Gleichnussen auff folgende Wuß geprediget.

S. Dominici Predig zu Pariß/ vom Aue Maria.

Frag ich/ sagt er/ wann wir nothwendig durch eines Feindts Land ziehen müßten/ wurden wir vns nit vmb ein Saluum conductum, vnd sicher Gleit bewerben? Wolan/ in diser Welt schweben wir mitten vnder den Feinden:

1. Aue, Zeichen deß Heyls.

den: alda aber ist der Englisch Gruß ein Symbolum, vnd Zeichen deß Heyls/ vnd Sicherheit/ krafft deß Worts Aue: dardurch wir sicher durchkommen/ vnd von allen Feinden erlediget werden können / weil vermög desselben die gantze Welt von dem Fluch Euæ erlediget worden.

II.
Aue, Erleuchtet.

II. Wer durch finstere Erdgäng/ oder hole Weg wandlen muß/ laßt jhme ein Lucern / oder Liecht vortragen: wir alle müssen durch die menschliche Sterblichkeit in finstere Orth vnd Gräber gehen: darumben so laßt vns die Lucern vnd Liechte/ MARIA genannt / mit dem Fewer der Andacht/ vnd Bettung deß Aue Maria anzünden/ dann Sie heißt/ vnd ist Stella maris, & Illuminatrix: ein Meerstern/ vnd Erleuchterin.

III.
Aue, versöhnet.

III. Gesetzt / es sey vber dich ein König wegen deiner Missethaten fast erzürnet: woltest du in solchem Fall nit / daß sich die Königin deiner annemme/ vnd den König mit dir versöhnete: nun wir alle seynd die jenige / welche vns in vilen versündigen/ vnd GOTT beleydigen: disen will/ vnd kan die Königin deß Himmels versöhnen: deßwegen sollen wir im Aue Maria Ihr Gnad begehren / vnd Sie verehren: rahte auch euch/ daß jhr noch heut deß Psalters/ oder Aue Maria Gebett ergreiffet/ dann morgen werdet jhr villeicht nicht mehr alle leben: maßen noch denselben Tag vnd Nacht vier Studenten/ welche dise Aue Maria Predig verachtet gehabt / ellend vmb jhr Leben kommen seynd.

IV.
Aue, ernehret.

IV. Wer durch ein öde Landschafft reisen will / da nichts zu essen zu finden/ der muß sich vorher mit Proviant wol fürsehen: nun die Erd / auff welcher wir wandlen/ ist arm/ eitel/ vnd lär an Himmlischen Gütern: darumb so laßt vns von der Vöte der jenigen nemmen / von welcher der Ertzengel zeugt/ daß Sie seye Voll/ nemblich/ aller Gnaden/ vnd Himmlischen Gaaben.

V.
Aue, beschützet.

V. In grosser einreissender Feindsnoth/ da keiner deß Lebens sicher/ pflegt man in die Vestungen zu fliehen / sich zu erretten: wolan/ ein recht Feindsland ist die Welt/ in welcher wir seynd: der Herr aber ist vnser Vestung/ vnd starcke Burg: darumb laßt vns zu jhme fliehen / vnd offt im Aue Maria betten/ Dominus, der HErr.

VI.
Aue, errettet auß Gefahr.

VI. Wir alle haben gesündiget / vnd seynd der Gnaden bedürfftig/ als welche in Finsternuß wandlen/ vnd eines Gehülffen vonnöthen haben: derwegen laßt vns hierzu Vnser Lieben Frawen annemmen/ vnd im Aue Maria andächtig betten: Tecum, mit dir.

VII.
Aue, erhält bey Ehren

VII. Verdächtige/ vnd beschraitte Orth fliehen wir/ vnd gehen ohne Geferden nicht dahin / damit wir nit auch beschrait werden: nun aber ist nichts verdächtiger/ vnd beschraiter/ als die boßhaffte Welt/ mit welcher

Die XIV. Predig.

wir doch zu thun haben müssen: darumb lasst vns zum Geferdten annemmen MARIAM, vnd sprechen: Benedicta, gebenedeyet/ oder gesegnet bist du: dann dise nimbt die Schmach hinweg/ vnd bringt den Segen.

VIII. Welcher in einer Schul ist/ deren Sprach er nit kan/ die muß er lehrnen: hie in der Welt seynd wir in einer solchen Schul/ allda wir nit wissen/ob wir deß Haß/ oder der Lieb würdig seynd; derowegen laßt vns das Aue Maria betten/ vermög/ welche du vns das wirst lehren. — VIII. lehrnet die Vnwissenden. Eccli. 3. 9.

IX. Wann einer ein Almosen samblen solt in einem Land/ da alle Männer hart vnd karg/ aber die Weiber barmhertzig vnd freygebig wären/ so wurd er sich ja freylich vmb derselben Freygebigkeit bearbeiten: Nun ist MARIA ein Mutter der Barmhertzigkeit: dann wann gleich alle Engel/ vnd Heiligen/ wegen der Sünden/ mit welchen wir Gott beleydigen/ wider vns wären/ so will doch Sie nit wider/ sondern für vns seyn: dahero benedeyen wir Sie billich vnder allen Weibern. — IX. Aue, macht freygebig.

X. Weil nach Zeugnuß deß H. Gregorij, wir auff solchen Wegen der Welt wandlen/ welche voll aller Gefahr/ Bitterkeit vnd Trübsal/ bedörffen wir wol eines guten Trösters: diser aber ist/ vnd will seyn/ von welchem wir im Aue Maria sprechen: Benedictus, Gebenedeyet: darumb sollen wir vns demselben darmit geneigt machen. — X. Aue, tröstet.

XI. Wann einer ab langwüriger Reiß aller müed/ vnd matt/ hungerig/ vnd durstig/ auch aller Hülff beraubt wäre/ demselben wurde es sehr tröstlich seyn/ wann er ein Baum antreffe/ welcher vil köstlicher Frucht truge/ vnd darunder ein frische Brunnenquell wäre: nun auff der Reiß dises vngebawten/ dürren vnd durstigen Lands der Welt/ begegnet vns der Seligsten Jungfrawen/ vnd Mutter Gottes MARIA Lebens-Baum der gebenedeyresten Frucht/ sambt dem Bronnen deß Lebens Wasser: dise derowegen grüssen wir billich mit dem H. Ertzengel/ vnd sprechen: Fructus, Gebenedeyet sey die Frucht. — XI. Aue, stärckt die Reysenden. PsL. 60. 3.

XII. Gesetzt/ es werd einer in einem solchen Königreich zu einem König erwöhlt/ in welchem alles vnfruchtbar/ doch darbey jhme ein Edelgestein gegeben werde/ krafft welches alles fruchtbar wurde/ so wurde ja solcher new erwöhlter König dises Edelgestein nit gering/ sondern hoch achten/ vnd annemmen: nun wolan/ ein jeglicher auß vns ist zu einem König gesetzt vber das Reich seines Leibs/ welches aber allhie in dem Land stehet/ da es dem Fluch/ auch Distel vnd Dorn vnderworffen ist. — XII. Aue, macht fruchtbar.

Dises aber will/ vnd kan fruchtbar machen das allerköstlichste Edelgestein deß Englischen Gruß/ so darvon genennt wirdt/ Ventris tui, der gesegnete Leib MARIÆ: als durch welche die gantze Welt gesegnet/ vnd fruchtbar gemacht worden. XIII. Vns

Von Maria der Wunderbarlichen Mutter.

XIII.
Aue, bereichet.

XIII. Vns allen wird gesagt: Handthieret/ biß daß ich widerkomme: Nun möchtest du sagen/ Ich bin arm/ hab weder Gold noch Silber/ mit was will ich handthieren/ oder handlen? Gesetzt aber/ es wäre ein König verhanden/ welche dich mit Gelt vnd Gut reichlich zu begaben begehrte/ wurdest du nit derselben Gnad begehren? Sihe/ MARIA ist dise Königin/ zu der wir betten/ Tui: die Frucht deines Leibs/ darauff wir verstehen/ daß Sie alle Güter besitze/ vnd in jhrem Gewalt habe: Sie hats/ dir solche zu geben: darumb diene jhr mit dem Aue Maria, so wirst du es bekommen.

XIV.
Aue, erlediget die Gefangene.

XIV. Wann jemand starck eingesperrt/ vnd hart gefangen läge/ vnd wolte den angebornen Schlüssel der Gefängnuß/ mit welchem er sich mit Ehren vnd Ruhm ledig machen könte/ nit annemmen/ so wurd jederman sagen/er wäre vnsinnig/ vnd an jhme selbsten vntrew: nun wir alle sitzen gefangen/mit Elend/vnd Eisen: warumb ergreiffen wir dann nit den Schlüssel/welcher ist Jesus/ diser/ welcher durch den Englischen Gruß empfangen worden/ wird auch durch denselben im Aue Maria-Gebett zu einem Erlöser bekommen.

XV.
Aue, erhält vor der Pest.

Cant. 1. 2.

XV. Wer in einem Land wohnet/ da die Pest vnd vergiffter Lufft grassirt, dem ist vonnöthen/ daß er sich vmb kräfftige Præseruatif, vnd köstliche Oel gewerbe/welche wider alle Infection vnd Gifft dienlich: wolan/ dises köstlich Oel ist Christus/dessen Namen/ Oleum effusum, ein außgegossenes Oel/ genennt wird: dises Heyl-Oels Apotecherin/ so solches außgibt/ ist MARIA, welche Christum der Welt gegeben ist auch bereit/ dir denselbigen zu geben/wann du durch den Englischen Gruß Sie verehren wirst. Bißhero der H. Dominicus.

Vil Nutzbarkeiten deß Aue Maria.

Auß diser Aue Maria-Predig/ welche die Mutter Gottes selbsten dem heiligen Vatter Dominico angeben/ vnd auß dero Geheiß er auff der Academia zu Pariß/ bey Volckreicher Versamblung geprediget hat/ seynd vil grosse Nutzbarkeiten deß Englischen Gruß abzunemmen: 1. Daß nemblich solcher vns hie vnnd dorten vor den Feinden errette: 2. In Finsternuß vnd Irrthumb erleuchte: 3. Den erzürneten GOtt versöhne: 4. Vns mit allen Gütern erfülle: 5. In Gefahr beschütze: 6. Vns GOTT gegenwärtig mache: 7. Vor Schand vnd Schmach behüte: 8. In Vnwissenheit lehret: 9. MARIAM zur Barmhertzigkeit bewege: 10. In der Trübsal tröstet: 11. Die Schwachen stärcke: 12. Fruchtbar mache: 13. Die Armen bereiche: 14. Von Gefängnuß erledige: 15. Vnd endlich der Krancken erhalte/ vnd dieselbe heyle.

A. Lib. de dignitate Psalt. B. V. c. 18.

Der selige Alanus de Rupe allegirt auch dise Predig deß H. Dominici,vnd bezeugt: A. daß hierauff grosser Frucht/ vnd Veränderung der Gemühter

Die XVI. Predig.

mitcher vnder den Zuhöreren erfolge/wie er selbsten mit seinen Augen gesehen habe/ daß GOtt alle vnd jede obertzehlte Nutzbarkeiten/ mit vbernatürlichen grossen Wundern bestättiget habe: diser bezeugt auch von jhme selbsten/ *B.* daß wegen offt gesprochnen Englischen Gruß/er durch die Mutter Gottes so vil sonderbare Guttthaten vnd Gnaden erlangt/so vil Wort in demselben seynd. — *B.* Cap. 5.

Diser seelige Vatter Alanus betrachtet auch in gemein die Nutzbarkeiten deß Englischen Gruß/vnd beschreibts in einer Summa auff folgende Weiß: *C.* Es mercke auff der Liebhaber deines H. Namens/O MARIA: der Himmel erfrewet sich/ die gantze Erd entsetzt sich: wann ich sprich: Gegrüßt seyest du MARIA. — *C.* Lib. de dignit. Psalt. c. 70.

Der Sathan weicht/ die Höll erzittert/ wann ich sprich: Gegrüßt seyest du MARIA: die Welt wirdt verächtlich/ das Hertz in Liebe zerschmeltzt/wann ich sprich: Gegrüßt seyest du MARIA: der Schröck vergeht/das Fleisch nimbt ab wann ich sprich: Gegrüßt seyest du MARIA: die Andacht nimbt zu/ Rew vnnd Leyd wirdt erweckt/ wann ich sprich: Gegrüßt seyest du MARIA: die Hoffnung wächßt/der Trost wirdt gemehrt/ wann ich sprich: Gegrüßt seyest du MARIA: das Gemüth wirdt erquickt/ der Geist in Gutem gestärckt/ wann ich sprich: Gegrüßt seyest du MARIA. — Frucht deß Aue Maria.

Dann/sagt er/ es ist die Süssigkeit dises Gebenedeyten Gruß so groß/daß mit Menschlichen Worten nicht kan außgesprochen werden: sondern er ist/ vnd bleibt noch höher/als alle Creaturen ergründen können: dises Gebett ist von wenigen Worten/doch hohen Geheimbnussen: kurz an der Red/hoch an der Würckung/ vber alle Hönig süß/vber das Gold köstlich: diß soll man mit dem Mund deß Hertzens stäts betrachten/vnd mit dem Leffzen gar offt lesen/ betten vnd widerholen: es ist zwar in wenig Wort verfaßt/aber theilt sich in den weiten Bach der Himmlischen Süßigkeit. Dises Alanus. — Süssigkeit deß Aue Maria.

Obangezogne Nutzbarkeiten deß Aue Maria alle außzuführen/ wirdt gar zu lang fallen: Die will ich E. Lieb vnd Andacht allein folgendes erinnern.

I. Welcher begehrt/daß ein Seel nach jhrem Abscheiden von bösen Geistern erlediget/ vnnd vnangefochten gelassen werde/ der bette fleissig hie das Aue Maria, dann dorten solches mehr gültig ist/ vnnd vermag/ als aller Saluus conductus, vnd Freypaß: wie jene Fraw im Werck erfahren/darvon Ioannes Heroldt schreibt/ *D.* daß derselben Seel nach jhrem Todt von bösen Geistern wollen hinweg geführt werden/ aber auß jhrem Gewalt erledigt/ vnnd sicher entrunnen/weil sie in jhrem Leben die Mutter GOttes mit — I. Aue, nutzlich im Todt. *D.* In Promp: Mirac. B.V. cap. 73.

einem

einem Aue Maria täglich zugrüssen pflegte/ vnd alle Sambstag ein Meß lesen ließ/ auch in demselben in jhrem Hinscheiden befohlen gehabt.

II. Welcher will in Glaubens- vnd andern beschwerlichen Sachen erleucht werden/ vnnd rechten Verstand bekommen/ der bette fleissig vnd andächtig das Aue Maria: dann krafft dises/ leuchtet allen Jrrenden der rechte Meerstern MARIA: wie dann ein Fraw zur Zeit deß H. Dominici in einer Verzuckung gesehen/ wie daß auß dem Mund aller deren/ welche den Rosenkrantz betteten/ zu einem jeglichen Aue Maria, ein glantzender Stern auffgangen/ vnd sie in das Buch deß Lebens eingeschriben worden. E.

III. Wer hie vnd dort begehrt einen gnädigen Gott zuhaben/ vnd Vergebung aller seiner Sünd vnd Straffen zuerlangen/ der verehre offt mit dem Englischen Gruß MARIAM: dann krafft dises / ist Sie der gantzen Welt Propitiatorium, vnd Versöhnhauß worden.

Denckwürdig ist/ was Ioannes Carthagena erzehlt von einem Soldaten/ der weder Gott noch die Menschen geförchten/ sondern voll der Sünden vnnd Vngerechtigkeiten/ doch aber auff Ermahnung seiner frommen Frawen alle Sambstag gefastet/ vnd so offt er für MARIA Bild gangen/ ein Aue Maria gebettet: welches wegen die Mutter Gottes jhme grosse Geheimbnuß geoffenbaret/ dardurch er zur Bekehrung kommen/ vnd dem erzürneten GOtt versöhnet worden: dann als er in einer Kirchen vor einem MARIA Bild mit dem Kindlein auff den Armen / sein gewohnliches Aue Maria bettete/ war er gewahr/ daß deß Kindleins Bildnuß aller verwundet/ vnd darauß das Blut in der Mutter Schoß häuffig herab ranne: wird auch darbey verständiget/ daß er/ vnd andere grosse Sünder hieran schuldig/ als welche den Sohn GOttes/ so vil an jhnen ist/ also vbel verwunden/ vnd mehr als die Juden gethon/ von newem Creutzigen.

Hierauff sagte er jhme ein grosse Rew, vnd sprach zu der Gebärerin Gottes MARIA: Mutter der Barmhertzigkeit/ bitte für mich. Anfangs verweißte jhme die Mutter Gottes die Schwere seiner Sünden/ vnd gibt jhme zuuersthen/ wie er/ vnd seines gleichen jhren allerliebsten Sohn höchlich beleydigen/ vnnd dardurch auch Sie betrüben/ doch aber in Ansehung seines Aue Maria-Gebetts erhört/ vnd gewähret Sie jhn seiner Bitt/ vnd bittet drey vnderschidliche mahl vmb Abwendung deß Zorns GOttes/ vnd vmb Gnad für jhne: als vmb jhr Liebe willen: vmb willen aller Schmertzen vnd Sorgen/ so Sie seinethalben außgestanden: aber wird jedesmal abgewisen von jhrem allerliebsten Sohn / mit vermelden/ daß Er auch dreymal seinen Himmlischen Vatter vmb Abwendung deß Kelchs seines Leydens gebetten/ aber nit erhört worden: endlich aber/ da gar die Mutter der Barmhertzigkeit jhrem allerliebsten Sohn ein Fußfall thun wollen/ ist Sie erhört/ vnd jhrer Bitt gewährt/

Die XIV. Predig.

gewåhrt/deß Zorn Gottes abgewendt/vnd dem armen Sünder erlaubt worden/ Christi blutige Wunden zu kuffen/dardurch sie alle heyl/vnd der Soldat vergwißt worden/daß krafft deß Englischen Gruß/jhme Barmhertzigkeit widerfahren/deffen er Gott/vnd MARIÆ gedanckt/sein Leben gebeffert/ vnd beede/ er vnnd sein Fraw in einen Geistlichen Orden getretten. Sehet meine liebe Zuhörer/sehet an jhr ellende/vnd in Sünden veraltete verstockte Sünder/was nit das Aue Maria-Gebett vermöge! vnd wie leichtlich/wann jhr nur wolt/könne zu Gnaden kommen.

IV. Wer jhme selbsten hie/ vnnd insonderheit auff das künfftig im Himmel will Schatz sambten: der grüsse offt MARIAM: dann Sie ist/vermög deß Englischen Gruß/ ein Schatzmeisterin worden aller Gütter/vnnd Gnaden Gottes. Von einem Religiosen wird erzehlt/ *G.* daß/ so offt er das Aue Maria gebettet/ein Taub kommen/vnnd jhme ein schöne Rosen auß dem Mund gezogen/ vnd in Himmel getragen.

Zu Cöln am Rhein war ein Jüngling/welcher/wann er in die Kirchen oder sonsten spatzieren gangen/das Aue Maria ohne vnderlaß gebettet: nach seinem Todt aber ist er in gantz köstlichen Kleidern erschinen/welche allenthalben mit disen himmlischen Buchstaben oberschriben gewesen: Gegrüßt seyest Du MARIA: voll Gnaden/ der HERR ist mit dir. *H.*

V. Wer der Augenscheinliche Leibs-Gefahr will entgehen/ der bette offt das Aue Maria: dann weil durch disen Gruß Sie der gantzen Welt das Geistliche Leben bracht: als will vnd kan Sie vermög deffelben auch das zeitlich erhalten: wie geschehen an jenem Knaben/ daruon Ioan. Iunior schreibt/ *I.* daß sein Mutter jhne das Aue Maria fleissig gelehrnet/vnd befohlen/daßselbig außzeit/ so offt er in Schrecken vnd Gefahr kommen werde/zubetten: dahero als er mit andern Kindern von den anlauffenden Wassern in ein Fluß gezogen/ vnnd die andere ersoffen/ist er allein beym Leben von Vnser Lieben Frawen erhalten worden, weil er vnderrichter massen auch in diser Noth das Aue Maria zubetten angefangen.

VI. Wer Gottes Schutz/Schirm/vnd Gnaden in allen Dingen haben/ vnnd erfahren will/ der bette andächtig das Aue Maria: Höre mein Christ/was hieruon der H. Vatter Bernardus lehret/ da er spricht: Gleich wie der Welt durch den Englischen Gruß das Leben/ vnd Heyl ist gegeben worden: also wirdt auch einem jeden insonderheit/ der disen Gruß embsig braucht/ die Tugendt/Gnad/vnd Seeligkeit mitgetheilt.

Der H. Graff Elzearius hat jhme selbsten MARIAM zu einer sonderbaren Patronin außerkohren/vor allen seinen Gebetten/vnd Verrichtungen sich

---

IV.
Macht reich
im Himmel

G. In quodlibet. Rosar.

H. Cæsarius.
lib.12.c.40.

V.
Erhält vor
Gefahr.

I. Apud Pelbart. in Stellar. Coronæ
Virg.lib.12,
part.vlt.c.2.
Mirac.1.

VI.
Erlangt
Gnad Gottes.
Honigsüsse.

Aue, vor allem vnserm
Thun zubetten.

Von Maria der Wunderbarlichen Mutter.

sich derselben befohlen/ vnd mit einem andächtigen Aue Maria angeruffen/ vnd gebetten/ Sie wolle jhme alles das jenige in sein Hertz/ vnd Mund legen vnd eingeben/ was Sie wüß/ daß jhr/ vnd jhrem lieben Sohn angenemb ist: darauff es jhme an. Göttlicher Hilff vnd Geheimbnussen nie gemanglet/ sondern sein Hertz war mit Himmlischen Eingebungen reichlich erfüllt/ vnd zu allem vber die massen getröstet K.

Surius.
K. In vita eius, 27. Septemb. c. 14.

VII. Wer dem zeitlichen vnd ewigen Spott vnd Schand entgehen will/ der bett offt vnd andächtig das Aue Maria. Ein fürnemme Römische Fraw/ welche zwar vor der Welt für erbar/ fromb vnd tugendsamb gehalten war/ hat mit jhrem eignen Sohn Blutschand begangen/ vnd die Leibs-Frucht getödtet/ deßwegen sie vom Teuffel selbsten in Menschlicher Gestalt als ein Blutschänderin vnd Kindermörderin anklagt/ vnd dardurch in Gefahr vnsäglicher Schand vnd Spott gesetzt worden.

VII.
Behütet vor Weltlichen Spott.

Sie begehrt/ vnd erlangt zu jhrer Verantwortung etlich Tag/ nimbt zu selbigen jhr Zuflucht/ nechst Gott/ auch zu der Barmhertzigkeit MARIÆ, fangt an im Rosenkrantz-Gebett den Englischen Gruß zusprechen/ verfügt sich mit grosser Rew vnnd Leyd zum H. Pabst Eugenio, erzehlet jhme den gantzen Verlauff/ vnnd thut jhme ein vollkomne Beicht aller jhrer begangnen Sünden.

Darauff gehet Sie mit grossem Vertrawen auff Gottes Hilff/ vnnd MARIÆ Fürbitt widerumb für Rath, jhrem Ankläger Red vnd Antwort zugeben. sihe aber wunder/ was ein rechte rewige Beicht/ vnnd das Aue Maria-Gebett vermöge! der Höllische Ankläger müßte verstummen/ vnd kundte wider die Frawen das wenigste nit fürbringen sondern müßte offentlich bekennen/ er kenne dise Frawen nit/ sie sey nit die jenig/ so er anklag. er wisse nichts von diser/ dann sie ein fromme / tugendtsamme Matten seye. *Alanus de Rupe. L.*

Wahre Beicht / wie kräfftig.

L. 4. part. Operis rediuiui, cap. 25. Serm. 2.

VIII. Welcher seines ewigen Heyls vnd Seeligkeit ein grosse Hoffnung haben/ vnd gleichsamb vergwißt seyn will/ der bette mit Andacht das Aue Maria. Nachdem erstgedachter seelige Alanus de Rupe die Hochgebenedeyteste Jungfraw MARIAM lange Zeit mit dem Englischen Aue Maria auffs aller andächtigst gegrüßt/ vnd verehret hat/ da ist Sie jhme einsmahle erschinnen/ vnd hat jhne vnder andern mit folgenden Worten angeredt : *M.*

VIII.
Macht Hoffnung deß Ewigen Lebens.

Hertz allerliebster Bräutigamb/ ich muß dir ein verborgnes Geheimnuß der Göttlichen Prouidentz, vnnd Fürsichtigkeit offenbaren / welche du ohne Vertzug/ auch andern verkündigen sollest/ vnd ist dises: nemblichen/ an dem Englischen Gruß/ dardurch die gantze Welt ernewert werden/ ein Verdruß vnnd Abschewen haben/ ist ein vnfehlbares Zeichen der ewigen Verdamnuß: zum Englischen Gruß aber Lust, Andacht vnd Lieb tragen/ ist ein

M. 2. part. Operis rediuiui, cap. 11.
Kennzeichen ewiger Seeligkeit.

g. wisses

gewises Zeichen der Göttlichen Prædestination, vnd Erwehlung der ewigen Seligkeit.

IX. Wer die Mutter Gottes hie vnd dort auff seiner Seiten für ein barmhertzige Mutter vnd Patronin haben will/ der bette offt den Englischen Gruß: dann weil Sie dardurch aller Gnaden erinnert wird/ welche Jhr in der Menschwerdung ertzeigt worden/ also ist nichts/ welches Sie mehr zur Gnad vnd Barmhertzigkeit bewege/ als eben das Aue Maria. *IX. Verdient Mariæ Huld.*

Pelbartus à Temeswar schreibt von einer Frawen/ N. welche zwar ein zeitlang im Ehebruch gelebt/ aber täglich mit gebogenen Knyen siben Aue Maria gebettet: deßwegen sie dann wider die/ so Raach wider sie begehrt/ die Mutter Gottes zu einer barmhertzigen Patronin bekommen/ vnd vermittelst derselben/ vber jhre Sünd wahre Buß/ vnd die Gnad Gottes erlangt: auch fromm/ vnd endtlich selig worden. *N. In Stellario B. Virg. lib 12. part. vlt. cap. 3. Mirac. 2.*

X. Wer von Christo in aller Betrübnuß Trost vnd Hülff zu haben begehrt/ der bette offt das Aue Maria: wie gethan die heilige Catharina auß Schweden/ welche nicht allein vor allen jhren Gebetten/ sondern auch Wercken den Anfang/ vnd Eingang vom Aue Maria gemacht/ ja so gar/ wann sie Rahts gefragt war/ ehe sie geantwortet/ zuvor in der stille ein Aue Maria gebettet hat: dardurch sie in allen Dingen/ Gottes Hülff vnnd Trost erfahren. *X. Bringt Trost in Widerwertigkeit.*

XI. Wer will/ daß die Mutter Gottes jhme im Leben vnd Sterben beystehe/ vnd nach disem Elend die gebenedeyteste Frucht jhres Leibs zeige/ der grüsse Sie offt mit dem Aue Maria, Ludouicus, Caroli in Sicilia Sohn/ welcher anfangs dem heiligen Orden S. Francisci zugethan/ hernacher aber Bischoff zu Tolosa war/ pflegte im Leben vnd im Sterben die Seligste Jungfraw MARIAM offt mit dem Aue Maria zu grüssen: da er die Vrsach dises gefragt war/ sprach er: Sie wird mir Sterbenden helffen; wie geschehen/ vnd ist sein Seel von den Engeln sichtbarlich gen Himmel getragen worden. Fasti Mariani. O. *XI. Tröstlich im Todt.*

XII. Welche Eltern fruchtbar werden/ fromme Kinder bekommen/ vnd gebähren wollen: die betten fleissig das Aue Maria. Die Königin Blanca, ein Infantin von Castilien/ Ludouici deß 8. Königs in Franckreich Gemahlin/ hat auff Anweisung vnd Vertröstung deß H. Vatters Dominici, durch das Rosenkrantz/ vnd Aue Mariæ-Gebett/ ein Erben bekommen/ vnd den Allerchristlichsten König Ludouicum gebohren: welcher wegen seiner Tugenden/ heiligen Wercken vnd Wunderzeichen/ in die Zahl der Heiligen eingeschriben worden. Seraphinus Razius. P. *O. 19. Aug. ex Lippol. XII. Macht fruchtbar. P In Hortul. exempl. tit. de B. Virg. Exempl. 14.*

XIII. Wer begehrt MARIÆ Gnad/ vnd Güetter theilhafftig zu werden/ der bette das Aue Maria, vnd betrachte/ was hiervon der heilig Hieronymus halten *XIII. Macht theilhafftig Mariæ Gnad.*

Von Maria der Wunderbarlichen Mutter.

Q. Serm. in Assumpt. B. Virg.

halten thue/ sprechende: Q. Wer/ vnd wie mächtig die Selige/ vnd allzeit Glorwürdige Jungfraw MARIA sey/ ist von dem Engel Göttlicher Weiß angedeutet worden/ da gesagt wirdt: Gegrüßt seyest du MARIA, voll Gnaden/ der HErr ist mit dir: gebenedeyet bist du vnder den Weibern: dann also hat es sich gezimmet/ daß die Jungfraw mit solchen Gaaben versehen werde/ damit Sie voller Gnaden sey: Welche dem Himmel geben die Glory: dem Erdreich den HERRN: den Heyden den Glauben: das End den Lastern: dem Leben die Ordnung/ vnd den Sitten die Zucht/ ic.

XIV.
Erhalt in der Pest
Prou. 8. 35.

R. Lib. 1. Scellar. part. 5. art. 1. c. 3.
Kräfftige Artzney für Gifft.

XIV. Wer in Kranckheiten getröst/ vnd darvon/ sonderlich zur Pest Zeit erlediget zu werden begehrt/ der bette fleissig das Aue Maria: dann wer Sie dardurch findt/ der findet das Leben/ vnd wird das Heyl schöpffen vom HERRN: Sie ist Salus infirmorum, ein Heyl der Krancken: insonderheit in Sterbensläuffen: Wie dann Pelbartus à Tresswar. R. von ihme selbsten erzehlt/ vnd bey Trew vnd Glauben bezeugt/ daß/ da in Hungarn die Pest starck grassirt.vnd vil 1000. Menschen hinweg genommen/ er selbsten zu vnderschidlich mahlen darmit würcklich behasst gewesen/aber jedes mahl erlediget vnd gesund worden: weil er auff Rahtt eines/ der auch dises Mittel krässtig erfahren gehabt/ das Apostema, oder vergisste Geschwär mit dem H. Creutz bezeichnet/ vnd neun Aue Maria, mit so viler Bezeichnung des H. Creutzes/ gebettet: dann/ sagt er/ so offt ich dises gewisse/vnd krässtige Mittel gebraucht/ hat das Gifft im Apostema nit weiter vmb sich fressen können/ sondern ist gedemmet worden.

XV.
Erlöst vor Gefängnuß.

XV. Wer nicht allein aller Gefängnuß der Welt/ sondern auch deß beschwerlichen Leibs will enterinnen/ vnd den Schlüssel deß Himmels mit sich hinweg nemmen/ auch sich ewig erfrewen/ der bette offt/ vnd andächtig das Aue Maria. Dardurch ist die Königin deß Himmels/ dem Seligen Adolpho, einem Franciscaner an seinem End beygestanden/ vnd also getröst.

Was förchtest du dir mein Sohn? oder warumb bekümmerst du dich ab dem vorstehenden Todt?komme sicher/ dann mein Sohn/ welchem du trewlich gedienet hast/ wird dir die Cron der ewigen Glory geben.

3. Lib. de Plalt. c. 69.

Alanus schreibt von einer Kloster Jungfrawen/ S. welche sich Gott/ vnd MARIÆ gantz vnd gar ergeben/ vnd in derselben Dienst biß an das letzte End verbliben: dise ist endtlich in ein tödtliche Kranckheit gerathen/ vnd in höchsten Schmertzen siben gantzer Tag/ mit dem Todt gerungen/ vnd in Zilgen gelegen/darauff am achten Tag ihren seligen Geist auffgeben.

Nit lang darnach ist sie einer ihrer Mitschwester erschinen/ vnd neben andern also gesagt: Wann es möglich wäre/daß ich mich widerumb zu meinem

Die XV. Predig.

nem Leib verfügen köndte/ so wolt ich gern noch siben andere Tag alle dieselbe Schmertzen leyden/ so ich in meinen Zügen außgestanden hab/ damit ich nur ein einiges Aue Maria betten/ vnd der Verdienst desselben erlangen möchte/ auch wann ichs gleich nur obenhin/ vnd ohne gebührende Andacht sprechen thäte. *Verdienst deß Aue Maria.*

Die gedencke mein Christ/ was für greffen Verdienst vnd Lohn/ Frewd vnd Jubel die jenige im Himmel haben werden/ welche in jhrem Leben nicht nur ein Aue Maria obenhin/ sondern vil derselben mit grosser Andacht werden gebettet haben.

Es ist auch P. Ioannes à Campis auß der Societet IESV, welcher den Rosenkrantz bey seinen Lebzeiten stäts bey sich getragen/ vnd das Aue Maria daran ohn vnterlaß gebettet/ in seinem Absterben einem andern Patri erschinen/ vnd dises gesagt: O si nosses, mi Pater, quantum in morte afferat solatium, Deiparam singulari studio coluisse. O mein Pater, wann jhr wissel/ was für grosse Frewd vnd Trost im Todt bringe/ wann einer die Gebährerin Gottes auff ein sonderbare Weiß verehrt hat.

Ich beschließ mit dem seligen Alberto Magno: *T.* Salutemus Mariam frequenter, vt resalutet: Last vns MRIAM offt grüssen/ daß Sie vns widerumb grüsse/ die segne/ im Sterben beystehe/ die gebenedeyteste Frucht jhres Leibs zeige/ vnd endlich die ewige Frewd vnd Seligkeit erlange: darzu helff vns Gott Vatter/ ꝛc. *T. in Lucam.*

Die fünffzehendte Predig.

Mater Admirabilis, Ora pro nobis.

MARIA ist Wunderbarlich in der Leiblichen/ Geistlichen/ vnd Himmlischen Schönheit.

Liebee in dem HErrn: Als der fürtreffliche Mahler Zeuxis, Iunonis Bildnuß auff das allerzierlichst/ vnd schöneß der Welt fürstellen wollen/ hat er ihme die allerschöneste Jungfrawen lassen zusammen führen/ vnd was an einer jeglichen insonderheit schöns/ zierlichs zu finden gewesen/ darmit hat er sein Bildnuß gezieret/ vnd in derselben gleichsamb aller anderen Menschen Schönheit begriffen. *Iunonis Bildnuß.*

Die Christliche Catholische Kirchen pflegt auch die Schönheit/ vnd Hochheit

Hochheit (nit Iunonis) sondern der Allerseligsten Jungfrawen/ vnd Wunderbarlichen Mutter Gottes MARIA, allen Glaubigen fürzustellen; weil aber derselben Gnaden vnd Gaaben/ Tugenden/ vnd Schönheit an keiner einzigen Creatur zu finden/ also vergleicht sie dieselbe auß H. Schrifft den allerschönsten vnd edlesten Geschöpffen Gottes/ vnd was schöns/ zierlichs/ vnd thewrs an einem jeden ist/ das schreibt sie auß Eingebung deß H. Geists alles diser Wunderbarlichen Mutter Gottes zu/ als welche ist/ wie der H. Damascenus sagt: *A.* Ein Begriff aller Vollkommenheiten: dahero wird Sie verglichen mit dem Paradeiß deß Wollusts: *a.* mit dem Regenbogen: *b.* mit dem Gnadenstuel Gottes: *c.* mit dem Thron Salomonis: *d.* mit der Morgenröthe: *e.* mit der Sonnen: *f.* mit dem Mon: in Summa/ mit allem was schön/ zierlich vnd köstlich ist.

Neben andern wird Sie in den Hohen Liedern Salomonis auch verglichen einer Gilgen: Wie ein Gilgen vnder den Dörnern/ also mein Freundin vnder den Töchtern: welcher Art/ Petrus Damianus *B.* vnd S. Ephrem *C.* auff die Wunderbarliche Mutter Gottes MARIAM recht vnd wol deuten.

Nun/ der Gilgenstock ist grün/ die Blum weiß wie Milch/ hat sechs Blätter/ so feist vnd weich/ öelig vnd wolriechendt/ sagt Theophylactus. *D.* Vnd gedenckt Plinius *E.* deß Susamitischen Oels/ welches auß den Gilgen zu Susan/ allba ein grosse Anzahl zu finden/ gemacht wirdt/ dahero difes Orth Susan, das ist/ ein Gilgensaamen/ in der mitte ist Goldfarb. Dioscorides thut Meldung *F.* einer Art der Gilgen/ so auff Lateinisch Iris: sonsten aber Himmlische Gilgen genennt wirdt.

Vor Zeiten seynd die Gilgen für ein Symbolum, oder Zeichen der Hoffnung gehalten worden: wie dann in der alten Römischen Keysern Müntz/ auff einer Seiten ihr Gott gesehen wird/ auß dessen rechten Hand ein Gilgen herfür gehet/ mit diser Vberschrifft: Spes publica, vel spes augusta: die Allgemein/ oder heilige Hoffnung: Pierius. *G.* Vnd weil der Heydnische Poet Virgilius ein grosse Hoffnung von Marcello gehabt/ daß er etwas fürtrefflichs/ vnd seinem Geschlecht ein Ehr seyn werde/ hat er gewolt/ man solle desselben Händ mit Lilien anfüllen: Tu Marcellus eris, manibus date lilia plenis. *H.*

Ferner schreiben Plinius, *I.* Dioscorides, *K.* vnd Petrus Andreas Matthiolus, *L.* daß derselben Wurzel mit Wein benetzt/ oder das Kraut mit Blätteren bestrichen/ gut/ vnd kräfftig sey wider der Schlangen Biß/ auch alles Gifft; es seyen auch ins gemein die Gilgen allen vergifften Thieren zu wider.

Dise Eygenschafften der Gilgen befinden sich alle in dem höchsten Grad/ an der

A. Orat. de Nat. B. V.
a Gen. 2. 8.
b. Ibid. 9. 13.
c. Num. 7. 89
d. 3. Reg. 10. 18.
e. Iob. 8. 12.
f. Psal. 18. 6.
Cant. 6. 9.
Cant. 2. 2.
B. Serm. 3. de Nat. B. V.
C. Serm. de Laud. B. V.
Beschreibung der Gilgen.
D. In Cap. 2. Cant.
E. Lib. 13. c. 1.
F. Lib. 1 c. 1.
Zeichen der Hoffnung.

G. Hierogl. 55.

H. Æneid. 6.
I. Lib. 21. c. 19.
K. Lib. 3. c. 90.
L. Lib. de Plant. cap. de Lilio.

Die XV. Predig.

an der Himmlischen Gilgen / welche ist die Allerseeligste Jungfraw MARIA.

I. Ist dise HimmelsGilgen am Steck oder Fundament, das ist/wahrem Glauben gantz grün; vnd wirdt deßwegen von dem H. Gregorio Thaumaturgo *M.* ein Grundvest aller Glaubigen billich genennt.

II. Ist Sie wie ein Gilgen weiß/nemblich in der Hoffnung: ja gleichwie vor Zeitten die Persianer in ihrem Wappen/wie jetzunder Franckreich/ ein Gilgen geführt/vnd die Gilgen ins gemein ein Symbolum, oder Zeichen der Algemeinen oder Heyligen Hoffnung gewesen; also ist MARIA in der Alleinseeligmachenden Catholischen Kirchen/aller Rechtglaubigen Kennzeichen vnnd Hoffnung: dann MARIA, wie der H. Epiphanius *N.* verdolmetschet/heißt Hoffnung/vnnd ist ein Mutter der heyligen Hoffnung: wirdt auch von dem H. Ephrem *O.* aller Christen Hoffnung genennt; auch von der gantzen KirchenGOttes/ Spes nostra Salue, vnser Hoffnung gegrüßt. *P.*

III. Ist derselben Saamen/das ist/die Liebe gegen Gott/goldfarb/ vnd gantz fewrig; dann gleichwie das Gold in seiner Natur das Silber vbertrifft/also vbertrifft MARIÆ Lieb gegen Gott/vnd aller Heyligen Gottes Liebe: vnnd wirdt deßwegen von Placido Nigidio Siculo, Oceanus amoris, ein vnergründtliches Meer der Liebe genennt. *Q.*

IV. Ist Sie gantz weiß wie Milch/ das ist/ von allen Sünden gantz Engelrein: wie der Himmlische Bräutigamb von ihr/ als seiner Gesponß bezeuget/ sprechendt: Tota pulchra es: & macula non est in te: Du bist gantz schön/ vnd kein Macul ist in dir. Theophylactus, der Bulgarer ErtzBischoff schreibt vber den Propheten Oseam: Israel wirdt blühen/ oder grünen/ wie Lilien/ vnnd sagt: Wann du in der Kirchen Gottes einen sihest/der wol vnd fromb lebt/vnd mit dem Glantz der Tugenden leuchtet/ so nenne jhn billich Lilium, ein Gilgen: Wie vil mehr aber ist vnnd wirdt die Allerseeligste Jungfraw MARIA ein Gilgen genennt, weil nichts beflecktes in ihr / sondern Sie voll der Gnaden/ vnd ein Glantz deß ewigen Liechts ist.

Sie wird aber nit vmbsonst Lilium inter spinas: ein Gilgen vnder den Dörnern genennt: dann obwol Sie/ wie Petrus Damianus außlegt/ *R.* auß lautter Dörnern dem sündlichem Stammen/ vnnd Saamen Adams/vnd desselben Nachkömblingen empfangen/vnnd gebohren worden/ ist Sie doch jederzeit vor-inn-vnnd nach der Empfängnuß ein reine Lilien/ vnd von allen Sünden rein verbliben: dahero singt die Kirch Gottes von jhr

I. Maria gleich den Lilien grün.
II. *M. Serm. de Annunt.* Weiß in der Hoffnung.
N. In Orat. de Laud. B. Virg.
Eccli. 24. 24.
O. In Serm. de Deip.
P. In Salue Regina.
III. Goldfarb/ in der Liebe.

Q. In suo Martiali, Opusc. 4. Serm. 6.
IV. Weiß/ vnnd rein von allen Sünden.
Cant. 4. 7.
Ose. 14. 6.

Sap. 7. 26.

R. Serm. 3. de Nat. B. V.

auß

Von Maria der Wunderbarlichen Mutter.

s. Lib. de Virg. san-ctissima.

V. Oelig der Barmhertzig-keit.

Eccli. 24. 20. T. In Speculo. c. 7. 4. Reg. 4. 6.

auß dem alten Christlichen Poeten Sedulio, *S.* wie ein Dornhecken gebährt ein Rosen; also das Jüdisch Land MARIAM.

V. Wie die Lilien Blätter ölig/ vnd gantz wolriechend seynd/ vnnd jhren Geruch gegen menigklich außbreitten; also ist die Himmlische Lilien MARIA ölig vnnd wolriechend an Barmhertzigkeit gegen menigklich: wie Zimmetrinden/ vnd wie wolriechender Balsam gibt Sie jhren lieblichen Geruch der Barmhertzigkeit: der H. Bonauentura schreibt: *T.* MARIA ist voll der Salbung deß Erbarmens/ voll deß Oels/ der Andacht: vnd ist verbedeutet worden durch jenes Weib/ welcher Geschirr alle mit Oel wunderbarlich voll angefüllt worden; also ist Sie allenthalben/ vnnd gegen allen mit Barmhertzigkeit angefüllt.

Apulia erhält Gnad/ durch Mariæ H. Milch.

Wie dise Himmlische Gilgen jhren Geruch vnd Oel der Barmhertzigkeit gegen den Nothleydenden außbreitte/ ist im Jahr 1627. in Apulia mit einem grossen Wunderzeichen bestättiget worden. Dann als daselbsten durch grosse Erdbidem vnsäglicher Schaden an Menschen/ Vieh/ vnnd Gebäuden geschehen/ vnd man zu Versöhnung deß Zorns Gottes/ MARIA der Mutter Gottes Jungfräuliche Milch/ in einer Procession herumb getragen/ vnnd Sie menigklich vmb Gnad vnnd Barmhertzigkeit mit lauter Stimm angeruffen/ hat alßbald/ zum Zeichen MARIÆ Barmhertzigkeit/ die Mütterliche Milch in den Gläsern Geschirrlein geschaumet/ vnd haben die auff dem Altar verdorrete Lilien widerumb angefangen zu grünen/ blühen/ vnd jhren lieblichen Geruch zugeben/ auch also gewachsen/ daß sie schier den gantzen Altar bedeckt vnd zieret.

Lit. Neapol. dat. Calend. B. V.

V. Gut für alles Gifft.

y. Lib. 3. de Trin. c. 10.

VI. Gleichwie die Wurtzel vnd Blätter der Gilgen/ der Schlangen vnd allen vergifften Thieren zuwider/ vnd sie vertreibt: also ist die Himmlische Lilien MARIA der Höllischen Schlangen/ vnnd derselben Saamen/ vnd Ketzergifft in allem zuwider. Es erzehlt Rupertus der Abbt: *V.* Es sey zwischen dem Weib vnd der Schlangen ein so grosse Widerwertigkeit vnnd Feindschafft/ daß/ wann das Haupt einer Schlangen mit der Fersen eines Weibs berühret werde/ so müsse die Schlang nothwendig sterben/ vnd zu grund gehen/: hingegen wann die Schlang die Fersen eines Weibs mit einem gifftigen Biß verletze/ so muß das Weib sterben.

VV. Super Signum manum. Gen. 3. 14.

Auff welches/ wie der H. Bernardus lehret/ *VV.* Gott geredt/ da Er gesagt: Vnd ich will Feindschaffe setzen zwischen dir/ vnd dem Weibe: das ist/ zwischen der Seeligsten Jungfrawen MARIA/ vnd dem Teuffel/ welchem Sie vermittelst jhres Eingebornen Sohns/ den Kopff zertnütscht.

VII. Gantz verwunderlich.

VII. Gleichwie der Glantz vnd Schein der Lilien menigklich zur Verwunderung reitzet: also ist der eusserliche vnd innerliche Glantz vnd Schönheit der Himmlischen Gilgen MARIÆ so groß/ daß sich darob Himmel vnd

Die XV. Predig.

vnd Erben/ auch Sohn vnnd Monn selbsten verwundern müssen: wie auß folgender Predig mit mehrerm zuuernemmen seyn wirdt/ in welcher mit der Gnad Gottes ich von der Leiblichen/ Geistlichen vnd Himmlischen Schönheit MARIÆ handlen werde: der Hoffnung/ ꝛc.

Der I. Theil.
MARIA ist Wunderbarlich wegen Schönheit deß Leibs.

ES schreibt der Seelige Albertus Magnus, *A.* daß gleich wie Christus vnser lieber HERR von dem König Dauid in seinem Psalter-Lied das Lob hat/ Er sey der Schönste vnder den Menschen Söhnen; also hab auch die Seeligste Mutter Gottes das Lob/ Sie sey die Schönste vnder allen Menschen Töchtern: weil Sie die höchste Schönheit an jhr gehabt/ so vil ein Natürlicher sterblicher Leib ertragen mögen.

    Die Christliche Catholische Kirch preyset Sie: *B.* Valde decora: Ihr häpsch/ vnd schön: ja also schön/ daß vber jhr Wolgestalt sich Sonn/ vnd Mon verwundern.

    Der Geistreiche Ludouicus Blosius, *C.* grüsset Sie also: Sey gegrüßt MARIA: du allerzierlichste Jungfraw, klarer als die Sonn/ glantzer als der Stern/ wolriechender als der Balsam: ein Jungfraw/ lieblicher als Rosen/ weisser als Gilgen/ vber alle Schönheit hüpsch/ vber alle Erbarkeit angenemb.

    Richardus Victorinus sagt: *D.* Sie war eines Englischen Antlitz wol in Angesicht/ als im Gemüth/ vnd Leib.

    Der H. Gregorius *E.* nennt Sie ein Jungfrawen/ welche an Gestalt vnd Schönheit alle andere weit vberrifft. In H. Schrifft wirdt Sie die Allerschönste vnder allen Weibern genennt.

    Es haben vor Zeitten die Heyden sehr gerühmbt die Schönheit der vhrechten Königlichen Töchtern Athlantes, Argiæ, vnd anderer. Die Griechen haben hoch herfür gestrichen die Schönheit Helenæ, Cleopatræ, &c. Bey den Lacedæmoniern hat vil golten die schöne Alcidis, ein Gemahel Ageti.

    Die Persianer machten vil Wort von der Schönheit ihrer gewessten Königin Semiramidis, Vasthi, vnnd Esther, welche Esther vnglaublicher Schönheit/ vnd vor allen Augen freundtlich/ vnd lieblich war.

    Die Römer preyseten mit sonderm Fleiß die Schönheit Lucretiæ, Floræ, Proserpinæ.

Mariæ Schönheit.
A. Super Missus est.

B. In Antiphon. Aue Regina.

C. In Precat. Eclog. 4.

D. In Cant.

E. In Tragœd. Christus patiens. Cant. 1. 7. & 5. cap. 17. Heyden.

Persianer.
Esth. 2. 7.
Römer.

Von Maria der Wunderbarlichen Mutter.

Hebræer.
Gen. 12. 14.
Gen. 24. 16.
Gen. 29. 17.
1.Reg. 25. 3.
2.Reg. 11. 2.
3.Reg. 1. 4.
Iudith. 11.
19.
Cap. 10. 4.
Iob. 42. 15.

Die Hebræer halten für hoch/daß bey jhnen etliche Frawen in H. Schrifft selbsten das Zeugnuß haben/ daß sie sehr schön gewesen: dann es wirdt von der Sara Abrahams Haußfrawen vermeldt/ daß die Ægypter gesehen/daß sie ein sehr schönes Weib sey: es zeugt die H. Schrifft von Rebecca/daß sie war ein sehr hüpsche Magd/vnd allerschönste Jungfraw: Rachel hat das Zeugnuß/daß sie war einer sehr hüpschen Gestalt/vnd schön von Angesicht: Abigail wird gelobt/daß sie sey gewesen ein Weib sehr guter Vernunfft/vnd schön von Angesicht: Bethsabea sey gewesen ein Weib sehr schöner Gestalt: Abisag/vnnd sie war ein sehr schönes Mägdlein: von der Judith wirdt vermeldt/ deßgleichen Weib ist auff Erden nie mit Angesicht/mit Schöne/ vnnd vernünfftigen Worten: vnd Cap. 10 ƒ. wird bezeuget: der HERR hab jhr Schöne also gemehrt/daß sie vber die massen schön/ vnnd hüpsch war in aller Menschen Augen: von deß Jobs Töchtern sagt der Text also: Es wurden nit so schöne Weiber gefunden in allem Land/als die Töchtern Job.

Eccli. 24. 18.
& 19.
Cant. 2. 2.

Diese Weiber alle/ vnd noch andere mehr/ waren zwar einer Lobwürdigen Schönheit/aber die H. Schrifft/sambt der Catholischen Kirchen/vnnd HH. Vättern erhebt die Wolgestalt der Seeligsten Gebärerin GOttes/ vber aller Weiber Schönheit/vnnd nennt Sie pulcherrimam Mulierum, die Allerschönste vnder den Weibern: vergleicht Sie auch/wie im Eingang der Predig gehört worden/den allerschönsten Dingen/ als einer Rosen/einem schönen Oelbaum in dem Feld/einer Lilien/dem Monn/

Cant. 7. 6.

der Sonnen / ɾc. insonderheit aber einem Palmen / anzuzeigen / daß Sie vor vnd vber alle den Preyß führe/ vnd den Vorzug habe.

F. Orat. de Dormitione Virg.
G. Lib. 1. de Laud. B. V.

Welches wegen Sie der H. Damascenus nennt F. totius naturæ Venustatem: der gantzen Natur Holdseeligkeit selbsten. Vnd lehret Dionysius Carthusianus, G. daß auß dem Angesicht Vnser lieben Frawen ein Himmlischer vnd vbernatürlicher Glantz eusserlich also geschinen/daß selbige Stralen vnd Glantz vbernatürlich temperiert, vnd verdunckelt werden müssen/damit Sie mit andern Menschen conuersieren vnd reden könnte: ab welchem sich desto weniger zuverwundern/weil auch deß Moysis Angesicht/

Exod. 34. 34.
2. Cor. 3. 14.
H. De regno Dei lib. 5. cap. 10.

auß dem Gespräch mit GOtt/ also glantzend worden/daß es auch die Kinder Israel nicht anschawen könnten.

P. Sanchez H. allegiert ein Epistel/welche der H. Dionysius Areopagita zu dem H. Paulo geschriben/vnd darinnen erzehlt/daß er nach Hierusalem kommen/ auß Begird die Mutter Gottes zusehen/ vnd deßhalben mit dem H. Euangelisten Ioanne Kundschäfft gemacht/vnd von jhme begehrt/auch erlangt habe/daß er jhme die Seeligste Jungfraw MARIAM, auß welcher aller Menschen Heyl gebohren ist/ gezeigt.

Durch

Die XV. Predig.

Durch welches Anschawen / wie er selbsten bezeugt / jhne ein vnendtlicher göttlicher Glantz außwendig also vmbgeben / daß auch desselben Stralen inwendig sein Hertz durchtrungen / vnd allenthalben mit solchem lieblichen Geist / vnd Süssigkeit erfüllt / daß ers nimmer erdulden können: hat auch bekent / wann jhne der Christlich Glaub nit anderst gelehrt hette / er Sie für ein wahren Gott wurde gehalten haben / weil einmal kein grössere Glory ff Erden / als er an Jhr wahrgenommen / nit seyn könne.

Dise Verwunderung ist in dem H. Dionysio auch also gewachsen / sagt ertinus, *I.* weil er zugleich gesehen / wie Jhr die Engel gedient / vnd *I.* Lib.6.de nechesmahl gantz Ehrentbietig in die Höhe auffgehebt: welches wegen er vita Saluat. b in diser Epistel die Mutter Gottes etlich mahl Dei formem, GOTT chförmig / nennet.

So werden auch dem H. Apostolischen Jünger / vnd Martyrer Ignatio etlichen zwo Episteln zugeschriben: in welchen vermeldet wirdt / daß vil Begierd zu den glaubigen Weibern / sambt jhme / von der Mutter deß HERRN groß Mariam. Wunderding gehört / vnd ein grosse Begierd / vnd Verlangen bekommen elbige zu sehen / als ein Himmlisches Wunderzeichen / vnd allerheiligtes ctracul oder Schawspill / ab welcher sich menigklich verwundere / vnd jeder nach Jhr ein Begierd habe.

B.E. Frawen Statur, vnd eusserliche Leibsgestalt / beschreibt nach längs der Mariæ Leibs-Epiphanius, vnd auß jhme Nicephorus Callistus, *K.* mit folgenden Gestalt. rten: Sie war in allen Dingen ehrsamb vnd züchtig / gar wenig vnd X.Lib.2.Hi- nothwendige Sachen redend / allzeit willig einen jeden anzuhören / vnd stor. Eccles. auß freundtlich / menigklich sein Ehr vnd Respect erweisende / mittelmäs- c.23. Leibsgrösse / wiewol etliche darfür halten / daß Sie zimblich hoch von on gewesen sey.

Jhr Farb war braun / gleich wie Waitzen farb (so in Palæstina) weiß / Jhre Farb. roth: Jhr Haupthaar gelb / die Augen scharpff / in welchen die Augen- Jhre Haar. gelblecht / vnd schier wie Goldfarb außsahen / jhre Augbrawen waren er- Augen. oberworffen / vnd gantz zierlich schwartzlecht. Augbrawen.

Die Nasen langlecht / die Lefftzen schön wie Blumen / mit Hönigsüssen Nasen. ten erfüllt: Jhr Angesicht war nit rund / noch gespitzt / sondern langlecht / Lefftzen. ichen waren auch die Händ vnd Finger langlecht: endlich war an jhr Angesicht. kein Stoltzheit oder Hochmuth / sondern ein lautere heilige Einfalt. Händ / vnd rem Angesicht gab Sie niemahl kein andere Gestalt / hatte auch sonsten- Finger. chers von Weibischer Waichheit an Jhr / sondern liebte ein treffliche Jhr Demut. Demuth: Jhre Kleider waren nicht von Menschen Händen gefarbt / Kleider / vnd n von natürlicher Farb / die jhnen von der Natur gegeben waren / wie Haupt Tuch. jhr Haupt Tuch noch heutiges Tags bezeugt / etc.

MARIA

Von Maria der Wunderbarlichen Mutter.

Mariæ Schönheit.
L. Super stabat Mater.

MARIÆ Schönheit war so groß vnd Wunderbarlich/daß selbige den Anschawenden ein Trost gewesen; wie der H. Bernardus mit disen Worten bezeugt: *L. Verè hoc magnum erat hominibus solatium, videre Matrem in terra, cuius Filius dominaretur in cælis:* Es war den Menschen ein grosser Trost die jenige Mutter auff Erden sehen/deren Sohn im Himmel herrschete.

M. Serm. 1. de Assumpt. B. V. part. 1.
Eremit begehrt Mariam zusehen.

Diser Sachen beschreibt Nicolaus Polonus der Geistlichen Rechten Doctor, ein Exempel/ *M.* wie daß ein Gottseliger Eremit lange Zeit grosse Begierd gehabt Vnser liebe Fraw zu sehen in der Gestalt / wie Sie gewesen noch lebend auff Erden; vnd da er im sibenden Jahr nach Christi Himmelfahrt erhört/vnd seiner Bitt gewähret werden/hab er auffgeschryen: Eu Mater mea, si facies tua nunc adeò existit gloriosa, quæ & qualis erit in patria? Ey mein Mutter/ so dein H. Angesicht jetzunder noch auff Erden also Glorwürdig scheinet/wie wird wol dasselbig dorten im Himmlischen Vatterland scheinen?

N. De regno Dei l. 5. c. 6.
Irdisch Himelreich.

So erzehlt auch P. Sanchez, *N.* wie daß ein anderer frommer vnd andächtiger Mahn/vermittelst deß H. Euangelisten Joannis B. f. Jr. gesehen/darniber auff die Erden gesuncken/ vnd gesprochen: Kein anders Himmelreich welt ich mit begehren hie auff Erden/dann daß ich Sie sehen sölt.

Mariæ Schöne/reitzet zu keiner vnordentlichen liebe.
O. In 3. Sent. Dist. 3. q. 3.

Hierbey aber ist zu mercken / daß obwol die Mutter Gottes MARIA schön / vnd lieblich anzusehen war / Sie dannoch nie kein Mensch zu vnordenlicher lieb oder Begierd begehren können: wie neben andern der heilige Vatter Bonauentura schreibt. O. Etliche Juden sagen/diß sey verwunderlich an der Seligsten Jungfrawen geweßt / Ob Sie zwar vber alle massen schön war/jedoch ist Sie niemahl von keinem Menschen begehrt worden.

P. 3. Sent. Dist. 2. Orat. 1.
Mariæ Ansehen/ tödtet deß Fleisch Begierden

Es ist auch das Gezeugnuß der Vnglaubigen nit gering zu achten: dann die Gnad der Heiligmachung/ spricht der Englische Lehrer Thomas. P. hat in der Seligsten Jungfrawen nicht allein die vnzimbliche Begierden vnderttruckt/ sondern hat auch in andern die Krafft gehabt/ dermassen / wie schön Sie immer von Leib war/dannoch von niemand können begehrt werden.

Q. In Serm. de Concept. B V.

Ja das Antlitz der Mutter Gottes/(sagt Joannes Gerson. Q) beweget die Ansehenden zu aller Keuschheit/ es löschete auß vnd tödtete ab alle fleischliche Gedancken/vnd Begierden.

Cant 2. 2. Jungfrawen seynd Dörner.

Dionysius Carthusianus legt dise Wort auß: Wie ein Lilien vnder den Dörnern/also ist mein Freundin vnder den Töchtern: vnd sagt: Gegen der Seligsten Jungfrawen MARIA, seynd alle Jungfrawen Dörner gewesen/ eintweders ihnen selbsten / oder andern; Sie aber war weder jhr selbsten/noch andern ein Dorn/ dann Sie reitzete vnd bewegete der Anschawenden Hertzen zu aller Keuschheit.

Noch

Die XV. Predig.

Noch mehr/vnd höher rühmbt die Tugendt deß H. Angesichts MARIÆ, der Auctor Margaritæ, *R.* vnd spricht: Welche Christi / vnd MARIÆ Göttliche Angesichter ansahen / wann sie es anderst selbsten nicht würcklich verhinderten / wurden gleich zur Abschew der Sünden / Besserung deß Lebens/ vnd grosser Andacht bewegt / auß einem Himmlischen Glantz/ welcher auß ihren Angesichtern schimmerte. *R. Quæst. vlt. Mariæ Anschawen bewegt zur Buß.*

Bey disem ersten Theil / mein Marianischer Liebhaber/ lehrne vnd betrachte/ was der H. Augustinus *S.* schreibt: Pulchritudo donum DEI est, sed nostrè abusu fit mala: Die schöne Gestalt deß Leibs / ist ein Gaab Gottes / aber durch vnsern Mißbrauch wird sie böß: vnd führt disses zum Exempel ein: wie daß die Kinder Gottes die Töchtern der Menschen sahen/ daß sie schön vnd hüpsch waren/ vnd zur Ehe nahmen/ welche sie mit wolten/ auch dardurch in grosse Boßheit gefallen. *S. Lib. 15. de Ciuit. Dei. c. 11. Gen. 6. 1.*

Auff welches auch zwifflos ohne Salomon gesehen/sprechendt: Vana est pulchritudo: Die Schönheit ist eytel: dann sie gibt zur Eytelkeit / vnd sündtlichen Begierden Vrsach: massen das Exempel der zween alten Schälck auß weiset/ welche die schöne Gestalt der keuschen Susannæ betrogen/ vnd jhre Hertzen zu bösen Begierden anzündt. *Prou. 31. 30. Dan. 13. 56.*

Wol zu mercken ist/ was Petrarcha hiervon schreibt: *T.* Pulchritudinem esse velum oculis, laqueum pedibus, viscum animæ: die schöne Wolgestalt sey ein Deck der Augen/ ein Strick der Füssen/ vnd ein Vogelleim der Seelen/ vnd verursache/ daß man die wahre Ding nit vnderscheide/ die Tugendt nit achte/ vnd das Gemüht nit in die Höhe erhebe: vnd ein kleines hernach nennt ers: Hostem domesticam, raptorem quietis, materiam laboris, & fomentum libidinis: ein anheimischen Feind / ein Rauber der Ruhe / ein Materi der Arbeit/vnd ein Zundel der Begierligkeit. *T. Lib. de Remediis vtriusque fortunæ. Schöne Gestalt / was seye. So wol zu mercken.*

Diser Vrsachen halben laden die jenige Männer/ vnd Jüngling/ vnd insonderheit Frawen vnd Jungfrawen ein sehr schwere Verantwortung auff sich/ vnd machen sich gar viler grossen/ vnd abscheulichen frembden Sünden theilhafftig/ welche die Wolgestalt jhres Leibs mißbrauchen/ sich zieren vnd schmucken/ oder schändtlich vnd vnehrbarlich entblössen / vnd dardurch anderen zu gefallen begehren. *Mißbrauch der Schöne/ grosse Sünd.*

Es ist kein Zweiffel/ daß vil Tausent arme Seelen / wegen solches Mißbrauchs deß Leibs Schönheit / in der Höllen ewig brinnen / vnd braten müssen: wie jene vnglückselige Fraw bezeugt / darvon Ioannes Iunior schreibt/ *V.* welche/ wegen daß sie ein grosse Sünd wissentlich in der Beicht verschwigen / nach ihrem Todt zweyen Geistlichen abscheulich erschinen/ vnd die Vrsach ihrer ewigen Verdambnuß / vnd vnderschidliche Peinen vnd Qualen erzehlt / auch neben andern außgesagt: daß das Weiber- *Bringt vil 1000 in die Höll. V. In Scala Cæli.*

volck

Von Maria der Wunderbarlichen Mutter.

Weiber/was sie sonderlich verdampt.
4. Reg. 9.

Volck wegen Geilheit vnd Vnzucht/ wegen Hexereyen vnd Aberglauben/ vnd wegen daß sie auß verdampter Scham ihre Sünden nit vollkommentlich beichten/ auch fürnemblich wegen deß prächtigen auffbutzens / andern zu gefallen/ in grosser Anzahl ewig verdampt werden.

Wir lesen/ wie vbel der Jezabel ergangen/ weil sie ihr Angesicht geferbt/ ihr Haupt geschmuckt / vnd gezieret / auch andern zu gefallen zum Fenster fürwitzig außgeschawet: dann Jehu der König in Israel hieß sie zum Fenster hinab stürtzen: vnd die Diener stürtzten sie hinab/ daß die Wand mit ihrem Blut besprengt war/ vnd sie ward von Rossen zertretten/ vnd die Hund fraßen sie.

Teuffels Lockvogel.
Prou. 7. 10.
Isa. 3. 16.

Also werden einest die Höllhund/ vnd böse Geister/ in Gestalt abschewlicher Bestien/ vnd wilden Thieren/ an solchen vnehrbahren geschmuckten Leibern ewig fressen/ vnd nagen: dann solche/ welche deß Leibs Wolgestalt also mißbrauchen/ seynd eygentlich deß Teuffels Lockvögel/ ja Netz vnd Garn ad capiendas animas, zum Seelenfang. Welches wegen GOTT ihnen beym Propheten Esaia trohet/ Beraubung aller ihrer Zierd vnd Schönheit. Feindsnoth/ vnd Gefängnussen/ auch an statt ihres wolriechenden Gestanck. etc.

Schöne Gestalt/ wie sie zu brauchen.

Dahero mein Christ/ gebrauche die Wolgestalt vnd gerade Glider deines Leibs zum Dienst vnd Ehren Gottes / vnd laß dich auch andere dardurch nit in Versuchung führen/ sondern stelle dir für Augen/ vnd erwöhle dir zu einer Liebhaberin die Allerseligste Jungfraw MARIAM. als den schönsten Spiegel aller Ehrbarkeit/ Keuschheit/ Reinigkeit/ vnd Schönheit.

X. In Tract. de Festis B. V.

Es schreibt Petrus Antonius Spinellus, der Societet IESV, X. daß zur Zeit Caroli Königs in Franckreich/ sich ein Jüngling auß Königl. Stammen in Vngarn befunden: welcher Geistlich / vnd ein grosser Liebhaber Vnser lieben Frawen war / doch auß Rath seiner Eltern den Geistlichen Stande verlassen/ vnd sich mit einer gar schönen Jungfrawen verehlichen wolte: als er aber einest seinem täglichen Brauch nach in der Kirchen vor B. L. Frawen Altar die siben Tagzeiten bettete/ vnd kommen war auff die Antiphon: Du Tochter Hierusalem bist schön/ vnd wolgestalt: vnd selbige mit Mund/ vnd Hertzen außgesprochen/ da erschine ihme B. L. Fraw mit zweyen Englen

Erscheinung.

vmbgeben/ vnd sprach zu ihm: So ich nun schön/ vnd wolgestalt bin / warumb verlassest du mich/ vnd wilst ein andere Braut nemmen: bin ich dann nicht trefflich wolgestaltet / vnd schöner als dieselbe: wo hast du jemahl ein schönere gesehen?

Der Jüngling entsetzt sich/ vnd antwortet: Mein allerliebste Fraw/ dein Klarheit erleuchtet / vnd vbertrifft alle Schönheit der Welt / dann du bist

vber

Die XV.Predig.

ober alle Chör der Engel erhöche/ vnd erhebe vber alle Himmel: Allerliebste Fraw/ was wilst du/ das ich thun solle? Warauff Sie jhme befohlen: Er olle Sie zu einer Gesponß erwöhlen/ vnd daß Fest jhrer Empfängnuß den 8. Tag Decembris Jährlich feyr/ täglich halten/ mit der Zusag/ daß in dem Reich jhres Sohns er sambt jhr werde gekrönt werden; wie geschehen.

Vincentius Belvacensis *Y.* erzehlt auch von einem Jüngling/ wel-her allein auß andächtiger Anschawung eines geschnitenen MARIÆ Bilds/ alle fleischliche Lieb vnd Begirden/ welche er gegen einer Liebhaberin/ von velcher er ein Ring gehabt/ getragen/ fallen lassen/ vnd den Ring V. L. Fr. Bildnuß angesteckt: auch endtlichen selbige sein Braut gantz verlassen/ vnd ich in Dienst MARIÆ ergeben.

Fest Mariæ Empfängnuß feyrlich zu halten.

Y. Lib 7. Histor. c. 87.

Mariæ Bildnuß andächtig ansehen/ nutzlich.

Also wende auch du so wol die eusserliche Augen deß Leibs/ als die inner-che der Seelen mit Andacht auff die Schönheit MARIÆ, so wirst du ge-vißlich von vnzimblichen Begirden erlediget/ auch im Himmelreich gekrö-ett werden.

Der II. Theil.

MARIA ist Wunderbarlich wegen der innerli-chen/ vnnd vbernatürlichen Schönheit jhrer Seelen.

MAn sagt/ vnd ist wahr: Der ist schön/ der schön thut; vnd schreibt der H. Ambrosius: *A. Species corporis simulachrum est mentis, & figura probitatis*: Die eusserliche Gestalt deß Leibs/ ein Ebenbild deß auffgerichten Gemüths/ vnd ein Form/ oder Figur der Frombkeit: dann ein schöner Leib ist ein Anzeigung einer köstlichen Seel.

A. Lib. 2. de Virg.

Eusserliche Schöne/ Zeichen der Tugendt.

MARIA die Mutter GOttes war schön/ vnd that schön: also daß alle Gliedmassen an derselben ein sonderbahres verwunderliches Geheimbnuß in ich begreifft/ vnd ein Anzeigung der innerlichen Tugenden/ vnd Schönheit er Seelen gewesen.

Wie in den Hohen Liedern Salomonis nach längs zusehen: welche/ wie pponius, so im Jahr Christi 800. floriert/ lehret/ auff MARIAM gedeut-t worden/ also daß er denjenigen für vnseelig schätzet/ welcher nit glaubt/ daß se Hohe Lieder von der Gebärerin Gottes im wahren Verstand reden vnd andlen.

Hohe Lieder Salomonis, weß seyen?

Dann dise seynd ein Gespräch/ welches der Himmlische Bräutigamb hristus mit seiner Gesponß/ der Allerseeligsten Jungfrawen MARIA an-ellet/ alda die Mutter in jhrem Sohn ein Wolgefallen/ vnd Christus sich

Hh ij   in selin seiner Mutter belustiget: ein Vndergespräch machen in denselben die Engel/(welche dem HERRN dienen) vnd die Jungfrawen, welche der Mutter Gottes auffwarten/als ihrer Frawen: wie Ioannes Algrinus Sabinensischer Cardinal obseruiert.

B. Super Litan. Lauret. B. V.

Nun in denselben/wie P. F. Iustinus Michomiensis erkläret/ *B.* werden alle Gliedmassen V. L. Fr. beschriben/vnd auff die innerliche Schönheit der Mutter Gottes MARIÆ gar herrlich gedeuttet.

Cant. 7. 7. Mariæ Leibs Statur gleich dem Palmenbaum.

I. Deß Leibs Statur ins gemein/wird verglichen einem Palmenbaum/ Statura tua assimilata est palmæ: dein Statur, oder Länge ist gleich einem Palmenbaum: anzuzeigen/daß gleich wie Sie an eusserlicher Schönheit nach Gott alle Creaturen vbertreffe/ vnnd vor allen andern den Preyß habe: also vbertreffe Sie auch alle an Tugenden/Heyligkeit/vnd Reinigkeit der Seelen/ dann Sie/ sagt S. Anselmus, mit solcher Reinigkeit vnd Heyligkeit geschinen/daß nach Gott kein grössere kan erdacht werden.

Cant. 7. 5. Das Haupt dem Berg Carmel.

II. Wird derselben Haupt verglichen dem fruchtbaren Berg Carmelo : Caput tuum sicut Carmelus : Dein Haupt stehet auff dir / wie Carmelus: durch welche Gleichnuß nicht allein zuverstehen gibt/ daß ihr Haupt vber die Schultern erhöcht gewesen/ vnd also ihrer Schönheit ein Zier geben/sondern daß die Liebe gegen Gott in ihr alle andere Werck vbertreffen/ als wie der Berg Carmelus alle andere Berg in Iudæa/ auch Sie vber alle andere Heyligen erhöhet seye.

Cant. 4. 1. Haar / der Geissen Heerd / vnd Purpur. Cant. 7. 5.

III. Werden derselben Haarlocken zweyen Dingen verglichen : 1. der Geissen Heerd : Capilli tui sicut greges Caprarum , quæ ascenderunt de monte Galaad : Deine Haarzöpff seynd wie die Geissen/die auffsteigen vom Berg Galaad. 2. Purpuræ Regis, einem Purpur deß Königs : das Haar auff deinem Haupt/ wie ein Purpur deß Königs/ die in Feldern in Canaän ligt : billich beschreibt der Himmlisch Bräutigamb die Haarlocken seiner Gesponß/dann selbige seynd die grösste Zier der Weiber.

Es werden aber die Haar MARIÆ der Geissen Heerd verglichen auff dem Berg Galaad, anzuzeigen/ daß gleich wie die Geissen sich weyden auff den höchsten Bergen/ da andere nit hinkommen können; also MARIA in Tugenden/vnd der Gnad Gottes zum allerhöchsten gestigen/daß Sie wol sagen kan: Ego in altissimis habito, & thronus meus in columna nubis:

Eccli. 24 2.

In der Höhe hab ich mein Gezelt auffgeschlagen/ vnd mein Stul auff der Wolcken Säule : nemblich durch sonderbahre Fürsichtigkeit Gottes deß H. Geist.

In dem aber vermeldet wird: das Haar auff dem Haupt ist wie Purpur deß Königs/die in Feldern Canaän ligt: wird zuverstehen geben/daß alle

ihre

Die XV. Predig.

jhre Gedancken/welche durch die Haar bedeutet/werden/Königlich gewesen/vnd wie Sie auß Königl. Stammen gebohren/auch Königliche Gedancken gehabt habe/nit von jrrdischen/sondern von Himmlischen Sachen. *Haar/seynd die Gedancken.*

IV. Werden die Augen durch zweyerley Gleichnuß beschrieben: vnd Tauben Augen verglichen: Oculi tui Columbarum, absque eo, quod intrinsecus latet: deine Augen seynd wie Tauben Augen/ohne was euch innwendig verborgen ist: 2. Einem Teich in Hesebon: deine Augen seynd die Teich zu Hesebon/ an der Pforten der Tochter/ die vil Leuth hat: hiemit hat Anfangs der Himmlisch Bräutigamb seiner allerliebsten Gesponß MARIÆ Vnschuld, Reinigkeit vnd Keuschheit beschreiben wollen: welche so groß in den Augen MARIÆ gewesen/ daß Sie nit allein für sich selbsten die ewige Jungfrawschafft gehalten/ sondern auch andern mit jhrem Anschawen vnd Glantz/ so auß jhren Augen vnd Angesicht trauß geschienen, hierzu beweget. *Augen/der Tauben Augen. Cant. 4. 1. Cant. 7. 4. Den Teich zu Hesebon.*

Darnach hat er wollen zuuerstehen geben/daß sein Gesponß die allerseeligste Jungfraw MARIA, in allen jhren Wercken/vnd Tugenden ein rechte Meynung gehabt/ auch daß dero gute Werck so vil gewesen / daß mehrer derselben verborgen/als man an jhr hat sehen können/dann Sie in allem/vnd den Wercken vil Actus Virtutum, vnd Tugenden geübt.

V. Werden die Wangen der Turteltauben verglichen: Pulchræ sunt genæ tuæ, sicut Turturis: deine Wangen stehen lieblich/wie der Turteltauben: vnnd widerumb: Sicut fragmen mali punici, sic genæ tuæ: deine Wangen seynd wie die Kitz am Granatapffel: hie wirde 1. die Schönheit MARIÆ beschrieben/ weil die Wangen wie Granatöpffel/ so ob seynd/welche Farb das Angesicht zieret/sonderlich an Jungfrawen/vnd weil selbige oben gekrönt seyn/ wird angezeigt/ daß die Seeligste Jungfraw so schön gewesen/daß Sie einer Königl. Cron wol würdig. *Wangen/der Turteltaubt. Cant. 1. 10. Cant. 4. 3. Der Granatöpffel.*

2. Wirdt hie beschrieben die Geschämigkeit MARIÆ: dann wie Plinius schreibt/ C. so hat die Geschämigkeit in den Wangen jhren Sitz/vnnd eret insonderheit der Jungfrawen Angesichte: so schreibe Demades, D. daß die Geschämigkeit der Schönheit Vestung seye. *C. Lib. 11. cap. 37. Geschämigkeit. D. Apud Stobæ serm. 72.*

3. Werden sie verglichen den Granatöpffel Kitzen: dann gleichwie auß dem eröffneten Granatapffel die schönste purpurfarbe Körnlein scheinen/ so hat man auß dem Angesicht MARIÆ, welches mit Geschämigkeit verstrichen war/ die Fürtrefflichkeit vnd Glantz allerhand Tugendten/vnd Gnaden scheinen sehen: wie solches Rupertus außlegt. E. *E. In Cant. Explicit. Cant. 7. 4.*

VI. Die Nasen wird dem Thurn Libani verglichen: Nasus tuus, sicut turris Libani: dein Naß ist wie der Thurn auffm Libano: durch welche *Nasen/dem Thurn Libano.*

Dd iij

welche Gleichnuß die Fürsichtigkeit MARIÆ erkläret wirdt/ wie welcher Sie alle Ding vnderscheiden/ das gut vom bösen erkennen/ die Geister bewehren/ ja sich so weit erstreckt/ daß Sie auch der Menschen Hertzen vnd Gedancken wissen können.

VII. Von den Lessten der Seeligsten Jungfrawen redet das Hohelied also: Fauus distillans labia tua, mel & lac sub lingua eius: **Deine Lefftzen mein Braut/ seynd wie fliessende Hönigseegen/ Hönig vnnd Milch ist vnder deiner Zungen:** vnnd gibt darmit 1. zuuersteheen die Süssigkeit vnnd Lieblichkeit ihrer Reden/ welche also beschaffen waren/ daß man vermeynt/ Gott rede auß ihr/ auch also angenemb/ daß/ was Sie nur wolt/ bereden könnte.

2. Sagt er: Hönig vnd Milch ist vnder deiner Zungen/ vnd lehret darmit/ daß Sie nit nur gemeiner/ sondern auch der allerhöchsten/ vnd verborgnesten Geheimbnuß GOttes Erkantnuß gehabt/ vnnd gelehrt/ als von der Menschwerdung/ Fürsichtigkeit Gottes/ vnd ewige Prædestination, vnnd andern.

3. Wird ihr alhie das Zeugnuß geben/ daß Sie solche Geheimbnussen nit allein gewußt/ vnd verstanden/ sondern auch in ihrem Hertzen betrachtet/ deßwegen wirdt hinzu gesetzt: Sub lingua; vnder ihrer Zungen. Auff dises redet auch der H. Euangelist Lucas; MARIA aber behielt alle dise Wort in ihrem Hertzen: nemblich/ wie Anselmus lehret/ F. der Engel/ der Hirten/ vnnd der drey Weisen/ ja auch ihres Eingebohrnen Sohns Wort.

VIII. Wird von dero heiligen Mund gezeigt: Odor oris tui, sicut odor malorum: **Deines Munds Geruch ist/ wie der Geruch der Oepfflen.** Etliche Lehrer vnd Liebhaber Vnser L. Fr. schreiben mit Dionysio Carthusiano G. vber disen Orth/ daß das Fleisch MARIÆ einen lieblichen Geruch von sich geben hab/ welcher in ihr mit dem Geruch der Oepfflen verglichen wird; massen auch von Alexandro dem Grossen von vilen geschrieben wird/ vnd bedeuttet die innerlichen Tugenden der Seelen/ welche in dem Garten ihres Jungfräwlichen Hertzens/ vnd guten Willens gewachsen: in welchen Garten Sie ihren Bräutigamb ladet/ vnd spricht: Veniat dilectus meus in hortum suum, vt comedat fructum. pomorum suorum: **Mein Geliebter komme in seinen Garten/ vnd esse die Frucht seiner edlen Oepfflen.**

Auff die Einladung hat der Himmlisch Bräutigamb zugesagt/ sprechendt: Descendi in hortum nucum, vt viderem poma Conuallium: **Ich bin hinab in Nuß Garten gangen/ zuschawen die Frucht am Thal:**

Die XV. Predig.

Thali zu schawen/ ob der Weinstock blühet / ob die Granatöpffel grüneten.

Diſes iſt damahls geſchehen/ da Chriſtus von dem hohen Himmel in den Jungfräwlichen Leib herunder geſtiegen: allda inſonderheit der Weinberg/ vnd Garten deß Hertzens/ vnd Seel MARIÆ mit newen Blumen der Tugenden vnd Gewächs/ allerhand Gnaden hat angefangen zu blühen/ vnd liebliche wolriechende Frucht zu bringen / welche Sie alle jhrem Bräutigamb behalten/ vnd auffgeopffert/ ſprechendt: Mein Geliebter / ich hab dir alle heurige/ vnd ferdige Oepffel behalten.   Cant.7.13.

IX. Weil auch die Schönheit der Zähnen / ſonderlich wann ſie weiß ſynd/ die Weiber zieret; alſo lobt der Himmliſch Bräutigamb ſeine Geſponß die Mutter Gottes auch von den Zähnen / vnd ſpricht: Dentes tui   Zähn/ der Schaaff Heerd. ſicut greges ouium, quæ aſcendunt de lauacro, omnes gemellis fœtibus: Cant.6.5. Deine Zähn ſeynd wie die Heerd der Schaafen / die beſchoren ſeynd/ vnd die auß der Schwemmen kommen/ die alle Zwilling tragen; gibt darbey derſelben innerliche Betrachtung Himmliſcher Dingen zu verſtehen: vnd wie derſelben Gemüth ſich aller irdiſchen Sachen entſchlagen / vnd allein auff Geiſtliche geſetzt geweſen/ wie die Heerd auß der Schwemmen kommen: in dem er hinzu geſetzt: Die alle Zwilling tragen/ ibt er zu erkennen/ daß die Betrachtung Himmliſcher Dingen in jhr gebohren die Liebe Gottes/ vnd deß Nechſten.

X. Wird die Kehle geprieſen: Guttur tuum, ſicut vinum optimum: Cant.7.9. Kehle/ dem guten Wein. Dein Kehle / iſt wie ſehr guter Wein: die Kehle der Seligſten Jungfrawen MARIÆ, bedeutet das Lob Gottes/ vnd Gebett/ welches Sie zu Gott für vns thut: dann in der Kehlen wird die Stimm zu Gottes Lob formirt: Vox exultationis Dei in gutture eorum: Lob Gottes wirdt ſeyn in jhrer   Pſal.149.6. Kehle: ſie werden aber dem beſten Wein verglichen / weil deroſelben Geiſt ſüſſer dann Hönig/ vnd nichts kräfftigers iſt das Hertz zu erfrewen/ die Kräfften zu ſtärcken/ das Gemüth zu erleuchten/ als MARIA, wie der H.   Eccli.24.17. Bernardus lehret.

XI. Wirdt auch gerühmbt der Mutter Gottes Halß: Sicut turris Da-   Cant.4.4. uid collum tuum, quæ ædificata eſt cum propugnaculis, mille Clypei pen-   Halß/ dem Thurn Dauids. dent ex ea, omnis armatura fortium: Dein Halß iſt wie der Thurn Davids / mit Bruſtwehr gebawet / daran 1000. Schildt hangen/ vnd allerley Waffen der Starcken. Widerumb: Collum tuum, mo-   Cant.1.10. Dem Perlenband. bilia: Dein Halß iſt wie Perlenband.

Durch den Thurn wird hie 1. beſchriben die Stärcke MARIÆ wider
alle

alle Feind/ welchen Sie als wie die Spitz eines wolgeordneten Kriegsheers erschröcklich ist: 2. Wird vermeldt/ er sey mit Brustwehr/ vnd allerhand Waffen versehen: anzuzeigen/ daß MARIA sey Monumentum & propugnaculum, ein Vorschantz/ vnd Pastey der Kirchen wider alle Ketzer/ welche Sie zerstöret/ wie dann die Kirch Gottes von Jhr singt/ vnd bettet: Gaude Maria Virgo, cunctas Hæreses interemisti in vniuerso mundo: Erfrewe dich du Jungfraw MARIA/ dann du hast alle Ketzerey in der gantzen Welt zerstöret.

3. Gleichwie ein Thurn der Statt Zier vnd Schirm ist; also ist MARIA allen Glaubigen ein Trost/ Schirm/ vnd Hülff in allen Nöthen/ mit allen Wehren vnd Waffen dermassen versehen/ daß wer zu Jhr die Zuflucht nimbt/ von aller Gefahr sicher bleibt.

Das Halßband/ darmit der Halß MARIÆ gezieret ist/ ist der Sohn Gottes/ vnd der Allerschönste vnder den Menschen Kindern/ mit welchem Sie Wunderbarlich gezieret war/ da Sie ihne auff den Armen getragen/ an jhren Brüsten gesäuget/ mit jhren reinesten Lefftzen geküsset/ vnd Er Jhren Halß mit Lieb vmbfangen/ etc. das war das köstlich Halßband/ vnd guldine Nuß deß Lamb Gottes.

Cant. 4. 5.
Brüst/ den
Rehböcklein
gleich.
Cant. 1. 1.
Cant. 8. 10.

XII. Werden gepriesen die Brüst: Duo vbera tua, sicut duo hinnuli Capreæ gemelli, qui pascuntur in liliis: Deine zwo Brüst seynd wie junge Rechzwilling/ die vnder den Lilien geweydet werden. Meliora sunt vbera tua vino: Deine Brüst seynd lieblicher/ dann Wein. Ja es sagt die Gesponß von jhr selbsten: Jch bin ein Mawer/ vnd meine Brüst seynd wie Thürn/ dann ich bin worden vor seinen Augen/ als die Friden findet.

g. In Cant.

Die bedeuten 1. die zwo Brüst/ wie Rupertus außleget/ H. die Jungfrawschafft/ vnd zugleich wahre Mutterschafft MARIÆ. 2. Werden sie verglichen den jungen Rehen/ vnd bedeuten die grosse Frewd: Gaudia enim matris habens, cum Virginitatis honore: vnd ist kein Weib gesehen/ oder erfunden worden/ welche an jhren Brüsten ein Sohn träncktte/ vnd darzu ein Jungfraw wäre. 3. Qui pascuntur in liliis: die vnder den Lillen oder Rosen geweydet werden: dardurch MARIÆ sonderbare Keuschheit/ vnd Reinigkeit fürgebildet wird. 4 Verstehen etliche durch die zwo Brüst Gratiam, & Misericordiam Virginis; der Seligsten Jungfrawen Gnad/ vnd Barmhertzigkeit/ mit welchen zweyen Brüsten Sie alle Glaubige speiset/ träncket/ vnd erhaltet.

Cant 5. 5.
Händ/ dem
Myrrhen.

XIII. Werden hoch herfür gestrichen die Händ/ vnd Finger: Manus meæ distillauerunt myrrham primam, & digiti mei pleni sunt myrrha pro-

Die XV. Predig.

probatissima: Meine Hånd tropffen mit Myrrhen/vnd meine Finger waren voll außerlesnen Myrrhen/ꝛc. Die bittere Myrrhen bedeuten die Mortification, vnd Abtödtung/ auch die gute Werck MARIÆ, durch welche Sie so vil herzliche Tugenden/ vnd Gnaden erlangt.

Der H. Bonauentura erzehlt / I. daß die Mutter Gottes einer jhrer Liebhaberin (er halt darfür/ es sey die H. Elisabetha gewesen) gesagt: Mein Tochterlich sag dir/daß ich kein Gnad kein Gaab/vnd Tugendt von Gott gehabt/ohne grosse Mühe/ohne vnablåssiges Gebett/ hefftiger Begierd/tieffester Andacht/ vnd vil Trübsal/ ausser der Gnad der Heiligung/ mit welcher ich in Mutter Leib geheiliget worden. vnd setzt hinzu: wisse für gewiß/daß kein Gnad in die Seel steige/als durchs Gebett/vnd deß Leibs Casteyung. *I.Lib.1.Meditat. vitæ Christi.*

Die Finger MARIÆ seynd auch voll Myrrhen gewesen/ in dem Sie Christi Passion vnd Leyden ohne vnderlaß von der Geburt biß in sein Todt/ja auch nach dem Todt ståts betrachtet/vnd Sie wol sagen können: Mein G. lieber ist wie ein Büschele Myrrhen/ Er wird zwischen meinen Brüsten bleiben: vnd/ Magna est velut mare contritio tua: Dein Laid ist so groß als das Meer: dann gleichwie im Meer kein Tropffen/ so nit bitter; also war im Herzen MARIÆ kein Orth/so nit mit Schmerzen erfüllt war: ahero Christus/wie Er von Todten aufferstanden/gesagt: Vadam ad montem myrrhæ: Ich will zum Myrrhenberg gehen : das ist/ zu meiner Mutter/deren Er zum allererste erschinen ist. *Cant.1.11. Thren.2.13. Cant.4.6.*

XIV. Geschicht auch Meldung deß Bauchs: Venter tuus, sicut aceruus tritici: dein Bauch ist wie ein Waitzenhauff: mit welchen Worten anzeiget wird/daß Sie dahero vor allen schön vnd rühmlich/weil Sie in jhrem jungfråwlichen Leib / als in einer reichen Schewren Christum empfangen: welcher beym Propheten Zacharia, frumentum Electorum, ein Getraide der Außerwöhlten genennt wird/ vnd Er sich selbsten einem Waitzenkörnlein vergleiche. *Cant 7.2. Bauch/dem Waitzenhauffen. Zach.9.17. Ioan.12.24. Luc.11.27.*

Dahero wird diser Leib von jenem Weiblein billich selig gesprochen: vnd sagt recht der H. Vatter Bernardus: K. Non in terris locus dignior, vteri Virginalis templo, quo Filium DEI MARIA suscepit: Es sey auff Erden kein würdigerer Orth / als der Tempel deß Jungfrawlichen Leibs/ in welchem MARIA den Sohn Gottes empfangen. *K. Serm. 1. de Assumpt. B.V.*

XV. Wird auch der Schuhen/ vnd Füssen nit vergessen: Quàm pulchri sunt gressus tui in calceamentis filia Principis: Wie hüpsch ist dein Gang in din Schuhen der Fürstin Tochter: (Biblia Regia lehren) wie schön seynd deine Füß/alda die Demuth MARIÆ beschriben wird/so *Cant.7.1. Füß/ vnd Schuh.*

Ji   durch

Von Maria der Wunderbarlichen Mutter.

durch die Schuh / vnd Füß verstanden wirdt. Im Büchlein Judith wirt vermeldet / wie daß Holofernes zu der Judith ein lieb gewonnen / auch wegen jhrer schönen Schuhen / Sandalia rapuerunt oculos eius: Ihre schöne Schuh haben jhme seine Augen verzuckt. Nun Judith hat das Gezeugnuß / daß sie in aller Menschen Augen schön / vnd hübsch / ja gar wegen jhrer Schönheit ein Verwunderung war; da soll einer gedencken / warumb deß Holofernis Augen von den Schuhen also eingenommen worden: Georgius Miller erklärt das Geheimbnuß / L. vnd sagt / diß hab præfigurirt / daß Christus die Demuth MARIÆ, so durch die Schuh verstanden wirdt / angesehen / vnd Sie über alle geliebt.

Alexander ab Alexandro erzehlt von einem König / deme ein Adler ein Schuh / welchen er in seinem Schnabel im Lufft getragen / für seine Füß herab fallen lassen: der König war durch die Schönheit dises Schuhs eingenommen / vnd schickt in seinem Reich vnderschidliche Auffspäher auß / zu erkundigen / wem solcher zugehören möchte: vnd wie er verstanden / daß solcher einer Frawen / mit Namen Rhodope gehörig / hat er sich mit selbiger vermählet: also / nachdem das gantze Menschliche Geschlecht dem höchsten König die Schuh / das ist / die tieffeste Demuth der Seligsten Jungfrawen MARIÆ fürgestellt / hat Er Sie gleich zu einer Mutter / vnd Gesponß angenommen / welche Er jhme von Ewigkeit her außerkohren.

Auff dises redet gar schön der Parisische Cantzler Gerson, da er von der innerlichen Schönheit MARIÆ handlet / vnd spricht: M. MARIÆ Wolgestalt ist so angenemb / vnd lieblich scheinendt erfunden worden / daß der König jhrer begehrt / vnd wegen jhrer Gestalt / Er selbsten die Gestalt eines Knechts an sich genommen.

Was vermeynt jhr / wie groß derselben gantze Schönheit seyn müsse / weil der König selbsten bekennt / sein Hertz sey verwundet worden auß einem jhrer Augen? Gewißlich ist Sie die Allerschönste vnder allen Weibern: ja diser Lehrer beweist nach längs an angezogenem Orth / daß die Schönheit aller Creaturen em Himmel vnd auff Erden in MARIAM geflossen.

Hie lehrne mein Christ / vnd begehre / ja bemühe dich / daß du in allweg vnd allzeit / an deiner Seelen innerlich schön seyest / vnd rein vor Gott scheinest: dann Salomon sagt: Qui diligit cordis munditiam, habebit amicum Regem: Wer deß Hertzens Reinigkeit liebt / wird den König zum Freund haben: dann Zier o deß Lebens ist in jhr. Auff dises deutet auch der König David / da er einführt / wie Gott der Herr enst ab der Schöne seiner Gesponß habe / vnd sich gleich darauff erklärt / daß Er nit eusserliche Schöne deß Leibs / sondern vil mehr die innerliche Schöne der Seelen meyne / vnd sagt:

Die XV. Predig. 251

sagt: Omnis gloria eius ab intus: Alle Zierd deß Königs Tochter ist Psal. 44. 12.
gantz innwendig

Was nutzet es / vor den Menschen schön schönen am Leib / vnd hinge- Schöne Gegen vor Gott vnnd seinen Heyligen abschewlich an der Seelen? Hört was stalt ohne Tu-
hieruon Clemens Alexandrinus haltet / N. da er die jenige / welche nur den gendt ist
Leib / nit die Seel zieheren / vergleicht der Ægyptier Götzen Tempel : welche nichts.
war eusserlich von Gold / Silber / Edelgestein / vnd allerhand Zierden schim- N. Lib. 3.
mern / innwendig aber / da das fürnembste Spectacul seyn solte / findet man Pædog. c. 1.
vilde Schlangen / Crocodill / vnd dergleichen erschröckliche Thier: also zieren
vil ihre sterbliche Leiber mit Gold / vnnd Silber / Sammet vnd Seiden / vnd
gehren den Menschen zugefallen: aber an ihr Seel / welches das maisste ist /
iglen sie Katzen / Schlangen / Crocodill / das ist / abschewliche schwere Sün-
en / vnd Laster / dardurch sie Gott vnd seinen Heyligen verhaßt vnd ein Gre- Eccli. 12. 37.
vel seynd.

Gleichwie der König Nabuchodonosor von den Hebraischen Knaben
llein die jenige an seinen Königlichen Hoff auffgenommen / an denen gantz
ein Fehl / sondern hübsch von Gestalt waren; also nimbt Gott allein die jenige zu Erben seines Reichs auff / welche ohne Fehl / vnnd Sünden / an der
Seel schön seynd: dann nichts besteckts oder vnreines geht ins Himmelreich / Apoc. 21. 27.
ondern allein die / so eines reinen Hertzens seynd / werden Gott an- Matth. 5. 8.
chawen.

Dahero lehret der H. Bernardus, O. aller heyligen Menschen Sorg selle O. Serm. 25.
ahin gericht seyn / daß sie mit verachtung der vberflüssigen Zier deß sterblichen Cant.
eibs / welcher verwesen muß / sich befleissen / innerlich die Seel / so nach dem
benbild Gottes erschaffen / mit Tugenden zuzieren / damit Sie Gott gefallen.

Wie köstlich vnd schön / ein reine Seel seye / die in der Gnad Gottes ist / Reinigkeit
at die H. Catharina von Senis erkennt / da sie durch ein Offenbahrung der reinen
Gottes ein solche reine Seel gesehen / vnnd darauff zu ihrem Beichtvatter Seelen.
lso gesprochen: O Pater, wann euch erlaubt wurde / daß ihr ein Seel / welche
hne Sünd in der Gnad Gottes ist / sehen soltet / wurdet ihr auß Lieb der See-
n Heyl / euch in alle Trübsal / Marter vnd Peyn willig ergeben / auch nit nur
inen / sondern wol tausent Todt gern außstehen wollen.

Der III. Theil.

MARIA ist Wunderbarlich in der Himmli-
schen Schönheit.

Je Vrsach / warumben etliche Edelgestein so hoch ge- Edelgestein /
schätzt werden / ist / weil ihnen die Sonn ein Fünklein von ihren warumb sie so
Stralen vnnd Schein / gleichsamb eingetruckt hat: wann aber ein hoch geschätzt
Ji 4 köstli- werden.

Von Maria der Wunderbarlichen Mutter.

köstlicher Stein erfunden wurde/ in welchem die gantze Sonn mit jhrem Schein begriffen wäre: wie hoch wurde wol solche æstimiert/ vnd geschätzt werden?

Ingleichem die Vrsach/ warumb etwann ein heiliger Mensch so hoch verehret wirdt/ ist/ weil in jhme ein Fünkelein der Göttlichen Gnaden ist/ vnd er mit Himmlischen Schein der Göttlichen Sonnen der Gerechtigkeit leuchtet.

Wie hoch vnd werth ist wol die Seeligste Jungfraw MARIA zuhalten/ vnd zupreysen/ in welcher nit nur ein Fünklein Göttlicher Gnaden/ vnd ein Sonnenstral der Gerechtigkeit zufinden/ sondern sich die Vile aller Gnaden/ vnd die gantze Sonn der Gerechtigkeit mit allen seinen Gnaden Stralen/ vnd Göttlichen Schein in Sie eingossen ist.

Apoc. 12. 1.   Dann es singt die Kirch Gottes von jhr: Quem totus non capit orbis, in tua se clausit viscera factus homo: Den die gantze Welt nit fasset/ ist in deinem Leib eingeschlossen vnd Mensch worden.

Cant. 6. 9.
Eccli. 26. 21.   Diser Vrsachen halben wirdt Sie genennt/ Mulier amicta Sole: das Weib/ so mit der Sonnen bekleidt: Electa vt Sol: Ausserwöhlt als wie die Sonn: vnnd deuttet auff Sie der weise Syrach/ sprechend: Sicut Sol oriens in altissimis DEI, sic mulieris bonæ species in ornamento domus suæ: Wie die Sonn/ die da auffgehet/ ist der allerhöchsten Dingen deß Herren ein Zierd; also ist die Schöne eines Ehrsammen Tugendsamen Weibs (MARIÆ) ein Zierd jhres gantzen Hauß/ nemblich deß Himmlischen Vatterlandes: dann vmb wie vil mehr die Sonn am Himmel klarer vnd schöner als der Monn/ vnd die Sternen/ vmb so vil mehr ist auch MARIA die Mutter Gottes schöner vnnd glorwürdiger im Himmel/ als alle andere Heyligen Gottes.

Es hat vor Zeitten Gott mit dem Job ein starckes Examen vorgenommen/ vnd auß einem Würbel mit jhme Gespräch gehalten/ auch neben andern also gefragt: Dic mihi, si habes intelligentiam: per quam viam spargitur lux, diuiditur æstus per terram? Sag mir/ hast du Verstand: durch welchen Weg theilt sich das Liecht/ vnd zertheile sich die Hitz auff Erden? villeicht wurde Job antworten: daß die Sonn jhr Liecht/ vnd Hitz durch daß Zeichen der Jungfrawen vom 24. Augusti/ biß auff den 24 September/ vnd hernacher durch das Zeichen der Waag auff die Erden/ vnd alle andere Ding außgiesse.

A. In suo Materiali; serm. 3.
Natiu. B. V.
Ioan. 1. 9.   Aber Ludouicus Viegas lehret/ A. der H. Geist rede an disem Orth nit von der Materialischen Sonnen/ sondern von einer andern Sonnen/ welche erleuchtet einen jeglichen Menschen/ der da kombt in dise Welt

Die XV. Predig.

Welt: vnd sagt: daß das wahre Liecht der Göttlichen Sonnen der Gerech-
tigkeit/da niemandts zukommen kan/ sey durch den Leib der Seeligsten Jungfrawen auffgangen/ vnnd hab durch Sie die Hitz der Gnaden allen Menschen mitgetheilt.　　　　　　　　　　　　　　　　　　　　　　1. Timoth.
　　　　　　　　　　　　　　　　　　　　　　　　　　　　　　6. 16.

So dann die Göttliche Sonn sich gantz in MARIAM gezogen//als in
  as allerköstlichste Perlein/also ist Sie einer vnendlichen Clarheit/vnd be-
  reifft im höchsten Grad vnd Staffel in sich allen Valor, vnd Werth/auch
Zierd/ vnd Schönheit aller Edelgesteinnen/ auß welchen die Himmlische
Statt Hierusalem erbawen: als der Apostel Glauben/ der Martyrer Stär-
ke/ der Beichtiger Gottsforcht/ der Mönchen Demuth/ der Jungfrawen
Reinigkeit/der Engel Weißheit/der Obristen Gaistern flammende Liebe/vnd
eß gantzen Himmlischen Heers Schönheit: dann dise Himmelskönigin ste-
et zur Rechten deß Sohns Gottes/ in eittel köstlichem guldinem Gewandt/
no vmbgeben mit manigfarbigem Kleyd.　　　　　　　　　　　　　Psal. 44. 10.

Ein Sternblatt von lauterm Gold ist an ihr Hauben: darinnen die
 heyligkeit gegraben: Sie ist die Braut/welche gezieret ist mit dem Ehren-　Esa. 61. 10.
Krantz: Sie grüsset die Catholische Kirch/ B. daß auß ihr das Liecht/vnd　B. In Anti-
Sonn der Gerechtigkeit entsprungen/ daß Sie sey ein Glorwirdige Jung-　phona Aue
raw/vber alle sehr wolgestalt, vnd schön.　　　　　　　　　　　　　Regina cæ-
　　　　　　　　　　　　　　　　　　　　　　　　　　　　　　lorum.

Von ihr schreibt der H. Bernardus: C. Quantum gratiæ MARIA in terris
depta est præ cæteris, tantum & in cœlis obtinet gloriæ singularis: Vmb　C. Serm. 1. de
vie vil mehr Gnad MARIA vor andern auff diser Welt gehabt/vmb so vil　Assumpt. B.
mehr hat Sie sonderbare Glory/vndClarheit vor andern im Himmel bekom-　Virg.
nen: dann wie schön die Mutter Gottes auff Erden immer gewesen/ist Sie
och noch tausent mahl schöner/vnd glorwürdiger im Himmel.

Von jhrer Himmlischen Glory vnd Schönheit schreibt gar schön der
H. Vatter Bonauentura: D. Siht/ein Glorwürdiges Priuilegium,vnd　D. In Specu-
freyheit der Glory MARIÆ ist/alles/was nechst Gott schöns süß/ vnd lieb-　lo c. 6.
ch in der Glory ist/ das ist MARIA, in MARIA, vnd durch MARIAM:
in Glorwürdiges Priuilegium, vnd Freyheit MARIÆ der Glory MARIÆ
st/ daß nechst Gott vnser grössere Glory/vnd mehrere Frewd von MARIA
st: Imò summa gloria est, O MARIA post Dominum te videre: ja die grö-
 te Glory ist/ spricht der H. Bernardus, O MARIA, nechst dem HERRN/
uch dich in der Glory anschawen.

Hieher erzehlt Archangelus Gianus ein denckwürdige Geschicht: wie　Denckwürdi-
aß siben Männer von Florentz ihnen fürgenommen/ vorderst Gott/ herna-　ge Geschicht.
der auch B. L. Fr. in der Bruderschafft zudienen/ vnd zuuerehren/ disen
vollt ein Mahler/ der auch MARIÆ Liebhaber war/ ein grosses vnd vber
le massen schönes MARIÆ Bild mahlen: das Angesicht spart er biß zu

Ji iij　　　letst/

Von Maria der Wunderbarlichen Mutter.

Kublers An-
dacht gegen
Mariam.

letß/communiciert zuvor/ vnd bittet jnnbrünstiglich vmb sonderbare Bey-
stand/ MARIÆ Angesicht mehr Englisch/als Menschlich zumahlen: er wird
verzuckt/ vnd sihet im Himmel MARIÆ Angesicht tausentmal schöner/als
eines Menschen Zung außsprechen kan: er bittet jhme es wol ein nachzumah-
len: als er aber zu jhm selber kommen/ da war an seinem MARIÆ Bild das
Angesichte vber die massen schön/vnnd zierlich/ daß schier gantz Italia disem
Bild zugeloffen.

E. Chron.
Eremit. An-
no 1165.

Ein anders schreibt Iosephus Pamphilius, E. von dem seeligen Her-
tinódo, einem Augustiner Mönch; diser hörte einest in einer Predig: Was
jhr den Vatter bitten werdet in meinem Namen/ das wird Er euch
geben: begehrt alßbald an IESUM, wie Er am Creutz gehangen/anzusehen.

Christi heyli-
ges leyden ist
groß.

Christus erscheint jhme gantz natürlich/ gar kläglich/blutig/ vnd jämmerlich/
er sahe gantz trawrige Spectacul seines leydens/ vnd hörte alle seine trawrige Wort/ vnnd vermeynt nit anderst/ er müßte vor Hertzleyd sterben: begehrt eylendts MARIAM darauff/ wie Sie in der Glory als ein Königin regiert, zusehen: welches er auch erlangt: da ist er gleichsamb vom Todt außer-
standen/ oder vil mehr in ein newe Gefahr deß Lebens gerathen: dann gleichwie zuvor sein Hertz die vnaußsprechliche Schmertzen Christi nit könnte
erleyden/ also vil weniger die vberschwengliche Frewden der Himmel Königin: nach disem ist jhme alles Creutz vmb IESU, vnd MARIÆ willen/ Honig
vnd Zucker worden; hat auch nit können hören/wann sich ein Mensch beklaget/
er leyde zuvil.

F. Lib. Mi-
raculor.

Nach dem Exempel beschreibt Siluanus Razius in seinem Miracul-
Buch/ F. von einem frommen Clerico, welcher lange Zeit die Schönheit
der Mutter Gottes zusehen begehrt, auch endtlich seiner Bitt gewährt wor-
den/ doch mit dem geding/ daß Sie jhme durch einen Engel anzeigen ließ, mit
welchem Aug er jhr Schönheit ansehen würde/er dessen beraubt werden solte:

Mariæ
Schönheit
erblendet/
vnd erleuch-
tet.

der Clericus nahme diß Geding an/ truckte das eine Aug zu/ vnd mit dem
andern sahe er die Majestät/ vnd wunderliche Schönheit der Mutter Gottes
an/ auß welchem Anschawen er also erfrewt/getröst/vnd eingenommen wor-
den/ daß er auch das ander Aug/ mit bereitetem Willen/ dasselbig auch zuver-
liehren/ eröffnet/ vnd die wolgestalte Schönheit MARIÆ darmit anschawen
wolte: aber damahls vergebens: dann die Mutter Gottes augenblicklich verschwunden: dem Clerico war layd/ nit/ daß er an einem Aug erblindet war/
sondern daß er mit dem einen Aug diser Jungfrawen vbermässige Schön-
heit/ gleichfals nit beschawet hat.

Derowegen er von newem jnständig gebetten/ daß die Mutter Gottes
sich jhme noch einmahl erzeigen wolle: vnd war bereit/ auch das ander Aug zu-
verliehren: warüber er auch das andermahl erhört worden/ daß nemblich Sie
jhme

Die XV. Predig.

ihme erschinen/ vnd die vnvergleichliche Zierd/ vnd Schönheit MARIÆ mit vnaußsprechlichem Trost seines Hertzens ein gute Weil genossen/ vnd nicht allein dises Aug nit verlohren/ sondern auch das ander hierdurch widerumb bekommen: da heißt es wol: Quàm pulchra es amica mea, quàm pulchra es: **Wie schön bist du mein Freundin/ wie schön bist du.** Cant. 3. 1.

Vber welche Wört Rupertus G. auffschreibt: O pulchritudo admirabilis, quam sic admiratur, & collaudat pulcherrimus Autor pulchritudinis: O wunderbarliche Schönheit: ab welcher sich der allerschönste Auctor, vnd Anfänger aller Schönheit selbsten verwundert/ vnd selbige preyset/ ja ab welcher sich alle Heiligen im Himmel/ nechst dem Anschawen Gottes ewig erfrewen, frolocken/ vnd Sie verehren: wie Sie selbsten dem H. Thomæ Ertz-Bischoffen zu Candelberg geoffenbaret. G. in Cant.

Dann als er alle Tag siben Aue Maria gebettet/ zur Gedächtnuß der siben Frewden/ so die Mutter Gottes in disem Leben empfunden hat: welche da synd: 1. Die Botschafft deß H. Ertzengels Gabriels. 2. die Heimbsuchung Elisabeth. 3. die Geburt jhres Sohns. 4. die Anbettung der drey heyligen König. 5. die Erfindung im Tempel. 6. die Aufferstehung. 7. vnd die Himmelfahrt Christi. Siben leibliche Frewden Mariæ.

Wegen diser Andacht erscheint jhme die Mutter Gottes/ vnd sagt: er müß sich auch mit Jhr erfrewen/ von wegen der Frewden/ welche Sie droben im Himmel hette: vnd/ Sie wolle dem/ der solches thun wirdt/ in seinem Sterbstündlein beystehen/ jhn erfrewen/ trösten/ vnd versichern/ sich auch seiner Seelen annemmen/ vnd gen Himmel zu jhrem Sohn führen.

Neben anderm zeigte Sie jhme an die Vrsachen vnd Puncten/ welcher wegen er sich mit Jhr erfrewen müßte/ vnd spricht: Ich erfrewe mich 1. weil ich die allergröste Ehr besitze nach der Allerheiligsten Dreyfaltigkeit. 2. weil ich alle Engel vnd Seligen mit dem Ehrenkräntzlein meiner Jungfräwlichen Reinigkeit vbertreffe. 3. weil das Liecht vnd Glantz meiner Glory das Himmlisch Hierusalem gleichwie ein Sonn erleuchtet. 4. weil alle Außerwöhlten mich als ein Mutter Gottes verehren. 5. weil ich alles von meinem Sohn kan erhalten. 6. weil ich vor Zeiten ein grosse Gnad empfangen/ vnd meinen getrewen Dienern jetzt ein grosse Glory von meinem Sohn mitgetheilt wird. 7. weil mein Glory biß zum End der Welt wachsen vnd zunemmen/ auch hernach in alle Ewigkeit wehren wird: wie solches alles R. P. Iodocus Andreas beschreibt. H. Siben geistliche Frewden Mariæ.

Die lehrne mein Christ: was grosse Hülff/ vnd Trost ein rechter Liebhaber L. L. Frawen haben könne/ welcher neben andern Gottseligen Vbungen/ auch derselben Himmlische Glory/ vnd mehr als Englische Klarheit/ vnd Schönheit betrachtet/ vnd verehret: Sie will jhne erfrewen vnd trösten/ in dem H. In Fausto Momento. c. 2. Trost der andächtigen Seel.

Von Maria der Wunderbarlichen Mutter.

dem Sterbstündlein beystehen / sich seiner annemmen/ vnd selbige zu ihrem Sohn in Himmel führen.

Wie solches der grosse Liebhaber V. L. Frawen neben vilen andern/ an seinem End vnd Sterbstündlein erfahren P. Emmanuel Fernandez der Societet Iesv, welcher am Geburtstag Christi/ wie er vorgesagt hat/ gestorben: vorher von den andern seinen Patribus auß der Geselschafft Vrlaub genommen/ sich gegen der Wand gewendet / vnd frölich außgeschryen: O Jungfraw/ O Jungfraw: ich komme/ ich komme. Als er gefragt worden/ was er sehe? hat er geantwortet: die Himmelkönigin MARIAM; O wie herrlich/ O wie schön/ meine Patres, ist die Königliche Bildnuß: O Jungfraw scheide nit von mir/ lasse mich doch mit dir! vnd ist gantz frölich vnd selig verschiden.

Zum Beschluß diser Predig / muß ich euch noch ein Geschicht mit einer merckhlichen Erinnerung erzehlen/ welche P. Paulus de Barry beschreibt / *l. 2. In Paradiso aperto, Deuot. 3. infra octauam Assumpt. B. Virg.* vnd sagt: Als der Gottselige Henricus à Calstris auß dem Orden deß H. Dominici einmahl in seiner Zellen betete / ist ihme in einem hury das Liecht außgeloschen/ vnd sein Kammer von einem andern vngewöhnlichen Liecht gantz hell scheinendt erleucht/ vnd ein Stimm gehört worden/ die ihme mit seinem Namen nennte: er entsetzt sich darüber höchlich / vnd ruffte laut: *Tröstliche Erscheinung.* Ach! was höre ich! darauff die Seligste Jungfraw/ der er sehr zugethon war/ zu ihme gesagt: Ich bin MARIA, die Mutter Iesv. Henricus aber ist ab diser Stimm noch mehr erschrocken/ als vorhin/ fiel zur Erden nider/ vnd sprach: Heiligste Jungfraw / vnd mein allerliebste Mutter/ weil du es bist/ so zeig mir dein schönes / vnd liebliches Angesicht. Die Gottes Gebärerin antwortet ihm: Mein Sohn Henrice, du bist noch ein Kind / wachse / vnd darnach wirst du mich sehen.

Das sollen wir vns lassen gesagt seyn / vnd gedencken/ wir seyen in der Liebe / vnd Dienst gegen GOtt/ auch in der Andacht gegen Vnser lieben Frawen noch Kinder/ derowegen/ wann wir Sie anderst/ nechst Gott/ ewig anschawen wollen/ wir zuvor im guten wachsen/zunemmen/ vnd vollkommen werden müssen.

Vnderdessen lasst vns mit dem Himmlischen Bräutigamb zu diser mit aller Schönheit/ vnd köstlichem Geschmuck gezierten Gesponß ruffen / vnd schreyen: *Reuertere, reuertere, ô Sulamitis, reuertere, vt intueamur te:* Kehre dich zu vns in vnserm leben / kehre dich zu vns in vnserm Absterben / O du Glorwürdigste Himmelkönigin / kehre dich zu vns / nach *Cant. 6. 12.*

vnserm

Die XVI. Predig.

vnserm Hinscheiden auß diser Welt / auff daß wir dich / nechst Gott / in der ewigen Frewd vnd Seligkeit beschawen / vnd sambt dir / vns in alle Ewigkeit erfrewen mögen / Amen.

Die sechzehende Predig.

Mater Admirabilis, Ora pro nobis.

MARIA ist Wunderbarlich in Gedancken / Worten / vnd Wercken.

Geliebte in dem Herrn: neben andern Dingen / welche ein Statt berühmbt machen / seynd auch die Wasserflüß / vnd Bronnen / welche auff dem Marckt in die fürnembste Gassen vnd in der Burger Häuser / durch künstliche Wasserwerck / Canal vnd Teichel in die Röhrkästen eingeführt werden. — *Wasserwerck einer Statt rühmlich.*

Dann solche springende Wasserkunst nit allein ein Zier / vnd schön zu sehen / sondern auch den Innwohnern nutzlich vnd dienlich seynd.

Im Buch Judith geschicht Meldung eines dergleichen Bronnenwercks / welches in die Statt Bethuliam von Mittag her durch einen Teich geleitet werden. — *Iudith. 7. 6.*

Wie auch im vierdten Buch der Königen beschriben wird / daß der König Ezechias solche Teich- vnd Wasserröhren zu Hierusalem machen / vnd damit das Wasser in die Statt / vnd in den Tempel einführen lassen: vnd als dise die einfallende Chaldeer verwüstet hatten / hat selbige hernacher der Hohe Priester Simon widerumb auffrichten / vnd fliessendt machen lassen. — *4. Reg. 20. 20. Eccli. 50. 3.*

Zu Rom haben sich vor Zeiten / vnd noch / vil dergleichen Kunstreiche Wasserteich befunden / welche Plinius A. vnder die Wunderwerck der Welt erzehlet / vnd insonderheit eines beschreibet / welches Kayser Caius hat anfangen bawen / vnd Claudius vollendet / auch so hoch durch Teich vnd Teichel geführt / daß es vber alle Berg der Statt geflossen / vnd auff dem Marckt / in Bädern / in Fischteichen / in Häusern / Gärten / Vorstätten / auch Bächlein / vnd Röhrkästen so vberflüssig gesprungen / daß man bekennen müssn: nihil magis mirandum fuisse in orbe terrarum: es sey sich ab nichts mehrer in der Welt zu verwundern gewesen. — *A. Lib. 36. c. 15. Wasserwerck zu Rom vor Zeiten verwunderlich.*

In etlichen Städten in Teutschlandt / wann etwann frembde Herrn dahin kommen / vnd die fürnembste Rariteten oder seltzame Sachen zu sehen begehren / zeigt man ihnen neben andern auch die köstliche Wasserthürn / vnd Kunst-

Kunstreiche Bronnenwerck/durch welche die Wasser in alle Ort deß Statt geführt werden.

Zu Auffrichtung aber solcher Wasserwerck/muß man I. die Fontel/ oder Bronnenquell suchen: II. Selbige in ein Bronnenhauß oder Wasserstuben einfassen: III. Durch gewisse Canäl vnd Teichel in die Gassen vnd Häuser der Statt führen.

Ewer Lieb vnd Andacht will ich auch ein gantz Kunstreiches/ vnd Wunderbarliches/doch Geistlichs Bronnenwerck weisen/durch welches alle Wasser der Gnaden vnd Gaaben Gottes in vns außgossen werden.

Bronnen-
werck erfor-
dert 3. Ding.

Geistliches
Wasser-
werck.
I.
Bronnen-
quell Chri-
stus.
Zach.13.1.
Ioan.4.14.
Fünff Wunden Christi
Bronnen-
Adern.
Psal.77.19.
Esa.12.3.

I. Der Bronnenquell diser ist Christus Jesus: ein Bronn/welcher dem Hauß Davids/ vnd allen Rechtglaubigen allzeit offen stehet zu Abwaschung der Sünden: ein Bronn deß Gnadenwassers/ das da springt ins ewige Leben: die Adern/ oder Wasserquellen dises Gnadenbronnen/ seynd die fünff heilige Wunden Christi/ auß welchen sich die Bäch aller Gnaden ergossen.

Dann was wir Guttes haben/ vnd hoffen/ kombt alles auß den Quell-Adern der Blutvergiessung vnd Gnadenreichen Verdiensten Christi Jesu: Haurietis aquas in gaudio de fontibus Saluatoris: sagt der Prophet Esaias: Ihr werdet mit Frewden Wasser schöpffen auß dem Bronnen deß Heylandts.

B. Serm. de
Resurrect.
Christi.
Blutver-
giessung
Christi/ rech-
te Heylbron-
nen.

Hiervon schreibt der H. Cyprianus B. Ex hoc fonte non solùm ablutionis primæ vndas haurimus, sed & compunctionis, & lacrymarum perennes effluunt riui, misericordiæ suauitas, & totius pietatis affectus. Auß disem Bronnen/ nemblich Christi H.H. Wunden/ schöpffen wir nicht allein in dem Tauff die Wasser der ersten Reinigung/ oder Vergebung der Sünden/ sondern es fliessen auch auß demselben Rew vnd Leyd/ die immerwehrende Bächlein der Bußzäher/ die Lieblichkeit der Barmhertzigkeit/ die Anmuhtungen aller Andacht/ vnd alles Guten: wen dürstet/ der hat ein freyen Zugang zu disem Gnadenbronnen/ vnd kan trincken/ vnd die Gnadenwasser deß Zeitlichen vnd ewigen Heyls schöpffen.

Ioan.7.37.
II.
Wasserstuben Maria.
Ierem.31.
22.

II. Diser vnerschöpffliche Gnadenbronn Christus ist auch in ein Wasserstuben oder Bronnenhauß eingefasset worden: nemblich in die Allerseligste Jungfraw MARIAM: welche Christum nach der Weissagung deß Propheten Jeremiæ vmbgeben/ vnd neun Monat in Ihrem Jungfräwlichen Leib getragen: also den jenigen/welche Himmel vnd Erden nit begreiffen/in jhrem Leib eingeschlossen.

Col.2.9.

Vnd eben darumben/ weil sie den jenigen empfangen/ in quo habitat omnis plenitudo diuinitatis corporaliter : in welchem wohnet die gantze

Die XVI. Predig.

gantze Völle der Gottheit leiblich / seynd alle Gnadenwasser / als in das allerköstlichste Bronnenwerck in Sie versamblet worden: wie der H. Hieronymus bezeugt / C. sprechendt: den andern Heyligen werden die Gnaden stuckweiß gegeben / in MARIAM aber hat sich die gantze Völle der Gnaden außgossen: Sie ist Gratiâ plena, voll Gnaden. Der H. Bonauentura nennt Sie GnadenMeer / vnd sagt: D. Gleich wie alle Wasser der Welt ins Meer fliessen / also seynd die Gnaden der Engel / Patriarchen / Propheten / Apostel / Martyrer / Beichtiger / Jungfrawen / ja aller Heyligen in MARIAM außgossen worden.

Hieruon redet auch wol vnd schön der seelige Albertus Magnus. E. Congregationem aquarum vocauit DEVS maria, locus autem omnium gratiarum vocatur MARIA: die Versamblung aller Wasser hat Gott maria ein Meer genennt / das Orth aber aller Gnaden wirdt genennt MARIA.

Der Werckmeister dises Bronnenhauß ist der H. Geist selbsten / dann wie Salomon sagt: Sapientia ædificauit sibi domum, & excidit columnas septem: die Weißheit hat ihr erbawet ein Hauß / vnd hiebe siben Säulen: welche Wort die heylige Vätter Augustinus. F. Bernardus. G. Athanasius. H. Ambrosius. I. Ignatius. K. vnd andere mehr auff MARIAM dauten.

Dises Hauß ist so künstlich erbawen / das es alle Wunderwerck im Himmel vnd auff Erden vbertrifft: dann in MARIA, sagt P. Ludouicus Venegas. L. seynd alle Wunderwerck begriffen / vnd Sie ist / wie der H. Ephrem lehret / præstantissimum orbis terrarum Miraculum: das allerfürtreffl'chste Wunderwerck der gantzen Welt: ja wie der H. Damascenus redet / officina Miraculorum: ein Werckstatt aller Wunderwercken Gottes.

III. Die mercke aber / daß in künstlichen Bronnenwercken die Wasser zusammen in ein gewisse Wasserstuben geführt werden / nit das sie darinn verbleiben / sondern daß sie von dar in die Städt / Gassen / vnnd Häuser geleitet werden.

Also ist in die Mutter Gottes alle Völle der Gnaden außgossen worden / daß durch Sie als Aquæ ductum, vnd einen Gnaden Teich / in die Catholische Kirchen vnnd Rechtglaubigen / die Wasser aller Gnaden vnd Gaaben GOttes außgossen werden.

Darumben spricht Sie bey dem Syrach: Ego quasi Aquæ ductus exiui de paradiso, dixi, rigabo hortum meum plantationum, & inebriabo partus

Kl ij

C. Ad Paulam & Eustoch.

Maria voll der Gnaden.
D. In Speculo.
Aller Heyligen Gnad in Maria außgossen.
E. Super missus.

Werckmeister der H. Geist.
Prou. 9. 1.
F. Lib. 5. de Ciuit. Dei cap. 10.
G. Serm. ex paruis.
H. Orat. contra Arian.
I. Lib. 2. de Spiritu S. cap. 8.
K. Epist. ad Phil.
L. Serm. 2. de Natiu. Virg.
Maria begreifft alle Wunderwerck.

III.
Canal vnd Teichel Mariæ.
Eccli. 24. 41.

partûs mei fructum: wie ein Teich bin ich außgefloſſen auß dem Luſt-
garten deß Paradeyß/ ich hab geſagt/ich will meinen Pflantzgar-
ten wäſſern/ vnd tråncken die Frucht meiner Geburt.
    Sihe/ wie eyfferig die Mutter Gottes begehre jhren Pflantzgarten/die
Catholiſche Kirchen mit den Gnaden-Waſſern Gottes zuwäſſern/die Glau-
bige/ als welche Sie gebohren/darmit zutråncken/vnd fruchtbar zumachen.

Bronnen-
Brüſt der
Erden.
Eccli. 24. 26.

    Recht hat vor Zeitten Philo geſagt: Fontes eſſe Vbera terræ: **die**
Bronnen ſeyen Brüſt deß Erdbodens: der Gnaden-Teich MARIA
bietet jhre Brüſt/als Bronnenröhrlein aller Gnaden/allen Menſchen dar/
vnd will/daß ſie von jhrer Geburt, vnd Früchten erſättiget werden.

M. Serm. 2.
de Natiuit.
Virg.
Vrſach der
Gnaden in
Maria.

    Der H. Bernardus hat ein gantze Predig von diſem Aquæ ductu,vnd
Waſſer Teich MARIÆ zuſammen geſchrieben. M. vnd nach dem er lang er-
wiſen/ daß Sie voll ſey aller Gnaden. Waſſer gibt er deſſen die Vrſach/vnd
ſpricht: Vt accipant cæteri de plenitudine eius: **damit andere von jh-**
rer Völle empfangen: ſchließt auch endtlich alſo.

S. Bernardi
mercklíche
Wort.

    Derowegen ſollen wir die Sach tieff zu Hertzen führen/vnd gedencken/
wie ſtarck Gott gewolt/daß Sie von vns verehrt werde/ welcher die Völle alles Guten in MARIAM geſetzt/daß wir, wann andersſt ein Hoffnung in vns
iſt/wann ein Gnad in vns iſt/wann ein Heyl in vns iſt/ſollen wiſſen/daß
ſolches alles von Jhr in vns komme: Quia ſic eſt voluntas eius, qui totum
nos habere voluit per MARIAM: dann es iſt alſo ſein Will/ daß wir alles
haben/vnd empfangen ſollen durch MARIAM: darumb alles, was du auffopffern willſt/ gedenck es MARIÆ zubefehlen/ damit die Gnad zu dem Gebett der Gnaden/ durch eben diſen Waſſer-Teichel widerumb kehre/ durch
welchen ſie herg-floſſen.

N. In De-
ſcript. terræ
Sanctæ.
IESVS
Bronnen.

    Adrichomius N. ſchreibt/daß in Ægypten ein Balſam Garten von
Waſſern eines Bronnen befeuchtiget/vnd fruchtbar gemacht werde: welches
der IESVS Bronn genennt wirdt/ vnd in welchem die Mutter GOttes jhren allerliebſten Sohn zu Zeiten gebadet/auch offt darauß Waſſer geſchöpfft
hat: weil nun diſer Bronn nit Waſſer genug zu Befeuchtigung diſes Bal-
ſams Garten hat, als werden von andern Orthen her/auch andere Waſſer
dahin geleittet: welche Waſſer aber / wann ſie nit zuuor in den IESVS
Bronnen kommen/vnd dardurch in Balſam Garten geführt werden/nit
geſund ſeynd/ vnd nit fruchtbar machen.

    Diſer IESVS Bronn kan wol die Allerseeligſte Jungfraw MARIAM
bedeutten / auß welcher in Ægypten diſer Welt/ das Waſſer deß Heyls/
IESVS in den Balſam Garten der Catholiſchen Kirchen gefloſſen / wie

noch

Die XVI. Predig.

noch stäts alle Gnad also fliesset/ daß alles/was fruchtbarlichs/vnd heylwertiges in vns ist/durch Sie in vns kommen thut.

Dann gleich wie jener Hertzog auß Saucy sein Gemahlin Catharinam/ ein Geborne Infantin auß Hispania also geliebt / daß wann seinen Hoff-Herrn vnd Dienern ein Gnad erzeigt / solches auß lieb seiner Gemahlin gethan/vnnd gesagt: Infanta facit vobis hanc gratiam: diese Gnad erzeigt euch die Infantin: wie Petrus Biverus schreibt. O. Also was vns Gott gutes erzeiget/daß thut er auß lieb MARIÆ der Himmel Königin Sie aber die Mutter Gottes hat sich solcher grossen Gnaden nit vbernemmen/ sondern in allem gedemütiget: dann gleichwie die Wasser an das Orth/ da sie herfliessen/ widerumb hinkommen / daß sie wider fliessen also hat Sie in allen Dingen allein GOTT die Ehr geben/ vnnd zu Ihme alle ihre Gedancken/ Wort vnd Werck gerichtet/wie geliebts GOTT in folgender Predig erklärt werden soll: bitte vmb die gewöhnliche Gedult/ vnnd fahre fort im Namen deß HERRN.

Der I. Theil.
MARIA ist Wunderbarlich in ihren Gedancken vnd Betrachtungen.

Wie der Mutter Gottes Gedancken/ Wort/ vnd Werck beschaffen gewesen, begreifft kürtzlich doch schön/ P. Maximilianus Sandæus der Societet IESV Priester/ sprechend. A. Sie gedacht nichts/welches nit zu Gott gericht war/ welches IESVM nit anzeigete/ welches beede nit anrüffte/ vnd welches zu beeder Ehr nit gehörte

Sie redete nichts/welches nit von Gott lautete/ welches IESVM nit auß sprache/ welches Sie zu beeden nit richtete/ vnd welches nit beeder Ehr beschirmte.

Sie thate nichts/ mit welchem Sie nit bey Gott verdiente/ mit welchem Sie Ihr IESVM nit verbunde, mit welchem Sie beede nit rühmte/vnd mit welchem Sie nit flammende Lieb gegen beeden erzeigte.

Gott vnd IESVM hat MARIA Tag vnnd Nacht in ihrem Hertzen/ Mund/ vnd Händen/ Gedancken/ Worten vnd Wercken: Gott/ vnnd IESVS kam ihr schlaffend für/ vnd waren wachend-klärs vor ihren Augen: Gott vnd IESVS waren in Müssigang/ vnnd Betrachtung ihrer Materp vnd Zweck/in Geschäfften vnd Arbeit ihr Hülff vnd Trost.

Belangend anfangs die Gedancken/ schreibt von selbigen der H. Damascenus, B. das demüthige Gemüth der Jungfrawen war allzeit in den höchsten Betrachtungen/ vnnd hatte alle gute vnd nutzliche Gedancken : so lehrt

O. Tract. de Priuileg. B. Virg. Dissert.
Alles Guts durch Mariam.

Maria wunderbarlich in guten Wercken.
A. In suo flore mystico Orat. S. Huacinthus.
Mariæ Reden.
Mariæ Werck.

Gott vnd IESVS stäts mit Maria.

B. Orat. r. de Nat. Virg.

Von Maria der Wunderbarlichen Mutter.

C. Lib. 5. cap. 1.
Luc. 1. 47.

lehrt P. Petrus Canisius, *C.* Ihr gantzes Leben sey gleichsamb ein stäte vnablässliche Betrachtung gewesen: dises bezeugt die Mutter Gottes, von ihr selbsten in ihrem Magnificat, oder Lobgesang sprechendt: Et exultauit Spiritus meus in Deo salutari meo: Mein Geist hat sich erfrewet in Gott meinem Heyland.

Vnd ist I. mehr als verwunderlich / was Ipsfals der H. Bernardinus

D. Serm. 51. Tom. 2. c. 2.

schreibt. *D.* daß Sie nit allein in dem ersten Augenblick ihrer Empfängnuß / vnd noch in Mutter Leib ligendt mit völliger Vernunfft vnd Verstandnuß begabt / sondern auch also erleuchtet gewesen / daß Sie schon damahls die höchste Betrachtungen von Gott gehabt,

E. Serm. 61. Tom. 1. art. 3. cap. 3.

Ja er helt darfür / *E.* Sie sey schon damahls zu so hoher Betrachtung erhebt gewesen / daß Sie in Mutter Leib Gott vollkommner erkennt / vnd betrachtet habe, als einmal ein Mensch ihne in vollkommnem Alter betrachtet hat.

F. De Laud. Virg. Orat. 12. Tom. 1.

Eben diser Meynung ist auch Dionysius Richel, *F.* vnd erweiset solches auß dem Exempel deß H. Ioannis deß Tauffers / vnd auß der Offenbarung der H. Birgittæ, dahero / gleichwie die Sonn nit ohne Liecht / also ist MARIA nie ohne daß Liecht deß Verstandes / vnd Himmlischen Betrachtungen gewesen,

II. Ist mehr als Wunderbarlich / was Petrus Damianus der Röm.

G. Serm. 1. de Natiuit. Virg.

Kirchen Cardinal *G* schreibt / daß nemblich die Betrachtung der seeligsten Jungfrawen von keinem eusserlichen Werck verhindert worden: ja Sie hat auch schlaffend mehr / als andere wachendt / die Himmlische Ding mit grossem Verdienst betrachtet: wie der H. Bernardinus lehret / vnd sagt:

H. Tom. 4. Serm. 51. cap. 1.
Cant. 5. 2.

H. Actu meritorio tendebat Virgo dormiens in DEVM, etiam isto tempore perfecta Contemplatrix: die Seeligste Jungfraw war schlaffendt mit Verdiensten zu GOtt gericht / auch zu diser Zeit ein vollkommne Betrachterin: vnnd deuttet zugleich auff Sie; Ego dormio, & cor meum vigilat: Ich schlaffe / aber mein Hertz wachet: nemblichen in Göttlichen Betrachtungen.

I. In Cant. 5.

Dise Wort legt eben also auß Dionysius Carthusianus, *I.* vnd spricht: dises hat die allerseeligste Jungfraw mit fug vnnd wol sagen können / dann Sie hat ein gantz betrachtliches Leben geführt / von allem eusserlichem Getümmel vnd vnordenlichen Geräusch / auch vberflüssigen Sorgen: enthielt sich von aller Vnruh der Schuld / vnd wann Sie entschlieff / betrachtete Sie GOtt mit wachendem Hertzen vnd Gemüth.

K. Lib. 2. de Virgin.

Hieher schreibt auch der H. Ambrosius, *K.* Et cùm quiesceret corpus, vigilabat animus, qui frequenter in somnis, aut lecta repetit, aut somno interrupta continuat, aut disposita gerit, aut gerenda pronuntiat:

Die XVI. Predig.

at: Da der Leib ruhete/ wachete das Gemüth: also daß sie im Schlaff widerolete/ was sie gelesen: was sie wachend zu betrachten angefangen/ vollentete: Vnd was sie fürgenommen/ ins Werck setzete: vnd was zu thun war/ nß sprache.

Wann wir weiter derselben gantzes Leben durchgehen wollen/ werden wir zu allen Zeiten hertzliche Betrachtungen/ vnd Gedancken zu Gott finden. Dann 1. was die eilff Jahr/ so sie im Tempel zu Hierusalem gewesen/ belanget/ erzehlt der Heilig Vatter/ vnd Lehrer Bonauentura L. den gantzen Verlauff/ vnd spricht in der Person der seligsten Jungfrawen also: da mein Vatter/ vnd Mutter mich im Tempel verlassen/ hab ich mir gleich anfangs in meinem Hertzen fürgenommen/ daß ich Gott zu einem Vatter haben welt/ vnd hab andächtig/ vnd offt betrachtet/ vnd gedacht/ was ich Gott angenehmes thun möchte/ daß er mich würdigte/ sein Gnad zu geben. *L. Opuscul. de Medit. Vitæ Christi Tom. 1. c. 3.*

2. Stund ich jedesmahl mitten in der Nacht auff/ vnd gieng für den Altar deß Tempels/ vnd begehrte mit höchster Begierd von dem Allmächtigen Gott die Demuth/ Gedult/ Gütigkeit/ Barmhertzigkeit/ vnd alle Tugenden/ durch welche ich vor seinem Göttlichen Angesicht angenemb werden möchte.

3. Begehrte ich innigtich/ daß ich die Zeit erleben möcht/ in welcher die einige Seligste Jungfraw gebohren wurde/ welche den Sohn Gottes gebähren solte: begehrte zugleich/ daß er mir meine Augen erhalte/ damit ich Sie sehen: meine Zungen/ daß ich Sie loben: meine Händ/ daß ich Ihr dienen: meine Füß/ daß ich Ihr zum Dienst beyspringen: vnd meine Knye/ daß ich den Sohn Gottes in ihrer Schoß anbetten möchte.

Insonderheit aber hat Sie das vnbegreiffliche Geheimbnuß der Menschwerdung Christi gar offt zu Gemüth geführt/ vnd betrachtet/ wie der Vnendtliche Gott die Menschliche Natur an sich nemmen werde. *M. Homil. 6. in Lucam.*

Origenes der alte Lehrer schreibt *M.* Habebat legis scientiam, & prophetias, sive Vaticinia quotidiana meditatione ruminabat: Sie hat die Wissenheit deß Gesatz/vnd die Weissagungen der Propheten betrachtet/ Sie stäts in ihrem Hertzen.

Darnach wann wir wollen betrachten die Zeit/ da der Ertzengel Gabriel zu Ihr kommen/vnd den Gruß verkündiget/ werden wir widerumb Sie in grossen heiligen Gedancken/ vnd Betrachtungen finden. *N. Homil. 3. Super missus est.*

Dann der H. Bernardus berichtet. *N.* MARIA sey damahls zu Nazareth in ihrem geheimesten Kämmerlein allein verschlossen gewesen/ eben damahls/(wie dem seligen Bruder Amadæo durch den Ertzengel Gabriel geoffenbahret worden.) O. hat sie in derselben Stund die Prophezeyungen gelesen/vnd die jenige tieff zu Hertzen geführt/ vnd betrachtet/ welche die Geburt/ vnd Ankunfft deß versprochenen Messiæ antroffen. *O. Francis. Fernand. Hom. 15 de Christi, & Ioan. Conc. & Nat.*

Als

Von Maria der Wunderbarlichen Mutter.

Dan.9.24.
Ierem.31.
22.

Als die bestimbte Wochen deß Propheten Danielis, nach welcher Verlauff Christus der Herr gewiß kommen sollen: Item die Propheceÿ Ieremiæ, von einem Frawenbild/ so mit jhrem Leib einen Mann (verstehe Christum/ welcher schon in Mutterleib in dem Augenblick seiner Empfängnuß ein vollkommener allwissender Gott vnd Mensch gewesen) vmbgeben/ vnd tragen werde.

EL.7.14.

Fürnemblich aber die Weissagung Eſaiæ: Sihe ein Jungfraw wird empfangen/ vnd gebähren einen Sohn/ dessen Namen wird heissen Emmanuel,&c. Vber welche Sie sich im Geist erfrewet/ vnd nach der Zukunfft Christi ein hertzliches Verlangen gehabt/ auch gewünscht/ ein Magd deß Messiæ Mutter zu seyn.

P. Super missus.

Der selige Albertus Magnus spricht hiervon also: P. Wir halten darfür/ daß MARIA bey der Ankunfft deß Engels mit gebogenen Knyen/ auffgehebten Händen/ vnd erhebten Augen gen Himmel zu dem Vatter der Barmhertzigkeit vmb die Menschwerdung auffs aller andächtigst gesueffzet vnd gebetten/ vnd daß Sie sich gegen dem Engel ehrnbietig auffgericht/ ab dem newen Gruß betrübt/ mit geneygtem Haupt demühtig da gestanden seye.

Betrachtung bey der Geburt Christi.
Q. Lib.7.

III. Betrachten wir die Zeit/ da Sie den Sohn Gottes gebohren/ finden wir abermahl lauter Gedancken/ vnd Himmlische Betrachtungen: dann wie im Buch der Offenbahrungen der H. Birgittæ zu lesen. Q. als die Mutter Gottes sambt dem Joseph in der Statt Bethlehem kein Herberg gefunden/ vnd hinauß gangen/ vnd in die von einem Stein außgehawene Höle kommen war/ auch alles/ was zu der Geburt vonnöhten/ zubereitet hette/ boge Sie abermahl ihre heilige Knye zur Erden mit tieffester Demuht vnd Ehrerbietigkeit/ wandte jhr würdiges Angesicht gegen Auffgang der Sonnen/ vnd keanb sich in das Gebett.

Verzuckung.

In solcher Andacht vnd Betrachtung Göttlicher Geheimbnussen/ war Sie gleichsamb verzuckt: biß auff Mitternacht/ vnd da jhr Hertz noch voll der süssesten vnd Himmlischen Einsprechungen war/ geschahe/ daß in einem Augenblick geboren/ vnd auff die blosse Erden (ohn alle andere Menschliche Hülff) gelegt worden das Allerheiligste Kindlein JESVS/ welches einen solchen Glantz vnd Schein von sich geben/ daß die finstere Steinhöle gleich wie bey dem hellen Mittag erleuchtet gewesen.

Die Edle Gebährerin kame auß der Verzuckung Himmlischer Andacht zu jhr selbsten/ vnd auß jeglicher Frewd vnd Frolockung ihrer Seelen/ sahe Sie das Glorwürdige Kind nackend vnd bloß/ gantz schön vnd rein/ ohne alle Mackel vnd Vnsauberkeit auff der Erden da ligen: derowegen neygte Sie von Stund an jhr Haupt/ vnd mit zusammen geschlagenen Händen vnd nie-

der-

Die XVI. Predig.

dergebogenen Leib/bettet Sie Jesum mit höchster Reuerentz an/vnd sprach: *Maria bettet*
biß mir willkommen mein Gott/mein Hertz/ mein Sohn. ꝛc. darbey tieff be- *den newge-*
hertziget/ wie der Vnendtlich GOTT das Menschlich Geschlecht zu erlösen/ *bohrnen Je-*
Mensch worden. *sum an*

Germanus Ertz Bischoff zu Constantinopel lehrt. R. daß Sie Ihr auff H. *R. Orat. in*
Schrifft alle Figuren vnd Weissagungen fürgestelt/ vnd darauß das gantze *Nat. Virg.*
Leben Christi betrachtet/ insonderheit aber die jenige Geheimbnussen/ in welchen Sie von Christo selbsten vnderwisen worden/ dann wie der H. Lucas *Luc.2.19.*
schreibt: MARIA aber behielt alle dise Wort/ vnd erwegt Sie in jhrem Hertzen.

IV. Die Zeit nach Christi Himmelfahrt betreffendt/hat Sie auch solche *Vebungen*
in lauter heylsamen Vebungen vnd Betrachtungen Göttlicher Geheimb- *nach der*
nussen zugebracht: bey Jhr hat es nie geheissen/wie bey den Menschen: Auß *Himmel-*
den Augen / auß dem Sinn: dann Sie jhr Hertz nie von Gott abgewendt/ *fahrt Christi.*
Christi Leyden hat Sie also in ihr Hertz eingetruckt/ daß Sie/wie der H. Birgittæ geoffenbahret worden / weder Tag noch Nacht von desselben Betrachtung abgelassen: darbey offtermals ihren liebsten Sohn in der Glory zu sehen
ein hertzliches Verlangen gehabt: wie Rupertus lehret. S. *S. In Cant.*
Lib. 5.

Vnd gleichwie die Mutter Gottes auff Erden von Tag zu Tag in Göttlichen Betrachtungen weiter kommen/ also hat Sie jetzt im Himmel in demselben den höchsten Grad vnd Staffel erreichet/ in Anschawung der Aller heiligsten Dreyfaltigkeit/ der brinnenden Lieb/ so auß der Anschawung Gottes
herkombt/vnd Erkandtnuß aller Creaturen Beschaffenheit.

Auß disem ersten Theil lehrne mein Christ / erstlich mit der Mutter Gottes
dein Hertz mit guten Gedancken offt zu zieren: Christus sagt / wo dein *Gute Ge-*
Schatz ist / da ist dein Hertz: nun ist ja Gott vnser höchster Schatz im *dancken zu*
Himmel vnd auff Erden/ als in welchem alles/was vns lieb seyn kan vnendt- *haben.*
lich begriffen: darumb sollen wir zu Gott all vnser Sinn vnd Gemüth gericht *Matth.6.21.*
haben, vnd so bald wir deß Morgens erwachen/ vnser Hertz vnd Gedancken
zu Jhm erheben/ vnd jhne den gantzen Tag vor Augen haben: wie gethan der
König David/ vnd gesprochen: die Betrachtung meines Hertzens ist *Psal.18.15.*
allzeit vor deinem Angesicht.

Es haben vor Zeiten die Heyden gedichtet: die Götter hetten einen Ertz-
schnarcher gehabt / welcher in der Menschen Hertz ein Thürlein oder Fensterlein haben wollen/ dardurch man der Menschen Gedancken vnd Hertzen
sehen vnd erkennen möchte: wann der wahre Allmächtige GOTT / als
ein Erschaffer aller Ding/ dises Ertzschnarchers begehren nach / ein solches
Thürlein oder Fensterlein an der Menschen Brust gemacht hette / daß *Was in viler*
man das Hertz vnd desselben Gedancken sehen könde: mein GOTT/ was *Hertzen für*
Gedancken.

Ll wurd

Von Maria der Wunderbarlichen Mutter.

wurd man wol in manches Menschen Hertzen sehr abschewliche Sachen vnd sündliche Gedancken finden: sehen wurd man in etlicher Hertzen den Hoffart-Teuffel Lucifer/in etlichen den Geitzteuffel Mammon/ in etlichen den Neyd-teuffel Leuiathan/in etlichen den vnkeuschen Teuffel Asmodæum, vnd der gleichen Grewel mehr einnisten/vnd sitzen: massen Gott dem Propheten Ezechiel vor Zeiten zu verstehen geben / da er jhme an einer Wand deß Tempels ein Loch gezeigt/ vnd befohlen/ er soll graben: vnd wie er gegraben / vnd auff ein Thür kommen / hatte er allerhand Grewel vnd abschewliche Bildnussen gefunden: welches/ wie der H. Gregorius außleget/ bedeutet / daß manche sich eusserlich stellen/als dienen sie Gott im Tempel/aber hinder der Thür deß Hertzens vil abschewliche Sünd vnd Laster/auch sündtliche Sinn vnd Gedancken verborgen haben/welche sie vor Gott/seiner werthen Mutter/vnd allen Heiligen/ mit allen jhren Wercken verhaßt machen.

    Bekandt ist euch die Geschicht / welche Albertus Castellanus beschreibet T. von einem Jüngling/ welcher täglich B. L. Frawen zu Ehren ein Rosenkrantz/das Officium, vnd anders/ doch mit einem sündigen Hertzen gebettet: als nun diser Jüngling einest in einem Wald so lang jrr gangen / daß jhne fast hungerte / erschine jhme die Mutter Gottes / vnd brachte jhm ein köstliche Speiß/zu stillung seines Hungers / doch in einem so abschewlichen/vnd vnfläitigen Geschirr vnd Schüssel/ daß wegen derselben er ab der Speiß ein Grawen hatte/ vnd wie fast jhn hungerte / selbige nit essen kundte: warauff die Mutter Gottes jhme angezeigt/ daß zwar deß heiligen Rosenkrantz/ Tagzeitten/ vnd andere seine Gebett / köstliche/ liebliche / vnd nutzliche Vebungen seyen/ doch weil sein Hertz voll Vnflats vnd böser Gedancken / also könne Sie kein Gefallen/sonder müsse vil mehr ein Grawsen dgrab haben: auff welches der Jüngling den Vnflat der Sünden durch rechte Beicht vnd Buß auß seinem Hertzen außgeworffen / vnd sich hinfüran eines reinen vnd gegen Gott vnd MARIÆ auffrichtigen Hertzens / vnd guter Gedancken befliessen.

    Das thue du auch/ vnd befleisse dich / alle sündliche Gedancken auß deinem Hertzen außzuschlagen/vnd an statt derselben IESVM vnd MARIAM, auch alle Heiligen Gottes stäts darinnen zu betrachten / so wird an statt aller abschewlichen Thieren vnd Grewel. IESVS vnd MARIA sich in deinem Hertzen befinden/ als wie in dem Hertzen deß H. Ignatij. vnd der H. Margarethæ/ auch anderer mehr/der Nam Jesus/vnd die Bildnuß Christi vnd MARIÆ sich befunden haben.

    Darnach lehrne mit der Mutter Gottes die Geheimknussen Gottes/ auch Christi Leben/ Wandel/ Werck / Leyden vnd Sterben offt in deinem Hertzen betrachten: dann wie Ptolomæus bezeuge. V. Meditatio est

clauis

Die XVI. Predig.

clauis veritatis: **die Betrachtung ist ein Schlüssel der Warheit:** ja Sie ist ein Brieff eines vollkommnen vnd heiligen Lebens. Dionysius Areopagita schreibt/ *VV.* daß es ein fast kurtzer Weg/ vnd gar leichte weiß sey/ sich mit Gott vereinigen/ wann ein glaubige Seel sich offtermahls mit innbrünstigen Seufftzern vnd Begirden oder Betrachtungen zu GOtt erhebe: dann dahaißt es: In meditatione mea exardescit ignis; **Fewr ist angangen in meiner Betrachtung.**

Auff die innerliche gute Gedancken vnd Geistliche Betrachtungen deß Hertzens/ hat Ioannes Gerson der Parisische Cantzler sehr vil gehalten/ dahero als er gefragt worden: was für ein Vebung er einem Geistlichen vnnd GOtt liebenden Menschen nutzlich zuseyn vermeinte/ obs die Lesung Geistlicher Bücher/ oder das mündtliche Gebett/ oder die Absönderung von andern/ oder Einsperrung in die Zellen vnd Gemach/ oder ein Hand Arbeit/ oder die Betrachtung: ꝛc. Hat er geantwortet/ er halte vnergreifflich darfür/ die Betrachtung Göttlicher Dingen sey das nutzlichste: vnd dise Vrsach geben: daß obwolen einer villeicht in dem lesen/ vnd mündtlichen Gebett ein grössere Andacht spüre/ als im betrachten/ so vergehe doch die Andacht vnd Eyffer/ so bald das lesen vnnd betten ein End: aber die Betrachtung diene den Menschen auch auff das künfftig/ vnd sey gleichsamb vnser Buch/ vnser Ermahner vnd Wegführer.

Dises hat auch auß Eingebung deß H. Geists der glorwürdige Patriarch vnd H. Vatter Ignatius Loiola der Societet IESV Stiffter wol erkennt/ deßwegen er den seinigen die tägliche Vebung der Geistlichen Betrachtungen anbefohlen/ vnnd zu disem End Geistreiche Büchlein Exercitiorum Spiritualium, der Geistlichen Vebungen oder Betrachtungen zusammen geschriben/ welches der Röm. Kirchen Cardinal Borromæus höcher geschätzt/ als alle Bücher/ welche in deß Hertzogs von Mantua Bibliothec zufinden waren. *Y.*

Welche auch Cardinal Burgensis sehr gerühmbt vnd bezeugt/ daß solche fast nutzlich/ vnnd von menniglich geübt werden sollen: der Bischoff Salazarus ein Verwalter deß Bapsts/ hat selbige also werth gehalten/ als welche der gantzen Christenheit grossen Nutzen bringen werden: F. Ægidius Foscatera Magister Palatij, halte den Gebrauch der Betrachtungen/ vnnd Geistlichen Vbungen zu Erhaltung der Christlichen Religion, vnnd eines Gottseeligen Lebens für nothwendig vnd nutzlich.

Diser Vrsachen halber hat Paulus III. Römischer Bapst vnd Statthalter Christi selbige Geistliche Betrachtungen im Jahr 1548. den 31. Julij nit allein approbiert, vnd gelobt/ sondern zu derselben Gebrauch alle Stands-Personen ermahnt.

VV. Apud Iacob. Merlo Horstium in paradiso animæ Christianæ. Psal. 18.15.

X. Part. 2. Alph. 34. l. m.

Geistliche Vebungen/ vnd Betrachtungen nutzlich.

Y. Sacra Temp. c. 3.

2. In Lib.
quòd Socie-
tas sit Virgi-
ni Sacra 12.
A. In vita P.
Balthas. Al-
uarez.

Wie nutzlich solche Geistliche Betrachtungen/ ist duß folgender Geschicht abzunemmen/ welche P. Bourghesius, Z. vnd P. Ludouicus de Ponte, A. folgendes Inhalts beschriben.

Als die Patres der Societet im Jahr 1600. sich zu den Geistlichen Exercitijs vnd Betrachtungen bereitteten/ hat auch ein Geistliche mit dem Geist Gottes erleuchte Matron selbige Vbung für die Hand zunemmen gedacht/ vnd da sie mit solchen Gedancken vmbgangen/ ist ihr ein gantz Mey. stärckscher Engel erschinen/ ab welchem sie sich anfangs entsetzt/ vnd gedacht/ was dises bedeutten möchte: doch gleich von ihme vernommen/ daß er den Ertz-Engel Gabriel wäre/ vnnd von der allerheilligsten Mutter Gottes zu ihr als ein Legat vnd Gottschaffter etwas anzubringen/ gesandt seye.

Warüber sie sich noch mehr mit Verwunderung entsetzt/ vnd mit Erlaubnuß deß Engels Gottes/ GOtt/ wie sie in allen Dingen pflegte/ vmb Rath gefragt/ sich zu ihme mit jnnbrünstigem Gebett gewendet/ auch ihr Vnwürdigkeit vnnd Armseeligkeit betrachtet/ vnd der Göttlichen Barmhertzigkeit Hilff angeruffen/ daß er alles von ihr abwenden wolle/ was seinem Göttlichen Willen vnnd Gefallen zuwider. wie sie in solchem Gebett ein kleines verharret/ hörte sie GOtt mit ihr inwendig reden/ sie soll den Engel anhören/ vnd an seinen Worten keines wegs zweifflen.

Nach disem wandte sie sich zu dem Engel/ vnd hörte ihne freyndt an: welcher ihr dann folgendes erzehlt. Er komme von der Himmel Königin/ vnd Mutter Gottes/ ihr anzuzeigen/ wie derselben die Geistliche Betrachtungen von den Göttlichen Geheimbnussen vnd Gutthaten/ welche durch Christi Geburt/ Leben/ vnd Tode vns erzeigt worden/ wie sie alberelt angefangen zu üben/ vnnd bey den Patribus der Soc. Iesv im Brauch seyen/ sehr lieb vnd angenemb wären/ vnnd ab denselben/ als welche deß Menschen Verstand erleuchten/ vnd allerhand nutzliche Neygungen vnd Begierden erwecken/ sich hoch belustige: solle derowegen angefangener massen in selbigen fortfahren/ vnd versichert seyn/ daß dises zu Gottes Ehr/ vnd seiner werthen Mutter Gefallen/ auch ihrem Heyl gereichen werde: darbey auch wissen/ daß Sie die Himmel Königin selbiger Geistlichen Vbungen vnd Betrachtungen Patronin/ Vorsteherin vnd Stiffterin seye: in dem Sie dem H. Ignatio Loiola die Weiß selbige zubeschreiben gelehrnet/ vnd hierzu geholffen habe: auch noch dises hinzu gesetzt/ das Sie selbsten in ihrem Leben solche geübt vnnd gebraucht habe.

Wie nutzlich
ein einige
Betrachtung
deß leydens
Christi seye
B. In Ros.
Spirit. Exer-
cit. Tit. 22.
cap. 1.

Hie mercke aber: weil du nit Zeit hast. Täglich ein oder zwo Stund Christi Leben vnnd Leyden zubetrachten/ so befleisse dich wenigist Täglich ein oder zwey/ oder mehrern. ihl desselben zu rinneren/ vnd daran Gottseelig zugedencken: dann der seelige Albertus Magnus bezeugt/ B. daß ein einige Betrachtung

Die XVI. Predig. 269

erachtung vnnd Gedancken deß Leydens Christi dem Menschen nutzlich sey/ als wann er ein gantzes Jahr in Wasser vnd Brodt fastete/ vnd sich alle Tag biß zum Blut casteyete/ oder täglich ein Psalter bettete.

So wird in dem Leben deß H. Edmundi Ertz Bischoff zu Candelberg vermeldet/ daß/ als er noch jung war/ vnd allein auff dem Feld etwas guts gedenckende/ spatzierte/ jhme Christus der Herr in Gestalt/ wie er noch klein gewesen/ erschinen/ vnnd jhme nach vil guten Lehrstucken endtlich gerathen/ vnd außtrucklich befohlen/ er solle von der Zeit an täglich ein Gehejmbnuß seines H. Lebens/ Todts/ vnd Passions zu Gemüth führen/ mit gewisem versprechen/ daß er hierdurch von deß bösen Feinds Anfällen befreyet/ mit allen Tugendten gelehret/ vnd zu einem heiligen Todt vnd End werde disponiert vnnd bereitet werden: welchem der H. Edmundus nachkommen/ vnnd sich sehr wol darbey befunden. Der H. Franciscus von Assis hat ein Sigel oder Petschierung/ darauff die J gut deß Creutzes war: weil er nun offt schreiben/ vnd die Brieff versiglen müßte/ so truckt er jhme die Sigel zugleich in sein Gedächtnuß/ die Erjnnerung deß sterbenden Christi: andere haben jhnen andere Andencken deß Leydens Christi gemacht.

Ich beschliesse disen Puncten mit der würdigen Mutter Anna à S. Bartholomæo Carmelliter Ordens: dise hat von Christo selbsten gehört/ vnnd hernacher gegen andern offt außgesprochen: wann wir alle Tag nur ein eintziges mahl an das Leyden Christi gedächten/ vnd an die Lieb/ welche jhn solche Pejn vnnd Tormenten außzustehen bewegt hat/ wurde solches gnug seyn zu vnserer Seeligkeit/ vnd grosse Gnaden vnd Gaaben von GOtt zuerlangen: wann ein einziger Gedancken alle Tag so vil gilt/ vnnd werth ist/ was werden dann zehen oder zweintzig dergleichen Gedancken nit verdienen?

Der II. Theil.

MARIA ist Wunderbarlich in Worten.

ES bezeugt Nicephorus Callistus. A. die Mutter GOttes hab wenig/ vnnd allein nothwendige Ding geredt/ vnd spricht er: Loquebatur in omnibus sine audacia, sine risu, sine perturbatione, fastus omnis expers, simplex humilitatem præcellentem colens: Ihre Reden waren zu allem ohne Frechheit/ ohne Lachen/ ohne Verwirrung/ vnd ohne allen Hochmuth, in aller Einfalt erschine hierauß ein trefliche Demuth.

MARIÆ Gespräch ist meisten Theils gewesen mit den heyligen Englen/ mit jhrem allerliebsten Sohn Christo/ dem H. Joseph/ vnnd GOtt dienenden Frawen: dann wie Ildephonsus lehret: B. erschine Jhr täglich ein Engel/

A. Lib. 2. Hist. Eccl. cap. 23. & 25.
Mariæ Reden wenig/ vnd doch geheimbreich.

B. Serm. 5. de Assumpt. Virg.

Von Maria der Wunderbarlichen Mutter.

gét/ vnnd hielt Gespräch mit ihr/ so stehet auch in der Offenbahrung der H. Birgittæ. C. daß Christus der Seeligsten Jungfrawen MARIÆ, vnnd dem Joseph in dem täglichen Gespräch/ welches er mit jhnen gehalten/ vil vbernatürliche Geheimbnussen geoffenbahret hab: auß welchen Sie grossen Trost vnd Süssigkeit empfangen/ vnd zur inbrünstigen Liebe GOttes angezündt worden. Der H. Bonauentura lehret / D. damit die Seeligste Jungfraw MARIA GOtt ohne vnderlaß lobte/ hatte Sie das Wort DEO gratias, jmmerzu im Brauch/ vnd war ihr meiste Antwort: Deo gratias: GOtt sey Danck: ja alle Wort MARIÆ waren gleich den köstlichen Edelgesteinen vnd Perlen/ welche zwar klein anzusehen/ aber in sich grosse Würckungen haben: also waren derselben Wort kurtz vnd wenig/ aber gut vnnd Geheimnußreich.

Dann vermög H. Schrifft hat Sie siebenmahl geredt: zweymal mit dem Ertz Engel Gabriel: anfangs/ da Sie auff Verkündigung deß Gruß/ vnd daß Sie ein Mutter deß Allerhöchsten seyn werde/ gesprochen: Quomodo fiet istud, quoniam Virum non cognosco: Wie soll das zugehen/ seyttemal ich keinen Mann weiß. Darnach als der Engel jhr die Weiß der Menschwerdung Christi erklärt/hat Sie gesagt: Ecce Ancilla Domini, fiat mihi secundùm Verbum tuum: Sihe ich bin ein Dienerin deß HErrn/ mir geschihe nach deinem Wort. Mit der H. Elisabeth hat Sie auch zweymal geredt: 1. da Sie dieselbe gegrüßt: deßwegen sprach Elisabeth/ daß der Gruß der Mutter GOttes in jhren Ohren erschollen: Darnach: da Sie ihr Magnificat oder Lobgesang außgesprochen. Mit ihrem allerliebsten Sohn hat Sie auch zweymal geredt: erstlich da Sie jhne gesucht/ am dritten Tag aber vnder den Lehrern im Tempel gefunden/vnd mit Verwunderung gesprochen: Fili, quid fecisti nobis sic? Sohn/warumb hast du vns also g.ihon? sihe dein Vatter vnd ich haben dich mit Schmertzen gesucht. Darnach: da Sie auff der Hochzeit zu Cana Galilææ bey Abgang deß Weins zu jhme sprach: Vinum non habent: sie haben kein Wein. Endlich vnd zum siebenden/ hat Sie auch mit den Auffwartern vnnd Dienern auff diser Hochzeit geredt vnd gesagt: Quodcunque dixerit vobis, facite: Was er euch saget/ das thut: Auß jeglichem diser siben Gesprächen seynd grosse Wunder vnd Würckungen erfolgt.

Bey dem Ersten/ da die Seeligste Jungfraw MARIA zu dem Ertz Engel Gabriel gesprochen, wie soll das zugehen/ seytemahln ich keinen Mann weiß / ist das zuvor von Anfang vnerhörte Gelübd der ewigen Jungfrawschafft offenbahr / vnd erwisen worden: wie der H. Augustinus lehret / F. vnd wie der Ehrwürdig Vatter Beda darfür haltet/daß ihr dißfals ein Göttliche

Die XVI. Predig.

〈...〉e Gnad widerfahren/ weil Sie vnder allen Weibern die erste gewesen/ so Gott dergleichen Gelübdt gethan/auch wie der H. Gregorius bezeugt/ *F.* daß mit verdient/ von den Englen Gottes heimbgesucht zu werden.

F. In Lucam

Demnach haben hierauß auch die Priester zu Hierusalem alßbalden geschlossen/ vnd darfür gehalten: daß die Zukunfft deß Sohns Gottes nahe/ vnd vor der Thür seyn müste: wie Ioannes Patriarch zu Hierusalem vermeldet. *G.*

Drittens hat dise Frag vnd Red MARIÆ ein so wunderbahrliche Würckung gehabt/ daß darauß von Anfang der Christenheit vil Tausent Vrsach genommen/ Gott vnd MARIÆ ihre Jungfrawschafft zu verloben: massen neben andern vilen der H. Epiphanius schreibt/ *H.* daß schon zu seiner Zeit vil im Brauch gehabt/ in dem Namen MARIÆ die Jungfrawschafft zu verloben/ vnd zu halten.

G. Lib. de Instit. Monarch. cap. 35.

H. Hæres. 78.

II. Auff das ander Gespräch/da die Seligste Jungfraw gesagt: Sihe ich bin ein Dienerin deß HErrn/ mir geschehe nach deinem Wort/ seynd grosse Wunderding erfolgt.

Das ander Gespräch Mariæ.

Dann erstlich haben solche Wort die sündige Welt zu recht/ vnd vns das Leben gebracht: wie der H. Bernardus lehret/ vnd die Mutter Gottes also anredet: *I.* In sempiterno Dei verbo facti sumus omnes,& ecce morimur: in tuo breui responso sumus reficiendi, & ad vitam reuocamur: In dem ewigen Wort Gottes seynd wir alle erschaffen: vnd sihe wir sterben dahin: aber krafft deiner kurzen Antwort werden wir erquicket/ weil wir zum Leben beruffen werden.

I. Homil. 4. super missus. Würckung desselben.

Darnach hat mit disen Worten MARIA den erzürneten Gott mit vns armen Sündern versöhnet/ vnd gesprochen: Fiat. es geschehe: als wolte Sie sagen: Fiat pax in virtute tua: es werde Frid in deiner Krafft/ vnd es ist Frid worden.

Psal. 121. 7.

Drittens: hat Sie krafft diser Wort/ den ewigen Sohn Gottes von der Schoß deß Himmlischen Vatters auff die Erden/ vnd in ihren Jungfräwlichen Leib herab gezogen: wie der heilig Gregorius Thaumaturgus lehret/ *K.* dann in demselben Augenblick/ da die Seligste Jungfraw die Wort außgesprochen: ist das Wort Fleisch/ vnd Gott Mensch worden: diser Vrsachen halber prediget der heilige Kirchenlehrer Augustinus, *L.* daß eben disen Consens, vnd Wort MARIÆ alle Welt starck begehrt/ vnd herzlich darauff gewartet habe.

K. Serm. 1. de Annunc.

L. Serm. de Nat. Christi.

III. Wie grosse Wunder/ vnd Würckung das dritte Gespräch MARIÆ, in dem Sie Elisabeth besucht vnd gegrüst/ gehabt habe/ ist auß dem H. Euangelisten Luca, vnd heiligen Vättern zu lehrnen.

Das dritt Gespräch. Würckung.

Dann erstlich ist krafft dises Gruß der heilige Johannes vnd Vorlauffer Christi/

Von Maria der Wunderbarlichen Mutter.

Christi noch in Mutterleib wunderbahrlich geheiliget worden : wie Petrus Rauennas bezeugt. *M.*

M. Serm. de Ioanne Baptista.

Darnach ist er daselbsten mit völliger Vernunfft erfüllt worden: so daß er abzunemmen/weil die H. Elisabeth gesagt : dann sihe/ so bald die Stimm deines Gruß in meinen Ohren erschollen ist/da ist auffgesprungen mit Frewden das Kind in meinem Leib.

Luc. 1.44.

Drittens: haben ihne die Wort dises Gruß zu einem Propheten gemacht: wie der H. Cyrillus lehret/ vnd spricht. *N.* Salutatio sanctæ Virginis Mariæ IESVM ferentis in vtero, Ioannem mouit ad Prophetam :. der Gruß der H. Jungfrawen MARIÆ, welche IESVM in ihrem Leib getragen/ hat Ioannem zu einem Propheten erhebt: vnd schreibt der H. Chrysostomus.

N. Lib. de recta fide.

O. daß der Gruß/ welcher auß dem Leib MARIÆ, in welchem Sie Christum getragen/ durch die Ohren Elisabeth zu Ioanne kommen/ vnd ihne zu einem Propheten gesalbet habe: vnd abermahl *P.* sagt er: dises Kind in Mutterleib vor Frewden auffspringende hab weißgesagt: nit mit der Stimm/ sondern mit Bewegung: dahero sprach Zacharias in der Geburt seines Sohns Ioannis: Et tu puer prophetâ Altissimi vocaberis: vnd du Kindlein wirst ein Prophet deß Allerhöchsten heissen.

O. In Cap. 2. Lucæ.
P. Lib. 27. Imperfect.

Luc. 1.76.
Q. Tom. 3. Tract. 10.

Uber wunderlich ist noch vber alles / was Salmeron erzehlt *Q.* von etlichen/welche schreiben/daß als MARIA vnd Elisabeth einander vmbfangen vnd gegrüßt/ habe die Mutter Gottes im Geist gesehen/ wie daß Johannes in Mutterleib vor Christo niderkniet/ vnd dise beyde Gnaden-Kinder noch im Leib ihrer Müttern eingeschlossen einander angeschawet: vnd Christus als in einem Königlichen Thron sitzend Ioannem gesegnet/geheiliget/ vnd ihme seinen Namen geschöpfft / auch zu seinem Vorlauffer bestellet/ vnd hierzu mit dem H. Geist erfüllt habe.

Vierdtens : ist auch ein grosses Geheimbnuß vnd Wunder/ daß damahls vermög dises Gruß die H. Elisabeth nit allein mit dem H. Geist auff ein sonderbahre weiß erfüllt/ sondern auch weg ihres Sohns Ioannis, wie der alte Origenes schreibt/ *R.* zu einer Prophetin gemacht werden: dann sie gleich darauff von vergangenen/gegenwertigen/ vnd zukünfftigen Dingen weiß gesagt: 1. von vergangenen / sprechendt: Beata es, quæ credidisti : Selig bist du/ die du geglaubt hast.

R. Homil. 7. in Lucam. Luc. 1.45.

2. Von gegenwertigen: Et vnde hoc mihi, vt mater Dñi mei veniat ad me? vnd woher kompt mir/daß die Mutter meines Herrn zu mir kommet?

3. Von zukünfftigen mit disen Worten: Perficientur ea, quæ dicta sunt tibi à Domino: dann es wird vollbracht werden/was zu dir gesagt ist von dem HErrn.

Das vierte

IV. Seynd nit wenigere Geheimbnussen/ Würckungen/ vnd Wunder in der

Die XVI. Predig.

In der seligsten Jungfrawen MARIÆ Worten ihres Lobgesangs/ vnd Magnificat begriffen: dahero solches billich den Titul führet/ daß es sey Compendium divinorum Mysteriorum, ein Begriff aller Göttlichen Geheimbnussen: wie Carthagena schreibet/ vnd weitläuffig zeuget/ S. daß dises aller andern Lobgesängen deß Alten vnd Newen Testaments ein Summa/ vnd Inhalt sey: in welchem man Gottes Lob vnd Wunderwerck geprisen/ ihme Glück gewünscht/ vnd Danck gesagt hat.   *S. Lib. 6. Homil. 9. Vnderschidliche Lobgesäng.*

Ein Lobgesang haben die Kinder Israel Gott zu Ehren gesungen/ wegen wunderbahrlicher Erfindung eines Bronnens: Salomon in Betrachtung der Liebe der Braut/ singt in jhrem Namen; Osculetur me osculo oris sui: Er küsse mich mit dem Kuß seines Munds: also der König Ezechias/ wegen Erledigung vom Todt: also Esaias, wegen empfangener Gutthaten: Anna/ wegen empfangener Gnaden: Moyses/ zu Vnderweisung der Vnwissenden: Debora, nach erhaltenem Sig reitzet andere zum Lob Gottes; Maria Moysis Schwester/ wegen deß Feindts Vndergang im rothen Meer: David hat auch offt auß Eyffer Göttlicher Verehrung das Lobgesungen.   *Num. 21,17. Cant. 1.1. Esa. 38.10. 1. Reg. 2.1. Deut. 32.1. Iudic. 5.1. Exod. 15.1. Psal. 117.1.*

Zacharias in Betrachtung/ was ihme für Geheimbnussen geoffenbahret worden/ singt das Benedictus Dominus Deus Israël: Gebenedeyet sey der Herr Gott Israel: vnd endtlich Simeon/ wegen daß er seiner Bitt gewehrt worden/ vnd den Todt/ vermög der Zusag/ nit gesehen/ biß daß er den Gesalbten deß Herrn Christi gesehen/ hat auch das Schwanengesang angefangen: Nunc dimittis Domine, &c. Nun HErr laß fahren deinen Diener/ ic.   *Luc. 1.68. Luc. 2.29.*

Den Inhalt obliger Lobgesänger aller hat die Mutter Gottes gantz künstlich in jhrem einigen Lobgesang begriffen: dann damit Sie mit den Kindern Israel Gott Danck sagte/ spricht Sie: Magnificat anima mea Dominum: Mein Seel macht groß den Herrn: 2. damit Sie sich mit jhrem Himmlischen Bräutigamb erfrewete/ setzt Sie: Et exultavit Spiritus meus in Deo salutari meo: vnd mein Geist hat sich erfrewet in Gott meinem Heylandt.   *Das Magnificat begreifft den Inhalt aller andern Lobgesängen.*

3. Zu Erkandtnuß vnd Dancksagung/ daß Sie vor allen andern mit Ezechia dem König von vilen vnd grossen Trübseligkeiten anderer Menschen erhalten vnd erlediget worden/ spricht Sie: Ecce enim ex hoc, &c. Dann sihe von disem nun an werden mich Selig sagen alle Geschlecht.

4. Erkennt Sie mit der alten Anna die grosse übernatürliche Gnaden/ vnd preyset Gott/ sprechendt: Quia fecit mihi magna, &c. Dann er hat grosse Ding an mir gethan/ der da mächtig ist.

5. Zu Vnderweisung der Kleinmütigen/ sagt Sie nach dem Exempel deß Moysis: Et misericordia eius à progenie in progenies, &c. Vnd sein Barhertzigkeit wehret von einem Geschlecht ins ander/ bey denen/ die jhn förchten.

M m   6. W.

Von Maria der Wunderbarlichen Mutter.

6. Wegen deß grossen Sigs wider den Sathan / auch alle Feind Gottes / singt Sie: Fecit potentiam in brachio suo, &c. Er hat Gewalt erzeigt mit seinem Arm / vnd zerstrewt / die da hoffärtig seynd in jhres Hertzen Gemüth.

7. Wegen abgenommenen Gewalts / vnd Vnderruckung der Feind / auch Versenckung aller Sünden im rohten Meer / deß leydens Christi / spricht Sie: Deposuit potentes, &c. Er hat abgesetzt die Gewaltigen von dem Stuel / vnd erhoben die Demütigen.

8. Wegen der Göttlichen Freygebigkeit vnd Großmächtigkeit / setzt Sie hinzu: Esurientes impleuit, &c. Die Hungerigen hat er mit Gütern erfüllet / vnd die Reichen lär gelassen.

9. Wegen Offenbahrung der Göttlichen Geheimbnussen / insonderheit der Menschwerdung / sagt Sie: Suscepit Israël, &c. Er hat angenommen seine Diener Israel / vnd gedacht seiner Barmhertzigkeit.

10. Vnd endtlich wegen Erfüllung aller Zusagungen Gottes beschliesset Sie es mit disen Worten: Sicut locutus est, &c. Wie er geredt hat zu vnserm Vatter Abraham / vnd seinem Saamen ewiglich.

Ist ein Lobgesang von zehen Saitten Jegliche begreifft ein Geheimnuß.

Joannes Gerson nennt das Magnificat Mariæ, Psalterium decem Chordarum, ein Lobgesang von zehen Saitten: das ist / von zehen Versen oder Sprüchen / deren ein jeglicher ein besonders Geheimbnuß vnd Wunder erkläret. Als im 1. Mein Seel macht groß den Herrn / wird erklärt Gottes grösste Macht / vnd höchste Herrschafft vber alle Ding: Im 2. Verß: vnd mein Geist hat sich erfrewet in Gott meinem Heylandt / erinnert Sie das vnaußsprechlich Geheimbnuß / oder Gutthat der Erlösung deß Menschlichen Geschlechts: Im 3. dann er hat angesehen die Demuth seiner Magdt: führet Sie ein die Clemenz vnd Gütigkeit Gottes / mit welcher er die Armseligkeit vnnd Ernidrigung der Menschen ansihet / vnd in Anschawung derselben Sie erhöhet: Im 4 dann er hat grosse Ding an mir gethan / der da mächtig ist / vnd sein Nam ist heilig / wird gerühmbt GOttes grosse vnd vnerhörte Allmacht / vnd vnendtliche Heiligkeit: Im 5. vnd sein Barmhertzigkeit wehret von einem Geschlecht ins ander / bey denen / die jhn förchten / erzehlt Sie die weit außgebreitte Barmhertzigkeit / welche er insonderheit in dem Geheimbnuß der Menschwerdung hat scheinen lassen: Im 6. preyset Sie Gottes billichste Gerechtigkeit / sprechende: er hat Gewalt erzeigt mit seinem Arm / vnd zerstrewet / die da hoffärtig seynd in jhres Hertzen Gemüth: Im 7. Er hat abgesetzt die Gewaltigen von dem Stuel / vnd erhoben die Demütigen / beschreibet Sie Gottes grosse Macht in Bestreitung vnd Demütigung der Hoffärtigen / vnd Erhöhung der Demütigen: Im 8. sein vnendtliche Gütigkeit in Ersättigung der Hungerigen: die Hungerigen hat er mit Gütern erfüllt / vnd die Reichen lär gelassen: Im 9. sein gewaltige Hülff

Die XVI. Predig.

Hülff / in Auffnemmung der Armen: er hat angenommen seine Diener Israel / vnd gedacht seiner Barmhertzigkeit: Endtlich vnd zum 10. deuttet Sie auff alle Zeichen / Figuren / Weissagungen / vnnd Schrifften von Christi Menschwerdung / gibt zuuerstehen / wie GOTT in seinen Zusagungen getrew vnd warhafftig sey: wie er geredt hat zu vnserm Vatter Abraham vnd seinem Saamen ewiglich: von disem Lobgesang M A R I Æ soll (geliebts Gott) ein andersmahl mehrer gehandlet werden.

V. Belangende die Wort / welche die Mutter Gottes zu jhrem Sohn / da Sie jhne mitten vnder den Lehrern im Tempel gefunden / gesprochen; Sohn / warumb hast du vns also gethon? sihe dein Vatter vnnd ich haben dich mit Schmertzen gesucht: werden gleichwie in andern grosse Geheimbnussen vnd Würckungen in denselben begriffen. *Fünffte Gespräch.*

Dann / I. gibt Sie darmit zuerkennen / Sie zweiffle zwar nit / Christus jhr allerliebster Sohn habe billiche Vrsachen gehabt / warumb er sich von jhr / vnd dem Joseph wider sein vorige Gewohnheit durch drey Täg abgesöndert / doch begehre Sie mit grosser Verwunderung vnd gebührlicher Bescheydenheit mit disen Worten von jhme solche Vrsach zuuernemmen / damit Sie hinfüran sich darnach wüste zurichten / vnd seinem Göttlichen Willen zubequemen. *Dessen Würckung.*

II. Hat Sie mit disen Worten ein grosse Lieb gegen jhrem allerliebsten Sohn geoffenbahret: erstlich da Sie jhne angeredt / vnd einen Sohn nennet: welche Liebe Sie auch in dem offenbahret / weil Sie den grossen Schmertzen vnd Hertzenleyd erzehlt / welche Sie vnd Joseph ab seiner Abwesenheit auß grosser Liebe gegen jhme erlitten haben.

III. In dem Sie disen Worten den Sohn Gottes in angenommner Menschlicher Natur jhren Sohn nennet / erklärt Sie sich offentlich für ein Mutter Gottes / wie der H. Bernardinus außleget. T. vnd Sie wegen diser Mutterschafft allen heiligen Englen vñ Außerwöhlten Gottes weit vorziehet. *T. Homil. super missus.*

IV. In dem in disen Worten M A R I A jhr selbsten den Joseph vorgezogen / vnd gesagt: dein Vatter vnd ich: schliesset der H. Augustinus M A R I Æ tieffe Demuth. *V. Mariæ tieffe Demuth.*

V. Vnd letsten: Haben dise Wort bey dem Sohn Gottes ein so grossen Nachtruck vnd Würckung gehabt: daß Christus hierauff Sie selbsten getröstet / vnd gesprochen: Was ist / daß jhr mich gesucht habt / wüst jhr nit / daß ich seyn muß in dem / das meines Vatters ist? darmit jhnen klar zuuerstehn geben / daß Sie / weil alles ohne Schuld geschehen / weitter ohn alle Sorg seyn sollen: vber diß es alles hat sich gleich der Sohn Gottes auffgemacht / mit jhnen gen Nazareth hinab gestiegen / & erat subditus illis: vnd war jhnen vnderthan: welches ja ein grosses Wunder: vber welches der H. Bernardus *V. Serm. 63. de Diuersis cap. 11.*

Mm ij auff.

276 Von Maria der Wunderbarlichen Mutter.

auffschreyet/vnd frage: wer ist vnderthan? GOtt! wem ist er vnderthan? den Menschen!

Sechste Gespräch.
IV De Grad Humilit. gradu 2.

VI. Seynd zwar die Wort Vinum non habent, sie haben nit Wein/ kurtz/aber doch auch sehr Geheimnußreich.

Dann 1. erklären dieselbe MARIÆ grossen Glauben: daruon der H. Bernardus VV. also schreibt: Disce Matrem Domini magnam in mirabilibus fidem habere, non defuit pietati fides, efficacia voto: lehrne hie/ wie die Mutter deß Herren auch in den allerverwunderlichsten Dingen ein grossen Glauben habe: der Andacht ist der Glaub nit abgangen/ vnnd die Würckung ihrer Bitt: daher sagt Sie Christo ohne alle weittere Erzehlung allein: Vinum non habent: sie haben nit Wein/ dann Sie zweifflete nit/daß jhme alles/auch mittel zuhelffen/ bekandt: Sed simul dum nunciat, tacitè suam interponit intercessionem: aber in deme Sie jhme solches verkündiget/ wandte Sie stillschweigendt jhr Intercession vnd Fürbitt für/ als wie die Schwestern Lazari/ da sie jhn Christo gesagt/ Ecce quem amas, infirmatur: Sihe den du lieb hast/ ligt kranck.

Ioan. 11. 3.

2. Erweist Sie damit jhr grosse Hoffnung/Christus könne vnd werde den Abgang deß Weins auff jhr Fürbitt ersetzen: daher vnangesehen Christus jhr anfangs ein solche Antwort geben/auß welcher dem eusserlichen Ansehen nach abzunemmen war/ als wolle er nit helffen/ in dem er zu jhr sprach: Weib was hab ich mit dir? hat Sie dannoch durchauß von jhrer Hoffnung nichts fallen lassen/ sondern beständig darauff verharret/ er werde krafft jhrer Fürbitt helffen:

3. Gibt Sie jhr Lieb gegen dem Nechsten hiemit zuerkennen: In dem Sie für selbige Eheleuth also sorgfältig gewesen/ vnd durch jhren Sohn derselben Armuth zuersetzen begehrt: welches wegen der H. Iustinus Martyr vber dise Wort Christum/wie er mit seiner Mutter redet/einführt/vnd neben andern also schreibt: X. Wir seynd nit hierzu beruffen/ daß wir auff den Abgang deß Weins Achtung geben sollen/aber auß sonderbahrer Liebe, wann du wilst/daß jhnen an Wein nit manglen solle/so sag den Dienern/daß sie/ was ich befehlen werde/ thun sollen/ so wirst du erfahren/daß jhnen in jhrer Noth geholffen worden: wie geschehen.

X. Q. 13. 6.

4. Gibt Sie zuuerstehen/wie starck Sie vmb die Ehr jhres Sohns eyffere/ vnd selbige zubefürdern begehre: weil Sie mit solchen Worten gewünscht/vnd nichts mehrers gesucht/als daß Christi Gottheit durch das begehrte Wunderzeichen der gantzen Welt offenbahr/vnd er deßhalben von allen Völckern geglaubt vnd verehrt werden solle: wie Rupertus lehret. Y.

Y. Lib. 3. in Ioan.

5. Haben auch dise Wort bey dem Sohn Gottes ie vil vermöcht/ daß krafft derselben er jhr Fürbitt angesehen/erhört/vnd gewähret: wie Eusebius

Emisse-

Die XVI. Predig. 277

*E*milsenus zeigt: *Z.* vnd von disem Gespräch Christi vnd MARIÆ also *Z.* In Cap. 2.
schreibt: *A.* Inter se loquebantur mater & filius, ipsi se intelligebant, Ioan.
ipsi sua secreta nouerant, ipsi quid tum fieri oportebat, & quod postea *A.* In Euang.
futurum erat, sciebant, cæteri autem quid ipsi dicerent, nesciebant: Es Domin. 2.
haben vndereinander geredt die Mutter vnd der Sohn: Sie haben einander Epiphan.
vol verstanden/vnd haben jhre Geheimbnussen erkandt: Sie haben gewüst/
was jetzt vnd hernacher geschehen solle/andere aber/was Sie redeten/habens
nit gewüst.

VII. Was die Wort MARIÆ: alles was er euch sagen wirdt/ Sibende
das thüt: für Geheimbnussen begriffen/ vnd wie grossen Nachtruck vnd Gespräch.
Würckung sie gehabt/ erklärt der seelige Albertus Magnus. *B.* Allda ser *B.* Super
weißt/daß die Mutter Gottes mehr Weißheit vnd Geschicklichkeit gehabt/ missus est.
als alle Doctores vnd Lehrer: führet darbey auß den Sprichwörtern Salo- Cap. 17.
nonis ein: die Lehr der Verständigen ist leicht: vnd schreibt also: sed Prou. 14. 6.
Beatissima Virgo breuissimè, & laudatissimè, omnia prædicabilia vno Cap. 14. 6.
verbo prædicauit, quomodo dixit in nuptijs, quodcunque dixerit vobis, facite &c. Aber die seeligste Jungfraw hat auff das kürtzest vnd tichrest alles/
was geprediget werden kan/mit einem Wort geprediget: da Sie auff der
Hochzeit zu Cana Galilææ gesagt hat: Alles was er euch sagen wirdt/
das thüt: dann welcher alles thut/was der Sohn Gottes sagen wirdt/der
thut alles/was geprediget werden kan: so hat dann die seeligste Jungfraw
alles in einem Wort vorgesagt.

Vnd Erstlich/ gleichwie Sie kräfftig geglaubt/ Sie werd krafft der
Wort Vinum non habent: sie haben nit Wein: erhört werden/ also begehrt
Sie durch dise Wort: Alles was er euch sagen wirdt/ das thut: ein solchen
Glauben/wie Rupertus schreibt/ *C.* in den Dienern zuerwecken: dann Sie *C.* Lib. 3. in
wüste/ daß zu Vollziehung der Wunderwerck ein grosser Glaub vonnö- Ioan.
then war. Der H. Chrysostomus ist der meynung/ *D.* es habe MARIA die *D.* In Cap. 2.
Diener zu Christo geführt/ damit er zu Vollziehung dises Wunderwercks/ Ioan.
von vilen ersucht vnd angeruffen wurde.

II. Erinnert Sie die Diener deß Gehorsambs in allen Dingen/auch
zu den jenigen/ wie der H. Bonauentura außlegt/ *E.* welche sie gar nit *E.* Lib. de
heimlich vnd möglich zusein erachten werden. Vita Christi.
cap. 20.

III. Begreiffen dise Wort ein Prophecey vnd Weissagung von dem
darauff folgendem Wunderwerck/ welches Sie/ sambt allen Vmbständern/ *F.* In Cap. 2.
auß dem Geist der Weißheit vorgewüst: wie Maldonatus lehret/ *F.* vnd deß- Ioan.
wegen wie S. Gaudentius, welcher zur Zeit deß H. Ambrosij gelebt/ mit *G.* Tract. de
den Dienern redende einführet/vnd Vatem ein Prophetin oder Weissagerin Lection.
nennet. Euangel.

Mm iij Bey

Von Maria der Wunderbarlichen Mutter.

Behutsamb im reden seyn.

Bey disem andern Puncten haben wir zulehrnen: wie behutsamb wir vns nach dem Exempel der Mutter Gottes in vnsern Reden/ Worten/ vnnd Gesprächen verhalten sollen/ daß wir darmit GOtt gefallen: dann es sagt

Prou. 18.21.
der weise Salomon: Mors & vita in manu linguæ. Todt vnnd Leben

Iacob. 3.10.
stehet in der Hand der Zungen: vnd schreibt der H. Aposte Iacobus:

Mund/ ist der Seelen Bott.
auß einem Mund gehet loben vnd fluchen: vnd sey die Zung ein kleines

Luc. 6.45.
Glid/ aber richte grosse Ding auß/ vnd wer sich darmit nit versündige/der sey ein vollkommner Mann: der Mund ist der Seelen Bott/ vnd ist die Zung ein Dolmetscher deß Hertzens: dann wie Christus sagt: Ex abundantia cordis os loquitur: was das Hertz voll/ das redet der Mund; hat du gute/ keusche vnd heylsame Gedancken in deinem Hertzen/ so lautten die Wört vnd Reden auch nichts anders/ als von guten vnd Geistlichen Dingen: hast du hoffertige/ neydige vnd vnkeusche Gedancken in deinem Hertzen/ so gehet der Mund auch mit dergleichen vber.

Zung/ gleich einem Zeyger im Uhrwerck.
Recht hat Philo die Zungen einem Zeiger an einem Uhrwerck verglichen/ dann wie das Uhrwerck inwendig beschaffen/ vnd gehet/ also zeiges auffsichlich der Zeiger: also wie das innerlich Hertz deß Menschen beschaffen/ das geben seine Reden vnnd Gespräch zuerkennen: ab den vnnützen Nachreden/ Gottslästerungen/ vnkeuschem Geschwätz vnd Worten/ hat GOtt vnd sein werthe Mutter kein Gefallen/ sondern vilmehr ein grosses Mißfallen: deßwe-

PSal. 33.14.
gen als der König Dauid gefragt: wer ist/ der Lust hat zuleben/ vnnd wünscht gute Täg zusehen? antwortet er hierauff vnd spricht: Prohibe linguam tuam à malo, & labia tua ne loquantur dolum: behüt dein Zung vor Vbel/ vnd deine Lefftzen/ daß sie nit Betrug reden.

H. Lib. 4. Dial. c. 17.
Denckwürdig ist/ was der H. Gregorius schreibt/ H. wie daß die Mutter GOttes MARIA sambt vilen schönen Jungfrawen in schneeweissen Kleidern der seeligen Tochter Musa erschinen; welche Musa sich gleich vnder die Schaar einmischen wollen/ aber von der Mutter Gottes zu ruck gestossen/ vnd zugleich gefragt worden: woltest du gern vns zu in disen meinen schönen Töchtern? ja freylich antwortet Musa: da sagt MARIA: so must du das leichtfertig Geschwätz/ herumb schawen vnd lauffen/ dein Gelächter/ Bossen reissen/ vnd Schimpffen lassen vnd vermeiden: du must ak es einer Jungfrawen gebühret/ züchtig/ eingezogen vnd wol berreten seyn/ auch die Augen/ Zung/ Angesicht/ Händ vnd Füß in Englischer Zucht halten: aller massen hierauff geschehen/ vnnd dise seelige Musa am dreyssigsten Tag

I. In Medit. Vitæ Christi cap. 1.
hernach/ da sie zuuor oberlaut auffgeschryen: O Jungfraw MARIA ich komme: seelig entschlaffen.

Der H. Bonauentura vermeldet/ I. da die seeligste Jungfraw noch
auff

Die XVI. Predig.

auff Erden lebte/ sey Sie sehr sorgfältig gewesen/ daß nit etwan eine auß ihren Gespilen sich in einem Gespräch versündige, vnd gar zu fast Gelächter tribe/ oder eine die ander mit Worten beleydigte. So war der H. Bernardinus ein grosser Liebhaber V. L. Jr. so züchtig/ Englisch/ vnd Jungfräwlich im reden/ daß andere Knaben vor jhm nicht dörffen ein vnzüchtiges Wort reden: vnd wann er nur ein vnehrbars Wort gehört/ ware jhm nit anderst/ als wann man jhme ein grosse Maultaschen gäbe: daher wann andere den H. Bernardinum nur von fern gesehen/ gleich zu einander gesagt: Tacete, tacete, Bernardinus adest: schweigt/ schweigt/ Bernardinus kombt. Surius. K.

Der S. Aloysius hat in seinem ersten Alter etliche vnzüchtige Wort von vnverschämbten Soldaten gelehrnet/ vnd sich wol bißweilen darmit hören lassen/ wiewol er wegen der Kindischen Jahren noch nit verstund/ was sie bedeuten: diß ist sein Lehrmeister an jhme vngefähr gewahr worden/ vnd derhalben mit ernstlichen Worten gestrafft: darnach hat er sich derselben gäntzlich entäussert/ dergestalt/ daß jhme niemahls kein einziges vngereumbtes oder vnehrliches Wörtlein entwischt ist: vnd wann er etwann einen andern mit groben vnzimblichen Worten höret daher rauschen/ wurd er stracks schamroth/ schlug seine Äuglein auß Schamhafftigkeit vndersich/ oder wendet sich anderst wohin: vnd name sich entwederst an als hette ers nit gehört/ oder gab mit Geberden gnugsamb zu verstehen/ daß er ab so vnglimpffer Red ein Vnlust/ vnd Widerwillen habe. L.

In H. Schrifft hat der Prophet Samuel das Geheimbnuß: Dominus erat cum eo, & non cecidit de omnibus verbis eius in terram: der HErr war mit jhm/ vnd fiel keines von allen seinen Worten auff die Erden: Cardinal Hugo legt dise Wort also auß: In cælestia, non in terrenum Samuelis verba ferebantur: deß Samuels Wort vnd Reden waren auff das Himmlisch/ vnd nit auff das Jrrdisch gericht: also befleisse dich deine Wort vnd Gespräch auff das gut/ vnd nit böß zurichten/ nit von sündlichen/ sondern Himmlischen Dingen anzustellen.

Zum andern: Gleichwie die Mutter Gottes mit Christo jhrem allerliebsten Sohn/ mit den heiligen Engeln/ vnd andern H. Leuthen/ als dem Joseph/ vnd Gottdienenden Frawen jhr meistes Gespräch täglich gehabt: also lehrne auch mit Gott/ seiner werthen Mutter/ mit den heiligen Engeln vnd Außerwöhlten im Himmel offt Gespräch zu halten: mit GOtt aber vnd seinen heiligen Engeln kanst du Anspruch halten vnd reden durch das andächtig Gebett zu jhnen: dann dasselbig ist ein Gespräch mit GOtt vnd seinen Heiligen: wie der H. Gregorius Nissenus lehret. M. vnd hiervon der H. Chryso-

K. In Vita eius.

L. Lib. 2. Vitæ cap. 1. 1. Reg. 3. 19.

Gespräch mit Gott/ vnd seinen Heiligen.

M. Lib. de Orat. Domin. cap. 1.

N. Lib. 2.
de orando
Deo.

Chrysostomus also schreibt: *N.* Considera, quanta tibi est commissa felicitas, quanta gloria attributa, orationibus fabulari cum DEO, cum Christo miscere colloquia, optare quod velis, quod desideras postulare: Gedencke/ was für ein grosse Glückseligkeit dir widerfahren/ vnd wie grosse Ehr dir gegeben sey: in dem du mit Gott in deinen Gebetten/ reden/ vnd mit Christo Gespräch halten/ auch wünschen was du wilst/ vnd was du wilst/ begehren kanst.

O. Lib. 5. de
Vita Caroli.

Von dem Keyser Carolo dem Fünfften schreibt Guilielmus Zeuhocerus, *O.* daß obwohln er mit vilen Kriegsgeschäfften beladen/ er doch darbey dem Gebett also ergeben gewesen/ vnd mit Gott so offt vnd vil Gespräch gehalten/ daß etliche von ihme zu sagen pflegten: Keyser Carolus rede öffter mit Gott/ als mit den Menschen: so hat auch der H. Augustinus ein gantzes Büchlein von lauter heiligen Gesprächen/ welche er mit Gott gehalten/ beschriben: zu dergleichen hat sich auch von Jugendt auff gewehnet die heilige Jungfraw Scholastica, deßwegen derselben Bruder der H. Benedictus jhr Seel in Gestalt einer schönen Tauben sehen gen Himmel fliegen.

Der III. Theil.

MARIA ist Wunderbarlich in jhren Wercken.

A. Apud
Forner. in
tricef.
Serm. 17.

Vil haben
bey Maria
Rath gesucht.

DEr H. Martyrer Ignatius, ein Jünger deß H. Euangelisten Ioannis bezeuget außtrucklich/ *A.* daß jhme Maria Salome erzehlt/ MARIA die Mutter Jesu hab den Vberfluß aller Gnaden/ sey in Trübsal vnd Verfolgung frölich/ in Mangel vnd Armuth nit klagendt/ denen/ die Sie geschmähet/ danckbahr/ in Betrübnuß frewdig, mit den Armen vnd Bedürfftigen mitleydig gewesen: vnd eben darumb sey täglich zu Jhr ein grösser Zulauff aller Völcker gewesen/ welche Rath vnd Hülff bey Jhr gesucht haben: ingleichem hat auch der H. Ildephonsus derselben gantzen Wandel betrachtet vnd geprediget: Esse incomparabile, quod gessit: Sie sey in allen jhren Wercken vnvergleichlich gewesen. Die vnvergleichliche Werck der Mutter Gottes beschreibet auch der H. Bernardinus,

B. Serm. 51.
art. 3. cap. 2.

Mariæ dienst
gegen Gott.
C. Lib. 2. de
Virgin.

B. vnd sagt: gleichwie Jhres gleichen Betrachterin (Himmlischer vnd vnd Göttlicher Geheimnüssen) nie gewesen: also ist auch Jhres gleichen Thäterin oder Dienerin der guten Werck nit gewesen.

Dann I. Hat Sie sich gleich im dritten Jahr jhres Alters Gott gantz ergeben/ vnd offt gedacht/ wie Sie jhme recht dienen möchte: Sie/ sagt der H. Ambrosius, *C.* ist in dem Hauß Gottes als ein fruchtbahrer Oelbaum gewesen/

Die XVI. Predig.

gewesen/ wie dem fründlichen Regen deß H. Geists begossen/ vnd hat vberflüssige Frucht gebracht: ja Sie ist worden zu einem Wohnhauß aller Tugenden.

Im Tempel zu Hierusalem theilte Sie jhre Tagzeit in drey Theil auß: morgens biß auff die dritte Stund brachte Sie zu mit Göttlichen Betrachtungen: von 3. biß auff 9. Vhr hat Sie jhre Handarbeit mit spinnen vnd nähen/stricken vnd würcken verrichtet/ vnd nit Sachen gemacht zur Zier deß Leibs oder Hoffart/ sonder solche Arbeit/ welche zum Gebrauch deß Tempels/ vnd der Priester dieneten: ein Werck jhrer Handarbeit ist auch gewesen der Wunder- vnd vngenähte Rock Christi/welcher/ wie Euthymius lehret / D. mit Christo gewachsen: die vbrige Zeit von 9. biß 12. Vhr brachte Sie zu mit dem H. Gebett/ auff welches jhr der Engel Speiß brachte/ welche Sie genossen/ vnd die andere/ so Sie von Priestern deß Tempels empfangen/ vnder die Armen außgetheilt. *Außtheilung der Zeit. D. Cap.67. in Cap. 27. Matth.*

Eben dise Außtheilung der Zeit vnd Verrichtung obgezehlter Wercken/ werden auß dem alten Auctore Pomerio E. mit Anziehung viler heiligen Vättern vnd Lehrern erwisen/ vnd noch diß hinzu gesetzt/ daß Sie etliche heilige Bücher/ vnd jhr selbsten in Lesung derselben offt den Schlaff abgebrochen/ vnd also jhr gantzes Leben in guten Wercken verzehrt habe. *E. Lib. 7. part. 1. art. 3.*

Darnach wie Sie Christum auff die Welt gebohren/ hat Sie an jhme alle Werck der Barmhertzigkeit auff ein wunderbarliche Weiß erzeigt: darvon der H. Bernardinus also schreibt. F. andere ziehen den armen Schaaffwoll an/ Sie aber hat jhrem Sohn angezogen jhr reinestes Geblüt: andere bekleiden die Armen mit Tuch/ Sie aber mit jhrem Leib: andere speisen die Hungerigen mit leiblichem Brodt/ Sie aber Christum mit eygner Milch: andere nemmen die Armen auff in jhre Häuser / Sie aber hat Christum auffgenommen in jhren Leib: andere warten den Armen vmb Gottes willen / Sie aber hat Gott in armer Gestalt gedient/ ꝛc. *Maria erzeigt an Christo die Werck der Barmhertzigkeit. F. Serm.51. Tom.3.c.3.*

Der H. Augustinus erzehlt nach längs/ G. was für grosse Werck Sie Christo erzeigt habe: wie Sie Jhne getragen/ gebohren/ gesäuget/ vor dem Zorn vnd Wütten Herodis verborgen/ jhme gedient/ vnd für jhn mehr/ als ein Mutter für jhr Kind sorgfältig gewesen/ auch so gar biß in den Todt deß Creutzes jhme nachgefolgt. *G. Lib. de Assumpt.*

3. Ist nach der Himmelfahrt Christi jhr Leben nichts anders gewesen/ als ein stätes betten / fasten / wachen/ vnd lautere Vbung aller guten Wercken: also daß Sie kein Augenblick ohne Dienst Gottes vnd Verdienst gewesen. Petrus Canisius allegirt, vnd ziehet an die heilige Lehrer Vincentium, Antonium, Dionysium, Guerricum, Ildephonsum; vnd andere mehr/ vnd erzehlt auß denselben/ daß die Mutter Gottes nach der Himmelfahrt Christi täglich die Stätt vnd Oerter/ wo der Sohn Gottes gebohren/ gelebt/ *Besuchung der heiligen Oerter.*

Nn vnd

Von Maria der Wunderbarlichen Mutter.

vnd gelitten hat/ besucht habe: als Bethlehem/ da er geboren... ...
gelegt/ von den Hirten besucht/ vnd von den drey Weisen... worden:
Nazareth/ da er empfangen vnd erzogen worden: den Jordan/ als er von
Johanne getaufft/ vnd von dem Himmlischen Vatter geoffenbahret worden:
jnsonderheit aber die Creutzstraß den Oelberg/ vnd Berg Caluari... auch den
Ort der Begräbnuß Christi: doch nit ohne Bewegung grosser Tugenden, vnd
nit ohne weinen vnd klagen der leydigen Sachen / so diser Orten jr allerliebster Sohn für aller Menschen Sünd vnd Vbertrettung außgestanden:

H. Serm. 2. de Natal. Domini. vber das schreibt Eusebius Emissenus, *H.* daß was die Mutter Gottes heylsames betrachtet/vnd zuvor von jhrem allerliebsten Sohn/ vnd dem Ertzengel
Gabriel gehört/ das hab Sie andern geoffenbahret/ vnd Sie in den heim-
lichen Geheimbnussen vnderwisen.

I. Apud Car-thagen. lib. 14. Homil. 1. Dahero bezeugt die H. Birgitta offt in jhren Offenbahrungen. *I.* die
Mutter Gottes sey damahls gewesen ein Meisterin der Apostel / ein Zufre-
cherin der Martyrer / ein Lehrerin der Beichtiger / ein klarer Spiegel der
Jungfrawen, ein Trösterin der Wittben/ ein Vnderweiserin der Eheweib/
auch endtlich aller in dem Catholischen Glauben Stärckerin: ob welcher
Worten/ Exempel/ Fleiß/ Wercken vnd Tugenden vnzehlich vil Juden vnd
Heyden zum Christlichen Glauben bekehrt worden. Der H. Hieronymus
begreifft in einer Summa alles Thun vnd Lassen/ auch Handel vnd Wandel

K. In Serm. de Assumpt. Mariæ, vnd spricht: *K.* Vacabat in schola virtutum, & meditabatur in
lege mandatorum Dei, & vt ipsa sit forma disciplinæ Christi, & exem-
plum perfectionis hominibus: Sie vbete sich in der Schul der Tugenden/
vnd betrachtete in dem Gesatz der Gebotten Gottes/ damit Sie wäre ein Form
vnd Beyspil der Lehr Christi/ vnd den Menschen ein Exempel vnd Vorbild
der Vollkommenheiten.

Auß disem dritten Puncten/ lehrnt 1. nach dem Exempel B. L. Fr. den
Müssiggang zu meyden. L. De Vita Christi c. 3. Müssiggang meyden: merck wol / was einest die Mutter Gottes einer andächtigen Frawen erzehlt / vnd geoffenbahret / der H. Bonauentura helt dar-
für / *L.* es sey die heilig Elisabeth gewesen: zu diser sprach B. L. Fraw: Filia tu credis, quòd omnem gratiam, quam habui, habuerim sine labore, sed
non est ita: Mein Tochter/ du meynst/ ich hab alle Gnad/ so ich gehabt hab/
ohne Müh vnd Arbeit bekommen/ aber deme ist nit also: ja ich sag dir/ daß ich
kein Gnad / kein Gab / kein Tugend von Gott gehabt / ohne grosse Arbeit/
ohne beharrliches Gebett/ ohne innbrünstige Begierden/ ohne tieffe Andacht/
ohne vil Zäher / ohne grosse Sorg vnnd Angst: ich hab allzeit geredt vnd
gedacht/ was jhme gefällig / wie ich müsste oder köndte: Ausser der Gnaden
der Heiligung / mit welcher ich in Mutter Leib bin geheiliget worden: vnd
hat noch dises hinzu gesetzt: pro firmo scias, quòd nulla gratia descendit in
animam

animam, nisi per orationem, & corporis afflictionem: müsse sie gewiß/daß
kein Gnad in die Seel herab steige/als durch das Gebett/vnnd deß Leibs Casteyung: sihe wie durch den Müssigang, keinem die gebratnen Enten ins
Maul fliegen/vnnd keiner zu einem vollkommnen Leben ohne Müh vnd Arbeit kommen kan: daher hat auch der H. Antoninus von GOTT selbsten
gehört: Antoni, quæris Deo placere, ora, & cùm orare non poteris, manibus labora, & semper aliquid facito: Antoni, wann du begehrest GOtt
zugefallen/so bette, vnnd wann du nit kanst betten, so arbeite/vnd thue allzeit
etwas: S. Athanasius. *M.* *M. in vita eius.*

Der Chronist Trichemius erzehlt von dem seeligen Ruperto Abbt zu
Tuitsch am Rhein nit weit von Cöln/daß er anfangs in der Jugend ein harten Kopff vnnd Verstand zulernen gehabt, aber hernacher durch die Mutter GOttes so grosse Geschicklichkeit, sonderlich in Außlegung H. Schrifft
erlangt habe/daß zu selbiger Zeit seines gleichen nit war: disen hat Vnser L.
Fr. selbsten ermahnt/er solle den Müssigang meyden, wann er anderst dises
grossen Schatzes seiner Geschickligkeit nit beraubt werden wolle. Ein andere denckwürdige Geschicht erzehlt Vincentius Beluacensis *N.* auß der Cartheuser Chronick, wie daß ein greffer Sünder sich bekehrt / vnnd der Göttlichen Liebe, auch Gedächtnuß MARIÆ also gantz ergeben/daß wer jhne kenne/
darfür gehalten/er müsse nichts als IESVM Christum den Gecreutzigten/ vnnd
sein Gebenedeyteste Mutter: einest erzeigt sich ihme ein gantz Geschwader der
wilden Schwein/mit grausamen grambsen vnd langen Bleckzähnen: nach
disem tratte zu jhm hinein ein erschöcklicher Riß in M. nschlicher Gestalt;
diser straffte anfangs die Schwein / daß sie den Menschen vnnd Noviti-
en nit erwürgten/ hernacher vnderstehet er sich/jhne den Novitzen mit einem
abschewlichen Hacken zu zerreissen: aber gleich in diser Noth kombt jhme die
allerseeligste Jungfraw MARIA zu Hilff/treibt die abenthewrische Gespenster vnnd Teuffel ab/mit vermelden/daß sie an jhme kein Theyl mehr haben:
darauff wandte Sie sich zu dem Religiosen/tröstet jhne/vnnd erzehlt/wie jhrem allerliebsten Sohn/vnnd jhr/sein Bekehrung vnd jetziges Leben wol ge-
falle: vnd nach deme Sie jhne zur Beständigkeit ermahnt / gabe Sie jhme
noch dise sonderbahre Lehr: daß er sich schlechter Speisen gebrauchen/eines
geringern Habits vnd Kleydung befleissen/vnd endtlich der Handarbeit embsig abwarten/vnd obligen sollen.

N. Lib. 7.
Hist. Ap.
cap. 17.

Höre auch/was der H. Basilius schreibt: O, DEVS, qui nobis vires idoneas ad laborandum suppeditauit, in die iudicij parem quóque à nobis in laborando industriam exposcet: GOtt / welcher vns gnugsamb
Krafften zur Arbeit geben/ wirdt am Tag deß Gerichts auch dergleichen
Fleiß vnd Werck im arbeiten erfordern: dahero werden die jenige ein gross

O. In Regul.
Fußor. Reg.
27.

Von Maria der Wunderbarlichen Mutter.

Rechenschafft geben müssen/ welche die edle Zeit vbel mit müssig gehen verschweren/ sich mit jhrer Handarbeit wol vnnd ehrlich mehren könten/ doch auß lauter Faulkeit auff den Bettel legen.

Alle Werck sollen GOtt vnd Mariæ auffgeopffert werden.

Zum andern: damit dein sawre Mühe vnnd Arbeit/ auch alle deine Werck nit vergebens geschehen/ so lehrne/ selbige GOtt vnd MARIÆ täglich auffzuopffern: S. Eligius ein grosser Liebhaber V. L. Fr. ist auß einem Goldschmid zu Naulan ein Bischoff worden: diser lehrete die Schmid vnd alle Handwercker trewlich arbeiten/ vnnd alle Streich mit guter frischer Meynung GOtt vnnd MARIÆ auffopffern: wie Audænus Rotomag. Anno 665. schreibet.

P. Cap. 20.

Vnnd erzehlt P. Balthasar Aluarez 'P. von Francisco Perez einem Leyen-Bruder der Societet Iesv, daß er all sein Arbeit gar fleissig getrieben/ vnd gesagt: alle Mühe vnnd Arbeit opffere ich MARIÆ auff/ wie auch das Gebett/ vnnd wie müst ich mich ins Hertz schämen/wann ich etwas vnsaubers vnd nit Sonnenglantzendt der reinisten Himmel Königin darbieten solte.

Zum dritten: gleichwie die Mutter Gottes all jhr Thun vnnd Lassen/ Handel vnd Wandel/ Mühe vnnd Arbeit zur grössern Ehren GOttes gericht: also lehrne auch du derselben nachzufolgen/ vnd mit dem H. Vatter Ignatio Loyola Rhetmen zuführen/ Omnia ad maiorem DEI Gloriam: alles zu grössern Ehren GOttes: hierzu ermahnt vns der H. Paulus. Siue manducatis, siue bibitis, vel aliud quid facitis, omnia ad Gloriam DEI facite: jhr esset oder trincket/ oder was jhr thut/ so thut alles zur Ehr GOttes: welcher Lehr die ersten glaubige Christen vor Zeitten fleissig gefolgt: dann es schreiben von jhnen der alte Lehrer Tertullianus vnnd der H. Hieronymus. R. daß sie im Anfang eines jeden Wercks sich mit dem H. Creutz bezeichnet/ vnnd damit sagen wollen: dises Werck geschehe vnd gereiche zu der Ehr GOttes/ Im Namen GOtt deß Vatters/ Sohns/ vnd H. Geists. Dahero schreibt der H. Basilius. S. die maß vnnd weiß eines Christen-Menschen zuleben/ vnd seine Werck nutzlich zuverrichten / hat zu jhrem fürgesetzten Zweck Gloriam DEI: die Ehr GOTTES.

Alles zu grössern Ehren Gottes zuverrichten. 1.Cor. 10. 31.

Q. De Corona militis. R. Ad Eustach.

S. De Ingluuie & ebriet. orat. 16.

Auff welches auch jener gesehen/ von dem im Leben der Altvätter geschrieben wirdt/ T. daß/ so offt er etwas verrichten wollen/zuvor in etwas verzuckt gestanden/vnd betrachtet/vnd wie er die Vrsach dessen gefragt worden/ geantwortet: vnsere Werck /auch Mühe vnd Arbeit seyen an jhme selbsten nichts/ wann sie nit mit rechter Meynung geschehen/ vnnd zu einem rechten Zihl vnnd End gerichtet werden: dann gleichwie einer/ der ein Bogen abschiessen soll/zuvor mit dem rechten Aug auff den Zweck zihlet/also fasse ich

T. In Vit. PP.

Rechte meynung in allen Dingen zu haben.

in mei-

in welcher Vorbetrachtung vor allen meinen Wercken ein rechte Meynung/ vnd richte vnd verrichte solche zu der Ehr GOttes. Disem selge auch du/ so wirst du mit der seeligsten Jungfrawen in deinem Handel vnd Wandel Gott gefallen/ vnd die Belohnung hie zeitlich/ dorten aber in der ewigen Frewd vnd Seeligkeit reichlich empfangen/ Amen.

Die Sibenzehende Predig.

Mater Admirabilis, Ora pro nobis.

MARIA ist Wunderbarlich vor / jnn/ vnd nach jhrem seeligen Absterben.

Eliebte in dem HErrn: es sagt der weise Sprach: die auff dem Meer fahren/ sagen von seinen Gefahren vnd Schäden: wie daß nemblich vil Ding in demselben zufinden/ welche den Schiff-Fahrenden verhinderlich/ vnd offt ein Vrsach deß Vndergangs seynd: als nemblich die gefährlichen Felsen/an welche die Schiff anstossen/ vnd zu Scheittern gehen: demnach die vnergründtliche Meerwürbel/ welche in einem Augenblick gantze Schiff vnd Galeen in die Tieffe versencken; widerumb die grosse auffgeworffne Sandhauffen / darauff die Schiff sich setzen/ vnd schwerlich fort zubringen seynd: Item die bechige Ortt vnd anklebende Materien / welche sich an die Schiff anhencken/ vnd selbige auffhalten/ ꝛc.

Damit aber erfahrne Schiffleuth disen vnd vil andern Gefahren entgehen/ vnd an End vnd Ortt/ wohin sie zufahren begehren/ sicher kommen mögen / erwöhlen sie ihnen den Meerstern/auff welchen sie jtzt Auffsehen haben/ vnd nach desselben Liechtschein jhr SchiffFahrt anstellen.

Nun schreibt der H. Gregorius, A. daß vnser Leben den Schifffahrenden gleich sey / als welche wir vber das vngestümme Meer diser Welt vberschiffen/ vnd endtlich am Gestadt/ oder Land der ewigen Seeligkeit anlenden sollen/ wann wir anderst vnser Zihl vnd End erlangen wollen. Dieweil aber auch vns allerhand Gefahr vnnd Verhindernussen an dem Weg ligen: als die Felsen der bösen Versuchungen vnnd Gesellschafften: die Meerwürbel der verdambdlichen Sünden vnnd Lastern: die Sandhauffen vilfältiger Ergernussen vnd Gelegenheiten zum bösen: auch das anklebende Bech der fleischlichen Begirden vnnd Wollüsten/ welche verursachen / daß

Eccli. 43. 25. Meers-Gefahr.

A. Lib. 6. Cap. 26. Vnser Leben gleich den SchiffFahrenden.

Von Maria der Wunderbarlichen Mutter.

vil Tausent an ihrer Seelen ein Schiffbruch leyden/ vnnd ewig [verdorben]/ als hat GOtt vns auß Göttlicher Gütigkeit neben andern Mitteln der Gefahr deß Vndergangs zuentgehen/ auch einen Meerstern lassen [aufgehen]/ auff welchen wir vnser Auffsehen haben/vnd krafft desselben Liecht [scheins]/ Würckung/ vnnd Verdiensten an das Land der ewigen Seeligkeit [kommen] mögen.

Diser MeerStern aber ist die allerseeligste Jungfraw vn[d Mutter] GOttes MARIA: als welcher Nam neben andern auch so vil h[eißt/ vnd ist] Stella maris, ein MeerStern: wie Eucharius Bischoff zu Lugdu[n/ vnd] Isidorus ErtzBischoff zu Hispaln/ *B.* auch Beda, *C.* vnd Philo, [*D.* auß]legen: vnd dise Vrsach geben: MARIA stella maris: genuit e[ius] lumen mundi: MARIA ist der MeerStern/ dann Sie hat das liecht de[r Welt ge]bohren: mit disem Ehrentitul grüsset auch die Mutter Gottes d[ie Christ]liche Catholische Kirch täglich mit dem schönen andächtigen Hy[mno.] oder LobGesang/ *E.* Aue maris stella: Gegrüsset seyest du Me[er Stern:] vnd bettet: Stella maris succurre cadenti: du MeerStern [komme zu] Hülff den Fallenden.

Es seynd aber schöne Vrsachen/welcher wegen MARIA mit [dem Meer]Stern recht vnnd wol verglichen wirdt. Dann I. gleichwie da[s Meer sein] Schönheit vnnd Glantz von der Sonnen hat/ also hat die Mu[tter] GOttes all ihr Hochheit vnd Völle der Gnaden von GOTT/wie Sie se[lbst be]zeugt/ vnd spricht: Fecit mihi magna, qui potens est: Der da mä[chtig ist/] hat grosse Ding an mir gethan: dise Dolmetschung hat au[ch der H.] Hieronymus, *F.* vnd schreibt vber den 18.Psalmen: in der S[onnen hat] er seinen Tabernacul gesetzt / also: in der Sonnen/in dem [Leib der H.] Jungfrawen MARIÆ: MARIA aber wird verdolmetschet ein M[eer]Stern: nun scheint das Liecht der Sonnen vilmehr/ als der Stern: die Sonn der Gerechtigkeit/wie der Prophet Malachias sagt: Es wird euch die Sonn der Gerechtigkeit auffgehen: dise ist Christus: dise Sonn hat erleuchtet den Stern/ das ist/ MARIAM. daß Sie ein Sonn ward/ dahero hat er seinen Tabernacul in der Sonnen gesetzt/ da er auß ihrem Leib die Menschheit an sich genommen.

II. Gleichwie der MeerStern seinen Liechtschein vnnd Glantz ohne einige seiner Verletzung von sich gibt: also hat MARIA Christum, welcher ist der Glantz seiner Herrligkeit ohne alle Verletzung ihrer Jungfrawschafft empfangen/ getragen vnnd gebohren: wie der H. Bernardus in Einführung diser Gleichnuß lehret/ *G.* daher als der H. Bernardinus von Senis auß deß H. Francisci Orden / welcher durch andächtige Verehrung derselben

Frewden

Die XVII. Predig.

...oben MARIÆ grosse Gnaden erlangt / zu Apulia von MARIA predigte ... das 12. Capittel der Offenbahrung S. Johannis: **Sihe ein grosses** Apoc.12,1. ...chen / ein Weib vmbgeben mit der Sonnen / vnd 12. Stern auff ... em Haupt: vnd auß Gelegenheit diser 12. Stern auch redete von dem ...ern ihrer Jungfrawschafft / hat menigklich gesehen ob seinem Haupt ein ...nnenglantzenden Stern scheinen.

III. Gleichwie der Meerstern nicht ein gemeiner / sondern Stella poli, ... ein solcher Stern / welcher den eussersten Spitzen deß Himmels am n... ...en / vnd vnder andern der fürnembste ist / also ist die Mutter Gottes vn... allen Creaturen im Himmel vnd auff Erden Gott am näheften / vnd kan Eccli.24,7. ...en: in der Höhe habe ich mein Gezelt auffgeschlagen / vnd meinen Stuel & 10. ...f der Wolcken Säulen / in omni gente, & in omni populo primatum te... ...: Vnder allen Leuthen vnd Völckern hab ich den Vorzug ge... ...bt: vnd diß darumb / weil Sie Christum auß ihrem Jungfräwlichen Ge... ...t empfangen / gebohren / vnd gesäuget / auch endtlich in dem Himmel vber ... Chor der Engel erhöhet worden : allda die Klarheit dises Sterns ein ...öne Zier deß Himmels ist/ vnd ein Zierde / die der HERR in der Höhe hat ...heissen die Welt erleuchten.

IV. Gleichwie der Meerstern / wie Pelbartus auß dem Alcabitio schrei... / H. das Eysen vnd Adamant an sich ziehet: also ziehet der Himmlische H. In Stellar. ...eerstern MARIA mit der Krafft ihrer sonderbahren Gnaden / mit welchen Lib.5.p.3. ...e der H. Geist gesegnet hat / an sich die eysene vnd Adamantische Hertzen art.3. ... grösten Sünder vnd Sünderin: vnd wird billich genennt Refugium ...ccatorum, ein Zuflucht der Sünder.

V. Gleichwie die / so in grosser Gefahr auff dem Meer schiffen / ihnen den ...eerstern außerwöhlen / vnd nach desselben Liechtschein ihre Schifffahrt an... ...ellen / vnd dardurch ohne Verwirrung an das begehrte Orth kommen: also ... das Ambt / sagt der heilige Vatter Bonauentura. I. vnsers Meersterns I. In Speculo ... ARIÆ, daß Sie die / welche in dem Meer diser sündigen Welt schiffen / im Virg. Schiff der Vnschuld / oder im Schiff der Buß / an das Gestadt deß Himm... schen Vatterlands vberführe.

Deßgleichen hat auch geschriben Babst Innocentius, wie erstermelter H. ...onauentura berichtet / K. dann als er vorher betrachtet / daß wir Men- X. In Speculo ...hen in vnserer Geistlichen Schifffahrt in Himmel nicht weniger Gefahr Virg. ...aben / als die auff dem Meer Schiffende / sagt endtlich also : Quibus au- ...iliis possunt naues inter tot pericula transire, vsque ad littus patriæ? ...ertè perduo, per Lignum, & Stellam, id est, fidem Crucis, & per Virtu- ...em lucis, quam peperit nobis MARIA Stella maris: mit was für Hülff kön- ...en die Schiff vnder so vilen Gefahren an das Gestadt deß Vatterlandts
gebracht

gebracht werden: hierauff antwortet er/ vnd spricht: durch zwey Mittel/ als mit Hülff deß Holtzs/ vnd deß Sterns/ das ist/ durch den Glauben deß Creutzes/ vnd durch die Würckung vnd Schein deß Liechts/ welches vns MARIA der Meerstern gebohren.

Eben disse erinnert auch der H. Abbt Bernardus, sprechendt: gleichwie die Schiffenden auff den Meerstern jhr auffsehen haben/ vnd nach demselben sich reguliren vnd richten: also sollen alle Glaubige auff dem Meer diser Welt jhr auffsehen auff MARIAM, als wahren Meerstern haben: dann/ sagt er/ *L.* der Nam der Jungfrawen MARIA wird verdolmetscher vnd genennt Stella Maris, ein Meerstern: Sie ist der herrlich vnd fürtrefflich Stern vber das grosse vnd weite Meer der Welt erhebt: schimmert mit Verdiensten/ vnd leuchtet mit Exempeln: derohalben wer du jmmer bist/ wann du merckest/ daß du in dem Meer diser Welt vnder den Meerwellen mehr wanckest/ als auff der Erden gehest/ so wend deine Augen nit ab von dem Glantz dises Meersterns: wilst du nit Schiffbruch leyden/ respice Stellam, voca Mariam, sihe auff den Stern/ ruff an MARIAM: auff dissen Meerstern MARIAM, welche wie der Meerstern mit nech siben andern Sternen/ das ist/ mit siben fürnembsten Englen vmbgeben/ wie Amadæus bezeuget/ *M.* haben gesehen die Engel Gottes/ welche vor der Sonnen Auffgang lieblich gesungen: Stella Maria maris, hodie processit ad ortum: heut ist der Meerstern MARIA auffgangen vnd herfür kommen: auß welchem der selige Henricus Suso Vrsach genommen/ die Mutter Gottes tägelich vor der Sonnen Auffgang zu grüssen: wie in den Jahrzeiten deß H. Prediger Ordens zu lesen. *N.*

Auff disen Meerstern hat auch sein Aug gehabt Robertus König in Franckreich/ da er vmb das Jahr Christi 1022. am Fest der Geburt MARIÆ, der Mutter Gottes zu Ehrn die Ritterschafft/ MARIA zum Stern genandt/ gestifftet/ auch zu disem End ein schönes Gottshauß/ MARIA zum Stern genandt/ erbawen lassen: dreissig Adeliche Männer hat er zu Rittern geschlagen/ vnd jeglichem ein guldine Retten angehenckt/ an welcher vnden ober das Hertz hangete ein guldiner Stern mit fünff guldinen Stralen: auff deß Ritters Mantel war auch ein Stern angeheffter: alles zu disem End/ daß MARIA seines Reichs/ insonderheit aber deß Adels Führerin/ vnd als ein schöner Stern/ Vorleuchterin seyn/ auch die Ritter zum Stern sich erinnern/ daß sie in der Reinigkeit vnd Andacht gegen der Mutter Gottes andern vorleuchten/ vnd zu MARIA als jhrer Schirmfrawen/ in allen Verrichtungen vnd Nöthen jhr Auffsehen haben/ vnd Sie/ nechst GOTT/ anruffen sollen: da heißt es: In mari via tua: Im Meer ist dein Weg: nembilich zum ewigen Leben/ dahin vns MARIA Gottes Mutter vorleuchten/

L. Homil. 2. de B. Virg.

M. Chron. S. Francisci lib. 6. c. 3.

N. Annal. Præd.

Psal 76. 20.

Die XVII. Predig.

...ehren vnd laiten kan: daher ruffen vnd bitten wir mit dem H. Vatter Bonauentura billich zu jhr. O. Deduc me in portum, ac per te inter Iustos scribatur nomen meum: Führe mich in das sicher Land/ vnd mein Nam werde durch dich vnder den Gerechten eingeschriben. Der selige P. Balthasar Aluarez der Soc. Iesv Priester/ pflegte die jenige/ welche er vermeynte selig zu werden/ Stern in Mariæ Cron zu nennen/ vnd hat offt gewünscht/ daß er die gantze Welt in dise Cron einsetzen köndte.

O In Psalt. Mariano.

Damit nun auch wir Stern in Mariæ Cron werden/ vnd selig sterben ehrnen/ will ich mit der Hülff Gottes in folgender Predig erklären: Wie wunderbarlich Sie vor/ in/ vnd nach jhrem Absterben gewesen/ vnd was darbey wir zu lehrnen. Gott verleyhe hierzu allerseits sein Gnad.

Der I. Theil.

Maria ist Wunderbarlich vor jhrem Seligen Absterben.

ES hat Gott der Herr den seligsterbenden Menschen offt grosse Gnad erzeigt: I. Etlichen jhr End zuvor kundt gethan/ vnd sie jhrer Seligkeit versichert: Als dem H. Petro/ welcher von jhme selbsten schreibt/ Breuis est depositio tabernaculi mei, secundùm quod Dominus mihi prædixit: Dann ich bin gewiß/ daß ich mein Tabernacul bald ablegen muß/ wie dann auch der Herr Jesus Christus mir eröffnet hat.

Den Seligsterbenden hat Gott offt grosse Gnad erzeigt.
1. Der Seligkeit versichert.
2. Pet. 1. 14.

II. Hat er etliche befreyet von deß Todts Schmertzen: als den Moysen/ von welchem die Schrifft sagt/ daß in seinem Todt seine Augen nicht dunckel worden/ vnd seine Zeen haben sich nit bewegt/ sondern er sey gestorben nach dem Wort deß Herren/ oder wie der Hebreische Text lautet: Im Mund oder im Kuß deß Herrn/ das ist/ ohne alle Todtsschmertzen: eben das lehret auch Laurentius Maselli von dem Aaron/ vber die Wort: vnd Aaron soll daselbsten sich samblen vnd sterben.

2. Von schmertzen befreyt.
Deut. 34.
& 7.
Num. 20. 26.

III. Hat er etliche in Todtsnöthen heimbgesucht/ getröstet/ vnd jhre Seelen zu sich in Himmel beruffen: Wie dann Surius A. von dem H. Nicolao Tolentino schreibt/ daß derselb von diser Welt mit folgenden Worten in Himmel beruffen worden: Ey du frommer vnd getrewer Knecht/ darumb daß du vber wenig trew gewesen/ will ich dich vber vil setzen/ gehe ein in die Frewd deines Herrn: vnd der H. Marthæ erschine Christus an jhrem End mit Maria Magdalena/ sprechend: komme mein allerliebste Gastgebin:

3. Etliche heimgesucht.
A. In vita eius.

D o   gleich

Von Maria der Wunderbarlichen Mutter.

gleichwie du mich vor disem in dein Hauß auffgenommen / also will ich dich jetzt auffnemmen in mein Himmlisches Hauß. *Ribadin. in vita.*

4.
Mit Wunderzeichen verehret.
B. Tripart. part. 1. in festo Omnium Sanctorum.
Conc. 4. *C.*

IV. Hat etliche vor / in / vnd nach ihrem seligen Absterben mit grossen Wunderzeichen verehret: Wie in den Leben der Heiligen zu lesen / vnd Pater Matthias Faber derselben etliche erzehlet. *B.* Wie nemblich er gar vil der grossen Qualen vnd Peinen erhalten: daß ihnen die sonst gantz grimmige Löwen geschmeichlet: das zubereite Fewer außgelöscht: die Wasser wider den Lauff der Natur sie getragen: der Tyrannen Händ / welche das vngerechte Vrthell außschreiben wöllen / erstarret: sie ohne Zungen / welche ihnen herauß gerissen / geredt: zu etlicher Heiliger End Engel gesandt: bey etlichen helle Liechter gschinen: bey etlichen Himmlische Music gehört: etliche Seelen gen Himmel gflogen als Flammen / Tauben / etc. Bey etlicher Heiligen Begräbnussen haben die Glocken von sich selbsten geleutet: etlicher Leiber lange Zeit vnverwesen gebliben: bey etlichen allerhand Gebresten gheylet: etliche ein gantz lieblichen Geruch von sich geben: auß etlichen heylsames Oel geflossen: etlicher gantz zerstücklter Leiber von sich selbsten widerumb zusammen verfügt: viler Heiliger Heylthumber werden in grossen Ehren gehalten: ihnen zu Ehren Kirchen erbawen / Fasttäg verordnet: vnd hin vnd wider von den Glaubigen zu sonderbaren Patronen vnd Fürbittern erwöhlet. etc.

5.
Etliche mit Leib vnd Seel in Himmel auffgenommen.
C. Serm. de Assumpt. Matth. 27. 52.
D. Lib. 6. stromat.
E. Hæres. 78.
F. Lib. 4. de fide.
G. Super Matth.

V. Hat Gott etliche Heilige nicht allein der Seelen / sondern auch dem Leib nach gen Himmel auffgenommen / als wie Sophronius von S. H. Ioanne dem Euangelisten schreibt vnd vermeldt / *C.* daß vil auß den Lehrern der Meynung / er sey mit Leib vnd Seel in Himmel auffgenommen worden: weil in seinem Grab an statt deß Leichnams ein Manna oder Himmelbrodt gefunden worden.

Dises wird auch gnugsamb bey dem H. Matthæo zu verstehen geben / welcher spricht: daß bey der Aufferstehung Christi sich die Gräber auffgethan / vnd vil Leiber aufferstanden / die da geschlaffen hatten: Welche / wie die HH. Vätter *Clemens Alexandrinus, D Epiphanius, E. Ambrosius, F.* vnd *Anselmus, G.* bezeugen, nit mehr gestorben / sondern wie sie mit Christo aufferstanden / also seyen sie auch mit ihme gen Himmel gefahren: Dann dise / sage ermelter Sophronius, wären keine wahre Zeugen der Aufferstehung / wann ihre Aufferstehung nit zum ewigen Leben gewesen wäre.

H. Bonif. de vita & miraculis Mariæ.

Die merck aber / was eben diser H. Sophronius Bischoff zu Jerusalem lehret. *H.* Daß nemblich aller Heiligen Gottes seliges Absterben vnd Auffnemmen in Himmel mit allen ihnen erzeigten Frewden / Wundern / vnd Gnaden nichts zu rechnen seye / gegen dem seligsten Absterben vnd Auffnemmen Mariæ in Himmel: Ja er sagt / daß derselben herrlicher vnd Jungfräwlicher Einzug in Himmel gleichsamb auff ein vnendliche weiß edler / vnd

mehrer

Die XVII. Predig.

nehrer verwunderlicher sey: wir wöllen hören / wie Wunderbarlich Sie echst GOtt vor jhrem End gewesen.

Hiervon schreiben die H. Lehrer Hieronymus vnd Damascenus, daß nach der Auffarth Christi die seeligste Jungfraw Maria zu Hierusalem in jrem Hauß nahendt bey dem Berg Sion gewohnet/ vnd von dannen auff die H. Statt vnd Orth / da Christus der Herr gelitten vnd seine Wunderwerck verbracht hat/ vil vnd offt besucht/ auch nichts mehrers begehrt/als daß Sie jhrem allerliebsten Sohn im Himmel möcht vereiniget werden: Der seelige Alanus sagt: *L. Gleichwie die seeligste Jungfraw zuvor nach Christi Zukunfft vnd Menschwerdung ein hertzliches Verlangen gehabt: Also hat Sie nach dessen Himmelfahrt zu jhme zukomen/mit allem Wunsch begehrt: damit gleichwie Sie mit jhrem Sohn auff Erden gewandlet/also auch mit demselben in dem Himmel regierte.

Da Sie nun eines Tags mehr als zuvor nie/mit hefftiger Begird bettete/ vnd jhren allerliebsten Sohn zusehen/ auch von disem sterblichen Leib auffgelöst zuwerden/ begehrte: vnnd eben damahls die von GOtt verordnete Zeit verhanden war/ daß Sie in die ewige Frewd auffgenommen werden solte/ also seyndt kurtz vor jhrem seeligen Ableiben folgende grosse Wunder geschehen.

I. Bezeugt Cedrenus, *K. Daß Sie fünffzehen Tag jhr seeliges End vorgewußt/vnnd GOtt drey Tag vor jhrem Ableiben jhr den Ertz Engel Gabriel geschickt habe: welcher jhr auch zuvor die Bottschafft gebracht/ daß Sie ein Mutter Gottes seyn/vnd den Sohn deß Allerhöchsten durch Vberschattung deß H. Geists empfangen vnd gebären solle/ der hat jhr jetzt die Zeit jhres Abschieds auß diser Welt angezeigt/daß Sie nemlich/wie Simeon Metaphrastes schreibt/ *L. von disem arrmseeligen Leben erlöset/vnd zu Christo jhrem allerliebsten Sohn in das Himmelreich auffgenommen werden solle. Nicephorus *M. vermeldet / daß Sie über solche Bottschafft mit vnendtlichen Frewden vnnd Frolockung erfüllt gewesen; Dann was hett jhr können liebers vnnd angenemmers gesagt werden/ daß Sie mit vnd bey jhrem liebsten Sohn seyn werde. Als Maria Oegniacensis ein kleines vor jhrem End in Himmel berufft war Sie im Geist mit Frewden gantz erfüllt/ vnnd sprach zu jhrer Magd Clementia: Ich hab von dem Herrn gehört/daß ich werde mit jhme eingehen in das Heylig Allerheyligen: O süsses Wort! Wie schön bist du vnser Herr GOtt! Sag mir an mein Clementia: Was ist das Heylig Allerheyligen? Vnd wie jhr der Todte herzu nahete/ fieng Sie an mit lauter Stim zusingen/vnd GOtt durch drey Tag ohne vnderlaß zuloben. Also erfrewete sich die Mutter Gottes ab solcher Bottschafft mehr als mit Worten zuschreiben/vnnd gab sich gleichwie bey der Empfängnuß deß Sohns GOttes geschehen/in den Willen Gottes: Sprechendt zu dem Engel Gottes:

Do ij   Fiat

Mariæ verlangen mit Christo im Himmel zu seyn.
I. In Cant. 1. Comment.
K. In Compend. Hist. Jhr verkündiget ein Engel das End jhres lebens.
L. In Orat. de vita & obdormit. Virg.
M. Lib. 2. Hist. Eccl. cap. 21.

Fiat mihi secundùm Verbum tuum. Mir geschehe nach deinem Wort.

Bringt jhr ein Palmzweig.

II. Bezeugen die H. Vätter vnnd Scribenten, daß jhr damahls der ErtzEngel ein wunderschönes Palmzweig auß dem Paradeyß gebracht/welches man jhr vor der Baar zur Begräbnuß vorher tragen müssen: nemblich zum Zeichen deß Sigs/ vnnd der endtlichen Vergwißung deß vnsterblichen Lebens: der Hochgelehrte Cosmas mit dem Zunamen Vestitor, *N*. vermeldet/ daß die Blätter dises Palmzweigs haben geschimmert als wie der Morgenstern/ vnd er selbsten hab bey einem Grafen ein Part. cui von eisem gesehen/welcher glantzet als wie ein heller Stern/an der Farb wie klares Silber: vnd daß dises Palmzweig die anschawenden zur Andacht beweget habe.

N. Meminit Auctor Pomer. cap. 2. in sua Hist.

In dem Leben der H. Martyrer Mariani vnd Iacobi erzehlt Surius, *O*. wie daß der H. Martyr Agapius dem H. Iacobo in der Gefängknuß im Schlaff/ mit frölichem vnd holdseeligen Angesicht/ vnd einer schönen Cron auff seinem Haupt/ auch einem Palmzweig in seiner Hand tragende/ erschinen/ vnd sich erzeigt/als wann er jhne gar wol kennte: wie auch sowol der H. Iacobus, als Marianus zu dem H. Agapio ein grosse Liebe gewonnen/vnd sich zu jhme nahen wolte/begegnet jhnen beyden ein Knab/welcher einer auß den zweyen Brüdern war/ so zuvor sambt jhrer Mutter die Marter seelig vollendet haben: diser Knab war vmb seinen Hals mit einer Cron vmbgeben/ vnd in der rechten Hand hat er ein gantz grünen Palmen/ vnd redete sie also an: Et quò properatis? gaudete & exultate, vos enim ipsi nobiscum coenabitis in regno coelesti? Vnd wohin eylet jhr? er frewet euch/ vnd frolocket, dann morgen werdet jhr mit vns im Himmlischen Reich das Abendmal halten: welches auch also erfolgt: dann sie am andern Tag gemartyret/vnd in die ewige Seeligkeit auffgenommen werden. Auff dise weiß ist auch die seeligste Jungfraw MARIA durch den WunderPalmen ins Himmelreich berussen worden.

O. Tom. 2.

Bereittet sich zu jhrem Abscheiden.

Deßwegen fangt Sie gleich an sich zu dem seligsten Abscheiden zubereiten/ vnd laßt zu disem End ein Liecht hinein tragen: wie noch heutiges Tags bey den recht Catholischen sterbenden Christen Liechter gebraucht/vnd angezünt werden: darnach laßt Sie das Gemach vnd Zimmer außbutzen vnd reinigen: ferners jhre Bekandten vnd Befreundten berussen: welchen Sie die Englische Bottschafft erzehlt/vñ zum Warzeichen jhnen das gebrachte Palmzweig gezeigt/auch ein Testament gemacht:darinnen dem H. Ioanni,welchem Sie von Christo von dem Creutz herunder anvertrawt war/vnd welcher Sie von daran jederzeit in sein Verwahrung genemmen/befohlen/ jhre zween Röck zweyen Frawen zugeben/ welche Sie insonderheit/ wegen erzeigten Diensten geliebt. Nicephorus thut Meldung diser zweyen Röcken/vnnd erzehlt nach längs/ *P*. wie einer auß demselben nach Constantinopel transferiert vnd gebracht/

P. Lib. 15. cap. 24.

Die XVI. Predig.

bracht/vnd dem Keyser Leoni verehrt/ auch daselbsten als inuictum præ-
ium, ein vnüberwündtlicher Schirm der Statt auffbehalten/ darbey vil
Zunder geschehen/ vnd vnheylsame Kranckheiten geheylet worden: Laurentius Maselli Q. schreibt/ daß Sie die vbrige Verlassenschafft von etlichen Heylthumber dem H. Ioanni vberlassen.   *Q. Lib. 6. cap. 31.*

Uber das vermelden die heylige Vätter vnd Lehrer/ daß Sie damahls
 das allerheiligste Sacrament deß Altars / als die beste Wegzehrung in jene
Zeit auß den Händen deß H. Apostels Ioannis mit höchster Reuerenz vnd
Demuth empfangen habe. wie Sie dann vorher Täglich zu den Göttlichen
Geheimbnussen hinzu gangen/ vnnd nach dem Brauch der Erstgläubigen
Kirchen/ Christi Leib vnd Blutt/ so Sie zuuor 9. Monat in jhrem Leib getra-
gen / empfangen.

III. Ist verwunderlich/ was Dionysius Areopagita schreibt / R.
ist nemblich vor der seeligen Entschlaffung MARIÆ alle Apostel sambt den
2 Jüngern vnnd fürtrefflichsten Männern der ersten Kirchen/ auß allen
Enden der Welt versamblet/ vnd nach Hierusalem wunderbarlich gebracht/
auch dero Hinscheyden beygewohnt haben/ welches zu sonderbarem Trost
der Mutter GOttes geschehen: damit Sie von jhnen die grosse Wunder
GOttes/ vnd Bekehrung aller Völcker vernamme/ vnd Sie jhr die schuldige
Dienst leisteren.   *R. Lib. de Diuin. nom. cap. 3. Zu jhrer Entschlaffung werden alle Apostel versamblet.*

Iuuenalis ein H. Bischoff/ wie Nicephorus erzehlt/ S. hat den Keyser Martianum, vnnd sein Gemahlin Pulcheriam berichtet: es wäre ein vht-
lte vnd warhaffte tradition vnd Meynung/ auch von der Christlichen Kirchen zugleich angenommen/ das zur Zeit jhres Ableibens die Apostel auß
den Enden der Welt in den Lüfften gen Hierusalem geführt worden/ auff
weiß/ wie vor Zeiten der Prophet Elias, durch die Lüfft in einem fewrigen
Wagen, vnd der Prophet Abacuc durch seinen Schutz Engel auß Judæa in
Babyloniam zu der Löwengruben Danielis, auch der Apostel Philippus au-
genblicklich gen Azotum geführt worden.   *S. Lib. 16. Hist. Eccl. cap. 14.*   *4. Reg. 2. 11*   *Dan. 14. 35. Act. 8. 39.*

Uber dise verwunderliche vnd vnuerhoffte Zusamenkunfft haben sie sich/
sagt Laurentius Maselli, T. höchlich entsetzt/ einander gegrüßt/ vnd GOtt
gelobt.   *T. De vita Virg. Lib. 6. cap. 9.*

Es beschreiben auch die heylige Vätter vnd Lehrer / insonderheit Andreas Cretensis, V. Damascenus, X. Simeon Metaphrastes, Y. vnnd
andere mehr: was/ vnnd wie die seeligste Jungfraw mit jhnen geredt/ mit
Frewden jhrer Verrichtung vnd Anbringen angehört/ auch jhnen endtlich
den H. Segen geben/ vnnd ermahnt/ daß sie jhr seeliges Hinscheiden nit mit
Klagen/ sondern vilmehr mit Frewden begehen/ vber das/ wie sie jhren Leich-
namb begraben/ befohlen.   *V. Orat. 3. de Deip. X. Orat. de Dormit. Y. lo Orat. de Vita & Dormit.*

Hierauff lehrne erstlich/ wie wahr es sey/ was der weise Salomon sagt:
Do iij   Jn

Prouerb.
14. 22.
Die From-
men sterben
gern.
Die Gottlo-
sen vngern.

Natur der
Schwanen/
vnd der Sire-
nen.

In malitia sua expelletur impius, sperat autem Iustus in morte sua: der Gottloß wird hinweg getriben/ vmb seiner Boßheit willen: aber der Gerecht ist
auch in seinem Todt getröst: die Mutter Gottes hat sich nit allein auff
Ankündigung ihres Abschids nit entsetzt/ oder gewidert/ sondern disc Stund
vnd Zeit gewünscht/ vnd wie solche herbey kommen/ sich hoch erfrewet vnd
getröstet gewesen.

Es schreiben die Naturkündiger/ daß zwar der Schwan bey seiten
Lebzeiten melancholischer Natur sey/ vnnd gleichsamb trawre: aber vor seinem sterben lieblich singe: hingegen aber die Sirenes, oder Meerfrewlen, im
Leben frölich seyen/ vnd wol singen/ aber im sterben heulen vnd grausamblich
schreyen.

Durch den Schwanen werden vorgebildet die fromme vnd reine Her-
tzen/ welche sich in ihren Lebzeiten der Welt vnd Weltlichen Wollüsten nichts
achten/ sondern in forcht vnd zittern GOtt dienen/ hernacher aber im sterben
mit der allerseeligsten Jungfrawen MARIA sich erfrewen/ vnd gern sterben:
wie der Apostel Paulus, welcher in Betrachtung der Himmlischen Glori, vnd
ewigen Frewden/ so den Außerwöhlten bereit seynd/ auffgeschryen: Desi-

Psal. 1. 23.
derium habeo dissolui, & esse cum Christo: ich begehr zusterben/ vnd
bey Christo zusein.

Psal. 141. 8.
Auß diser Vrsachen hat auch der König David gebetten/ Führ mein
Seel auß dem Kercker/ daß ich lobe deinen Namen: die Gerechten
Psal. 41. 1.
warten auff mich/ biß du mir vergeltest. Vnd abermahl: Wie der
Hirsch begehret der Wasserbronnen/ also begehrt mein Seel O
GOtt zu dir. Mein Seel dürstet nach dem starcken lebendigen GOtt/
wann werd ich hinein kommen/ vnd erscheinen vor GOttes Angesicht.

2. Chronic.
S. Francisci
Diser Sachen gibt ein schöne Zeugnuß der seelige Bernardus, deß H.
Francisci erster Gesell/ Z. welcher mit disen Worten auß der Welt geschie-
den: Jetzt spüre vnd erfahre ich/ was es sey, in der Forcht Gottes gelebt ha-
ben/ jetzt wolt ich die gantze Welt nit nemmen/ daß ich mein Leben anderst an-
stelt/ jetz erfrewe ich mich vnd frolocke.

Eccli. 41.
Durch die Sirenes aber werden vns die Weltkinder fürgemahlt/ welche
in Sünd vnd Lastern gelebt/ vnd die Buß vnd Bekehrung von Tag zu Tag
biß an ihr End auffgeschoben haben. Disen ist der Todt sawr vnd bitter, vnd
werden vngern außgetriben, weilen sie von hinnen scheiden, die Welt sambt
allen Wollüsten verlassen/ vnd vor dem erschröcklichen Gericht GOttes erscheinen müssen.

König Pharao hatte in seines Maarschalcks Hauß zween Gefangne, ein
Kämmerling/ so Erschenck war/ vnnd einen Becken: dise haben endtlich
beyde

Die XVII. Predig.

de sollen entlassen werden: bey welcher Entlassung sich der Schenck hoch gerewet/dann er hatte von dem Joseph in Außlegung deß Traums verstanden/ s er an deß Königs Hoff werd zu Gnaden kommen/ vnd erhöhet werden: Beck aber ist ab diser Erledigung gantz trawrig gewesen/ weil er verstanden/ daß ein hartes Gericht vber ihn ergehen/ vnd zum Todt werd verurtheilt werden. Ein solche Beschaffenheit hat es auch mit den Frommen vnd Bösen: Frommen erfrewen sich/ wann ihr Seel auß dem Kercker deß Leibs gehen e/ dann sie gehen vom Todt zum Leben: die Gottlosen aber trawren/ dann haben ein strenges Gericht deß ewigen Todts zu gewarten. Da aber mein rist / stelle jetzt dein Leben also an/ auff daß/ wann dir der Todt kommen ed/ du dich erfrewen vnd selig sterben könnest.

II. Lehrne/ wann dir Gott vber lang oder kurtz auch einen Botten deß deß schicken wird/ welches / wie der H. Gregorius lehret/ durch Krancken geschicht / du dich mit der allerseligsten Jungfraw MARIA alßbalden hierzu bereitest / vnd vor allen dingen dich der H. Sacramenten der Kirchen Gottes theilhafftig machest / auch insonderheit das H. Sacrament deß tars würdig empfangest.

Dann es lehren die Theologi mit Richardo, A. vnd Durando, B. es sey i Göttliches Gebott / daß die Sterbende das H. Sacrament deß Altars zu ier Wegzehrung empfangen sollen: wie dann hierauff die alte Concilia G. ertzeit starck getrungen/vnd denen Medicis, oder Artzney Doctorn befohlen/ si sie lang kein leibliche Artzney an ihren Patienten vnd Krancken gebrau en sollen/ biß daß dieselben sich zuvor der heiligen Sacramenten theilhafft gemacht haben: dann diß allein tödten mit dem heiligen Chrysostomo ssen/ D. daß sie wegen dises Sacraments den Himmel/ vnd alles/ was in mselben ist/ empfangen werden.

III. Lehrne hie/die Geistliche Vätter vnd Priesterschafft zu lieben/ zu verehren/ vnd Gott zu bitten/damit du mit der Mutter Gottes würdig werdest/ auch zu demselben End Apostolische Männer/rechte Seelsorger vnd Beichtvätter kommen/ welche dich trösten/ von Sünden absoluirn/ die Gnad Gottes verkündigen / vnd die rechte Wegzehrung deß H. Sacraments reichen/ ich für dich betten/ vnd den Weg zum ewigen Leben zeigen.

Wie sich dessen in seinem Todbeth Keyser Maximilianus der Erste getröst: dannmals er auß Tyrol gen Wels in Ober Oesterreich kommen/ nd daselbsten erkranckt/ ließ er alßbald seinen alten Beichtvatter Gregorium arthusianum, ein sehr Geistlichen vnd gelehrten Patrem, von Freyrg zu sich ruffen/ welcher wie er kommen/ vnd jhne der im Beth ligende Keyser ersehen/ erfrewet er sich/ hebt das Haupt etwas vbersich vnd deutet it Fingern auff seinen Beichtvattern/ sprechende: diser wird mir den Weg
in Him-

Vorbereitung zum Todt vonnöthen.

A. In 2. art.
q.1.
B. q. 2.
C. Nicen.
Toletan. 11;
cap.18.
Agathens.
cap.11.
Atrebat 1.
Carthagin,
4.cap.77.
c ap.12.
D. Homil.
24. in 1. Corinth.
Die Priester sollen geliebt vnd verehret werden.

Von Maria der Wunderbarlichen Mutter.

Eccli. 38. 1. im Himmel weisen. Es sagt die Schrifft: Man soll den Artzt ehren/ wegen der Zeit der Noth: wie vil mehr seynd die Geistliche Seelen-Artzet zu ehren/ daß mans haben könne zur Zeit der Noth: dann die Seel ja vil
Matth. 6. 25.
Eccli. 7. 33. mehr/ als der Leib: auff dises tringet ermelter weise Syrach starck/ vnd spricht: Ehre den HErrn auß gantzer deiner Seelen/ vnd ehre seine Priester: Ehre/ vnd mach dich rein durch seine Arbeit. Auff dises
E. Homil. redet auch der H. Chrysostomus, vnd sagt: *E. Tibi verè cælum aperuit, &*
10 in 1. ad *illum nec amplecteris?* Er thut dir den Himmel warhafftig auff/ vnd wol-
Teſſ. test du jhne nit in Ehren vmbfangen? aber es geschicht gemeinglich/ daß die jenige/ welche die Geistlichen despectirn, vnd Pfaffenfeind seynd/ (wie ich selbsten gar wol etliche Exempel erzehlen vnd Personen benambsen köndte/) hernacher auß gerechtem Vrtheil GOttes an jhrem End (daran doch die Ewigkeit hanget/) keine Geistliche bey sich haben können.

Der II. Theil.

MARIA ist Wunderbarlich in Jhrem Sterben.

NEben andern Dingen/ darauff der Mensch täglich sorgen/ vnd sich wol bereit machen solle/ ist fürnemblich der Todt: wie dann der H. Einsidel Iulianus hierzu die Menschen offt ermahnt/ vnd ge-
A. S. Ephrem lehrt/ *A.* daß sie nicht allein auff dem Weg deß Lebens/ sondern/ vnd vil
in vita eius, mehr auff das End desselben Achtung geben sollen: weil der böse Geist in-
& ex eo Su- sonderheit den Sterbenden in jhrem Todbeth vnd End (daran die Ewigkeit
rius 9. Ian. hanget) zusetzet/ vnd sie in das ewig Verderben zu bringen begehrt: Dann er
Den Ster- lauret auff die Versen: das ist/ wie der H. Hieronymus außleget/ auff
benden setzt das End diß Lebens: allda ist er grimmig wie ein Löw/ vnd sucht/ wen er ver-
der böse Geist schlucke: hierauff deutet auch der H. Johannes/ da er spricht: *Væ terræ, &*
ſtarck zu. *mari: quia descendit ad vos diabolus, habens iram magnam, sciens quia mo-*
Gen. 3. 15. *dicum tempus habet.* Wehe denen/ die auff Erden vnd auff dem
1. Pet 5. 8. Meer: dann der Teuffel ist kommen zu euch hinab/ vnd hat ein
Apoc. 12. 12. grossen Zorn. Dann er weiß/ daß er kleine Zeit hat.

Von disen Todesbeschwerden vnd Aengsten hat der H. Anselmus, wie
B. Tom. 2. Surius schreibet/ *B.* gelehrt: daß/ so bald nun die Seel anfang vom Leib
in Vita. scheiden/ gleich die böse Geister/ welche im Leben durch allerhand Versuchungen vnd Sünden der Seelen/ als wie die Jagthund einem Gewildt nach

Die XVII. Predig.

bjagen / graufamb erscheinen / vnd dieselbe als ein Raub hinweg reissen/
vñ in den ewigen Todt versencken wollen. Als auch der alte Lehrer Origenes
ig zuvor den letzten Todtskampff betrachtet / hat er sich entsetzt/ vnd gesagt:
daß er vmb Christi willen gern sein Blut vergiessen / vnd den Martertodt C. Homil.7.
)den wolte/ damit nur er sicher auß diser Welt scheiden/ vnd an jhme der bö- in lib. Iudic.
se Geist alßdann nichts sündliches / vnd tadelhafftes finden könte.

Von diser Sach hat der H. Patriarch Cyrillus ein gantze Predig gehalten / D. vnd darinnen vermeldet / wie daß der Todt / vnd Absterben auch D. De exit̃
irrthumben erschröcklich / weil die Sterbenden gemeingklich die böse Geister animæ, &
in grausamen Gestalten erschröcken/ vnd spricht hiervon also: O was für statu alterius
ein Schrecken vermeynst du wol / wird die Seel an disem Tag haben: wann
e wird sehen die erschröckliche grausame vnd vnbarmhertzige Teuffel / als
die die abscheuliche schwartze Mohren da stehen: deren blosses Anschawen
wird schwerer seyn / als alle Pein: dann wanns die Seel erhöhet / wird sie be-
trübt/ zittert vnd geängstiget/ vnd begehrt zu fliehen: sage noch dartzu/ daß der
Teuffel Versuchungen bey den Sterbenden so groß / daß wir selbige ohne
Göttliche Gnad, vnd der Himmlischen Burger/ vnd Heiligen Gottes Hülff
nicht vberwinden köndten.

Diser H. Vatter Cyrillus beschreibt auch die Wunderzeichen deß H.
Hieronymi, in einer Epistel an den H. Augustinum, vnd erzehlt / E. wie E. Epist.ad
daß neben andern bey desselben Grab drey Todten auffererweckt worden / wel- S.Aug$.
che/ so lang sie hernacher gelebt/ vnderzeit geseufftzet / vnd offt bitterlich geweinet: vnd als er selbsten einen auß disen dreyen gefraget/ vnd die Vrsach jhres
Seufftzens zu wissen begehrt/ hab er jhme geantwortet: Si quæ sum expertus,
Cyrille, non ignorares, tibi semper inesset causa fletus: Mein Cyrille,
wann dir nit verborgen wär/ was ich erfahren/ so würdest du auch allzeit Vrsach zu trawren vnd zu weinen haben: wie er aber weiter, was doch diß wäre/
zu wissen begehrt/ hab er jhme folgendes erzehlt: Mein Seel ist so schmertzhafft
vnd sawer von meinem Leib abgescheiden / daß kein Menschlich Gemüth fassen kan/ vnd ich selbsten nit glauben könte/ wann ichs nit erfahren hett: dann
der Mensch würde gewiß gegen disem Schmertzen vnd Aengsten alle andere
Vbel vnd Schmertzen nichts achten: auch bezeuget: daß ein vnzahlbare Menge der bösen Geister gegenwertig gewesen / deren Gestalt so grausamb vnd
abscheulich / daß einer lieber in alle Fewer springen / vnd brennen thäte/ als
die anschawen: dise haben jhme alle seine Sünd / welche er von Jugendt
auff wider Gott begangen / für Augen gestellt / vnd in Vertzweifflung bringen wollen: endtlichen dise denckwürdige Ermahnungswort hinzugesetzt:
Heu! cur non aduertunt homines mortales, quibus hoc eueniet, quod
tunc mihi, vt non peccarent: Ach! warumb nemmen doch nit in acht die

Pp   sterbliche.

sterbliche Menschen/ welchen einmahl eben das/ was damahls mir/begegnet wird/damit sie nit sündigeen.

Auß disem erscheint / daß den Sterbenden drey Ding den Todtkampff schwer machen: 1. die unsägliche Schmertzen: 2. die gantz abscheuliche Teuffelsgespenster: 3. deß Todtsforcht/ Angst/ und Zittern. Von welchen Ubien allen die Seligste Jungfraw und Mutter Gottes MARIA Wunderbarlich befreyt gewesen.

P. Serm. 9. de Assumpt. B. Virg.
Maria ist von deß Todts Beschwerden befreyet gewesen.
Stirbt ohne Schmertzen.
G. Serm. de Virgin. Dormit.
H. De Assumpt. B. V.
I. Lib. 2, Histor. c. 21.
K. Lib. 6. de B. V.
L. Super missus est. Cant. 8. 6.
M. Serm. 2. de Assumpt. B. Virg.
Luc. 2. 35.
Nahum. 1. 9.

Dann 1. nennt der H. Ildephonsus *P.* den Tag der Entschlaffung MARIÆ einen Tag/ welcher vor andern zu verehren/ weil an demselben die Gebährerin Gottes zu Christo geschieden/ und doch darbey keinem Schmertzen underworffen gewesen: und sagt der H. Damascenus, *G.* daß gleichwie Sie Christum ohne alle vorhergehende Schmertzen gebohren; also sey auch ihr außgang auß diß. Leben ohne alle Schmertzen gewesen. Simeon Metaphrastes, *H.* und Nicephorus, *I.* schreiben: Sie hab ihren Geist gleichsamb in einer sanfften Verzuckung/ oder süssen Schlaff auffgeben. Laurentius Moselli *K.* erzehlt/ daß dem H. Thomæ Ertz-Bischoffen zu Candelberg geoffenbahret worden: die Seligste Jungfraw sey auff der Brust Christi ligende verschieden: über das lehret der Selige Albertus Magnus: *L.* Sie sey auß lauter Liebe verschieden: dann / Dilectio fortis est, vt mors: die Liebe ist starck/ wie der Todt: auff welches auch der alte Lehrer/ und grosse Liebhaber MARIÆ Guerricus geredt / und gesagt: *M.* Beata Virgo languebat timore in vita tota, dolore in passione, amore in morte: die Seligste Jungfraw lage kranck vor Forcht in ihrem gantzen Leben/ vor Schmertzen in dem Leyden Christi/ vor Liebe in ihrem Todt.

Die Ursach aber / warumb Gott Sie in ihrem Absterben vor allen Schmertzen befreyen/ und zu sich absordern wollen/ ist/ weil Sie niemahl gesündiget/ und vorher bey der Creutzigung Christi/ aldaß nach Außsagung Simeonis/ das Schwerdt ihr Hertz durchdrungen/ deß Todts Schmertzen erlitten hat: dann / non confurget duplex tribulatio: es wirdt nicht doppelt Trübsal auffstehen.

Maria ist befreyet vom Anlauff der bösen Geister.
N Serm. de Assumpt. B. Virg.

II. Ist die Mutter Gottes auch von dem Anlauff der bösen Geister befreyet gewesen: wie solches neben andern der heilig Laurentius Iustinianus Patriarch zu Venedig lehret/ *N.* sprechend: Als die Zeit deß Todts herzu nahete/ gleichwie Sie jederzeit von aller Verderbung Leibs und der Seelen frey gewesen/ also war Sie auch von deß Todts Schmertzen befreyet/ und hat nit gehabt/ daß Sie sich förchten solt: es war kein Feind/ welcher sich ihr widersetzte/ vorhanden/ noch ein Antrib Weltlicher Lieb / welche ihr außgehende Seel verhindern thäte: wie wohl sich die jenige können förchten/ welche Gott geboh-

Die XVII. Predig.

gebohren/der Welt den Friden bracht/vnd im Himmel vnendtliche Frewen verursacht.

Diser Vrsachen halben redet Sie Ioannes Gerson also an: O. Da du in Himmel fuhrest/hast du die Gewalt deß Luffts bestritten/laß die böse Gelster haben erfahren/daß sie wider dich nichts vermögen: die Teuffel haben sich vil mehr ab dir müssen verwundern/vnnd förchten/sprechendt bey sich selbsten: Wer ist die/die da auffsteigt durch die Wüste/als wie die Morgenröhte/welche vns ist ein Schatten deß Todts/vnd erschröcklich wie ein wolgeordnetes Kriegsheer? dann in ihrem Aufgang ist Sie wahrhafftig mit den Heeren der Englen vnnd heyligen Aposteln vmbgeben/ vnnd mit jhrer Macht den Teufflen erschröcklich erschinen. Dahero schreibt der H. Bernardus: P. Wie ein grosses Flammenfewer die Mucken vertreibt; also hab die gantze brennende Lieb MARIÆ die Teuffel vertriben/daß sie dieselbe von ferren nit ansehen/noch auff die Wette sich zu jhr nahen dörffen.

III. Ist die Mutter GOttes befreyet gewesen von deß Todts Forcht vnd Zittern: vnnd an ihr erfüllt worden: Ridebit in nouissimo die: Sie wirdt in dem letsten Tag deß Todts/ wie Salazar außlegt/lachen: Dises haltet der H. Damascenus Q. für ein Miracul/so gewißlich fürtrefflicher als alle Natur; auch für ein Sach/ die wol ist der Verwunderung/dann/sagt er/der Todt/ welcher zuvor verhaßt vnd verflucht war/wirdt allhie gerühmbt/vnd seelig gehalten: welcher zuvor Schröcken/Klagen/Trawren vnd Weinen gebracht/wirdt hie ein Vrsach der Frewd/vnd deß Trosts.

Die Vrsach aber/warumben die Mutter GOttes ohn alle Forcht deß Todts verschiden/gibt die H. Birgitta vnd sagt: R. Es sey darumb geschehen//weil Christus selbsten ihrem Hinscheiden beygewohnt/vnd Sie zu den Himmlischen Frewden beruffen/vnd gesprochen: Veni sponsa electa, Mater mea, & ponam te in thronum meum, veni, coronaberis: Komme mein außerwöhlte Braut / mein Mutter / ich will dich setzen in meinem Thron/komme/du wirst gekrönt werden. Eben dises lehret auch der H. Anselmus. VND spricht: S. Gott selbst gehet diser seiner abscheidenden Gottseeligsten Mutter entgegen/vmbgeben mit Tausentmahl Tausent/ja mit vnzahlbaren Schaaren der Engeln. Hieruon schreibt auch der H. Augustinus. T. welcher MARIAM im Leben/vor allen andern/mit der Gnad seiner Empfängnuß verehrt hat/ der hat Sie auch/ wie Gottseelig zuglauben/in ihrem Todt mit einem sonderbaren Gruß/vnd fürnemmen Gnad verehrt. Hierüber schreyt der H. Sophronius also auff: V. Quod cor potest capere, qualis iubilus hîc fuerit? Welches Hertz kan fassen/was allda für ein Jubel vnd Frewd gewesen: wie die Seeligste Jungfraw ihme werde Danck gesagt/vnd in seine Händ ihr Seel befohlen: wie hingegen Christus Sie gantz trost-

margin notes:
O. Super Magnificat.
P. Serm. ist art. 3. c. 2.
Maria ist frey von deß Todts Forcht. Prou. 31. 25. Q. Orat. 1. de Virg. Dormitione.
R. Lib. 4. Reuel. c. 23.
S. De Excell. Virg. c. 8.
T. Serm. de Assumpt.
V. Lib. de Assumpt.

Von Maria der Wunderbarlichen Mutter.

sich vnnd lieblich zu sich beruffen: wie hierzwischen jhr die Engel gedienet/ vnd das gantze Himmlische Heer Glück gewünschet haben.

Vrsach/ warumb Christus seiner Mutter erschienen.

Die mercke Erstlich die Vrsach/ warumb Christus seiner Allerliebsten Mutter bey jhrem End/ vnd Hinscheiden erschinen/ vnd Sie von allen Todt-Schmertzen/ vnnd Anlauff deß Teuffels befreyet hat: nemblichen darumb/ dieweil dieselbe sich auch bey dem Todt vnd Creutzigung Christi jhres Allerliebsten Sohns hat finden lassen/ vnnd hernacher sein heiliges bitter Leyden/ vnd Sterben offt mitleydentlich betrachtet.

Vnd lehrne hierauß: daß die öffters Betrachtung vnd Behertzigung deß Leydens Christi ein kräfftiges Mittel sey/ daß Christus in vnserm letzten Todtskampff mit seiner Gnaden vns beywohne/ vnd auß aller Gefahr erledige/ vnd tröste.

X. In Dialog. & ex eo Pinellus

Wie dann diser Sachen Cæsarius ein denckwürdiges Exempel erzehlt: X. wie daß ein Ordens Layenbruder verschieden/ vnd von seinem Obern Erlaubnuß/ von hinnen zu GOtt zugehen/ begehrt: als aber sein Superior gefragt: Woher er dessen versichert/ daß er gleich zu GOtt gehen werd/ weil sonsten auch volkomne/ vnnd fromme Menschen gemeinglich noch etwas abzubüssen haben? hat er geantwortet: Ich hab in meinem Leben dise Vbung gehabt/ daß/ so offt ich ein Crucifix-Bild angesehen/ mich gleich deß bittern Leydens vnd Sterbens erinnert/ vnd diß Gebettlein gesprochen: O HERR Jesu Christe/ durch die Bitterkeit deines Leydens/ so du am Creutz erlitten hast/ insonderheit in der Stund/ da dein gebenedeyte Seel von dem Leib scheidete/ erbarm dich meiner Seelen in jhrem Außgang. Diß Gebett hat der HERR erhört/ vnd sich meiner erbarmet. Als der Superior von jhme noch weitter zuwissen begehrte/ wie jhme in seinem letzten Kampff gewesen? sprach er: Es duncket mich in meinem Todtskampff/ die gantze Welt wäre ein einiger Stein/ vnd lige mir auff meinem Hertzen/ vnd drucket mich sehr: so bald mir aber meines HERRN Leyden zu Gedächtnuß kommen/ seynd alle Läst vnd Beschwerden vergangen: darauff mein Seel vom Leib auffgelößt worden/ vnd jetzt frölich gen Himmel fahrt. Sihe! wie in disem Menschen die öffters Betrachtung deß Todtskampffs Christi/ vnnd seines H. Leydens/ die Gnad Christi/ vnd Linderung der Todtsschmertzen erlangt/ vnnd jhne seelig sterben gemacht hat.

Maria Toll vmb ein seeliges End angeruffen werden.

Darnach lehrne: jetzt in deinem Leben die Mutter GOttes zuverehren/ vnd offt mit der Catholischen Kirchen zubetten: Heilige MARIA, Mutter Gottes/ bitt für vns arme Sünder/ jetzt/ vnd in der Stund vnsers Absterbens: Amen: dann Sie ist l. Calcatrix serpentis: die Schlangentretterin/ welche kan/ vnd will die Teuffel sambt allen jhren Versuchungen vertreiben:

Ist die Schlangentretterin. T. Lib. 7. c. 55.

wie dessen Cæsarius ein Exempel schreibt/ vnd sagt: T. daß ein Jüngling in seinen

Die XVII. Predig.

jnen legten Zügen grewliche Gespenster vmb sich herumb gesehen/ vnd geiffen hab: Heilige MARIA Mutter GOttes/ erledige mich von disen nichtgen Geistern/ welche mich plagten; vnd sey alsbald erlediget worden/vnd seeligt gestorben.

II. Ist Sie Salus infirmorum: ein Heyl der Krancken/ kan vnd in Linderung derselben Schmertzen/vnd Erledigung von aller Todtsforcht erlangen: wie Reginaldus deß Prediger Ordens erfahren: welcher in seiner Kranckheit vnd Todtsnöthen von Vnser lieben Frawen mit einem H. Oel gesalbet worden: deßwegen sprach er gantz getröst: Auff disen Todtskampff förcht ich mir nit/sondern erwarte denselben mit Frewden: dann die Mutter der Barmhertzigkeit hat mich schon längsten gesalbet: auff welche ich vil vertrawe/ vnd zu welcher ich frölich verreise. Tymp.

Wie dann die HimmelKönigin jhrem grossen Liebhaber dem seeligen Alolpho an seinem End auch beygestanden/vnd jhn also getröstet: was förchtest du dir mein Sohn? oder warumb bekümmerst du dich ab dem vorstehenden Tode? Komme sicher/ dann mein Sohn/ welchem du trewlich gedienet haßt/wird dir die Cron der ewigen Glory geben. Ex Annal. Ord. Seraph.

III. Ist Sie mächtig/vns jhrem allerliebsten Sohn in vnsern Todtsnöthen zubefehlen/ vnd mit jhme vns zuversöhnen. Welches wegen Wilhelmus I. König in Engeland sterbend also gebetten: Z. MARIÆ der Gebärerin GOttes meiner Frawen befilch ich mich/ damit Sie mich versöhne mit jhrem lieben Sohn. In Summa/ durch MARIÆ Hülff können wir sambt jhr/ in vnserm Absterben auff der Brust Christi/ das ist/ in der Gnad GOttes ruhen/ sanfft entschlaffen/ vnd ewig seelig werden.

Der III. Theil.

MARIA ist Wunderbarlich nach jhrem Seeligen Absterben.

ES schreibt Andreas Cretensis A. MARIÆ Eingang in dise Welt, wie auch letster Außgang auß derselben/ sey so voller Wunderzeichen/daß selbige mit keiner Spitzfindigkeit Menschlicher Vernunfft können begriffen werden: Dann I. sobald die Gebenedeyteste Seel MARIÆ auß dem Leib geschieden/ ist Sie von Christo selbsten dem ErtzEngel Michaël vbergeben/ vnd mit Begleittung vnd Verwunderung der Himmlischen Heerscharen in Himmel geführt worden: dann der ErtzEngel Michaël ist ein Verfechter aller glaubigen Seelen/ wann sie von dem Leib scheiden: wie die Catholische Kirch in der Person Gottes von jhme bezeugt: B. Archan-

Ist ein Heyl der Krancken.

Ist mächtig in Todtsnöthen zubefelfsen.
Z. Antiph. Sub tuum præsidium: Baron. to. 2. Annal. anno 1087.

A. In Orat. de Assumpt. B. Virg.
Mariæ benedeyteste Seel ist dem H. ErtzEngel Michaël vbergeben worden.
B. In Officio eius.

Von Maria der Wunderbarlichen Mutter.

Archangele Michaël, constituit te Principem super omnes animas suscipiendas: Dich Ertz Engel Michaël/ hab ich zu einem Fürsten gesetzt/ auffzunemmen alle Seelen. Vnd abermahl: C. Signifer sanctus Michaël repræsentet eas in lucem sanctam: Der H. Michaël/ als ein Fenderich/ führe sie in das heilige Liecht.

C. In Missa pro defunctis.

Dahero ist der H. Vatter Franciscus, wie von ihme der H. Bonaventura bezeugt/ D. dem H. Ertz Engel Michaël mehr mit Lieb vnd Dienst ergeben gewesen/ eò quòd animarum repræsentandarum haberet officium: darumb/weil ihme das Ampt die Seelen in Himmel zupræsentieren/ vnd zubringen/ anvertrawet ist.

D. In vita. cap. 5.

II. Schreibt Melito der H. Bischoff: E. Er hab auß dem Mund deß H. Ioannis deß Euangelisten/ dessen discipul er war/ selbst gehört/daß nach ihrem Absterben an ihrem Leib nichts Tödtliches/ noch Abschewliches gewesen/ sondern ihr Angesicht hab geschinen weiß/ wie die Lilien Blumen/ vnd sey auß ihrem gantzen Leib ein lieblicher Geruch gangen: welches wegen/ wie Nicephorus F. meldet/die Apostel/ vnd Jünger Christi/ auch fürtrefflichste Männer/ vnd Glaubige/ so gegenwertig gewesen/ die Ligerstatt mit einer Cron vmbgeben/ vor dem H. Leichnamb niderknyet/ denselben Geistlich verehrt vnd geküßt/ dardurch sie mit Heyligung vnd Segen erfüllt worden: wie dann Simeon Metaphrastes bezeugt/ G. sie haben solches gethon/ nit allein ihr gute affection, vnnd Neygung zuerzeigen/ sondern auch steiff geglaubt sie wurden allein auß dem ehrwürdigen Anrühren ein grossen Nutzen bekommen: wie geschehen.

E. In Bibl. Patrum, de Assumpt.
War an ihrē Leib nichts tödtliches.
F. Lib. 3. cap. 27.

G. De Dormit. Virg.

III. Erzehlt der H. Cosmas ein wunderbarliches Geheimbnuß/ H. welches/ wie er sagt/ keiner natürlichen Erörterung bedarff/ weil alles/ was von der Mutter Gottes gesagt wirdt/ vbernatürlich/vnd verwunderlich ist: das Geheimbnuß aber ist dises: daß nemblich/ da die Seel vom Leib geschieden/ Sie folgende Wort außgesprochen: Gratias ago tibi Domine, quæ tua sum, in gloria memento mei, quæ tuum sum figmentum, & tuum serua depositum: Ich sag dir Herr Danck/ die ich dein bin/ vnd in der Glory/ sey meiner ingedenck/ die ich dein Gemächt bin/ vnd erhalte/ was du hinderlegt hast. Darnach sey alsbald der Leichnamb mit solchem Liechtschein vmbgeben gewesen/ daß man ihne allein anrühren/ aber nit sehen können/so lang biß daß derselb von dreyen Jungfrawen/ die zugegen waren/ gewaschen worden: doch solcher gestalt/ daß nit das Wasser Sie reinigte/ sondern vil mehr das Wasser vom H. Leichnamb geheyliget wurde.

H. Apud Auctor. Pomer. lib. 10. part. 5. art. 2.
Was die außfahrende Seel außgesprochen.

Der Leichnam mit Liechtschein vmbgeben.

IV. Da der H. Leichnamb der Mutter Gottes mit vilen brinnenden Liechtern/ vnnd Lobgesang der Aposteln in das Thal Josaphat zur Begräbnuß hinauß getragen/ vnnd der H. Euangelist Ioannes mit abangedeuttem Palm-

Die XVII. Predig.

Palmzweig vorher gangen/ hat sich ein newes Wunder begeben/ welches der H. Melito auch auß dem Mund deß H. Johannis erzehlt/ *I.* dann ein weisse Wolcken hat ringsweiß herumb/ als wie ein Monn oder Sonnencirckel/ die Baar vmbgeben: in diser seynd die Heer der Himmlischen Geister erschinen/ vnd also lieblich gesungen/ daß die gantze Erd mit dem Schall der Süssigkeit erfüllt war. Ab welchem Englischen/ zugleich Apostolischen Gesang sich das in grosser Anzahl zulauffende Volck fast entsetzt/ vnd höchlich verwundert.

Neben andern war gegenwärtig ein Fürst der Priester/ wie er dises alles gehört vnd gesehen/ ist er mit Zorn ergrimmet/ vnd hat auß angebohrnem Neyd vnd Haß wider Christum vnd sein Glorwürdige Mutter/ die Baar antasten/ vmbstürtzen vnd zu Boden werffen wollen: welchem aber auß gerechter Straff Gottes die Hand alßbald vom Leib gangen/ vnd an der Baar hangen bliben: zumahl ist auch das gegenwärtig noch vngläubige Volck auß der runden Wolcken mit Blindheit geschlagen worden.

Hierzwischen erlitte der vermessene Obriste grossen Schmertzen/ bekennet endlich sein Elend vnd Schuld/ vnd begehrt inständig Hülff von dem H. Petro: welchen Petrus der Hülff vertröstet/ im fall er an Jesum Christum/ welchen MARIA in ihrem Jungfräwlichen Leib getragen/ glauben werde: welches er gesagt/ vnd also nach geschehener Bekandtnuß deß Glaubens/ die Erstattung seiner Hand erlangt/ Gott gelobt/vnd von Christo auß den Büchern Moysis so herrliche Zeugnuß geben/ daß sich die Apostel selbsten darab verwundert/ darüber vor Frewden geweinet/ vnd Gott gepriesen.

Petrus aber ruffte disen Obristen der Priester zu sich/ vnd vbergab ihm das ermelte Palmzweig/mit Befelch/darmit in die Statt zu gehen/vnd dem mit Blindheit geschlagnen Volck die Wunder Gottes zu verkündigen: mit der gewissen Versicherung/ daß/welche an Christum glauben werden/ denen solle er das Palmzweig vber die Augen legen/so werde ihnen geholffen werden: wie dann geschehen.

Vnderdessen ist der Leichnamb der Mutter Gottes in das Thal Josaphat gebracht/ vnd daselbsten in ein newes Grab gelegt worden: darbey die Apostel vnd Jünger deß Herrn drey Täg vnd Nächt/ nach Anweisung Christi in dem Lob Gottes verharret: auch wie mit vil andern der heilig Damascenus schreibt/ *K.* vil vnd grosse Wunder geschehen: dann die Teuffel müsten allenthalben weichen: der Lufft/ das Firmament/ vnd Himmel wurden geheiliget durch das Auffahren der Seelen/ die Erd aber durch Darlegung deß Leibs: alda haben die Blinden das Gesicht/ die Gehörlosen das Gehör bekommen/die Lahmen wurden gerad/vnd allerhand Gebresten geheylet/ja auch der armen Sündern ihre eigne Hand Verschreibungen gegeben.

V. Als

I. In Bibl. SS. PP. de Assumpt. B. Virg. Ein Wolcken hat die Baar vmbgeben/ darinnen die Engel gesungen.

Apostel seynd bey dem Grab drey Täg vnd Nächt verbliben. *K.* Serm. de Dormitione Virg. Geschehen darbey Wunderzeichen.

Von Maria der Wunderbarlichen Mutter.

Maria wird gen Himmel auffgenommen.

V. Als die bestimbte Zeit der drey Tåg vnd Nächt fürüber war / hat sich Christus mit seinen Jüngern bey dem Grab widerumb erzeigt / vnd die Seel der Seligsten Jungfraw MARIÆ durch den Ertzengel Michael zum Grab bringen / vnd den Leichnamb gleich herfür kommen lassen: darauß sein allerliebste Mutter auß seiner Allmacht von Todten aufferweckt / vnd selbige mit abermahliger Begleitung deß gantzen Himmlischen Heers / mit Leib vnd Seel in Himmel auffgenommen.

Von welcher Auffnemmung der H. Augustinus ein gantzes Buch geschriben / vnd selbige mit vilen Argumenten erwisen / *L.* wie auch dises der H. Athanasius, *M.* der H. Andreas Cretensis, *N.* Querious Patriarch zu Constantinopel / *O.* sampt andern heiligen Våttern / vnd gantzen Catholischen Christenheit lehren. Welches auch Iuuenalis Patriarch zu Jerusalem / *P.* vnd Nicephorus *Q.* auß der Abwesenheit deß H. Apostels Thomæ bestättigen / vnd sagen: daß / gleich wie durch jhn Christi Aufferstehung / vnd Himmelfahrt erwisen worden / also sey auch durch jhn auff dise Weiß die Himmelfahrt MARIÆ der Mutter Gottes erwisen worden: in dem jhme zu gefallen das Grab eröffnet / aber der Leichnamb nit / sondern allein die Grabtücher gefunden / vnd ein Englische Stimm gehört worden: Exaltata est Sancta Dei Genitrix super choros Angelorum ad cælestia regna: Die H. Gebährerin Gottes ist zu dem Himmlischen Reich vber alle Chör der Engel erhöcht worden.

L. Lib. de Assumpt. B.V. Tom. 9. Operum.
M. Serm. in Euangel. de Deip.
N. Orat. de Dormitione Virg.
O. In Serm. de Deip.
P. Epist. ad Marcianum Imp.
Q. Lib. 2. c. 22.

R. Lib 6. Genial. dierum. c. 6.

Der Römer Einzug

Alexander ab Alexandro beschreibt nach längs der alten Römer vnd Obsiger Einzug in die Statt Rom / vnd vermeldt: *R.* Wann ein dergleichen Triumph angesagt / vnd angestellt worden / seynd die Hohepriester / vnd Priester / der Römische Magistrat / vnd alle Geschlechter / vnd Flamines, wie auch der gantze Adel. vnd Statt-Rath / sampt allem Volck / alles Geschlechts dem Obsiger herauß entgegen kommen / jhme gratuliert, vnd Glück gewünscht / auch jhne mit grossem Jubel vnd Lobsprüchen lassen willkommen seyn. In dem Einzug führte man die Bildnussen der vberwundenen Völckern / Ländern / Stätten / Vestungen vnd Oerter: sambt dem Raub / welcher in selbigem bekriegt worden: es wurden auch allerley Saittenspil von Trummeln / Pfeiffen. Posaunen / Trompeten / Heerpaucken gehört: der Obsiger saß in einem trefflichen Triumphwagen / stattlich in Purpur bekleidt vnd gekrönet: hielt in einer Hand ein Lorberkrantz / in der andern ein Scepter: der Triumphwagen wurde allenthalben mit Blumen bestrewet / vnd aller Orthen wolriechende Rauchwerck gemacht: nach dem Triumphwagen folgten die Gefangene / vnd von dem Feind auß der Dienstbarkeit erlöste. Auff dise Weiß geschahe der Einzug in das Capitolium, vnd wurde dem Pomp ein End gemacht mit einer stattlichen Mahlzeit.

Die XVII. Predig.

Ewer Lieb vnd Andacht stell ich auch heut ein herzlichen Einzug für Augen/ gegen welchem aller Keyser vnd König diser welt Triumph/ vnd Frewdenfest ein lauters Kinderspil gewesen. *Mariæ Einzug in Himmel.*

Die Triumphirerin vnd Obsigerin dises Einzugs ist die Wunderbahrliche Mutter Gottes MARIA: von welcher geschriben stehet: Quid vldebis in Sulamite, nisi Choros Castrorum: Was sehet jhr an der Sulamitin (an der Fridsamen vnd Vollkommenen/) dann die Reyen der Streitheer? *Cant. 7. 1.*

Diser ist angekündt worden ein Einzug in Ciuitatem sanctam Hierusalem, in die heilige Statt Hierusalem/ welche erfüllt ist mit der Durchleuchtigkeit oder Herrligkeit Gottes. *Apoc. 10. 11.*

Zu Volziehung deß Himmlischen Einzugs ist der Glorwürdigsten Obsigerin entgegen kommen: I. Der Hohepriester nach der Ordnung Melchisedech Christus Jesus/ welcher gänzlich entschlossen war/ sein allerliebste Mutter mit Leib vnd Seel Glorwürdig in Himmel auffzunemmen: diser hat Sie lassen willkommen seyn/ Sie/ wie Sophronius S. schreibt/ mit einem Kuß vmbfangen/ vnd mit disen Worten eingeladen: Veni de libano Sponsa mea, veni de libano; veni, coronaberis: Komm mein Braut von Libano/ komm von Libano/ gehe herein/ du solt gekrönet werden: dreymahl wird das Veni, oder komme außgesprochen: zur Anzeigung/ daß MARIÆ H. Leichnamb vnverwesenlich auß dem Grab: die G:benedeyt ist/ Seel auß dem Himmel in den Leib: vnd endtlich die beyde vereinigt in die ewige Glory berufen worden: da hat es geheissen: Surge Domine in requiem tuam, tu & arca Sanctificationis tuæ: HErr mach dich auff zu deiner Ruhe/ du vnd die Archen deiner Heiligkeit. Alda ist auch erfüllt worden/ was König Salomon seiner Mutter Bethsabea erzeigt: Surrexit Rex in occursum eius, adorauitque (70. osculatus est) eam, positusque est thronus matris regis ad dexteram eius: vnd der König stund auff/ vnd gieng ihr entgegen/ vnd ehret Sie (oder vmbfieng Sie mit einem Kuß) vnd es war deß Königs Mutter in ein Stuel gesetzt/ daß Sie sich setzte zu seiner Rechten. Also ist MARIÆ, sagt der H. Damascenus, T. Recta, plana & facilis via ad cælum parata est: ein rechter/ gerader vnd leichter Weg in Himmel bereitet worden. *Ihr kombt entgegen Christus. S. Serm. de Assumpt. Cant. 4. 8. Psal. 131. 8. 3. Reg. 2. 19. T. Orat. de Dormit. Virg.*

II. Seynd alda erschinen die Englische Heerscharen/ alle heilige Engel vnd Erzengel/ welche sich Anfangs vber derselben Klarheit vnd Mayestät verwundert/ vnd gesprochen: Quæ est ista, quæ ascendit de deserto, delicijs affluens, innixa super dilectum suum: Wer ist die/ die herauff fährt *Die Engel. Cant. 8. 5.*

fährt von der Wüste voll Wollusts/ vnd lehnet sich auff jhren Geliebten: darnach haben sie derselben Glück gewünschet /-vnd zu Ehren ein Himmlische Lobmusic gehalten: darvon der H. Martyr vnd. Bischoff Gerardus schreibt/ vnd spricht. *V.* Es seyen der Seligsten Jungfrawen Mariæ in jhrer Himmelfahrt entgegen kommen / vnd haben bey jhrem Einzug die Himmel gefrolocket: die Engel sich erfrewet: die Ertzengel jubilirt: die Thron auffgesprungen: die Heerscharen gesungen: die Fürstenthumber auff der Harpffen / vnd die Gewalt auff der Cythern geschlagen: Cherubin vnd Seraphin musicirt: vnd Sie endtlich zu dem höchsten Thron der Göttlichen Majestät geführt. Alda abermahl erfüllt worden / was vor Zeiten bey Begleitung der Archen Gottes in das Hauß Obededom geschehen: da in Versamblung der Fürsten/ vnd alles Volcks / David vnd das gantze Hauß Israel vor dem Herren gespilt/mit allerley Seitenspil/von allerley Holtz/ mit Harpffen/ vnd Psaltern/ vnd Trummen/ vnd Schellen/ vnd Cymbalen.

V. De Iubilatione Virginal. Assumpt.

III. Haben sich auch gegenwärtig befunden alle heilige Patriarchen/ Propheten/Apostel/Martyrer/ Beichtiger/ Jungfrawen vnd Frawen / ja alle Außerwöhlte Gottes: wie Andreas Cretensis bezeuget/ *X.* vnd Porta ein hochsinniger Lehrer vnd Liebhaber Vnser lieben Frawen/ Prediger Ordens schreibt/ *Y.* dann damahls die Heilige Gottes in gewisse Chör außgetheilt der Seligsten Jungfrawen am Tag jhrer Himmelfahrt entgegen kommen/ vnd mit grossem Jubel empfangen.
Vnder disse Heilige zehlet P. Ioannes Bonifacius, *Z.* fürnemblich den H. Joseph vnd Gespons MARIÆ, den Zachariam jhren Wirth/ Elisabeth jhr Basen/den H. Johannem den Tauffer/den alten Simeon/die Prophetin Anna/ vnd den H. Apostel vnd erste Blutzeugen Christi Jacobum/zc. Billich schreyet hier der H. Anselmus auff / vnd spricht. *A.* O deß tanti occursus gloriosa, & felix! O deß Glorwürdigen vnd Glückseligen Tags eines solchen Gegenzugs! O deß Hochfeyerlichen Tags/ einer solchen fürtrefflichen Erhöchung! O deß Hochzeitlichen / vnd aller Welt verwunderlichen Tags / einer solchen hohen Glorificirung!
Laßt vns jetz hören: wie die Glorwürdigste Mutter Gottes in jhrem Einzug / nach Weiß vnd Art der alten Obsiger beschaffen vnd gezieret gewesen/ auch was Sie mit jhr gebracht vnd außgericht.

Alle Heiligen vnd Außerwöhlten Gottes.
X. Orat. 2. de Assumpt.
Y. In suo Antiq Mariali. Serm. 7. de Assumpt.
Z. De Vita & Miracul. B. Virg.
A. Lib. de excel. Virg. cap. 8.

I. Beschreibt der König David derselben Kleydung/ vnd spricht: Astitit Regina à dextris tuis in vestitu deaurato, circumdata varietate: Die Königin ist gestanden zu deiner Rechten/ in köstlichem güldenem Gewandt/ vnd vmbgeben mit manigfarbigem Kleyd: In welchem

Psal. 44. 10. Kleyd der Vnsterbligkeit.

Die XVII. Predig.

welchen Worten das köstlich gulden Gewandt MARIÆ Vnuerwesenheit vnd Vnsterblichkeit, wie der H. Athanasius außlegt/bedeuttet. Das manigfaltige Kleid aber erinnert/daß Sie gezieret vnd angethon sey, mit allen Gnaden/vnd billich gegrüst werde: Gratia plena: voll Gnaden.

II. Ist Sie auch gekrönt mit Glori vnnd Ehr: dann Sie ist das Weib am Himmel mit der Sonnen bekleidt, vnd der Mon vnder jhren Füssen/ vnnd ein Cron auff jhrem Haupt von 12. Sternen/ vnd gleich wie die Sonn ohne alle Vergleichung alle andere Stern weit vbertrifft, also vbertrifft die Glori MARIÆ aller andern Heyligen Glory: vnd was an andern Heyligen GOttes herrliches vnd fürtreffliches ist/das alles begreifft vnd hat in sich MARIA: wie die H. Chrysostomus, *B.* Ephrem, *C.* Epiphanius, *D.* vnd Petrus Damianus *E.* lehren.

Ist gekrönt mit Glory vnd Ehr.

B. In Liturgia.
C. Orat. de Laud.
D. Serm. de Laud.
E. Serm. de Assumpt.

III. Seynd jhr auch in jhrem Eingang vnd Himmelfahrt gefolgt/ die zuvor in Finsternuß auffgehaltene/ vnnd im Fegfewr gefangne glaubige Seelen: wie solches Bernardinus de Bustis, auß dem Orden der Mündern Brüdern bezeuget / vnnd vermeldet. *F.* Die Mutter GOttes hab in jhrer Himmelfahrt,von jhrem allerliebsten Sohn begehrt vnnd erhalten/ daß alle Glaubige Seelen im Fegfewr erlediget/vnnd mit jhr gen Himmel fahren möchten.

Hat alle Seelen auß dem Fegfewr erlediget.
F. In suo Mariali.

Eben das bestättiget Ioannes Gerson der berühmbste Cantzler zu Pariß/ vnd sagt/ *G;* daß damahls ein grosse Anzahl der armen Seelen auß dem Fegfewr erlediget worden: vnd gibt dessen die Vrsach: weil damahls gekrönt worden die Königin/ die Königin der Barmhertzigkeit, die Fraw der Gnaden/deßwegen es sich gebührt/ daß bey derselben Krönung den Gefangnen Vergebung vnd Erledigung geben wurde.

G. Super Magnif. tract. 4.

IV. Gleichwie von den Römischen Obsigern in jhren Eingängen vnd Triumphen/ die Bildnussen der vberwundnen Völcker/ Länder/ Stätt/ vnd Rüstungen/sambt allen eroberten Raub vorher geführt worden/also hat die seeligste Jungfraw MARIA gleichsamb ein vnendlichen Schatz der Gnaden/ vnnd Verdiensten aller jhrer Tugendten vnd guten Wercken mit sich in Himmel geführt/ welchen Schatz vnd Raub Sie erobert, vnd bekommen hat : 1. durch jhre erste Heyligung: 2. durch stätes vnd vnabläßliches Verdienen: 3. durch vnaußsprechliche Liebe GOttes: 4. durch den offtern Gebrauch der heyligen Sacramenten: 5. durch gegebnen Consens, vnd Bewilligung in die Menschwerdung Christi: 6. durch willige Dargebung jhres Sohns in den Creutzstodt für das gantze Menschliche Geschlecht: 7. durch würckliche Vberschattung vnnd Innwohnung deß H. Geists in jhrem Jungfräwlichen Leib: welches/vnd anders halben Sie billich von dem H. Damasceno , Abyssus gratiæ: ein tieffer Abgrund der Gnaden genennt wirdt:

Mariæ Zugeben ein grosser Schatz.

Von Maria der Wunderbarlichen Mutter.

K. Orat. 2. de Dormit. — wirdt: *H.* vnd recht der H. Bonauentura sagt: Virgo attulit aurum Charitatis infinitum: die seeligste Jungfraw hab mit sich in Himmel vnendtlich vil Gold der Liebe Gottes gebracht: daß an jhr erfüllt worden. Multæ filiæ

Prou. 31. 29. — congregauerunt diuitias, tu supergressa es vniuersas. Vil Töchter haben zusammen gebracht Reichthumb/du aber hast sie alle vbertroffen. Daher auch P. Franciscus Suarez der Societet Iesv auff der weitberühmbten hohen Schul zu Salamantica offentlich gelehrt/ vnd schön außgeführt:

I. Tom. 2. super 3 part. S. Thomæ D. 8. L. 4 — *I.* nemblich/ daß die Mutter Gottes allein für jhr Person grössere Gnaden vnd Glory hate/ dann alle Engel vnd Heylige sämentlich.

V. Auß disen Vrsachen führt die Mutter Gottes in dem Himmlischen Thron in einer Hand ein Lorberbaum/vnnd in der andern ein Scepter: vnd gibt erstlich mit dem Lorberbaum zuerkennen/daß Sie nunmehr sey ein Königin deß Himmels vnd der Erden: vnd hett auch gesagt werden können:

Esth. 2. 17. — Posuit diadema regni super caput eius, & voluit eam esse Reginam: Vnd er setzt die Königliche Cron auff jhr Haupt/ vnnd macht Sie zu einer Königin: dann der Lorberbaum/wie Cornelius à Lapide schreibt/

K. In Ezech. cap. 7. v. 16. — *K.* ist bey den Alten ein Symbolum der Königen/vnd ein Warzeichen eines Reichs gewesen.

L. In Galba. M. Lib. 15. cap. 5. — Daruon auch Suetonius *L.* vnd Plinius *M.* ein Wunder Sach beschreiber: daß zur Zeit/ da Liuia Drusilla mit dem Keyser Augusto vermählet worden/ vnd auff den Keyserlichen Hoff Vieton spatzieren gefahren/ jhr ein fürüberfliegender Adler ein weisse Hennen/welche in jhrem Schnabel ein Lorberzweig mit den Lorbeern getragen/ in jhr Schoß fallen lassen: welche Hennen die Liuia Drusilla auffbehalten/ vnnd in kurtzer Zeit so vil Diener von jhr bekommen/ daß der Hoff daruon der Hennenhoff genennt worden: das Lorberzweig aber hat sie in das Erdtreich eingesetzt/ daruon auch in Kürtze ein gantzer Wald von Lorberbäumen gewachsen/ von welchen die Obsigende vnd Triumphierende Keyser jedesmahl einen genommen/vnd mit Lorbeer gekrönt in die Statt Rom Sigreich eingezogen: sie haben auch im Brauch gehabt/ daß sie an statt deß außgerissenen Lorberbaums ein ander Lorberzweig pflantzen: darbey man obseruiert vnd erfahren/ daß wann einer auß den Keysern bald sterben müßte/ alßdann der von jhme gepflantzte Lorbeerbaum abgestanden ist. Wie dann auch in dem letsten Jahr Keysers Neronis diser Lorbeer Wald gantz verdorret/ vnd alle Hennen dises Hoffs zu grund gangen seynd.

Nun vnser Triumphiererin/die Mutter Gottes/führt billich im Himmlischen Thron das Lorberzweig: weil Sie / wie Arnoldus Carnotensis

N. Tract. de Laud. Virg. — schreibt/ *N.* vber alle Creaturen gesetzt/vnd ein Königin nit allein der Erden/ sondern auch deß Himmels/ nit allein der Menschen/ sondern auch der

Engel

Die XVII. Predig.

Engel iſt/ vnd bleibt: daher ſagt der H. Auguſtinus: *O. Si Reginam te Angelorum vocitem, verè eſſe comprobaris:* So ich dich ein Königin der Engel nenne/ ſo bewereſt du ſelbſten/ daß du es ſeyeſt: dann eben darumb/ weil Sie warhafftig ein Mutter GOttes iſt/ iſt Sie auch propriè & verè, eigentlich vnd warhafftig zu einer Königin geſetzt/ vnd beſitzet Iure, mit Recht das gantze Reich ihres allerliebſten Sohns: wie der H. Athanaſius *P.* vnd Rupertus *Q.* ſchlieſſen.

    Darnach führt die Mutter GOttes in der andern Hand ein Scepter/ vnd erweißt damit ihr Macht vnnd Gewalt/ welchen Sie im Himmel hat. Dann vor Zeiten alle Fürſten vnd Regierer zum Zeichen deß Gewalts vber andere Scepter getragen: wie Homerus von dem Agamemnone, Achille, vnd Telemacho bezeiget: durch welche Scepter ſie auch geſchworen vnd geglaubt haben/ es ſey in denſelben etwas Göttliches: auff diſe weiß haben auch alle Geſchlecht Iſrael ihre eygne Ruthen oder Scepter gehabt: ſo hat auch Aſſuerus der Eſther/ da ſie zu ihme hinein gangen/ ein guldinen Königlichen Stab oder Scepter zukuſſen geben. Ingleichem hat auch der Patriarch Jacob den euſſerſten Theil deß Scepters Joſeph angebettet.

    Dergleichen Gewalt-Scepter führt billich in ihrer Hand MARIA, dann Sie iſt die jenige Jungfraw/ welcher die Kirch GOttes in der Litaney das Zeugnuß gibt/ daß Sie ſey Potens, Mächtig: vnd alſo Mächtig/ daß Sie alles/ was Sie nur will/ wie der H. Bernardus prediget/ *R.* ihren Dienern erlangen kan: deßwegen redet Sie der H. Gregorius Ertz Biſcheff zu Nicomedia alſo an: *S. Nihil reſiſtit tuæ potentiæ, nihil repugnat tuis viribus; omnia cedunt tuo iuſſui, omnia obediunt tuo Imperio, omnia tuæ poteſtati ſeruiunt:* Nichts widerſtrebet deiner Macht: nichts ſtreittet wider dein Vermögen: alles weicht deinem Gebott: alles gehorſamet deinem Befelch: alles dienet deinem Gewalt: Sie kan mit fug ſagen: *In Hieruſalem poteſtas mea:* Mein Gewalt iſt zu Hieruſalem: das iſt/ wie der H. Bonauentura erklärt/ *T.* In der Triumphierenden vnnd ſtreitbaren Kirchen hat die Mächtigſte Mutter deß Erſchaffers allen Gewalt vnd Macht.

    VI. Wird der Seeligſten Jungfrawen MARIÆ Triumphwagen vnd Himmliſche Thron (auff weiß deß Römiſchen Einzugs) allenthalben mit lieblichen Blumen beſtrewet/ vnd vmb denſelben aller Orthen wolriechende Rauchwerck gemacht: die Blumen aber ſeynd die vilfältige Andachten/ Geiſtliche Vebungen/ vnd gute Werck/ welche in der gantzen Welt von allen Glaubigen der Mutter GOttes zu Ehren geſchehen: die Rauchwerck aber ſeynd die H. Gebett/ mit welchen Sie in der gantzen Chriſtenheit vmb fürtreffliche Hilff angeruffen/ vnd vermög Ihrer eygnen Weiſſagung von allen Geſchlechten vnd Völckern Seelig geſprochen.

O. In Serm. de Aſſumpt.

P. Serm. in Euang. de Deip.
Q. In cap. 4. Cant.
Der Scepter bedeuttet ihren groſſen Gewalt.
Num. 17. 1.

Eſth. 5. 2.

Hebr. 11. 29.

R. Serm. 3. ſuper miſſus.
S. Orat. de præſent. B. Virg.

Eccli. 24. 15.
T. In Specul.

Blumen Geiſtlicher Vebungen *Apoc. 5. 8.* Rauchwerck deß Gebetts. *Luc. 1. 48.*

Von Maria der Wunderbarlichen Mutter.

Auß disem allem lehrne I. daß du mit dem ganzen Englischen vnd Himmlischen Heer der Mutter GOttes Glück wünscheſt/ vnd Sie verehreſt/ vnd ihr vmb ihren Himmlischen Thron vnnd Sitz allerhand liebliche Blumen streweſt/ vnnd wolriechende Rauchwerck macheſt: zu diſem End betrachte/ wie Sie vber alle Chör der Engel erhöchet/ vnd was für groſſe Glorz vnnd Frewd Sie habe: wie auff geschehenen Vnderricht der H. Thomas ErtzBischoff zu Candelberg gethan: dann als er täglich siben Aue Maria zu Ehren der siben sonderbaren Frewden/ welche die Mutter GOttes in diſem leben gehabt/ bettete/ als da seynd/ 1. die Bottſchafft deß H. ErtzEngels Gabriels: 2. die Besuchung Elisabeth: 3. die Geburt jhrens Sohns: 4. die Anbettung der H.H. drey König: 5. die Erfindung im Tempel: 6. die Aufferstehung: vnd 7. die Himmelfahrt Chriſti: erschine Sie jhme/ vnd sagt: er müſſe sich auch mit jhr erfrewen von wegen der Frewden/ welche Sie auch droben im Himmel hette: mit der Zusag/ daß Sie dem/ der solches thun wurde/ in seinem Sterbstündlein beyſtehen/ jhne erfrewen/ tröſten vnnd versüchern/ Sie werde sich seiner Seelen annemen/ vnd dieselbe in dem Himmel zu jhrem lieben Sohn führen: hat jhme auch zugleich/ was diſes für sonderbare Frewden seyen/ erzehlt: sprechendt: Ich erfrewe mich 1. weil ich die aller-gröſte Ehr besitze nach der Allerheyligſten Dreyfaltigkeit: 2. weil ich alle Engel vnd Seeligen mit dem Ehrenkrännzlein meiner Jungfräwlichen Reinigkeit vbertriffe: 3. weil das Liecht vnd der Glantz meiner Glory das Himmliſche Hieruſalem gleichwie ein Sonn erleuchtet: 4. weil alle Außerwöhlte mich als ein Mutter GOttes verehren: 5. weil ich alles von meinem Sohn kan erhalten: 6. weil ich vor Zeitten ein groſſe Gnad empfangen/ vnd meinen getrewen Dienern jetzt ein groſſe Glory von meinem Sohn mitgetheilt wird: 7. weil mein Glory biß zum End der Welt wachsen vnd zunemmen/ vnd darnach in alle Ewigkeit währen wirdt. R. P. Iodocus Andreas. *V.*

II. Lehrne/ vnd halte dich ſteiff an dem Scepter der groſſen Macht/ vnd Gewalt MARIÆ, vnd beſihle dich täglich mit etlichen Gebettlein/ als auffſteigendem Rauchwerck in Himmel. derselben kräfftige Fürbitt: mit gewiſer Hoffnung vnd Versicherung/ daß Sie dir jhren Himmlischen Hilff-Scepter reichen/ vnd auß aller Leibs vnd Lebens Gefahr erretten werde: dann es sagt der Gottreiche *Ludouicus Blosius. X. Citius cælum cum terra perierit, quàm ipsa aliquem seriò se implorantem sua ope destituat.* Es werde ehe der Himmel sambt der Erden vergehen/ ehe daß Sie einen/ der Sie ernſtlich anruffi/ hilffloß laſſe.

III. Mach dich vnder das Lorbeerzweig MARIÆ, vnd lehrne jhr als einer Königin vnd Frawen deß Himmels vnd der Erden/ mit allerhand Andachten/ Geiſtliche Vebungen/ guten Wercken zudienen. Dem Lorbeer-

Betrachtung der siben Frewden Mariæ im Himmel.

V. In Fauſto momento cap. 3. Mariæ Hilff mit Gebett zuerlangen.

X. In suo Specul. cap. 12. Hilff Mariæ kräfftig.

Jhr Dienſt erzeigen nutzlich.

Die XVII. Predig.   311

baum wird neben andern Würckungen auch dise zugeeygnet/ daß die/ so da- **Lorbeer=**
runder stehen/ von dem wilden Fewer vnd Wetterstralen versichert seyen: **baums**
welches wegen Keyser Tiberius, wie Plinius schreibt/ *Y.* wann es gedonne- **Würckung.**
ret/ ein Cron von Lorbeerzweigen auff seinem Haubt getragen.

 O Christliche Seel! wann du merckest/ daß Gott im Himmel wegen deiner Sünden donneret/ wider dich zürnet/ dich straffet/ auch dir durch den erschröcklichen Wetterstraal deß letzten Vrtheils/ das wild höllisch Fewer tro-
het/ so verbirg dich vnder das Lorbeerzweiglein MARIÆ, nimme Zuflucht zu
deiner Frawen/ so wird dich das Wetter sicherlich nit treffen.

 Ju Zeiten höret man die Ehehalten klagen vnd sagen/ wir hetten einen gü- **Ehehalten**
ten Herren/ aber die Fraw ist hefftig/ sie reitz wider vns den Herrn an: die **Klag.**
befindt sich das Widerspil: dann die Mutter Gottes ist zu einer Königin vnd
Frawen vber das Reich Gottes erhöhet worden/ damit/ wann Gott wegen
vnserer Sünden vber vns zürnet/ Sie sein gerechten Zorn vnd Straff von
vns abwende. Gleichwie vor Zeiten die Königin Esther darumb zum Kö- **Esth.4.14.**
nigreich kommen/ daß sie das glaubig Volck/ welches sonsten hat sollen außgereuttet werden/ bey dem König Assuero erhalten solle. Also ist die Mutter **Maria ver-**
zum Himmlischen Reich erhebt/ daß Sie vns mit jhrem allerliebsten Sohn **söhnet Gott.**
versöhnen solle.

 Daher bettet zu Jhr der H. Athanasius. *Z.* Zu dir ruffen wir/ sey du vn- **Z. In Euang.**
ser ingedenck/ O Allerheiligste Jungfraw: die du darumb zu der Rechten dei- **de Annunt.**
nes Sohns stehest/ daß du vns hörest/ vnd erhörest/ vnd dich vnser trewlich an-
nemmest.

 So wollen wir dann die gantze Predig beschliessen/ vnd mit dem H. Basilio, Bischoffen zu Seleucia also betten: O Allerheiligste Jungfraw MA-
RIA, sihe vns von oben herab an mit deinen mittreichen barmhertzigen Au-
gen/ vnd in der Stundt vnsers Absterbens führe vns auß disem Leben in Fri-
den/ bey dem gestrengen Richter still mache/ daß wir nit zu schanden/ sondern
in den Himmel auffgenommen werden/ alda wir mit dir/ vnd dem gantzen Himmlischen Heer loben mögen die Vnzertheilte Drey-
faltigkeit/ GOTT Vatter/ Sohn/ vnd H. Geist/
Amen/ Amen.

Die

Die Achtzehende Predig.

Mater Admirabilis, Ora pro nobis.

MARIÆ Fürbitt ist Mächtig/ dann Sie will/ kan/ vnd weist vns zu helffen.

Vier Frey-
stätt.
Jm alten
Testament.
I. Die Arch.
Genes. 6.
Ecli. 44. 17.
Heb. 11. 2.
II. Ein Berg.

A. In cap.
Gen. 19. 17.

III. Der
Tempel.
1. Machab.
10. 43.

IV. Frey-
stätt.
Num 35. 9.
Deut. 19. 9.
Ios. 20. 21.
Newen Te-
staments
Freyungs-
Stätt
Geistliche
Freystätt.
1
Die Mensch-
heit vnd Ver-
dienst Christi.
B. Tract in
3. cap. Ioan.

IN heiliger Schrifft deß alten Testaments werden vier Freyungs Orth gefunden/ zu welchen man in der Noth Zuflucht genommen/ vnd von dem Verderben erhalten worden: Als I. die Archen: II. einen Berg: III. der Tempel: IV. die Freystätt deß gelobten Lands: 1. In der Archen ist zur Zeit deß Sündfluß der Noë mit den Seinigen erhalten worden. 2. Hat der Patriarch Loth zur Zeit der Verhergung vnd Verderbung Sodomæ vnd Gomorrhæ von dem brinnenden Bech vnd fewrigen Schwebelregen sich auff den Berg/ so gleich/ wie Cornelius à Lapide schreibt/ *A.* gegen disen Städten vbergelegen/ saluirn/ vnd sein Leben erhalten müssen.

3. Haben sich die Juden/ wann sie etwann ein Laster begangen/ vnd in Gefahr gewesen/ in den Tempel saluirt, vnd jhr Zuflucht genommen/ auch daselbsten sicher Gleit vnd Frid gefunden/ davon also geschriben stehet: vnd welcher in den Tempel zu Hierusalem/ oder in den Vmbkreiß deß H. Orths fleucht/ vnd dem König verfallen/ worinn das wäre/ derselbig vnd sein Gut soll frey vnd ledig gelassen werden in allem meinem Reich.

4. Hat Gott selbsten dem Moysi befohlen/ in dem gelobten Land drey Freystätt zu bawen/ zu welchen jhre Zuflucht haben/ vnd daselbsten Schutz vnd Trost finden sollen alle/ welche etwann ein vnversehenen Todtschlag begangen hetten.

Gleicherweiß seynd auch in dem Newen Testament Freystätt vnd Schutz Orth verordnet/ in welchem die arme Sünder vor dem Zorn Gottes/ vnd ewigen Verderben erhalten werden können.

I. Die Archen: welche bedeutet Christi vnsers lieben Herrn Menschheit/ Creutz/ Leyden/ Verdienst vnd H. Wunden/ in welchen alle arme Sünder Hülff/ Trost/ vnd Erledigung haben können: auff Weiß/ als wie die Jgel in Gefahr deß Verderbens von den aufschlagenden Meerwellen zu den Löchern der Felsen jhr Zuflucht nemmen/ sich daran halten/ vnd erhalten: also die Sünder in den Wunden vnd Verdiensten Christi.

Daher sagt der H. Augustinus. *B.* Brüder/ damit wir von Sünden ledig

Die XVII. Predig. 313

ebig werden/ so laſt vns Chriſti Wunden anſchawen: dann gleichwie die jenige/ welche die ähriene Schlangen angeſehen/ vnd vom tödtlichen Biß der vergifften Schlangen erlediget; alſo welche mit rechtem Glauben auff Chriſti Wunden vnd Todt ſchawen/ werden von dem Todt der Sünden erlediget werden: Chriſti Verdienſt vnd Wunden ſeynd ein Zeughauß wider alle Anfechtungen, vnd ein Thurn/ daran tauſent Schilt hangen/ vnd allerley Waffen der Starcken: ſagt der H. Martyr Martialis. C. *C. Epiſt. ad Burdegal.*

II. Seynd auch vnſer Zuflucht-Orth die Berg/das iſt/die Heiligen vnd Außerwöhlten Gottes: welche/wie der H. Auguſtinus ſagt/ihres Heyls ververſichert ſeyn/für das Vnſerig ſorgen vnd bitten/ vnd mit ihrer Für bitt den Zorn Gottes von vns abwenden. Der Prophet Iſaias ſchreibt/ wie daß Gott den König Ezechiam geſund gemacht/ vnd noch fünffzehen Jahr zum Leben geſchenckt; auch die Statt vor dem König der Aſſyrier beſchirmet vmb ſeiner willen/ vnd vmb ſeines Knechts Davids willen. *II. Die Heilige Gottes Exod. 3.1.2. Iob.5.1. EL. 37.35.*

III. Bedeutet der Freyungs-Tempel/ die heilige Allgemeine Chriſtliche Kirchen: Es ſchreibt der H. Auguſtinus D. von dem Romulo, wie daß er jhme fürgenommen ein groſſe vnd Volckreiche Statt / auff Hoffnung zu bawen: welche hernacher viler heiliger Männer/ vnd Keyſern ein Gebährterin worden: zu diſem End hat er ein ſolchen Tempel auffgerichtet/ vnd denſelben den Göttern dedicirt, oder zugeſchriben/ auch ſelbigen zu einer allgemeinen Freyung aller Landsverwieſenen vnd außgeſchaffenen oder flüchtigen Vbelthätern gemacht / als in welchem ſie Schutz vnd Schirm finden / vnd zu Burgern auffgenommen werden ſollen. Dardurch iſt geſchehen/ daß von allen Orthen dergleichen außgeſchaffte Exulanten dahin kommen/ welche nach vnd nach die Statt erbawet/ beſetzt/ vnd bewohnt haben. *III. Die Catholiſche Kirch. D. Lib.5.de Ciuit. Dei. c.17.*

Auff diſe Weiß hat Gott die Catholiſche Kirchen / welche einer Statt auff einem Berg verglichen wird / gepflantzet / ſelbige mit ſeinem eignen Blutt geheiliget/ vnd ſolche zu einer Freyſtatt gemacht allen Völckern: welche durch den Sündfall Adam vnd Eua auß dem Paradeyß verjagt/ vnd deß zeitlichen vnd ewigen Todts ſchuldig worden ſeynd: diſen allen ſagt Er ſicher Frid vnd Glait zu/ bietet allen ſein Gnaden / vnd verſpricht allen durch den würdigen Gebrauch der HH. Sacramenten / allhie Vergebung aller ihrer Sünden vnd Schulden/ dorten aber das Burgerrecht vnd ewige Bewohnung deß Himmels: dann in allem Volck/ wer jhn förcht/ vnd recht thut/ der iſt jhm angenemb. *Matth.5.15. Act.10.35.*

IV. Wird durch die Freyſtatt neben andern auch wol verſtanden die Allerſeligſte Jungfraw vnd Himmelkönigin MARIA: wie dann in dero Namen der Heilig Damaſcenus alſo redet. E. Ego ciuitas refugij, ad me confu- *IV. Maria. E. Serm. de Dormit. V.*

R r

296 Von Maria der Wunderbarlichen Mutter.

F. Lib.2.
part.3.
G.In cap.35.
Num.

confugientibus: Ich bin ein Zufluchtſtatt deren / die zu mir fliehen. Vnd Richardus de ſancto Victore ermahnt / *F.* daß der Sünder zu Jhr fliehen ſolle/ quia ipſa eſt ciuitas Refugij, weil Sie ein Freyungsſtatt iſt. Von den Freyſtätten in dem heiligen Landt ſchreibt Oleaſter, *G.* auß den Geſchichten der Hebreer: 1. Daß der Weg zu denſelben gantz eben/ vnd durchauß kein Verhindernuß geweſen / welche die Dahinfliehende hett auffhalten können: auff welches auch Salomon deutet: Ich hab dich auff die rechte Bahn geleitet: daß / wann du darauff geheſt / deine Gäng dir nit ſawer noch eng werden/ vnd wann du lauffeſt / daß du nit anſtoſſeſt.

I.
Sicherer
Weg
Prou. 4. 12.

II.
Wegſäulen.

2. Wann etwann einer/ welcher ſich der Freyſtätt bedienen wollen / vber ein Creutzweg lauffen müſſen / hat er alldorten auffgerichte Wegſäulen funden/ an welchen geſchrieben war Miklat, darauß er erſehen können / welchen Weg er lauffen/ vnd die Zufluchtſtatt finden müſſe.

III.
Schutzorth.

3. Erzehlet er / der H. Schrifft gemäß/ wie daß die Freyſtätt dahin verordnet geweſen/ daß in ſelbigen die jenige/ ſo etwann vnfürſehenen Todtſchlag begangen / Schutz haben/ vnd vor allem Gewalt/ vnd Vbel erretttet werden ſollen.

Maria Zufluchtſtatt aller Sünder.

Diſe Ding alle befinden ſich auch in der Zufluchtſtatt aller armen Sündern: nemblich in der Seligſten Jungfrawen MARIA: dann 1. iſt allhie nichts/welches den Sünder von Jhr abſchrecken könte/ oder ſolte: der heilige Bernardus ſagt: *H.* Nihil auſterum in ea, nihil terribile, tota ſuauis eſt: Nichts herbs iſt in Jhr/ nichts erſchröckliches / Sie iſt gantz lieblich: Sie iſt ein Mutter der Barmhertzigkeit: ein Gnädige/ Gottſelige/ vnd ſüſſe Jungfraw: welche die Schoß ihrer Barmhertzigkeit allen eröffnet/ vnd rufft: O ihr alle/ die ihr ein Begierd zu mir habt/ kommet her zu mir/vnd erſättiget euch von meinen Früchten.

H. Signum magnum, in Aſſumpt. B.Virg.

Eccli. 24. 26.

Mariæ Wegſäulen.

II. Seynd wol tauſenterley Zeichen/ welche vns auff den Jrrwegen diſer Welt/ die Straß zu MARIÆ Hülff weiſen/ vnd zeigen. Als die heilige Vätter vnd Lehrer: die zu Ehren Vnſer L. Frawen erbawete Kirchen / vnd Capellen: die aller Orthen bekandte Wallfahrten: die hin vnd wider geſchehene groſſe Wunderwerck: auch das Exempel der gantzen Chriſtenheit / vnd Rechtglaubigen: welche von Anfang her Sie zu allen vnd jeden Zeiten / an allen Enden/ vnd Orthen/ durch alle Welt vnd Alter vmb Hülff angeruffen/ vnd ſelbige tauſentfältig erfahren haben vnd noch täglich erfahren.

Schutzorther.

III. Zu MARIÆ Hülff/ vnd Schutz ein Zugang vnd Freyung finden in ihren Nöthen nicht allein die / welche ſich etwann vnverſehener Weiß vergriffen/ ſondern auch alle die groſſe Sünder / vnd Sünderin: deren keiner

ſo weit

Die XVII. Predig.

so weit von GOtt abgesöndert/er sey dann gar vermaledeyt/welcher/wann er Sie anrufft/ nit zu GOtt bekehrt werde/vnd Barmhertzigkeit erlange. Das ist das jenig/was der H. Gertrudis, wie Ludouicus Blosius schreibt/ *I.* in einem Gesicht gezeigt worden: da Sie gesehen/wie die Mutter GOttes ihren Schutz Mantel außgebreit/ vnnd vnder demselbigen sich allerhand abschewliche Thier/ (das ist/ wie ihr geoffenbaret worden/ allerhand grosse Sünder vnd Sünderin) verborgen/vnd Schutz gefunden.

I. In Monili Spirit c. 1. Schutzman: tel Mariæ.

Dahero pflegte der seelige Berchmannus auß der Societet IESV, ein grosser Liebhaber V. L. Fr. offt zusagen: Weil allen Menschen in ihren Nöthen ein Hilff-vnd Zuflucht Orth vonnöthen / so könne er/nechst den H. Wunden Christi/ kein bessers vnnd sicherers finden/ als eben den Schutz Mantel MARIÆ. Hermann. Hugo. *K.*

K. In eius vita part. 1.

Die Vrsach aber/warumb alle betrangte vnd mitleydende Menschen/ auch alle arme Sünder vnnd Sünderin/nechst GOtt/ auch fürnemblich zu der Mutter Gottes jhr Zuflucht nemmen/Rath vnd Hilff suchen sollen/ist/ weil Sie allen/vnd in allen Nöthen helffen will/ helffen kan, vnd vns zuhelffen weißt/ wie in folgender Predig/ geliebts GOtt außgeführt/vnnd etliche heylsamme Lehren gegeben werden sollen. Bereittet/ 2c.

Der I. Theil.

MARIA will vns helffen.

ES schreibt der H. Thomas von Aquin, *A.* daß wann einer das Ampt vnnd Person eines Aduocaten, vnd Patronen vertretten wollen/drey Ding hinzu erfordert werden/nemblich: Voluntas, Libertas, Scientia: Der Will/die Macht/vnd Wissenheit: I. Voluntas, der Will/ daß einer wölle/ vnd begehre zuhelffen: II. Libertas, daß er vermöge/vnd könne helffen: III. Scientia, daß er wisse das Anligen dessen/ dem er helffen solle.

A. Lib. 3. contra. Gentes. Aduocaten Ampt erfordert 3. Ding.

Dise drey Ding befinden sich in der Wunderbarlichen Mutter MARIA, als der gantzen Welt Patronin, vnd Fürbitterin: dann Sie ist bereit/ vnd will helffen: Sie kan auch helffen/vnnd weißt den armen Sündern zuhelffen.

Daß Sie helffen wölle/erscheint I. daher/weil Sie vnser Mutter ist/vnd eben darumb vnser/ als jhrer Kinder/ nit vergessen kan/daß Sie sich nit vber vns erbarme. Sie will vns als ein Ehrliche Mutter entgegen koimen/ vnd vns annemmen/ als ein junge Fraw thut: das ist/ wie P. Quirinus Salazar außlegt: *B.* Gleichwie ein Mutter nit erwartet/ biß daß das

I. Maria will helffen/weil Sie Vnser Mutter ist. Esa. 49. 15. Eccli 15. 2. *B.* Cöment. in Prouerb. cap. 8. 17.

Rr ij   liebe

Von Maria der Wunderbarlichen Mutter.

liebe Kind zu ihr kommet/sondern selbsten demselben entgegen lauffet/umbfahet/vnnd auff die Arm nimbt/auch für daßselbige sorget; also begegnet allen ihren Liebhabern vnnd Kindern MARIA, vnser Wunderbarliche Mutter/ vnnd befürdert derselben Heyl/ wann sie auch nie daran gedencken: dahero

C. Super Missus est.

sagt der H. Bernardus: Quid mirum, si invocata adest: quæ etiam non vocata præsto est? Was soll es wunder seyn/ wann sie auff geschehenes Anruffen kombt: weil Sie auch vnangeruffen Hilffreich erscheinet?

II.
Maria will helffen/ weil Sie ist ein Mutter der Barmhertzigkeit.
D. Serm. 2. Super Salue Regina.

11. Will Sie helffen/ weil Sie warhafftig ist ein Mutter der Barmhertzigkeit / welche nit kan/ noch will jemand ihr Hilff versagen. Auff dises redet auch der H. Vatter Bernardus, vnd spricht: D. Gewißlich Fraw/ wann ich dich anschaw/ so sihe ich nichts als lauter Barmhertzigkeit: dann wegen der Armseeligen bist du ein Mutter Gottes worden/ vnd hast aber das die Barmhertzigkeit gebohren/ vnd ist dir auch das Ampt der Barmhertzigkeit anbefohlen worden: du wirst allenthalben mit Barmhertzigkeit vmbgeben/ vnnd hat das Ansehen / als wann du allein Barmhertzigkeit begehrest/also sorgfältig bist zu für die Armen.

E.Lib.6.Reuelat,c. 10.

In der Offenbahrung der H. Birgittæ wird vermeldt/ E. daß sich B. L. Fr. in einer Erscheinung also gegen ihr erkläret hab: Ego sum Regina Cæli, ego Mater misericordiæ, iustorum gaudium, & auditus peccatorum ad DEVM. Ich bin ein Königin deß Himmels / ich bin ein Mutter der Barmhertzigkeit/ ein Frewd der Gerechten/ vnd den Sündern ein Zugang zu GOTT.

F. In vita eius. Vespasiani Ædte.

Suetonius schreibt von dem Keyser Vespasiano: F. Er sey also barmhertzig vnd gutherzig gewesen/ daß er niemands Hilff versagt/sondern so vil möglich gewesen/ jederman geholffen: als er die Vrsach difes gefragt worden, hat er gesagt: Non oportet aliquem à Cæsaris colloquio tristem discedere: Es geziembt sich nit/ daß jemand von deß Keysers Anspruch trawrig vnd Hillfloß hinweg gehe: das war sehr löblich an einem Heydnischen Keyser: aber noch mehr ist das / daß die allerseeligste Jungfraw MARIA, alle zu ihr nahende arme Sünder auffnemmen/ trösten, vnd in keiner Noth Hilffloß lassen will.

Cant. 1. 12.

Dann von ihr stehet geschrieben/ da der König war in seiner Ruh/ gab mein Nard seinen Geruch: das ist/ wie Fridericus Fornerus aufleget/ G, da mein Sohn/ der ewige König/ gen Himmel gefahren, zu der Rechten seines Himmlischen Vatters/ vnd mich zu sich auffgenommen/ hat mein Barmhertzigkeit/ mein Clemenz, Gütigkeit/ vnd Süffigkeit sich sehr weit auffgebreittet/ nemblich vber alle/ welche Hilff bey Ihr suchen werden.

G. In Tricesimal Concione 24.

Wie die Mutter GOttes geneigt sey vns zuhelffen/ hat auch der H. Germanus Patriarch zu Constantinopel erkennt/ vnd hiervon also geschriben:

Die XVIII. Predig.

ten: *H.* Quis post Filium tuum ita generis humani curam gerit, sicut tu? quis ita nos defendit in nostris tribulationibus? Wer ist/der nach deinem Sohn für das Menschlich Geschlecht also Sorg trägt/als wie du? wer ist/der vns in vnsern Trübsalen also beschütze/ als wie du? Wer ist / der sich der armen Sünder also annemme/ als wie du? niemand ist der seelig werde/ O Allerheiligste/als durch dich? niemand ist/der von Vbeln erlediget werde/ O Allerkeuscheste/ als durch dich? niemand ist / deme ein Guad erwisen werde/ O Allergerechtiste/als durch dich? niemand ist/ deme Barmhertzigkeit widerfahre / O Allerehrlichste / als durch dich? quamobrem quis te non beatam pronuntiabit? darumb / wer solte dich nit Seelig sprechen?

H. Homil. de Zona & fascijs Deip.

Die ist zumercken/ daß die Mutter GOttes jhr Barmhertzigkeit gegen vns erzeigt/vnser Heyl begehrt/vnd fürdern well/ auß Lieb gegen jhrem Sohn: in dem Sie Jhr denselben für Augen stellet/ wie Er für vns gebohren/ gelitten/ vnd gestorben: vnd betrachtet/ wie daß es zu dessen grössern Glory vnd Ehr gereiche/wann die/so mit seinem Rosenfarben Blut erlöset/nit verlohren/sondern seelig werden; also laßt sie jhr auch vnser Heyl eyfferig angelegen seyn/ vnd befürdert dasselbig/damit das bitter Leyden jhres Sohns sein Zihl erlange/vnnd so grosse Mühe vnd Arbeit/auch dessen vnendtliche Verdienst nit vergebens angewendet werden.

III. Will vnd begehrt MARIA vns zuhelffen/weil Sie ist Aduocata nostra: vnser Aduocatin vnd Fürsprecherin. Die Rechten lehren/ *L.* daß bey einer jeglichen bestelten Republica vnd Regierung auß gemeiner Cassa ein sonderbarer Aduocat bestellt werden solle/ welcher sich der Armen/ auch Wittwen vnd Waisen/ die sonsten nit zum Rechten kommen können/ annemmen vnd jhnen jhre Sach vmbsonst führen sollen. Vnd schreibt Plutarchus, *K.* daß vor Zeiten dises vblich gewesen/vnd also gehalten worden: wie dann der H. Priester Iuo auff dise Weiß sich der Armen angenommen/ vnd jhnen jhr Sach gantz vmbsonst außgeführt.

In der Triumphierenden Kirchen/vnnd Himmlischen Regierung/ist die allerseeligste Jungfraw MARIA zu einer Aduocatin vnd Patronin bestellt/ vnd gesetzt worden: damit Sie wie der H. Vatter Bernardus lehret/ *L.* als ein Mutter deß Richters/vnd auch als ein Mutter der Barmhertzigkeit/ die Geschäfft vnsers Heyls bittlich/ vnd krafftig handeln solle: auff welches auch die Catholische Kirch mit dem H. Gregorio Magno deutet/ vnd bettet: *M.* darumb hat Er dich von diser gegenwertigen Welt auffgenommen/ vnd zu seiner Rechten gesetzt/ damit du bey dem Himmlischen Vatter wegen vnserer Sünden/trewliche Fürbitterin seyest.

III.
Ist vnser Fürsprecherin.
K.L. Ne quisque. ff. de Officio proconsul.
K. De Magnificentia.
S. Iuo Aduocat der Armen.
Maria Himlische Aduocatin.
L. Serm. de Assumpt. B. Virg.
M. In Orat. Secret. Vigil. Assumpt.
Eccli. 24. 19.

Dises Ampts rühmbt Sie sich selbsten/vnd spricht: Quasi platanus exaltata

tata sum iuxta aquas: Ich bin erhöcht vnd auffgewaschen / wie ein Ahorn am Wasser: dises Baums Blätter seynd gestaltet wie ein Schild: deßwegen verdolmetschet dise Wort auß dem Chaldæischen Text Theodotion also: Ego exaltata sum quasi scutum Aquæ; Ich bin erhöcht als wie ein Schild deß Wassers: das ist/ wie der H. Hieronymus erklärt: *N. In Psal. 42.* N. Ich bin gesetzt zu einer Beschützerin vnd Beschirmerin/ auch Trösterin vnd Helfferin aller betrübten vnd armen Sünder.

Diser Vrsach halber rufft vnd bettet zu Ihr die Kirch Gottes: Eia ergo Aduocata nostra, illos tuos misericordes oculos ad nos conuerte.: Eya du vnser Aduocatin, vnser Fürsprecherin/ wende zu vns dise deine barmhertzige Augen.

Im Leben deß H. Dominici wird beschriben, wie daß die Mutter Gottes ihme in S. Sabinæ Kirchen zu Rom erschinen/ vnd neben andern gesagt: *Salue Regina ein kräfftig Gebett.* daß/ so offt sie dise Wort im Salue Regina singen/ Sie Gott zu Füssen falle/ vnd vmb Erhaltung vnd Wolfahrt seines heiligen Ordens anruffe: warauß die Andacht gegen B. J. Frawen mercklich gemehret worden.

O. Super Missus est. Sap.6 8. Uber das lehret der seelige Albertus Magnus: O. daß MARIÆ wegen Ihrer Sorgfältigkeit zugeeygnet werden könne/ was im Buch der Weißheit geschriben stehet: Ipsi cura de omnibus: Sie tragt Sorg für *Im Buch der Weißheit P. Serm. de Natiu. B. V.* alle: das ist/ Sie ist bereit allen/ die Ihr Zuflucht zu ihr nemmen/ zuhelffen: dann wie der H. Ambrosius predigett: P. MARIA glorificata in cælis, terrigenis nunquam patrocinari desistit: MARIA, welche im Himmel erhöher ist/ hört niemahlen auff für die auff Erden zubitteren.

Vertrawen zu Maria. Herauß lehrne: wie wir Glaubige B. J. Fr. mit grossem Vertrawen vmb Ihr Hilff vnnd Fürbitt anruffen sollen: dann wir vergwißt seynd/ daß Sie will/ vnd geneigt ist vns zuhelffen/ auch dißfals die allergröste Sünder nit außschliesser.

Q. Hist. Lauret. lib. 3. cap. 33. Wie jener arme Jüngling erfahren/ von welchem Turselinus schreibt/ Q. daß er gar Gott verlaugnet/ den Teuffel angeruffen/ sich ihme mit seinem eignen Blut verschriben: damit er der fleischlichen Wollüsten mit einer Tochter/ welche er lang nit hat können zu Fall bringen/ geniessen möchte: wie er aber kaum einmal den gesuchten Wollust empfunden/ hat der nagende Wurm diß Gewissen dermassen anfangen zunagen/ vnd zufressen/ daß er vermeynt/ er müsse gar verzweifflen/ oder sich entleiben: doch saßt er endtlich wahre Rew vnd Leyd vber seine schwere Sünden/ vnd gehet voller Hoffnung gen Loreten: der Beichtvatter daselbsten/ deme er sein Anligen geklagt/ hat ihme gerathen/ er solle drey Tag vnd Nacht/ mit betten/fasten/wachen/ vnnd strengen Bußwercken zubringen/ auch die Himmel Königin ohne vnderlaß

vmb

Die XVIII. Predig.

vmb Hülff vnd Fürbitt antruffen / er wolle auch dergleichen für jhne verricht- **Maria erhält**
en: Damit er von Gott Gnad/ vnd dardurch vom Sathan sein blutige Hand- **ben/ der sich**
schrifft erlangen möchte. Dises ist alles geschehen. **dem Sathan verschriben.**

Nach dreyen Tagen sagt der Jüngling gantz demütig vor einem MARIÆ
Bild nider/ mit starckem Fürnemmen/ daß er nit mehr auffstehen wolle/ biß
er den Brieff erlange: wie er nun neben andern also gebetten/ vnd geruffen:
O heilige Jungfraw MARIA, zeige dich mir ein Mutter / vnd dein lieber
Sohn/ welcher für vns gebohren/ nemme durch dich mein armes Gebet an:
da fält jhme die Handschrifft oben herab in die Hand / welche er mit vnaußsprechlicher Freud dem Priester gezeigt: jhme sein Laster von Kindheit an
mit grosser Rew vnd Leyd gebeichtet/ vnd hinfüran sein Leben auff Gott/ vnd
MARIAM gewendet.

Hieher schickt sich wol/ vnd bestättiget obiges alles/ wie nemblich die Mut- **Maria will**
ter Gottes vns helffen wolle / ja vns zu helffen sorgfältig sey/ was Christus **vns helffen.**
selbsten die H. Mechtildis gelehrnet: R. Dann als dise angestanden/ wie sie **R P. Paulus**
die Lieb vnd Trew/ so jhr die Gebährerin Gottes erzeiget/ vergelten solte/ ist jhr **Barry. c.7.**
Christus erschinen/ vnd gesagt: Mein Tochter/ zur Dancksagung vnd Ver- **de octau. Vi-**
geltung aller Wolthaten / welche du durch die Fürbitt meiner lieben Mutter **sit. B. Mariæ**
empfangen hast/ lobe/ vnd preyse die grosse Trew/ mit welcher Sie gut gehelf- **deuot.5.**
fen / vnd volbracht hat allen Willen meines Vatters/ sowol mich/ als Sie **Weiß Mariæ**
belangende: lobe darneben alle außbündige Trew / damit Sie mir alle mögli- **lieb vnd**
che Dienst auff das fleissigst erzeiget/ vnd durch ein grosses Mitleyden in jhrem **Trew zu ver-**
Hertzen all Pein vnd Marter empfunden hat/ die ich an meinem Leib erlit- **gelten.**
ten: lobe weiters jhre vnvergleichliche Trew/ welche Sie noch jetzund spüren
last/ in dem Sie sich höchlich bemühet/ mir vil Seelen zu gewinnen: vnd den
vnverdrossnen Fleiß vnd Standhafftigkeit/ die Sie anwendet vmb dieselbe
widerumb in meinen Schaaffstall zu bringen. Bleibt also wahr/daß MARIA
die Mutter Gottes vns gantz standhafftig will helffen/ ja vns zu helffen sorgfältig sey/ vnd kein Mühe vnd Fleiß sparet.

Der II. Theil.

MARIA kan vns helffen.

Wir Menschen wolten offt gern einander helffen / aber es
stehet nit allzeit in vnserer Macht: dahero wann etwann nothley-
dende/ vnd krancke Personen in jhren Nöthen/ vnd Schmertzen
vns vmb Hülff zuschreyen/ pflegen wir zu sagen: wir wolten je gern helffen/ **Maria aber**
aber wir können nit helffen. B. L. Fraw aber will vnd kan in allen Nöthen **kan vnd will**
helffen: dann Sie ist die jenige/ welche von Jhr selbsten in jhrem Magnificat **vns helffen.**
gesungen:

Von Maria der Wunderbarlichen Mutter.

Luc.1.49. gesungen: Fecit mihi magna, qui potens est, & sanctum Nomen eius: Grosse Ding hat Gott an mir gethon/ der da mächtig ist/ vnd sein Nam ist heilig.

A. Serm.2. de Assumpt. B. V. Uber dise Wort schreibt der H. Augustinus: *A.* Gott hab nit allein darumb an Ihr grosse Ding gethon / daß Sie als ein Creatur den Schöpffer herfür bracht: daß Sie als ein Dienerin den HERRN gebohren: daß durch Sie Gott die Welt erlöst / erleuchtet / vnd zum Leben gebracht; sondern auch darumb / daß Er Sie in den Himmel auffgenommen / vnd vber alle Chör der Engel erhöhet / daß Sie daselbsten sich vnser annemmen / vnd vnser Heyl befürdern solle / vnd diß vmb desto vil mehr / sagt der H. Vatter / weil der König aller Königen / dich als sein Mutter / vnd höchste Gespons vor allen andern liebt / vnd mit dem Leben sich mit dir also vereiniget hat / daß Er dir / als seiner Mutter nichts abschlagen kan: vnd diß sein Wunder / daß sich Gott der herrschendt im Himmel diß zu thun würdiget / welchen dem ein kleines Kindlein auß dir gebohren / auff Erden so offt vmbfangen/ vnd geküsset hast.

B. In Speculo Virg. Hiervon schreibt auch der H. Bonauentura, *B.* dieweil der Herr am allermächtigsten mit dir ist / so bist du deßwegen am aller mächtigsten mit Ihme: du vermagst alles durch Ihn / vnd vermagst alles bey Ihme/ also/ daß du mit fug sagen kanst / was beym Syrach stehet: In Ierusalem potestas mea:

Eccli.24.15. Mein Gewalt ist zu Jerusalem: dann in Jerusalem / das ist / in der Triumphirenden vnd streitbaren Kirchen/ hat die mächtigste Mutter deß Erschaffers allen Gewalt vnd Macht.

C. Serm. de Assumpt. B. Virg. Eben dise Macht MARIÆ bestättiget der H. Fulbertus Carnotensischer Bischoff, *C.* vnd spricht: Daß Sie allen Erlösten könne mehr Hülff erlangen als alle mitteinander/ dieweil Sie verdienet/ für die/ die sollen erlöst werden/ den Werth/ vnd den heiligen Schatz zutragen: Uber das predigt von

D. Serm. 3. Super missus est. diser Sach der H. Bernardus, vnd sagt: *D.* Es ist nit billich/ O Fraw/ zu sagen / daß du den jenigen verlassen könnest / welcher sein Hoffnung (nach

Mariæ Fürbitt mächtig. Gott) auff dich setzt: weil du bist ein antächtige Mutter der Barmhertzigkeit: vnd vber das ist dir aller Gewalt im Himmel / vnd auff Erden gegeben / vt quæcunque volueris, valeas seruis tuis impetrare: daß du alles / was du mit wilst/ deinen Dienern erlangen kanst.

E. Part. 4. Tit.15.cap. 17 §.4. Die Vrsach/ warumb M. L. Fr. alles bey ihrem Sohn vermöge/ gibt der H. Antoninus, vnd sagt: *E.* daß der Mutter Gottes Gebett sey die allerebleste Weiß zu betten/ dann solches hab die Würckung nicht allein eines Patrocinij, vnd Fürbitt/ sondern auch eines Befelchs vnd Gebotts: vnd eben

F. Serm. 1. de Nat. B. V. darumb vnmüglich sey/ daß Sie nit erhört werde: vnd Petrus Damianus spricht: *F.* Accedit ad thronum Dei, non solùm rogans, sed & imperans:

Die XVIII. Predig.

rans: Domina, non ancilla: Sie tritt hinzu zu dem Thron Gottes/ nit allein bittend/ sondern auch befehlend: ein Fraw/ vnd nit nur ein Magd.

Da wird er fült/was Salomon in der Figur der Zeiten zu seiner Mutter/ welche etwas von ihme begehren wolten/gesagt: Pete Mater mea, neque enim fas est, vt auertam faciem tuam: Bitte mein Mutter/ dann es ist nicht billich/ daß ich dein Angesicht abwende. *3.Reg.2.11.*

Diser Vrsachen halben lehret der hochgelehrte P.Suarez, *G.* daß die Seligste Jungfraw MARIA, in der Macht deß Gebetts nit allein jegliche Heilige/ sondern auch zugleich das gantze Himmlische Heer vbertreffe. Vnd bezeugt Robertus Fossanus, *H.* daß er im Leben deß H. Vatters Dominici gelesen/daß ein eintziger Seufftzer B.E.Fr.mehr bey ihrem Sohn vermöge/als zugleich aller Heiligen Fürbitt. *G.1.Tomo. 3.part. Disp. 23.sect.2. H.In Salut. Angel, Concil.35.*

So schreiben auch der hochgelehrte Idiota, *I.* vnd der H.Chrysostomus, *K.* in Betrachtung/wie mächtig MARIÆ Fürbitt/ vnd sagen: Ihr Hülff sey so groß/ vnd ihr Fürbitt so starck/ daß offtermahl die jenige/welche die Gerechtigkeit deß Sohns Gottes ewig verdammen wurd/ durch Ihre Barmhertzigkeit vnd Hülfferlediget/vnd selig werden. *Seufftzer Mariæ kräfftig. I.In lib.de Contempl. B.Virg. K.Homil.in Hvpapant. L D: excel. Virg. c.6.*

Ja der H Anselmus Ertzbischoff zu Candelberg eignet MARIÆ Fürbitt *L.* so grosse Macht zu/ daß zu Zeiten auff Anruffung derselben ehender/vnd bälder Hülff erfolge/ als auff anruffen deß allersüssesten Namen Jesus/ Ihres eintzigen Sohns: vermeldet aber darbey/ daß solches nit darumb geschehe, als wann Sie grösser/ vnd mächtiger/ als Christus: Nein: dann Christus ist nit groß vnd mächtig durch Sie/sondern Sie ist groß vnd mächtig durch Ihne.

Dises aber sagt der H. Vatter vnd Lehrer/ sey die Vrsach: weilen Ihr Sohn ein Herr vnd Richter aller ist/ vnd aller Menschen Verdienst vnderscheidet/ vnd ansihet: dahero wann Er in seinem Namen angeruffen wirdt/ vnd vns nit erhört/ thut er es billich/ dann Er weiß/daß wir es nicht würdig seynd/ vnd vmb ihn nit verdient haben: wann Er aber im Namen MARIÆ angeruffen wird/ obwol alßdann die Verdienst deß Anruffenden nicht werth seynd/ daß sie erhört werden/ so kommen doch alßdann ins Mittel die Verdienst der Mutter Gottes/ welche wol würdig seynd/daß sie erhört werden. *Mariæ Gebett ist würdig/ daß erhört werde.*

Diser Sachen haben wir ein Entwerffung in den zweyen Zwillingen deß Alten Testaments/ dem Jacob vnd Esau: den Jacob liebte die Mutter/darumb/ weil er in den Tabernaculn oder Hütten wohnete: den Esau aber liebte der Vatter/ darumb/ weil er von dem/ was Esau im Jagen gefangen/ gern asse. Nun zeigt die H. Schrifft an/ daß dem Jacob mehr die Mütterliche/ als dem Esau die Vätterliche Liebe genutzet habe: dann Jacob/ welchen die Mutter liebte/ vnd auff seiner Seiten war/ hat durch ihr Hülff den *Gen.27.7. Mütterliche lieb fürträglich.*

Vätter

Von Maria der Wunderbarlichen Mutter.

Vätterlichen Segen/ der Voreltern Erbschafft/ Verwandtnuß mit Christo/ Freundschafft mit Gott/ vnd endtlich das ewige Leben erhalten: da hingegen Esau/ der vom Vatter geliebt war/ aller diser Ding beraubt worden.

Alexander Magnus pflegte vor Zeiten von seiner Mutter zu sagen: Vna Matris lacryma, multas delebit epistolas: Ein eintziger Zäher/ oder Thräne seiner Mutter/ werd vil Brieff (darinnen nemblich das Vrtheil/ andere zu straffen begriffen) außlöschen/ vnd cassiren.

Fürbitt Mariæ wendet vil Vbel ab. M. in Meditat.

Dises kan noch vil mehr gesagt werden/ vnd ist auch noch vil mehr wahr von der Wunderbahrlichen Mutter Gottes MARIA, daß nemblich ein eintzige Fürbitt MARIÆ vil/ ja sehr vil von jhrem lieben Sohn/ der sündigen Welt getrowte/ vnd vor Augen stehende Vbel abwenden könne/ vnd offt abgewendet habe. Daher schreibt recht ermelter H. Anselmus: *M.* Gleichwie/ O Allerseligste/ ein jeglicher/ der sich von dir wendet/ vnd von dir veracht wirdt/ nothwendig verderben muß; also hingegen ist vnmüglich/ daß der/ der sich zu dir wendet/ vnd von dir angesehen wird/ verderbe.

Dann gleichwie Gott der HERR den jenigen gebohren/ in welchem alles lebt; also hast du/ O Blum der Jungfrawschafft/ den jenigen gebohren/ durch welchen die Todten lebendig werden: darumb bist du ein Mutter der Rechtfertigung/ vnd der Gerechtfertigten: ein Gebährerin der Versöhnung/ vnd der Versöhnten/ ein Herfürbringerin deß Heyls/ vnd der Heylwertigen/ vnd Seligwerdenden: Stehe mir derowegen bey/ O Gebährerin deß Lebens! O Mutter deß Heyls! O Tempel der Andacht! O Tabernacul der Barmhertzigkeit!

N. In Stellar. B.V.

Solche krafftige vnd mächtige Fürbitt MARIÆ, hat neben andern vilen erfahren jener grosse Sünder/ von welchem Pelbartus schreibt/ *N.* daß selbiger vor seinem End für den Richterstul Christi verzuckt worden/ vnd daselbst von seinem eignen Gewissen hart angeklagt/ auch jhme von den bösen Geistern gantze Bücher/ darinnen alle seine Sünd vnd Missethaten mit eysenen Griffeln eingeschriben gewesen/ vorgewisen: über das/ die Höll jhren abschewlichen Schlund offen gehalten/ vnd er nichts anders/ als das erschröcklich Endvrtheil/ vnd das ewig Verderben zu gewarten gehabt.

Mariæ Festtäg verehren/ sehr nutzlich.

Christi H. Blut sehr heylsam.

In diser eussersten Noth wird er anschrig der Allerseligsten Jungfrawen MARIÆ, welcher er an dero Festtägen seine Seel befohlen: dise kam ins Mittel/ vnd jhme zu Hülff/ bat jhren allerliebsten Sohn nur vmb ein eintziges Tröpfflein seines vergossenen H. Bluts/ darauß das Heyl diser Seelen zu erlangen. Was geschicht/ Christus erhört sein bittende Mutter/ vnd sprach: Mutter/ was du begehrt hast/ das hast du erhalten: darauff/ welches ja wunderbarlich ist/ alsbald auß Christi gebenedeyter Seiten ein Bluströpfflein

Die XVIII. Predig.

lein herauß gangen/welches die Mutter GOttes mit höchster Ehrerbietung genommen / vnd in die zu ringe Wagschüssel gelegt/vnd dardurch erhalten/ daß selbige alßbald den bösen Wercken welt/ weit vorgewogen/vnd der arme Sünder hierauff getröst/ vnd frölich / auch seelig verschiden. Da heißt es: Abyssus abyssum inuocat: Der Abgrund der Barmhertzigkeit MARIÆ, rufft an den Abgrund der Barmhertzigkeit Christi Iesu jhres allerliebsten Sohns/ wie der H. Bonauentura in seinem MARIÆ-Spiegel außleget.

Die lehrne: wie daß MARIA den allergrösten Sündern Gnad erlangen/ vnnd allen denen/ so in eussersten Gefahren deß Leibs vnd der Seelen seynd/außhelffen könne/ vnd deßwegen alle zu Jhr/ jhre Zuflucht nemmen/ vnd Sie in Nöthen anruffen sollen; dann wie der H. Anselmus O. sagt: Benignissimus Filius tuus Dominus noster IESVS Christus erit ad concedendam, quidquid velis, promptissimus, & exaudibilis: tantummodò velis, salutem nostram: Dein allergnädigster Sohn / vnser HERR JEsus Christus wird geneigt seyn/ zuerhören vnd zugeben/ alles was du nur wilst: derowegen begehre allein vnser Heyl.

Maria in Nöthen anzuruffen. O. De Excell. c. 11.

Diser mächtigen Hilff ist auch vertröstet worden der H. Hyacinthus, ein edle Blum vnder den Liebhabern MARIÆ, vnd ein würdiger Discipul deß H. Vatters Dominici: disem ist die mächtige Mutter GOttes selbsten erschinen/vnd jhne gantz tröstlich also angeredt: Gaude fili Hyacinthe, quia orationes tuæ gratæ sunt Filio meo, & quidquid ab eo per me petieris, impetrabis: Erfrewe dich/mein Sohn Hyacinthe/deine Gebett seynd meinem Sohn angenemb/vnd alles was du durch mich wirst begehren/das wirst du erlangen. P.

Mariæ Hilff/ tröstlich.

Ich beschliesse disen Puncten mit Arnoldo Carnotensi sprechendt: Der Mensch hat ein Mittler seiner Sach: den Sohn vor dem Vatter/vnd vor dem Sohn die Mutter/Christus zeigt dem Himmlischen Vatter sein eröffnete Seiten/ vnd Wunden: MARIA zeigt Christo jhr Hertz vnd Brüst: da kan kein Abschlagen erfolgen/wo zu Erhaltung einer Sach so vil Gedächtnuß der Barmhertzigkeit/ vnd so vil Zeichen der Liebe mit vnderlauffen/ vnd fürgewendet werden. Bleibt also wahr/daß MARIA helffen kan.

P. In vita eius.
Q. Tomo 6. Bibliothec. Patrum.

Der III. Theil.

MARIA weißt vns zuhelffen.

Ist geschicht es/ daß wir den Nothleydenden gern wolten/ vnd köndten helffen: aber wir wissen nit/wo es fählet/vnd wie jhnen vns zuhelffen ist: aber MARIA die Wunderbarliche Mutter will vns

Maria weißt helffen.

helffen/

Von Maria der Wunderbarlichen Mutter.

helffen/Sie kan vns helffen/vnd weißt vns zuhelffen/wañ soußen gleich alle Menschliche Kunst fehlet/vnd kein Mittel vnd Rath zuhelffen vorhanden ist.
Auff MARIÆ Wissenschafft vns zuhelffen redet der H. Anselmus, vnd spricht: *A.* Nescit homo, quid oret, & quomodo oret, tu pro nobis ora Mater Dei, quæ, quid, & quomodo nobis petendum sit, nosti: Der Mensch weißt nit/was er betten/ vnnd wie er betten soll: du Mutter GOttes bitt für vns/dann du weißt/was/vnd wie wir betten sollen.

A. De Excell. Virg.
Maria weißt vmb vnser Thun

Auff dises redet auch der H. Germanus, vnd sagt: *B.* Omnia observas MARIA, omnia contueris, & inspectio tua ad omnes se porrigit: O heilige MARIA, du gibst Achtung auff alles/ du sihest alles/vnd dein Auffsehen erstreckt sich auff alle: vnd obwohln vnsere Augen noch der Zeit verhindert werden/ daß sie dich nit sehen können / so offenbahrest dannoch du/ allerheiligste Jungfraw/dich vns mit würdigen Wercken.

B. Serm. 2. de Assumpt. B. Virg.

Es lehret auch der H. Bernardus: *C.* Wir sollen nit zweifflen/daß die vns gegenwertig sey/ vnnd vnser Anligen wisse / welche wir als ein Mutter grüssen: dann Sie erkennet/die Sie lieben vnnd sey nahend zu allen denen/ die Sie anruffen.

C. Serm. Super Salue Regina.

Eben dises bestättiget auch der alte Lehrer Idiota, *D.* vnd sagt: Sie opffere vnser Gebett vnnd Opffer ihrer Diener/ innsonderheit welche ihr zu Ehren verricht werden/ vor dem Angesicht Göttlicher Majestät auff/ darumb daß Sie vnser Aduocatin vnd Vorsprecherin ist bey ihrem Sohn/als wie der Sohn bey dem Vatter: ja bey dem Vatter vnnd dem Sohn vertrit Sie vnser Stell/führet auß vnser Geschäfft vnd Handel/vnd bringt für vnser Begehren: dann Sie ein Schatz deß HERRN/ vnd ein Schatzmeisterin aller seiner Gnaden ist.

D. Lib. de Contempl. Mariæ.

Es hat die Mutter GOttes/ da Sie noch auff diser Welt war/den Nothleydenden wüssen zuhelffen/ wie neben andern das Exempel der Hochzeitleuth zu Cana Galileæ außweiset/alda Sie den Dienern gesagt: Was Er euch sagen wirdt/ das thut; krafft welches Sie/ wie Maldonatus lehret / *E.* schon auß dem Geist der Weißheit sambt allen Vmbständen gewüßt/ daß/ vnnd wie durch Ihr Fürbitt ihnen werde geholffen werden : wie vil mehr weißt Sie jetzunder vns zuhelffen/weil Sie erhöcht/vnd gesetzt ist zu einer Königin deß Himmels vnnd der Erden/ auch ein Mittlerin vnd Patronin aller Glaubigen ; dahero sagt der H. Bernardus: *F.* Laßt vns Sie starck halten/vnnd keines wegs laßen/ biß daß Sie vns segne/ dann Sie ist mächtig/ vnd gestellt ein Mittlerin zwischen Christo vnd der Kirchen.

Maria hilfft den Nothleydenden.
E. In cap. 2. Ioan.

F. Serm. Signum magnum.

Ist in allen Anligen vmb Hilff anzuruffen worden.
G. Ad Hor.

Diser Vrsachen halben ist Sie von Anfang der Christenheit in allen grösten Anligen vnnd Nöthen von allen Rechtglaubigen vmb Fürbitt angeruffen worden: ja die Vätter deß Basileensischen Concilij, wie auch Ioannes Patriarch zu Constantinopel/ *G.* haben observiert vnd befunden/ daß alle

grosse

Die XVIII. Predig.

groſſe Straffen/ als Krieg/ Thewrung/ Peſtilentz/ Ketzereyen vnd Vneinigkeiten in Glaubens Sachen ehender nit auffgehört/ biß daß man bey MARIA Rahts geſucht/ vnd gefunden. miſdam Pap. tract. 1. Epiſt. Pontiſ.

Diſer Sachen will ich nur etlich wenig Exempel erzehlen: vnd zwar die Krieg belangendt/ daß ſolche offtermahl/ vnnd endtlich durch Fürbitt der Mutter GOttes ein End genommen/ bezeugen folgende Hiſtorien. Maria wendet Krieg ab/ vnd gibt Sig.

I. Beſchreibt der H. Gregorius, H. was Theodoricus der Arianiſche König/ wie auch Attila der Gothen König/ für groſſe Vbel in Welſchland eingeführt/ vnd wie mit Rauben/ Morden/ Brennen/ ſo jämmerlich gehauſet/ daß der H. Benedictus dem Attila ſolches verwiſen/ vnd wie Procopius bezeuget/ L. geſchriben: Multa mala facis; multa mala feciſti, iam tandem aliquando ab iniquitate conquieſce. Du thueſt vil Vbels/ vnd haſt vil Vbels begangen: laſſe einest von deiner Miſſethat ab. H. Lib. 1. Dialogor. cap. 30.

J. De Bello Gothico. l.

Zu Abwendung diſer Tyranney/ iſt von dem Römiſchen Keyſer in das Welſchland geſchickt worden Narſes, ein fürtreffhlicher General, doch darbey ein Gottſeeliger Herz/ vnnd wie Paulus Diaconus ſchreibt/ K. ein ſonderbarer Liebhaber V. L. Frawen/ welche er mit Wachen vnnd betten alſo verehrt/ daß es das Anſehen gehabt/ er ſtritte mehr mit dem H. Gebett/ als mit Waffen: diſer hat vnderſchidliche Sig wider die Feind erhalten/ vnnd endtlich den Attilam ſambt ſeinem gantzen Kriegsheer erlegt/ vnnd gantz Welſchland von der Tyranney der Arianer/ vnnd Gothen erlediget: diſes alles aber hat er verrichtet/ ſagt der H. Gregorius, L. durch Hülff vnnd Fürbitt MARIÆ. Attila wirdt erlegt.

K. Lib. 2. de Geſtis Longobard. c. 3. Narſes erhält den Sig.

L. Lib. 4. Dialogor. cap. 30.

Dann die/ welche mit vnd bey dem Nerſete geweſen/ haben erzehlt/ daß/ als er GOtt vmb Hilff vnd Abwendung der Feind innbrünſtig angeruffen/ ſey ihme die Seeligſte Jungfraw/ vnd Gebärerin GOttes MARIA erſchinen/ hab ihme die Stund vnd Zeit benambſet/ wann er mit dem Feind ſchlagen/ auch ehender den Streit nit anfangen ſolle/ biß daß er von Himmel ein Zeichen haben würde: wie dann geſchehen/ vnnd hat er nit allein diſen ſondern noch mehr Sig wider die Feind/ durch MARIÆ Hilff erhalten.

Keyſer Heraclius hat vil Jahr in Perſide wider die Feind deß Chriſtlichen Namens gekriegt/ inſonderheit wider den Choſroën der Perſier König: endtlich aber denſelben vberwunden/ vnd das H. Creutz/ in welchem vnſer Heyland den Todt für vns erlitten/ widerumb erobert: diß aber/ wie Theophanus bezeugt/ M. iſt auch geſchehen mit MARIÆ Hilff/ welcher er faſt vngeſchon geweſen/ vnnd höchſt verehrt hat: vnd als vil ſeiner Soldaten/ in gröſter Geſahr meutenieret/ vnnd von ihm Pflichtbrüchig worden/ ſprach er zu denen/ welche trew bey ihm gehalten/ wie Cedrenus erzehlt: N. II. Heraclius obſiget wider Choſroën.

M. In Annali b. Græco Anno 623.

N. In Compendio. Anno 626.

Videtis, fratres, neminem nobis adeſſe velle, præter Vnum DEVM, &,

GOtt vnd Maria helffen in aller Noth.

quæ eum sine semine peperit, Virginem: Ihr sehet Brüder/daß niemand bey vns halten will/als allein Gott vnd die Seeligste Jungfraw/ welche ohne Menschlichen Saamen gebohren. Darumb geschihet/daß vns GOtt vom Himmel Hilff schicket/vnd in vns/vnd allen disen sein Allmacht erzeiget: wie noch dasselbig Jahr geschehen: in welchem er wider den Razeten, welcher von Chosroa mit grossem Heer außgeschickt war/beherzt angriffen/erlegt/ vnd mit Hilff GOttes/ vnd Fürbitt MARIÆ, welche er/ wie Theophanes schreibt/ Anxiliatricem, zu einer Helfferin deß ganzen Streits erwöhlt/ ein ansehentlichen/ auff seiner Seiten schier ganz vnblutigen Sig erhalten: dann der Seinigen allein 50. von dem Feind aber vil 1000. auff dem Plaz blibe.

III. Sain Chosroæ FeldObrister.

Theodorus vberwindt die Feind.

Ingleichem hat auch Theodorus, deß Keysers Heraclij Bruder/den Sain deß Chosroæ fürnembsten KriegsObristen/ mit MARIÆ Hilff/ mit wenig der Seinigen erlegt/ vnangesehen der Sain ein Armada von 50000. außerlesnen Völckern/welche Aureus Cuneus, das guldine Heer genennt worden/beysammen gehabt: dann als Theodorus nechst GOtt/ auch MARIAM eyfferig angeruffen/ seynd gleich bey Anfang deß Streits vber deß Feinds Heer/auß schwarzen förchtigen Wolcken/grosse Hagelstein gefallen/ vnd der Barbarischen Völcker vil zu todt geschlagen/auch derselben KriegsOrdnung zertrennt/ vnnd also von deß Theodori Soldaten/ welchen vnder dissen die Sonn geschinen/in die Flucht gebracht worden: wie Paulus Diaconus meldet, O.

O. Lib. 18.

P. In Zimisca.

IV. Scythen/ Tartarn/ Bulgarn.

Ioannes Curapalates P. schreibt: Als Keyser Nicephorus vmb das Jahr Christi 969. armseelig vmbs Leben kommen/ vnd jhme Ioannes Zimisca succediert/ vnd gefolgt/ haben sich wider jhne empört/ vnnd ein Bündnuß gemacht die Scythen/ Tartarn/ Türcken/ Russi/ Bulgarn/vnd wider jhne vber die dreymahl hundert Tausent Mann zusammen bracht/auch aller Orthen darmit ins Reich gefallen: welche aber er alle/ nach vnd nach/ also empfangen/ daß sie mit Spott abziehen müssen/ auch insonderheit die Bulgarer vnder seinen Gewalt gebracht: vnd dises durch MARIÆ, vnd deß H. Theodori, welche er jederzeit für sonderbahre Patronen verehrt/ Hilff vnd Fürbitt: welches wegen er zu schuldiger Dancksagung dem H. Martyr Theodoro ein gantz newe stattliche Kirchen/ nechst GOTT zu Ehren erbawen lassen: vnnd im Eingang gen Constantinopel/als jhme der Patriarch sambt der gantzen Priesterschafft vnd Clerisey/ auch StattRahr/ vnnd allem Volck entgegen zogen/ vnd einen stattlichen Triumphwagen/ daran vier weisse Pferdt gespannen waren/ offeriert, hat er sich zu Pferdt gesezt/ auff den Triumphwagen aber die Kleider/ vnnd Raub von den Bulgarn gelegt/ hierauff die Bildnuß der Glorwürdigsten Jungfrawen MARIÆ gesezt/

Zimisca triumphiert.

Die XVIII. Predig.

seyt/vnd also nechst Gott/Jhr den Sig zugeschriben vnd Gott/vnd seiner Mutter ein stattliche Kirchen erbawen lassen. Zonaras. Q.

Auff dise Weiß hat Andreas deß Keysers Basilij KriegsOberster/ die überwindung der Saracener/ MARIÆ Hülff zugeschriben: dann als der Saracener Obrist/ Thorsus genannt/ jhme ein Absagbrieff zugeschickt/vnd drinnen Christum/vnd sein Glerwürdigste Mutter gelästert/hat er selbigen ein MARIÆ Bild gehenckt/ vnd Jhr sambt jhrem Göttlichen Sohn die Schlacht heimbgestellt/darauff den Feind angriffen/ vnd vberwunden: welches nach er ein stattliche Columnam, oder Triumphsaul auffrichten lassen/vnd mit MARIÆ den Sig zugeschriben: wie Ioannes Curapalates beschreibt. R.

Eben also hat Ioannes Comnenus Keyser zu Constantinopel/ da er wider die Scythier/ vnd Tartarn kriegen solt/ Gott durch MARIÆ Fürbitt umb Hülff angeruffen/ vnd ein stattlichen Sig erhalten: darauff auch die Bildnuß MARIÆ auff ein gantz silbernen mit Edelgesteinen versetzten/ vnd vier schneeweissen Pferdten gezogenen Triumphwagen einführen lassen: Jhm Triumphwagen er mit einem Creutz in der Hand/ vorgangen. Nis Chomiates. S.

Ist ist auch die Hauptstatt Constantinopel vor dem Anlauff der Feinden leer worden: als im Jahr 625 wider die Hunnen: allda B.L.Fraw mit Leitung schöner Jungfrawen gesehen worden/ die Statt vmbgehen/ auff die/so der Statt hart zugesetzt/vnd beldgert gehabt/ mitteinander selbs gestritten/vnd einander erlegt/wie Cedrenus meldet. T.

Jtem im Jahr 672. da selbige die Saracener siben Jahr nach einander April biß auff den September belägert/ vnd Winterquartier in Cyzico lagern/aber wie Theophanes schreibt/ V. auß Göttlicher / vnd MARIÆ F, also geschwächt vnd ruinirt worden/daß sie cum ingenti mœrore, mit grosser Bestürtzung abziehen müssen.

Jm Jahr 717. hat Leo Isauricus die Bilder gestürmet/vnd mit Hülff Saracener die Statt an drey Orthen hart belägert: aber die Jnnwohner jhr Zuflucht zu MARIA genommen/ vnd mit dero Bildnuß ein Procession gehalten/auch dardurch die Auffhebung der Belägerung/ vnd stattlichen Sig wider zwey starcke Kriegsheer der Saracener erhalten: daß die Saracener erfahren/ sagt Theophanes: VV. Quia DEVS, & sanctissima Dei Mater MARIA, hanc muniunt vrbem, & sub alarum suarum protectione defendunt: daß GOTT/ vnd die Seligste Jungfraw/ vnd der Gottes MARIA, dise Statt erhalten/ vnd vnder dem Schutz ihrer Flügel beschützen: Diser Geschicht gedenckt Gregorius der Epistle diß Namens Pabst/ X. vnd sagt: Wie Judith Bethullam die Statt erhalten/ vnd darumb

Q. Tomo 9. Annal.
V. Saracener.
Der Sig Mariæ zugeschriben.
R.In Annal. ad Annum 867.
VI. Scythier/ Tartarn.
S. In Annalibus.
Die Statt Constantinopel wird erhalten.
VII. Hunnen. T. In Compendio.
VIII. Saracener. V. In Annal. Græcor.
IX. Leo Isauricus.
VV. In Annal.Græc.
X. In Epist. ad Germanū Patriarch. Constant.

Von Maria der Wunderbarlichen Mutter.

darumb Salus Israël, das Heyl Israel gerühmbt worden/alſo hab die Mutter Gottes Conſtantinopel erhalten.

X. Mauren.
Y. Lib. 7. c. 7.
Z. Lib. 4. c. 2.

Was für ein herrlichen Sig Pelagius I. König in Hiſpania wider die Mauren mit Hülff MARIÆ erhalten/ beſchreibt nach längs Lucas Tudenſis, Mariana, Y. Rodric. Toletanus, Z. allda diſer Gottſelige König von ſeinen Feinden ſo weit getriben vnd geängſtiget worden/ daß er ſich mit den Seinigen in die Berg vnd Hölen verbergen: auch die Gothi vnd Mauri nit anderſt vermeynt/ als daß er ſich ihnen ergeben müſte/ zu welchem End ſie Oppam, Ertz Biſchoffen zu Toleto/ deß Königs Wirizæ Sohn zu ihm geſchickt: König Pelagius aber verweiſt ihme vnd ſeinem Anhang den Abfall/ vnd Verfolgung der Kirchen/ nimbt ſein Zuflucht zu Gott vnd der Fürbitt MARIÆ, vnd begibt ſich in ein Höle.

Sig wider die Saracener.

Warauff Oppa die Saracener vnder dem General Alchman zum Streit ermahnt/ vnd die Höle anzugreiffen befohlen: wie dann geſchehen/ vnd von ihnen der Lufft mit Pfeilen auff die Höle angefüllt worden: aber Gott/durch MARIÆ Fürbitt, wandte die Pfeil vmb/daß ſie auff die Saracener gangen/ vnd vil 1000. derſelben erlegt/daß ſie endlich die Flucht geben müſſen: waren aber von Pelagio beherzt verfolgt/Oppa gefangen/ 20000. erſchlagen/ vnd 60000.in der Flucht von Erhöhung deß Meers erſoffen/ vnd ſonſten ellendiglich vmbkommen: die Höle aber iſt MARIÆ der Gebährerin Gottes eingeweihet/vnd die H. MARIA zu Cauadonga genennt worden.

XI. Mohren
A. Lib. 11. de rebus Hiſpan. cap. 23. & ſeq.
B. Ex Litt. Annuis Soc. Iesv, de Regno Angola.
XII. Angolaner. Luſitanier obſigen wider die Angolaner.

Ein ſolchen Sig hat auch Alphonſus VIII. König in Hiſpania im Jahr 1212. durch MARIÆ Fürbitt wider die Mohren erhalten/deren er/wie Mariana ſchreibt/ A. in etlichen Streiten vber 200000. erlegt/ da hingegen der Seinigen vber 30.nit ermangelt worden/ wie Alphonſus ſelbſten an Babſt Innocentium III.geſchriben.

Franciſcus Benzius erzehlt/ B. wie daß im Jahr 1580. die Luſitanier mit 200. Luſitanern/ vnd 1000 der Confœderirten Mohren/ wider die Angolaner/ deren 60000. waren/ getroffen/ vnd ſie erlegt haben: als der Angolaner General gefragt worden/ warumb er mit einem ſo groſſen Heer einer ſo kleinen Macht gewichen; hat er geantwortet: ſie haben weder die Luſitanier, noch derſelben wenige Macht geforchten/ dann ſelbige ſie bald wolten auffgeriben haben/aber ein Wunderfraw/mit groſſem Liecht glantzend/vnd ſchimmerend vmbgeben/ ſey neben einem gräulitiſchen Alten/ ſo ein bloſſes Schwerdt geſchwungen/ in der Lufft geſehen worden/ welche ihnen ein groſſe Forcht eingejagt/vnd in die Flucht gebracht haben.

XIII. Türcken.

Neben andern dergleichen vnzählich vil Exempln/ geſchweig ich auch deß jenigen Sigs/ welchen im Jahr 1571.die Chriſten wider die Türcken durch Fürbitt MARIÆ erhalten: welches wegen vom Babſt PIO V. das

Jeſt

Die XVIII. Predig.

feſt Maria de Victoria eingeſetzt worden: welches das Haupfeſt in der Ertz-Bruderſchafft deß H. Roſenkrantz/ ſo Jährlich den erſten Sontag Octobris gehalten wird.

II. Daß auch alle Ketzereyen endtlich durch Hülff vnd Fürbitt MARIÆ außgereutet werden/vnd ein End genommen/haben die Vätter deß Conſtantinopolitaniſchen Synodi in einem Sendſchreiben zum Babſt Hormiſda erkennt/ vnd diſe Wort geſetzt; Ecce, Interceſſione ſanctiſſimæ Virginis, olim quæ fuerant membra diuiſa, per Spiritûs ſancti gratiam ad Vnitatem & Charitatem perfectam ſunt redacta.: Sihe/ auff Interceſſion vnd Fürbitt der allerheiligſten Jungfrawen ſeynd/ Olim, ſchon vor Zeiten die miteinander entzweyte Glider durch die Gnad deß H. Geiſts/ zur Einigkeit/vnd vollkommenen lieb gebracht worden. *Maria reutet auß alle Ketzereyen.*

Eben diſes hat wahr befunden der H. Epiphanius Ertz Biſchoff zu Conſtantinopel/ welcher in einer Epiſtel zu gedachtem Bapſt auch alſo geſchrieben: Oret igitur Veſtra Sanctitas, vt Interceſſionibus Dominæ noſtræ ſanctæ glorioſæ Virginis Mariæ, omnia ad Vnitatem indiuiſam conueniant, & fundamentum Catholicæ fidei confirmetur per omnia: Darumben bitte Ewer Heiligkeit/ auff daß durch Fürbitt Vnſer lieben Frawen/der Glorwürdigſten Jungfrawen MARIÆ, alles zu vnzertheilter Einigkeit komme/ vnd das Fundament vnd Grund deß Catholiſchen Glaubens in allem beſtättiget werde.

Auff diſes haben auch geſehen die 630. heilige Vätter vnd Lehrer deß Chalcedonenſiſchen Concilij, vnd in Betrachtung/ wie die Mutter Gottes zu allen Zeiten der nothleidenden Chriſtenheit geholffen/ einhällig beſchloſſen/ daß in der gantzen Catholiſchen Kirchen aller Orthen von Jhr geſungen/vnd gebettet werden ſolle. Gaude Maria Virgo, cunctas hæreſes ſola interemiſti in vniuerſo mundo: Erfrewe dich O Jungfraw MARIA, dann du haſt alle Ketzerey in der gantzen Welt zerſtört. *Maria ein Zerſtörerin aller Ketzereyen.*

Hierauff/ wie Richardus ein Ertz Diacon zu Verdun ſchreibt/ hat der Verduniſche Biſchoff Pulcherius ein ſtattliche Kirchen erbawen/ vnd ein köſtliches MARIÆ Bild darinnen auffrichten laſſen/ vnder welcher Füſſen die Hölliſche Schlang mit jhrem Saamen gelegt: anzuzeigen/ daß Sie ein Zerſtörerin deß Teuffels/ vnd aller Ketzereyen ſey.

Diſes hat die Kirch Gottes erfahren zur Zeit deß H. Dominici, alda die Albigenſiſche Ketzerey in Welſchland/ Franckreich/ Teutſchland/ vnd vilen vmbgelegenen Prouintzen/ ja ſchier in gantz Europam, jhr Gifft außgoſſen/ vnd als wie ein Krebs vmb ſich gefreſſen: aber von den Catholiſchen beſtritten/ vnd außgetilge worden/ wie Ferdinandus Caſtiglio ſchreibt. *Albigenſiſche Ketzerey wird gedämpfft.* C.P.1.Lib.1. Hiſt. Ord. Præd.c.15.

Tt Dann

Von Maria der Wunderbarlichen Mutter.

Dann vnangesehen die Kegerunder Petro der Arragonier König 100000. Mann in eyl zusammen gebracht / ist doch ihnen der Christliche Held Simon Graff von Montfurt mit wenig 1000. der Seinigen entgegen gezogen / sein Hülff auff Gott vnd MARIAM gesetzt / vnd mehr als 100000. erschlagen.

Ingleichem als im Jahr 1213. ist abermal der Mauren König Memolinum vmb Hülff ersucht / vnd selbiger mit vnglaublicher Menge Volcks auß Africa in Hispanien geruckt / in Meynung gantz Europa zu bekriegen / auch allbereit dem Bapst Innocentio gedrohet / daß er seine / vnd der Seinigen Pferdt vnder die Porten S. Peters Kirchen zu Rom stellen / vnd in deß Bapsts Palatio, oder Burg sein Sigsfahnen auffstecken wolte / ist ihme gedachter Graff von Montfort mit 8000. Mann begegnet / aber nachmahl GOTT vnd MARIAM angeruffen / vnd auff ein Tag 100000. der Feind vnd Ketzer erlegt: warauff dise Ketzerey bald verloschen.

Ist also / vnd bleibt MARIA hæresum omnium fortissima expugnatrix: *D. In Specul.* aller Ketzereyen ein sehr starcke Bestreiterin / sagt der H. Bonaventura, *cap. 19.* vnd spricht der H. Bernardus: E. Tu terribilis es vt castrorum acies ordi- *E Serm. su-* nata vniuersis, qui filij tui Ecclesiam, deuotósque clientes tuos infestant: *per missus.* Du bist erschrecklich als wie die Spitz eines wolgeordneten Kriegsheers allen denen / welche deines Sohns Kirchen / vnd deine Liebhaber beleydigen.

Durch Ma- III. Haben MARIÆ Fürbitt vnd Hülff die Glaubige auch offt zur Zeit *riæ Hülff* der grassirenden Pest erfahren: wie dann im Jahr 144. zu Constantinopel *vnd Bitt* durch Einsatzung vnd Haltung deß Fests MARIÆ Reinigung ein grosse *wird die Pest* Pest auffgehört: da zuvor die böse Geister sichtbarlich erschinen / vnd an die *vertriben.* Häuser geschlagen / vnd hierauff so vil Personen auß dem Hauß gestorben / so vil Streich sie gethon. Baron. An. 144.

F. Lib. 1. de So ist bekandt / was Carolus Sigonius schreibt / F. wie daß Bapst *Regno Ita-* Gregorius wegen gleicher Vrsachen zu Rom ein Procession mit allem *liæ Anno* Volck angestellt / vnd die Bildnuß Vnser lieben Frawen / welche S. Lucas *591.* gemahlt / herumb tragen lassen / vnd also durch Fürbitt MARIÆ die Abwendung der Pest erlangt: dann damahls hat man auff der Höhe Hadriani den Engel deß Herrn gesehen sein Schwerdt einstecken / zum Zeichen deß Fried / vnd versöhnten Zorn Gottes: wie auch damehln gehört worden / daß ermelter Engel gesungen: O Königin der Himmel frewe dich / cann den du hast gebehrn / der ist von den Todten widerumb aufferstanden: darzu S. Gregorius mit allem Volck diß Gesängein hinzugethan: Ora pro nobis DEVM, Alleluia: Bitt GOtt für vns / Alleluia: vnd wird der Orth / da der Engel sich hören vnd sehen lassen / noch auff dise Stund die Engelsburg geheissen.

Mit

Die XVIII. Predig.

Mit dergleichen Geschichten vnd Exempeln seynd gantze Bücher angefüllet/ hie will ich noch diß allein erzehlen/ was Pelbartus S. Francisci Ordens G. diß Inhalts von jhm selbsten beschreibt: Als einest in Vngarn ein sehr gefährliche vnd vergiffte Sucht oder Pest entstanden/ vnnd daran vnzählich vil Menschen gestorben/ hab jhm einer groffen/ baret/ daß kein bessers noch krefftigers Mittel darwider zufinden sey/ als daß man Neun Aue Maria mit Andacht bette/ vnnd zu einem jeden das Zeichen deß H. Creutzes vber das inficierte Glid oder Orth mache: vnd der jhm solches gesagt/ betheweret hoch/ daß er allein durch diß Mittel sey curiert, vnnd geheylet worden: wie dann auch gedachter Pelbartus von jhm selber bezeugt/ als er hernacher mit der Pest angriffen worden/ hab er nichtes anders gebraucht/ als das erzehlte Mittel/ vnd so offt er gemelte Neun Aue Maria gesprochen/ vnd das Zeichen vber das inficierte Orth gemacht/ da hab die Pest nit können vber-Hand nemmen/ vnd sey also der Gefahr deß Todts entrunnen.

G. In Stellar. Coron. B. Virg lib. 1. part. 5. art. 1. cap 3.

Neun Aue Maria krefftig wider die Pest.

IV. Wie durch Fürbitt der Mutter Gottes auch andere Vbel abgewendet worden/ erscheint neben vil Tausenten Exempeln/ auch auß folgendem gnugsamb: Im Jahr 1117. seynd vnder dem Römischen Keyser Henrico I V. grosse Zeichen gesehen worden/ welche den gegenwertigen Zorn Gottes Augenscheinlich verkündigten: dann wie Sigebertus H. vnd Bozius I. schreiben: seynd die Wasser weit außgelauffen/ erschröckliche Wolckenbrüch/ so gantze Stätt weg gerissen/ auch Erdbidmen/ so Thürn vnd Schlösser zu Boden geworffen/ geschehen: es seynd auch allerhand Monstra, vnd Wunder-Thier auß der Erden vnnd Meer herfür kommen: theils Flüß haben sich wie die Mauren auffgebäumet/ theils seynd gantz außgetrucknet: an ettlichen Orthen hat es Blut geregnet: in der Lufft hat man Scharmützieren/ vnd ein Geräusch der Waffen gehört: in Summa/ es war Ellend/ Schröcken/ Angst vnd Forcht.

Auch andere Vbel abgewendet.

H. In Chronico. I. De sigois Ecclesiæ.

Dise Vbel abzuwenden/ vnd Gottes Zorn zustillen/ hat man hin vnnd wider in Welschland Supplicationes vnd Fasttäg angestellt/ vnd nechst Gott MARIAM vmb Fürbitt angeruffen: was geschicht: ein kleines vnmündiges Kind hat zu Cremona angefangen zureden/ vnd gesagt: es hab vor dem Richterstul Christi die Mutter Gottes MARIAM sehen stehen/ vnnd für das Menschliche Geschlecht inständig bitten/ daß Er dises schwere Gericht/ welches Er wegen der sündigen Menschen gedacht ergehen zulassen/ ab- vnd einstellen wolle/ vnd sey erhört worden.

Ein vnmündiges Kind redet.

Recht derowegen redet Alcuinus Vnser Liebe Frawen an/ vnd spricht. K. Sihe/ wir arme Sünder stehen vor dem Gestrengen Richter/ dessen erschröckliche Hand vber vns das Zorn-Schwert schwinget/ vnd zucket: wer wirdt aber solches abwenden? Niemandt wahrlich/ O Fraw/ ist so tauglich

K. In Serm. de Natiuit.

lich vnd Mächtig/die Hand für vns fürzuwerffen/als die Allerletste GOttes/ durch welche wir auff Erden die Gerechtigkeit vnd Barmhertzigkeit empfangen haben: dann wann du für vns deine Arm außstreckest/ so wird gleich das Schwert der Göttlichen Raach zuruck gezogen.

Dahero bitten wir zum Beschluß diser Predig mit der Catholischen Kirchen zu jhr billich/ vnnd sprechen: Recordare Virgo Mater, dum steteris in conspectu Dei, &c. Sey du vnser jrgedenck. O Jungfraw/ vnd Mutter/ wann du stehest vor dem Angesicht GOttes/ daß du vns ein gutes Wort verleyhest/ vnd seinen Zorn von vns abwendest: die Zeitlich/ dorten aber Ewig. Das verleyhe vns die Allerheyligste Dreyfaltigkeit: GOTT Vatter/ Sohn/ vnd H. Geist/ Amen.

Die Neunzehende Predig.

Mater Admirabilis, Ora pro nobis.

MARIÆ Hilff vnd Fürbitt geniessen die Lebendige/ Sterbende/ vnd Todte.

Thurn Davids.

Es der König David wider seine Feind ansehnliche Sig erhalten hat er auff dem Berg Syon ein sehr hohen vnd starcken Thurn von Grund auffbawen vnnd mit Bollwerck/ Pasteyen/ Wehr vnd Waffen/ auch Munition/ vnd Proviant wol versehen lassen.

A. Serm. 7. in Cant.
B. In Iob. 29. 25.
Ist gewesen ein Trost vnd Zuflucht der Flüchtigen. Ein Vöstung/ ein Schaw Thurn.
Cant. 4. 4
C. In Cant.

Diser Thurn/ wie Gregorius Nyssenus, A. vnd Pineda, B. schreiben: ist I. ein Trost der Armen/ Nothleydenden/ vnd Betrangten gewesen/ als auff den sie in allen Gefahren jhr Zuflucht nemmen könden.

II. War selbiger ein vnüberwindliche Vöstung/ darauß man den Feindern vnd allen Feinden widerstand thun/ vnd sie mit Spott abtreiben könde.

III. Ist solcher ein Schaw Thurn gewesen/ auff welchem man den Feind auß spähen/ vnd dessen Augen von seiten sehen/ auch sich gegen demselben in Bereitschafft halten/ jhne vberwinden/ vnd im Friden bleiben können.

Dises Thurns geschicht Meldung in den Hohen Liedern Salomonis: daß selbiger mit Brustwähren gebawen gewesen/ daran auch Tausent Schilt gehangen/ vnd allerley Waffen der Starcken: dann vor Zeitten/ wie Rabbi Silometh erzehlt/ C. haben die König vnd Fürsten an dergleichen Thurn/ Schilt/ Duntzer/ Harnisch/ Bogen/ vnd Pfeyl vn.d andere Kriegswaffen pflegen auffzuhencken: zum theil zum Zeichen deß Sigs

wider

Die XIX. Predig.

wider den Feind / als welchen selbige Waffen abgenommen worden: Iosephus. D. zum theil / wie Maldonatus meldet / E. zur Zier: zum theil / den Feinden ein Forcht darmit einzujagen.

D. Lib. 15. Antiq. cap. 14.

I. Mit disem Thurn Dauids wird von der gantzen Catholischen Kirchen die allerseeligste Jungfraw MARIA verglichen: disen Marianischen Thurn hat erstlich GOtt selbsten von grund erbawet. Natus est in ea, & ipse fundauit eam Altissimus: der Allerhöchste ist ein Mensch in Ihr geboren / vnd er selbsten hat Sie wol gegründet: disen Text: Erbawet mit Brust Wehrn / verdolmetschen etliche: Ædificata ad disciplinas: Erbawet zur Zucht: als welche der gantzen Welt zur Lehr / Exempel / Beyspil vnd Nachfolg aller Zucht / Erbarkeit vnd Tugendten von GOtt gegeben vnd fürgestellt ist.

E. in Ezech. 27. 10. apud Cornel. à Lapide.

Maria ein Thurn Dauids: von GOtt selbsten erbawen. Psal. 86. 5.

II. Ist diser Thurn MARIA auffs best versehen / mit allerhand Pollwerck vnd Waffen der Starcken / das ist / mit Tugenden vnd grossen Gnaden. Vmbgeben ist Sie mit dem Graben der tieffesten Demuth: mit dem Wahl der Jungfräwlichen Keuschheit: mit der Maur der Mässigkeit: mit Brustwehren der Gerechtigkeit vnnd Stärcke: wol versehen ist Sie mit dem Perspectiu der Fürsichtigkeit: mit dem Schilt deß Glaubens: mit den Heerspitzen der Hoffnung: mit dem Geschütz vnnd Pfeilen der Liebe: dem mit Zeughauß der Barmhertzigkeit: ja mit Wehrn vnd Waffen aller Gnaden.

Maria ist versehen mit Tugendten.

III. Ist diser Dauids Thurn MARIA auch ein Vöstung der Zuflucht allen Geängstigten vnd Betrübten: welches wegen S. Germanus Patriach zu Constantinopel in einer Oration vnnd Predig / welche / wie Damascenus schreibt / auff das Chalcedonisch Concilium gebracht worden / offentlich gelehrt / daß bey MARIA alle Geängstigten jhr Zuflucht vnnd Hilff suchen sollen: zu welchem End auch die Kirch GOttes erjnnert mit dem schönen Gebettlein: Sub tuum præsidium &c. Vnder deinen Schutz vnd Schirm fliehen wir / O H. Gebärerin GOttes / verachte nit vnser Gebett in vnsern Nöthen / rc.

Ein Zuflucht allen Geängstigten.

IV. Ist MARIA der vöste Thurn / durch welchen wir allen vnseren Feinden Widerstand thun vnd vertreiben könden: dann gleichwie vor Zeiten von der Judith gesagt worden: Benedixit te Dominus in virtute sua, quia per te ad nihilum redegit inimicos nostros: GOtt hat dich gesegnet in seiner Krafft: dann alle vnsere Feind hat er durch dich zu nichten gemacht: Also macht GOtt durch MARIAM sein Glorwürdigste Mutter alle vnsere / insonderheit vnsichtbare Feind zunichten / dann Sie ist jhnen als ein wolgeordnete Heerspitzen erschröcklich / daß Sie auch gar von

Ein Vöstung wider die Feind. Iudith. 13. 22.

Ti iij weitem

Von Maria der Wunderbarlichen Mutter.

F. Tom 1.
Serm. 51.
Orat. 3. c. 2.
Ein Schaw-
Thurn.

weltem zu ihr sich nit nahen dörffen/sagt der H. Bernardinus Senensis. *F.*
V. Ist Maria die Mutter GOttes auch ein Schaw Thurn: auff welchem man sehen kan/ob ein FeindsGefahr verhanden oder nit / ob es Frid oder Unfrid: dann welche/nechst GOtt/auff Mariam ihr Auffsehen haben/derselben mit Andacht zugethan seynd/ und Sie verehren/die werden sich weder hie noch dorten von den Feinden zugefahren/sondern Frid haben/vnd erlangen/auch under ihrem Schutz erhalten/ und seelig werden.

a. In Spec.

Hört/ was hieruon der H. Bonauentura sagt : *G.* Qui dignè coluerit illam, iustificabitur, & qui neglexerit illam, morietur in peccatis suis. Wer Sie würdig verehren wird/der wirdt gerechtfertiget/vnd seelig werden: wer Sie aber versaumen wirdt/der wird in Sünden sterben.

Würckung
der Archen.
2. Reg. 6. 7.
1. Reg. 4. 4.

Es seynd etliche Lehrer der Meynung/ daß Oza/ und die Kinder Heli von der ewigen Verdambnuß herauß gerissen/ vnd den Himmel erlanget haben: weil die H. Schrifft von Oza sagt: er sey bey/vnnd neben der Archen gestorben / vnnd von den zween Söhnen Heli bezeugt: daß sie für die Arch GOttes gestritten/vnd gestorben.

So nun diß die Arch deß alten Testaments vermöcht/was wird wol Maria die lebendige Arch GOttes vermögen? der H. Ignatius Martyr sagt: Nunquam malè peribit, qui Genitrici Dei deuotus,sedulúsque extiterit: Niemahln wird der jenig verderben/vnd zu grund gehen/welcher der Gebärerin GOttes andächtiger vnd eyfferiger Diener seyn/ vnd verbleiben würdet.

H. Tract. 4.
Dial. c. 139.

So bezeugt vnd bekennet die H. Catharina von Senis/ *H.* GOt der Vatter hab ihr selbsten geoffenbaret/ vnd gesagt: der Mutter GOttes/meines Eingebohrnen Sohns/ ist von meiner Güte gegeben/ wegen der heiligen Menschwerdung in ihr / daß kein Sünder/ er sey wer er woll/ so mit gebührender Verehrung zu ihr sein Zuflucht nimbt/ solle vom Teuffel hingerissen werden: dise ist erwöhlt vnd bereittet/ als ein gar süsse lieblich Speiß vnnd Angel/ die Menschen/ vnd insonderheit die Sünder zufangen.

Dahero pflegt der seelige Ioan: Berchmann der Societet Iesv zusagen: wann ich Mariam liebe/ so bin ich meiner Seeligkeit/ vnnd der Beständigkeit in meinem Beruff versichert: vnnd daß ich darneben von GOtt erhalten werde/ alles was ich begehre/ vnd gleichsamb Allmächtig sey.

Tausent
Schilt han-
gen an ihr.
I. In Opus-
cul. 8.
Eccli. 24. 19.
Ahorn-
Baum.

VI. Gleichwie an dem Thurn Dauids Tausent Schilt gehangen/ also hat die Mutter GOttes Tausenterley Mittel/ durch welche Sie uns zu Hilff kombt/vnd vor Tausenterley Gefahren beschützet/wie der H. Thomas von Aquin disen Orth außleget/ *I.* welches wegen Sie einem Ahornbaum verglichen wird : Quasi Platanus exaltata sum iuxta aquam: ich bin auffgeschossen wie ein Thorn am Wasser in den Gassen.

Deß

Die XIX. Predig.

Deß Ahornbaums Blätter haben die Figur eines Schilts / vnd wird der Baum gleichsamb mit so vil Schilten vmbgeben / mit wie vil Blättern er behengt / vnd bekleidt ist: also ist die Seligste Jungfraw mit so vil Schützen bewahrt / mit wie vil Schutz vnd Hülffzeichen Sie sich gegen vns erzeigt: wer vnder einem Ahornbaum vor Hitz vnd Vngewitter vndersteher / der wird gleichsamb mit vnzahlbaren vilen Schilten bedeckt / also wer in der Noth zu MARIA sein Zuflucht nimbt / der wird mit dem Schutzschilt wider alle fewrige Pfeyl deß Schalckhafftigsten bedeckt / vnd sind gewisse Hülff.

Berühmbt ist der Schilt deß Myrteli, eines streitbarn vnd tapffern Heldens; welcher / nachdem er sich ritterlich in einer Schlacht auff dem Land gehalten / vnd mit seinem Schilt selbige erhalten: in ein Schiff vber Meer zu fahren gestigen / aber auff demselben ein Schiffbruch erlitten: in diser Wassersnoth hat er seinen Schilt / mit welchem er zuvor auff dem Land Ritterlich gefochten / vnd den Sig erhalten / ergriffen / sich an denselben gehalten / vnd mit Hülff desselben ans Gestatt kommen / wie der Poët Leonides schreibt.

Ein solcher Schilt ist MARIÆ Hülff / Sie dienet vnd hilfft zu Wasser vnd zu Land / auch in allen Gefahren: Ihr Hülff / Schutz vnd Fürbitt geniessen die Lebendige / die Sterbende / vnd Todten: wie geliebts Gott in folgender Predig erklärt werden solle. Bitt hierzu vmb gewohnliche Gedult / ꝛc.

Schilt Myrteli.

Maria ein starcker Schilt.

Der I. Theil.

MARIÆ Hülff vnd Fürbitt geniessen die Lebendige.

Es hat der H. Ephrem vor mehr als 1300. Jahren ein Lob-Predig von Vnser Lieben Frawen zusammen geschrieben / vnd gehalten: vnd in derselben die Mutter Gottes also angeredt. A. Stehe mir allzeit bey / du Barmhertzige / Gnädige / vnd Gütige Jungfraw: zwar in disem Leben ein eyfferige Beschützerin / vnd Helfferin: treibe von mir allen feindlichen Anlauff / vnd führe mich zum Heyl: in dem letzten Augenblick meines Lebens erhalte mein arme Seel. wende ab das abscheulich Anschawen der bösen Geister / vnd treibs weit hinweg: an dem erschröcklichen Tag aber deß Gerichts erledige mich von der ewigen Verdambnuß / endlich mach mich zum Erben der Glory deines Sohns. Die begehrt diser H. Vatter / daß Vnser liebe Fraw Ihme im Leben vnd Sterben / vnd nach dem Todt beystehen wolle.

Der H. Petrus Ertz Bischoff zu Ravenna / wegen grosser Geschicklichkeit / vnd

A. Orat. de Laud. B. V. Trost der H. Vätter gegen Mariam.

Von Maria der Wunderbarlichen Mut...

und Heiligkeit Chrysologus genannt / ein grosser Liebhaber ... und ein
starcker Beschirmer deß MARIÆ Feinds und Ertzketzers Euti... welchen
er mit stattlichen Schrifften schon vor mehr als 1200. J...
und in Betrachtung / wie Wunderbahrlich MARIA ; und ...
den durch Sie die Menschen empfangen / in seinen Büch...
schöne Sprüch hinderlassen. B.

B. Serm. 140 141. 143.
Gott erkennen / was es seye?

Wie groß GOtt sey / weiß der jenig nit / welcher sich ni...
Gemüth diser Jungfrawen / und ab ihrem Hertzen nit ...
Himmel erzittert / die Engel zittern / die Geschöpff kondt...
gantze Natur ist untauglich: aber ein eintziges Jungfräwl...
in ihrem Hertzen / und mit diser seiner Herberg benüg...
dem Erdreich den Friden / dem Himmel die Glory / den ...
den Verstorbenen das Leben / den Irdischen mit dem Him...
Vatterschafft / ja Gott selber mit deß Fleisch Vereinigung ...
den Werth fordert.

Die Engel verwundern sich über Sie.

2. Die Engel selbsten verwundern sich / daß entweder ...
oder alle Menschen durch Sie das Leben erhalten: sie entsetze... daß
die gantze Gottheit in deß Jungfräwleins Leib eingekommen ... doch
das gantz Geschöpff zu eng ist / und Sie nit begreiffen kan.

3. Gegrüst seyest du voller Gnaden: die Gnad hat de... den die
Glory oder Herrlichkeit gegeben / dem Erdboden Gott / d... den
Glauben / den Sünden und Lastern ein End gemacht / und ein ... Leben und gute Sitten angestellt: sihe hie / wie durch MARIAM ... haben / und noch ferrner erlangen können.

C. Serm. de Vigil. Nat. Item de Salue Regina & alibi sæpe. D. Serm. de Annunt. Alles haben wir durch Mariam.

Daher schreibt der H. Bernardus, C. GOtt hab gewolt / und we...
noch / daß wir nichts haben und empfangen sollen / welches ni... durch die
Händ MARIÆ zu uns komme. Eben das lehret auch der heilig Petrus
Damianus, D. so spricht: Per ipsam, cum ipsa, & in ipsa totum hoc
faciendum decernitur, vt sicut sine ipso nihil factum est, ita sine illa nihil
refectum sit: Es ist beschlossen alles zu thun durch Sie / mit Ihr / und in
Ihr / auff daß / gleichwie ohne Ihn nichts gemacht ist / also ohne Sie nichts
ernewert wurde.

Gott ist Ihrenthalben den alten Patriarchen beygestanden.

Und zwar 1. Da MARIA noch nit war / ist doch Gott jhrenthalben
dem Israelitischen Volck beygestanden / und grosse Gnaden erzeiget / auch
von vilen Gefahren erlediget: dann es haltet der H. Bernardus darfür / und
bezeugts mit jhme der Jud Haccabos / ein Mann grosser Geschicklgkeit / daß
Gott wegen diser edlen Creatur / mit unsern ersten Eltern nach ihrer Uber-
tretung versöhnet: den Noë vom Sündfluß: dem Abraham von Ur der
Chaldeer: den Isaac vom Ismaël: den Jacob vom Esau erhalten / und beschützet:

Die XIX. Predig.

schützet: vnd das Hebreische Volck von Ægypten/ vnd von der Gottlosen Hand Pharaonis/ auch auß der Babylonischen Gefängnuß/ vnd auß deren Gewalt der Assyrier erlediget: vber das den David vom Löwen vnd Beeren/ vom Goliath vnd Saul/ seinem abgesagten Feind erhalten: auch endlich alle Guttharten/ welche von Gott allen Menschen von Anfang der Erschaffung der Welt erzeigt worden/ auß Ehrerbiettigkeit vnd Liebe gegen diser Glorwürdigsten Jungfrawen erzeigt habe; als welche er in seiner ewigen Prædestination, vnd von Ewigkeit her/ in allen seinen Wercken zu verehren/ ihme fürgestellt/ vnd verordnet hat.

So nun Gott das allglaubige Volck von so vil Vbeln erlediget/ vnd so grosse Gnaden erzeigt/ vmb MARIÆ der seligsten Mutter seines Eingebohrnen Sohns willen/ welche er damahls noch von ferrn allein vorgesehen: was wird er vns abschlagen können/ da er Sie vor ihm gegenwärtig sihet/ vnd für vns bittende/anhöret.

II. Hat zu allen Zeiten MARIÆ Hülff/Verdienst/vnd Fürbitt genossen die gantze Welt/nicht allein/daß Gott dieselbe jhrenthalben erschaffen/sondern auch darumb/ weil er jhrenthalben solche erhält/ dann es sagt der heilige Fulgentius, E. Cælum & terra iam dudum ruissent: si MARIA precibus non sustentasset; Himmel vnd Erden wären schon längsten eingefallen/ vnd zu grund gangen/ wann MARIA nicht durch jhr Fürbitt erhalten hett. Eben dises bestättiget Auctor Pomerij, F. vnd schreibt: weil in der Welt die Vbel/ Sünd vnd Laster je länger je mehr vberhand nemmen/ so soll einer billich gedencken/ warumb Gott selbige nicht mehrer straffe/ oder gar außtilge/ weil er vor Zeiten im alten Testament die Sünden vil schärpffer/ als mit dem Sündfluß/ mit Schwebel vnd Pech/ mit grausamen Kriegen/ vnleidenlichen Hunger/ vnd abschewlichen Pestilentzen/ ja auch mit Beraubung deß gelobten Lands/ schier ohn alle Gnad vnd Barmhertzigkeit gestrafft: hierauff schliesset er/ vnd sagt: Gott verschone jetzt der Welt/ vnd tilge solche nit gantz auß/ vnangesehen eben so grosse/ oder noch grössere Sünden im schwung gehen/ als vor Zeiten/ vnd diß vmb der seligsten Jungfraw MARIÆ Verdiensten vnd Fürbitt willen.

Wie dann auch Christus selbsten der H. Birgittæ geoffenbahret/ G. vnd gesagt: Quod nisi preces Matris meæ interuenirent, non esset spes misericordiæ: Wann die Gebett vnd Fürbitt meiner Mutter nit entzwischen kämen/ so wäre kein Hoffnung der Barmhertzigkeit.

Diser Sachen erzehlt Theodorus H. ein Exempel vnd sagt: Es hab einest der H. Vatter Dominicus in einer Verzuckung gesehen/ wie Christus vber die Welt erzürnet war/ vnd den Vndergang mit vil Zeichen trohete/ aber da die Mutter Gottes jhme jhre Brüst gezeigt/ vnd durch dieselbige

Margin notes:
Der gantzen Welt.
E. Lib. 4. Mytholog.
F. Lib. 11. Serm. de B. Virg. p. 2. c. 2.
Gott verschont jhrenthalben der Welt.
G. Lib. 6. Reuelat. cap. 26.
H. In Vita S. Dominici.

auch die Göttliche Liebe/ mit welcher er ihr jederzeit zugethan war/ gebetten/ ist dardurch der Zorn Gottes gestillet/ vnd die Welt vor dem Verderben erhalten worden.

I. Lib. 12. cap. 58. Andere Erscheinung.

Ein andere Erscheinung beschreibt Cæsarius, vnd vermeldt/ I. Daß etliche Aebbt vnd Prælaten Cisterzienser-Ordens in dem heimbreisen vom General Capitul jhme selbsten erzehlt/ wie daß ein frommer Religios dises H. Ordens zu Claraval/ Wilhelmus mit Namen/ im Gebett für den Richterstul Christi verzuckt worden/ vnd zur Rechten desselben ein Engel mit einer Posaunen gesehen: welchem der erzürnete vnd Gestrenge Richter/ selbige zu erheben vnd zu blasen befohlen: als dises geschehen/ hat auff den Posaunenklang die gantze Welt/ nit anderst/ als wie ein Blat am Baum erzittert.

Da aber der Engel auß gleichem Befelch das andermahl blasen/ vnd damit die Welt vnder vbersich stürtzen wollen/ ist vnder dem gantzen Himmlischen Heer die Mutter der Barmhertzigkeit vnd Gebährerin Gottes herfür getretten/ jhrem Allerliebsten Sohn zu Füssen gefallen/ vnd vmb Abstellung dises Gerichts vnd Vrtheils gebetten: auch den H. Cisterzienser Orden zu Pfand vnd Bürgen/ daß Vesserung vnd Buß erfolgen werde/ gesetzt/ vnd auff dise weiß jhrer Fürbitt erhört worden.

Mehrer dergleichen Erscheinungen vnd Historien/ seynd bey dem heiligen Antonio, Spinello, vnd andern zu finden. Recht sagt der H. Augustinus.

K. In Serm.
K. O beata MARIA, quis tibi dignè iura gratiarum, & laudum præconia valeat impendere, quæ tuo singulari merito mundo succurristi perdito: O heilige MARIA, wer kan dir gnugsamb Lob vnd Danck sagen/ welche du mit deinen sonderbahren Verdiensten der verderbten Welt zu Hülff kommen bist.

Die gantz Catholische Kirch.

III. Geniesset MARIÆ Verdienst vnd Fürbitt die Allgemeine Christliche Catholische Kirchen: welcher Sie ein sonderbahre Patronin vnd Beschützerin/ auch ein Verstörerin vnd Außreutterin aller Ketzereyen ist: wie in der achten Predig erklärt worden. Diser Vrsachen halben hat Sie Zonaras *L. wider alle seiner Zeit schwebende Ketzereyen angetruffen/ vnd in seinem Ode oder Gesang also gesungen*: Ne tam validi errorum fluctus Ecclesiam demergant, obijce te Virgo celsissima: O du hocherhebte Jungfraw/ wirff du dich für/ vnd wehre ab/ daß so vil starck einreissende Flüß der Irrthumben die Kirchen nit versencken.

L. In Canon. de Sanctissima Virg.

Alle heilige Orden. M.P. 3. cap. 11. §. 2. in fine.

IV. Haben jederzeit MARIÆ Hülff vnd Fürbitt genossen/ vnd geniessen derselben noch alle heilige Orden der Geistlichen. Welcher aller Sie/ wie Ludouicus de Ponte schreibt/ *M.* ein sonderbahre Verfechterin/ vnd Schutzfraw ist: vnd erzehlt S. Germanus, Patriarch zu Constantinopel/

daß

Die XIX. Predig. 339

daß zwar MARIAE Hülff vnnd Fürbitt sich auff alle Ständ in der Kirchen GOttes erstrecke/ doch aber fürnemblich/ vnnd insonderheit auff diejenige/ welche andere an Gnad vnd Heyligkeit betreffen: wie auch der H. Bernardus bezeugt: daß der Mutter GOttes die Vermählung Geistlicher Ordens-Personen vilmehr gefalle/ als die Vermählung weltlicher Hochzeitleuthen: weil in disen ein Mensch mit einem Menschen: in der Geistlichen Vermählung aber/ ein Mensch mit GOtt Geistlich vermählet wirdt.

Vber das geben aller H. Orden Chronicken vnd Historien zuerkennen/ daß die Stiffter derselben/ nechst GOtt/ auch MARIAE den Anfang vnnd Auffnemmen ihrer Orden zugeschriben: wie Hieronymus Plato, vnd Ioannes Bonifacius der Societet IESV. nach längs erzehlen.

Als 1. Das der Carmeliter Orden Bapst Honorius III. auß Geheiß MARIAE bestättiget. 2. Den Cartheuser Orden/ welchen Bapst Vrbanus II. zugelassen/ erhalten: dann als selbiger anfangs grosse Versuchungen erlitten/ vnnd die Religiosi in der Carthauß zu Calabria im Bisthumb Grattanopel selbsten vermeinten/ es werde diser Orden wegen grosser Strengheit nit bestehen können/ ist ihnen S. Petrus erschinen/ vnd im Namen deß Allmächtigen GOttes verkündiget/ wann sie Täglich die Tagzeiten B. L. Fr. werden betten/ werde Sie ihnen alle Mühe vnd Arbeit leicht machen/ vnnd sie beschützen/ auch in diser Wüsten erhalten: warauff sie mit höchsten Frewden MARIAM zu einer Schutzfrawen/ vnd Mutter deß gantzen Ordens außerkohren.

3. Dem H. Norberto Praemonstratenser Ordens Stifftern/ hat MARIA selbsten den weissen Habit geben/ neben einem Zeichen ewiger Liebe/ vnd Englischer Jungfrawschafft. Sur. Tom. 4. Anno 1134.

4. Den Orden/ Congregatio Oliuetana genandt/ dessen Stiffter Bernardinus Senensis ist / hat die Mutter GOttes selbsten dem Bischoff Guidoni anbefohlen. Ex Chron. Ord. Montis Oliuer.

5. Gehört auch nechst GOTT der Cistertienser Orden MARIAE zu: dann Sie ihr den ersten Stiffter dises Robertum, da er noch in Mutterleib war / mit einem guldinen Ring/ welchen Sie seiner Mutter Engart is geben/ vermählet hat: dem andern Stiffter aber S. Bernardo hat Sie gar ihr Jungfräwliche Milch zutrincken geben/ vnd ihne zu einem Hönigsliessenden Lehrer gemacht.

6. Hat S. Dominicus seinen gantzen Orden vnder dem Schutzmantel der Mutter Gottes gesehen: welche auch vermög vnderschidlicher Erscheinungen vnd Offenbahrungen/ die Vätter dises Ordens ihre Kinder genennt.

7. Hat MARIA im Jahr 1233. den Religiosen Seruiten Ordens/

Alle heilige Orden schreiben nechst GOtt ihren Anfang Mariae zu.
1. *Carmeliter.*
2. *Cartheuser.*

3. *Praemonstratenser.*
4. *Ord. Congregat. Oliuer.*
5. *Cistertienser.*

6. *Dominicaner/ oder Prediger.*
7. *Ord. Seruitarum.*

den grawen Habit/ auch den Namen/ Diener MARIÆ, geben. Ex Archangelo Gianio.

8. Franciscaner.

8. Wie MARIÆ Hilff die Religiosi S. Francisci Ordens geniessen/ ist Leoni einem auß den ersten Gesellen deß H. Seraphischen Vatters Francisci in einem Gesicht geoffenbahret worden: in dem jhme zwo Leytern/ welche von der Erden biß in Himmel reichten/ vorkommen: eine weiß/die ander purpurfarb: auff der pur:purfarben ware Christus in gantz ernstlicher Gestalt/vnd zornigen Argesicht gesehen: Franciscus weiset die Seinige auff dise Leyter. Aber wie sie anfangen auffsteigen/ fallen etliche von dritten/ fünfften/ zehenden/ etliche gar vom obersten Staffel herab: S. Franciscus rufft sie auff die ander Leyter: vnd da sie derselben zugelauffen/ vnd anfangen zusteigen/ haben sie droben MARIAM gesehen/welche sie freundtlich angezchauwet/ ihnen die Hilff Hand gebetten/ vnd sie auffgenommen/daß sie alle ohne sonderbahre Mühe den Himmel erreicht vnd erlangt haben.

9. Ord. Mariæ de Mercede.

9. Schreibt Paulus Gomesius, Anno 1276. MARIA hab Jacobo König in Arragonia/der Sigreich genandt/ ihrem grossen Liebhaber selbsten befohlen/daß er vnder Jhrem Namen ein Orden/ Maria de Mercede, Ritteren vnd auffrichten solle/in welchem die Religiosi zu Erledigung der Gefangnen beym Türcken Almusen samblen.

10. Der Societet IESV.

10. Hat MARIA in dem H. Ignatio die gantze Societet IESV gestifftet: ja offtermahl erschinen/ vnnd Gespräch mit ihm gehalten: die Constitutiones helffen machen: deßwegen hat er am Fest MARIÆ Himmelfahrt den Geburts Tag der Societet IESV gehalten/ vnnd die Himmel Königin für ein Fürsprecherin seiner gantzen Societet, mit grosser Andacht erwöhlt: welche dann vber sie/wie P. Martino Guttierio geoffenbahret worden/ ihren Lieb- vnd Schutzmantel außgebreittet/ vnd der gantzen Societet vnsäglich vil Gnaden erweisen.

Maria ein Beschützerin aller H. Orden.

Alle H. Orden vnder dem Schutz vnd Namen MARIÆ, auch wie vil jeglichem Sie Gnaden erwisen/ vnd noch Täglich erweise/ ist vnmöglich alhie zuerzehlen/ gnug soll vns seyn diß zuwissen/ daß Sie derselben sonderbahre Patronin vnd Beschützerin ist: wie Sie selbsten im Jahr 1597. Mariæ Razæ S. Dominici Ordens geoffenbahret hat.

Alle Reich/ vnd Länder.

V. Geniessen ins gemein MARIÆ Hilff vnd Fürbitt/ fast alle Reich vnd Länder: dann kein Königreich/ Bistumb/ Fürstenthumb/ oder Provintz in der Welt ist/ in welchem nit augenscheinliche Zeichen grosser Gnaden/ welche durch MARIÆ Hilff vnnd Fürbitt denselben erzeigt worden/ zufinden: dises bezeugen vil 1000. stattliche Kirchen/Capellen/vnd Bildnussen/ welche/ nechst GOtt/ zu Ehren V. L. Frawen auffgebawet vnd auffgerichtet worden: dises bezeugen vil H. Orth/ vnd Wallfahrten/in welchen MARIA die

Die XIX. Predig.

die Wunderbarliche Mutter GOttes/ an den Notleydenden grosse Wunder thut.

Welches wegen vil König/ Fürsten/ vnd Herren/ ihr Land vnd Leuth MARIÆ auffgeopffert/ vnd vnder derselben Schutz befohlen/ auch desswegen zeitlich vnnd ewig reichlich gesegnet worden: als wie neben andern der H. Stephanus König in Vngarn/ ein grosser Liebhaber V. L. Fr. gewohn/ vnnd im Werck erfahren: diser hat MARIÆ sein ganzes Königreich vbergeben/ vnd sich/ auch sein ganze Hoffhaltung vnd alle Vnderthanen/ Hausgenoßne V. L. Frawen genennt/ vnd sambt seiner Gemahlin Gisela/ Keyser Heinrichs Schwester/ gäntzlich darfür gehalten/ wann nur die Mutter GOttes ihr Schutzfraw vnd Fürbitterin sey/ so werde es wol vmb das ganze Königreich stehn/ Sie als ein trewe Fraw/ werde schon jhren Haußgenossen Fürsehung thun/ vnd vor aller Gefahr erlediegen: allermassen Augenscheinlich geschehen. Dann Conradus, Keyser Heinrichs Nachkömbling bewegt ganz Teutschlandt/ vnnd versamblet ein grosses KriegsVolck von vil 1000. Mann/ wider den vnschuldigen König Stephanum: er aber befilcht sich GOtt/ vnnd MARIÆ, vnnd bettet. daß Sie jhren Schutzmantel vber das Königreich außbreitten wolle: worauff die Feind alßbald von den Englen GOttes/ welche die Grantzen deß Königreichs Vngarn/ als wie Mauren vmbgeben/zurück geschlagen worden: wie Baronius. N. vnd Bonfinus O. schreiben.

Wievil die Mutter GOttes für die Reich vnnd Länder diser Welt vermöge/ ist auch den Heyligen im Himmel vnverborgen: dann in der Offenbahrung der H. Birgittæ wirdt vermeldt/ P. daß der H. Dionysius MARIAM vmb Hülff für das Königreich Franckreich/dessen Patron er ist/angeruffen/vnd also angeredt habe. O Königin der Barmhertzigkeit/ du bist die jenige/welcher alle Barmhertzigkeit gegeben ist/ du bist ein Mutter GOttes worden/wegen deß Heyls der Armen: Miserere igitur regno Franciæ: Erbarme dich derowegen vber das Königreich Franckreich: wirdt auch gleich am nächsten Capittel 204. hinzu gesetzt/ daß die seeligste Jungfraw MARIA sambt dem H. Dionysio, vnnd andern Heyligen bey Christo sich dises Königreichs angenommen/vnd darfür gebetten haben.

Wegen diser Vrsachen seynd auch fast vnd in allen Bistumben vnnd Stifften die Haupt-vnd Thumb Kirchen/nechst GOtt zu Ehren V. L. Fr. erbawet vnd eingeweyhet worden.

Wie auch etliche vil Stifft/ Vniuersiteten, Stätt/vnd Orden An ihren Sigill die Bildniß V. L. Fr. von Alters her führen: als das Bistumb Augspurg/ die Vniuersiteten Ingolstatt/ vnd Tibingen/ die Statt Strassburg/ von welcher Iacobus Wimpfelingius de Schlettstatt vermeldet/ Q. das

Bu iij selbige

S. Stephanus Rex Vngariæ.

N. Anno 1043.
O. De rebus Vngar.
Heylige im Himmel erkennen Mariæ Hülff.
P. Lib. 4. cap. 103.

Haupt- vnd Thumb Kirchen Mariæ zu Ehren erbawet.
Stätt/ Stifft Vniuersiteten, &c.
Q. Ad Remp. Argent.

selbige in jhrem grossen Jnsigel die Mutter Gottes/vnd ihr Kind führe/vnd im Sigill diß kurtze Gebett vnd Ruff habe: Virgo roga prolem, quod plebem serueet, & vrbem: O Jungfraw bitt dein liebes Kind IESVM, daß er das Volck/ vnd gantze Statt S:raßburg erhalte.

Alle Büssen-de Sünder. Cant. 4. 5.

IV. Vnd fürnemblich geniessen MARIÆ Hilff vnnd Fürbitt/ alle arme büssende Sünder vnd Sünderin. In den Hohen liedern Salomonis werden MARIÆ zwo Brüst zugeeignet/ mit welchen Sie/ wie Richardus de S. Victore außleget/zweyerley Kinder erhält/ nemblich die Gerechten/vnd die arme Sünder: den Gerechten erlangt Sie von GOtt grosse Gnad: den armen Sündern aber Vergebung jhrer schweren Sünden.

Gen. 21. 7.

Die Hebræer sagen: Sara, welche sie ins gemein für ihre Mutter halten/hab nit allein mit jhren eygnen Brüsten den Jsaac gesäuget/ sondern auch andere/welche zu disem End begehrt/vnd in jhr Hauß getragen worden: also erzeigt sich V. L. Fr. nit allein gegen ihren Liebhabern/ als ein liebreiche Mutter/ sondern auch gegen andern Sündern/welche Sie selbsten einladet/ vnnd rufft: Transite ad me, qui concupiscitis me: Kompt her zu mir/die jhr meiner begehrt / euch zulabesern/vnd mir nachfolgen wolt: Sie will keinen außschliessen/sondern heißt bey jhr: Men. or ero Rahab,& Babylonis

Psal. 86. 3. & 4.

scientium me; Ecce alienigenæ & Tyrus, & populus Æthiopum, hi fuerunt illic: Jch will gedencken Rahab/vnd Babel/die mich kennen werden/ oder daß Sie mich können sollen) sihe die Frembden/ vnd Tyrier sambt den Mohren seynd daselbsten gewesen.

In disem Psalm wird vermeldt/ wie daß nach Erschaffung der Jüdischen Synagog/die Grundvest/ nemblich die Apostel vnd dero selben Nachkömbling/Sion vnd die Statt/das ist/die Allgemeine Kirchen auß allerhand Nationen, vnnd Völckern/ Rahab/ Babylon/ den Frembdlingen/ Tyrier sambt den Mohren auffrichten/ erweittern vnd erhalten/auch dardurch Gottes Lob. vnd der Glaubigen Frewd groß machen.

Die Vrsach aber, warumb auß disen Völckern allein sich in diser Statt vnd Kirchen GOttes, Burger finden werden/ist/quia homo natus est in ea, dieweil nemblich Christus auß MARIA der Jungfrawen ist Mensch gebohren worden.

Dieweil aber eben in disem Psalm das Wort Mensch zweymahl gesetzt wird/als deutten die H. Vätter denselben auff MARIAM, vnd sagen/ das Wort Mensch werde darumb zweymahl widerholet/weil auß MARIA nit nur der erste Mensch/ das ist/ Christus/ GOtt vnd Mensch/ sondern auch der ander Mensch/ nemblich das gantze Menschliche Geschlecht gebohren/ vnd wider gebohren ist.

Es ha-

Die XIX. Predig.

Es haben aber die vnderschidliche Völcker / so benambset werden / auch vnderschidliche Bedeutungen: Dann I. bedeutet Rahab / so ein offentliche Sünderin / vnd gemeines Weib gewesen / die Fleischliche / der Vnzucht vnd Vnlauterkeit ergebene Menschen: II. Heist Babylon so vil / als Confusio, ein Verwirrung / vnd bedeutet Sentinam scelerum, ein Orth aller Laster / oder Versamblung der Sünder. III. Alienigenæ, oder Fremdbling / verdolmetschet / Potione cadentes: welche auß Truncken heit dahin fallen / vnd bedeutet die Ketzer / welche auß dem Becher der Babylonischen Hurn gesoffen: IV. Tyrus, oder Tyrier / heist Angustiati terrenis, welche sich vmb das Zeitlich gar zu fast kräncken / vnd mit Vnrecht sich zu bereichen begehren: mit einem Wort / welche wegen deß Zeitlichen jhre Seelen vnd Gewissen beschweren. V. Populus Æthiopum, das Mohrenvolck / ist ein Volck / welches an Sitten schwartz / vnd bedeutet die / so zwar in der wahren Kirchen seynd / aber an Sitten / vnd an jhrer Seelen gar schwartz / vnd schwere Sünder seynd.

Nun dise alle / wann sie nur seynd Scientium me, auß denen / welche Vnser Liebe Fraw erkennen / verehren / vnd Sie vmb Fürbitt anruffen / können zu der wahren Erkandtnuß Gottes / Buß / vnd ewigen Seligkeit kommen.

Unterschidliche Sünder.

Alle können zur Buß kommen.

Dann I. das Rahab / nemblich die / welche in fleischlichen vnd vnzüchtigen Wercken vertiefft seynd / durch die Mutter Gottes zu Gnaden kommen können / erscheint auß dem Exempel Mariæ Ægyptiacæ, welche 17. gantzer Jahr ein gantz vnzüchtiges verruchtes Leben geführt / vnd vil Jüngling ärgerlich verführt: aber da selbige vber Meer gefahren / vnd mit andern in die heilige Creutz Kirchen zu Hierusalem eingehen wolte / war sie von einer Himmlischen Krafft etliche Tag nacheinander abgehalten / biß daß sie endtlich ob der Kirchenthür ein MARIÆ Bild ersehen / vnd darvor bitterlich geweinet / auch von V. L. Frawen inbrünstig Mittel begehrt hat / wie sie jhrer Sünden ledig werden / vnd ein frommes Leben anfangen möchte.

Die Fleischliche.

Warauff die Mutter der Barmhertzigkeit / vnd aller armen Sünder Zuflucht MARIA auß dem Bild jhr geantwortet: Gehe in die Kirchen / begehre vorm Creutz Jesu Gnad / beichte darauff deine Sünd mit Schmertzen / nimm das H. Sacrament / vnd gehe vber dem Jordan in die Wüste: welches sie alles verrichtet / vnd durch die kräfftige Fürbitt MARIÆ jhrer Sünden loß worden / auch von diser Zeit an ein strenges / heiliges Bußleben geführt. Surius & Paulus Diaconus in Vita.

II. Ist zwar einer auß den Babyloniern vnd verruchesten Rotten gewesen der Mörder zur rechten Seiten Christi: aber die Mutter Gottes ist auch seiner ingedenck gewesen / vnd jhne zu recht gebracht: dann es schreibt Petrus Damianus, R. daß der Mörder zur Rechten darumb in sich selbs gan-

Die Mörder.

R. In Sermone quodam.

gen /

gen/ vnd bekehrt habe/ weil damahls die Allerseligste Jungfraw zwischen dem Creutz jhres Sohns/ vnd zwischen dem Creutz dises Mörders gestanden/ vnd für jhne gebettet hat.

Die Juden.

III. Seynd auß den Frembdlingen gewesen jene zween Juden/ mit welchen der H. Thomas von Aquin nahendt bey Rom in einem Dorff/ Mollorium genandt/ disputiert. vnd selbige der Fürbitt MARIÆ eyfferig befohlen/ vnd auff dise weiß bekehrt: wie Surius. S. vnd Fernandus Castellanus, T. schreiben.

s. In Vita S. Thomæ mense Martio. T. Tom.1. Lib.3.c.21.

Verachter deß Geistlichen.

IV. Seynd Tyrier/ die sich deß Geistlichen nichts achteten/ gewesen die Maroniten/ welche gegen Auffgang der Sonnen wohnen: dann als der seelig Gryphonius deß H. Francisci Ordens zu jhnen kommen/ vnd geprediget/ sie aber sein Lehr verachtet vnd verlachet/ seynd sie endtlich durch Fürbitt M. L. Frawen bekehrt worden: seytemahlen der seelig Gryphonius mit derselben König ein Pact gemachet/ daß wann er die Sonnen/ so damahls gegen Nidergang stunde/ gegen Auffgang stellen wurde/ ob er alßdann an Christum glauben/ vnd sich der Kirchen vnderwerffen wolte: vnd da der König dise Condition vnd Pact eingangen/ hat er mit andern die Allerseligste Jungfrawen MARIAM, eben da das hohe Fest ihrer Himmelfahrt war/ angeruffen/ vnd erlangt/ was er begehrt: dann als der König gesehen/ daß die Sonn/ so schon im Vndergang gewesen/ sich augenblicklich gegen Auffgang gewendet/ vnd gestanden/ hat er sich mit allen Vndergebenen bekehrt: wie dann zur Gedächtnuß dises Wunders Jährlich an disem Festtag ein schöne Procession gehalten wirdt: Marcus von Vlespon. V.

V. Tom.3. Hist. S. Francisci Lib.7. cap.38.

Den Lawen.
VV In Annal. Societ. Iesv Anno 1588.

V. Einer auß dem Mohrenvolck ist jener Jüngling gewesen/ von welchem Franciscus Benzius schreibt. VV. Daß zwar er ein Liebhaber vnd Verehrer Vnser Lieben Frawen/ doch beynebens grossen vnd langwirigen Lastern ergeben gewesen: als diser einest sich zu Ruhe legte/ vnd im ersten Schlaff war/ ist er von einer vnbekandten Stimm gantz vngestümm auffgeweckt/ vnd jhme seine Laster starck verwisen/ auch darbey vermeldt worden/ es sey nunmehr an dem/ daß er gestrafft werden solle: in diser eussersten Noth erinnert er sich seiner Patronin der seligsten Jungfrawen MARIÆ, vnd rufft selbige vmb Hülff an: welche als ein Mutter der Barmhertzigkeit alßbald gegenwärtig sich erzeigt/ vnd das vngehewre Gespänst verjage/ welches dises nachgebrummlet: ist dann das nicht die höchste Vnbild/ daß ich wegen einer einigen Sünd/ so ich am ersten begangen/ ewig leyden muß/ diser aber/ welcher so vil Sünd vnd Laster begangen/ zur Hoffnung der Vergebung seiner Sünden kommen solle.

S. Gertrudis Erscheinung.

Das ist das jenige/ was die H. Gertrud in einem Gesicht gesehen/ nemblich die Allerseligste Jungfraw gantz glantzendt mit einem herrlichen Mantel be-

Die XIX. Predig.

rel bedeckt: in diser Erscheinung seynd jhr allerhande abschewliche Thier fürkommen/ welche alle der Mutter Gottes zugelauffen/ vnd sich vnder Jhren Schutzmantel verborgen/ welche MARIA gantz frewdig auffgenommen/ in jhren Mantel eingewicklet/vnd jhnen geschmeichlet: wie sich aber die H. Gertrud diß verwundert/vnd was es bedeute/ nit wußte/ ist jhr angezeigt vnd geoffenbahret worden: die vnderschidliche Thier bedeuten allerhand schwere Sünder/ welche Sie auffnemme/wann selbige Sie nur erkennen/ zu Jhr fliehen/vnd Sie anruffen wöllen.

Der II. Theil.

MARIÆ Hülff vnd Fürbitt geniessen die Sterbende.

Es schreibt der H. Athanasius im Leben deß H. Antonij, daß diser heilige Vatter im Geist zwey Ding gesehen hab. 1. Einen erschröcklichen sehr langen Risen/ dessen Haupt biß an die Wolcken reichet. 2. Etliche mit Flügeln/ welche vbersich gen Himmel zufliegen sich bemüheten: welche der Riß mit außgestreckten Armen zu verhindern/ vnd herunder zu werffen sich vnderstanden/ etliche auch ergriffen/ vnd auff die Erden geschmitzt: andere aber wider seinen Willen / doch vngern/ müssen passiren lassen.

In disem Gesicht hört er ein Stimm: Animaduerte, quod vides: Merck auff das/ was du sihest: vnd war darbey vnderrichtet: Daß diser grosse Riß den Teuffel bedeute/ welcher sich vilfältig bemühet das Heyl der Seelen/ vnd jhrer Auffsteigen in Himmel zu verhindern: da heißt es bey jhm: Da mihi animas, cætera tolle tibi: Gib mir die Seelen/ das Gut behalt dir. Wann aber der Teuffel sich einmahl bemühet der Seelen Heyl zu verhindern / so thut ers am meisten bey den Sterbenden/ dann im sterben/ sagt der heilige Gregorius. A. seynd wir auff dem Weg ins Vatterland/ Maligni autem Spiritus iter nostrum, quasi quidam latrunculi obsident: die bösen Geister aber begehren vnser Reiß/ als rechte Seelenmörder zu verhindern.

Vnd lehret der H.Cyrillus: B. Sie/ die Teuffel/ erscheinen den Sterbenden erschröcklich/ jagen jhnen ein Forcht ein/ vnd verfluchen sie starck. Das ist/ was der König David sagt: Insidiatur in abscondito: Er lauret im Verborgen/ wie ein Löw in seiner Höle: er lauret/ daß er den Elenden ergreiff/ wann er jhn zu jhme zeucht: Ja wie ein brüllender Löw sucht er/ wen er verschlucke: Dahero schreibt auch der H. Johannes: Vz

Der Teuffel begehrt das Heyl der Seelen zu verhindern. Gen. 14. 21. Sonderlich in der Sterbstund. A. Homil. 11. in Euang.

B. Orat. de Exitu Animæ, & statu alterius vitæ. Psal. 9. 20. 1. Pet. 5. 8. Apoc. 12. 12.

terræ, & mari, quia descendit ad vos diabolus, habens iram magnam: Wehe der Erden/ vnd dem Meer/ dann es ist zu euch hinab gestigen der Teuffel/ der hat ein grossen Zorn/ weil er weißt/ daß die Zeit kurtz ist.

C. In Vita eius.
Der H. Anselmus, wie Surius schreibt, bezeugt: C. die böse Geister jagen der Seelen nit anderst nach/ als wie die Jaghund einem Hasen/ vnd begehren jhn zu berauben/ vnd in den ewigen Todt zu stürtzen.

Sterbende ruffen Mariam an.
Dise Versuchungen deß Teuffels haben auch sonsten heilige Leuth in ihrem Absterben erfahren/ vnd deßwegen GOTT durch die Fürbitt der Seligsten Jungfrawen MARIÆ angeruffen: als wie gethon Ludouicus, Caroli in Sicilia Sohn/ so anfangs dem Orden deß H. Francisci zugethon/ hernacher Bischoff zu Tolosen war: diser pflegte im Leben/ vnd auch im Sterben die seligste Mutter Gottes offt zu grüssen: als er die Vrsach dessen gefragt/ sprach er: Sie wird mir Sterbenden helffen: dessen Seel war von den H. Engeln sichtbarlich gen Himmel getragen/ vnd ein Stimm gehört

Fasti Mariani.
worden: Also widerfahret denen/ die GOTT dienen in Reinigkeit vnd Keuschheit.

Also hat auch in ihrem Sterbstündlein die H. Melania Gott angeruffen vnd gebetten: daß er durch seiner Mutter Fürbitt jhr außhelffen wolle.

D. De obitu Blesillæ.
E. In vita eius.
S. Hieronymus. D. Also schreibt auch der H. Gregorius Nissenus von der H. Macrina/ E. Sie habe an ihrem End MARIÆ Hülff vnd Fürbitt begehrt/ vnd erfahren.

F. Epist. ad Eustoch.
Wohnet den Sterbenden bey.
Dann I. Wohnet Sie ihren Liebhabern in ihrem Absterben bey: wie der H. Hieronymus bezeugt/ vnd sagt. F. Morientibus B. Virgo non tantùm succurrit, sed occurrit, præsertim in hora mortis: Die Seligste Jungfraw hilfft nit allein den Sterbenden/ sondern Sie begegnet auch ihnen/ sonderlich in der Stund deß Todts: dann von dem sterbenden Sohn Gottes seynd Ihr vom Creutz herunder alle Glaubige befohlen worden.

Iacobus von Nursia Capuciner.
Als Iacobus von Nursia, Capuciner Ordens Leyenbruder/ von seinem Guardian auß diser Welt zu reisen den Segen begehrt/ hat er gleich darauff vor Frewden also auffgeschryen: O du Allerseligste Jungfraw/ O Jungfraw vber alle Jungfrawen gelobt vnd gebenedeyet: ach wie recht bist du kommen! ach sehet/ die Glorwürdigste Himmelkönigin MARIA ist zugegen/ vnd rufft mich zum ewigen Lohn. Zachar. Bouer. G.

G. In Annal. Capuc. c.1. H. Tom.2. 22.April.
So schreibt Surius H. von der H. Aebbtissin Opportuna/ daß sie in ihrem Sterbstündlein also auffgeschryen: Ecce aduenit Domina mea, cui vos commendo, vos, inquam, quos amplius in hoc exilio visura non sum Sehet/ mein Fraw kombt/ der befihl ich euch/ euch/ sag ich/ welche ich in disem

Die XIX. Predig.

disem Leben nit mehr sehen werde: strecket darauff die Arm auß/gleich wolt sie Mariam vmbfangen, vnd stirbt seeliglich.

II. Tröstet die Mutter GOttes die Sterbende: als wie im Werck *Tröstet sie.* er fahren der seelige Adolphus ein Franciscaner/welchem die Himmel König- gin beygestanden/vnd also getröstet: was förchtest du dir mein Sohn? oder *Annal.Ord.* warumb bekümerst du dich ab dem vorstehenden Todt? komme sicher/dann *Seraph.* mein Sohn/welchem du trewlich gedient hast/wirdt dir die Cron der ewi- gen Glory geben.

So erzehlet auch Chrysostomus Henriquez *I.* von dem seeligen Pau- *I. In Meno-* lo Conuerso, vnnd sagt: da er in Tödtlicher Kranckheit war/vnnd seinen *logio Ci-* Geist auffgeben wolt/fieng er an sanfft zulachen/vnd da die Vmbstehenden *stert.6.Idus* sich darab verwunderten/sprach er: warumb wolt ich nit lachen? warumb *Febr.* wolt ich nit frölich seyn? Ecce, Domina nostra praesens est, & iam|animam *Paulus Con-* meam suscipiet: Sihe/vnser Fraw ist gegenwertig/vnnd wird mein Seel *uersus.* auffnemmen: also entschlafft er seeliglich.

III. Vertreibt Maria von den Sterbenden den Sathan mit allen *Vertreibt* seinen Versuchungen vnd Nachstellungen: wie dann Pelbartus de Temes- *den Sathan.* uar auff Sie deuttet. K. was im Buch der Weißheit geschrieben stehet: In *K. In Stella-* frau|de circumuenientium illi adfuit, & custodiuit eum ab inimicis, & à se- *rio Virgin.* ductoribus tutauit illum : Da man in Betrug ihn verurtheilt/vnd *cap. 13. p. 2.* hindergieng/halff Sie ihm/vnd macht ihn sehr ehrlich: Sie be- *Sap. 10, 11.* schirmet ihn vor den Feinden/v::nd vor denen/die ihme auffsetzig waren/sichert Sie ihne: Sie macht ihn starck im Kampff/daß er vberwand/vnd bracht ihn zu ewigen Ehren.

Diser Sachen erzehlt Petrus Cluniacensis ein denckwürdige Histori. *L.* Wie daß ein grosse Schaar der bösen Geister Petrum Fauerium, einen *L. Lib. 2.* auß den ersten Discipuln deß H. Brunonis in seiner tödtlichen Kranckheit *Miracul.cap.* nach geschehener Beicht/vnd H. Communion, auch Empfahung der letsten *19.* Oelung/hefftig angefochten/vnd ihme ein erschröcklich Buch/in welchem er *Et in Prato* seine Sünd/die er die gantze Zeit seines Lebens begangen/eingeschrieben wa- *Exempl.An-* ren/gezeigt/vnd ihne zur Verzweifflung bringen wöllen: weil aber er durch *nal. Car-* sein Leben Mariam die Wunderbarliche Mutter hertzlich verehrt/ist ihme *thus.* dise Mutter der Barmhertzigkeit beygestanden/vnd ihme ihren lieben Sohn gezeigt/auch dise tröstliche Wort gesprochen: was förchtest du dir? was ver- zagst du in deinem Gemüth? du schiffest nun am Gestadt: von disem aller- schönsten Kind werden dir alle deine Sünd vergeben/vnnd ich bezeuge/daß sie dir schon vergeben worden: darauff alles Teufflisch Gespenst müssen wei- chen/er aber seelig verschiden.

Xr ij   So

348 Von Maria der Wunderbarlichen Mutter.

M. Lib. 7. cap. 55.

So schreibt auch Cæsarius. *M.* Wie ein Jüngling in seinen Tagen grewliche Gespenster vmb sich gesehen/ vnd geruffen: Heilige MARIA Mutter GOttes erledige mich von disen nichtigen Geistern/ welche mich plagen/ vnd sey alßbald erlediget worden/ vnd seelig gestorben.

N. In Vita S. Gualberti Vallis Vmbrosiæ Fundat.

Ingleichem beschreibt Blasius Melanesius. *N.* Wie daß Florentius ein berebter vnd höfflicher Herr/ zu mehrer Versicherung seiner Seeligkeit/ von dem H. Gualberto das OrdenKleid begehret/ vnnd erlanget: als diser im Nouitiat tödtlich erkrancket/ hat Gualbertus sambt seinen Conuentualn ihne heimbgesucht/ in seinem Sterbstündlein beygestanden/ vnnd GOTT befohlen.

In dem nun Gualbertus sambt seinen München/ GOttes vnd der Heyligen Hilff anruffte/ wicklet der krancke Florentius seinen Mantel/ mit welchem er bedeckt war/ vmb den Kopff/ vnd wie er gefragt worden/ warumb er dises thue/ antwortet er/ der böse Feind erscheint mir gantz abschewlich/ auß dessen Rachen grosse Fewrflammen außgehen/ vnd auß den Naßlöchern ein gantz schwebelicher Dampff/ zeiget auch auff das Orth/ wo er sich sehen ließ: da aber der seelig Gualbertus in Anruffung GOttes Hilff das Crucifix Bild ergriffen/ vnd sich darmit dem Teuffel widersetzt/ ist er mit Spott gewichen/ vnd als wie ein Rauch verschwunden: wie der Nouiz bekennt / GOtt hierumben Danck gesagt/ vnnd noch dises hinzu gesetzt: Ecce! adest Beatissima, generis humani Fautrix, Receptrixque MARIA, cum ea sanctus Petrus & S. Benedictus: Sihe/ es ist gegenwertig die Allerseeligste Helfferin vnnd Auffnemmerin deß Menschlichen Geschlechts/ vnd mit ihr S. Petrus vnnd S. Benedictus: ist also seelig verschiden.

Ioanna, Fürstin in Iusitania.

In Vasconcell. O. Spec. Exempl. Dist. 9.

Im Jahr 1490. starb Joanna Fürstin in Eusitania/ welche in Anschawung eines MARIÆ Bildts also gebettet: O Jungfraw! O Mutter/ verlaß mich nit an meinem letsten End: erzeig dich/ daß du ein getrewe Mutter seyest: O MARIA schlag zuruck die gegenwertige grimmige Feind/ die da stehen mein arme Seel zuuerschlucken.

In Spec. Exemp. wirdt beschriben/ *O.* daß ein Religios in seiner SterbsNoth also auffgeschryen: Vermaledeyet sey die Stund/ darinn ich Geistlich worden: aber vber ein kleines mit frölichem Angesicht geruffen: Nein/ sonder gebenedeyet sey die Stund meines Eingangs in den Orden/ vnd gebenedeyet sey die Mutter Christi/ welche ich allzeit geliebt hab: weil aber wegen zuvor gehörter Wort die Brüder was betrübt worden/ hat er sie getröstet/ vnd gesagt/ daß er die erste wort auß Forcht vnd Schrecken wegen zweyer gegenwertigen abschewlichen Teufflen geredt: aber darauff wäre kommen die Königin der Himmeln/ welche dise böse erschröckliche Geister weg getriben/ vnd darumb hab er gelächlet als ein Erlediget: hat also sehr getröst seinen Geist auffgeben.

Hieher

Die XIX. Predig.

Hieher gehört/ was einer auff den Altvättern gesagt. P. Sicut nemo potest lædere eum, qui ad latus Imperatoris est, ita nec satanas potest nobis nocere aliquid, si anima nostra inhæserit Deo, & post Deum Virgini eius Matri: Gleichwie dem jenigen/ welcher zur Rechten deß Keysers stehet/ niemand verletzen vnd schaden kan/ also kan vns der Satan nichts schaden/ wann vnser Seel sich steiff an GOtt/ vnnd nechst GOtt/ an die Seeligste Jungfraw/ sein Mutter halten thut. *P. Apol. Patrum. Lib. 11.*

Die aber merck/ vnnd lehrne: daß die jenige sich in ihrem Todtbeth der Mutter GOttes MARIÆ Beystandts vnd Trosts zugetrösten haben/ welche in ihrem Leben ihr gedienet/ vnd zu disem End Sie angeruffen haben/ oder auch noch anruffen/ vnnd ihr dienen werden: wie im Werck erfahren jener Sodalis, welcher zu Dol kranck lag/ vnd die Vmbstehende hatte/ sie wolten jhn nit verlassen/ auch ruffte: Ich glaub/ ich glaub/ endtlich aber auffgeschryen: Manuale nach wie gut ists/ B. l. Fr. in der Bruderschafft dienen: welches auch betrachtet Wilhelmus I. König in Engelandt/ der sterbendt also gebetten: MARIÆ der Gebärerin GOttes/ meiner Frawen/ befihl ich mich/ damit Sie mich versöhne mit ihrem lieben Sohn. *Mariæ die= nen/ macht seelig sterben. Mussipont. Baron. Tom. 2. Annal. Anno 1087.*

Auff dises hat auch gezihlet Iustus Lipsius, welcher sich Gottseeliger Menschen Gebett befohlen/ endtlich seine Händ vnd Augen gen Himmel auffgehoben/ vnnd sterbendt also gebetten: O Mutter GOttes stehe deinem Diener bey/ welcher mit der Ewigkeit streittet/ vnd verlaß mich nit in diser stund/ an welcher das ewige Heyl meiner Seelen hangen thut. *P. Drexe-lius de Æ-ternit.*

Auff dise weiß hat die H. Mechtildis in ihrem Leben die Mutter Gottes angeruffen/ daß Sie jhr in ihrem Todt beystehen/ vnnd zu diser gefährlichen Reiß ein Hertz machen/ vnnd Sie beschützen wolle: ist auch erhört worden/ doch mit disem Geding/ daß zu Ehren der Mutter GOttes sie alle Tag drey Aue Maria auffopfferen/ vnd zu jedem ein gewises Gebettlein/ darvon anderstwo schon Meldung geschehen/ setzen solle. *Lib. 1. Gra-tiæ Spiritua-lis. Cap. vlt.*

Auß disen Vrsachen/ vnd auch zu gleichem End/ sollen wir offt mit der Catholischen Kirchen im Aue Maria mit Andacht betten: Heilige MARIA Mutter GOttes/ bitt für vns arme Sünder/ jetzt/ vnd in der stund vnsers Absterbens/ Amen: Item/ MARIA Mater gratiæ, mater misericordiæ, tu nos ab hoste protege, & horâ mortis suscipe: MARIA Mutter der Gnaden/ Mutter der Barmhertzigkeit/ beschütze vns vor dem Feind/ vnd in der Stund vnsers Todts nimm vns auff. *Gebett vmb ein seeliges End.*

Item: Vitam præsta puram, Iter para tutum, vt videntes IESUM, semper sollætemur: Erwirb vns ein reines Leben / bereit vns ein sichere Reyß/ daß wir JEsum sehen/ vnd vns allzeit erfrewen.

Xx iij   Der

Von Maria der Wunderbarlichen Mutter.
Der III. Theil.

MARIÆ Hilff und Fürbitt geniessen die Todten.

A. Tom. 2. in Vita eius.

Der H. Anselmus Ertz Bischoff zu Candelberg / wie Surius schreibt / A. hat bezeugt / daß so bald nun die Seel eines sterbenden Menschen vom Leib scheide / gleich die böse Geister / welche im Leben derselben durch allerhand Sünden / als wie ein Jaghund einem Grwild nachjagen / grawsamb erscheinen / vnnd dieselbe als ein Raub hinweg reissen / vnd in den ewigen Todt versencken wollen. In diser Gefahr aber ist abermahl MARIA die Wunderbarliche Mutter ihren Liebhabern ein starcke Beschützerin / vnd Abhelfferin.

Maria ein Beschützerin der verstorbenen glaubigen Seelen.

Es schreibt Epiphanius im Leben der Propheten / in Ieremia, daß die Archen GOttes auch am Tag der Allgemeinen Aufferstehung der Todten werde herfür kommen / vnd auff den Berg Sinai gesetzt / vnd zu derselben alle Heylige ihr Zuflucht nemmen werden / damit sie daselbsten den HERRN auffnemmen / vnd dem Feind / welcher sie verderben wollen / entfliehen. Ich hab schon ein andermahl gezeigt / wie daß durch die Archen auch die Mutter GOttes vorbedeuttet worden / hier will ich allein noch disses vermelden / wie daß Sie die ihrige auch nach dem Absterben nit verlasse / sondern ihnen / als die wahre Archen / mit Hilff erscheinen thue.

Nimbt die Seelen auff.

B. In Spec. lect. 3.

I. Nimbt Sie / wie Vincentius Ferrerius lehret / der Verstorbnen Seelen auff: zu welchem End gebraucht Sie sich deß Dienst deß H. Ertz-Engels Michael / vnd aller heyligen Engel / als dienstbaren Geistern / wie solches der H. Vatter Bonauentura mit disen Worten bezeugt. B. Michaël Dux & Princeps militiæ cælestis, cum omnibus Spiritibus Administratorijs, tuis Virgo paret præceptis in defendendis, & suscipiendis de corpore animabus fidelium, specialiter tibi Dominæ, die ac nocte se commendantium: Michaël ein Führer / vnnd Fürst der Himmlischen Heerscharn / mit allen dienstbaren Geistern / O Jungfraw / gehorcht deinem Befelch / in Beschützung vnnd Auffnemmung der auß dem Leib außgehenden Seelen der Glaubigen / insonderheit aber deren / O Fraw / welche sich dir Tag vnd Nacht befehlen.

Carolus S. Birgittæ Sohn.

Ein Exempel diser Sach ist Carolus ein Fürst auß Schweden / der H. Birgittæ Sohn: welcher nach dem Exempel seiner Fraw Mutter / die seeligste Jungfraw auff villerley weiß / sonderlich mit dem H. Rosenkrantz Gebett Andächtig verehrt: diser war ein sehr berühmbter Fürst / aber in seinem besten Alter von dem zeitlichen Todt vnuerhofft abgefordert: die Mutter /

welche

Die XIX. Predig.

welche damahls in dem H. Land Kirchfahrtendt gewesen/ erschracke ab diser trawrigen Bottschafft/ vnd war sonderbahr sorgfältig wegen seiner Seelen Heyl: bittet deßwegen inniglich zu der Mutter Gottes vmb Offenbahrung/ was es doch mit ihres Sohns Caroli Seel für ein Beschaffenheit hab / vnd wie er auß disem Leben abgescheyden/ vnd ob er selig seye.

Diser erscheint im Gebett die Gebährerin Gottes / vnd spricht: mein liebe Tochter / an deines Sohns Seligkeit hab keinen Zweiffel/ ich hab mich in seinem letzten End seiner angenommen/ vnd selbsten besucht/ auch also gestärckt/daß er von keiner Anfechtung hat mögen vberwunden werden / in keinem Glaubens Articul zweiflete/ sondern den Todt gantz vnerschrocken/ vnd starckmütig angenommen: vnd damit er nit erwann auß Schröcken kleinmütig wurd/hab ich ein grosse Anzahl Teuffel/ die ihn wolten anfechten/ mit meiner Gegenwart auß seinem Zimmer verjagt/ vnd sein Seel / so bald sie abgeschaiden/ in mein Schoß auffgenommen/ vnd beschützt wider allen Gewalt der bösen Feind.

II. Stehet Sie ihnen vor dem gestrengen Richterstul bey: dann gleichwie ein fromme Mutter ihren Sohn vnder ihren Mantel / vnd Rock verbirgt/ wann der Vatter zornig/ vnd ihne schlagen will: also nimbt die Mutter der Barmhertzigkeit alle/ welche zu Ihr fliehen/ vnd sich vor deß Richters Christi Gerechtigkeit förchten/ auff/ vnd stehet / als ein junge Fraw thut/ ihnen bey. *Stehet ihnen bey/ vor dem strengen Richterstul.*

Diser Sachen erzehlt Franciscus Benzius der Societet IESV C. ein denckwürdige Geschicht: wie daß nemblich ein Adelicher Jüngling vor seinem End für den Richterstul Christi verzuckt worden / vnd wie er zu ihme selbsten kommen/ neben anderm folgends erzehlt habe: Mit meinem Heyl/ vnd Seligkeit ist es hart/ vnd zweiffelhafftig gestanden/ aber die Gültigkeit der Jungfrawen MARIÆ, vnd aller meiner Patronen ist mir zu Hülff kommen: vom Teuffel war ich geführt zu dem gestrengen Richter / da ich anfangs allein war / hat mich ein grosse Schaar Ankläger vmbstanden / welche mir allerhand Laster fürgeworffen· vnd wolte mich der Obriste Peiniger schon in Abgrund der Höllen führen: da ich nun allenthalben armselig/ ja der armseligst war / ist die Mutter der Barmhertzigkeit mir zu Hülff kommen / vnd beygestanden/ auch sich gegen meinen Feinden gewendet/ vnd gesagt: Quo vos ipsum abripitis? aut quid vobis cum illo? qui tot annos mihi in Sodalitio seruiuit: Wo wolt ihr disen hinführen? was habt ihr mit ihm zu thun? welcher mir so vil Jahr in meiner Congregation, oder Bruderschafft gedient hat? warauff die böse Geister abgetriben/ er aber seines Heyls versichert/ mit grossen Frewden auß diser Welt geschaiden. *C. In Annal. Societ. D. Part. 3. in expofit. Cant. Canticor. c. 18.*

Daher sagt gar schön Richardus de S. Victore. D. Si accedam ad Iudicium,

Von Maria der Wunderbarlichen Mutter.

dicium, & Matrem misericordiæ mecum habuero in causa mea, quis Iudicem denegabit propitium? Wann ich für das Gericht werde gestellt/ vnd die Mutter der Barmhertzigkeit auff meiner Seiten haben werde in meiner Sach/ wer wolt laugnen/ daß ich nit ein gnädigen Richter haben werde?

MARIA ist worden ein Mutter Gottes wegen der Barmhertzigkeit/ dise/ glaub ich festiglich/ wird sich stellen für das Menschlich Geschlecht vor dem Vatter/vnd Sohn/vnd insonderheit für die/ welche fürs Gericht gestellt werden/ das Gericht der Barmhertzigkeit erzeigen: dann Sie ist selbsten die Porten/ in welcher Christus der Edelmann der Kirchen seyn wird/ wann er mit den Eltesten wird zum Gericht sitzen.

Laßt vns derowegen MARIAM die Mutter der Barmhertzigkeit vnd Porten deß Heyls suchen/ vnd Barmhertzigkeit hoffen in der Porten deß Gerichts/ damit wir durch die Porten deß Gerichts eingehen zum ewigen Leben.

III. Schreibt vorangezogener Vincentius Ferrerius Prediger Ordens/ E. daß durch MARIAM auch die Seelen im Fegfewer ein Hülff vnd Linderung haben: der heilig Bernardinus Senensis deutet F. auff Sie die Wort Syrachs: In fluctibus maris ambulaui: ich hab die Wellen deß Meers durchstrichen/ vnnd sagt/ daß Sie auch vber die Seelen im Fegfewer herrsche/dann er verstehet durch die Wellen deß Meers/das Fegfewer vnd nennets vorgehende Wellen/weils nit Ewig: ein Meer aber/ weil es bitter vnd herb ist.

So hat auch die Mutter Gottes selbsten der H. Birgitten/ wie Dionysius Carthusianus schreibt/ G. geoffenbahret: die armen Seelen im Fegfewer erfrewen sich/wann sie nur hören den Namen MARIÆ nennen/ als wie ein Kranker im Beth ligender sich erfrewet/wann er nur ein schönes Trostwort höret/wie mit mehrerm eben Pag. 307. zu sehen.

Hieher erzehlt Petrus Damianus, der Römischen Kirchen Cardinal/ H. daß zu Rom ein Fraw gestorben/ vnd vber ein Jahr hernacher jhrer Gevatterin am Fest MARIÆ Himmelfahrt erschienen/ vnd derselben erzehlt/ daß sie biß auff disen Tag grosse Qual vnd Pein/wegen etlicher leichten Sünden/ so sie in der Jugendt begangen/ vnd zwar gebeichtet/ aber die aufferlegte Buß nit verrichtet hab/ erleiden müssen: da hab die Mutter Gottes an jhrer Himmelfahrt für sie/vnd andere gebetten/ vnd auff disen Bußpeinen mehrer Seelen erlediget/ als Burger vnd Volck zu Rom sey: da aber die Fraw/ deren sie erschienen/ vnd solches erzehlt/ die Sach in Zweiffel ziehen/ vnd nicht recht glauben wolt/ hat sie ihr zum Wahrzeichen vorgesagt/ sie werde vber ein Jahr eben an disem Festtag sterben/ wie dann geschehen.

IV. Erlediget Sie gar von der Höll vnd ewigen Verdammnuß: vor Jel-

E. Serm. 2. de Nat. Erlediget auß dem Fegfewer. F. Serm. de glorioso nomine Mariæ. Eccli. 24. 8.

G. Lib. 3. de Laud. Virg. cap. vlt.

H. Lib. 3. Epistolar. vlt.

Von der Vertambnuß. 1. Reg. 2. 16.

Die XIX. Predig.

ten hat der König Salomon zu dem Abiathar gesagt: Tu es vir mortis, sed hodie te non interficiam, quia portasti Arcam Domini Dei: Du bist ein Mann deß Todts: aber ich will dich heut nit tödten/ dann du hast die Archen deß HErrn Gottes getragen.

Also ist kein Zweiffel/ daß vil Tausent arme Todtsünder in der ewigen Verdamnuß leyden müsten/wann sie nit die Archen/ das ist/ MARIAM, in jhrem Hertzen getragen/ vnd verehrt/auch angeruffen hetten.

Dises lehret der H.Germanus, Patriarch zu Constantinopel/ sprechendt: Tu cùm habeas maternam apud Filium tuum fiduciam,& potentiam: nos qui sumus condemnati, & non audemus intueri altitudinem cæli, tuis interpellationibus, & intercessionibus Deo nos efficis familiares, das salutem,& ab æterno liberas supplicio: Dieweil du bey deinem Sohn ein Mütterliches Vertrawen/ vnd Macht hast / so machest du vns / die wir sonsten schon verurtheilt / vnd verdampt wären/ vnd die Höhe deß Himmels nit anschawen dörfften/ Gott zu Freunden/ gibst das Heyl/ vnd erledigest von ewiger Qual vnd Pein. *L. In Encomio Zonæ Virg.*

Diser Sachen ist ein merckliches Exempel Bapst Innocentius der Dritte welcher nach dem Concilio, so in Lateran zu Rom gehalten worden/ auß disem Leben verschiden/ vnd nach dem Todt der seligen Lutgardi sichtbarlich erschinen: Dise/ wie sie den Mann mit Flammen vmbgeben gesehen / fragt sie wer er wäre? Er antwortet: Er wäre Bapst Innocentius; sie aber seufftzet/ vnd sprach/ was das wäre/ vnd warumb er in solchem Standt vnd mit Fewr vmbgeben? Innocentius fangt an zu erzehlen/ vnd sagt: Es wären drey Vrsachen / welcher wegen er also gepeiniget/ vnd vmb welcher wegen er auch billich hett sollen verdampt vnd gestrafft werden/wann er durch die Fürbitt MARIÆ, welcher er zu Ehren im Leben ein Closter erbawet/ am letzten End nicht Rew vnd Leyd gehabt/ vnd seine Sünd gebeicht hett: auch hierauff noch dises erzehlt/daß er die Peinen biß an Jüngsten Tag leyden müste/ doch aber sey jhme durch die Fürbitt MARIÆ vergunt worden/ zu Jhr vmb Hülff zu kommen; wie Thomas Cantipratanus beschreibt. *K.* *Innocentius III. In Gefahr seiner Seligkeit.* *K. In vita S. Lutgardis inserta lib. 2. Apum. apud Sur. 16. Iunij.*

Laßt derowegen die Gebährerin Gottes vns zum Freund machen / auff daß durch dero Fürbitt wir fromb leben/ in der Gnaden Gottes sterben/ vnd nach disem Leben ewig selig werden: welches vns verleyhe die Allerheiligste Dreyfaltigkeit/ GOTT Vatter/ Sohn/ vnd H. Geist/ Amen.

Die Zwaintzigste Predig.

Mater Admirabilis, Ora pro nobis.

Warumb MARIA **zu lieben/ vnd zu verehren sey: wie/ vnd von welchen Sie zu allen Zeiten geliebt / vnd verehrt worden: vnd wie wir Sie auch lieben/vnd verehren sollen.**

Eccli. 24. 17.
Maria wird einem Zederbaum verglichen.
A. In Officio & Miſſa Aſſumpt. B. Virg.
Ezech. 31. 3.
P. Lib. 16. 40.
Cederbaum/ hoch vber alle Bäum.
Gibt ein guten Geruch.
C. 3. Georg. & lib. 7. Æneid.
D. Lib. 13. 13.
Iſt vnverweßlich.
E. Lib. 16. 4.
3. Reg. 5. 6.
3. Reg. 6. 18.
29. 31.
Cant. 1. 17.

Eliebte in dem HErrn: Was Salomon dann Buchſtaben nach von der ewigen Weißheit außgeſprochen/ vnd geſagt Quaſi Cedrus exaltata ſum in Libano: **Ich bin erhöcht worden wie ein Cederbaum auff dem Berg Libano:** das deutet die Catholiſche Kirch auff vnſer Wunderbarliche Mutter MARIAM. *A.* Von dem Cederbaum bezeugt die H. Schrifft/ vnd ſchreiben die Dolmetſcher derſelben folgendes.

I. Daß derſelbe vber alle Bäum hoch wachſe/ wie dann Plinius erzehlt/ *B.* daß in Cypern ein Cederbaum vmbgehawen worden / welcher 130. Schuch lang/ vnd ſo dick geweſen/ daß denſelbigen drey Männer zugleich kaum vmbklafftern oder vmbfangen können. Diſer Vrſachen halben wird der Cederbaum/ Regina Arborum, ein Königin der Bäumen genennt.

II. Gibt der Cederbaum ein guten Geruch von ſich / vertreibt vnd ſcheucht die Schlangen/ zu welchem End in Mayrhöfen vnd Häuſern Cederholtz angezündt wird: wie Rabanus meldet / vnd ſolches auß dem Virgilio erweiſet. *C.* So haben auch die Alten ihre Bücher mit Cederöel/ vnd Safft beſtrichen/ vnd darmit dieſelbige vor den Schaben/ vnd Verderben erhalten: ſolche Cedrati libri , mit Cederöel / vnd Safft beſtrichene Bücher ſeynd geweſen die Bücher der Pythagoræer/ welche/ wie Plinius ſchreibt/ *D.* nach 535. Jahren vnverſehrt erfunden worden.

III. Iſt der Cederbaum hart wie Bain / wird nie wurmſtichig / noch von Schaben durchlöchert / ſondern bleibt allzeit vnverweſen: wie dann erwehnter Plinius ſchreibt: *E.* Es ſey denckwürdig / daß zu Vtica ein Holtzwerck an dem Tempel Apollinis , ſo von Cederbäumen geweſen / von Erbawung diſes Orths/ das iſt/ von 1188. Jahren / gantz vnverweſen verbliben: welches wegen auch den König Salomon nit allein ſein Königlichen Pallaſt / ſondern auch den herrlichen Tempel zu Jeruſalem / welcher ein Wunderwerck der Welt geweſen/ von Cederholtz erbawen laſſen: vnd wann

bey

Die XX. Predig.

bey den Alten einem ein grosse Gnad/oder Guttthat erzeigt worden/haben sie gesagt: Man soll dem Cederbaum einschreiben; vnd dardurch zuuerstehen geben wollen: wie der Cederbaum vnverweßlich/ also dise vnnd dergleichen Gutthaten vnverweßlich seyn sollen.

IV. Dienet der Cederbaum zur Artzney: dann es gehet ein Hartz von jhm auß/welches für allerhand Gebresten/als Ohren/Augen vnd Zahn-wehe gut ist. So sagt auch Plinius: *F. Defuncta corpora incorrupta ævis seruat, & defunctis pro vita est.* Das Cederbaum Oel/vnd Safft erhält auff vil Jahr vnnd Zeit die Cörper die Todten/vnd sey gleichsamb den Todten ein Leben. — *Dienet zur Artzney. F.Lib.14.*

V. Trägt der Cederbaum/vnd bringt Frucht/so eines lieblichen Geschmacks ist. Plinius. G. — *Trägt Frucht. G..Lib.16.*

VI. Wirdt der Cederbaum gerühmbt/daß er sey sehr hüpsch von Ästen/vnd schattächtig von dicken Zweigen: welche sich weit außgebreit haben/ daß die Vögel deß Luffts auff seinen Zweigen nisteten/ vnd vil grosse Völcker vnder seinem Schatten wohneten. — *Gibt ein Schatten von schönen dicken Zweigen.*

Dise Ding alle können billich auff V.L.Fr. die Wunderbarliche Mutter MARIAM gedeuttet/ vnd außgelegt werden: wie dann Sie der H. Vatter Bonauentura. *H. Cedrum exaltatam*, ein erhöheten Cederbaum nennet. Vnd Angelus Caninius, auch Guido Faber Boënanus, welche beede in der Hebraischen vnnd Syrischen Sprach wol erfahren waren/lehren: daß der Nam MARIA recht verdolmetschet werde: *Exaltata*, ein Erhöhete. — *H. in Psalt.*

Dann 1. ist Sie erhöcht vber alle Weiber/ weil Sie mehr als andere gesegnet: vnd eben darumb würdiger/ vnd edler als Eua: gelehrter als Maria Aarons/vnd Moysis Schwester: geschämigter/als Sara: lieblicher/ als Rebecca: fruchtbarer/ als Lia: schöner/ als Rachel: kluger/ als Abigail: grösser/ als die Königin von Saba: stärcker/ als Judith: holdseeliger/ als Esther: keuscher/ als Susanna: emßiger/als die Sunamitis: freygebiger/ als die Fraw zu Sarepta: heiliger/ als die bettende vnd fastende Anna: geschäfftiger/ als Martha. — *1. Maria ist erhöcht vber alle Weiber.*

2. Darnach ist Sie erhöcht vber alle Heiligen: dann Sie vbertrifft die Engel an Reinigkeit: die Patriarchen an Heyligkeit: die Propheten an Warheit: die Apostel an Würdigkeit: die Martyrer an Beständigkeit: die Lehrer an Weißheit: die Beichtiger an Mässigkeit: die Jungfrawen an Keuschheit: alle Geistliche an Demuth: daß recht von jhr Idiota lehret: *Omnium Sanctorum Priuilegia, Virgo, omnia habes in te congesta, nemo æqualis est tibi, nemo maior te, nisi* DEVS: O Seeligste Jungfraw/du hast in dir aller Heyligen Priuilegien, vnnd Freyheiten zusammen versambt: niemandt ist dir gleich/niemandt ist grösser als du/ als allein GOtt. — *2. Vber alle Heyligen. I.Lib.6.tom. 3.Biblioth. Sanctæ.*

Von Maria der Wunderbarlichen Mutter.

3.
Vber alle
Creaturen.
Eccli.24.7.
K. In suo
Mariali.

3. Ist Sie an Gnad vnd Tugenden vber alle Creaturen im Himel vnd auff Erden erhöcht: dann Sie in der Höhe ihr Gezelt auffgeschlagen. Es schreibt Bartholomæus Schobar, K. wie daß einest die Hispanier vmb ein Statt der Mohren gekrieget/ vnd gar Sturm gelauffen: In dem ersten Sturm ist einer den andern allen vorgetretten/ vnd weit in der Statt drinnen zu einem Hauß kommen/ an welches er mit einem Dolchen ein solchen Zettel angeschlagen: Huc peruënit Vasco Fernandez. So weit ist Vasco Fernandez kommen: dises hat nun ein anderer Hispanier in acht genommen/ vnnd gelesen/ vnd ist am andern Tag darauff im andern Sturmlauffen/ noch vil weitter/ als diser kommen/ vnd hat ein solchen Zettel angeschlagen: Huc non peruënit Vasco Fernandez. So weit ist Vasco Fernandez nit kommen.

Wann man die Leben der Heyligen list / so heist es: S. Petrus ist so weit kommen/ daß er ein Statthalter/ vnd Haupt der gantzen Kirchen worden: S. Paulus ist so weit kommen/ daß er gar biß in den dritten Himmel versuckt worden: S. Johannes der Euangelist ist so weit kommen/ daß er auff der Brust deß Herrn gelegen: vnd also von andern Heyligen: aber allen tringt die H. Jungfraw MARIA weit vor/ vnd heist bey ihr: Huc non peruënit: So weit ist nit kommen Petrus/ Paulus/ Johannes/ noch ein anderer Heiliger/ als MARIA, dann Sie ist vber alle weit erhöcht/ vnd ein Königin aller Heyligen.

L. In cap.14. Osee.

Hie ist zumercken/ was der H. Hieronymus schreibt, L. daß die Bäum auff dem Berg Libano/ je höher sie in die Tieffe wachsen/ vnd auffsteigen/ je tieffer sie vndenher in der Erden einwurtzlen; also je mehr die Mutter Gottes von Gott erhöhet worden/ je tieffer hat Sie sich gedemüthiget.

1.
Maria tödtet die Höllische Schlang.

II. Wie der Cederbaum mit seinem Geruch die Schlangen vertreibt/ vnd tödtet; also gibt der Marianische Cederbaum ein köstlichen Geruch aller Tugenden/ vnd vnaussprechlicher Gnaden von sich: vertreibt/ vnd tödtet damit die Höllische Schlangen/ so bald/ vnd so offt Sie mit vnser Verehrung angezündt/ vnd mit wahrer Andacht angeruffen wird. Wie dann Sie selbsten der H. Birgittæ geoffenbahret/ vnd gesagt:

M. Lib. 1.
Reuelat.c.9.

M. Nullus in vita hac est tam frigidus in amore diuino, quin si inuocauerit nomen meum cum integro proposito pœnitendi, statim ab ipso diabolus recedat: Daß kein Mensch in disem Leben von Gott so weit abgesöndert/ vnnd in der Göttlichen Liebe so kalt/ von welchem nit alsbald der Teuffel weichen müsse/ wann er nur mit steissem Fürsatz sein Leben zubessern/ ihren H. Namen anruffe.

N. Orat. in Zonam.

Auff dise Weiß redet MARIAM der H. Germanus also an: *N.* O du Allerheilligste/ vertreibst allein mit Anruffung deines H. Namens/ allen Anlauff deß Feindts wider deine Diener/ vnd erhaltest sie beym Leben. Die heist

Die XX. Predig.

es: GOTT hat dich gesegnet in seiner Krafft/dann alle vnsere Feind hat Er durch dich zunichten gemacht. *Iudith. 13. 11.*

III. Ist auch gleichwie an dem Ederbaum / an der Wunderbarlicher Mutter Gottes MARIA nichts Wurmstichiges/oder Sündliches zufinden: dann Sie von Ewigkeit her in der Vile der Gnaden Gottes also bevestiget gewesen/daß an jhr weder vor: noch inn: noch nach der Empfängnuß vnd Geburt die wenigste Sünd nit regiert, sondern Sie allzeit auff Libano/ das ist/schneeweiß/schön/vnd ohne Mackel gewesen/dahero der H. Augustinus O. Sie billich von allen Sünden außnimmet. *An Maria ist nichts Sündliches. Cant. 4. O. De natura & gratia, cap. 16.*

So ist auch MARIÆ Leichnamb gleich dem Cederholtz in dem Grab vnverwesen gebliben/vnd gantz Glorwürdig in den Himmel auffgenommen/ auch vber alle Chör der Engel erhöcht worden: daß nechst GOtt/ Sie der Himmlischen Statt Jerusalem fürnembste Saul ist/vnd ewig bleibt.

IV. Wie der Cederbaum zur Artzney dienet/vnd der Verstorbnen Cörper erhält/vnnd der Todten gleichsamb Leben ist: also ist vnser Marianische Cederbaum allen denen/ so am Leib kranck, vnd an der Seelen todt seyn/ ein Artzney/ vnd wird billich Salus infirmorum, der Krancken Heyl genennt. *Maria, ein Artzney.*

Dann I. schreibt Franciscus Suarez der Societet IESV. P. Es sey gar glaublich/ daß die Seeligste Jungfraw nach Christi Aufferstehung vnnd Himmelfahrt/da Sie noch im Leben gewesen/Wunderzeichen gethon/vnnd vil Presthaffte gesund gemacht habe. Dahero schreibt der H. Bernardus, Q. daß den Menschen damahls ein grosser Trost gewesen/wann sie die Mutter auff Erden gesehen/deren Sohn im Himmel regierte. *P. In 3. part. S. Thom. 2. Tom. Disp. 20. sect. 3. Q. Super Stabat iuxta Crucem.*

2. Hat Sie diß auch geleistet in jhrem Seeligen Hinscheiden vnnd Begräbnuß: dann jhr Grab redet der H. Damascenus also an: R. Vbi est, inquit, Fons ille, ex quo vita orta est? vbi abyssus gratiæ? vbi pelagus curationum? Wo ist der Bronn/ auß welchem das Leben entsprungen? wo ist der Abgrund aller Gnaden? wo ist das Meer der Gesundmachung aller Kranckheiten? *R. Orat. de Dorm. Virg.*

Es bezeugt auch diser H. Vatter: daß bey jhrem Seeligen Hinscheiden vnd Begräbnuß die Blinden sehend/die Tauben hörend/die Stumen redend/die Lahmen gehend/vnd vil andere Krancken gesund gemacht worden.

3. Kan nit außgesprochen werden/wie vilen MARIA, da Sie jetzt im Himmel/ an Seel vnd Leib ein Artzney gewesen; dann gleichwie vor Zeiten der Syrische Naaman durch Anweisung der Verdienst/vnnd Glauben/wie Mendoza lehrt/ S. eines Israëlitischen Maydlins zur Gesundheit kommen: also seynd durch Fürbitt/Glauben/ vnnd Verdiensten MARIÆ, vil Tausend elende/ vnd arme Menschen an Leib vnd Seel gesund worden. Richardus de S. Laurentio, sagt: MARIÆ Nam heylet/ vnnd lindert den Schmer- *4. Reg. 5. 3. S. In Lib. 1. Reg. 4. num. 11. Sect. 3.*

Yy iij

Schmertzen der Sünden mehr vnd besser/als alle köstliche Salben: vnd ist kein Pestilentz so starck/welche nit gleich auff Anruffen MARIÆ Namen weichen müsse.

T. Lib. 7. cap. 15.

Vnd schreibt Cæsarius: *T.* Medicinâ B. Virginis nihil efficacius, nihil salubrius: Nichts kräfftigers/vnd nichts heylsammers ist/als der Seligsten Jungfrawen MARIÆ Artzney: Sie ist/sagt Albertus Magnus, Vmbraculum infirmorum, ein Schatten/vnd Erquickung der Krancken.

5. Maria erstreckt jhr Barmhertzigkeit in alle Welt.

V. Wie der Cederbaum hübsch von Aesten/vnd schattächtig von den weit außgebreitten Zweigen ist/daß die Vögel deß Lufftes auff seinen Zweigen nisten/vnd vil vnder seinem Schatten wohnen: also strecket der erhöchte Cederbaum MARIA, jhr Hilff-Arm/vnd Schatten-Zweig jhrer Barmhertzigkeit vber die gantze Welt auß/daß die Vögel deß Lufftes/das ist/die fromme in den Himmel sich schwingende Hertzen/in Jhr erfrewen: vnd die Völcker deß Erdbodens/das ist/die Nothleydende/vnd arme Sünder zu Jhr Zuflucht nemmen/Hilff vnd Trost suchen/vnd finden: dann Sie ist/

V. Opuscul. 25.

sagt der H. Bonaventura: *V.* Tutissimum Afflictorum omnium Refugium; das sicherste Zuflucht-Orth aller Betrübten: Sie ist/sagt der H. Damascenus: *VV.* Vnicum molestiarum Leuamen: die einige Ringerung aller Beschwerden.

VV. Serm. de Dormit.

6. Mariæ Fruchtbarkeit. Dan. 4. 9. & 18.

VI. Hat auch vnser Marianische Cederbaum herrliche Frucht gebracht/nemblich/Christum JEsum/welcher die Gebenedeyeste Frucht ist/darvon jedermann jessen hat.

So nun der König Xerxes bey einem Ahorn-Baum in Lidia mit seinem gantzen Kriegs-Heer ein gantzen Tag sich auffgehalten/demselben wegen seines Schatten verehrt/vnnd an solchen herrliche Kleynodien/als Arm-vnd Halßband/güldine Ketten ic. auffgehenckt/vnd selbigen verwachen lassen: wie vil billicher verehren wir die Mutter GOttes/weil Sie den Heyland der Welt getragen/vnd gebohren/auch mit jhme vns täglich versöhnet. Billich ruffen wir auff: Benedicta tu in mulieribus: Gebenedeyt bist du vnder den Weibern/vnd Gebenedicet ist die Frucht deines Leibs JESus.

Nun wolan/die grosse/vnd vilfältige Guthaten/welche wir durch die Allerseeligste Jungfraw/vnnd Wunderbarliche Mutter MARIAM mannigfältig empfangen/wollen wir in den Cederbaum einschreiben/dieselbe danckbarlich erkennen/vnd vergelten/auch Sie lieben/loben vnd verehren: zu welchem End ich folgende Predig halten/vnd mit der Gnad GOttes drey Stuck erklären will. I. Warumb die Mutter GOttes von vns geliebt/vnd verehrt werden soll. II. Wie Sie von Anfang her/zu allem vnnd jeden Zeiten geliebt vnd verehrt worden. III. Wie/vnd auff was Weiß wir Sie lieben/loben vnd verehren sollen. Beleib der tröstlichen Hoffnung/ic.

Der

Die XX. Predig.
Der I. Theil.
Warumb die Mutter Gottes zu lieben/ vnd zu verehren sey.

ES schreibt Andreas Cretensis: *A.* Daß B. L. Fraw allein von Gott würdig genug verehrt/vnd gelobt werden könne/ als welcher allein weiß/ was grosse Wunder/vnd auß was Vrsachen Er an Jhr gethan: vnd als der H. Ildephonsus Ertz Bischoff zu Toleto erzehlt/ *B.* die Wunderbahrliche Menschwerdung Christi in dem Jungfräwlichen Leib MARIÆ, vnd auß dem brinnenden/doch nit verbrinnenden Busch Moysis gezeigt hett/wie solche ohne Verletzung jhrer Jungfrawschafft geschehen/ ermahnet er darauff alle Menschen/wie sie die Wunderbahrliche Mutter Gottes MARIAM anruffen/verehren/vnd loben sollen/vnd spricht also: Doch/ sagt er/ weil wir die Seligste Jungfraw nit gnug loben können/ siebenmahln vnser Lob alles zu gering/ vnd zu wenig/so läßt vns Sie verehren/vnd lieben/ so vil wir können. Mit disem stimmet auch ein der H. Bonauentura,vnd sagt: *C.* Sancta MARIA super omnes diligentiùs amanda, & super omnes excellentiùs magnificanda: O. MARIA, du bist vor/ vnd vber alle fleissiger zu lieben/ vnd vber alle fürtrefflicher groß zu achten.

Vnd dises I. wegen Jhrer Excellentz/ vnd Hochheit: darumb weil Sie wahrhafftig ist vnd bleibt Mater DEI, ein Mutter Gottes: welches wegen jhr der Englische Lehrer Thomas von Aquin, ein vnendtliche Würdigkeit zueygnet/ *D.* vnd die HH. Vätter ins gemein sambt dem H. Bonauentura *E.* nechst Gott/ Sie alles Lobs vnd Ehren werth halten.

In Betrachtung dises/hat der H. Patriarch Germanus *F.* MARIAM sein Zuflucht/ Leben/ vnd Beschützerin/ Stärcke/ vnd Hoffnung genennt/vnd Sie hoch gelobt: wie auch der H. Franciscus das Zeugnuß hat/ er sey mit vnaußsprechlicher Liebe der Mutter Gottes zugethan gewesen/ darumb daß Sie den Herrn der Majestätt gebohren/vnd zu einem Bruder gemacht. Vnd bezeugt der H. Bernardus, *G.* daß eben darumb/ daß Sie vns Christum gebohren/ vnd ein Mutter Gottes ist/wir durch Sie/ nach dem Willen Gottes alles haben vnd empfangen, vnd deßwegen Sie billich lieben vnd verehren sollen.

Welche in das H. Land verreisen/ so bald sie den Fuß darauff setzen/vnd antretten/ fallen sie auff jhre Knye nider/ verehren vnd küssen das Erdtreich/ darumb/ weil dises Land vns den Heyland der Welt gebracht/ vnd in demselben Er vns erlöst hat. Das recht heilige Land/ vnd Erdtreich/ welches vns Christum gebracht/ ist MARIA; von welcher geschriben stehet: Aperiatur terra, & germinet Saluatorem: Das Erdreich thue sich auff/

A. Orat. 1. de Dormit. Virg.

B. Serm. 1. de Assumpt. B. Virg.

C. In Litaniis.

1. Maria Lobswürdig wegen der Mutterschafft.
D. P. 1. q. 25. art. 3. ad 4.
E. 1. Sent. dist. 4. in Exposit. Text.
F. Orat de Oblat. Deiparæ.
G. De Aquæductu.

Esa. 45. 8.

Von Maria der Wunderbarlichen Mutter.

auff/ vnd bringe herfür den Heyland: billich ist derowegen/daß wir Sie lieben/loben/ vnd verehren.

Wegen der Geburt Christi. Luc. 11. 27.

II. Ist MARIA zu lieben vnd zu verehren/ weil Sie Christum empfangen/getragen/gebohren/gespeißt/getränckt/gekußt/ vnd sonsten seiner pfleget: wie dann in Betrachtung disses jene Fraw vnder dem Volck außgeschryen: Beatus venter qui te portauit, & vbera quæ suxisti: Selig der der dich getragen/ vnd die Brüst die du gesogen hast. Vnd wie den

H. In Offic. B.Virg.

Ihr die Catholische Kirch also: H. Selig bist du/ O H. Jungfraw MARIA, vnd alles Lobs würdig: weil von dir ist auffgangen die Sonn der Gerechtigkeit/ Christus vnser GOTT.

I. Lib.2.de Laud.Virg. part.5. Mariæ Glieder zu verehren.

Auß disem schliesset auch Richardus de S. Laurentio, I. daß man nicht allein MARIÆ Leib/ vnd Brüst selig sprechen/ sondern alle deroselben Glieder loben/preysen/vnd grüssen solle: als die Füß/ mit welchen Sie mit Christo vnderschidliche Raisen verrichtet: den Leib/ mit welchem Sie Christum getragen: das Hertz/mit welchem Sie an Ihne starck geglaubt/ vnd inbrünstig geliebt: die Brüst/ mit welchen Sie Ihne gesäuget: die Händ/mit welchen Sie Ihne gespeiset: den Mund/ mit welchem Sie Ihme manchen glückseligen Kuß geben: die Zungen/ mit welcher Sie Ihn angeredt: die Ohren/ mit welchen Sie sein lieblich Gespräch angehört: Ihre Augen/ mit welchen Sie Ihn angeschawet.

K. Serm.de Laud.Virg. Mariæ. L. Orat. de B.Virg. M. Serm.1. de Assumpt. B.Virg.

Eben disses lehren auch die heilige Vätter vnd Lehrer Epiphanius, K. Chrysippus. L. vnd Bernardus. M. vnd schliessen/ daß MARIA billich zu lieben/ vnd zu verehren sey: wie dann auch die Heydnische Sybilla Tiburtina also von Ihr gesungen: N. O nimium felix, cælo dignissima Mater, quæ tantam sacro lactauit ab vbere prolem: O der vil seligen/vnd deß Himmels würdigsten Mutter/ welche mit ihren Brüsten ein so grosses Kind gesäuget.

3. Weil es Gott gefällig. N. Lib. de Virginit.B. Mariæ c.12. O. Homil. 4. super missus est.

III. Ist MARIA zu lieben vnd zu verehren/ weil dardurch GOtt selbsten gelibet/ geehrt/ vnd Ihme hieran ein Wolgefallen gethon/ ja gar gedienet wird/ wie der H. Ildephonsus lehret/ N. vnd hiervon der H. Bernardus also sagt: O. Non est dubium, quidquid in laudibus Matris proferimus, ad Filium pertinere: Es ist kein Zweiffel/ daß alles/ was wir zum Lob der Mutter fürbringen/solches dem Sohn zugehöre.

Dann gleichwie ein künstlicher Meister gern sihet vnd höret/ wann man sein Werck lobet; also gefallt Gott wol/wann man sein gebenedeyteste Mutter liebt/ verehrt/ vnd lobt/ als ein sonderbahres Werck der rechten Hand deß

P. Serm.1. de Nat. B.V.

Allerhöchsten / vnd ein Werck/ welches allein der Werckmeister übertrifft/ wie der H. Damascenus redet. P.

Vnd

Die XX. Predig.

Vnd wie das Lob eines künstlichen Wercks/ zum Lob deß Werckmeisters gereichet; also gereicht alles Lob vnd Ehr/ so man der Mutter Gottes erzeigt/ zum Lob Gottes/ vnd der Allerheiligsten Dreyfaltigkeit.

Dann wer MARIAM liebt vnd verehrt/ der verehrt Gott den ewigen Vatter/ wegen der Würdigkeit einer solchen Creatur/ vnd Tochter: er verehrt den Sohn/ wegen Erwöhlung einer solchen Mutter: er verehrt den H. Geist/ wegen der Lieb einer solchen Gespons. Widerumb: verehrt er GOtt den Vatter/ dieweil Er Sie zu einer Königin vber alles/ was Er erschaffen/ erhebt/ vnd von Ewigkeit her zu einer Mutter seines Eingebohrnen Sohns erwöhlt hat: er verehrt den Sohn Gottes/ weil Er Sie in dem Geheimbnuß vnserer Erlösung zu einer Mitgehülffin angenommen/ vnd durch jhr Fürbitt die Menschen seiner Verdiensten theilhafftig machet: er verehret den H. Geist/ weil Er Sie jhme zu einem sonderbahren Werckzeug der Außtheilung aller seiner Gnaden vnd Gaaben auserkohren.

Auff dises deutet auch Laurentius Iustinianus, Q. vnd spricht: Laßt vns zu Ehren diser Jungfrawen ein Bekanntnuß singen/ vnd vnserm Gott mit Haryffen psallieren: Ipsum veneremur in Matre, & Matrem honoremus in Filio: Laßt vns Jhne verehren in der Mutter/ vnd die Mutter verehren in dem Sohn.

IV. Soll MARIA geliebt vnd verehrt werden/ weil nechst GOTT/ durch Sie wir das vnschätzlich Gut der ewigen Prædestination, vnd Erwöhlung zum ewigen Leben haben/ vnd erlangen können: dann der Leib MARIÆ ist der Saal deß Göttlichen Rahts gewesen/ wie P. Ioannes Eusebius Norimbergius der Societet IESV lehret/ R. In welchem die Wahl der Verordneten zum ewigen Leben/ vnd die Außtheilung der Göttlichen Gnaden geschehen.

Dann es ist kein Zweiffel/ sagt diser Pater, daß der ewige Sohn Gottes sey eben damahls ingedenck gewesen/ wie daß MARIA Jhne in jhrem Jungfräwlichen Leib empfangen/ vnd getragen/ er auch auß jhrem reinesten Geblüt die Menschliche Natur angenommen/ vnd damahls zum ewigen Leben verordnet/ welche rechte vnd wahre Diener/ Liebhaber/ vnd Kinder MARIÆ seyn wurden: vnd welche Er mit seiner Göttlichen Weißheit/ vor andern lieben/ vnd annemmen werde/ für welche Er vor gesehen/ daß sein allerliebste Mutter bitten werde.

Allermassen solches einer Gottseligen Jungfrawen geoffenbahret worden: welche/ wie Cæsarius schreibt/ S. einest von dem Abgrund der Prædestination, vnd Verordnung der Außerwöhlten zum ewigen Leben/ vnd von dem Geheimbnuß der Menschwerdung Christi betrachtet/ darüber verzuckt worden/ vnd die Seligste Jungfraw/ vnd Gebährerin Gottes MARIAM gantz

Mariæ Ehr.

Q. Serm. de Natiu.B.V. Mariæ.

4. Wegen Erhaltung deß ewigen Lebens.

R. De Affectu, & Amore erga Mariam Virg. c.13.

S.De Illust. Miracul. lib. 7.c.20.

gantz Chrystallinin/ vnd durchsichtig vor jhr stehendt/ auch in dero Leib ein
gantz schön/ vnd holdseliges Kindlein mit einer Cron auff dem Haupt gesehen.
Auß der Cron deß Kindleins/ giengen vier Blumen herauß/ welche/ wie sie
gedunckt/ vbersich gestigen/ vnd durch das Hirn der seligsten Jungfrawen
MARIAE auffgewachsen/ sich in Zweiglein außgetheilt/ vnd in kürtze die vier
End der Welt eingefüllt haben: derselben Frucht war gar schön/ eines herrlichen Geruchs/ vnd wunderbarlichen Geschmacks: vnder disen Zweigen ist
erschinen das gantze Menschliche Geschlecht/ von Adam an/ biß auff den letzten Menschen der am End der Welt wird geboren werden: von der Frucht
diser Zweigen haben allein die Außerwöhlten abgebrochen/ vnd geessen: die
Verworffnen vnd Gottlosen haben nichts darvon erreichen oder essen können.

In disem Gesicht/ oder Verzuckung hat die selige Jungfraw ein solche
Wissenheit vnd Erkandtnuß bekommen/ daß/ wann sie hernacher von einem
geredt/ gleich verstehen vnd wissen können/ ob er zum ewigen Leben verordnet/
oder nit: vnd wann einer dahin prædestinirt, vnd erwöhlet gewesen/ hat sie
sich mit jhme zu reden/ als mit einem Mittburger/ belustiget: wann aber einer
zum ewigen Leben nit erwöhlt war/ hat sie sich gleich von jhme abgewendt.

Auß welchem erscheinet/ daß die Wahl der Außerwöhlten/ vnd Prædesti-
nirten zum ewigen Leben/ von vnserm Heyland in seiner Mutter Leib/ vnd
auch vermittelst derselben Verdienst/ vnd Fürbitt geschehen.

Dahero die HH. Vätter vnd Lehrer ins gemein bezeugen/ daß die Andacht
vnd Liebe gegen der Allerseligsten Jungfrawen ein Zeichen der ewigen Prædestination, vnd Verordnung zur Seligkeit sey.

Zu Bestättigung diser Lehr/ will ich etliche Zeugnussen beybringen: vnd
zwar Anfangs auß H. Schrifft: dann 1: wird von der Catholischen Kir-
chen/ vnd HH. Vättern Geistlich auff Sie gedeutet/ was in der Person der
ewigen Weißheit Salomon außgesprochen: Qui me creauit, requieuit in
Tabernaculo meo, & dixit mihi, in Iacob inhabita, & in Israël hæreditare,
& in Electis meis mitte radices: Der mich hat geschaffen/ der hat in
meiner Hütten gewohnet/ vnd zu mir gesprochen: In Jacob solt
du wohnen/ vnd in Israel soll dein Erb seyn/ vnd in meinen Außerwöhlten solt du wurtzeln: vermög H. Schrifft/ werden durch den Jacob
die Außerwöhlten/ durch den Esau aber die Gottlosen/ vnd Verworffenen
verstanden.

Nun wohnet die Seligste Jungfraw MARIA in den Häusern vnd
Erb Jacob/ oder Israel/ das ist/ bey denen/ welche die Sünd vnd Wollust
mit Füssen tretten: in derselben Hertzen pflantzet sie ein rechten Eyffer/ vnd
Andacht/ auff Weiß/ wie ein Baum in dem Erdreich sein Wurtzel außbrei-
tet/ mit denselben die Feuchtigkeit herauß ziehet/ vnd in die Äst vnd Zweig
deß

1. Zeugnuß H. Schrifft. Eccli. 14. 13.

Rom. 9. 13.

Die XX. Predig.

deß Baums auffhellet/selbige safftig/grünend/blühend/vnd fruchtbar machet/ also pflantzet MARIA, vnser Wunderbarliche Mutter die Wurtzlen jhrer Andacht in jhrer Liebhabern Hertzen ein/daß selbige/ krafft solcher Andachten/ den Edlen Safft der Gnaden GOttes an sich ziehen/ fromm leben/ vnnd Bäum werden/ gepflantzet an den Wasserbächen/ welche jhr Frucht bringen zu seiner Zeit/vnd dero Blätter nit abreissen/vnnd was sie schaffen/ jhnen gelinget. *Psal. c. 1.*

Auff dises deuttet der H. Ildephonsus, da er die Mutter GOttes anredet/also sprechendt: *T. Hæc est, quæ vt Cedrus Libani quotidie in tereis multiplicabitur, dilatabiturque ramis: & in cælo radicibus, vt crescat ampliùs, solidatur:* Sie ist die jenige/ welche wie ein Cederbaum auff dem Libano/ auff Erden täglich gemehret/ vnnd mit Zweigen außgebreittet/auch im Himmel mit Wurtzlen befestiget wirdt/ auff daß Sie jmmer mehr vnnd mehr wachse:das heißt:& *in electis meis mitte radices:* vnd in meinen Außerwöhlten solt du wurtzlen. *T. Serm. 1. de Assumpt. B. Virg.*

2. Eignet MARIÆ, der Allerseeligsten Jungfrawen/die Catholische Kirch zu/ *V.* was in den Sprüchwörtern Salomonis stehet: *Qui me inuenit, inueniet vitam, & hauriet salutem à Domino:* Wer mich findet/ der findet das Leben/ vnnd wird das Hÿl vom HErrn schöpffen: Dahero schreibt der H. Bernardus: *VV. Quæramus gratiam, & per MARIAM quæramus, quia quod quærit, inuenit, & frustrari non potest:* Laßt vns Gnad suchen/ vnnd laßt vns suchen durch MARIAM: dann was einer (durch Sie) sucht/ der findts/ vnd kan nit betrogen werden. *V. In Epist. Missæ Festi Concept. B. Virg. Mariæ. Prou. 8. 35. VV. Serm. de Nat. B. Virg.*

So spricht auch der H. Bonauentura; *X. Inuenient peccatores gratiam apud DEVM, per te Inuentricem gratiæ, atque salutis:* Die arme Sünder werden Gnad finden bey Gott/ durch dich O Erfinderin der Gnaden/ vnd deß Heyls: diser Vrsachen halben gibt diser H. Vatter den Rath/daß/ wann wir vns wegen vnserer Sünden vor dem Verderben förchten/ wir MARIAM anreden/ vnd anruffen sollen: wie vor Zeiten Abraham sein Saram, da er sich in der Gefahr deß Lebens besorgt/angeredt/vnd angesprochen hat: *Dic, obsecro, quòd soror mea sis, vt bene sit mihi propter te, & viuat anima mea ob gratiam tui:* Liebe Sara/ sag doch/das bitt ich dich/ du seyest mein Schwester/ auff daß mir desto besser gehe vmb deiner willen/ vnd mein Seel bey dem leben bleib vmb deiner willen. *X. In Psalt. Deip. Gen. 12. 13.*

Also auch sollen wir ruffen: *Virgo MARIA, ô Sara nostra, dic, obsecro, quòd soror nostra sis:* O Seeligste Jungfraw MARIA, vnser Sara/ vnd Mutter/ sag doch/ (das bitten wir dich/) daß du vnser Schwester seyest/ daß vns bey GOtt desto besser ergehe vmb deiner willen/vnnd vnsere Seelen ewig GOtt leben vmb deiner willen.

Von Maria der Wunderbarlichen Mutter.

Levit.26.11.

3. Stehet im dritten Buch Moyses geschriben: Ponam tabernaculum meum in medio vestri, & non abiiciet vos anima mea: Ich will mein Tabernacul/ oder Wohnung in mitten vnder euch setzen/ vnnd mein Seel soll euch nit verwerffen. Die H.H. Vätter S. Augustinus, Y. vnd Damascenus, Z. verstehen durch das Tabernaculum, die Seeligste Jungfraw MARIAM, vnnd lehren/ daß/ wann Sie als ein Himmlischer/ vnd lebendiger Tabernacul in deß Menschen Hertz gesetzt/ vnd gegen jhr ein rechte Andacht geübt werde/ GOtt gewißlich einen solchen Menschen nit verwerffen werde.

Y. Serm. de Assumpt. B. Virg.
Z. Orat. de Nat. B. Virg.

Dann allhie wirdt erfüllt/ was Salomon der König zu dem Abiathar außgesprochen: Equidem vir mortis es: Du bist ein Mann deß Todts/ aber ich will dich heut nit tödten/ dann du hast die Archen deß HERRN Gottes vor meinem Vatter getragen: also will GOtt die jenige nit ewig verwerffen/ vnd tödten/ welche den Tabernacul oder Archen GOttes/ MARIAM, in jhrem Hertzen haben/ tragen/ lieben vnd ehren.

3. Reg.2.26.

Dann Sie ist der Tabernacul/ vnnd Schirm Hütten: zum Schatten deß Tags für die Hitz/ nemblich für allerhand Versuchungen/ vnd Gefahren in disem Leben/ vnd ist ein Sicherheit vnd Verbergung vor dem Wetter vnd Regen/ das ist/ vor ewiger Verdambnuß.

Esa. 4.6.

II. Bestättigen dise Lehr/ daß nemblich die Andacht gegen Vnser L. Fr. ein Zeichen der Erwöhlung zum ewigen Leben sey/ die H.H. Vätter/ vnd Lehrer: 1. Sagt der H. Ignatius ein Martyrer Christi/ Jünger deß H. Euangelisten Ioannis: A. Nunquam malè peribit, qui Genitrici Virgini deuotus, sedulúsque extiterit: Niemahlen wird der verderben/ oder vbel zugrund gehen/ welcher der Gebärerin GOttes fleissiger/ vnnd andächtiger Diener seyn wird: dann es ist vnmüglich/ daß ein Sünder könne seelig werden/ als durch dein Hilff/ O Seeligste Jungfraw.

H.H. Vätter.
1.
S. Ignatius Mart.
A. Epist. ad B. Virg.

2. Schreibt der H. Germanus, Patriarch zu Constantinopel: B. Gleichwie die öffitere Erholung deß Athems/ nit allein ein Zeichen ist deß Lebens/ sondern auch ein Vrsach: also ist auch der Seeligsten Jungfrawen Nam/ wann er in der Diener GOttes Mund offt genennt vnd verehrt wird/ ein Zeichen daß er warhafftig lebe: ist auch zugleich ein Beweiß: daß solcher jhme das rechte Leben bringen/ in Frewden erhalten/ vnd endtlich zur ewigen Seeligkeit führen werde.

2.
S. Germanus.
B. Orat. de Deipara.

3. Prediget der H. Bernardus: C. Gleichwie die Bestreitung/ vnd Verdunklung deß grösten Glantz/ vnd höchster Würdigkeit MARIÆ, ein gewises Zeichen ist der Gottseligkeit/ vnd Vereinigung mit der alten Schlangen: also ist hingegen ein gar gewises Zeichen/ daß wir mit dem ErtzEngel Michaël, vnd allen seinen heiligen Engeln in der Catholischen Kirchen Got-

3.
S. Bernardus.
C. Serm. super Missus est.

Die XX. Predig.

was seyen/wann wir vns denen/ welche MARIÆ Ehr/vnd Würdigkeit mindern vnd verkleinern/ widersetzen: vnd hingegen derselben Majestätt vnnd Fürtrefflichkeit erhöhen vnd preysen/ auch GOtt in jhr andächtig loben/vnd verehren.

Die merck/daß der H. Vatter außtrucklich bezeugt: die Liebhaber vnd Verehrer MARIÆ der Mutter Gottes/werden an jenem grossen GerichtsTag auff deß H. ErtzEngels Michaels/ vnnd aller heyligen Engel Seitten stehen: hingegen die Verächter MARIÆ, auff deß Lucifers/ vnd seines Anhangs Seitten seyn werden.

Vnd Serm. de Natiu. B. Virg. spricht er: Ex ore tuo, ô dilectissima, pendet Consolatio miserorum, Redemptio captiuorum, Liberatio damnatorum, Salus deniq; vniuersorum: In deinem Mund/O Allerliebste/stehet der Trost der Armen/die Erlösung der Gefangnen/die Erledigung der Verdampten/vnd endtlich aller mit einander Heyl vnd Seeligkeit.

4. Lehret der H. Bonauentura hieruon also: D. Quem vis, ô Virgo, saluus erit, & à quo auertis faciem tuam, ibit in interitum: Wen du willst/ O Seeligste Jungfraw/ der wird seelig werden: von dem du aber dein Angesicht abwendest/der wird in das Verderben gehn. Vnd widerumb: Wer Sie würdiglich verehren wird/ der wird gerechtfertiget werden: vnnd wer Sie verachten/ vnd verabsaumen wird/ der wird in seinen Sünden sterben. Abermahl: Wer jhre Gnad bekombt/der wird von den Burgern deß Paradeyß er kennt: vnd wer jhr Mahl oder Kennzeichen haben wird/ der wird in dem Buch deß Lebens auffgezeichnet werden: dahero bettet er also: Deduc me in portum salutis, ac per te inter iustos scribatur nomen meum: Führe mich an den Port deß Heyls/vnd durch dich werde mein Nam vnder den Gerechten eingeschriben.

4. S. Bonauentura. D. In Psalterio.

5. Schreibt auch Cassianus: E. V. L. Fr. all vnser Heyl zu/ vnnd sagt: Tota salus humani generis constitit in multitudine gratiæ, & fauoris MARIÆ: Deß gantzen Menschlichen Geschlechts Heyl/ vnnd Seeligkeit ist gesetzt in der Vile der Gnaden/vnd Gunsten MARIÆ.

5. Cassianus. E. In Collat Patrum.

5. Ist denckwürdig/vnd allen Liebhabern Vnser L. Fr. tröstlich/was Ludouicus Blosius F. außgesprochen: Citius cælum cum terra perierit, quàm ipsa aliquem seriò se implorantem sua ope destituat: Es wird ehender der Himmel/ sambt der Erden zu grund gehen/ als daß Sie einen/ der Sie ernstlich anrufft/ Hilff vnd Trostloß lasse.

6. Ludouicus Blosius. F. In Specul. c. 12.

6. Hat der H. Anselmus diß Sach für vnfehlbar gehalten/ vnd hieruon also geschriben: G. Gleichwie/ O Allerseeligste/ ein jeglicher/ der sich von dir abgewendet/ vnnd von dir verachtet ist/ nothwendig verderben muß: Also ist hingegen vnmüglich/daß einer/der zu dir kehret/vnnd von dir angesehen

7. S. Anselmus. G. In Medit.

gesehen wirdt/ verderbe: dann gleichwie GOtt der Herrr den jenigen gebohren/ in welchem alle Seelen leben; also haft du O Blum der Jungfrawschafft den jenigen gebohren/ durch welchen die Todten wider leben: vnd du O Fraw/bist ein Mutter der Rechtfertigung/vnd der Gerechtfertigten: ein Gebärerin der Versöhnung/ vnd der Versöhnten: du bist ein Mutter deß Heyls/vnd deren/ so seelig werden. Widerumb sagt diser H. Lehrer: H. Es ist kein Zweiffel/daß/ welche in die Süssigkeit der Lieb gegen MARIAM kommen/ auch an dem Theil vnd Orth jhrer Widergeltung kommen werden.

M. Lib. de Excell.c.4

8. Der Englische Jüngling Ioannes Berchmannus, auß der Societet IESV, pflegte also zusagen: *I.* Wann ich MARIAM liebe/so bin ich meiner Seeligkeit/vnd der Beständigkeit in meinem Beruff versichert/vnd daß ich darneben erhalten werde/alles was ich begehre/ vnd gleichsamb schuldig seye.

Ioan. Berchmannus.
I Paulus de Barry. Deuot. 3. infra Octauam ad Cor.

9. Schreibt Petrus Canisius der Societet IESV: *K.* Die Hebreer haben vnder jhren grösten Geheimbnussen disees für das fürnembste: daß vnder andern Creaturen eine weit vollkommner/ als andere sey; dise nennen sie Mitraton, das ist/ ein Fürstin der Angesichter: als welche allzeit vor dem Angesicht deß allerhöchsten Monarchen/ vnnd Keysers stehe/ vnd Macht vnd Gewalt habe/ die Wolverdienten für sein Thron vnnd Gegenwertigkeit hinein zuführen.

9. Petrus Canisius. K.Lib.1.c.1.

Vnd vermeldt diser Pater darbey: es haben die Gelehrten obseruiert, vnd befunden/daß MARIÆ Nam/ mit dem Namen Mitraton überein komme/ vnnd Sie die jenige sey/ welche im Himmel allzeit vor dem Göttlichen Thron stehe/ Macht vnnd Gewalt habe die Wolverdiente/ jnsonderheit jhre sonderbahre Liebhaber dahin zubefürdern/ vnd einzulassen.

Dann Sie/wie der H. Petrus Damianus schreibt/ *L.* Accedit ante illud aureum humanæ reconciliationis Altare (Christum Dominum) non solùm rogans, sed imperans, Domina, non Ancilla: Sie tritt für den Guldinen Altar der Menschlichen Versöhnung/ für Christum vnsern Herrn nit allein bittend/ sondern auch befehlend/ als ein Fraw/vnnd nit als ein Magd.

L. Serm.1.de Nat. B.Virg pag.122.

10. S. Augustinus, *M.* vnd S. Fulgentius, *N.* nennen die Mutter Gottes/ Scalam cæli, ein Himmels Laitter/vnd geben deffen folgende Vrsach: Quia per ipsam Deus descendit in terras, ut per ipsam homines descendere mereantur ad cælos. Dann durch Sie ist GOtt auff die Erden herab gestigen/damit durch Sie die Menschen verdienten in Himmel zusteigen.

M. Serm.15. de Temp.
N. Serm. de Laud. B. V. Mariæ.

III. Wird dise Trostlehr erwisen/auß gewisen geschehenen Offenbahrungen: dann 1. als der Seelige Vatter Alanus, Prediger Ordens/die Hochgebenedeyteste Jungfraw MARIAM, lange Zeit mit dem Englischen

3. Durch Erscheinungen.

Aue

Die XX. Predig.

Aue MARIA, auffs allerandächtigst vnd demütigst gegrüſt/vnd verehrt hette/ iſt Sie jhme einsmals erſchinen/ vnd vnder anderm mit folgenden Worten angeredt: O. Hertzallerliebſter Bräutigamb/ ich muß dir ein verborgnes Geheimbnuß der Göttlichen Prouidenz vnd Fürſichtigkeit offenbahren/ welches du ohne Verzug auch anderen verkündigen solleſt; vnd iſt diſes: Nemblich an dem Engliſchen Gruß/ dardurch die gantze Welt ernewert worden/ ein Verdruß vnd Abſchewen haben/ iſt ein vnfehlbares Zeichen der ewigen Verdamnuß: zum Engliſchen Gruß aber Luſt/ Lieb/ vnd Andacht tragen/ iſt ein gewiſſes Zeichen der Göttlichen Prædeſtination, vnd Erwöhlung zur ewigen Seligkeit. *O z.p. Operis Rediuiui. cap.11.*

Das iſt/ was der H. Bernardus bezeugt/ vnd ſagt: Gleichwie der Welt durch den Engliſchen Gruß das Leben/ vnd Heyl gegeben iſt worden; alſo wird auch einem jeden inſonderheit/ der diſen Gruß embſig brauchet/die Tugendt/ Gnad vnd Seligkeit mitgetheilt.

1. Bezeugt die H. Catharina von Seniſ/ P. daß ſie auß dem Mund Gottes deß Himmliſchen Vatters ſelbſt folgende Wort gehört: Der Mutter Gottes meines Eingebohrnen Sohns/ iſt von meiner Güte gegeben/ wegen der H. Menſchwerdung in jhr/ daß kein Sünder/ er ſey wer er wolle/ ſo mit gebührender Verehrung zu jhr ſein Zuflucht nimbt/ ſoll von dem Teuffel hingeriſſen werden: diſe iſt erwöhlt/ vnd bereit als ein gar ſüſſe vnd liebliche Speiß/ der Angel/die Menſchen/ vnd fürnemblich die Sünder zu fangen. *2. S.Catharinæ Senenſ. P. Tract.4. Dial.c.139.*

3. Als Garſenda ein Hoch Edel/ vnd heilige Matron für den Graffen Elzearium, welchen ſie aufferzogen/ offt vnd vil gebettet/ hat ſie eineſt mit jhren leiblichen Ohren/ Chriſtum alſo zu jhr redendt gehört: Q Iuueni huic, pro quo tantum oras, noueris, me Matrem meam dediſſe Magiſtram, nihil igitur de illo dubites: Wiſſe Garſenda, daß ich diſem Jüngling/ für welches Heyl vnd Seligkeit du ſo vil betteſt/ mein Mutter zu einer Meiſterin geben/ darumb zweiffle weiter nit mehr an jhme vnd ſeiner Seligkeit. O Seelig/ vnd aber ſeelig/ welche die Mutter Gottes für ein Meiſterin vnd Frawen haben vnd verehren. *3. Garſenda. Q. Laur. Sur. in vita S. Elzearij, 27. Sept. c. 14.*

IV. Beſtättigen diſe Lehr vil denck- vnd glaubwürdige Hiſtorien/ auß welchen ich hie drey erzehlen will: 1. Iſt bekannt/ was Pelbartus Temeſuar der Mündern Brüder fürtrefflicher Theologus ſchreibt: R. Daß/ als Keyſer Sigiſmundus, welcher im Jahr Chriſti 1437. geſtorben/ mit ſeinem Kriegsheer vber das Gebürg gezogen/ jhme vnderwegs neben andern ein Soldat erſchlagen worden: wie er nun widerumb zuruck kommen/ hörte er ſambt ſeinem gantzen Kriegsheer in derſelben Gegendt/ mit groſſer Verwunderung/ ein ſehr kläglihes Heulen vnd Wimblen: vnd wie auß Befelch *4. Glaubwürdige Hiſtorien. R. In Stellam coronæ. l.12.p.2.a.1.*

deß

deß Keysers die Soldaten vnder den Stauden / vnd Gesträuß / vnd Dorn
nachsuchten/ fanden sie in einem Busch ein Todten/ vnd also virwesenen Cör-
per/ daß das Gesträuß/ vnd Dorn allenthalben durch jhne außgewachsen/ vnd
nammen gewahr/ daß auß disem elenden Todtencörper das Heulen außgieng:
wie sie nun jhn angeredt/ vnd gefragt: was das sey/ vnd wer er wäre? hat er
gleich vberlaut geruffen / Ob sie nit ein Priester bey sich hetten / den sollen sie
herzu führen/ daß er jhme beichten könne.
 Darauff er auch erzehlt: daß er vnder dem Keyser Sigismundo ein Soldat gewesen / vnd an disem Orth vor etlich Jahren erschlagen worden / sey
auch schon an dem gewesen/ daß er wegen ettlicher vngebeichten vnd vngebüß-
ten Sünden hett ewig sollen verdampt seyn: doch aber weil er in seinem Leben
der Seligsten Jungfrawen MARIÆ fleissig gedienet / vnd andächtig verehrt / sey jhme von Gott durch derselben Verdienst vnd Fürbitt dise Gnad
vnd Barmhergigkeit widerfahren/ daß sein Seel auß dem Leib/ obwol er fast
verwesen war/ nit scheiden/ sondern zur Beicht kommen/ vnd ewig selig werden solle: massen dann geschehen / vnd die Seel gleich nach gethaner Beicht
vnd Absolution vom Leib selig verschiden/ vnd die kägliche Stimm weiter nit
gehört worden: darüber Keyser Sigismundus sambt allen Anwesenden Gott
in seiner Mutter gelobt.

Maria erhält beym Leben.
 2. Schreibt eben diser Pater, daß er einen mit seinen Augen gesehen/
vnd auch mit jhme geredt / welcher jhme bey seiner Trew vnd Glauben / erzehlt / daß er noch mit zweyen andern auff der Thonaw im Schiff gefahren/
vnd mitten in derselben einen Schiffbruch gelitten: vnd da die andere zween
hinauß geschwummen / er gantz vndergangen / vnd in der Tieffe ein solche
Stimm gehört habe: Sihe / O Mensch / du soltest jetzund sterben / vnd
weil du tödtliche Sünden auff dir hast / ewig verderben: aber vmb dessent-
willen / daß du der Mutter Gottes mit Andacht zugehor gewesen / vnd Sie
fleissig verehrt hast / ist dir dise Gnad ertheilt / daß du leben / vnd beichten
sollest.
 Vnderdessen / da seine zween andere Gesellen Fischer bestellt / welche den
ertrunckenen Leichnamb in der Thonaw suchen / vnd herauß thun solten / sie
aber selbigen nit funden / vnd nach dreyen Tagen vnverrichter Sachen gantz
abgelassen / vnd heimb gehen wolten / sahen sie jhne am Gestad auß der Thonaw aussteigen: welcher dann jhnen / was sich mit jhme zugetragen / erzehlt/
vnd ist darauff also gleich zu gedachtem P. Pelbarto gangen / vnd jhme ge-
beichtet.
 Auff welches diser Pater also schliesset: erscheinet derowegen klar/ daß denen / welche V.L.Fr. fleissig dienen/ Sie recht lieben / vnd andächtig verehr-
ren/ wenigst noch an jhrem End zur Buß/ vnd Beicht/ Gnad geben werde/
vnd

Die XX. Predig.

nd fie der ewigen Verdamnuß entgehen/ vnd ins Himmelreich kommen öndten.

3. Wird in den Historien deß heiligen Prediger Ordens erzehlt. S. Wie *s. Hist.Ord.* aß der Wunderheilige Vatter Dominicus einen bösen Geist/ welchen er *Præd.* tt andern auß einer beseffenen Person außgetriben/ dahin beschworn/ er sol- *Vertreibt* jhme sagen/ welcher nach Christo auß allen Heiligen im Himmel der grö- *den Sathan.* e sey/ vnd welchen sie am meisten förchten/ auch welchen die Menschen uff Erden fürnemblich lieben/ verehren/ vnd loben sollen: dessen haben sich nfangs die Teuffel gewidert/ aber endtlich gezwungener weiß folgends auß- esagt.

Wir müssen bekennen/ daß keiner mit vns verdambt werde/ welcher in MARIÆ Ehr vnd Dienst verharret: dann ein einiger Seuffter/ welcher on Jhr/ vnd durch Sie der Allerheiligste Dreyfaltigkeit auffgeopffert wird/ bertrifft aller Heiligen Gebett: vnd wir förchten Sie mehr, als die Heiligen eß Paradeiß: Jhr solt auch wissen/ daß gar vil Christen/ welche Sie in der Stund jhres Absterbens anruffen/ selig werden: ja wir bekennen genöhtiget/ aß keiner/ welcher in Vebung deß Rosenkrantzes verharret/ die ewige Pein er Höllen leyden werde: dann Sie erlangt jhren Liebhabern vnd Dienern ahre Rew vnd Leyd/ vnd macht/ daß Sie zur Beicht jhrer Sünden komm- nen/ vnd selig werden: In Summa/ wer dise sein Mutter ehret/ ist gleich inem. der einen Schatz hinder sich legt. *Eccli. 3. 5.*

V. Solle die Mutter Gottes auch darumb billich geliebt/ gelobt/vnd ver- *Ihre Wider-* hret werden/ weil Sie jhre Liebhaber vnd Diener hingegen liebet/vnd jhnen *geltung.* lles Zeitlich vnd Ewig/ an Leib vnd Seel vergiltet. Wie dann der H. Bona- entura auff Sie deutet: Ego diligentes me diligo: Ich liebe/ die mich *Prou. 8. 17.* ieben: vnd der Ehrwürdige Vatter Beda schreibt hiervon also. *T.* Inuentâ *T. In Procem.* Mariâ Virgine, inuenitur omne bonum: Wer MARIAM findt/ findt alles *Contempl.* Juts/ dann Sie liebt die/ die Sie lieben/ ja Sie dienet jhren Dienern. Al- *dc B. Virg.* honsus Rodriquez ein Bruder der Societet Iesu, vnd vberauß grosser Lieb- aber vnd embsiger Diener V. L. Frawen/ von welcher er/ (wie P. Ioannes Bourghesius schreibt) Täglich grosse Gutthaten empfangen: Als er einß- mahls in der Andacht gegen der Mutter Gottes branne/ vnd auffschrye: O Domina, ego te impensiùs longè, quàm meipsum amo: te amplius diligo Mater mea, quàm tu me diligis: O Fraw/ ich liebe dich weit mehrer/ als mich selbsten! Ich liebe dich mein Mutter vilmehr/ als du mich liebst: hat sich jhme MARIA erzeigt/ vnd also gesprochen: Non est ita, vt sentis, mi Alphonse: Es ist nit also/ wie du meinst/ mein Alphonse, dann ich liebe dich vil inbrünstiger/ als du mich liebst.

Solches haben alle derselben Liebhaber vnd Diener/ da sie noch im Le-

Aaa ben

ben war/erfahren/vnd erfahrens jetzt insonderheit/ da Sie glorwürdig im Himmel ist: dann es hält P. Ioannes Eusebius Nierembergius der Societet IESV darfür: *V.* daß niemandt der seligsten Jungfrawen in ihrem Leben ein Dienst vnd Lieb erzeigt hab/ welchem nicht durch Sie solches vergolten/ vnd der Weg zum ewigen Leben eröffnet worden: erweist solches auß dem Exempel der Hirten/ welche zu der Krippen kommen/ vnd Sie/ sambt dem newgebohrnen Christkind mit Geberden/ vnd Schanckungen verehret: von welchen bekandt/ daß sie hernacher ein heiliges Leben geführt haben. Item/ mit dem Exempel der dreyen Königen/ welche auch zu der Krippen ein weiten Weg gereist/vnd Sie verehrt haben/deßwegen sie durch ihr Hülff zu grosser Heiligkeit kommen seynd: Item/ der Evangelischen Frawen Marien/ welche offt bey ihr gewesen/vnd durch Sie heilig worden/auch ihnen diß bey ihrem lieben Sohn erbetten/daß derselben Kinder/vnd Söhne zu der Apostolischen Dignitet vnd Würdigkeit erhöhet worden.

v. De affectu, & amore erga Deip. cap. 19.

Vnd werden auß den Blutsfreunden vnd Verwandten MARIÆ auff dreyssig/ vnd fast alle gezehlet/ daß sie heilig gewesen: also daß in einem jeglichen Stand der Kirchen/ vnd in einem jeglichen Hauffen der Heiligen Sie auß ihren Blutsfreunden etlich zehlet/ darunter der halbe Theil der Apostel: ja etliche lehren/daß die Bekehrung deß Schächers am Creutz durch Fürbitt MARIÆ geschehen: wegen daß er in der Flucht in Aegypten andere Mörder abgehalten/daß sie weder das Christkindlein/ noch die Mutter/ noch den Joseph beleydigten.

Wie widergeltig die Mutter Gottes auff diser Welt gewesen/ erscheinet auch auß disem/daß Sie vor ihrer seligen Entschlaffung dem H. Johanni befohlen/zweyen Frawen/ welche Ihr zu Zeiten einen Dienst erzeigt/ ihre Kleyder zu geben.

Noch vil mehr aber erzeigt sich die Allerseligste Jungfraw MARIA jetzt im Himmel gegen ihren Liebhabern vnd Dienern danckbarlich/ vnd erwirbt ihnen zeitliche vnd ewige Güter: der H. Bernardinus von Senis handelt in einer Predig von Auffnemmung B. E. Frawen in Himmel/ erklärt/ wie Sie sich jetzt gegen ihren Liebhabern erzeige/vnd spricht. X. Dise aber ist die Allerglorwürdigste Jungfraw/ vnd mit höchster Freundlichkeit begabte Königin: welche nit kan gegrüst werden/ ohne freundlichen Widergruß: dann wann du in dem Tag tausentmahl den Englischen Gruß sprechen wirst/ wirst du auch tausentmahl von Ihr gegrüst werden: ja es kan Ihr kein Dienst erzeigt werden/ welchen Sie nit in vil weg belohne.

X. In Serm. Fer. 3. post Dom. Oliuar.

Wer ists/ welcher alle Guttthaten/ so MARIA ihren Liebhabern erzeigt/ erzehlen köndte?

1. Maria erlöst Kunst.

1. Hat Sie etlichen Geschicklichkeit erworben: als wie Ruperto Abbten/ vnd

r. vnd Hermanno Contracto, Z. solches wird auch glaubwürdig geschrieben von Francisco Suarez.

2. Etlichen in der Noth Vnderhalt geben: als wie jenen zwo Töchtern / welche die Mutter nit ehrlich erhalten können/ deßwegen MARIÆ anbefohlen/welchen Sie durch einen Engel zu ihrem Vnderhalt 100. Pfund Silber geschickt: Ioannes Heroldt. *A.*

3. Etlichen hat Sie Ihr selbsten vermählet/ als wie den seeligen Alanum de Rupe, Dominicaner Ordens/ welchen Sie für ihren Bräutigamb erwöhlet/vnd ein köstlichen Ring von ihren Haaren gemacht geben. *B.*

4. Etliche von schwerer Kranckheit gesund gemacht/ als wie Wilfridum Eboracensischen Ertz Bischoff / welchem / da er tödtlich kranck/durch Ihr Fürbitt das Leben geschenckt worden: Venerabilis Beda. *C.*

5. Etlichen hat Sie köstliche Geschenck præsentiert, als dem Ildephonso, Ertz Bischoffen zu Toleto/ wegen daß er ihr Ehr wider den Ketzer Heluidium beschützet/hat Sie ein herrlichen Geistlichen Ornat geben: Franciscus de la Croiz. *D.*

6. Etlichen ihren Liebhabern hat Sie selbsten den Habit vnd Geistliche Ordens Kleider geben: als wie den Religiosen deß H. Prediger Ordens. F. P. Iustinus Michouiensis. *E.*

7. Etlichen hat Sie die Gab der Keuschheit erhalten: als wie dem heilligen Ignatio Loyolæ, vnd seiner gantzen Societet IESV. Ribadeneira. *F.*

8. Etlichen in ihrer Arbeit ein Erquickung gewesen: als wie den Religiosen Cisterzienser Ordens/da sie im Feld das Getreid: im Schweiß ihres Angesichts geschnitten vnd gesamblet, Sie ihnen/wie ein alter Pater gesehen/den Schweiß abgewischt. Vincentius Beluac. *G.*

9. Etlichen in ihren Schmertzen vnd Peynen ein Ringerung erlangt/ vnnd gestärckt: als wie dem seeligen Martyr Andreæ de Chio, welcher vnzählliche Peynen erlitten/aber alle mit grosser Standhafftigkeit vnd Frewden vberstanden, weil er in solchen geruffen: Virgo MARIA, adiuua me: O seeligste Jungfraw MARIA hilff mir. *H.*

10. Etlichen auß eusserster Gefahr erlediget: als wie jene Fraw/welche ins Meer gefallen: aber den Namen MARIÆ angeruffen/vnd gleich ans Gestadt kommen. Vincentius Beluac. *I.*

11. Etlichen in Glauben Sachen vnderwisen: wie den Wunder Heiligen Gregorium in dem Geheimbnuß der Allerheiligsten Dreyfaltigkeit wider die Arianer: vt Greg. Nissen.

12. Etlichen wahre Rew vnd Leyd erlangt: als wie dem Papst Innocentio III. welcher der H. Luitgardi erschinen/ vnd erzehlt/ daß weil er zu Ehren MARIÆ ein Kirchen erbawt/ durch Sie zur Rew vnd Leyd kommen seye/sonsten ewig wer verlohren worden.

Y. Trithem. in Lib. de Monast. Hirsaug.
Z. PlatusL.
1. de bono Statu Religionis c. 32.
1. In der Noth vnderhält.
A. In Sermonib. suis.
2.
Vermählet sich selbst.
B. In Vitis Virorum Illust. Ord. S. Dominici.
3.
Macht gesund.
C. Lib. 5. Hist. Anglic. cap. 10.
4.
Verehrt Geschenck.
D. In Hortul. Mariano Areol. 1. c. 6.
5.
Gibt den Geistlichen Habit.
E. Super Litan. Lauret.
6.
Erhält die Keuschheit.
F. Lib. 1. Vitæ cap. 2.
7.
G. In Specul. Hist.
H. Sur. 29. Maij.
I. In Spec. Hist. l. 7. c. 88.

13.
Erlediget
vom Teuffel.

13. Etliche gar vom Teuffel erlediget: als wie Theophilum/welcher GOtt/vnd seinen Heyligen abgesagt/vnd sich gar dem bösen Feind verschriben gehabt/ aber durch Fürbitt MARIÆ zur Buß vnd seiner Handschrifft kommen. Simeon Metaphrastes.

14.
Nimbt vnder
jhren Schutz.
K. 3. p. Hist.
Tit. 23 C. 3.

14. Etliche hat Sie auff sonderbahre weiß vnder jhren Schutz genommen / wie dann der H. Dominicus ein vnzähliche Anzahl seines Ordens Geistliche vnder dem Schutzmantel V. L. Fr. gesehen: S. Antonius. K. Deßgleichen hat auch Martinus Gutierrius ein Hispanier der Societet Iesu, die gantze Societet vnder MARIÆ Schutzmantel gesehen. Hieronymus Platus.

15.
Ist im Todt
gegenwertig.

15. Etlichen ist Sie in jhrem Absterben erschinen/vnd gegenwertig gewesen: als wie dem seeligen Paulo Cistercienser Ordens Leyenbruder: welcher in seinem Todtkampff vnd End vberlaut angefangen zulachen/ vnd da er dises Vrsach gefragt worden/ gesagt: warumb wolt ich nit lachen? warumb wolt ich nit frolocken? sihe Vnser L. Fr. ist gegenwertig/ vnnd wirdt eben jetzt mein Seel auffnemmen/vnd darmit gab er sein heiligen Geist auff. Chrysostomus Henriquez. L.

L. In suo Monolog. Cistert. 6.
Idus Febr.

16.
Stehet vorm
Gericht bey.

16. Etlichen ist Sie vor dem gestrengen Richterstul beygestanden / als wie der Seel Caroli/ eines Fürsten auß Schweden: maßen seiner Mutter/ der H. Birgittæ geoffenbahret worden.

17.
Erhält vorm
Fegfewr.
M. In vita S.
Luitgardis.

17. Etliche vor den Peynen deß Fegfewrs erhalten: als wie jene Hertzogin auß Brabant/ Königs Philippi auß Franckreich Tochter/welche nach dem Todt der H. Luitgardi erschinen/ vnnd erzehlt/daß sie wider jhr Hoffnung / durch MARIAM, welche Sie in jhrem Leben inniglich geliebt/von allen Peynen deß Fegfewrs erlediget/vnd befreyet worden: Thomas Cantiprat. M.

18.
Macht das
strenge Vrtheil GOttes
widerruffen.

18. Etliche gar gleichsamb auß der Höllen erlediget / in dem Sie etlichmahl jhren Liebhabern das Vrtheil GOttes durch jhr Fürbitt zu ruck gestellt/vnd denen in Sünden Verstorbnen wider umb das Leben zur Buß vnd Beicht erhalten/welche sonst ewig hetten müssen verdambt seyn: als wie jene Fraw/deren Seel von den bösen Geistern in die Höll wollen gefühert werden/ aber durch die Mutter GOttes erlediget/ vnd seelig worden: wegen daß sie Jhr zu Ehren alle Sambstag ein Meß lesen lassen/vnd täglich das Aue Maria gebettet: P. Ioan. Herold Ord. Præd. N.

N. In Promptuario.

In Summa/ es ist kein Vbel/welches MARIA von jhren Liebhabern vnd Dienern nit abgewendt/ vnd ist auch kein Gnad vnnd Guethat/ welche Sie jhnen nit erlangt/ vndzuwegen gebracht hab. Darumb Sie billich vor vns geliebt / gelobt/ vnd verehrt werden solle.

Die XX. Predig.
Der II. Theil.

MARIA ist zu allen vnd jeden Zeiten geliebt/ verehrt/ vnd gelobt worden.

JN der H. Schrifft seynd zu vnderschidlichen Zeiten vil Weiber wegen jhrer herrlichen Tugenden hoch gelobt/ geliebt/ vnnd verehrt worden: als wie die Sara/ weil sie jhrem Mann/ dem Abraham gehorsam gewesen/ vnd einen Herren geheissen. Die Rebecca wegen jhrer Freygebigkeit gegen den Frembdlingen/ da sie nit allein denselben/ sondern auch derselben Camel zutrincken geben. Die Rachel/ daß sie geschämig/ hübscher Gestalt/ vnnd schön von Angesicht war. Maria/ die Schwester Moysis/ weil sie wegen eines Sigs ein Lotgesang gesungen. Debbora/ daß sie wegen Verwunderung der Feind triumphiert/ vnd gefrolocket. Die Gottsförchtige Mutter deß Samsons/ weil sie kein Wein noch starckes Getranck truncken/ vnnd von nichts vnreines gessen/ sonder GOtt Opffer gethon. Es wirdt auch gerühmbt vnnd gelobt Anna/ Samuelis Mutter/ daß sie von GOtt jhren Sohn erbetten/ vnd jhme denselben auffgeopffert. Gelobt wirdt auch die kluge Abigail/ weil sie den Zorn Dauids wider den Nabal gestillet. Ingleichem auch die Fraw Thecuitis/ weil sie den Absolon widerumb in seines Vatters Dauids Gnad gebracht. Doch gerühmbt wirdt die Königin von Saba/ daß sie von den eussersten Enden der Welt zu Salomon kommen/ sein Weißheit zuhören. Hoch gelobt war Judith/ daß sie durch ein sonderbahren Kriegslist dem Holofernes/ der Assyrier Obristen/ den Kopff abgeschnitten/ dardurch sein gantzes Kriegsheer in die Flucht gebracht/ vnnd die Statt Bethuliam von der starcken Belägerung erlediget. Wie auch die Esther darumb lobwürdig/ weil sie den König Assuerum mit jhren Glaubigen Volck versöhnet/ vnd souil bey jhme zuwegen gebracht/ daß das Final Decret vnd Vrtheil von endtlicher Außtilgung jhres Volcks ist reuociert, cassiert, vnd eingestellt worden. Sehr wirdt auch gepriesen die Mutter der siben Söhne der Machabeer/ daß sie jhre eygne Kinder in der grausamen Marter gestärckt/ vnnd zugesprochen. Gerühmbt wirdt auch im Euangelio Elisabeth die Mutter Johannis deß Teuffers/ daß sie mit Zacharia jhrem Ehemann vor GOtt gerecht/ vnd in allen Gebotten vnd Satzungen deß Herrn vntadlich gewandlet. Gelobt wirdt Anna/ ein Tochter Phanuelis/ daß sie biß in das 84. Jahr ein Wittib war/ vnnd vom Tempel nit kam/ sondern GOtt mit betten vnnd fasten/ Tag vnd Nacht dienete. Gelobt wirdt die Samaritanische Fraw/ daß sie Christum für einen Propheten erkennet/ vnd denselben jhren Mitburgern verkündiget. Gelobt wirdt

Aaa iij die

Weibs Personen lobwürdig.
1. Sara. Gen. 18. 13.
   1. Petr. 3. 5.
2. Rebecca. Gen. 24. 18.
3. Rachel. Gen. 27. 17.
4. Maria. Exod. 15. 21.
5. Debbora. Iud. 5. 1.
6. Samsons Mutter. Iud. 13. 4.
7. Anna Samuelis Mutter. 1. Reg. 1. 27.
8. Abigail. 1. Reg. 25.
9. Thecuitis. 2. Reg. 14. 4.
10. Die Königin von Saba. 3. Reg. 10. 2.
11. Judith. Iudith. 13.
12. Esther.
13. Die Mutter der 7. Machabeern. 2. Mach. 7. 27.
14. Elisabeth. Luc. 1. 6.
15. Anna/ Phanuelis Tochter. Luc. 2. 37.
16. Die Samaritanin. Ioan. 4. 19.

Von Maria der Wunderbarlichen Mutter.

27. Marcella.
Luc. 11, 27.
18. Maria Magdalena.
Matth. 27. 55. Ioan. 19, 25.

die hertzhaffte Marcella/ daß sie eben zu der Zeit/ da die Schrifftgelehrten vnd Phariseer vbel von Christo redeten/ vnder dem Volck auffgestanden/ vnnd vberlaut geruffen: Seelig ist der Leib/ der dich getragen/ vnnd die Brüst die du gesogen hast: Sehr gerühmbt wird auch Maria Magdalena/ daß sie Christo mit andern Frawen nachgefolgt/ vnder dem Creutz gestanden/ ihne mit köstlichen Salben im Grab gesucht/ vnnd dessen Aufferstehung verkündiget hat. Vil andere werden wegen andern jhren löblichen Thaten vnd Tugenden gerühmbt.

Aber disen allen gehet dißfalls die seeligste Jungfraw MARIA weit vor: dann nechst Christo ist weder im Himmel noch auff Erden ein Creatur zu finden/ welche mehrers Lob würdig/ vnnd welche von GOtt/ Englen/ vnnd Menschen mehrer geliebt vnd verehrt worden/ als MARIA.

A. De Excell. Virg.
B. In Specul. Cap. 6.

I. Wie fast GOtt MARIAM geliebt/ vnnd noch liebe/ beschreibt der H. Anselmus, vnd spricht. A. GOtt erzeige ein so grosse Liebe gegen seiner Mutter/ daß nie wol ein grössere seyn könne: der H. Bonauentura sagt: B. der höchst GOtt liebe vnnd begnade die Seeligste Jungfrawen MARIAM mehr/ als alle seine Heyligen.

1. Maria ist von Ewigkeit prædestiniert.
C. In Lib. 2. Reg. 1.
2. Ist den Altvättern versprochen.
3. Von vnfruchtbaren Eltern gebohrn.
4. Ist von der Erbsünd befreyet.
5. Gibt sich zum Dienst GOttes.
6. Ist ein Mutter vnd Jungfraw.
7. Hat Christum ohne Schmertzen gebohren.
8. Hat jhren Leichnam von der Verwesung erhalten.

Dann Er Sie 1. von Ewigkeit her vorgesehen/ prædestiniert, vnnd erwöhlt/ nit allein zu der Glory wie andere Heyligen/ sonden auch zu einer würdigen Mutter seines Eingebohrnen Sohns/ also daß Sie an der Würdigkeit Jhrer Erwöhlung/ nechst Christo/ alle Creaturen vberschreittet/ wie der H. Gregorius, lehret. C. 2. Hat Er Sie den Altvättern versprochen/ vnd durch gewisse vbernatürliche Geheimbnussen/ Miraclen. Wunderzeichen/ Figurn/ vnnd Prophetischen Weissagungen verkündigen lassen/ auch so gar durch die Heydnische Sybillen lang vor ihrer Empfängnuß vnd Geburt vorsagen/ vnnd der Welt offenbahren lassen. 3. Auß vnfruchtbahren vnnd betagten Eltern empfangen/ vnnd auß Königl. Stammen lassen gebohren werden. 4. Sie von der Erbsünd/ vnd allen andern Sünden befreyet/ vnd von dem Fluch/ vnd Gesatz aber andern Menschen außgenommen 5 Gleich im dritten Jahr jhres Alters zu seinem Dienst außerkohren/ vnd dem Englischen Schutz anbefohlen. 6 Sie ein wahre Mutter seyn/ vnd doch in reiner Jungfrawschafft verbleiben lassen. 7. In jhr ohne Wollust deß Fleisches empfangen/ ohne alle Begird getragen/ vnd endtlich auß jhr ohne allen Schmertzen gebohren werden wollen. 8. Ihr nach seiner Aufferstehung von Todten Glorwürdig erschienen. 9. Jhren Leichnamb von der Verwesung erhalten/ vnd mit Leib vnd Seel gen Himmel auffgenommen/ daselbsten Sie zu einer Königin der Himmel/ vnd Frawen der Engel/ vnd Heyligen gesetzt/ daß Sie seyn soll ein Allgemeine Zuflucht aller Sünder/ auch Mittlerin/ vnd Fürsprecherin aller Nothleydenden/ ꝛc.

Dise

Die XX. Predig.

Dise/ vnd andere dergleichen Gnaden vil mehr/ von welchen in vorigen Predigen weitläuffig gehandlet worden/ seynd lauter Zeichen der grossen lieb Gottes gegen seiner allerliebsten Mutter: als in welcher er/ wie Balthasar Sorius Prediger Ordens schreibt/ *D. Grössere Vöte der Gnaden vnd Liebe* außgossen/ als in die gantze vbrige Kirchen: vnd mehret derselben Lob vnd Ehr noch täglich durch vil tausent grosse Wunder/ welche er durch sie an allen Enden vnd Orthen würcket. *D. Serm. 2. de Concept.*

II. Ist die Mutter Gottes zu allen vnd jeden Zeiten geliebt/ verehrt/ vnd gelobt worden von den heiligen Engeln: dann 1. lehret der H. Englische Lehrer Thomas von Aquin/ *E. Daß die Engel im Anfang ihrer Erschaffung vnd Seligkeit in dem Wort das Geheimnuß der Menschwerdung Christi/ vnd also nothwendig die Allerseligste Jungfrawen* MARIAM *erkennt/ vnd auß Befelch Gottes Christum angebettet/ auch eben darumb sein Mutter/ die* P. Suarez bezeugt/ *F. verehrt haben.* *Mariam verehren die H. Engel. E. 1. p. q. 57. Art. 5. ad 1. Heb. 1. 6. F. Tom 2.*

2. Schreibt Bernardinus de Bustis, *G. Die Mutter Gottes hab einer andächtigen Closterfrawen geoffenbahret/ vnd gesagt: Allerliebste Tochter/ vil sollst wissen/ daß meiner vnbefleckten Empfängnuß/ vnd Heiligmachung drey tausent Englische Cherubin zugegen gewesen/ vnd gesungen:* MARIA *ist Gottes Mutter/ vnd ein Tabernacul der Allerheiligsten Dreyfaltigkeit: auch Ihr solches andern zuverkünden befohlen: welche Engel Gottes / wie S. Vincentius lehret/ H. das Fest der Vnbefleckten Empfängnuß / auch im Himmel droben mit grossem Frolocken gehalten.* *in 3. p. Disput. 22. f. 1. O. Serm. 8. de Concept, Virg. p. 3. H. Serm. 2. de Nat. Virg. 8.*

3. Hat insonderheit MARIAM verehrt der Ertzengel Michael/ da er in der Person Gottes das Weib sambt ihrem gebenedeyten Saamen/ so der höllischen Schlangen den Kopff zertretten sollen/ verkündiget/ vnd vorgesagt: nimicitias ponam inter te, & Mulierem: *Ich will Feindschafft setzen zwischen dir/ vnd dem Weib/ vnd deinem Samen/ vnd ihrem Samen: derselb wird dir den Kopff zertretten / vnd du wirst ihren Versen gehässig seyn/ vnd auff ihre Versen lauren: welche Wort/ wie auch andere Erclärungen/ welche so wol im Gesatz der Natur/ als geschribnen Gesatz/ vermög H. Schrifft für über gangen / von dem H. Ertzengel Michael außgesprochen/ vnd geschehen seynd/ wie* Pantaleon bezeuget/ *I.* *Gen. 3. 15. I. Apud Sur. in festo S. Michaëlis.*

4. Haben die Engel Gottes in der Geburt MARIÆ mit Verwunderung geruffen: Quæ est ista, quæ progreditur, quasi Aurora consurgens, pulchra vt Luna, electa vt Sol: *Wer ist dise / die herfür tritt wie die Morgenröthe/ schön wie der Mon / außerwöhlt wie die Sonn/ wie auch die Himmlische Geister durch ein Englisch Gesang/ welches ein H. Eremit etlich Jahr nacheinander gehört/ Vrsach gewesen/ daß das Fest der Geburt* MARIÆ *in der Christenheit feyerlich gehalten worden:* Vincentius Belvacensis, *K.* *Cant. 6. 9. K. In Specul. Hist. lib. 6. cap. 65.*

5. Lehret

Von Maria der Wunderbarlichen Mutter.

L.Serm.51. Art.3.c.2. Tom.2. *M.* De Virg. *N.* In Orat. de B. Virg. Oblat. *O.* In Orat. de Dormit.

5. Lehrt der H. Bernardinus Senensis. *L.* Daß Maria zu jhrem Schutz vnd Bewahrung vil Legiones der Engel gehabt: vnd schreiben die H. Lehrer Ambrosius. *M.* Gregorius Nicomediensis, *N.* Andreas Cretensis, *O.* mit andern / daß von der Zeit an / da die Mutter Gottes im Tempel auffgeopffert worden / vnd daselbsten durch eilff Jahr verbliben / sie täglich der Englischen Anspraach vnd Trost sichtbarlich genossen habe / vnd von denselben wunderbahrlich gespeist worden sey.

6. Insonderheit aber hat Sie zu jhrem Schutz gehabt den H. Ertzengel Gabriel / wie der H. Ambrosius lehret / *P.* von welchem Sie auff ein sonderbahre Weiß verehrt worden: da er jhr den Gruß brachte / vnd gesprochen: Ave gratia plena: Gegrüsset seyest du voller Gnaden / der HErr ist mit dir / du bist gebenedeyet vnder den Weibern: Item / da er Sie ein Mutter Jesu genennt / vnd gesagt: Accipe puerum & Matrem eius: Nimb das Kind / vnd sein Mutter: dann in dem er Sie ein Mutter Jesu genennt / hat er Sie alles Lobs werth zu seyn außgesprochen.

P.Lib.2.de Virg. Luc.1.28.

Matth.2.13.

Q. Serm. de Assumpt. *R.* Orat.2. de Virg. Dormit. *S.* Orat. de Excel. Virg. cap.8.

6. Schreiben beyde der H. Petrus Damianus, *Q.* vnd Andreas Cretensis, *R.* Daß Christus mit dem gantzen Englischen vnd Himmlischen Heer Mariæ Seel auffgenommen: so vermeldet auch der H. Anselmus, *S.* Gott selbsten war vmbgeben mit 1000. mahl 1000. ja mit vnzahlbaren Schaaren der Engeln / daß er seiner sterbenden Mutter entgegen zoge / welche Engel Jhr alle Glück gewünscht / bey jhrem Grab lieblich gesungen / vnd mit höchster Frolockung vnd Verehrung in den Himmlischen Thron begleitet / vnd grüssen: Quæ est ista, quæ ascendit per desertum, &c. Wer ist die / die herauff fähret von der Tieffe deß Wollusts / vnd lehnet sich auff jhren Geliebten.

T. In Serm. de Creat. animæ B. Virginis.

7. Schreibt Franciscus Mayrus ein Discipul deß Scoti, *T.* da er lehrt / daß Maria ein Meerstern genennt werde / vnd sagt: Gleichwie diser Stern noch mit siben andern Stern vmbgeben / also seyen siben Engel auß den Allerfürnembsten / welche stäts vmb den Thron der Mutter Gottes stehen / vnd Sie verehren.

Die Weiß aber diser Verehrung ist dem seligen Ioanni Menesio, oder Amadæo geoffenbahret worden: da er gesehen / wie in aller Namen Sie der Ertzengel Michael also angeredt: Was wir Gott versprochen / ehe daß er die sichtbarliche Welt vollendet / das versprechen wir auch dir / O MARIA: heut widerholen vnd ernewern wir / was wir im ersten Augenblick der Menschwerdung deß Sohns Gottes protestiert, vnnd bezeugt haben: In diser Stund bestättigen wir dises / vnd nemmen dich / O MARIA, für ein Königin an: wir nennen dich der Himmeln Königin / vnd ruffen dich vnauffhörlich auß für ein Königin der Engel: dir gehorsamen Engel / vnd
Ertzengel /

Die XX. Predig.

Er Engel/ vnd alle Gewalt/ auch alle Fürstenthumb/ vnd Herrschafften: dich bekennen mit demütiger Stimm alle Thron/ Cherubin/ vnd Seraphin: wir alle bekennen dich für vnser Frawen/ wir alle betten dich an/ als ein Mutter der Barmhertzigkeit.

So schreibt auch Edmundus Campianus, *V.* Es sey Gottselig zuglauben/ daß/ wann die Seligste Jungfraw MARIA die Sorg für vns/ vnsere Armseligkeiten anzubitten/ auff sich nimbt/ alßdann das gantze Englische/ vnd Himmlische Heer sich mit jhr bewege/ mit jhr zu bitten/ die Stimmen erheben/ vnd die supplicierende Königin mit höchster Reuerenz vmbgeben/ auch mit völligem Fürbitten jhr nachfolgen. *V.* Orat. de Tutel. & Defens. B. V.

III. Ist MARIA geliebt/ gelobt vnd verehrt worden von den Menschen: Viderunt eam filiæ Sion, & Beatissimam prædicauerunt: Sie haben die Töchter Sion gesehen/ vnd haben dieselbige Selig gepriesen: die Königinen/ vnd Kebsweiber haben Sie gelobt. Durch die Töchtern werden die Glaubige verstanden/ welche von Anfang der Welt gebohren/ vnd noch biß auff den letzten Menschen werden gebohren werden: also haben durch alle Zeiten vnd Alter der Welt die Mutter Gottes verehrt/ vnd selig gepriesen. Maria wird von Menschen gelobt.

1. Im Gesatz der Natur/ hat Sie gesehen/ vnd selig gepriesen Adam vnser erster Vatter: da er in seiner Verzuckung Christi Menschwerdung vorgesehen/ vnd erkennt/ sprechendt: Hoc nunc os ex ossibus meis, & caro de carne mea: Nun/ das ist Bein/ von meinem Bein/ vnd Fleisch/ von meinem Fleisch: darumb wird der Mensch sein Vatter vnd sein Mutter verlassen/ vnd an seinem Weib hangen: welche Wort der Adam/ wie das Tridentinische Concilium bezeugt/ *VV.* auß Eingebung deß H. Geistes gesprochen: vnd lehret der H. Paulus/ daß damahls Adam Christi Menschwerdung/ vnd Vereinigung mit seiner Kirchen vorgesehen: Sacramentum hoc magnum est, ego autem dico in Christo, & in Ecclesia: Diß ist ein groß Geheimbnuß/ ich aber sag in Christo/ vnd seiner Kirchen: so dann Adam Christi Menschwerdung erkennt/ vnd verehrt/ so muß er auch nothwendig sein Mutter erkennt/ vnd verehrt haben: dahero erzehlt Vincentius Ferrerius, *X.* Gott hab den ersten Eltern geoffenbahret/ es werd auß jhnen ein seligste Jungfraw herkommen/ welche der Welt mehrer Nutz vnd Frewd bringen werd/ als sie derselben Schaden/ vnd Leyd verursacht haben/ darumb haben sie MARIAM mit grosser Begierd vnd Verlangen/ nemblich Sie zu sehen vnd zu verehren/ empfangen. 1. Vom Adam. *VV.* Sess. 24. Eph. 5. 32. *X* Serm. de Concept. B. Mariæ V.

2. Hat Sie vorgesehen vnd verehrt Noë in seiner Archen: dann MARIA die wahrhaffte Archen Noë ist/ welche jhren Schöpffer vnd Werckmeister getragen. 2. Vom Noë.

3. Hat

Von Maria der Wunderbarlichen Mutter.

3. Abraham.
Gen. 15.5.

3. Hat Sie vorgesehen/ vnd selig gepriesen der Patriarch Abraham: da er nemblich in mitten der Nacht von Gott hinauß geführt/ vnd ihme befohlen worden/ daß er den Himmel anschawen/ vnd die Stern zehlen solte: Suscipe (ait Dominus) cælum, & numera stellas, si potes: Sihe gen Himmel auff/ (spricht der Herr/) vnd zehle die Stern/ kanst du sie zehlen: Alda Abraham vnder den Sternen sich ab dem schönen Schein deß Mons verwundert: vnd hat in dem Stern der Klarheit seiner Posteritet, in dem Mon aber/ wie etliche wollen/ MARIAM erkennt/ vnd angebettet: welches wegen Sie Pulchra vt Luna, schön wie der Mon genennet wirde.

Cant.6.9.

4. Iacob.

4. Hat Sie vorgesehen/ vnd Selig gepriesen/ vnd verehrt der Patriarch Jacob/ da er sterbendt die Kinder Josephs gesegnet/ vnd den obern Theil seines Scepters angebettet: welches wie der H. Paulus schreibt/ etwas sonderbares bedeutet: durch den Glauben segnet Jacob/ da er starb/ alle Söhne Josephs/ vnd neiget sich gegen seines Scepters Spitze: nemblich seines Sohns

Hebr. 11.21.

Josephs deß Herrschers vber ganz Ægyptenland: er glaubte darbey/ daß Christus auß der Ruthen Jesse/ nemblich der Seligsten Jungfrawen MARIÆ werd gebohren werden/ vnd will sagen: Ich sihe ein Zweig/ oder Scepter/ ich erkenne ein Jungfraw/ deren Hochheit/ vnd das Obertheil jhrer Würdigkeit/ vnd Verdienst verehre ich: als welche den grossen Propheten/ den höchsten Priester/ den König aller König/ den versprochenen Messiam/ vnd Heyland der Welt/ der nit nur Ægyptenland/ sondern Himel vnd Erden regiren wirdt/ vnd vor welchem sich alle Knye biegen müssen/ gebohren wirdt.

Maria wird im geschribnen Gesatz gelobt.
1.
Von Moyse.
Exod. 3.2.
Exod. 4.2.
Exod. 17.6.
Exod. 26.1.
Num. 7.89.
Leuit. 12.1.

F.3. p.q.37.
art. 4. ad 2.

II. Ist MARIA auch im geschribnen Gesatz verehrt worden: dann 1. hat Sie in solchem vorgesehen/ vnnd Selig gepriesen Moyses in seinem brinnenden/ vnd nit verbrinnenden Busch; in seinem Wunderstab; in den Felsen der Wassergräben; in dem Tabernacul; in der heiligen Wohnung deß Gnadenstuls. Insonderheit aber hat Moyses MARIAM verehrt/ da er für die gebährende Frawen ein Gesatz gemacht/ vnd gebährende Jungfraw MARIAM darvon außgenommen/ da er sagt: Mulier, si susceptio semine pepererit masculum, immunda erit: Wann ein Weib besamet wirdt/ vnd gebührt ein Knäblein/ so soll sie siben Tag vnrein seyn. Er sagt nicht ins gemein/ ein jegliches Weib/ welche gebähren wirdt/ soll vnrein seyn: sondern er setzt ein condition, vnd gewiß Geding hinzu: Suscepto semine, wann sie von einem Mann besaamet werde/ mit welchen Worten er/ wie der H. Thomas lehrt/ T. die Mutter Gottes von dem Gesatz diser Vnreinigkeit außnemmen/ vnd also sprechen wollen: Ich sihe ein Weib/ ich erkenne ein Jungfrawen/ welche nach 1450. Jahren den versprochenen Messiam ohne Besaamung/ oder Zuthuen eines Manns/ sondern durch vbernatürliche Vberschat-

Die XX. Predig.

schattung deß H. Geists empfangen/vnd gebähren wird/dise nemme ich auff von dem Gesatz: dise preyse ich von weitem/ als ein Königin/vnnd Mutter meines HERRN/dise verehre ich/ vnd bitte sie an.Eben dises bestättiget auch der H. Bernardus, vnd spricht: Z. Meynst du nit/wann Moyses ohne alle Außnam gesagt hett: Ein Weib/ das gebähren wird/ soll vnrein seyn; er wurde sich einer lästerung wider die Mutter GOttes geforchten haben? Darumb setzt er vorher: Si suscepto semine: wann sie besaamet wird.   Z.Serm.de Purif. B. Mariæ Virg.

   2. Hat Sie vorgesehen/vnnd im geschribnen Gesatz Seelig gepriesen Aaron/ in seiner grünenden Ruthen. 3. Gedeon in seinem Thaw Fell. 4. Der König Dauid: da er Sie verglichen/vnd genennt ein Sonnen: ein Königin zu der Rechten GOttes: ein Wohnung deß Allerhöchsten: ein gesegnetes Land: ein Statt GOttes.   2. Aaron. Num.17.8. 3. Gedeon. Iud.6.37. 4 Dauid.

   5. Hat Sie der weise König Salomon in vilen Dingen vorgesehen/ vnd Seelig gepriesen/da er Sie vergleicht vnnd nennet: Mulierem fortem, ein starckes Weib: ein Hauß der Weißheit: ein Myrrhen Büschlen: ein Trauben Cypri: ein Rosen im Thal: ein Lilien vnder den Dörnern: ein Apfelbaum vnder den wilden Bäumen: ein verschloßnen Garten/vnd versiglten Bronnen: die Schönste vnder den Weibern: ein Morgenröthe/Mann/ Sonnen: ein erhöchten Cederbaum auff dem Libano: ein Cypressen auff dem Berg Sion: ein Palmen in Cades: ein gepflantzte Rosen in Jericho: ein schönen Ölbaum im Feld: ein Ahorn am Wasser in den Gassen/ ꝛc. welche Ehren-Namen vnnd Vergleichungen/ nechst der Göttlichen Weißheit/ die H.H. Vätter auch auff MARIAM deutten.   Psal. 18.5. Psal. 44.10. Psal. 45.5. Psal. 84.1. Psal. 86.3. 5. Salomon. Prou.31.10. Prou. 9.1. Cant. 1.13. Cant.1.14. Cant. 2.1. Cant. 2.2. Cant. 2.3. Cant. 4.12. Cant. 5.9.

   6. Hat Sie vorgesehen vnnd verehrt/ auch Seelig gepriesen der Prophet Esaias: da er Sie ein Prophetin: ein Ruthen von der Wurtzel Jesse: ein liechten Wolcken: ein Erdreich/ das den Heyland herfür sprosset/ genennt: vnd fürnemblich mit verwunderung geruffen hat: Ecce! Virgo concipiet, & pariet Filium, & vocabitur nomen eius Emmanuel: Sihe! ein Jungfraw wird empfangen / vnd gebähren einen Sohn/ deß Namen wird Emmanuel, GOtt mit vns / genennt werden.   Eccli.24.17. & seq. 6. Esaias. Esa. 8.3. Esa. 9.1. Esa. 19.1. Esa.45.8. Esa. 7.14.

   7. Hat Sie vorgesehen/ der Prophet Jeremias vnd Seelig gesprochen: da er Sie genennt / ein hohen Thron der Herrlichkeit: vnnd ein Weib das ein Mann vmbgeben.   7. Jeremias. Ier. 17.12. Ier. 31.22.

   8. Haben Sie ingleichem Seelig gesprochen vnd verehrt die andere heyligen Propheten / als da Ezechiel Sie ein verschloßne Porten dem Fürsten: Daniel ein Berg/ von welchem ohne Handanlegung der Stein Christus gefallen: Abacuc/ den Berg Pharan/ vnd feißten Berg: Zacharias ein guldenen Leuchter/ mit siben Ampeln/als den siben Gaaben vnd Gnaden deß H. Geists gzieret/ genennt haben.   8. Andere H. Propheten. Cap. 44.2. Dan.2.34. Abacuc. 3.3.

Von Maria der Wunderbarlichen Mutter.

In Summa/ Adam/ Abraham/ Isaac/ Moyses/ Jacob/ David vnd andere Patriarchen vnd Propheten/ auch Königen vnd Gerechten deß Alten Testaments/ seynd mit vnaußsprechlichen Frewden erfüllt worden/ da sie im Geist erkennt haben/ die Gebärerin GOttes werde auß jhrem Geschlecht gebohren werden. Wie die H. Birgitta erzehlt. *A.*

A. In Serm. Angelico. cap. 7.

Maria wird im Euangelischen Gesatz gelobt.
1. Elisabeth. Luc. 1. 24.

III. Ist MARIA auch in dem Euangelischen Gesatz/ vnd zur Zeit der Gnaden durch alle Alter geliebt/ geprisen/ vnd verehrt worden: dann 1. hat Sie Seelig geprisen/ vnnd verehrt Elisabeth/ sprechende: Benedicta tu in mulieribus, & benedictus fructus ventris tui: **Gebenedeyet bist du vnder den Weibern/ vnnd gebenedeyet ist die Frucht deines Leibs.** Vnd widerumb: Woher kombt mir das/ daß die Mutter meines HErrn zu mir kombt?

2. Io. Baptista. Luc. 1. 44.

2. Hat Sie verehrt Joannes der Tauffer/ da er noch in Mutter Leib ligend derselben Eingang in das Hauß seines Vatters Zachariæ erkennt/ darüber vor Frewden auffgesprungen/ vnd Sie durch den Mund seiner Mutter gegrüßt/ vnd Seelig gesprochen.

3. Marcella. Luc. 11. 27.

3. Marcella/ welche vnder dem Volck auffgestanden/ Christi/ vnnd seiner Mutter Ehr wider die Schmäher gerettet/ vnnd also auffgeschryen: Beatus venter, qui te portauit, & vbera, quæ suxisti: **Seelig ist der Leib/ der dich getragen hat/ vnd die Brüst/ die du gesogen hast.**

4. Die H. Apostel.

4. Haben MARIAM verehrt die heylige Apostel/ welche in jhrer Glaubens bekantnuß auch dißen Artickel gesetzt: Conceptus est de Spiritu sancto, natus ex MARIA Virgine: Er/ Christus Iesus, ist empfangen von dem H. Geist/ gebohren auß MARIA der Jungfrawen. Der H. Euangelist vnd Apostel Matthæus hat Sie im höchsten Grad gelobt/ vn gleichsamb vnendlicher Ehren würdig erklärt/ da er bezeugt/ MARIA sey die jenige/ de qua natus est

Matth. 1. 16.

Iesus: von welcher gebohren ist IESVS, der da genent wird Christus. Der H. Apostel Petrus ist der Erste gewesen/ welcher die Gedächtnuß/ vnnd das Lob MARIÆ in der H. Meß zuhalten verordnet/ wie auß der Lateinischen

B. Epist. ad Michaëlem.
C. 3. p. q. 78 art. 2. ad 5.

oder Römischen Liturgia/ vnnd Meßform/ welche/ wie Pabst Leo III. *B.* vnd der H. Thomas von Aquin *C.* lehren/ abzunemmen ist.

Sie hat auch in seiner Meßform verehrt/ Seelig geprisen vnd gelobt der H. Apostel Iacobus der Kleinere/ Sie genennt: Vnser Allerheiligste/ Vnbefleckigste/ vnnd Glorwürdigste Frawen: welche billich auff alle Weiß zuverehren. vnd Seelig zusprechen/ auch groß zuachten vnd zumachen sey/ als warhafftig ein Gebärerin GOttes.

5. Alle H. Lehrer vnd Vätter.

5. Haben Sie jederzeit geliebt vnd verehrt der H. Aposteln Jünger vnd Nachkömblingen/ auch heilige Vätter vnnd Lehrer: vnder welchen sich vil befin-

efunden/die zum Lob MARIÆ gantze Bücher geschriben/nechst GOtt/
ihr die allerhöchste Ehrentitul/vnd LobNamen zugeeygnet/vnd Sie vber alle Geschöpff im Himmel vnd auff Erden verehrt haben: wie im I. Theil der
Predig/durch alle Alter vnd Zeiten Exempel zufinden.

IV. Ist die Mutter GOttes von Anfang der Christenheit/durch alle Zeiten von der Catholischen Kirchen auff ein sonderbare Weiß/vnnd vil
weg gelobt/vnnd verehrt worden. Dann 1. seyn ihr zu Ehren gewise Officia, vnd Tagzeiten gemacht/gebettet/vnd gesungen worden: das grösser Officium Vnser L. Fr. hat der H. Ildephonsus ErtzBischoff zu Toleto vmb
das Jahr Christi 660. gemacht/vnnd verordnet/das solches alle Sambstag
gesungen/oder gebettet werden solle: vnnd als er hernacher in die Kirchen
gieng/hörte er ein liebliche Music/vnnd vermeynt nit anderst/die Thumb-
Herren wären im Chor/ vnnd sungen: wird aber gewahr/daß solches die
H. H. Engel gewesen/welche der Mutter GOttes zu Ehren dise Tagzeiten gesungen: nach welchem Gesang Sie ihme Casulam, ein Meßgewand/wel-
ches er bey dem Gottsdienst gebrauchen solte/verehrt hat.

Die kleinere Tagzeiten V. L. F. hat Petrus Damianus, da er ein Kriegsheer ins heilige Land schicken/vnnd Jerusalem den Saracenern abnemmen
wolt/gemacht/vnd in allen Kirchen zusingen vnd zubetten verordnet/damit
durch Fürbitt MARIÆ, GOTT wider die Vnglaubige den Sig gebe: allermassen geschehen/vnnd damahls das heilige Land in die Händ der Christen
kommen/vnd lange Zeit darinnen erhalten worden.

Die Andacht vnd das Gebett der Tagzeiten V.L.Fr. haben vor andern
geübt/die Geistliche S. Benedicti Orden: wie auch durch dise Andacht vnd
Vebung der Cartheuser Orden in seinem Flor erhalten worden: vnd werden dise Tagzeiten noch heutiges Tags nit allein von Geistlichen/ sondern
auch Weltlichen/nit ohne grossen Nutzen gebettet.

2. Seynd von Alters her in der Catholischen Kirchen MARIÆ zu
Ehren vnderschidliche Fest- vnnd Feyrtäg gehalten worden: als/die Fest der
Empfängnuß/der Geburt/der Auffopfferung/der Verkündigüg/der Heimb-
suchung/ der Reinigung/ der Himmelfahrt MARIÆ: welche alle auß Eingebung deß H. Geists in der Kirchen auffgesetzt/ vnnd von Alters her mit
grossem Nutz/vnd Bestättigung viller Wunderzeichen gehalten worden/vnd
haben sich an disen Festen Liebhaber befunden/ welche V. L. Frawen daran
auff ein sonderbare Weiß verehrt haben.

Cedonius Serviter Ordens/war sonderlich zugethan dem Geheimbnuß
der Heimsuchung: an dem Tag war er gebohren/vnd getaufft: an demselbige
hat er den Geistlichen Stand angefangen/vnd hernach Profession gethon/
an demselben lase er sein erste Meß/vnd an demselben starb er/im Jahr 1526.

P. Franciscus Turrianus auß der Societet IESVS, liebte vnd ehrte insonderheit

*Maria wird von der Ca-
tholischen Kir-
chen allzeit
geliebt.*
-1.
OfficiumB.
*Virgin. das
grösser.*

*V. L. Frawen
kleinere Tag-
zeiten.*

*2.
Fest- vnnd
Feyrtäg der
Christlichen
Kirchen.*

*Cedonius
das Fest der
Heimbsu-
chung.*

*P. Turria-
nus.*

Von Maria der Wunderbarlichen Mutter.

Das Fest der Auffopfferung. behelt das Fest der Auffopfferung MARIAE, vnd hat zuwegen gebracht, daß diß Fest, vnnd die Gezeiten daruon vom Pabst Sixto V. widerumb eingesetzt, vnd bestättiget worden: welche die Gebenedeyteste Jungfraw ihr gefallen lassen, vnd an demselben Festag von diser Welt zu sich gefordert.

S. Bernardinus Senensis, ihre H. Geburt. Der H. Bernardinus von Senis, ist an dem Tag der Geburt MARIAE auff die Welt kommen, vnd den H. Tauff empfangen: darumb er dises Fest in grossen Ehren gehalten, vnd an demselben den Habit S. Francisci Ordens angelegt: daran nach verflossenem Jahr sein Profession gethon, vnd endtlich sein erste Meß gehalten.

Alphonsus Rodriquez, ihr vnbefleckte Empfängnuß. Die gröste Andacht deß Gottseeligen Alphonsi Rodriquez, gieng auß ihr Vnbefleckte Empfängnuß.

B. Ioanna, ihr Verkündigung. Der seeligen Ioannæ auß Franckreich, auff die Verkündigung: deßwegen sie den Orden, so sie gestifftet, den Namen dises Geheimbnuß geben.

B. Osanna, ihr Reinigung. Die Seelige Osanna von Mantua S. Dominici Ordens, hat ihr Andacht zum Fest der Reinigung MARIÆ, deßwegen die Mutter der Barmhertzigkeit sie an disem Fest alles sehen lassen, was sich vor Zeiten bey disem Geheimbnuß zugetragen, als wann sie selbsten Persöhnlich gegenwertig gewesen wär.

S. Franciscus, ihr Himmelfahrt. Deß H. Francisci, wie nit weniger auch deß H. Vatters Ignatij, vnd seines gantzen Ordens höchstes, vnd liebstes Fest war die Himmelfahrt MARIÆ: hie geschweige ich viler andern Festägen V. L. Frawen, welche hin vnnd wider in der Christenheit gehalten werden, von welchen P. Antonius Spinellus, ein gantzen sonderbahren Tractat beschriben.

3. Seyn in der Christenheit, zu Ehren V. L. Fr. so vil Kirchen, Capellen, Altär, vnd Bildnussen erbawen, vnd auffgericht, daß kein Reich, kein Land, kein Star vnd Dorff ist, in welchem nit dergleichen zufinden.

3. Kirchen, Capellen, Altär, Bilder. 1. Druides. Dann 1. vor ihrer Geburt haben die Völcker Druides, so vor Zeiten die alten Frantzosen Weisen, vnnd in der Religion Vorsteher gewesen, vor Christi Geburt 1840. zu Carnot einer Landschafft in Franckreich, einen Altar erbawet, mit diser Vberschrifft: Virgini pariturae: der **Gebährenden Jungfrawen**; Nicolaus Perotus. D.

D. In Cornucop. verbo Druides. 2. Argonautæ. Desgleichen haben auch die Argonautæ, zu Eizici in Hellesponte, ein stattlichen Tempel erbawen, vnnd vor dem Pythio, den sie deßhalben Rahts gefragt, ein Antwort bekommen: Er solte MARIÆ der Gebärerin deß ewigen Worts zugeeygnet werden.

3. Ægyptier. So haben die Ægyptier ein Bildnuß einer Jungfrawen, sambt einem Kind in ein Krippen gelegt, vnnd angebettet: weil sie zuuor vom Propheten Jeremia verstanden, daß alle ihre Götzen zu Boden fallen werden, wann ein Jungfraw, vnnd Mutter zugleich sambt ihrem Kind, in Ægypten fliehen wird:

Die XX. Predig.

werd: wie dann nach Zeugnuß deß heiligen Epiphanij, vnd Dorothei geschehen.

II. Ist Sie mit Kirchen/ Capellen vnd Altären verehrt worden/ da Sie noch auff der Welt war: darunder billich den Vorzug die Lauretanische Capell/ in welcher Sie von dem Ertzengel Gabriel gegrüßt worden/ vnd den ewigen Sohn Gottes empfangen hat: welche auch durch Göttliche Geheimnussen zu einer Kirchen geweyhet/ vnd von den H. Aposteln mit einem Crucifixbild/ vnd einer Tafel versehen worden/ in welcher MARIA stehend wie Sie Christum vmbfangen/vnd vom H. Luca abgemahlt gewesen/vnd darmit er Mutter Gottes zu Ehren/ eingeweyhet worden. *Maria wird mit Kirchen/ Altären/rc. verehrt/ noch im Leben.*

Deßgleichen hat S. Petrus/ da er noch in Syria war/ zu Tortosa MARIÆ zu Ehren ein Capell auffgericht / in welcher er die Göttliche Geheimnussen errichtet: wie Iacobus à Vitriaco schreibt. E. *E. In sua Histor. Orientali. c. 44.*

Allhie soll nit vbergangen werden die heylsame/ vnd Trostreiche Capell Einsidlen in Schweitz/ so von Christo dem HERRN zu Ehren seiner lieben Mutter ist eingeweyhet worden; massen Hartmannus in Chron. bezeugt.

3. Vnd fürnemblich seynd MARIÆ zu Ehren/ Kirchen erbawet worden nach ihrer Himmelfahrt/ vnd diß in so grosser Anzahl/ daß nit zu beschreiben: Allein ir Hispania haben sich nach geschehener Inquisition, vber die sechzig Tausent B. L. Frawen Kirchen befunden. P. Ioannes Eusebius Noimbergius am 10. Cap. Es erzehlt Scribanius F. von Iacobo I. Arragonier König/ daß er allein zwey tausent Kirchen zu Ehren B. L. Frawen erbawen/ östlich zieren/ vnd mit stattlichen Intraden/ vnd Einkommen versehen lassen. Hiervon seynd auch ruhmwürdig Constantinus, Carolus Magnus, Pulcheria, vnd vill andere Keyser/ König/ Fürsten/ Graffen/ Herren/ Edelleuth/ Burger/ vnd Bawren/ welche in grosser Anzahl die Mutter Gottes hertzlich geliebt/ vnd durch Erbawung der Gottshäuser/ jeglicher nach seinem Vermögen/ ihr Lob vnd Ehr zu befürdern begehrt: dahero auch Gott sie an Leib vnd Seel gesegnet/ auch durch MARIÆ Fürbitt/ in derselbigen/ den Glaubigen vnd Notleidenden grosse Gnaden vnd Guttaten erzeigt/ vnd täglich erzeigen thut. *Auch noch ihrer Himmelfahrt. F. In politico Christiano, in Præfat. ad Philipp IV. Hispaniæ Regem.*

4. Wird MARIA in der Catholischen Kirchen verehrt mit hertzlichen Lobgesängern: Darumb 1. den Vorzug hat/ vnd von der Kirchen vorher globt wird das Magnificat: welches ist das Gesang B. L. Frawen/ ein Triumphlied MARIÆ: ein Begriff der Göttlichen Geheimbnussen: diese at Maria Oegniacensis sterbend außgesprochen/ vnd darmit verdient/ daß ir Christus vnd MARIA erschinen/ vnd ein Creutz zum Zeichen deß Sigs ihren Füssen gesteckt. In vita. *Mit Lobgesängern. 1. Magnificat.*

2. Das

2. Das Salue Regina, welches der selige Hermannus Contractus, auß dem Orden deß H. Benedicti gemacht/ wegen daß er durch die Mutter Gottes grosse Geschicklichkeit bekommen. Dises Kirchengebett ist offt mit grossen Wundern bestättiget worden.

Als da der H. Bernardus zu Affligenio in Braband in einem Benedictiner Closter vor einem Bildnuß B. lieben Frawen gebettet: Salue Regina: Sey gegrüßt du Königin: dieselbe jhme geantwortet: Salue Bernarde: Sey gegrüßt Bernarde.

So wird in der Chronick S. Francisci Ordens erzehlt: wie daß der heilig Franciscus einer Frawen/welche 7. Tag in gefährlichen Kindsnöthen lag/vnd sein Fürbitt begehrt/erschinen/vnd befohlen B. L. Fraw anzuruffen/vnd das Salue Regina zu betten: da sie gefolgt/vnd im Salue Regina dise Wort außgesprochen: Zeige vns die gebenedeyte Frucht deines Leibs: hat sie glücklich gebohren.

3. Die Antiphon: Sub tuum præsidium: wie krafftig dises Gebett/ erscheint neben andern vilen / auß folgender Histori / so in der Chronick der Mündern Brüder beschriben / vnnd vermeldt wirdt. G. Wie daß drey Geistliche Doctores von Pariß nach Italia verreist / vnd als sie vber den Berg Sines reitten wollen / sie ein erschröckliches Wetter ergriffen / daß sie nirgends sicher seyn könten: dann es erschallete ein Stimm vom Himmel: Tödte/ tödte; alßbald fiel der Straal vom Himmel herab / vnd schlug einen zu todt: die vbrige zween eylen eines eylens starck fort / aber der Hagel schlägt je länger je mehr/ vnd last sich die Stimm hören/ Tödte / tödte: vnd wird darauff der ander auch vom Pferdt geschlagen: Der dritt/ Namens Frater Augustinus, voll Forcht / vnd Angst / spricht dem Pferdt zu/ vnd rufft zugleich die Wunderthätige Jungfraw MARIAM, mit der bekanten Antiphon: Sub tuum præsidium: das ist / Vnder deinen Schutz vnd Schirm fliehen wir/ꝛc. von Hertzen an: aber die Stim schreyet zum dritten mahl: Tödte / tödte: da antwortet ein andere Stimm dargegen: Weil er sich mit der Antiphon, sub tuum præsidium bewaffnet/ kan ich nit drein schlagen; Augustinus hört solches / widerholet die Antiphon noch eyfferiger/ vnd das Vngewitter verkehrt sich alßbald in ein schönen hellen Lufft.

4. Regina cæli: welches schöne Ostergesang zur Zeit deß heiligen Bapsts Gregorij ein Engel vom Himmel gemacht/ vnd bey wehrender Procession, welche zu Abwendung einer abschewlichén Pest / in der Statt Rom gehalten worden/gesprochen: O Königin der Himmel frewe dich / Dann

den du haſt gebohren / der iſt von Todten widerumb aufferſtanden: darzu damahls S. Gregorius mit allem Volck diß Geſänglein hinzu geſetzt: Ora pro nobis DEVM, Alleluia: **Bitt GOtt für vns / Alleluia.** Auff welches augenſcheinliche Beſſerung vnd Ringerung deß Lufftes erfolgt: wie Carolus Sigonius bezeugt. *H.*

H. Lib. 1. de Regno Italiæ, Anno 591.

5. Gaude MARIA Virgo: **Erfrewe dich du Jungfraw MARIA,** dann du haſt alle Ketzereyen in der Welt zerſtöret / vnd außgereutet: Als zur Zeit Bapſts Bonifacij IV. diſes ein blinder Clericus mit Andacht geſungen / hat er am Feſt MARIÆ Reinigung / das Geſicht bekommen: Thomas Cantipratanus. *I.*

5. Gaude Maria Virgo. I. In Libro Apum.

6. Als der ſelig Albertus MARIAM auff folgende Weiß gegrüßt: Salue Mater pietatis, & totius Trinitatis Triclinium: **Sey gegrüßt MARIA, ein Mutter der Andacht / vnd der gantzen Heiligen Dreyfaltigkeit Saal:** hat Sie Danck geſagt / weil er Sie mit einem ſolchen Gruß gegrüßt / dergleichen Sie zuvor von keinem andern gegrüßt worden. Ex paruo Chron. Ord. Præd.

6. Salue Mater pietatis.

7. Hat der ſelige Henricus Suſo, mit dem Zunamen Amandus, mit dieſem Gebettlein: Nos cum prole pia, benedicat Virgo MARIA: **Vns wolle mit ihrem lieben Kind / die Selige Jungfraw MARIA ſegnen:** den böſen Geiſt vertreiben / welcher ihme mit abſchewlichem Angeſicht / auß fewrigen Augen mit einem geſpanntem Bogen erſchienen / vnd ihne beſchädigen wollen. Leander. *K.*

7. Nos cum Prole pia.

K. Lib. 5. de Viris Illuſtr. Ord. Præd.

8. Hat der Fürſt Caſimirus in Poln ein herrlich Lobgeſang gemacht: Omni die dic MARIÆ, mea laudes anima: **Alle Tag / willig ſag / meine Seel / MARIÆ preyſet / ꝛc.** welches er alle Tag gebettet / vnd befohlen / man ſolle es nach ſeinem Abſterben / wann er begraben werd / auff ſein Hertz legen: welches geſchehen: vnd da man im Jahr 1604. ſein Grab eröffnet / iſt ſolches Lobgeſang noch gantz vnd vnverſert auff ſeinem Hertzen ligend gefunden worden. P. Paulus Barry. *L.*

8. Omni die, dic Mariæ.

L. Cap. 5. Deuot. 8.

9. Die Würckung vnd Krafft deß Lobgeſangs der Catholiſchen Kirchen / deſſen Anfang iſt: O glorioſa Domina: **O du Glorwürdige Jungfraw:** hat offt erfahren der heilige Antonius de Padua: dahero / als er böſe Geiſt / welchem er mit ſcharpffen Predigen groſſen Abbruch gethan / ihne in der Faſtenzeit bey der Nacht / mit groſſer Macht bey der Gurgel geſtißt / vnd ertröſßlen wollen / hat er ſich mit dem H. Creutz bezeichnet / MARIÆ Namen angeruffen / vnd diſen Hymnum, O glorioſa Domina, geſprochen /

9. O glorioſa Domina.

Eee

M. Apud Sur.
13. Iun. To-
mo 3.
10.
Aue Mariæ
Stella.

N. 20. Augu-
sti.

O. Hist. Lau-
ret. lib. 3. c.
33.
Sambstag
Mariæ zuge-
eygnet.

P. In Hortulo
Mariano
Areolâ 4.
o. 7.

Q. Lib. 4.
Ration. Di-
uin. Offic.
c. 1.

chen/ vnd darmit den Teuffel vertreiben: auch endtlich mit disem Lobgesang sein Leben selig geendet: In vitâ eius. *M.*

10. Ist in dem schönen Hymno: Aue Maris Stella: **Sey gegrüßt du Meerstern:** welchen der H. Bernardus gemacht/ sein Gesäglein/ durch welches mit grosse Wunder geschehen. Als im Jahr 1538. ein Mahler zu Monserrat auß Befelch deß Abbts/ das Wunderthätige MARIÆ-Bild schöner mahlen wolt/ wurde er/ so bald er anfange/ stockblind/ vnd blib drey Monat blind: wie man aber dises Lobgesang: Aue Maris Stella gesungen/ vnd auff die Wort kommen (Gib den Blinden das Liecht) ist er wider sehend worden. MARIÆ Stammenbuch. *N.*

Durch denselben Hymnum, vnd Wort: Monstra te esse Matrem: Erzeig dich als ein Mutter: hat ein armer grosser Sünder sein eygene Handschrifft/ in welcher er sich mit seinem eygenen Blut dem Teuffel verschriben gehabt/ zu Lauretto in V. L. Frawen Capellen widerumb erlangt. Horatius Tursellinus. *O.*

5. Ist in der Kirchen Gottes/ von Alters her der Seligsten Jungfrawen MARIÆ der Sambstag sonderbahrlich zugeeygnet/ vnd Sie daran von den Glaubigen in vil weg durch alle Zeiten mehrer verehrt/ Ihr auch zu Ehren sonderbahre Gebett verordnet/ vnd allerhand Bußwerck verrichtet worden. Welche Andacht offt grosse Wunder vermehrt haben: vorermelter P. Franciscus de la Croix schreibt/ *P.* daß die Engel in Roncà valle alle Sambstag bey einem Bronnen das Salue Regina singen: welcher daher der Engelbronn genennt wird.

Auff dem Berg Serrato in Hispania/ haben im Jahr 890. die Hirten an den Sambstägen ein grosse Fewerstralen in ein Höle sehen herab fallen/ vnd ein Englische Music gehört: solches dem Barcinonensischen Ertzbischoff angezeigt/ welcher in diser Höle ein schönes vnd Wunderthätiges MARIÆ-Bild gefunden: bey welcher hernach deß Barcinonensischen Graffens Tochter/ welche Guarinus der Eremit ermordt hat/ das Leben widerumb bekommen.

Denckwürdig ist/ was Durandus erzehlt/ *Q.* Daß sich in der Statt Constantinopel ein Bildnuß U. L. Frawen befunden: vor welcher ein Vmbhang gewesen/ so die gantze Bildnuß bedeckt: alle Freytag aber vmb die Vesperzeit hat sich diser Vmbhang von sich selbsten ohne alle Handanlegung von der Bildnuß hinweg gezogen/ daß mänigklich solche sehen können biß auff die Vesperzeit an dem Sambstag/ vmb welche Zeit der Vmbhang von sich selbsten widerumb zugangen/ vnd die Bildnuß bedeckt hat. Welches Miracul Vrsach geben/ daß am Sambstag das Officium, oder Tagzetten von V. L. Fr. zu singen/ vnd zu betten verordnet worden.

Vincen-

Die XX. Predig.

Vincentius vermeldet auch/ R. Wie daß ein Soldat ein Jungfraw/ mit Namen Maria / an einem Sambstag schwächen/ vnnd Nothzwingen wollen: da sie aber jhn durch den Namen MARIÆ, vnd deß Sambstags Ehr darfür gebetten/vnd er vmb diser willen jhr verschonet/vnnd von dem Laster-hafften Werck abgestanden/ sey er dardurch von der ewigen Verdammnuß erlediget worden.

R. Lib. 8. Histor Cap. 103. 103.

6. Seynd in der Kirchen GOttes vnderschidliche Congregationes, vnd Bruderschafften B. L. Fr. auffgericht: in welchen die Sodales, vnd darinn Eingeschribne/ der Mutter GOttes auff ein sonderbahre Weiß zugehan seyn/vnnd vnder derselben Schutz wohnen/ Sie/ vermög ihrer Regeln/ mit gewissen Gebetten vnd Andachten verehren/täglich grosse Bußwerck verrichten/ vnd sich in heiligen Tugenden vben/auch einander derselben im Leben vnd Todt theilhafftig machen.

Congregationes, zu Ehren Mariæ.

Solche Sodalitates, vnnd Andachten gegen B. L. Frawen / haben die Römische Päbst in allen Zeiten approbiert, vnd confirmiert, auch mit vilen Gnaden/vnnd Ablaßen versehen: vnnd haben sich Keyser/ König/ Fürsten/ vnd Herren/auch sonsten vil tausent Menschen/Hoch-vnnd Nider Stands glückseelig geschätzt, daß sie in solche auffgenommen/vnd eingeschriben/auch jhro Verdiensten theilhafftig werden/ vnnd darinnen der Mutter GOttes dienen/ Sie lieben/ vnnd verehren können: wie dann der Pensiensische Bischoff im Jahr 1602. bekennt: Er halte es ihm für ein grössern Ruhm daß er ein Sodalis B. L. Frawen/ als daß er Bischoff sey: vnnd schätze dise Zier vil mehr/ als sein Bischoff Stab/ vnd Jnful.

Die alle Lieb vnnd Ehr, welche in der gantzen weiten Christenheit MARIÆ zu allen Zeiten erzeigt/ vnnd angethon worden/zuerzehlen/ ist nit müglich: vnd weil hieruon gantze Bücher beschriben/ will ich disen Puncten weiter nit außführen/ sondern mit Hugone, der Römischen Kirchen Cardinal beschliessen: diser vergleicht B. L. Fr. Centro Terræ, oder dem Mittel Theil deß Erdbodens/als auff welche alle Geschlecht der Menschen schawen/vnnd spricht: Sihe/von nun an werden mich alle Völcker Seelig sprechen: alle Völcker/ nemblich der Juden/vnd der Heyden; der Männer vnd Weiber; der Reichen vnnd Armen; der Engel vnd Menschen: weil alle durch Sie heylsamme Guttbaten empfangen: die Menschen die Versöhnung/ die Engel die Ersetzung deß Abfalls: dann Christus der Sohn GOttes hat das Heyl mitten auff Erden/das ist/in dem Leib MARIÆ gewürckt/welche wegen einer verwunderlichen Eigenschafft das Mittel deß Erdbodens genennt wird.

S. Super Magnificat.

Dann auff Sie schawen/ die da wohnen im Himmel/vnd die da wohnen im Fegfewr/vnd die da wohnen auff der Welt: die ersten/ daß sie ersetzt werden:

den: die andere/daß sie erlediget werden: die dritte/daß sie versöhnet werden: deßwegen werden dich/O Seeligste Jungfraw/alle Geschlecht seelig sprechen/dieweil du allen Geschlechten das Leben/die Gnad/vnnd Glory gebohren.: den Todten das Leben: den Sündern die Gnad: den Armen die Glory/ꝛc:

Der III. Theil.
Wie die Mutter Gottes auch wir lieben/ vnd verehren sollen.

Fünfferley lieb gegen Mariā.

Der H. Bernardus will/ daß wir MARIAM auß gantzem Hertzen/Gemüth/vnd Begirden lieben/vnd verehren sollen: diseß aber kan auff fünfferley Weiß geschehen: 1. Mit Liebe: 2. Mit Glückwünschung: 3. Mit Ehrerbietigkeit: 4. Mit Anruffung: Vnnd endlich 5. Mit Nachfolgung.

1. Mit lieb.

I. Wird die Seeligste Jungfraw MARIA mit Liebe von vns verehrt/ wann wir dieselbe inwendig in vnserm Hertzen groß schätzen/als ein Mutter deß Allerhöchsten Gottes. Der H. Gerardus Bischoff zu Carabien in Vngarn/ein Martyr Christi/war MARIÆ mit Lieb also zugethan/daß er niemands/auch keinem Vbelthäter etwas abgeschlagen/was im Namen MARIÆ an jhn begehrt worden: er schätze auch die Mutter Gottes so hoch/ daß er derselben Namen nit außgesprochen/sondern Sie/wie auß seiner Vnderweisung alle Vngarn thun/ Dominam, ein Frawen/genennt.

A. In Vita eius.

Ioannes Berchmannus der Societet IESV, ein grosser Liebhaber MARIÆ pflegte auch also zusagen: Volo amare MARIAM; Ich will MARIAM lieben. Wie Virgilius Ceparius schreibt. A.

Auff dise Weiß hat MARIAM geliebt vnd verehrt P. Martinus Guttierius, auch auß diser Gesellschafft/welcher einest die Mutter Gottes in grosser Herrlichkeit gesehen mit außgebreitem Mantl/ darunder die gantze Societet IESV versamblet war/welche sie auß Mütterlichem Hertzen sehr liebte/vnd mit dem Denckmantel jhrer Gnaden beschirmet. Auff dise Erscheinung ist er in der Lieb gegen der Himmel Königin also entzündt worden/daß wo er gangen oder gestanden/an Sie gedacht/von jhr redete/Sie liebte/vnd alles/was in dero Namen an jhn begehrt wurde/bewilligte: ist täglich vor MARIÆ Bildnuß ein gantze halbe Stund vnbeweglich gestanden/vnd in Betrachtung derselben Hochheit vnnd Würdigkeit Sie also hertzlich vnd innigklich geliebet/daß er selbsten solches nit außsprechen/sondern allein mit Bewegung der Händ vnd Lefftzen zuverstehen geben können. P. Hieronymus Platus. B.

B. In Vita P. Aluarez

Ein

Die XX. Predig.

Ein schönes Exempel der Lieb gegen U.L. Fr. gibt vns P. Didacus Martinus, eben auß diser Societet: C. welcher Sie also geliebt/ daß er an derselben Festtägen von der Erden erhebt/ vnnd verzuckt worden/ auch gesehen hat/ wie die Engel vnd Heylige im Himmel MARIAM verehren/ vnd darauß erlehrnet/ wie hoch Sie auch von vns zulieben sey: deßwegen sprach er: Wolte GOtt/ daß ich aller Menschen Leben dem Dienst der Mutter GOttes auffopffern könnt! Wolte GOtt/ daß ich hett allen Willen/ vnd Neygungen aller Heyligen im Himmel/ vnnd liebte die Seeligste Jungfrawen mit aller derselben vollkommnesten inbrünstigsten vnd vnauffhörlichsten Liebe/ mit welcher Sie S. Michael/ S. Gabriel/ S. Raphael/ die Seraphin/ vnd alle seelige Geister lieben.

MARIAM redete er also an: Seelig ist der/ der dich/ O Seeligste Jungfraw/ mit diser vollkommnesten Lieb liebet: vnendlich erfrewe ich mich/ O Allerseeligste Jungfraw/ daß die Seraphin/ vnnd alle Himmlische Geister in alle Ewigkeit dich lieben/ mit der allervollkommnesten Liebe/ vnd bitte demüthig/ daß sie mein Stell vertretten: Ich elendster Sünder/ bin der Allerheyligsten Jungfrawen schuldig/ alle die Erkanntnuß vnd Lieb / alle Ehr vnd Glory allen Preyß vnd Lob/ welche die Heylige im Himmel ihr erzeigen/ vnd durch die vnermeßliche Ewigkeit erzeigen werden.

Ich wünsch vnd begehr von gantzem Hertzen daß alle Reich/ Prouincien vnd Völcker/ vnd in disem alle Männer vnnd Weiber/ die ewige Jungfraw vnd Gebärerin GOttes MARIAM erkennen/ lieben/ ihr dienen/ vnnd Sie loben/ auff die Weiß/ wie diß gantzen Himmlischen Heers Innwohner ihr dienen.

Ich! wie wolt ich jetzunder/ daß ich ihr von dem ersten Augenblick meiner Vernunfft vnd Verstandts/ mit Heyligkeit/ vnd deß Lebens Vnschuld ihr gedient hette/ mit welcher der Gebärerin GOttes gedient haben/ die heylige Joannes der Euangelist/ Joannes der Tauffer/ S. Benedictus/ S. Dominicus/ vnnd alle derselben Liebhaber auff Erden. Ich begehre zusterben/ vnnd mein Blut zuuergiessen/ zu Ehren vnd Dienst der Mutter GOttes: Fiat! fiat! Es geschehe! es geschehe!

Mein Christ: folge du disen Exempeln nach/ vnd sage mit dem P. Stephano Binet: En! amo te, ô Domina mea, & si parum est, imò quia parum est, amem validius: Ich liebe dich/ O mein Gnädige Fraw; vnnd wann dasselbig wenig ist/ ja weil es sehr wenig ist/ so verleyhe mir Gnad/ dich inbrünstiger zulieben.

II. Sollen die Mutter GOttes wir verehren mit Glückwünschung: welches geschicht/ wann wir vns ab derselben grossen Gnaden/ vnd Güter erfrewen/ vnd GOtt dem HERRN/ daß Er Sie zu seiner Mutter erwöhlt/

C. Apud Ioann. Euseb. Nieremb. c. 10. fol. 130.

II. Mit Glückwünschung.

vnnd mit so herrlichen Tugenden vnnd Gaaben gezieret/ Sie auch so grosser
Glory erhöcht/ von Hertzen loben/ ehren/ vnd preysen/ alß wann wir selbsten
solche Gnaden empfangen hetten: Diß ist ein Beweiß eines Hertzlichen
Dienßts/ vnnd Verehrnng/ wann wir vns erfrewen ab dem Wolstand vnsers Freunds/ dem glücklich ergehet: S. Thomas nennts *D. Amorem Be-
neuolentiæ,* ein Liebe deß Gunsts/ vnnd Anzeigung eines gar zenigten Willens: diße Lieb ist der Mutter GOttes sehr angenemb: beßwegen lobet Sie
vns zu solcher/ vnd spricht mit der Catholischen Kirchen: *Congratulamini
mihi, quia cùm essem paruula, placui Altissimo, & de meis Visceribus ge-
nui DEVM, & hominem:* Erfrewet euch mit mir/ dann da ich klein
war/ hab ich dem Allerhöchsten gefallen/ vnd hab auß meinem Leib
GOtt/ vnd Menschen gebohren.

So jenes Weib/ welches den verlohrnen Groschen widerumb gefunden, begehrt hat/ man soll sich mit jhr erfrewen; wie vil mehr begehrt solches
die Seeligste Jungfraw/ wegen der sonderbahren Würdigkeit/ darumb daß
Sie ein Mutter GOttes/ vnd vber alle vnd Chör Engel erhöcht ist.

Auff diße Weiß verehrt MARIAM die streitbahre Kirch auff Erden/ vnd
die Triumphierende im Himmel/ vnnd spricht in der Meßform deß H. Apostels Jacobi: *Tibi, ò plena Gratia, vniuersa creatura gratulatur, Angelorum cœtus & hominum genus:* Dir/ O voll der Gnaden/ wünschet alle Crea-
tur/ alle Heer der Engel/ vnnd gantz Geschlecht der Menschen Glück. E.
Insonderheit aber erfrewen sich mir jhr/ vnnd wünschen jhr Glück/ wie der
H. Bonauentura sagt/ F. alle Heylige/ vnd Heyligin.

Zu disem ermahnt vns auch der H. Bernardus, vnd spricht: G. Preyse
die/ welche den Englen Ehrwürdig fürkombt. nach welcher alle Völcker ein
Verlangen gehabt; welche die Patriarchen/ vnnd Prepheten vergesehen:
welche vor/ vnnd vber alle außerwöhlt ist: mache groß die Erfinderin der
Gnaden/ die Mittlerin deß Heyls/ die Widerbringerin der Welt: erhöche
endtlich die/ welche erhöcht ist zu dem Himmlischen Reich/ vber alle Chör der
Engel; dises singt mir die Kirch von jhr/ vnnd lehret mich eben diß von jhr
zusingen.

Auff diße Weiß hat der Seeligsten Jungfrawen Glück gewünscht/ vñ Sie
verehrt die H. Birgitta, also sprechend: *H.* Mein liebe Mutter/ es solt mir
vil leydenlicher seyn/ in den Abgrund der Höllen verteifft zu werden/ wann ich
nur in der Gnaden deines lieben Sohns wäre/ als wann du nit Gottes Mutter wärest. Wie angenemb aber diße Verehrung MARIÆ gewesen/ erscheint
auß der Antwort/ welche Sie der H. Birgitæ geben/ vnd gesprochen: Mein
Tochter/ sey versichert/ daß MARIA, welche du so hoch schätzest/ vnd in a brün-
stig liebest/ dir tausentmahl mehr nutzen werd/ als alle andere Creaturen/ als
dein Ehemann/ als deine Kinder/ als du dir selbsten. Der

Die XX. Predig.

Der Fürstl. Mutter Birgittæ ist nachgefolgt/ ja schier die Mutter in solcher Andacht vnd Vbung vbertroffen der Fürstliche Sohn Carolus, da er B.L. Fraw also angeredt: Ich erfrewe mich vmb so vil/ daß Gott die Seligste Jungfrawen MARIAM sein Mutter/ vber alles zum allerlichsten hat/ daß kein Creatur/ oder leibliche Beluftigung in der Welt ist/ welche ich darfür nemmen wolt: ja dise Welt schätze ich mehr/ als alle Weltliche Belustigungen: vnd wolt lieber/ wann es müglich wär/ in der Höll seyn/ von aller Todtsünd befreyet/ als die allergeringste Veränderung oder Ringerung deiner Ehren sehen/ vnd leyden: so sey dann Gott/ für die gebenedeyteste Gnad vnd Glori/ welche Er seiner wirdigsten Mutter geben/ vnendtliche Dancksagung/ ewige Glori vnd Ehr.

Dises hat er mit höchstem Nutzen gethan: dann die Mutter der Liebe ist ihm in seinem Todt trewlich in allem beygestanden: die böse Geister selbsten von ihme hinweg getriben/ vnd verhindert/ daß sie zu deß Krancken Beth nit nahen/ vnd ihne versuchen mögen: Sie hat auch die Seel dises Printzen ihrem Seligmacher/ vnd Richter præsentiert/ vnd fürgestellt: vnd als die böse Geister sich darab beklagt/ ihne beschuldiget/ vnd gesagt: M. in Sohn/ warumb solt ich demselben nie geholffen haben/ welcher sich ab allem meinem Glück vnd Wolstandt allzeit erfrewet hat. Von denen/ welche MARIÆ jetzunder also Glück wünschen/ vnd sich ab derselben Hochheit vnd Glori erfrewen/ sagt der H. Anselmus. *I.* daß sie auch im Himmel mit Ihr frolocken/ vnd sich erfrewen werden. *I. De Excell. Virg. c. 9.*

III. Solten wir die Mutter Gottes verehren Reuerentia, mit Ehrerbietigkeit: welche/ wie der H. Thomas lehret/ *K.* Ihrer Auffsehen hat auff die Fürtrefflichkeit der Person/ selbige entweder mit mündlicher Außsprechung derselben Lob/ oder aber mit Erzeigung eusserlicher Lieb/ Ehr/ vnd Dienst zu verehren. *III. Mit Ehrerbietigkeit: K. 2. 2. q. 81. art 3 ad 2.*

Von solcher Lieb vnd Verehrung seynd gantze Bücher angefüllt: vnd schreibt allein P. Paulus de Barry der Societet Jesv, in einem absonderlichen Büchlein / *L.* hundert dergleichen Ehrerbietigkeiten/ oder Andachten für. *L. Paradifus apertus.*

So hab ich auch hin vnd wider in disen Predigen gar vil derselben eingeführt/ derhalben ich alhie nur etliche auß den Lehrern einführen will.

Vnd 1. Kanst du MARIAM auff dise Weiß verehren/ wann du offt an Sie gedenckst/ vnd von Ihr betrachten wirst: als wie der Selige vnd hochgelehrte Franciscus Suarez gethan/ welcher an allen ihren Festen/ zwo Stund von ihren Tugenden betrachtet/ vnd diß ehe er Meß hielte/ dardurch desto besser sich zu bereiten zu disem H. Opffer/ vnd grössere Gunst zu erlangen bey der Mutter dessen/ den er empfangen wolt. *Offt an Mariam gedencken.*

Wer nit vil/ vnd lang betrachten kan/ soll auffs wenigst offt an Sie gedencken:

cken: wie nemblich Sie sey ein Mutter Gottes / ein Königin Himmels vnd der Erden / gebenedeyet vnder allen Weibern / die Größte / vnd zugleich die Demühtigste auß allen Creaturen / etc. Wie nutzlich dises geschehe / bezeuget der

M. De Excel. Virg. c. 2.

H. Anselmus, vnd sagt: M. Dises allein von der Seligsten Jungfrawen gedencken / daß Sie Gottes Mutter ist / sey der allerhöchste / vnd heiligste Gedancken / den ein Mensch haben kan / vnd nechst Gott könne man sich mit keinem bessern Ding je occupiren.

Ingleichem der andächtige Taulerus, dessen aller Lust vnd Frewd war / an die Mutter Gottes zu gedencken / pflegte gantz einfältig zu sagen: Er könne ihme nit einbilden / wie ein Tugendsamer Mensch / wie sehr er auch jmmer mit Geschäfften beladen / nit alle Tag ein Stund nemmen soll / etwas von B. L. Frawen zu reden / oder zu betrachten: Dann / (sagt er) wie kan einer leben / ohne Sie zu lieben? wie kan man Sie lieben / ohne offt an Sie gedencken? vnd wie kan ich recht vnd wol an Sie gedencken / wann ich mich nit verwundere / vnd fleissig erwege ihre Vollkommenheiten / die vnaußsprechliche vnd vnbegreiffliche Gnaden / so Sie von Gott empfangen hat.

N. Serm. 1. de Nat. B. V.

Höre was allhie der H. Petrus Damianus sagt: N. Si sic dulcis est memoria, quid est præsentia? So also süß vnd lieblich ist an Sie gedencken / was wird erst seyn ihrer Gegenwärtigkeit geniessen?

2. Ihr lob außbreiten. O. Lib. de Diuin Nom P. Serm. de Assumpt. B. Virg.

II. Verehrest du MARIAM mit Ehrerbietigkeit / wann du offt vnd viel von Ihr redest / vnd dero lob außbreitest: wie die liebe Apostel gethan / von welchen Dionysius Areopagita schreibt / O. sie haben ihr lob so eyfferig vnd inbrünstig verkündiget / daß sie darüber offt verzuckt worden. Dises ist auch deß H. Bernardi größte Frewd vnd Lust gewesen: Nichts ist / sagt er / P. welches mein Hertz also einnemme vnd erfrewe / als wann man von der Mutter Gottes reden muß.

Der Englische Jüngling Ioannes Berchmannus der Societet IESV, hette hierinnen ein solche Andacht / daß / wann er etliche Liebhaber V. L. Frawen antroffen / gleich mit jhnen ein Geistlichen Streit angefangen / wer Sie am meisten loben / vnd Ihr die allerschönste Ehrentitul geben könte: vnd wann andere ihr bestes gethon / vnd alles was sie schönes dißfalls wusten / fürgebracht hetten / blib er dennoch allzeit Obsiger.

Zu dergleichen Andacht erinnert vns die Catholische Kirch / vnd spricht: Dignare me laudare te Virgo sacrata: da mihi virtutem contra hostes tuos: Würdige mich O Selige Jungfraw dich zu loben; vnd gib mir Krafft vnd Stärcke wider deine Feind.

Der H. Vincentius hat zu disem End in allen seinen Predigen ein Exempel von Ihr erzehlt: welches wegen er von Ihr in seinem Todt getröst worden / vnd frölich gestorben ist.

Also

Die XX. Predig.

Also hat auch verehrt Franciscus Retzanus, Prediger Ordens / welcher dreyssig Jahr zu Wien in Oesterreich Theologiam gelesen/ vnd alle Sambstag den halben Theil der Lection, vom Lob MARIÆ geprediget: ist endtlich im 84. Jahr seines Alters mit disen Worten seelig entschlaffen: Heilige MA-RIA, Mutter Gottes/ bitt für vns arme Sünder/ jetzt/ vnd in der Stund vnsers Absterbens/ Amen.

III. Wird MARIA auff besagte Weiß von denen verehrt/ welche sich in ein Bruderschafft V. L. Fr. einschreiben lassen/ vnd bey denselben Zusammenkunfften fleissig erscheinen: wie nutzlich dises sey/ hat jener Fürst/ welcher im Jahr Christi 1590. zu Neapolis gestorben/ erfahren/ deßwegen an seinem letzten End bekennt/ vnd gesagt: Das/ was er Guts an jhm hab/ vnd offt /: das schreiber alles der Bruderschafft Vnser Lieben Frawen zu: weite sich zu vnderschidlich mahl zu seinem Sohn/ vnd sprach: Vnd du/ mein Sohn/ laß dich auch in dise Bruderschafft einschreiben/ dann kein grössers vnd herrlichers Erb werd ich dir hinderlassen/ als eben dises. Q.

In den Jahrsgeschichten der Societet IESV wird erzehlt/ daß im Jahr 1611. zu Biturich ein Sodalis zwar vnsägliche Schmertzen erlitten/ aber selbige mit grosser Gedult vberrtragen/ vnd endlich also gerussen hab: Quàm dulce, quàm dulce, quàm salutare, ô Virgo beata, est Sodalitium tuum! quid gi? quid commerui, vt in illud adscriberer? Wie süß/ wie süß/ wie heylsamb/ O Seligste Jungfraw/ ist dein Sodalitet, oder Bruderschafft! was hab ich doch Gutes gethon? was hab ich doch verdient/ daß ich in solche bin ingeschriben worden? Hierauff ist diser also seelig verschiden/ daß alle Gegenwärtigen mit jhme einmal also zu sterben gewünscht haben: vnd hat dises seeligen Jünglings Vatter/ in Betrachtung deß grossen Nutzens/ sich gleich nach der Leich/ an dessen Statt einschreiben lassen.

So hat auch jener Sodalis zu Dol/ dessen auch schon anders mahl Meldung geschehen/ mit disen Worten seinen seligen Geist auffgeben: Ach! wie gut ists/ V. L. Fr. in der Bruderschafft dienen! Manual.Mussipont.

Hie soll billich noch erinnert werden/ was Iustus Lipsius der fürtrefflliche Mann/ vnd Liebhaber MARIÆ, vor seinem letzten End P. Leonardo Lessio, seinem Beichtvatter bekennt/ vnd gesagt: daß er in seinem Todt ab keiner Sach mehr Frewd vnd Trost habe/ als daß er vnder die Sodales der Congregation, oder Bruderschafft V. L. Frawen eihgeschriben/ vnd darinnen Jhr gedient habe.

Solchen Dienern stehet MARIA im Leben/ im Todt/ vnd vor dem strengen Richterstul bey/ vnd lasst sie nit ins Verderben kommen: wie Henricus ab Haiden Canonicus erfahren/ vnd in dem Teutschen Collegio zu Rom an seinem End erzehlt: daß er für den Richterstul Christi verzuckt/ vnd von

3. Nutz der Bruderschafft.

Q. Pædagog. Christian. p.2.c.16. §.4.de Cultu Virg.

Iustus Lipsius.

dar schon in Abgrund der Höllen gestürtzt werden sollen: sey aber von MARIA der Fürbitterin erhalten/ vnd von den bösen Geistern erlediget worden/ zu welchen Sie also gesprochen: Quò vos istum, aut quid vobis cum illo, qui tot annos mihi in mea Congregatione seruiuit? Wo wolt jhr mit disem hinauß/ oder was habt jhr mit dem zu thun/ welcher mir so vil Jahr in meiner Congregation, oder Bruderschafft trewlich gedient hat? Annæ Societatis IESV.

4.
Deß H. Rosenkrantz.

IV. Ist ein sehr nützliche Vbung/ vnd Erzeigung grosser Ehrerbietigkeit/ den Rosenkrantz mit Betrachtung der Geheimbnussen Gottes vnd MARIÆ täglich betten: als wie Martinus Nauarrus, ein frommer/ vnd hochgelehrter Mann gethon/ vnd selbigen vber 50. Jahr mit Betrachtung diser Geheimbnussen täglich gebettet/ auch gesagt: daß nichts nutzlichers, vnd bessers könne erfunden oder erdacht werden/ als auff dise Weiß den Rosenkrantz betten.

R. p.3. L. 1.
cap. 36, 37.

In der Mündern Brüder Chronick wird erzehlt/ R. wie daß ein Religios schon lang im Brauch gehabt/ daß er nie kein Speiß versuche/ er hette dann U. L. Fr. Rosenkrantz zuvor gebettet: auff ein Zeit ist es jhme vnr eingefallen/ daß er den Rosenkrantz noch nit gebettet/ biß er schon am Tisch saß: alda er den ersten Bissen nahm/ gedacht er an sein alte Gewonheit/ die er vergessen gehabt: es wird jhm bang/ vnd dieweil jhn die Andacht zu der Himmel Königin nit ruhen ließ/ begehrt er/ vnd erlangt von seinem Obern Erlaubnuß vom Tisch auffzustehen/ vnd in der Kirchen seinen Rosenkrantz zu betten.

Er war nit fertig/ da hat jhn der Obrist hollen lassen/ der jhne zu hollen gesandt war/ sahe vor jhm in einer glantzenden Gestalt MARIAM stehen/ vnd neben Jhr zween heilige Engel/ welche jnniglich schöne Rosen auß deß Bettenden Mund namen/ vnd auff das Haupt MARIÆ, als ein Kron legten/ etc. Auff dise Weiß kanst du auch die Himmelkönigin krönen/ vnd darmit dir ein grosse Kron im Himmel machen.

5.
Die kleine Cron.

V. Ist ein Stuck grosser Andacht vnd Ehrerbietigkeit gegen der Mutter Gottes/ wann einer die kleine Cron von den 12. Stern täglich bettet: dise ist gemacht von drey Vatter vnser/ also/ daß auff jedes vier Aue MARIA folgen: die drey Pater noster, seynd zu Ehren der Allerheiligsten Dreyfaltigkeit/ welche der Seligsten Jungfrawen die Materi geben hat zu diser herrlichen Cron von 12. Stern/ darvon in der Offenbahrung S. Johannis Meldung geschicht: welche 12. Stern bedeuten die 12. fürtreffliche Priuilegia der Gnaden der Mutter Gottes: zu welcher Ehr 12. Aue MARIA gesprochen werden.

Jhrer vil haben sich miteinander vereiniget/ vnd betten dise Cron täglich zu folgendem End: 1. Darmit Gott Danck sagen für die Gnaden/ welche
Er der

r der Seeligsten Jungfrawen/vnd durch dieselbe der Welt bewisen hat: 2. ir Außreutung der Ketzereyen/vnnd andern Sünden/welche die Kirchen Ottes verwüsten: 3. Einen seeligen Todt allen denen zuerlangen/so in ser Geselschafft seynd/ vnd dise Cron alle Tag betten: diser Geselschafft/ le P. Paulus de Barry schreibt/ S. kan sich einer selbst einverleiben/wann   s. In Paradi-
ner drey Vatter vnser vnnd 12. Aue Maria zu disem End/vnd Meynung   so aperto c.
ren/welche dise Andacht zubefürdern begehren/bettet,   s. Deuot. 7.

Newlich Anno 1651. ist zu Dillingen den Sodalibus B. L. Fr. zu el-
r newen Jahrs Schanckung ein kleines Büchlein/ Onum Paschale ru-
um, albumque intituliert, verehrt/ vnnd getruckt worden/ darinnen auch
n diser Cron 12. Stern gehandlet/ vnd auß P. Francisco de la Croiz, T.   T. Hortul.
gendes Exempel erzehlt wird.   Mariani.

Drey Pilgram hatten sich mit einander auff dem Weg begeben/ zu el-   cap. 8.
m H. Orth: deren zween vorauß gangen/vnd im Wald von der Mördern
stlich ihrer Kleider/ darnach auch deß Lebens beraubt worden seynd. Der
itt/ welcher dise Cron B. L. Frawen mit grosser Andacht täglich zubetten
legte/ folgt seinen Gesellen nach, kombt in den Wald/geraht eben vnder dise
Mörder: vnd da sie jhn gleich hinrichten wolten/erbittet er vmb Gottes wil-
l so vil Zeit/ daß er zur Ehr der H. Jungfrawen diß sein Gebett verricht-
n möcht: so er aber doch schwerlich erlangt.

In wehrendem Gebett erbarmet sich die Mutter der Barmhertzigkeit
er disen ihren Diener/erscheinet jhme vil klarer als die Sonn/ sitzend auff
eem Ehren Thron/ zwischen der H. Catharina, vnd Lucia, welche beede di-
s armen Pilgrams Patronin waren: dise sahen auch die Mörder mit vn-
ruckten Augen/ vnnd merckten/ daß auß dem Mund deß Bettenden auff
a Pater noster ein röthe/auff jedes Aue MARIA aber ein weisse Rosen gieng:
elche die H. Catharina auß Befelch MARIÆ auffsamblete/ vnnd S. Lucia
itreichte / welche an ein guldine Schinen mit silbern Fäden ein schönes
ränzlein flechtete.

Nach vollbrachtem Gebett/vnd gemachtem Kränzlein setzte die Him-
lönigin es ihrem andächtigen Diener vnd Liebhaber auff, vnd verschwunne
te ihren Jungfrawen gen Himmel: die Mörder aber geben in sich selbsten/
zehlten dem Gefangnen/ was sie gesehen/ vnnd weisen ihme auff seinem
aupt ein sichtbare Cron von Rosen: dises hat Vrsach geben/ daß der Pil-
am Gott/ vnd MARIÆ desto andächtiger vnnd besser zudienen in ein
loster gangen/ die Mörder aber ihre Sünden gebüßt/ vnd forthin ein from-
es/ Christliches Leben geführt haben. Folge diser Andacht/ so wirst zu ge-
ts zu Besserung deines Lebens bewegt/oder wann du schon Gottseelig lebest/
r ein vberauß schöne Cron auff dein Haupt gesetzt werden.

Von Maria der Wunderbarlichen Mutter.

VI. Ist es ein Andacht der Ehrerbietigkeit gegen der Mutter GOttes: wann man sich auff jhre Festtäg/ mit Fasten/ Wachen/ Betten/ Almosen geben/ oder andern guten Wercken vnd Vebungen bereitet. In den Offenbahrungen der H. Gertrudis wird erzehlt/ *V.* daß dieselbe in Vigilia, oder Feyerabend deß Fests MARIÆ Himmelfahrt/ in der H. Meß dise Wort gehört/ (GOtt wölle vns mit seinem Schutz bewahren/ daß wir derselben Festivitet frölich beywohnen können) vnd selbige etwas tieffers betrachtet/ auch darauff gesehen/ wie MARIA jhren Schutzmantel vber alle die/ so jhr Zuflucht zu Jhr nammen/ außbreitete/ vnd selbige in jhren sonderbahren Schutz auffnamme: vber das wil den sie gewahr/ wie die Engel GOttes/ alle die jenige/ welche sich mit guten Vebungen vnd Wercken auff derselben Fest bereiten thäten/ zu jhr geführt: welche alßdann vmb Sie / als wie die Kinder vmb jhr Mutter herumb gesessen/ vnd mit der Engel Schutz allenthalben vmbgeben/ auch von allen Nachstellungen deß Teuffels erledigett/ vnd zu allem Gutem befürdert worden seynd.

VII. Gehört hieher: MARIÆ zu Ehren allerhand Bußwerck/ vnnd Casteyungen deß Leibs verrichten/ vnd auff sich nemmen: vnd diß auch nach dem Exempel grosser Liebhaber MARIÆ, deren etliche zu disem End alle Feyerabend jhrer Festtägen gefastet/ wie Carolus Borromæus der Römischen Kirchen Cardinal gethon/ vnd in Wasser vnd Brodt daran gefastet: In Vita eius.

Etliche alle Sambstag / wie der H. Nicolaus Bischoff zu Tolentin. Surius in Vita, Tom. 5.

Etliche gewise Täg in der Wochen: wie Elisabetha Königin in Lusitania. Petrus Perpinianus. *VV.*

Etliche enthalten sich am Mittwoch vom Fleischessen / zu Ehren der Mutter GOttes/ wie die jenige thun/ welche in deß Scapuliers/ oder Carmeliter Bruderschafft seynd.

Etliche disciplinieren, vnd casteyen jhren Leib: andere tragen ein härines Kleyd/ oder Gürtel am blossen Leib: andere besuchen die Spitäler/ vnd Krancken: andere erwöhlen jhnen selbsten harte Ligerstatten: andere mortificieren sich auff andere Weiß/ der gütigsten Mutter Huld vnd Gunst zu erwerben/ vnd sich bey jhr beliebt zumachen.

VIII. Ist ein Zeichen grosser Ehrerbiettigkeit/ 1. Ein Bildnuß Vnser lieben Frawen in dem Zimmer haben: wie Franciscus de Paula, darzu er all sein Zuflucht hatte: 2. Dieselbe andächtig anschawen/ wie Alexius zu Edessa sein grösten Trost gehabt/ wann er MARIÆ Bildnuß auff der Kirchenthür angeschawet. 3. Solche stäts bey sich tragen: wie Ludouicus XI. König in Franckreich/ auff seinem Huet allzeit ein MARIÆ Bildlein

---

Marginalia:

6. Auff jhre Festtäg wol bereiten. *V. Lib. 3. cap. 49.*

7. Allerley Bußwerck verrichten.

VV. Orat. 1. Laudationis in eand.

Mariæ Bildnuß verehren.

Die XX. Predig.

Bildlein gehabt/vnd daſſelbig höcher geſchätzt/als alle Demanten vnd Edel-
ſtein ſeines gantzen Königreichs.

Der H. Carolus Borromæus hat nit allein verordnet/daß durch sein
Biſchöffliches Gebiet die Bildnuß MARIÆ vber die Thüren aller Kirchen
geſetzt werden ſollen/ſondern ermahnte noch darzu alle die Seinige/diſer
Bilder eines bey ſich zuhaben/vnd zutragen.

Wie nutzlich diſes geſchehe/erſcheint auß folgender Geſchicht/welche
Franciſcus Poiræus X. beſchreibt. Daß im Jahr 1631. drey Straßrau-
ber nit weit von Dion einen Edelmann antroffen/welcher zu Pferdt war/
vnd hinder ihm ein Geiſtliche Perſon/welche er zum Fall gebracht/vnnd auß
jhrem Kloſter entführt ſitzend gehabt. Diſen Edelmann haben ſie in Kopff
geſchoſſen/daß er gleich hinter zur Erden todt fiele: die armſeelige Perſon
fiele mit hinunder: vnd als ſie gefragt war/ wer ſie wäre/vnnd von wannen
ſie komme/hat ſie jhr MARIÆ Bildlein/ſo ſie bey jhr gehabt/herfür gezogen/
vnd vor die Mutter GOttes in ſolcher Gefahr angeruffen: darauff die gründ-
liche Warheit/jhren Sündfall bekannt/vnd geſagt: ſie ſey aller Peyn/vnnd
Marter wol würdig.

X. In tripli-
ci Coron.
c. 12. n. 43.

Diſes hat einen auß diſen Straßraubern bewegt/daß er ihr beygeſtan-
den/vnd ſie gefragt/Ob ſie widerumb in ihr Kloſter begehre? vnd als ſie ge-
antwortet/ſolches wurde eine auß den gröſten Gnaden ſeyn/ſo jhr von GOtt
widerfahren möchte; nimbt er ſie geſchwind auff ſein Pferdt/vnd führt ſie
ins Kloſter/ mit trewhertziger Ermahnung/ ſie ſolle auff ein andermahl jhre
Sachen weißlicher anſtellen: die ins Kloſter geführte Geiſtliche Perſon be-
nennet ſich hin vnnd her/ wie ſie ein ſo groſſe jhr erzeigte Gnad vnd Gutthat
danckbarlich beſchulden möcht: endlich wird ſie durch Göttliche Eingebung angetrieben/jhme Vnſer L. Fr. Bildlein/ ſo ſie an ihrem Halß getra-
gen/zuſchencken: Er nimbts an/vnnd will Sporenſtreichs ſeinen Geſellen zu
reiten: aber vnderwegs/weil er diß Bild bey ihme hatte/empfindet er ſo ſtarcke
Bewegungen ſeiner Seelen/vnd gehet ihm der elende Stand/darinn er leb-
te/alſo zu Hertzen/ daß er gleich ſein Leben zubeſſern ſteiff fürgenommen: darauff ſein böſe Geſellſchafft verlaſſen/vnnd in ein Vnſer L. Fr. Capel zwo
Meil wegs von Dion verreißt/vnd der Allerſeeligſten Jungfrawen ſchuldi-
gen Danck geſagt.

4. Selbige verehren/vnd lieren: wie gefällig Ihr diſes/iſt abzunemmen
auß der Geſchicht/ welche der Patriarch Sophronius erzehlt. Y. daß ein
frommer Geiſtlicher/ Namens Ioannes, in einer Spelunca, oder Höle/ 10.
Meil wegs von Jeruſalem gewohnet/ welcher/ wann er von dannen ver-
reißt/ ein Wachskertzen vor der Mutter GOttes Bildnuß angezündet/vnnd
jhr die Kertzen/vnnd die Cellen befohlen: er blib in die 4. vnd 6. Wochen

Y. In Prato
ſpirituali.

Ddd iij auß/

Von Maria der Wunderbarlichen Mutter.

auß / bißweilen auch ein halbes Jahr / vnnd dannoch (welches Wunderbarlich ist) fand er in seiner Widerkunfft das Wachsliecht allzeit brinnendt/ vnd in demselben Stand / darinn ers in seinem Hinreisen gelassen hat.

Nit weniger ist dißfalls denckwürdig / was Bercius beschreibt / *Z.* wie daß ein Portugesischer Edelmann / welcher in seinem Hauß einen Leibeignen Knecht oder Sclauen gehabt / der ein Türck war / franck worden / vnd desßwegen in seiner Cammer ihme ein Altar auffrichten lassen / auch disem Sclauen befohlen / er solle ein geschnitztes MARIÆ Bild darauff stellen / demselben ein Krantz von Blumen machen / vnd rund vmb mit Blumenwerck bestrewen: der Sclau thats gern / vnd erzeigte der Mutter GOttes disen Dienst mit Frewden.

Höre aber hie / was Wunder sich zugetragen: der jenig / welcher vil Jahr gantz halßstärrig gewesen / vnd sich durchauß nit hat wollen bekehren / auch alle gute Ermahnungen seines Herren / sein Irrthumb vnnd falsche Religion fahren zu lassen / verachtet / kombt vngefragt / vnd vnberuffen deß andern Morgens zu demselben: erzehlt / wie daß sein Hertz von der Zeit an / da er den schlechten Dienst der gütigsten Mutter bewisen / gantz verändert / vnd bittet / man wolle ihne tauffen lassen; sagt auch / die seeligste Jungfraw hab ihn vonwegen der geringen Ehr / die er ihr am vorigen Tag erzeigt / in der Nacht zu Annemmung deß Christlichen Glaubens ermahne: dise vnverhoffte Zeitung hat seinen sehr francken Herren also erfrewet / daß er darüber gesund worden / vnnd den Knecht tauffen lassen / welcher hernacher Gottseelig gelebt / vnd iederzeit ein grosser Liebhaber MARIÆ gewesen ist.

Die geschweige ich viler andern Andachten vnd Vebungen der Ehrerbiettigkeit gegen der Mutter GOttes: dann so vnmüglich es ist alle Stern am Himmel zuzehlen / also vnmüglich ist dise alle zuerzehlen.

IV. Sollen wir MARIAM verehren Inuocatione, mit Anruffung: dann obwol wir allein GOtt anruffen / als an welchen wir glauben: welchen wir als ein Anfänger / vnd Bronnen aller Güter erkennen: welchen wir wissen / daß er mit vnendtlicher Barmhertzigkeit begabt: an dem wir nit zweiffelen / daß Er auß eigner Macht / vnd Krafft alle Gaaben der Gnaden / vnd Glory geben kan / dannoch ruffen wir auch recht / vnnd wol die Heyligen Gottes / insonderheit die Allerseeligste Jungfrawen MARIAM vmb ihr Fürbitt an.

Als vor Zeiten der Hunger in Ægyptenland / vnd vmbligenden Orthen vil vberhand genommen / ware damahls Pharao allein König / er allein hatte alles Getreidt / als ein Vollmächtiger Herr deß Lands in seiner Macht gehabt: doch aber damit er den Joseph ehrete / hat er ihme allen gewalt geben / vnnd hat durch ihne allen / die zu ihme kommen / vnnd Getreidt begehrt / Fürsehung gethon: Ite, inquit, ad Ioseph, & quidquid ipse dixerit vobis.

Die XX. Predig.

,Facite: **Gehet hin zu Joseph/ vnd was er euch sagen wird/ das** *&c.*

Also auch Gott/ obwol Er allein deß Himmels vnd der Erden vollmächtiger Herr/ allein vber alles herrschet vnd regiert, dannoch gibt Er vns
durch die Seligste Jungfraw MARIAM sein Mutter/ alle Güter deß Leibs
vnd der Seelen/ der Gnaden vnd Glori: wie der heilige Bernardus lehret/
vnd spricht: *A.* Altiùs intuemini fratres, quanto deuotionis affectu à nobis voluerit eam honorari, qui totius boni plenitudinem posuit in MARIA,
proinde, si quid Spei in nobis est, si quid Gratiæ, si quid Salutis, ab ea no-
rimus redundare: Sehet jhr Brüder/ wie Gott gewolt habe/ daß sein
Mutter von vns soll verehrt werden/ welcher die Fülle alles Guten in MA-
RIAM gesetzt: darumb wann ein Hoffnung in vns ist/ wann ein Gnad in vns/
wann ein Heyl in vns ist/ sollen wir wissen/ daß solches alles durch Sie in
vns kommen.

A. In Serm.
de B.V.

Dises aber thut Gott/ vnd wills also haben/ damit Er vns seiner Mutter
Würdigkeit je mehrer erkläre/ vns selbige zu betrachten fürstelle/ vnd vns zu
der Andacht/ Verehrung vnd Anruffung in allen Nöhten auffmuntere/
auch die Andacht gegen jhr erwecke.

Zu solcher Verehrung aber/ vnd Anruffung MARIÆ, soll vns 1. bewe-
gen/ weil Sie als ein Königin deß Himmels/ vnd der Erden nechst Gott/ die
allmächtigste ist zu helffen: wie S. Germanus Patriarch zu Constantinopel
spricht. *B.*

Antrib/ Ma-
riam zu ver-
ehren.

2. Weil wir in allen Nöhten von Jhr/ als vnserer Fürsprecherin vnd
Mittlerin/ vnd Mutter/ Hülff vnd Heyl erlangen/ vnd in allen Wercken zu
einer Gehülffin haben können: wie der H. Thomas bezeugt/ *C.* dann es hanget Tausent Schild an Jhr/ das ist/ Mittel wider alle Gefahr.

B. In Orat.
de Oblat.

C. In Opu-
scul. 8.

3. Weil Sie ist Propitiatorium mundi, ein Versöhnhauß der Welt/
vnd Tempel Gottes/ in welchem Er vnser Gebett erhören/ vnd den armen
Sündern Gnad erzeigen will. Sagt Andreas Cretensis. *D.*

Auff dise Weiß aber wird MARIA von vns verehrt/ vnd angeruffen:
Wann wir Gott alle vnsere Werck durch Sie auffopfferen/ vnd diß nach
der Lehr deß H. Bernardi, welcher sagt: *E.* Quidquid est illud, quod offer-
re paras, MARIÆ commendare memento: Alles/ was du Gott auffopf-
feren wilst/ das gedenck zuvor MARIÆ zu befehlen. Auff dise Weiß
hat der H. Ignatius Loyola sein erstes Fürnemmen von Anstellung eines besseren Lebens auff dem Berg Serrato/ vnd erstes Gelübt zu Pariß am Fest
der Himmelfahrt MARIÆ: auch endtlich zu Rom/ sein/ vnd der Seinigen
Profeß, In dem Sacello S. Pauli, MARIÆ anbefohlen/ vnd alles durch Sie
Gott auffgeopffert.

D. In Enco-
mio B. Virg.

E. Serm. in
Nat. B. Virg.

Ein

Ein merckliches Exempel diser Sachen/ beschreibt P.Ioan.Eusebius Nierembergius, der Societet IESV, F. von dem Englischen Jüngling Alphonso de Obaudo, auch auß diser Gesellschafft: daß er nie kein Werck verrichtet/ als auß Lieb gegen der Seligsten Jungfrawen: an welche er stäts gedachte/ vnd von jhr offt redete/ auch zu sagen pflegte: Die Lieb/ vnd Andacht/ so er gegen M.L.F. hette/ wäre sein tägliches Brodt: dann/ gleichwie das liebselig Brodt zu allen andern Speisen täglich/ vnd nutzlich gebraucht vnd genossen wird/ also liebe er Sie täglich in allen seinen Wercken/ vnd allerschlechtesten Verrichtungen/ befleisse sich auch allezeit jhr Ehr zubefürdern/ vnd durch Sie alles Gott auffzuopffern: offt redete er mit jhm selbsten also: Weil ich ein grosser Sünder bin/ so darff ich durch mich selbsten nit zu Gott kommen/ deßwegen nimme ich mein Zuflucht zu meiner allerliebsten Mutter/ daß Sie für mich bitte: hat auch Sie jhme in allen Wercken fürgestelt/ vnd offt gefragt: Quonam hoc modo fecisset Deipara? **Was/ vnd wie wurd das der Gebährerin Gottes gethan haben?**

Als der H. Franciscus Xauerius nach Goa kommen/ ist er in M.L. Fr. Kirchen zum H. Rosenkrantz gangen/ vnd hat Jhr sich selbsten/ alle seine Werck/ vnd die gantze Newe Welt/ welche er in seinem Hertzen getragen/ demühtig auffgeopffert: auch mit einem Glöcklein auff der Gassen herumb gangen/ die Kinder/ Ehehalten vnd Eltern geberten/ daß man zur Predig vnd Kinderlehr gehen soll: nach einem jeden außgelegten Gebott bettet/ vnd sange er mit jhnen/ nach gesprochnem Vatter Vnser: Heilige MARIA, Mutter JEsu Christi/ erlang von deinem Sohn/ daß wir das Gebott fleissig halten: darauff das Aue MARIA, vnd zum Beschluß das Salue Regina gebettet.

II. Wirst du auff dise Weiß MARIAM verehren/ wann du Sie täglich mit gewissen Gebetten anruffen/ vnd jhrer Fürbitt begehren wirst: wie gethon der selige Albertus Magnus, welcher von Jugend auff mit gewissen andächtigen Gebetten Jhr den Zinß bezahlt/ vnd angeruffen/ daß Sie alle seine Werck zur Ehren Gottes richten wolle. Ferdinandus à Castillo. G. Auff dise Weiß/ vnd zu disem End hat die selige Margaretha/ eines Königs Tochter auß Hungarn/ Prediger Ordens/ so offt sie für ein MARIÆ Bild gangen/ ein Aue MARIA gebettet.

Andere haben Sie gegrüßt im ein- vnd außgehen jhrer Häuser/ welches Landspergius den Cartheusern fürgeschriben/ sprechendt: H. Wann du nach vollendter H. Meß/ vnd schuldiger Dancksagung in die Zellen gehest/ so halt dich vor dem MARIÆ Bild/ welches vor deiner Zellen/ als ein Hütterin stehet/ ein wenig auff/ oder wann du Geschäfft halben eylends hinein gehen must/ so bitte die Mutter Gottes/ weil du das Zimmer auffschliessest/ daß Sie dich zu einem Sohn auffnemmen/ halten/ vnd haben wolle: wann du in

Die XX. Predig.

in die Sellen biß hinein kommen/ sey das erst/ so du vor allem thun sollest/ daß du in deinem Bettstüblein auff deine Knye niderfallest/ vnnd die Seeligste Jungfrawen MARIAM dein Patronin vnd Frawen grüssest/ vnnd mit Andächtigem Gemüth wenigst ein Aue Maria bettest.

Stanislaus Kostka hat sich Morgens vnd Abendts gegen einer Kirchen B.L.Fr. gewendt/sein liebe Mutter zugrüssen/vnd auff gebognen Knyen den Segen zubegehren/auch sein Hertz vnd geringe Dienst Ihr auffzuopfferen.

III. Können vnnd sollen wir MARIAM die Mutter GOttes auff dise weiß verehren/mit Anruffung/ vnd zu disem End in allen vnsern Anligen vnd Nöthen durch gewisse Gebett ihr Hilff vnd Fürbitt begehren: vnd diß nach dem Exempel der Catholischen Kirchen/vnnd heyligen Vättern/ auch aller Rechtglaubigen/ welche zu allen vnd jeden Zeitten Sie vmb fürbittliche Hilff angeruffen. *Mariam in aller Noth anruffen.*

Vnd 1. Wie vilfältig die Alt Catholische Kirch von Alters her MARIAM angeruffen: geben die Officia, oder Tagzeiten / die Missalia, die Litaneyen/vnnd andere KirchenGebett vnd Antiphonen mit mehrerem zuerkennen: ja wie schon auch an andern Orth erzehlt worden/ haben die Vätter deß Basileensischen Concilij, *7.* wie auch Ioannes Constantinopolitanus *K.* obseruiert, vnnd befunden/ daß alle grosse Straffen/ als Krieg/ Thewrung/ Pestilentz/vnd Rezereyen ehender nit auffgehört/ biß daß die Kirch GOttes bey MARIA Rath gesucht/vnd Sie angeruffen habe. *l. Sess. 45. K. Ad Hocmisdam Papam in tract. 1. epist. Pontif.*

2. Würd es gar zu lang werden/wann ich aller heyligen Vätter Zeugnuß beybringen wollte: der H. Ignatius ein Apostolischer Jünger vnd Martyr Christi bettet zu Ihr also: *L.* Neophyti qui mecum sunt, ex te, & per te, & in te confortentur: Die Newbekehrten / welche bey mir seynd/werden auß dir/ vnd durch dich/vnnd in dir gestärckt: der H. Ephrem rufft Sie an/ *M.* vnnd begehrt/ daß Sie jhme im Leben vnd im Sterben/vnd nach seinem Todt vor dem strengen Richterstul beystehen/vnnd von aller Gefahr außhelffen wolle: der H. Athanasius bettet zu Ihr also: *N.* Du Fraw/du Königin der Himmeln / du Mutter GOttes bitt für vns. Vnd abermahl *O.* begehrt er in Anruffung/auß den Reichthumben jhrer Gnaden grosse Gaaben zuerlangen: der H. Augustinus stimmet mit disem ein/ vnd spricht. *P.* Sancta MARIA succurre miseris, iuua Pusillanimes &c. O. MARIA komm zu Hilff den Elenden/ hilff den Kleinmütigen/erquicke die Weinenden/bitt für das Volck/für die Priesterschafft/vnd Weiber Geschlecht: vnd widerumb: *Q.* O Gebenedeyeste Fraw vber alle Frawen: du einige Hoffnung der Sünder/bitt ohn vnderlaß für das Volck GOttes/ schencke vns/ was wir begehren/ entschuldige in vns/ was wir förchten/durch dich hoffen wir Vergebung der Sünden. *L. Epist. ad Virg. M. Orat. de Laud SS. Matris Dei. N. Serm. de Deip. O. Super Euang. de Annunt. P. Serm. 2. de Annunt. Q. Serm. 7. de Annunt.*

Von Maria der Wunderbarlichen Mutter.

R. In Tragœd. Christus patiens.
S. In fine Comentar. super Cant.
T. Homil. 2. super missus.

Der H. Gregorius Nazianzenus rufft: *R.* O Gütige vnd Keusche Jungfraw/ erhöre mein Gebett/ vnd laß mein begehren bey mir statt finden. Der Abbt Rupertus bettet: *S.* Zu dir/ O Jungfraw vber allen Bergen/ heben wir auff vnsere Augen/ seufftzende allzeit für allem vmb dein Hülff: vnd als der H. Bernardus nach längs allerhand Vbel vnd Versuchungen erzehlet/ *T.* welche den Menschen begegnen können/ beschließt er jedesmahl/ wann selbige Vbel vberhand nemmen wollen/ mit disen Worten: Respice Stellam, voca MARIAM: Sihe auff den Stern/ ruff an MARIAM. Ja er bezeugt darbey/ daß niemandt Sie angeruffen/ welcher mit jhrer Hülff Augenscheinlich vnd würcklich erfahren habe.

V.
Mit Nachfolgung

V. Sollen/ vnnd können wir MARIAM verehren mit Nachfolgung: dann es ist billich/ wie die Catholisch Kirch singet/ daß wir deren Exempel nachfolgen/ ab welcher Verdiensten wir vns erfrewen/ vnnd daß wir in den jenigen Fußstapffen tretten/ welcher Festiuiteten wir begehen/ vnd halten.

Nun ist aber von allen Heyligen die seeligste Jungfraw ein vollkommenes Exemplar/ vnd Vorbild aller Tugenden/ ein Zierd der Keuschheit/ vnd ein herrliches Meisterstuck der Frommkeit: als in welcher wir sehen können/ was wir thun oder lassen müssen: wie die heylige Vätter Gregorius Thaumaturgus, *V.* vnnd Ildephonsus, *VV.* lehren/ vnd sagt der H. Ambrosius, *X.* Jhr leben vnd Wandel allein sey ein Vorbild/ vnd Spiegel aller gewesen.

V. Serm. 2. de Assumpt.
VV. Serm. 3. de Assumpt.
X. Lib. 2. de Virginit.
Y. In suo Chronico Anno Christi 35.

Lucius Dexter schreibt/ *Y.* Daß die ersten Christen an allen Orthen häufftig zu Jhr kommen/ Sie als ein lebendige Abcontrafe/ vnd Bildnuß aller Tugenden zusehen/ vnd jhre gute Sitten zulernen/ vnd nachzufolgen.

MARIA ist vorbedeutet worden durch die WolckenSaul/ welche dem Israelitischen Volck in dem Außzug auß Aegypten deß Tags vorgangen/ vnd sie von Pharao beschützet/ auch den rechten Weg geführt: vnd durch die Fewr-Saul/ welche jhnen deß Nachts vorgeleuchtet/ vnd jhr Gleitsman gewesen zu beyden Zeiten: vnd ist die WolckenSaul deß Tags/ vnd die FewrSaul deß Nachts von jhnen nimmer gewichen.

Exod. 13. 21.

Also ist MARIA allen jhren Liebhabern ein WolckenSaul/ welche sie von dem Höllischen Pharao beschützet/ vnd den rechten Weg aller Tugenden zeigt: Sie ist jhnen auch ein FewrSaul/ welche das Göttlich Fewr getragen/ jedermann vorleuchtet/ schimmert mit Verdiensten/ vnd glantzt mit Tugenden: rufft auch allen zu/ vnd spricht: Transite ad me omnes, qui concupiscitis me, & à Generationibus meis implemini: O Jhr alle/ die jhr ein Begird zu mir habt/ kommet her zu mir/ vnd sättiget euch von meinen Früchten: das ist/ von meinen Tugenden.

Eccli. 24. 26.

Es hat vor Zeiten GOtt dem Moyß nach längs gezeigt/ wie der Tabernackul/

Die XX. Predig.

sul/die Archen/vnnd alle Geschütz/vnd Zugehör gemacht werden sollen/ vnd endlich zu jhme also gesprochen: Inspice, & fac secundùm Exemplar: Exod. 25. 4 a. Sihe/ vnd machs nach dem Fürbild/ daß dir auff dem Berg gezeigt ist. Also netz Christ: wann du dir wilst ein Wohnung/ vnd Ewigen Tabernackul im Himmel erbawen/ vnd GOtt mit seinen Gnaden in der Archen deines Hertzens allzeit bey dir haben/ so sihe auff MARIAM, als ein Fürbild aller Tugendten/ vnd folge derselben Exempel.

Dann I. Ist in disem Exemplar zufinden ein Fürbild/ die Gebott Gottes/ vnd der Kirchen zuhalten: seytemahl der H. Bonauentura schreibt/ Z. Die Mutter Gottes habe in einer Erscheinung/ welche/ wie er vermeint/ ter H. Elisabethæ geschehen/ bezeuge: daß Sie im Tempel vor dem Altar allzeit vmb Mitternacht mit grosser Begird vnd Eyffer von dem Allerhöchsten Gnad begehrt/ mit welcher Sie von gantzem Hertzen vnd Seel/ GOtt vnd en Nechsten lieben: hassen/ was GOtt hasset/ auch in allen seinen Gebotten Jhme/ vnd in allen Satzungen dem höchsten Priester dienen/ vnd gehorsamen köndte.

I.
Ein Fürb d
der Gebotten
GOttes.
Z. In Medit.
Vitæ Christi cap. 3.

Vnd in der Offenbahrung der H. Birgittæ A. hat Sie dise Wort ußgesprochen: als ich von Anfang gehört vnd verstanden/ daß ein GOtt/ so in ich allzeit sorgfältig vnd forchtsamb gewesen für mein Heyl/vnd hab GOtt ertzlich geliebt/ vnd mich vor allen Sünden gefürchten/ vnd dahin gedacht/ aß ich Jhne weder mit Worten noch mit Wercken beleydige.

A. Lib. 1, cap. 10.

Inspice, & fac secundùm Exemplar: Sihe/ vnd machs nach dem Fürbild/ vnd höre was erstermelter H. Vatter Bonauentura sagt. B. Befleisse dich in allem/ als ein frommer vnd Andächtiger Sohn der Mutter GOttes/ vnd der Sünder/ nachzufolgen.

B. In Stimulo Diuini Amoris. c. 7.

Dann auff dise weiß wirst du dich gegen Jhr/ als einer trewen Mutter warhafftig erzeigen/ vnnd Sie wird dir als jhrem lieben Sohn gwißlich helffen/ was du würdiges begehren wirst/ dir vnfehlbarlich geben/ vnd in allem/ was dir zu deinem Heyl nothwendig ist/ helffen/ auch endlich dich zu Jhr in die Himmlische Glory setzen.

II. Ist Sie ein Fürbild der Demuth: dann dises die erste Tugendt gewesen/ in welcher Sie gebohrn/ vnd noch ein Kind/ auch allzeit hernacher/ darinnen sich insonderheit geübt hat; krafft welcher Sie so wenig von jhr selbsten gehalten/ obwohln Sie mit vilen Tugendten begabt war/ dannoch keiner Creatur sich vorgezogen: ja da Sie zu einer Mutter GOttes erwöhlt/ vnnd ingetruffen worden/ sich selbsten ein Magd genennet: daher der Herr dise Demuth seiner Dienerin angesehen.

II.
Der Demuth.

Die heißt es abermahl: Inspice, & fac secundùm Exemplar: Sihe/ vnd machs nach disem fürgesetzten Fürbild: vnnd jhr Allerliebste Kinder/ sagt

Von Maria der Wunderbarlichen Mutter.

C. Serm.
Signum
Magnum.
D. Serm. 35.
de Sanctis.

sagt der H. Bernardus; C. Æmulamini hanc Virtutem: folge Ihr nach in diser Tugendt: vnd prediget der H. Anselmus: D. Quid prodest hanc interpellare vocibus, nisi etiam humilitatis eius Exempla teneamus. Was nutzt es/ Sie mit vil Worten anruffen/ wann wir nit der selben Exempel vns fürstellen/ vnd nachfolgen.

Die H. Jsabella/ ein einzige Schwester deß H. Königs Ludouici/ stifftete zu Long.Champ. die Abtey von der Demuth U. L. Fr. vnd gab ihr disen Namen von wegen der groffen Lieb/ so sie hatte zur Demuth der Seeligsten Jungfrawen/ vnd vor allen andern Tugendten liesse sie ihr dise am meisten a gelegen seyn.

3.
Der Jung-
frawschafft.
E. Lib. 2
de Virginit.
F. Serm. de
Assumpt.

III. Ist Sie vns fürgestellt zu einem Fürbild der Jungfrawschafft: dann es sagt der H. Ambrosius: E. In Ihr/ als einer Bildnuß sey die Jungfrawschafft abgemahlt/ von welcher als auß eigem Spiegel/ die Gestalt der Keuschheit scheine: vnd schreibt der H. Sophronius. F. Christus Matrem Virginem elegit, vt ipsa omnibus esset exemplum Castitatis: Christus hab zu seiner Mutter die Seeligste Jungfraw erwöhlt/ daß Sie allen ein Exempel der Keuschheit wäre: deßwegen Inspice, & fac secundùm Exemplar: Sihe/ vnd mache nach deinem Fürbild/ vnd folge MARIÆ in der Keuschheit vnnd Reinigkeit nach/ als wie der Eduardus/ S. Aleyns/ S. Elzearius/ die H. Catharina/ vnd vil Tausent andere mehr.

G. Sodalis
Parthen.
Lib. 3. c. 2.
Num. 7.

Vnder welche auch zurechnen jener fromme Sodalis, auß der Bruderschafft der Mutter Gottes zu Cordoba im Jahr 1619. von welchem P. Gaspar Lechner schreibt. G. Er hab ihm fürgenommen/ MARIÆ zu lieb/ die ein Königin ist der Jungfrawen/ rein vnd keusch zuleben. Nun war ihme von jemandt gesagt/ es wäre ein kräfftiges Mittel die Reinigkeit zuerhalten/ einen Ring tragen/ darauff dise Wort Aue Maria gestochen wären: bestellt derowegen ihm ein solchen Ring/ vnd trägt denselben mit solchem Nutzen vnd Würckung/ daß er von der selben Zeit an die geringste vnreine Bewegung oder Gedancken nit empfunden.

H. Super
Salue Regina.

Dahero spricht der H. Bernardus. H. Die Seeligste Jungfraw erkennt/ vnnd liebt/ die Sie lieben/ vnnd ist nahe allen denen/ welche Sie in der Warheit anruffen/ sonderlich aber denen/ welche Sie weist vnd sihet/ daß sie sich Ihr in der Keuschheit vnd Demuth gleichförmig machen.

Auff dise Weiß ist MARIA auch in andern Tugendten/ als Betrachtung Himmlischer Dingen; der Gedult; deß Gehorsambs; freywilliger Armuth; Erbarkeit/ vnnd aller Gottseeligkeit ein Fürbildt/ auff welche wir schawen/ vnnd Ihr nachfolgen sollen: darumb schreyet der H. Sophronius vns zu/ vnd spricht: I. Dilectissimi, amate MARIAM, quam colitis: colite, quam amatis, quia tunc verè colitis, & amatis, si imitari vultis ex toto corde quam

I. Inter Opera S. Hieron. Serm.
de Assumpt.

Die XX. Predig.

...uam amatis: Jhr Allerliebste/Allerliebst MARIAM, die jhr verehrt: verehret Sie/ die jhr liebet: Alsdann aber werdet jhr Sie warhafftig lieben/ wann jhr der werdet nachfolgen/die jhr liebet.

Dises hat gethon der H. Elzearius, welcher die Mutter GOttes jhme in einer Meisterin seines gantzen lebens fürgestellt: Fasti Mariani. K. Dec. *K. 27. Septemb.* ses sollen auch wir thun/vnnd vns gesagt seyn lassen/ was der H. Ambrosius schreibet. L. Nemblich/welcher der Seeligsten Jungfrawen Belohnung *L. Lib. 2. de Virg.* wünscht vnd begehrt/der folge jhrem Exempel.

Jch beschliesse die gantze Predig mit dem H. Ertz Bischoff Ildephonso. *Beschluß.* welcher/als er seine Zuhörer zur Nachfolg der Tugenden MARIÆ erjnnert/ vnd ermahnt/al ogeendet. M. Qui autem imitantur illam, erunt ex par- *M. Serm. 1.* te eius: Welche nun Jhr auff gehörte Weiß nachfolgen / werden *de Assumpt.* auff jhrer Seitten seyn / Die zeitlich Belohnung / Dorten aber die ewige Frewd vnd Seeligkeit erlangen: Welche durch dein starcke Hülff vnd Fürbitt / O Wunderbarliche Mutter MARIA, Vns verleyhe die Allerheyligste Dreyfaltigkeit/ GOTT Vatter/Sohn/vnd H. Geist: AMEN/ AMEN/ AMEN.

Alles zu Grösserer Ehren GOttes/ MARIÆ seiner Wunderbarlichen Mutter/vnd aller Lieben Heyligen.

Drittes Register/
Aller Denckwürdigen Materien.

A.

Abraham hat sich ab Mariæ Geburt erfrewet. 57. sein Hoffnung auff GOtt gesetzt. 159.
Abagarus König zu Edessa: sein Bekehrung. 161.
Adam: mit grossen Tugenden/ vnd Gnaden begabt. 10. Ihme Mariæ Geburt geoffenbaret. 57. Allen Dingen Namen geben/ welche derselben Natur gemäß. 105.
Adel/Tugende/Zierat derselben. 62.
Altar: zu Ehren Mariæ erbawen. 94. Christi vnd Mariæ Hertzen zwen Altär auff dem Berg Calvariæ. 174.
Andacht: zu Maria/ ein Zeichen der Seligkeit. 86. 161. & seq. Ist ein Goldbronnen. 110.
Archen: Denckwürdige Ding darvon. 103. Bedeutet Mariam. 104.
Argonautæ/ haben V. L. Fraw ein Tempel erbawen. 45.

B.

Beicht: wie kräfftig dieselbe. 230.
Berg Carmelus: was für Wunder darauff geschehen. 152. Bedeutet Mariam. ibid.
Beständigkeit: wie sie abgemalt. 198.
Bildnuß Mariæ: im Zimmer zu haben. 46. bey sich zu tragen. ibid. 114. 118. 397. Anschawung derselben vberwind Versuchung. 60. Reitzt zum Dienst Mariæ. 114. Im fürüber gehen zu verehren. 128. 396. Selbige zieren Nutzlich. 397.
Bronn. Beschreibung derselb. 257. seynd Brüst der Erden. 260. JEsus Bronn. ibid.
Bruderschafften V. L. Fr. nutzlich. 393.

C.

Catharina von Senis: ihr Hoffnung auff Gottes Barmhertzigkeit. 163.
Cederbaums Eigenschafften. 354. Bedeuten Mariam. 355.
Christus: Sein Leben vnd Leyden zu betrachten. 166. Wie nutzlich dises. 268. Macht Selig sterben. 300. Erlangt Gnad. 322. Christi Wunden seynd ein Freyungs Statt. 312. Christi Empfängnuß Vnbegreifflich. 87. Wie solche geschehen. 121. & seq. Christus stelt vom Creutz herunder seinem Himmlischen Vatter Mariæ Demuth für/ vnd warumb. 189.
Clöster: seynd vil. 76. Mariæ vbergebē. 38.

D.

Denckring Mariæ. 46.
Dienst: sich zum Dienst Mariæ auffopffern. 73. & seq. 349.
Druides haben Mariæ Empfängnuß erkennt. 94.

E.

Ehelewt: sollen sich Ehelicher Keuschheit befleiß

Drittes Register/

befleiffen/oder im widrigen erschröckli=
che Straffen zu gewarten. 135.
zestand: Gott selb hat drey Ehen zusa=
men geben. 81.
bestand Joachim vnd Annæ. 47.
inzug der Römer. 304.
ngel: haben von Anfang jhrer Selig=
keit Mariam erkennt/als ein zukünffti=
ge Mutter Gottes. 51. Mariæ Em=
pfängnuß in grosser Anzahl beygewoh=
net.ibid. Diß fest im Himmel gehalten.
52. Seynd ein vrsach deß festo Mariæ
Geburt. 64. Von GOtt Maria zum
Schutz geben. 71. 169. Halten Ge=
spräch mit Maria. 269. Begleiten
Mariam in Himmel. 304. 305.
Englische Gruß: von der Kirch gemehrt.
25. Hiervon gar vil à Fol. 211. & seq.
EhrenTitul: Mutter Gottes/ vbertrifft
alle Lob=Namen. 8. & seq.
Eua: Vergleich zwischen jhr vnd Maria.
33.

F.
Festtäg Mariæ. 381. 396.
Freyungs=Orth: vier derselben/vnd was
sie bedeuten. 312.
Freyungs Statt Maria. 313.
Fruchtbarkeit: ein Segen Gottes. 64. 75.

G.
Gebett: macht fruchtbar. 48. 232.
Geburtstag: der Vnserig armselig. 65.
& seq.
Gedanken: gute zu haben. 165. Was in
vier Hertzen für Gedanken. ibid.
Gelübdt: zu halten. 73. Der Jungfraw=
schafft im Namen Mariæ. 76.
Geschicklichkeit: wirdt durch Mariam er=
langt. 149. & seq.
Götzen Eigenschafften 234. Bedeuten
Mariam. ibid.
Glaub; Grosser Glaub Mariæ. 141. Alle

Artickel zu lehrnen. 139. Ohne Glauben
kein Seligkeit zu hoffen. 140. Allzeit
zu bekennen. 142. Maria erleuchtet an=
dere im Glauben. 143. Andacht gegen
jhr/ein gewisses Zeichen deß Glaubens.
145. Last jhre Liebhaber nit ausser dem
wahren Glauben sterben. 146.
Glider Mariæ zu verehren. 13. Bedeuten
die innerliche Schönheit der Seelen
Mariæ. 143. & seq.
Gott: hat von Ewigkeit Mariam vorge=
sehen. 42. Sie vber alles geliebt. 176.
& seq.
Götzen fallen nider. 94.

H.
Heyden: haben Mariam erkennt. 44.
Heilige: seynd Berg der Freyung. 313.
Hierusalem: Freyheiten diser Statt. 134.
Bedeuten Mariam. ibid.
Hoffnung: auch in Widerwertigkeit zu
haben. 157. & seq. Hoffnung im Gebett.
160. 165. Hoffnung nechst GOtt auff
Mariam. 163.

J.
Joachim vnd Anna / theilen jhre Güter
jährlich in drey Theil. 47. Jhr Ehstand
hoch gerühmbt. ibid. Werden fruchtbar
durchs Gebett/vnd Fasten. 48. Halten
jhr Gelübdt. 71.
Joseph / wirdt Mariæ durch ein Göttli=
ches Wunder vermählet. 81. & seq.
Jungfrawschafft/vil 1000. selbige verlobe.
76. Nutzbarkeit derselben. 77. Von
GOtt wunderbarlich beschützt 78. Hat
sonderbare Cron im Himmel. 79. Ma=
ria ist mächtig/selbige zu erhalten. 99.
& seq.

K.
Keuschheit/mittel selbige zu halten. 54. 99.
& seq.
Ketzer vnseliger Todt. 24.

Ketzer

Drittes Register.

Beteren/werden zerstört. 120.329. & seq.
Brüder: sollen den Eltern frewd/und nit
Trawrigkeit machen. 61. Gern arbeiten. 192. Gnadenkinder. 48.
Königsvogel empfangt ohne Vermischung. 93.
Kranckheit: Andacht gegen Maria/rinsgert selbige. 301.
Kirch: der Catholischen ein Freyungs Tempel. 312. Geniesset Mariæ Fürbitt. 339.
Krieg: durch Mariæ Fürbitt abgewendt.
325. & seq.

L.

Lieb: dreyerley Natürliche/Ubernatürliche/ und Erlangte. 171. Liebzeichen
Gottes gegen Mariam. 176.
Litaniæ V. L. fr. umb ein seliges End zu
betten. 8.

M.

Maria: alles Lobs würdig. 3.8.14.43.
373.391. Alle Gnadē in Sie außgossen.
2.14. Ist ein Versöhnhauß. 23.104.
Neigt sich zu uns. 19. Ernehret jhre
Kinder. 39. Nimbt sich der Sünder an.
20.21.112.287. Ist in allem Wunderbarlich. 42. Von Ewigkeit her vorgesehen
42. Hat aller Creaturen Vollkommenheit. 43.153. Alle Schrifft auff Sie gedeutet. 43. In Mutterleib mit Vernunfft begabt gewesen. 58. Im Gesatz
und Schrifft erfahren. 72. Ist den Heyden und Juden geoffenbaret. 93. & seq.
Aller Betrübten ein Trösterin. 121. Von
Gott geliebt. 135.171. Durch Sie gibt
GOTT alles. 165. 259. 336. Ist
mit sieben sonderbaren Tugenden gezieret. 170. Ist ohne Underlaß im Stand
deß Verdiensts gewesen. 173. Erleuchtet. 209. Ist der armen Sünder Advocatin. 112. Erlangt jhnen Buß. 342.

Mariæ Empfängnuß.

Verwunderlich. 42.47. Von der Erbsünd
befreyet. 49. & seq. Von Engeln verkündiget. 51. Derselben 300. Englische
Heerscharen zugegē gewesen. 52. Das
Fest Mariæ Empfängnuß halten / ist
nutzlich/und erhält bey Ehrn/Gesundheit/ vor Leibs Gefahr/ vor Sünden/
vor der Pest. 52. & seq. Erhält Keuschheit. 54. Den Gebährenden nutzlich.
ibid. Wird die guldine Stund der Welt
genennt.

Mariæ Geburt.

Durch ein Wolcken vorbedeutet. 55.
Alten geoffenbaret/und lang zuvor begehrt worden. 57. Alle Alter der
haben solche begehrt. 58. Auß Königen
Stammen. 61. Erfrewet die Engel/
den Adam/ alle Patriarchen und Propheten/ Joachim und Annam / ja alle
Menschen. 57.64.69. Engel ein Ursach dises Fests. 64. Begreifft in sich alle Wunderzeichen im Himmel/ und
auff Erden.

Mariæ Auffopfferung.

Wird im dritten Jahr zu Erfüllung deß
Gelübds auffgeopffert. 70. Sie selbsten
hats begehrt. ibid. Ist uber 15. Stafflen
Wunderbarlich hinauff kommen. 71.
Gott hat Sie in der Engel schutz gebē/
von welchen Sie gespeist worden. ibid.

Mariæ Nam.

Geheimnußreich.106. Der ander im Buch
deß Lebens. ibid. Tröstlich. 107. Wird
sibenmahl in H. Schrifft nit ohne Geheimnussen außgesprochen. 107. Fünff
Buchstaben. 108. Vier Außlegungen/
Erste/

Drittes Register.

Erste/durch s. Edelgestein.108. Die ander/durch s. fürtreffliche Weiber. 110. Die dritt durch s. Tugenden. Die viert/ durch s. Verrichtungen, 111. & seq. Wirdt verehrt mit s. Psalmen/ vnd Gebetten. 116. Wird stets vnd mit grossem Nutzen im Mund geführt. 117. Auff allerley Weiß verehrt.118. Wird verdolmetschet: ein Erleuchte oder Erleuchterin/ vnd Lehrerin. 136. Ein bitters Meer. 193. Ein Meer. 201. Ein Meer oder Abgrund der Lieb. 171. Gott auß meinem Geschlecht oder Leib.122. Ein Hoffnung. 155.

Mariæ ewige Jungfrauschafft.

Hat solche verlobt. 75. & seq. Auß disem Gelübdt haben die Priester zu Hierusalem Christi Zukunfft erkennt. 76. Nach ihrem Exempel haben vil tausent ein Gelübdt ewiger Keuschheit gethan. ibid. Mariæ Jungfrawschafft haben nit fassen können die Heyden/ Juden/ Ketzer. 88. & seq. Auch Salomon: der alte Simeon: Maria selbst en. 89. & seq. Mariæ Jungfrawschafft wirde mit vilen erwisen. 93. & seq. Maria ist Mächtig/ ihren Liebhabern die Gab der Jungfrawschafft vnd Keuschheit zu erhalten. 99. & seq.

Mariæ Vermählung/ mit dem H. Joseph.

Ist durch ein Göttliches Wunderwerck geschehen. 81. & seq.

Mariæ Mutterschafft.

Mutter Gottes: diser Ehrntitul vbertrifft alle Lobnamen/ vnd begreifft alles Lob vnd Volkommenheiten in sich. 9.10.14. 15. Bringt mit sich ein vnendeliche Würdigkeit/ vnd alle Gnaden vnd Tugenden/ Hochheit. 12. & seq. Ist würdiger als die gantze Welt. 19. Mariæ Mutterschafft wirde bestättiget von Gott den Engeln/ Euangelisten/ vnd Aposteln/ vnd allen heiligen Vättern vnd Lehrern: auch gantzē Catholischen Kirchen/ vnd Concilien. 21. & seq. Wird vertheidiget wider die Ketzer. 24. & seq. 223. Hierzu von Ewigkeit erwöhlt. 18. 176. Hat sich hierzu verdient gemacht mit Glauben/ Reinigkeit/ vnd Demuth. 19.

Maria ein Mutter aller.

Deß Erschaffers. 30. Aller seligen Menschen vnd Engeln. ibid. Aller Gerechten. ibid. Aller bössenden Sündern. ibid. & seq. Deren im Fegfewer.32. Vnser Aller. 34. Ist Vicario gleicher Mutter worden. 32. Soll von Kindheit an zu einer Mutter erwöhlt werden. 33.38. Wann/ vnd wie Sie vnser Mutter worden. 33. Hat vns mit Schmertzen gebohren.35. Ist auff fünfferley weiß vnser Mutter. 36. & seq. Ernehrt ihre Kinder. 39.

Mariæ Englische Gruß.

Auct Maria: Vrsprung.211. Geheimreich. 212. Võ Aposteln gebettet. 214. Soll offt widerholet werden. 215. Würckung desselben. 216. & seq. Begreifft in sich alle Geheimnussen vnser Erlösung. 217. Erfrewt die Engel. ibid. Ist Mariæ am liebsten.218. Den Teuffeln erschröcklich. 220. Grosse Nutzbarkeiten. 223. Erhält vom Todt.227. Erleuchtet im Glauben. 228. Erlangt Vergebung der Sünden. ibid. Macht reich im Himmel 229. Erhält vor Gefahr. ibid. Behütet vor Weltlichem Spott. 230. Macht Hoffnung deß ewigen Lebens. ibid. Bringt Trost in Widerwertigkeit vñ Todt. ibid. Macht

§ff Fruchte

Drittes Register.

Fruchtbar. ibid. Erhält von der Peſt. 232.
Iſt ein Schlüſſel zum Himmel. ibid.

Mariæ Glaub.

Maria iſt ein Mutter aller Glaubigen.
136. Ihr Glaub gegen andern / ein Königin. ibid. Hat jederzeit die allerhöchſte Geheimnuſſen erkeñt vnd geglaubt.
136. Allzeit im Glauben beſtändig verbliben. 138. & ſeq. Erleuchtet andere im
Glauben. 143. & ſeq. Andacht gegen
ihr / iſt ein Kennzeichen deß wahren
Glaubens. 145. Iſt vmb Beſtändig-
keit im Glauben anzuruffen. 60.

Mariæ Hoffnung.

Maria wird verdolmetſcht: Hoffnung.
155. Hat in allem auff GOtt gehoffet.
ibid. Iſt vns ein Ebenbild der Hoffnung. 157. Ein Kirch genandt / Maria
von der Hoffnung. 163. Iſt nechſt Gott
vnſer Hoffnung / vnd warumb. 163.
& ſeq.

Mariæ Lieb.

Gegen Gott vbertrifft alles. 171. Wie Sie
Gott geliebt. ibid. Würckung der Lieb
Mariæ gegen Gott. 173. & ſeq. Sollen
Ihr im lieben nachfolgen. 175. Das ver-
dient den Himmel mit ſchlaffen. ibid. Vr-
ſachen / warumb Sie zu lieben. 180. & ſeq.
Liebe ihre Liebhaber. ibid. Wird von
Gott auff ein ſonderbahre weiß geliebt.
176.

Mariæ Demuth.

Hat ſich erhöcht 186. & ſeq. Iſt ihr erſte Tugend geweſen. ibid. Hat diſe Tugend jn-
ſonderheit in verkündigüg der Menſchwerdung erzeigt. 188. Chriſtus ſelbſt
ſtellet ſeinem Himmliſchen Vatter Mariæ Demuth für / vnd diß auß dreyen
Vrſachen. 190. & ſeq.

Mariæ Barmhertzigkeit.

Maria regirt mit Barmhertzigkeit. 202.
Iſt groß. ibid. & ſeq. Erſtreckt ſich die
länge / in die weite / in die höche vnd
tieffe. 202. & ſeq. Iſt ein Mutter der
Barmhertzigkeit.

Mariæ Schmertzen, vñ
Gedult.

Mariæ Schmertzen werden dem
Meer verglichen / vnd warumb. &
ſeq. Wie groß ſelbige geweſen. Das
für Schmertzen das Schwert Mariæ
Seel durchtrungen. 195. & ſeq. Wie vil
Zäher Sie vergoſſen. 197. Seynd mit-
leidenlich zu betrachten. 200. Iſt in
Gedult nachzufolgen.

Mariæ Schönheit.

Deß Leibs Schönheit Mariæ vbertrifft
aller andern Weiber Schönheit. 237. &
ſeq. Wird begehrt zu ſehen. 238. & ſeq.
Iſt den Anſchawenden ein Troſt geweſen. 240. Ihr Angeſicht reitzet zur
Keuſchheit. 240. vnd zur Buß 241.
Innerliche Schönheit der Seelen Mariæ. 243. Wird durch alle Glider Mariæ
auß den Hohē Liedern Salomonis beſchriben. 244. & ſeq. Schönheit Mariæ
im Himmel. 251. & ſeq. Mit der Sonnen
verglichen. 252. Hat aller Heiden
Schönheit in Ihr. 253. Was zu thun /
damit wir ſie nechſt Gott ewig anſchawen mögen. 256.

Mariæ Gedancken / vnd
Betrachtung.

Hat Gott / vnd Jeſum ſtets in ihrem Hertzen. 261. Ihr gantzes Leben war ein
lautere Betrachtung / auch im Arbeiten / vnd ſchlaffen. 261. & ſeq. Ihr Be-
tracht-

Drittes Register.

trachtung fürnemblich von Christi Menschwerdung/Leben vñ Todt. 163. & seq. Lehret die Weiß zu betrachten S. Ignatium Loyolam. 168. Gedachte allzeit/was Gott gefällig. 263. Geistliche Betrachtungen nutzlich. 265. & seq.

Mariæ Wort.

Waren wenig/oder geheimreich. 169. & seq. Hat ihr Gespräch meistes mit den Engeln/Christo/Joseph/vnd H. Frawen. 170. Ihr Red war Deo Gratias. 170. Hat sibenmal geredt/vnd seynd bey jeglichem Gespräch grosse Geheimnussen geoffenbaret worden. 170. & seq. Sollen nach ihrem Exempel im Reden behutsam seyn. 178. Vnser Gespräch soll auch mit GOtt vnd seinen Engeln vnd Heiligen seyn. 279.

Mariæ Werck vnd Tugend.

Ist in guten Wercken vnvergleichlich groß. 280. Ihre Zeit außgetheilt. 281. An Christo die Werck der Barmhertzigkeit erzeigt. ibid. Die heilige Oerther besucht. ibid. Hat sich in allen Tugenden geübt. 282. Alles was Sie guts gehabt/ das hat Sie mit grosser Müh vnd Arbeit erlangt. 282. seq. Ist ein Exemplar vnd Fürbild aller Tugenden. 86.113.

Mariæ Hinscheiden/auß diser Welt/vnd Auffnemmung in Himmel.

Mariæ seelig Sterben. 289. Hat verlangen in Himmel. 291. Ein Engel verkündiget ihr das Hinscheid auß diser Welt an/vñ bringt ein Palmzweig. 292. Sie bereitet sich zu ihrem Abscheiden. ibid. Zu ihrer Entschlaffung werden die Apostel versamlet. 293. Stirbt ohn allen schmertzen/vnd warumb. 298. Ist befreyet vom Anlauff der bösen Geister/auch deß

Todtsforcht. 298. & seq. Ihr außfahrende Seel ist dem H. Ertzengel Michael vbergeben/vnd in Himel geführt worden. 301. Was Sie außgesprochen. 302. Ihr Leib scheinet wie die weisse Lilienblumë: wird verehrt: mit einem Liechtschein vmbgeben: vnd vilen Cæremonien / vnd Wunderzeichen begraben. ibid. & seq. Ihr Auffweckung vnd Auffnemmung in Himmel. 304. & seq. Christus sambt allen Engeln vnd Heiligen kompt ihr entgegen. 305. & seq. Wie Glorwirdig / vnd mit was für Gepräng Sie in Himmel auffgenommen. 306. & seq. Hat mehr Gnad/Glori/vnd Gewalt/als Alle. 308. & seq.

Mariæ Fürbitt vnd Hülff.

Ist mächtiger als andere Heiligen. 26. 306.310.320. Erhält die Welt. 203.337. Maria will helffen / vnd warumb. 315. & seq. Maria kan vns helffen. 329. & seq. Weist vns zuhelffen/vnd wie. 323. & seq. Durch ihr Fürbitt werden die Krieg abgewendt. 325. & seq. Die Ketzereyen außgereuttet. 329. Die Pest vertriben. 330. Andere Vbel mehr verhütet. 331. Ihr Fürbitt vnd Verdienst geniessen die Lebendige. 335. Die Altvätter. 336. Die gantze Welt. 337. Die Catholische Kirch. 338. Alle heilige Orden. ibid. & seq. Alle Reich vnd Länder. 340. Alle büssende Sünder. 342. & seq Mariæ Hülff vnd Fürbitt geniessen in vil weg die Sterbenden. 345. & seq. Item die Todten. 350. & seq. Erlediget auß dem Fegfewer. 352. Vnd von ewiger Verdamnuß. ibid. & seq.

Mariæ Verehrung/vnd Lieb.

Maria ist zu lieben/vnd zu verehren. 354. & seq. Wegen ihrer Mutterschafft. 359.

fff ij Wegen

Drittes Register/

Wegen der Geburt Christi. 360. Weil diſes Gott gefällig. ibid. & ſeq. Weil ſolches ein Zeichen der Verordnung zum ewigen Leben. 361. & ſeq. Weil Sie jhre Liebhaber hingegen liebet / vnd jhnen groſſe Gnaden erhält. 369 & ſeq.

Maria iſt zu allen Zeiten ge-
liebt/verehrt/vnd gelobt worden.
Von Gott. 374. Von Engeln. 375. Von den Menſchen 377. Im Geſatz der Natur ibid. Im geſchribnen Geſatz. 378. Im Euangeliſchen Geſatz. 380. Von der gantzen Catholiſchen Kirchen mit Tag, eiten; Feſttägen; Kirchen; Lobgeſängen; Sambſtag: Bruderſchafften, 381. & ſeq.

Wie Maria zu verehren.
Mit Liebe. 388. Mit Glückwünſchung 389. & ſeq. Mit Ehrerbietigkeit. 391. & ſeq. Mit Anruffung/vnd wie 398. Mit Nachfolgung. 399.
Magnificat: ein Begriff aller Geheimnuſſen Gottes. 273. Schlieſt in ſich alle Lobgeſäng. ibid.
Meerſtern: Eigenſchafften. 285. Werden auff Mariam gedeutet. 297.
Michael der Ertzengel nimbt ſich der hinſcheidenden an. 301.
Morgenröthe: Jhr Würckung: bedeutet Mariam. 319. & ſeq.
Müſſiggang: zu meiden. 282.

N.
Nam: Lobnamen Mariæ. 3. & ſeq. Sie iſt darmit zu verehren. 8.
Namen/ der Heiligen Gottes / geben jhre Verdienſt zu erkennen. 105. Bringen in Erkandtnuß der Sachen. 106. Seynd vom Himmel kommen. ibid.
Natur der Menſchen verderbt/ vnd zum

Böſen geneigt.

O.
Orden: Alle heilige Orden genieſſen Mariæ Fürbitt. 138. & ſeq.
Ordensleuth: Vile derſelben. 76. & ſeq. Gott ehret / vnd ſorget für ſie. ibid.

P.
Palmbaum: Eigenſchafften. 283. Bedeutet Mariam. ibid.
Patriarchen: haben von Gott / wegen Mariam/ Guttthaten empfangen. 316.
Peſt: durch Verehrung vnd Fürbitt Mariæ abgewendet. 53. 232. 330.
Prieſter zu verehren. 295.

R.
Regenbogen: Würckung. 27. Bedeutet Mariam. ibid.
Roſenkrantz: Hilfft in Kindsnöthen. 133. 166. Sehr nutzlich. 394.

S.
Starckmütigkeit etlicher Müttern. 198. & ſeq. Scepter Mariæ. 309.
Seel: derſelben Reinigkeit zu ſuchen. 150. Wie köſtlich ein reine Seel. 251.
Schönheit: etlicher Weiber. 237. Schöne Geſtalt ſoll nit mißbraucht werden. 241. & ſeq.
Schrifft: Alle heilige Schrifft auff Mariam gedeutet. 43 & ſeq. 104. 177. Neu erfundene Schrifft. 94-95.
Sünder wegen Mariæ geduldet. 111. Erlangt jhnen Buß. 141. & ſeq.
Sonn: Eigenſchafften der Sonnen. 206. Bedeuten Mariam. 208.
Schwangere frawen: Beſchwerdten. 127 Sollen jhr Leibsfrucht Gott vnd Mariæ befehlen. 128. 131. Von Prieſtern den
Segen

Drittes Register.

Segen/begehren. 129. Jhnen selbsten kein Mißgeburt verursachen. ibid. Jhre Schmertzen. 129. 132. Sich auff die Geburt bereiten. ibid. & seq.
Sterbende: geniessen Mariæ fürbitt. 145. & seq. Etlich Sterbenden von GOtt grosse Gnaden erzeigt. 289. Mariæ Sterben. 191 & seq. Die Frommen sterben gern/die Gottlosen vngern. 194. Vorbereitung zum Todt. 195. Im sterben vmb Verstandt zu bitten/vnd glauben. 60. Begierd zu sterben. 66. Maria vmb ein seliges End anzuruffen. 67. 349.

T.

Templum Salomonis, wirdt beschrieben/vnd auff Mariam gedeutet. 16. & seq.
Teuffel: setzen den Sterbenden zu. 296. 345. Werden durch Mariam vertrieben. 105. 110. 146.
Thurn Davids: ein Meisterstuck aller Künsten. 214. Warzu selbiger erbawen. 352. Bedeutet Mariam. ibid.
Turteltaub: wird auff Mariam gedeutet. 68.

V.

Vermählung mit Maria. 85. & seq.
Vnzucht: auß Lieb Mariæ darvon abzustehen nutzlich. 80. Lieb zu Jhr/verhütet selbige. 102.
Vögelein/lehrnet das Ave Maria. 222.

W.

Wasserwerck. 257.
Weiber: werden gelobt. 373.
Weissagungen von Maria. 94.
Welt/auß Lieb Jesu vnd Mariæ erschaffen. 42. Vnd erhalten. 43. 337.
Werck: Alle Mariæ auffzuopffern. 149. & seq. 184. Zu grössern Ehren GOttes zu verrichten. ibid.
Wolcken: bringe fruchtbaren Regen. 56.
Wollust deß fleisch/verderbt vil Menschen 99.
Wunderbach Ezechielis auff Mariam gedeutet. b.

Z.

Zeichen: dises Worts vnderschidliche Bedeutungen. 85.
Zeichen der LiebeGottes gegen Mariam, 176.

Ende deß Registers.